キリスト教と古典文化

（768）／世界支配への過度の情念に対する応報：天罰（770）／受動的な観察者の役割とペシミズム（774）／ツキディデスの史料編纂の取り組み（776）／歴史は連続する闘争の歴史である（780）／非合理性の力に負けた人間の理性の物語（783）／ポリュビオスの歴史観（784）／アウグスティヌスによる聖書の真理の解明（785）／聖書の霊的解釈の意味（789）／歴史的解釈の道具としての知恵の認識（791）／幸運概念とその「想像上の密通」（791）／幸運，偶然の否定と神の摂理（793）／創造的にして動的な原理としての三位一体（795）／人格性のことばで表明される歴史（796）／人間は神の摂理の操り人形か（797）／創造的原理としての三位一体，時間とともに創造された世界（798）／循環的時間に対する批判（800）／人間の歴史は「誕生と死の織物」である（803）／人間の歴史への理解の手がかり，幸福・秩序・理性活動（805）／キリストのロゴスは新しい統合原理を歴史に導入する（807）／歴史における二つの社会（809）／キケロの国家観の偽装と国家の正しい定義（813）／支配欲は闘争する劇場となる（815）／王国や共和国に対する評価（817）／経済的な繁栄と所有欲（818）／世俗主義のイデオロギーとその起源，神々の誕生（823）／イデオロギーをねつ造する詩人の役割（825）／哲学的イデオロギーへの変貌（827）／古典主義の誤謬とキリスト教的な神への依存（830）／回心の意義とプラトン的な回心説の批判（831）／恩恵を必要とする経験，無償の恩恵（833）／恩恵が救いを実現する諸段階（836）／キリスト教的知恵による古典主義的な理想に対する批判（838）／古典主義の倫理に対する批判と愛の法則（840）／世俗主義の神話の解体（842）／国家の本質と

脱イデオロギー化（843）／政治的な異端と連帯責任（846）／キリスト教的な人格社会と聖徒の交わり（847）／歴史は真の価値を意識的に有形化する闘争史である（850）／至福千年のビジョン（853）／歴史は二つの社会の分岐点を把握する（854）

解　　説 …………………………………………………… 857
あとがき …………………………………………………… 883
ローマ帝政以前以後の略年表 …………………………… 887
索　　引 …………………………………………………… 891

キリスト教と古典文化
——アウグストゥスからアウグスティヌスに至る
思想と活動の研究——

第Ⅰ部

再　　建

第 1 章
アウグストゥスの平和
―― 復興した共和制 ――

はじめに　アウグストゥスの野望と元首政の創設

「こうして堅固で安定した国家をその土台の上に据え，またわたしが最善の政体の創設者と呼ばれ，わたしの据えた国家の土台がそのまま揺るぎなく存在し続けるという希望をもったまま死んで行けるようにと願っている報いを享受することが許されますように」[1]。これは『アンキュラ碑文』（Monumentum Ancyranum）からの公式な宣言を人間の希望という共通の言葉に翻訳したものであるが，これらの言葉の中で，アウグストゥス皇帝は彼の生涯の野望を表現し，歴史のうちに一つの場所を要求したといわれている。共和制に現在と未来の要求にかなう政体を与えることにより，第二の創立者，つまり共和制を復興し強固にした男として記憶されることが彼の望みであった。そして彼の後継者たちもまた彼の名を引き継ぎつつ，アウグストゥスの指針から（ex praescripto Augusti）次々と彼らの職務を行うことを宣誓した限りにおいては，彼の野望は実現された。それゆえ若きカエサルは広義の意味で偉大さに達しなかったにしても，彼は狭義の意味で十分にそれに値していた。というのも彼以前の政治家たちが避けていたこと，つ

---

1) スエトニウス『ローマ皇帝伝』「アウグストゥス」28。

まり大変革が終わりを告げる秘訣と，少なくとも 200 年は続くことになった方向へと乗り出した帝国とを，彼がしかと見出したからである。

　元首政が何かしら不可解なものを示したであろうことは驚くにあたらない。その創設はスフィンクスの像がついたシグネットリング（印鑑付き指輪）をもち，彼自身認めたところによれば，その生涯がある役割〔の権力〕を巧みに掌握することに関わった人の，個人的な偉業であった。元来，統治機構への侵害行為であり，それはまず初めに偽アントニウスのむき出しの軍隊的で官僚主義的な専制主義へ，のちにディオクレティアヌスとコンスタンティヌス〔ともに 4 世紀の皇帝〕の神権政治的な専制君主制へと変わる運命であった。したがってこれらの要素をアウグストゥスの当初の制度のなかにみるのは不自然ではない。この立場から，「意義深い概念としての市民権の破壊」はほぼ間違いなく共和制の没落と一致するであろうし，それ以後「ローマの政治的発展における新しく重大な出来事のすべては，かの東洋的な君主制の形態へと貶められる過程によって覆い隠されたのであり，その変遷を世界はすでに十分な実例でもって目撃した」[2]。

　そのような判断は近代になってからなされたとは限らない。すでに 1 世紀には思慮深い人々は元首政の真の特徴に関して意見を異にしていたし，それがそうであると公言されたままに受け入れられるべきであるか，それとも巧みにカモフラージュされた個人的支配の陰謀として理解されるべきなのかについて，議論が沸騰した[3]。また三世紀初め，この時代の潮流は軍国主義と官僚主義に向かっており，新

　2）　R. M. マッキーヴァー『現代国家』110 頁。
　3）　それぞれの側面に関する議論は，注意深くタキトゥスによってまとめられている（『年代記』1,9-10）：「これがもとで，ひとしきりアウグストゥスをめぐって話に花が咲く。等々」。

しいローマの変革は形成過程にあったのであるが、当時の目撃者はアウグストゥスの特権のうちにセプティミウス一族の家系によって求められた特権の前例を見出すと告白するか、もしくは少なくともそれらの特権の間の本質的な差異を軽視した[4]。まさに前期帝政の専制君主らが自らを名目上はローマ皇帝と同一視したかのようである。もっとも真に精神的なビザンツ主義の先例は、アジア的な王朝制とヘブライ的な神権の乱雑な混合状態のうちにあったのであるが。

3世紀の危機とアウグストゥスの希望の挫折

しかしながら「東方的専制の諸側面——それは曖昧であるが——はアウグストゥスの統治のうちにすべて存在していた」と主張するのは、彼の業績を貶めることである。というのも、このことはその実際の特徴と目的という観点からというよりも、2世紀後にローマを見舞うことになる天罰（nemesis）という観点からローマをみようとすることだからである。正確にいえば、コモドゥス帝〔在位180-92〕の没落に続く出来事は、アウグストゥスの希望の実現よりもその挫折を、アウグストゥスの平和といわれた時代には、皇帝が最終的で永続的な表現を与えるべく苦労したという理念の失敗を示している。その証拠として、この時代の知的で道徳的な出来事のどこにおいても失敗は明らかである。アウグストゥスの原則から背離するさい、人々は新しく支配的な生活の様式をやみくもに探し求めた。パンテオン神殿は多数の異教の神々によって息詰まるまでに混み合っていた。権力ある宮廷社会はアジア的な神智学者の戯言に耳をかたむけた。占星術の流行は歴代の皇帝たちへ

---

[4] たとえば ディオ＝カッシウス『ローマ史』53,17。そこで彼は元首政を「純粋な独裁制」として描いている。

の非難を引き出すようなものであり、それはディオクレティアヌス帝の激烈な弾圧において最高潮に達し、「占星術に関するすべての忌々しい術は禁じられた」。一時的にその任に就いた軍司令官は、すべての国境地帯でときおり立ち上がり、東方の生活に根づいた精神的に異質な観念によりどころを求め、彼らの運命から逃れようとした。オリエントの狂信にかぶれた一人の君主、ヘリオガバルスはエメサのバール信仰（Sol Invictus Elagabal 無敵の太陽ヘリオガバルス）のためにあえて最上で最大のユピテル（Iuppiter Optimus Maximus）を廃した。もう一人の君主、アレクサンデル・セウェルスは、まことに典型的な無関心からキリストを個人の礼拝堂で崇められる神々のうちにおいた。さらに別の君主、アウレリアヌスは不敗の太陽神の栄光を帯びることによって、復興されたペルシア王朝がもっていた何らかの名声をわが身に引きつけようとした。ディオクレティアヌスとマクシミアヌスはまじめに帝国の主要な守護神としてミトラ神を崇め、地上においてその神に相当する者として自らを示した。したがって3世紀の危機は絶望の危機であった。分裂は徐々に混沌に変わり、帝国がコンスタンティヌスの支配下におかれるようになったときに、アウグストゥス体制の破綻はついに露呈した。

古典的遺産に対する信仰

他方、アウグストゥス体制の破綻が引き起こした危険や不確かさにもかかわらず、元首政のうちに生じた危機は全体からみれば調停の危機とみなされるかもしれない。しかし、この危機の間にも人々は古典的遺産の本質的な諸要素を保存しようとする可能性に対する信仰を完全に喪失していたわけではない。それどころか、これこそがまさにアウグストゥスの狙いであった。また彼の仕事は、古典古代の思想や願望と合致した観点からみれば、その時代の諸問題

を解決するためのヘラクレスのような英雄的努力を示している。この立場に立つと，彼の問題は権力の観念と奉仕の観念を結びつけることであると同時に，地中海におけるローマの支配とローマにおける皇帝の支配を正当化することであった。これに照らしてアウグストゥスの狙いをみるならば，創設者が帝国の新しい諸要求と市民的自由という古典的な主張を和解させる真摯な願いをもっていると単純にみなすべきではない。それはまた，人類の歴史においてもっとも幸福，かつ，もっとも繁栄した時代として特徴的に描かれてきたもののうちに，善き生活の基礎としての古典主義の可能性を発見することでもある[5]。

このように考えてみれば，元首政は数世紀に及ぶ市民の動乱の結果として現れ，その起源は遠く海外を征服する戦争にまで遡るかもしれない。ローマ人たちの活動がイタリアに限られていた間は，彼らは農村社会という性格を保持していた。それにもかかわらず，その社会のなかでの個人的な自己主張への衝動は，それがどんなに力強かったとしても，市民的理想の集団的恣意によって縛られていた。しかし，カルタゴやギリシア化された東方の王国の崩壊とともにやがて明らかになったことは，帝国を創設するために役だった精神が自らの行き過ぎを防ぎうる要素を何も所持していなかったことである。ローマ人たちは，勝利のワインに酔いしれていたので，世界の征服者としての彼らの立場を利用することへと向かっていったが，結果的に彼らは彼らの犠牲者と同じく自ら自身にも破滅をもたらした。というのも，これまで正義と慈善のモデルであった帝国が，不寛容な抑圧の道具に変わった一方で，ローマ社会の構造はそれ自体根本的に変化したからである[6]。この変化のな

---

5) ギボン『ローマ帝国衰亡史』ビューリ編 (1896), 3 章, 78 頁。
6) サルスティウス『カティリナ戦記』10.6:「国家（civitas）は

かにわたしたちは公共的調和の土台を打ち壊し，共和国を荒廃させることを定めたような争いをもたらす諸勢力の誕生を認めることができた。その勢力は，ユリウス・カエサル〔101-44BC，ローマの将軍・政治家〕のなかにその最高の具現者を見出した。

ユリウス・カエサルの生涯と業績

この観点からみれば，カエサルの生涯は共和国史の最終的な局面を構成する左派と右派との間の激しい闘争の頂点として示される。またカエサルは，彼の伝記作家の言葉を用いれば，門閥派（optimates）の運命を担っていた[7]。この運命のために彼は，世襲によるマリウス家との協力によってと同じくらい，気質や好みによっても方向が定められた。スラの恐怖政治のほかの生存者とともに彼は，未熟な若者として独裁期のローマから身を引いた。しかし，紀元前78年に彼が都市へ帰還したときから，彼は民主政の力を回復させ，指導し始めた。それゆえ執政官レピドゥスと同様に早熟で思慮の足りない冒険家たちと一線を画したが，そのため彼は，彼自身を民衆派（populares）の希望の星として宣伝する機会を失った[8]。彼は叔母の葬儀の機会を捉えて，マリウス〔157-86BC，古代ローマの将軍・執政官〕が行った公的奉仕を想起させた[9]。また彼は紀元前70年に護民官の権力を回復させた運動を支援した[10]。スラによって追放された民衆派の子孫は，永久に所有権と市民権を奪われた。カエサルは，大胆にも彼らの復活のために

変えられた。帝国（imperium）はもっとも正しく，かつ，もっとも善いものから無慈悲にして耐え難いものとなった」。
7) スエトニウス『ローマ皇帝伝』「ユリウス・カエサル」1。
8) スエトニウス，前掲書，3。
9) スエトニウス，前掲書，6。
10) スエトニウス，前掲書，5。

世論をかき立てた。いわゆる元老院による戒厳令の最終的な布告あるいは宣言が法に適っていないことを証明し，それによって死刑訴訟における唯一の裁判権に対して民衆の主張を擁護するために，彼は無名の老人，ラビリウスの告発をそそのかした。この老人は，紀元前100年に起きた暴動で人民に人気のあった指導者サトゥルニウスを殺害したと考えられていた。同時に，カエサルは彼の生活の壮麗さや個人的な温厚さからの惜しみない分配によって人々に知られていたし，また彼から急速にローマの利権政治の諸要素が引き出されていった[11]。成功を収めた彼の方法は，カエサルが強力な貴族の反感に直面しながらも最高神祇官（Pontifex Maximus）に選ばれた紀元前64年に著しく成功した。この勝利は，2年後にはスペインにおける軍事指揮権をともなっている法務官職（praetorship）として実を結ぶことになったし[12]，また機知に富む言い方をすれば，出世のコースを通って「ユリウスとカエサル」[13]といわれるような執政官職（consulship）につながることができた。紀元前63年12月のカティリナ一派の処罰に関する歴史に残る議論において，選ばれた最高法務官（praetor-elect）としてカエサルは，元老院の前で共謀者をあえて弁護し，彼らに反して提示された死刑判決文の緩和をその組織に対して強要した。プルタルコスによれば，貴族制が「懐のなかにいる毒蛇を根絶する機会を失った」のはこの時であった。彼らの過ちの結果は，すぐに明白になった。紀元前59年，執政官としてカエサルは，共和国史において前例のない国制上の慣習に反抗することで，進歩的で社会的，かつ，経済的な立法計画を無理に押し通しながらも，同

---

11) サルスティウス『カティリナ戦記』54。
12) スエトニウス，前掲書，18。
13) スエトニウス，前掲書，19-20。

時に彼は三頭政治（societas potentiae）のための彼の計画，つまりクラッススとポンペイウスとの連合を完成させた。この連合は，利益と栄誉のための機会と一緒に彼にガリアにおける「異例の」指揮権をもたらすことができた[14]。

カエサルの業績の次の段階は，ライン川を渡りブリタニアに侵攻して，ガリアを征服し併合する好機を捉えることであった。属州の総督として，自ら軍事活動を計画し遂行する疲れを知らない行動力によって，軍隊の効率をあげ，自分への軍隊の深い献身を確かなものにするために彼が取り入れた方法によって，カエサルは世界を驚かせた[15]。戦闘と組織化への手堅いやり方はプロパガンダを伴ったが，そこでカエサルはガリアの危険を永久に解消した人物だとふれこんだ——このことは前途を準備したかもしれないが，その本質は推測することができるだけである。というのも，彼は二期目の5年間を始めるにあたり，ローマ世界，つまり国境を越えた属州はいうまでもなく，主要都市，イタリアの自治都市，そしてより重要な同盟国におけるとてつもない腐敗に対処し始めたからである[16]。

おそらくカエサルが獲得した領土の重大な意義について何らかの明瞭な先見をもっていたと，ましてや内乱に対して慎重に計画したと信じる必要はない。その時代の通常の習わしが示しているのは，彼の目的が単にポンペイウスの権力につりあうのに十分な経済的政治的権力のための財源を確保することであった。それにもかかわらず，彼がとった手段は次のような目的となった。すなわち，絶え間ない野蛮状態の潮流に対するライン川の強固な防波堤の設置，そして拡大された辺境の地において，ガリアの未開地

---

14) サルスティウス，前掲書，54.4。
15) スエトニウス，前掲書，65-70。
16) スエトニウス，前掲書，26以下。

への貧しいイタリア人の移住と土着のケルト人とイタリア人の融合による新しいイタリアの創造である——カエサルはケルト人のなかにギリシア・ローマ型の広大な文明に適する潜在的な資質があるとみていた——。しかし，そのような考えはそれ自体で彼の敵対者の心のなかに，この上ない恐怖と懸念を起こさせるのに十分であった。したがって後年のガリアにおいて以前よりも危険な戦時期に，こうした人々は第二期の執政官に彼が選ばれるのを妨害するような障害をもうけ，また彼の第一期時代から有罪とされてきた不法行為で彼を告発しようとすることで，彼を滅ぼすよう繰り返し陰で画策した。彼らの企ては失敗し，紀元前49年1月1日の元老院議員による大暴走を引き起こした。そのときに寡頭政治の頑迷な保守主義者——彼らはポンペイウスの軍団に支持されていたのであるが——は，臆病で躊躇する大衆に無理矢理カエサルが社会の敵であると宣言させ，そうして内乱に突入した。

カエサルの治世

　カエサルはすぐに挑戦を受け入れなければならなかった。その挑戦は彼自身の政治的要求を主張し，また人々に対する威厳を証明する二重の機会を彼に与えたのであり，自らを元老院に居座れるよう努めたが無駄だった護民官たちの権利を侵害した。そうしているうちに，彼は支配的な貴族階級を，主権をもつ人々全体を弁護するのにまったくふさわしくない単なる一「派閥」として扱った。それにもかかわらず，彼は不本意にも武力闘争に手を出していった。というのも彼の敵対者は見誤ったが，カエサルは内輪争いの結果に，とくに交渉によってなされたというよりも押しつけられた解決の目論みに気づいていたからである。元老院議員とその異邦人の同盟者によって犯された残虐な行為にもかかわらず，この闘争において終始，熟考された

節度という方針を維持することで，彼は〔独裁政治家〕スラとは異なることを絶えず証明しようと努めた。そして同時に，カエサルがローマ史においてまったく斬新なやり方で債務者と債権者の主張を調停しようとした，かの有名な破産法を可決して，彼は自分よりもたちの悪い彼の追従者から身を解き放った。

内乱でのカエサルの勝利は，一人の政治家としての彼の計画を実現させた。その計画をひどく腐敗した国家の再生計画として描くことは過大評価である[17]。ユリウスが成し遂げたことはむしろ社会的・政治的再建という課題であって，これはいくつかの理念に，そのすべてがギリシア・ローマ的思考の範囲内に与えられていた理念に触発されたものである。しかしこの理念はほとんど熟考されたものではなく，比喩的な意味においてさえ再生の観念である。したがって国内の問題に関しては，カエサルはグラックス時代からの偉大な改革者たちの証言を実行した。そしてまさにちょうどガリアを征服したときに，〔古代ローマの将軍〕マリウスの夢と新たな民主的な帝政を実現した。そしてそこで彼は，自らが古代史における専門的な政治的手腕をもったもっとも偉大な模範の一人であることを示した。これは暦の改革から自治都市の境界に関するイタリアの再編成や西方の属州，とくにスペインへの自治権の拡大に至る，すべてに及ぶ施策によって示された[18]。

とはいえ改革の可能性への克服しがたい障害が存在したし，それはカエサル自身が気づいていたように，押しつけられた平和の不可避的な結果であった。永続的な独裁官の形態において，最終的に彼を完全な軍事独裁に至らせた状況についてあれこれ考える必要はない。それらは征服され

---

17) モムゼン『ローマ史』(1894)，第5巻，11章，308頁。
18) ハーディ『ローマ法と憲章』(Lex Iulia Municipalis)。

た貴族層——彼らは頑迷な非妥協さからうわべだけの追従へと揺れ動いていたのであるが——の振る舞いにまさるとも劣らない，カエサル自身の支持者の信用できない特徴であった。カエサルは彼の政体の基礎が権力と恐怖であるという印象をはらそうと根気強く努力した。けれども彼の敵対者をなだめるあらゆる努力にもかかわらず，彼の「新たな調和」を支えるのに不可欠な協力者を得るのに失敗した。その上，彼自身の自由主義には逃れられない限界があった。彼が紀元前49年に護民官マテルスの干渉を斥けたとき，ましてや5年後にフラウィウスとマルルスをぞんざいに罷免したときに，冷笑家たちはカエサルが戦争に乗り出したときに人民原理に忠誠を誓ったことを思い出した。結局，カエサルは施政への個人的な支配を握ることによって，彼がおかれた状況の困難さを鋭く意識した。彼は述べた。「キケロのような人たちが，わたしが会見するための都合を，待たなければならないとき，いかにわたしは嫌われないでいられようか」と。

このようなことが闘争の報いであり，これらの問題はやがて激しい論争の嵐を引き起こすことになった。ウティカ〔カルタゴの北西にあった古代都市〕でのカトー〔前234頃-149頃，ローマの政治家〕の自殺は，他に何もなしえなかったほどに，彼が非業の死を遂げた原因を高貴にすることに役だった。また，カエサルが生きている間にすでに，独裁制への反感は伝統的な敵対者や対立者の記憶のなかに一つの焦点をとらえることができた[19]。この対立勢力を制圧しようとする努力において，カエサルは一度だけ職業上の寛大さを捨て去り，彼が生きている間にけっしてカ

---

19) 両者の間の形式的対立は，サルスティウス『カティリナ戦記』54のうちに確立されている。カトー的な神話の急速な増大については次の書物を参照されたい。キケロ『アッティックス書簡集』12. 4. 2と21. 4。

トーに対して示さなかったような激しさでもって彼を墓のなかに追いつめた。しかし，それにもかかわらず対立が硬直状態を続けていたので，彼は最終的に和解あるいは妥協というあらゆる希望を断念せざるをえなかった。彼が共和主義の最終的な転覆を決断したのはこのときであった。また共和主義の構造は，内乱の勃発以来，急速に展開しながら，もろくも崩れていった。「共和国は単なる名前に過ぎず，形式も，あるいは実体もないのである」と彼はいった[20]。そしてまるで共和主義的な諸制度に対する彼の軽蔑を際だたせるかのように，カエサルは45年末頃にカニニウスを執政官に任命した。「彼はもっとも注意深い為政者であった。なぜなら彼が職務に就いている間に彼は決して眠らなかったからである」とキケロは述べている。そのさいカエサルはまた「度を超した」名誉であると感じたものを受け取った。彼が単に自分自身のために古代ローマの王たちの傍らに一つの場所を探したとき，当初の彼自身の主張からさえ完全に逸脱していることを示しており，そのような仕方で彼は「あらゆる人間の法と神的な法」を破り，そしてオリュンポス山の頂上によじ登ることで，その名誉を受け取ったのだ。たしかに，その王たちが自由民の正統な指導者であり公有地の当然の保護者であったがゆえに，王族の統治（regium imperium）は当然のことながらカエサルによって要求されえたものの先例として引き合いに出すことができると説得されるだろう。しかしそのような議論は，アレクサンドロス大王の家系にとって伝統的な栄光と自らを結びつけることを明らかに切望した人のためには明らかに不可能だった。同時にカエサルがアレクサンドロス大王の政策について考えたことは，彼が最初にエジプトに侵攻したとき，首都で優勢であると考えたような状況に

---

[20] スエトニウス『ローマ皇帝伝』「ユリウス・カエサル」77。

第1章　アウグストゥスの平和　　17

ついて，彼自身が厳しいコメントをしていることからも判断されるかもしれない[21]。とはいえ疑いなく最後の数か月にカエサルは，明確にアレクサンドロスのような君主制の枠組みを抱いていたという証拠が残っており，それゆえ古典的な共和国のビジョンと理想を断念し，彼の政体のための基礎を見出そうとする無駄な努力のなかで，同時代の政治的反啓蒙主義のもっとも堕落した形態に落ち込んでいった。たしかに古い世界と新しい世界との間にある推移の法則を発見することは，カエサルの，つまり彼がそうであったような現実政治の支配者の能力を超えていた。また，彼が「名誉と栄光の要求に満足することによって」「十分長く生きた」と主張したとき，このことを彼自身が告白したようにみえる[22]。

カエサルの自己認識と歴史家の判断

この重要な発言のなかに，わたしたちはおそらくカエサルが自己自身を理解したままの，そして彼の同時代人の目に映ったままのカエサルをみるであろう。近代の歴史学は彼のうちに古典古代のもっとも偉大な政治的建設者と同時にそのもっとも偉大な政治的破壊者をはっきりとみてとった[23]。古典古代それ自体にとって彼は政治的建設者であり政治的破壊者であったか，あるいはその両者でもなかった。また，彼は抜きんでて幸運をそなえた賭博師であったし，彼がした賭はまさに世界の支配に他ならなかった。他方，世界の運命は大部分，カエサルの運命と密接な関係にあったことも同様に明白であった。それゆえ同時代のある政治記者は独裁者に二通の手紙を宛てたが，その二番目の

---

21) カエサル『内乱記』iii *ad fin.*, esp. 110.

22) キケロ. *Pro Marc.* 8. 25.

23) モムゼン，前掲書，第5巻，10-11章，フェレーロ『ローマの偉大さと衰微』(1909), 第2巻，16章，344-48頁。

手紙で，彼をヨーロッパ文明の将来全体を脅かす危機に対する唯一の防波堤として迎えている。「万が一この帝国が病から，あるいは運命によって消滅するのであれば，その結果は世界中に広がった荒廃，流血，そして闘争であるだろうと誰が疑うことができるのか」，と彼は断言している[24]。このようなことがカエサルの生きている間に広く行き渡っていた雰囲気であった。また，そのためにキケロでさえ彼が「マルセウルスのために」を書いたときに，同意を示したようにみえる。「誰が」，と独裁者に頓呼法を用いることで，演説者は問うている。「盲目のあまり自分の個人的な安全があなたの安全と関わっているかを，またカエサルの生涯に彼〔カエサル〕の同郷人の生活がいかに依存しているかを認めることができないのは誰か。あなただけに課されている責任は，武力衝突によって崩壊し，破壊されたすべてのものを回復することであり，正義の執行機関を再び確立し，信頼を呼び戻し，放縦を抑え，人口の増大を促進すること，要するにあなたが，ばらばらにされ，錯乱されたと感じるすべてのものを強力な立法によってともに結合することである。時代の課題は，闘争の痛手を癒やすことであり，あなた以外にそれをすることは誰もできない」[25]。しかしスエトニウス〔75-160，ローマの伝記作家・歴史家〕やプルタルコスのような人々にとって，記録された事柄がその目的ではあったが，カエサルの描写はいくぶん異なる色彩で描かれている。両者は，とくにカエサルの晩年に，神の不満を呼び起こすことによって，最終的な破局の前兆である高慢（adrogantia）あるいは傲慢（ヒュブリス）のしるしをみている。一人の懐疑論者としてスエト

[24) サルスティウス偽書（The pseudo-Sallust），『カエサルへの第二書簡』「国家の統治について」は広範にわたり 46 年の夏の間にアフリカで創作された，歴史家の純粋な著作として受け入れられた。

25) サルスティウス，前掲書，22-3。

第1章　アウグストゥスの平和　　　　　　　　　　19

ニウスには,カエサルの死は絶滅以外の何ものも意味し得なかった。それにもかかわらず,スエトニウスからはあの世界を震撼させる出来事によって公共精神のうちに創られた印象が消えてはいない。したがってスエトニウスは独裁者の死と同時に起こった,新しい彗星が空に現れたこと,つまりカルデア伝承において,天国へのカエサルの招待を記した「ユリウスの星」(sidus Iulii) に注目している。「こうしてカエサルは,単にそのように宣言した人々の口によってだけではなく,人民の確信によってもまた神々の数へと加えられた」[26],と彼は結論を下している。カエサルの流星のごとき生涯に対して,プルタルコスはふさわしい類似をアレクサンドロス大王の生涯のうちに見出す。また,プルタルコスにとってその類似は栄光と同時に権力のネメシス〔天罰〕を説明している。彼はいう,「カエサルは彼の生涯を通じてかなり多くの危険を冒して帝政と支配を求め,多くの困難を伴いながらようやくそれを成し遂げたが,彼はそこから他ならぬ空しき名前と人に妬まれるような栄誉しか得ることができなかった。しかし生涯においてカエサルに仕えた偉大な守護神は,彼の死後も彼の謀殺に復讐するためにとどまり,これに関わったすべての人々を陸海くまなく追跡し,誰も逃れることを許さなかったが,この行為に関与したか,あるいは助言によってこれに間接的に関与したかにせよ,何らかの点で関わったすべての人に突然襲いかかった」[27]。

---

26)　スエトニウス,前掲書,88。プリニウス『博物誌』ii. 25.94. 参照。彼はこの理由のために一つの星がやがて広場に建てられるべき像の頭の上におかれていた,と付け加えている。この奉納の日付は,紀元前29年8月18日である。

27)　プルタルコス「カエサル」69。

共和国の破壊者としての独裁者カエサル

このような昔の観念に照らして考えてみると，カエサルは魅力的ではあるが同時に危険な人物として立ち現れる。というのも，そのように詳細に描写された精神は一つの崇高なエゴイズムなのであるから。そこでは支配欲（libido dominandi）が，考えられうるすべての選択肢を排除するためにあらわになっており，途上で出会うすべての障害を粉砕する。わたしたちは，不和を惹き起こす実力者としてのカエサルのことを語っているのだ。確かに彼はその通りであった。すなわちカトーが評価したように，「彼は革命家のなかでも沈着冷静に共和国の転覆をはかった唯一の人物であった」。カエサルは同じような機敏さをもって公共広場の暴徒の間に，野蛮なガリア人のなかに，もしくは不毛で退廃的なエジプト人のうちに自分の計画への支持を見出し，そして目的のためにはユダヤ人の熱狂的な宗教的ナショナリズムさえ利用した。とはいえ，このような権力がもたらしたのは，分裂どころか破壊であった。自分自身の独立を除いて，すべての独立への要求に敵対することで，その権力は共和国の古典的な理念に込められている効力をもった平等性とはまったく両立しがたい。それを共同体のなかに容認することは，結局ライオンを育てることを意味する。このライオンは野獣の群れのなかにいるうさぎに答えて，「お前の鉤爪はどこにあるのか」と尋ねた。この問題は，古典的政治学が直面したもっとも不可解なものの一つとしてはるか昔から提出されていたものだった[28]。しかし，それはついにカエサルとともにローマに出現したのである。

このように考察してみると，独裁者の生涯は一つのモデルというよりも一つの警告として自らを提示したのであ

---

28) アリストテレス『政治学』iii, 1284a。

る。そして，もしギリシア的な専制政治のほうを選んで「裏切る」ことが最終的な解決策だというのが真実であるならば，カエサルが結局多くの，前からいた多くの信奉者たちにさえ拒絶されたことは驚くにあたらない。自分自身を神として誇示する大胆さをもっていたために，キケロのような年上の共和主義者たちに嫌われ，彼の名前は後のカエサル派の人たちの精神においてさえ，彼の偉大なライバルであるポンペイウスの名前と結びつけて考えられた。つまり，「その心を頑なにして内輪の闘争にあけくれ，翻って自分自身にとってもなくてはならない祖国の勢力に敵対した」人と考えられた[29]。したがって，〔彼を殺害した〕「解放者たち」の行為は計画と実行において稚拙であったかもしれないが，まったく無益ではなかった。カエサルの葬儀が引き起こした民衆感情の反発にもかかわらず，また死せる指導者に対しておのずから生じた神格化にもかかわらず，彼の暗殺は帝国に差し迫っていたオリエント化を引き延ばすのに役立ったのである。そして，たとえ道理に反していたとしても，このことは生来の市民的伝統が堅忍不抜であることが明らかになることで，最終的にはアウグストゥスが達成することができた合意を実現するのを助けた。

カエサルの殺害と続く動乱

　生涯の終わりが数か月に迫ったとき，独裁者は自分の生涯が帝国と大混乱の間に立っていたにすぎなかったことに気づいたと伝えられている。そして事実，ローマの存在は，世界にとって重要であったすべてのものと一緒に，運命を決した3月15日に続く動乱の期間にまさって，細い糸で吊るされていたことはなかった。だから問題は次のよ

---

29)　ウェルギリウス『アエネーイス』6, 832-3。

うに問われるであろう。もしカエサルが彼の才能と洞察をもってしても，ローマの難題を解決する力がないことがわかったならば，だれが今やそれを実現すると期待されえたであろうか，と。国王を殺害した者たちが自分たちの行動が引き起こした状況を統制する力をどのようにしても持ち合わせていなかったことで，危機は目立つようになった。そして彼らは，残念ながら分別にも強欲にも訴える力をもっていないことがすぐにわかった。彼らの失敗は，間もなくマルクス・アントニウス〔前83頃-30，ローマの将軍，三頭政治に加わる〕が暴露した。アントニウスの残りの生涯は，事実，彼らの行動に対するきわめて強力な批判という形をとった。彼は生き残ったただ一人の執政官として，恥知らずにも，自分の地位を乱用し，自らのためにカエサルと似た形の支配形態を確立した。彼の計画は，若いオクタウィアヌス〔後のアウグストゥス〕の干渉がなかったならば成功したであろうということを疑うことはとてもできない。オクタウィアヌスはカエサルの相続人として自らの要求を実現するために，カエサルの猿まねをする人々との争いで元老院を自分の仲間に加えた。相互の嫌疑と恐怖が，やがてこの同盟を破壊することになった。この同盟の不一致は，アルプスの南側にあるガリアでのアントニウスの敗北のあとに，元老院議員たちが勝者と自称した者たちの武力を破壊するように努めたとき明らかとなった。それはカエサルの革命的な手段をひっくり返すための準備として，またローマ世界を1世紀以上の間苦しめていた独裁政治の支配を再建する準備として意味をもっていたのである。

　こうした結果として西方の全体にわたってカエサル主義が急速に再燃するようになった。オクタウィアヌスは，彼を裏切った者たちをだますことによって和平の申し出（olive branch）をアントニウスにまで広げた。そして凋落

したアントニウスは、彼としても、これまで軽蔑していた反対者との和解を達成しようとの意欲を示した。属州の統治者たちは、相次いでその軍隊が再興されたカエサルの大義につくと公言した。こうして彼らは、元老院から抵抗するあらゆる力を剥ぎ取ったのである。そのためキケロには、概して空虚で不毛な理想と感じられたものに対する支持を得ることが不可能であることがわかった。最終的にボノーニアの会議は三頭の怪物（アントニウス、レピドゥス、オクタウィアヌスの三頭政治）の魔手に共和国を引き渡し、この怪物は独裁者の名前と名声を擁護し、残存していた元老院の影響力を打ち砕き、そして自らを滅ぼすことによって幕を引くように運命づけられていた。このようにして3月15日に続くもろもろの事件は、専制君主を殺すことは君主政体を殺すことではないというキケロの嘆きが真理であることを証明した。

カトーの精神とキケロの『国家論』

このことは、タプスス〔北アフリカのチュニスの近くにあった古代都市、カエサルがポンペイウスに勝利した地〕とウティカ〔カルタゴ北西の古代都市〕の決定を確かめたにすぎなかった。ストアの理想主義は、実際、後代になってからすべてのローマ人の最後に来る人としてカトーが到来すると告げるようになった。そしてセネカは、「どちらの側からも求められた専制」(ad utroque dominatio quaesita) というキケロ的な命題を発展させることで、一方においてはポンペイウスが、他方においてはカエサルが、また両者の間にカトーと共和国があると宣言しなければならなかった。いわゆる立憲主義的な党派の道徳的な指導力がポンペイウスよりもカトーに属していたということは、十分に認められるであろう。というのも、ファルサルスで敗北したのち、ローマ人のアガメムノンが彼の党派の非難する眼差

しに臆せず立ち向かうよりも，エジプトの砂漠でみじめな死を遂げるのをひそかに逃れたとき，カトーは独裁制の脅威を防ぐための最後の絶望的な努力を重ねて元老院議員の力を再結集したからである。そして真の指導者がまったく希望をもてないので何の仕事もできないように強いられている場合においても，わたしたちはそれでも生きている人たちよりも死者によって大義がときにはいっそう有効に弁護されるということを想起すべきである。カエサルの体制を根底から覆したテロリズムが突発的に発生したとき，たしかに帝国の独裁制の被害者たちはウティカが蒙った苦難のうちに不屈の自尊心と忍耐の貴重な事例をみることになった。そして，少なくともこのような意味においてカトーの精神は将来の生活のなかに一つの場所を見出すことになった。しかしカトーは，その時代の実状からは不思議にも遠ざかっていたことは，依然として真実のままであった。キケロが言っているように，カトーはロムルスのこの汚水溜めよりもむしろプラトンの描いた国家のなかで生きていたかのように語った。生まれつきの頑迷さがストア的な尊厳の教えによって補強されて，カトーに死に方を教えたかもしれないが，それは当時の社会的・政治的な病弊に対する真の救済策を彼に与えることができなかった。実際，本当の問題点は「自由」と「君主制」との間にあるのではなく，むしろ君主制が採用すべき形式にあった。

　このようなことは，キケロが内乱が勃発する5年前に『国家論』を書いたとき，すでに彼の心に浮かんでいた問題であった。そのようなものとしてこの問題は，カエサルの死後，増大する暴力を伴ってふたたび始まった党派闘争のさなかに台頭してきた。この問題は，ときおり対抗する指導者たちの申し立てによって曖昧にされた。共和主義を公言した闘士たちのなかにはブルートゥスでさえ完全に誠実であったとは思われない。だが他方においては，カエサ

ルの伝統を支持する代表者たちの各々は，ある意味で共和国の復興に味方しなければならなかった。フィリピの合戦〔アントニウスとオクタウィアヌスがブルートゥスとカシウスの連合軍を破った〕の結果で，ある程度明らかになった状況は，三頭政治の期間に起こった一連の事件によってさらに明瞭になった。それはアントニウスとオクタウィアヌスをお互いに対決させる結果となり，同時代の世論にそれぞれの主張の違いを審判しなければならない必然性を課した。

アントニウスの生涯と意味

アントニウスの生涯のなかには，彼がローマの共和制の理想が衰えていくことに対してほんのわずかな理解をもったり，それに同情を示していることをあらわすものは何もない。この徴候はまことにわずかなものだが，これが示している事実とは次のようなものである。すなわち，彼はその世代に特有な権力への渇望にとりつかれていたが，彼にはいかなる意味でもユリウス〔・カエサル〕の精神的な後継者とするような精神と心の資質が欠けており，その理念をただこっけいに真似ているにすぎない革命の典型的な信奉者であった。執政官として彼は，その支配を労働者階級や軍隊にもとづかせようとする，典型的な扇動政治家であることを露呈した。反逆罪の訴訟にさいし，彼は法律に定められた法廷の判決から民衆の嘆願する権利を擁護することによって，大衆を引きつけようと努めた――それはキケロによって「法律というよりもむしろあらゆる法律の転覆」と非難された処置であった――。さらに彼は，百人隊長の審査員がひとり陪審員団に加えられるべきであると提案して，軍隊の忠誠心を獲得しようと骨を折った。こうして彼は正義にもとづく施政にとって無視できない地位を軍隊そのものに与えた。彼は三人の執政官の一人として，

ローマ人の感情にとってはなはだしい激怒を呼び起こした地位にすばやく就いた。彼は公職を追放されていた間に，その敵たちに野蛮な復讐をなすべく迫って，まっ先に反乱を扇動したがおそらくそれはペルシアにいる彼の兄弟と妻のせいで水泡に帰した。その表向きの目的は「共和国の復興」であったが，真の目的は退役し，市民生活に戻った兵役経験者たちを復職させることで，彼の同僚たちを困らせることであったのに相違ない。彼はパルティア人の手にかかって恥ずべき敗北を喫したばかりか，アルメニア王を裏切って逮捕したことで，東方におけるローマ軍の名を汚した。とはいえアントニウスの究極の目的が明らかになったのは，ヘレニズム的にいって「神の人」つまりディオニュソス神に模したアントニウスのような法外な地位，および重婚の配偶者エジプトのクレオパトラといった異常と思われた〔結婚の〕身分から注意をそらすために，オクタウィアヌスを政体復興のための唯一の障害として大衆に示すことで，専制政治に対する憎悪をオクタウィアヌスに向けようとしたときである。このようにして紀元前44年にルペルカリア祭〔毎年2月15日に行われる神官団による豊穣祈願の祭り〕でカエサルの頭上に王冠を授けた男が，10年後にそれを自分のために手に入れる熱望をあらわにした。

初期オクタウィアヌスの生涯

　これに対して，最期のオクタウィアヌスの生涯はごく控えめにいっても，きわめて不明瞭であったし，歴史研究は将来の皇帝自身がほとんど隠しておくことができなかった異例な点を解明することに失敗した。野心は彼が相続したものの一部であったように，疑いもなく若い皇帝の血のなかを流れていた。愚かさを暴露することなしに彼は自分の宿命を逃れる道はなかった。しかし，地位と権力を求める過酷な競争に引き込まれながらも，回りくどく，不評を

買った方法によって彼が自らの主張や彼の父親の記憶を擁護しようと求めながらも、同時に彼があらゆる主義主張のもっとも厳格なもののなかに行動の自由を得ようとしたことは明らかである。それゆえ最終的にアントニウスが生来の信念から変節漢として知られたのに対して、オクタウィアヌスは次第にラテン精神の指導者にして擁護者として彼の役割を見出し、この精神のなかに彼の将来の支配力を発揮する秘訣を見出した。

〔政治上の〕問題点が故意にでっち上げられたと考えることは、あまり世慣れていないヨーロッパの諸民族が裕福で勢力的な東方との接触を通してつねにさらされていると感じていた危険を忘れるためである。ローマ人たちはギリシアの文献に精通しており、サラミスの「偉大な救出」に加えた解釈を受け入れることができた。彼らはまた、たとえ名目上はヘレニズム文化の勝利をもたらしたとしても、事実上はヘレニズム精神を致命的に弱めてしまったアレクサンドロスの征服の教訓を正しく理解することができた[30]。最終的に、ローマ人たちは彼ら自身の東方の征服者たちが引き起こした危険に気づいた。なぜならユピテルの優位がまだ深刻に脅かされていなかったとしても、それにもかかわらずナイル川やオロンテス川はすでに洪水をテベレ川へ放出していたし、そしてその水は汚れていたからであった[31]。

オクタウィアヌス自身が、同時代の意見がもっていた風

---

30) 本書第3章、原文96-97頁参照。

31) 東方と西方との不可避的な対立という考えは、少なくともヘロドトスの時代からよく知られたギリシア思想の決まり文句であった。本書第12章、原文763頁参照。もちろんここで問題となっていることが純粋に人為的なことであるがゆえに、この考えは無意味である。したがって、この考えを受け入れることは歴史的な力へ向けて「コンパスの方位を実体化すること」である。

潮によって影響されなかったと想定することは無理である。とはいえ問題は，彼の誠意に関わるものではまったくない。彼は退廃的で混乱した東方に向かってラテン文明の擁護者として自らを代表とすることで，アントニウスやクレオパトラに反対して彼の兵力を動員した。アエネアスの盾〔守備艦隊〕は[32]，彼が自分の同国人にその盾をみてもらいたいと望むがままに，〔両者が戦った〕アクティウムの戦いを描写している。すなわちそれはアントニウスの挑戦，彼のわきにいる恥知らずのエジプト女性〔クレオパトラ〕，アジアと紅海の海岸にいる被征服部族から召集された雑多な大勢の異邦人によって混みあった彼の軍船を，また父祖たちや民衆を先導した皇帝によって妨害されたのに祖国を守るイタリアの武装勢力を描写する。この問題は競合する神々，つまり熱狂的で東洋的な想像に由来する恥ずべきで低俗な生き物に対抗した同志と国家とのラテン的な神々のうちに象徴されていた。それゆえ吠え立てるアヌビス〔エジプト神話にあるオシリスの息子〕や多様で怪物のようなエジプトの神々が皇帝に対して彼らの武器を向けながらも，彼の勝利はアクティウムのアポロに保護されながら，ネプチューン，ウェヌス，そしてミネルヴァの助けを借りることで保証された。このような意味において，アクティウムは決定的に重要であると感じられた。事実，ローマのサラミス〔ギリシア軍がペルシア軍を破った地〕は，オリエンタリズムの破壊的な勢力に対する共和国という古典的理念の勝利であった。このことは，それ自体としてはイタリアと西方に対する広範囲にわたる征服でもってアウグストゥス的な決着方法の特徴を定着させることを助けた。なぜならこのようにしてラテン的な政治理念を利用することで，アウグストゥスはその継続的な活力を明らかに

---

[32]　ウェルギリウス『アエネーイス』viii. 675 以下参照。

したからである。したがって、彼はほかならぬ彼が勝利した条件によって、その協力が勝利を可能にした人々の期待を、もしできることなら、満足させるように拘束されていた。いい換えれば、彼は根本的にローマ的な路線にもとづいてローマの平和を復興させるように義務づけられていた。彼は、その長く華々しい生涯の残りをこの課題に捧げたのである。

「アウグストゥスの平和」の印象
 こうして彼に負わされた限界の内部で、アウグストゥスの奮闘が成功したというのは疑いのないことである。〔ローマの歴史家で『ローマ史』の著者〕ウェレイウスは新しい体制が開始したのちに、しかしその魔力がとぎれるまえに、同時代の人々に次のように書くことで、皇帝が独力で行った主張を十分に認めるような言葉でもって「アウグストゥスの平和」(Pax Augusta) によって民衆の心に刻まれた印象を綴っている。

　人が神々から強く望むことができるもの、神々が人に与えることができるもの、願望が思い描きうるもの、あるいは幸運がもたらしうるものなどまったくないのに、アウグストゥスがローマに帰還したさい彼が共和国とローマの民衆や世界に授けなかったものは何もなかった。内乱は終結し……外国との戦争は鎮圧され、平和がふたたび確立され、熱狂的な対立は至る所でゆっくりと鎮まり、法的有効性は法へ、権威は裁判所へ、そして威厳は元老院へ戻された。政務官の権力は、存続する八つの法務官に二人が加えられたことを除いて、以前の範囲へと縮小された。共和制の伝統的な形式は復興した。農業は畑へ、尊敬は宗教へ、所有権の保証は人間へ戻った。古い法は慎重に改正され、

新しい法律の制定は一般的な益のためになされた。すなわち，元老院の陪審員は抜本的ではないが，厳重に改められた。公職にあり，勝利を勝ち取った優れた人々は，皇帝に懇願して，都市を彼らの存在でもって飾らせようとした。……民衆が皇帝に提供しようといい張った独裁制を，皇帝は頑固に拒絶した[33]。

　おそらく人は，皇帝ティベリウス〔前42-後37，ローマ皇帝（在位14-37）〕の役人，つまり一人の廷臣の側に立ったこの感情表現の横溢に微笑むかもしれない。彼はティベリウス自身と同様に，アウグストゥスの解決策を政治的知恵における最後の提言とみなした。それどころか，ウェレイウスは彼がかつてそうであった退役した連隊長のように書いている。それにもかかわらず，彼の考察は彼の時代の精神の本来的な表現として受け入れなければならない。この考察は長引いた内乱の停止，そして強力な政府の保護の下での安全と幸福の実現によって生じた広範囲にわたる安堵感を記録している。平均的で乏しい理解力の観点からなされた，この考察はアウグストゥス時代の文献と思想に広まった心情の反映である。

　これらの心情は，〔自己とは〕異質な理想への何らかの服従を暗に示すどころか，共和国の伝統的理念に元来備わっている目的の明確な実現をあらわしている。実際のところ，この心情はグラックス〔古代ローマの護民官で改革家〕時代以来ずっと，何人かを除くすべての元老院の反動主義者が示した野心である，新しい計画（nova Concordia 新しい一致）が遂に実現したことに対するほとんど普遍的な信念を示している。したがって，これはアウグストゥスを革命の最終的な相続人にして実行者として明らかにした

33）　ウェレイウス『ローマ史』第2巻，89。

のであり，いまや彼はその革命の利得を強固にしなければならなかった。しかし，このことはそれ自体ではアウグストゥスの解決策の意味を論じ尽くしてはいない。なぜなら，彼の目的を達成するために，アウグストゥスはこれまでの皇帝がけっして理解しなかった保守的な伝統のうちでもっとも強力なものと手を結んだからである。さらに彼は，左派と同様に右派にも共通したギリシア・ローマ的な社会遺産から壮大な設計図を引きだした。この意味において，アウグストゥスの平和は古典古代の精神の最終的かつ決定的な表現としてあらわれる。

歴史家サルスティウスの記録

ローマ的ラディカリズムの性格と目的は紀元前1世紀のひどく興奮した革命的活動を引き起こしたが，それはおそらく二通の『皇帝への手紙』とともに，サルスティウス〔前86-34，ローマの歴史家・政治家〕の著作である『ユグルタ戦記』，『カティリナ戦記』，そして断片『ヒストリエス』への言及によって説明できるかもしれない。またサルスティウスの著作は，それが不確かな作品であろうとなかろうと，その時代のよく知られた理念を確実かつ具体的に表現している。それらの著作から判断すると，長い元老院支配の期間は外国を占領する戦争から始まり，それがローマにもたらした利益と栄光にもかかわらず，独占という悪弊を含んだ強奪的な性格をもっていた。これに対して，純粋な市民的理想は素朴な共和国の形式のなかに記されていた。その形式とは農夫と戦士の社会であり，それぞれの階級から国を守るために必要な物理的な力（vis）だけでなく，権威（auctoritas）や権威がそれによって方向づけられ抑制された賢察（consilium）も調達された。このような社会はその経済問題（負債と土地）を克服することで，イタリアの征服と連合を通して，著者の目にはローマ的秩

序のもっとも豊かな潜在可能性を実現したかのようにみえた。

したがって，サルスティウスとともに，ローマ的秩序は最終的には物質的原理に委ねられた。この原理のうちに彼は，その強みと弱みという二つの秘密を発見した。というのもその原理は海外へ拡張しようとする衝動を備えることに役立ちながらも，拡張の過程はその原理が依存していると思われた基礎を次第に弱めていったからである。いい換えれば，帝国の獲得物は無制限の競争時代の始まりを告げる役割を果たし，要塞化された農民の共同体を巨大なコスモポリタン社会に変え，そのなかでは土地を所有している有力者と資本家の連合が大多数の極貧労働者や家来，そして奴隷と対決した。それゆえ世界征服によってローマ人は，幾人かを除くすべての人に対して実質上の隷属を準備しており，その幾人かの手中には搾取の手段，つまり経済的・政治的権力の統制が握られていた。

均衡がどの程度崩れたかは，新たな労働者に対する次のようなグラックスの強烈なレトリックのなかで明らかにされた。「あなたは自分が世界の統治者であることを自慢しているが，あなたは自分のものであると考えることのできる足元の土地を所有していない」。すでに引用された忘れることのできない名言のなかで[34]，サルスティウスはその深い含意を示唆すると同時に，この利己的な帝国主義によって生み出された害悪感を記録している。彼にとってこの感覚は，単に臣下の人々に対する罪悪に関わっているだけではない。それは，市民生活の物質的な基礎を掘り崩すことによって，一般の人々の権利と自由を破壊している。そうすることで，この害悪感はラテン的な共和国のすべての基礎を崩壊させる。

---

34) 本書9頁，注6参照。

このような背景において，革命は保守的な運動，つまり公共のもの（res publica）を狭量で利己的な富裕階級の利害関心へと悪用することに対する抗議として理解された。革命の典型的な特徴とは次のようなものである。たとえば，改革者たちはイタリアや外国における土地の割り当て計画を通して自由の物質的基礎を回復することや投機家や金貸しの力を滅ぼさないとしても，それを脆弱なものにしようとしたし，さらには行政官や裁判官に対する元老院の支配を排除しようと一貫して試みた。この土地割り当てが導入され，革命家たちにとってさえ一つのスキャンダルにまでなったが，それは疑いなくその計画の一部にすぎなかった。ところがこれは一時しのぎの策として擁護されたが，その策といえば少なくとも風紀を乱すものではなかった。このような最低の生活水準を得させる〔パンを与える〕ことは，大貴族たちの間で彼らの寛大さを明示したり，政治的威信（gratia）を得る手段としてすでによく知れ渡っていた。

このような現象のうちには，すでに示唆したように，その市民としての性格を消滅させる点が含まれる傾向に対決する，盲目的ではあるがまったく効果がないわけではない大衆の反乱がみられるであろう。その傾向は，サルスティウスがレピドゥス〔前13頃没，古代ローマの政治家，三頭政治を行う〕，ないしはカティリナ〔前108頃-62，古代ローマの政治家〕のような人に言わせたせりふにおいてはっきりと示されている。彼らはカトー，あるいはブルートゥスのような人が告白した現実離れした共和主義がその置かれた状況をうまく処理することがまったくできないことを説明している。腹が空いており，その精神が貴族的な富と横柄さというきらびやかな光景によって不快となった人間たちに対し確信をもって訴えることができたような思想の武器は，現実離れした共和主義には何一つなかった。

彼らはまた大衆がキケロの申し入れを受け入れた点を怪しんだことを説明している。キケロの自由主義は彼が財政的かつ政治的な特権と連携していることを隠すのにほとんど役に立たず，彼はといえばカティリナ党を抑圧するときに演じた役割を終えると，本人の認めるところによれば，ローマにおいてもっとも人気のない人物であった。

なぜならその豊かな理念にもかかわらず，キケロがただぼんやりと意識していた社会的腐敗が示唆されたとき，大衆らもまた用意されるべきこの自称，社会の救済者がもっている力の内にあるよりも思い切った扱いを要求したからである。いい換えれば，大衆は権力による権力への従属に対する強烈な要求への唯一考えられる答えとして，皇帝を必要としたのである。しかしキケロの精神は，それにもかかわらず権力がアウグストゥス的な政体のなかで明らかにされるようになった条件や状態のうちに発揮された。

アウグストゥスの治世

アウグストゥスの優位は，共和国が彼自身の支配から元老院の権威と民衆へと劇的に変化することによってはっきりと示されたのであり，それゆえ次のような計画によって彼は君主として委任された権威と限定的な職権を受け入れたのである。このことは疑いなく茶番劇の一幕を含んでいたし，その劇の目的は権利と自由が物神崇拝とほとんど同じであったような貴族政の偏見を和らげることであった。その理由といえば，こうして彼がカトーやブルートゥスの亡霊に敬意を表することで，アウグストゥスは時計の針を元に戻すような意図はなかったからであり，またこのことは呼び戻しがたい過去への愚鈍な崇拝者を除く，すべての人にとっては明白なことであった。それでもやはり，君主の権威を受け継がれたものとして認めることは，その権威を古代の合法的な統治（imperium legitimum）へ同化する

ことであったし,それは基本的な性格においては威厳のあるものだという刻印を押されたがゆえに,このような計画の意味を過小評価するのは簡単であった。いわばローマ法という造幣局のなかで鋳造された権威は,東洋的な神秘主義に特徴的な表現であったむき出しの統治権とは全面的に（toto caelo）異なっていたのである[35]。

それゆえ,次のことがアウグストゥスの演じた役割のなかで重要である。すなわち,彼は形式的な選挙の必要性を提起し,その時がきたら,統治において彼と結託しなければならなかった人々に対しては,彼自身と似た特別な権力を容認するように求めるべきであった。また,何よりもまず彼は自らの後継者を任命し,その後継者を公的生活へと導く方針をとった。しかし同時にアウグストゥスは,後継者に対して彼がもっている義務の実践的な手ほどきをしてみせたのである。また帝国の特権が,概して公的任務とは別に驚くほど大きな権利と義務の蓄積として発展するようになったことも重要である。その結果,共和国の形式と外観は保護されたし,いくつかの点においては,政務官と元老院の権力は実質的に増大した。というのもこのことは,表向きは伝統的な共和主義の背後で,分散していた行政的権威の諸要素が集約されたことを意味しているからである。一方で君主に与えられたのは,彼にとって公共政体を有効な方向へと導くのに十分なほどの行政管理や軌道修正などの主導権であった。他方で彼は,一定の軍管区の運営に対する責任を自ら引き受けた。彼に負わされた責任のなかでもっとも重要なものは,辺境の政情不安定な地域の統治だけでなく,陸軍や海軍に対する命令をも含む外交と帝国を防衛する責任であった。こうして皇帝に与えられた権力と義務は広範囲にわたり,包括的なものとなった。さ

---

35) 本書第3章と第4章参照。

らに伝統的に共和主義的な政務官の地位に付与された職務が次々に新しい執行部へと移され，そして執行部の活動が，以前の制度下では元老院や人民の管理へと委ねられていた領域を侵害するにつれて，権力や義務は急速に拡大した[36]。最終的にはその内容が「諸々の法律から解放された君主」(princeps legibus solutus) という格言のなかに示されている特別な規定の力によって，皇帝は彼の活動の自由を無効にするような国制上の制限から解放された。同時に彼の個人的な防衛は，大逆罪の法である「皇帝の法」(Lex Maiestatis) の許可によってだけでなく，護民官の神聖不可侵性 (sacrosanctitas) の認可を通して安全に保証された。それゆえ特権は一連の譲歩によって確立され，元老院と人民という十分な能力をもった権威によってつくられた。理論的にはその個々の特権は，非共和主義的ではまったくなかった。総合的に考察してみるならば，それらはゆるやかですぐに順応できる委員会としての元首政を示しており，その条件はウェスパシアヌス帝〔在位69-79〕の下で，いわゆる「王法」(Lex Regia) つまり後継する君主たちがそれによって統治権 (imperium) を授けられた法律文書において具体化されることができたのであった[37]。

元首政の本質と共和国の理想

このように考えてみれば，いうまでもなく元首政は自由な共和国の理想からの根源的な逸脱を示していた。共和主義の本質は政治制度として，点検と均衡の体系を確立する試みのなかに見出された。これは年ごとに開催され，平等に権利を与えられた原則にもとづき，軍事的な統率権

---

36) タキトゥス『年代記』第1巻，2:「ついに元老院と政務官と法律の職務をとらえて手中に収める」; 第11巻，5「法律と政務官の職務のすべてをとらえて手中に収める」。

37) ブルンス『古代ローマ法の諸起源』ed. 7 (1909), 202頁。

(imperium) という権力を無効にすることを計画し，こうして被支配者に対してある程度の自由を確保した。この体系は崩壊するはるか前から，実践的な目的にとってはもう時代遅れなものになっていた。ローマ軍団（レギオン）と近衛兵に対する自分の唯一の命令を通じて，皇帝はその「難局を打開する」能力を条件としてのみ，有効な権力の蓄積を手中に収めた。抵抗とは反乱を意味したし，また成功のみが反乱を正当化する唯一のものであった。たとえ政治的対立が起こりうるとしても，それはいっそう不首尾に終わった。その「優れた統治権」(maius imperium) と「護民官としての権能」(tribunicia potestas) によって，皇帝は政務官職と同様に反政務官職の代表的な性格をもったし，政務官，元老院，そして人民に対して最高の権威を行使した。それから独立した政治的活動が有するあらゆる可能性は，共和主義的な機関を表現しながらも，帝国権力の影の下でゆっくりとしぼんで消えてしまった。それゆえ，元首政は事実上の統治として現れた。このことが暗に示していることは，おそらく創設者が死んだあとになってやっと十分に認められたであろう。というのも皇帝の後継者を選ぶ選挙において明らかになった危機は，次のことを明白にしたからである。すなわち君主に与えられた特権が拡大していったとしても，特権が廃止されることもなかったし，分割されることもなかったということを。「アウグストゥスの長い支配的な立場は，ローマの人民をして服従することに徹底的に慣れさせた」。のちに起こったさらに深刻な危機が強調しなければならなかった真実とは，「完全な隷属も完全な自由も不可能な」[38]人民にとって元首政が考えられうる唯一の取り決めであったということだった。こうして制度がもっていた活力は，制度が陥りがちな多岐

---

38) タキトゥス『歴史』第 1 巻, 16。

にわたる堕落やこの堕落が引き起こした破滅的な悪弊を，つまり1世紀の人々の生活を荒廃させた悲劇的な争いを元首政に残存させてしまい，初期のローマ帝国史のテーマを形作り，タキトゥスが行った有名な皇帝たちを告発するための根拠を形成した。

　なぜなら，元首政はあらゆる本質的な欠点をもちながらも，レース・プーブリカ，つまり共和国というラテン的理念を暗に示している共通善の再形成に捧げられたからである。この事実は皇帝たちの計画を決定し，彼らの個人的な気まぐれにもかかわらず，彼らに対して決定的にこの計画を権力の不可避的な条件として課した。したがって，たとえば〔この事実のために〕彼らは，ヤヌスの神殿の閉鎖や「アウグストゥスの平和という聖壇」（Ara Pacis Augustae）の設立によって有名になった平和政策を維持せざるをえなかった。この政策は征服者の血統にとっては新しく見慣れないものなので，好戦的な貴族に理解されることはほとんどなかった。貴族がこの政策のなかにみたのは，まさに自分たちから自分の階級にとって伝統となった差別を奪うと判断された嫉妬深い強烈な悪意にほかならなかった。この政策は皇帝たちには異質なものであったことはいうまでもなく，うんざりするようなものと感じられ，彼らは国境上での純粋に防衛的な作戦においてもたらされるかもしれない，取るに足らない名誉に満足せざるをえなかった。このことがもたらしたのは，歴史家でさえも解釈するのが大変な難問である。もはや人目を引くような記録すべきものはなかったがゆえに，タキトゥスは次のように語っている。「わたしの仕事は，分野も限られており，しかも映えない」（Nobis in arto et inglorius labor）[39]。それにもかかわらず，たとえば，ブリタニアの征服のようなきわめて明瞭で完全

---

39)　タキトゥス『年代記』第4巻，32。

に理解できる例外もあるが、領土の獲得を控えようとする政策は、首尾一貫して社会を再構築するという課題に対する論理的前提として追求され、この課題によって元首政は世界という観点に立って自らの正当性を主張したのだ。

　この課題の第一の局面は、個人の市民権の維持と拡大であった。これは植民地化と同化によって果たされ、初めから革命運動の内部で守られながら発展し、独裁者カエサルによって途方もない規模で実行された理念とも一致していた。この点においてその速度は彼の後継者たちによって速められることができたけれども、ゆっくりと促進することがアウグストゥス自身の政策であった。これとの関連においてわたしたちが思い出すのは、皇帝クラウディウスがガリア・コマタ〔長髪のガリア族の地〕の貴族に帝国の名誉（ius honorum）を与えることを認める決議を支持した元老院に介入した有名な出来事であり、そのときに彼によってなされた演説かもしれない。この過程で彼は、市民権に関する「自由主義的な包容政策」と呼ばれるものに対して古典的な表現を与えた[40]。いまなお疑念をもってみられ、貴族のなかでもあまり妥協をしない者によって警戒された政策に、わたしたちは立ち止まって注目してみよう。この計画の意義は、二つの部分にわかれていた。一方で、この計画が意図したのは大衆を更生させることであり、大衆に対して共同体との関わりをもたせることによって、後の共和国の寄生者への対応策を与え、「文明化された」生活として正しく描かれるであろうものの基礎を拡大した。他方で、この計画は政治体の成員を拡大し、とりわけ戦場で軍隊を維持するために必要とされた人力を供給するような要因に対する新鮮で汚れのない資源を利用することによっ

40）　タキトゥス『年代記』第 11 巻, 23-4; ファーノー（Furneaux），『タキトゥスの年代記』第 2 巻,「序文」33 頁参照。

て，政治体を強化しようとした。

　ところが，このことに優ってそこでは社会の徹底的な浄化が要求された。人気（gratia），尊大な態度（tumor），快楽（voluntas）の抑圧（サルスティウス），放蕩（luxus），贈賄（ambitus），強欲（libido）の抑圧（キケロ），ローマのモラリストたちが革命時代の悪弊の原因とすることに同意した「無為に過ごす風習」（desidentes mores）の浄化が要求されたのである。それと同時に帝国の人民が，世界における自己の地位をふたたび主張できるように，公共精神を教え込むことも求められた。わたしたちの関心に限定していえば，この計画の詳細は将来の議論のために残しておかれるであろう。ここではこの課題が，組織された社会が提供する手段によって実現されるべき政治的課題として考えられた点を指摘することで十分である。

　したがって元首政は，革命の理想のなかで健全であったものを我がものとしながら，それでもローマの左派がさらされた退廃という汚名をどうにか回避した。この退廃は，その後の帝国の官僚制社会主義において遅ればせながらも勝利するように定められていた。このことを元首政は，キケロやリウィウスの自由主義的で保守的な伝統のなかで最善のものであったものと緊密に連携させることによって成し遂げた。この点で，元首政は（モムゼンの言葉を借りれば）それが自由な共和国の国制と異なるのと同様に，少なくともその後の帝国の国制とも異なるものとなった原理を具体化するようになった。同時に，元首政は二つの国制の間の単なる妥協を越えたものとして評価される権利が与えられ，事実，権力がこれまでになかった姿で発生したがゆえに，創設者が新しい呼称を見出すように努めることを是認した。

　この原理によってアウグストゥスは，共和国の理念のうちで活力に満ちたものを救い出し，彼の仕事を子孫の冷静

な判断に委ねることを望んだ。というのも、このことは彼が自らの権威に対する支持を見出し、同時に国家をおそらくローマ的精神のもっとも特徴的な側面であったものを表現する手段へと変えることを可能にしたからである。これこそが法の支配であった。そしてこのような意味で、法とは世界に対する皇帝たちの贈り物であった。なぜなら共和国の下でさえ、民会（comitia）よりもむしろ統治権が実際に法を創造する源泉であったことはほとんど疑いえなかったからである。こうして皇帝たちによる統治権の復権は法を利害関心の支配から解放することを可能にし、それを科学的で哲学的な原理の表現たらしめた。これは帝国の上告裁判所にもとづいた君主の法的特権の発展を介して実行された。帝国の上告裁判所は、厳格に制限された権限によって構成されているにもかかわらず、人民裁判所が政務官の審理（cognitiones）のために姿を消していくにつれて、大きく拡大された活動範囲を見出した[41]。

政治的手腕のなかでもローマ的精神の最終的な表現としての法によって政治が取って代わられたとき、これに伴って元首政は過去から引き継がれた多くのものを排除した。とくに元首政は、元老院議会と広場が躍動的な生活をする余地を残さなかった。またサルスティウス、カエサル、そしてキケロの書物のなかで後の共和国を研究する者にとってはよく知られている閥族派（optimates）と平民派（populares）との間の闘争の余地も残すことはなかった。しかし、この損失の埋め合わせをするさい、ギリシア・ローマ文明の最高の約束がついに実現されえたということが、同時代人の熱烈な希望に対する言い訳となるように思われた。というのも利害の要求が取り除かれることがまったくなかったとしても（サビニ人とローマの騎士たち

---

41) グリニッジ（Greenidge）『ローマ人の公共生活』381頁。

との間の論争が示しているように），それにもかかわらずこの利害の要求は自然的な理性と公平さの諸原理に従属させられたからであった。この原理を欠いたならば，権力は僭主政として理解されるのであり，この原理を条件として権力は「正当化」されたのであった。この点で人間の国（the City of Man）は，〔マルクス・アウレリウス・〕アントニウスのような哲学が描く天上の国のなかで持ち続けられた基準へと適応させられなければならなかった。また，回避できなかったように，もし目的が達成されなかったとしても，少なくとも成し遂げられたのは，古典的な法学の諸原理を通して，人間はついに被支配者に対する唯一の手段として支配しなければならないという耐え難い必然性――ギリシア・ポリスの顔から社会的調和の仮面を剥いだ党派争いによるお互いの搾取――から解放されたことであった。なぜなら相互に独立したものとしてのちに理解されることになった公的権利と私的権利が存在し，後者は前者の破壊によって十分に機能を果たさなくなるどころか，皇帝たちの下でそのもっとも完全な発展と十全なる意味を得ることができたからである。

　このように考えてみれば，アウグストゥスの平和は共和国の古典的な概念に対して新しい意義を与えた。元首政のなかでローマ人は，政治的理念の最終的な要求を満足させ，キケロが夢見た「護衛する人，統率者，指導者，国家の管理者」（protector, rector, gubernator, or moderator rei publicae）を生み出し，これらの代理人を通して元首政は強力な独占力に対してと同様に，過剰な暴徒支配に対する正義の理想を新たに主張することを企てた。この意味で皇帝たちは共和国を破壊するのではなく，完成させることになり，彼らは形式と同様に精神においても「共和国」を復興した。これは，彼らが何らかの目前に迫った千年王国を導いたことを示唆しているわけではない。精神的にも今後

の展望においても保守的であったがために，彼らは特殊な悪弊を非難し，この悪弊を根絶するというよりも抑制しようとした。それゆえ「パンとサーカス場の競技」(panis et circenses)，瀕死的状態にある共和国の禍，地位と権力に対する大貴族たちの熾烈な競争がもたらした副産物は，新しい体制の下で修正された形式のなかで生き残った。また，この厳密な管理の下で根深い弊害をもたらすことのほかに何も試みられなかった。さらに皇帝たちの下では，共和国を廃墟のように崩壊させた臣下たちと協力者たちの搾取について遠くで響いているこだまをなお，聞くことができた[42]。最終的には，行政内部の無節操と腐敗と戦うという焦燥の苦しみを舐める問題だけが残った。そしてクラウディウス時代の醜聞は，この闘争が負け戦であったことを示していた。それにもかかわらず，驚くほど目的に固執することで，皇帝たちは法を破ろうとする衝動や情念をもった勢力を，つまりその歴史的な使命がいまだ達成されていなかったときに，凶事でもってローマ体制を脅かした過度に貪欲な精神を，克服しようとした。そのような行き過ぎた貪欲を矯正する方法を，皇帝たちはローマ人の気質のなかにとても深く根づいていた秩序感覚に求めた。こうして皇帝たちが安定性，繁栄，そして余暇という古典的理想，つまり彼らが「善き生活」と考えたものの要素を実現するために人間本性の素材を見出したように，彼らはまだ手を加えられていない人間本性という素材を活用した。この意味で，冥府で「成文法を交付する」カトーは，その死後には新しい体制の英雄として位置づけられた。

---

42) タキトゥス『年代記』第3巻，40-46と第4巻，72-74。

アウグストゥスとローマの神格化

このような理由のために帝国の体制は，アウグストゥスとローマが神格化されたときにそれが受け取った，神聖化に値するように思われた。帝国の祭儀がもっている意味を十分に理解するためには，祭儀を確立するにいたった精神的な過程を考察することが必要である。わたしたちはこの過程を本書第一部の後半部分で考察することにしている[43]。今の時点では，祭儀が設立したことは，都市とその支配者の守護神（genius）のなかに具現していると考えられた，精神と心の「すぐれた特質」を公的に承認することであったということを認めるだけで十分である。このようなものとしてこの祭儀は，存命中の皇帝の崇拝と死んだ皇帝の神格化という二つの形で表現されている。どちらの意味においても，この祭儀はローマのなかで新たに生み出されたものとみなすことはまったくできない[44]。それゆえヘレニズム世界のいたるところで主権者に向けられた崇拝は，ローマの政務官たち——彼らはその義務によって東方にまで派遣された——を含むために拡大されたことが記録されている。これは早くもフラミニヌス〔217BC没，ローマの将軍・政治家〕の時代（紀元前196年）に始まった。フラミニヌスは，ヘラクレスやアポロとともに古代ギリシアで崇拝され[45]，そこにはスキピオ家の人たち，マテルス・ピウス，マリウス・グラティディアヌス，そしてスラのようなほかの人々も含まれていた。キケロでさえ，キリ

---

43) 本書第3章参照。
44) 皇帝崇拝の起源は，さまざまな著作家たちによって研究されてきたが，そのなかでわたしたちは以下のものをあげる。W. W. フォーラー (Fowler)『共和国の終わりの世紀における神性に関するローマ人の考え』；トゥーテイン (Toutain)『ローマ帝国における偶像教の崇拝』；L.R. タイラー (Taylor),『ローマ皇帝の神性』, ルブレトン (Lebreton),『三位一体の教義の歴史』第1巻, 26頁以下。
45) プルタルコス *Flamin.* 16. 4.

キアにおける属州総督職に就いている間に神的な栄誉を提示された(だが彼は拒否した)[46]。内乱におけるユリウス・カエサルの勝利は,東方のいたるところで彼のために設けられた祭儀によって有名になった[47]。これと同時に,プリエーネとハリカルナッズスの文書は,アウグストゥスに対する類似した栄誉の提議を記録している[48]。これらの祭儀は,「共通善」という形式のうちで起こる有益な活動の源泉として,この受領者たちを記録することに役立った。他方,この世を去った皇帝たちの神聖化は少なくともローマにおいて一つの前例がある。それは紀元前42年に正当にも元老院の認可を正式に受けて神格化されたユリウスという前例である[49]。この前例に従って帝国の威厳を受け継ぐに当たって,パンテオンの一員に君主の前任者を指名することが新しい君主の主要な義務になった。一方でこれは祖国愛(pietas)ないしは忠誠心のしるしであり,他方では君主の業績(acta)の承認,つまり彼がその統治権の力によって生涯にわたって実施した行政上の手段と結び付けられ,そして君主らに対して永続的な妥当性を与える効果をもった。このような仕方で用いられることで,自らの前任者を指名することは亡くなった君主たちの性格と功績に関する近代的な「世論」と等しい判断を記録することにも役立った。このようにして「善い」皇帝たちが首尾よく神的な地位に高められたとき,彼らの精神は永遠の国の守護者であり防衛者としてユピテル,ユノそしてミネルウァと並

---

46) キケロ『アッティックス書簡集』第21巻7とAd Quint. Fr. i. 9. 26.

47) トゥーテイン,前掲書,第1巻,第1部,第1章,26頁以下。

48) ディテンベルガー『オリエントのギリシア語碑文』Sel. ii. 458,ルブレートン,前掲書,26頁からの引用;Brit. Mus. no. 894,ルブレートン,前掲書,27頁からの引用。

49) ディオ=カッシウス『ローマ史』67, 18-19。

ぶ場所を占めていると考えられたのである。

第 2 章
ロマニタス　帝国と共和国

───────

はじめに

　アウグストゥスの治世は，帝国の存在のみならず西洋文明の将来すべてを脅かす危機を首尾良く終わらせることを示すものとして，ほとんどあらゆる人々から熱狂的に迎えられた。敗北主義とあきらめに代わって，無限の確信と希望——国家の統合を脅かした諸問題は首尾よく克服されたという確信とローマの神々の庇護を受け，カエサルの血統による軍事的統轄の下に，ほかならぬサトゥルヌス〔ラティウムをかつて治め，黄金時代を築いたといわれる伝説的な王〕の黄金時代が回復されるであろうという希望——が後を継いだ。

　この種の気分が広くこの時代にもてはやされたということは議論の余地がない。実際，数世紀にわたって，人類の新しいより良い時代の幕開けという独特な考え方がアウグストゥスの治世に結びつけられていたからである。これに加え，最も崇高な表現が，ウェルギリウスによって与えられた。彼は同時にそれらを広めることに責任を大いに負っていた。かくして，詩人独特の哀愁，

　　　人類のおぼつかない定めに対し，

悲しみに沈んであなたは威厳に満ち[1]

が生まれたが、それにもかかわらずウェルギリウスは、当時の楽観的な見方を最高のかたちで具現化させる。彼の作品のうちに、わたしたちはその当時の人々の心をかき立て、またカエサル家のもくろみにおいて明確になってきたものを実現せんとする野望の広がりと特質を認めることができる。しかし、このことはそれ自体では、けっして彼の作品の意味をいい尽くしてはいない。なぜならアウグストゥスの希望の内実を明らかにしつつ、ウェルギリウスは同時にその希望と人類の歴史の膨大な背景とを関連させ、さらにはそれに宇宙的な設定を与えながら、その本質的な根拠を開示したからである。彼の想像力に照らしてみると、アウグストゥスの平和（Pax Augusta）は地中海沿岸における文化の日の出から進展していく努力——信用されず見捨てられた過去の社会秩序の廃墟の上に安定した永続的な文明を築く努力——の頂点としてあらわれた。このように考えるならば、アウグストゥスの治世はローマの人々の生活において決定的な段階をなしているばかりか、人類の発展の重要な出発点をもなしていた。それどころか、その治世は帝国の都をその世俗的な課題に再度献身させたことと、それに向けて古典古代の思想と野望が目ざしてきたけれど実現しなかった人類解放の理想の実現を特徴づけていた。このような見方からすると、元首政という制度は創造的な政治の最終的な勝利を明らかにあらわしたものであった。というのもローマは自らの問題を解決するにさいし、古典的な共和国の問題をも解決していたからである。

---

1) ウェルギリウス『アエネーイス』VI, 789-800。

ウェルギリウスの役割

したがってウェルギリウスにとって紀元前30年に続くもろもろの出来事にはきわめて大きな重要性があった。そのことは彼が同時代の大方の人たちとともに考えたように、戦争を終わらせるための戦争がアクティウムでなされ、勝利したということだけではなかったし、またその敵たちさえも表明したように、元首政は暴力や政治的腐敗、また金の力から逃れる道を提供したということでもなかった。金の力は、法律の施行を麻痺させることによって元老院や人民の権威に対するあらゆる信頼を破壊してしまっていた[2]。このような気分は深くかつ強力ではあったが、戦争への憎悪と共和主義的な自由に対する不信感は単に消極的なものにすぎなかった。しかしながらウェルギリウスにとってアウグストゥスの治世の本当の意義は、その積極的な特質にあった。まさにウェルギリウスはアウグストゥスの治世を政治的理念の究極的な表現とみた。こうして、その治世は斬新で不可侵の根拠にもとづき、帝国都市の拡大された権力と責任に適した言葉によって帝国都市が与える平和の古代的理想の強弁を意味した。それはイタリアに対してと同じように、属州に対してなされたローマ的和解の方法を適用することを意味した。一つの事例において、この方法がイタリアの国民性の意識を呼び起こすことにより、半島が幾世紀にもわたり血を流してきた傷を癒すのに役立ったが、いまや苦しめられ絶望的となった世界にはびこる慢性的な悪弊を癒すものとして提供された。

---

2) タキトゥス『年代記』1,2,2。「彼らは権力者どうしの確執と政務官の貪欲のため、ローマの元老院と国民の支配に、いや気をもよおしていた。のみならず、彼らを保護すべき法律が、暴力と陰謀と、はてには賄賂でもって、混乱され効力を失っていたからである」(国原吉之助訳、岩波文庫、上巻、1981、14-15頁)。

『アエネーイス』とローマ帝国の再建計画

　それゆえ詩人の自信のなさがはっきりとわかるにもかかわらず,『アエネーイス』はアウグストゥスの業績のより深い意味合いを明らかにするものとして, アウグストゥスに熱烈に受け入れられたことは驚くに値しない。そして, このように元首政の目的と方法の証人となることによって, ウェルギリウスは帝国の再建計画に対し着想と方向性を提供した。それによって彼は, 帝国の設計者のなかでカエサル家の人たちとほぼ劣らぬほどの重要な地位を獲得した。しかしながら, これは彼の影響のほんの始まりにすぎなかった。なぜなら彼の諸著作によってもたらされた, 人を引きつける力をとおして, 永遠の都ローマに対する彼の使命感を後世に永久に印象づけたからである。このように共和国に関する自らの理想像を人類の意識に投影することによって, ウェルギリウスはそののち幾世代にもわたって続く帝国の団結の基礎を提供した。それは少なくともアントニウスの大いなる企ての崩壊の時まで, その力を維持した思想と活動の試金石であった。そうすることによって彼は共和国の制度に対して倫理的裁可を与えたばかりか, 古典時代の異教思想の精神に決定的な表現を付与した。その異教思想は, のちになって宗教の文化と対決させられた文化の宗教であった。そして新しい生の体系に対する反抗的な挑戦をなぎ倒すことによって, 彼は少なくともそれらの原理を帝国の都ローマにおいて具現化されたものを参照しながら形成するように強いた。

　ウェルギリウス主義は監察官カトー〔マルクス・ポルキウス,＝大カトー, 前234頃-149頃, ローマの政治家〕の時代に国民的自己意識の幕開けがなされて以来, ローマ人たちが直面した問題の解決策を示している。地中海世界を征服するに伴って, 突然, 巨大な帝国権力に変貌したこの知的な農民たちからなる国は, 比類のない道徳的, 知的混

第2章　ロマニタス　帝国と共和国　　　51

乱状態のなかに投げ出された。偶然あるいは運命が彼らを追いやった特殊な立場をうすうす意識しながらも，しかしこの知的な農民たちが直面した新しい種類の問題によって狼狽させられたことで，彼らの当惑は紀元前2世紀の対立する歴史的動きのうちにあらわれる。これらの動きは変革において頂点に達したのであり，その問題点をわれわれは描き出そうと試みた。首都の街路での無秩序と流血の勃発は，それまで形成してきた社会的平和の基礎であるローマの平和が絶望的に崩壊してしまったことの合図であった[3]。そしてこの事実は，ローマ人たちに再建の問題を課した。その再建問題の解決は，それに代わるものがだめになったということが徐々に明らかになるにつれて，いっそう差し迫ったものとなった。それゆえ危機の増大と時を同じくして，一致に向けた新しくより十全な基盤を形成するという一連の実験的な試みがローマにおいて起こった。未曾有の経済的，社会的，そして政治的動乱の時代において，それらの試みがなされた場合に，そのどれもが決定的なものでなかったということがわかったとしても，これらの試みをあなどってはならない。ローマ人たちは実際，ウェルギリウスの下で彼らの疑いと当惑とが解決される解答を見出すまで待たなければならなかった。自分たちの帝国の将来の歩みを描いたのは，ウェルギリウスであって他の誰でもなかった。しかしながら彼がみたように，問題のもろもろの要素は彼の先人たちから受け継がれたものであった。その解決のために彼は先人たちから，かなりのものを引き出した。こうしてそれらは，直接間接に帝国社会の生活を支配することになった共通の思想大系の重要な部分を作り上げるのに役立った。

---

3) アッピアン（Appian）『内戦』1, 1 と 2。

カトーの役割と意義

　古代ローマの平和を脅かしていた危険は，たとえそれらが意味していることがまだ十分にわかってはいなかったとしても，大カトーの時代にはすでに明らかになっていた。事実，最初に警告の声を上げたのはカトーその人であった[4]。伝統的な士気の急速な崩壊に懸念を抱きながら，彼はそれを海外征服の戦争によってもたらされた「諸要素の混合」のせいにしたが，そのため国は「外国の慣習と新しい生活の模範」の影響にさらされた。痛烈な言葉で彼は帝国内に猛威をふるったさまざまなかたちの外来文化，主として頽廃したヘレニズム世界に由来し，なかでも傑出したスキピオ家の保護をうけ，ローマにおいてこれ見よがしに誇示されたかたちの外来文化を公然と非難した。これらの人々のなかにカトーはローマ人の生活に侵入し，害毒を与えていた悪意のある勢力の権化をみた。この観点からすると，彼らの徳自体が彼らの悪徳とほとんど同じくらい憎むべきものであり，両者は等しく，それが新奇なものであるだけ危険な，自己主張をもったエゴイズムの反映であった。第二ポエニ戦争に続く新しい帝国主義の代表者たちであるスキピオ家の人たちは，ハンニバルによる危機のさ中，彼らの公職において顕著にみられたことだが，自分たちは一般人に対してあてはまる基準とは違う基準によって裁かれるべきだと主張した[5]。それゆえ彼らは弛んだ個人的生活の仕方に対して安易な厚遇を許しながら，同時に彼らの同国人の手によって特別な考慮と優先的な取り扱いを受ける権利を主張した。こうしてローマ市民の伝統的な振る舞いの範疇から免除されることを要求することによっ

---

　　4)　リーウィウス『歴史』34,2,4。「オッピア法」の廃止についての彼の演説を参照。また前掲書 39,40-4; プルタルコス『大カトー』4ff. を参照。
　　5)　リウィウス『歴史』38,42. および 51-60; 39,6。

て，彼らは既成秩序の崩壊を予示し，危険であるにもかかわらず共和国の市民にふさわしくない超人思想の道を指し示した[6]。

スキピオ家によって代表されるような人々の影響力に対するカトーの敵意のうちに，「ギリシア文化の受容は古代ローマ国家の滅亡を意味するであろう」という彼の有名な言葉の意味が見出されるかもしれない。そして，その点ではスキピオの解放思想が世界市民主義的なヘレニズム世界から引き出されたかぎり，カトーは正しかった。この世界市民主義的なヘレニズム世界では，神的王（バシレウス）に対して払われるべき敬意は共和国の皇帝（インペラトール）に容易に移し代えられた。カトーの視線が過去にしっかり固定されていたという事実にもかかわらず，すでにアリストテレスとともに政治哲学は次のような将来についての現象と一致していた。

> しかし全家族が，あるいはある個人が，徳において，たまたまあらゆる他の人々に優るほど傑出しているとき，まさしくその人たちは，王家であり，すべてのことに優るべきであるか，もしくはこの一人の市民は国民全体の王であるべきである。……なぜならそのような人を殺したり，追放したり，またはその人が今度は人から統治されるべきであると要求することは，正しくはないであろうからである。本性上，全体は部分に優っており，この卓越さをもつものは全体の部分に対する関係のなかにある。しかし，もしそうであれば，そのものは最高権力をもつべきであり，かつ人類は交代によってではなく，つねにその人に従うべきである

---

6) 本書第3章157頁参照。

ということが唯一の選択肢である[7]。

　このように，まさに共和国の存在そのものを掘り崩した教説を支持することで，アリストテレスは市民的自由と平等を主張するために効果的な承認を与えるためには，哲学的自然主義が不十分であることを明らかにした。またこうして，もしアリストテレスが共和国の理想を裏切ったならば，ヘレニズム的国際都市におけるアリストテレスの後継者たちについてはどのように語られるべきであったか。キュニコス学派，キレネ学派，エピクロス学派，さらにそれらに先立つストア学派は，その内部の相違が何であれ，それにもかかわらず歴史的にいえば，以前にプラトンによる悲観主義の契機によって投げかけられていた暗示にしたがって，一般の人々が政治的救済の希望を捨ててしまっていたような時代の産物であった。生まれ故郷を失った人々の世界に向かって呼びかけつつ，これらの諸学派は純粋に個人的な救済の，もしくは政治的諸形態から区別され，独立するものとみなされた「社会」における救済の福音を宣べ伝えた。ローマ人の諸活動にきわめて精通していたのはこれらの学派であった。そして彼らが自分たちの教説にぼんやりと懸念を覚えたように，彼らは自分たちの目的が単に一般に共同体の行動の動機を弱めるだけでなく，何よりもまず，とくにローマ的な愛国心の徳を脅かしたということに十分気づいていた。同時代の世界において，これらの哲学の潮流は密儀宗教の広範な人気と並存していた。それ（ディオニソスの密儀宗教）を転覆させる者は，すでにカトーの時代にはローマに頭角をあらわしていたものの，

───────

[7]　アリストテレス『政治学』3,1288a15ff. 山本光雄訳，岩波文庫，1961，147-75頁（訳文の一部変更）；プラトン『政治家』での「女王蜂について」を参照。

当時ほとんどいなかった[8]。また，もし密儀宗教を転覆させる者の登場が血生臭い残虐な抑圧の手段のしるしであったとしても，それでもやはりその意義は必ずや理解されうるような前兆であった。なぜなら，この偶発的事件はハンニバルとの激烈な戦いに長く明け暮れて以来，イタリア人的な気質——自分たちの先人たちがそのために戦い，命を賭した信念からの，とくに若い世代による道徳的，精神的な堕落——に徐々に広がってきた深淵的な変化を記録していたからである。その世紀のさ中，この堕落の影響が単に広範囲な社会的不安定においてばかりではなく，戦場におけるローマの軍隊のなかの無規律や反乱の光景——それはローマの年代史において前例をみなかった——においてもみられうるのであった。

このような有害なもろもろの傾向を相手として戦うための勇ましいが無益な努力において，カトーはその時代の諸問題にその国にふさわしい接近法として意図されたものの土台を築くべく着手した。「あのおしゃべりな国民」を大いに疑って——その歴史は，国民が世界に与えた理念を保持することができないことを彼らに示していた——，カトーはその知恵の特質が人々や出来事に関する彼の数多くの含蓄ある言葉によって指し示される，そつがない農夫の知恵を最後のよりどころとすべく，ギリシア哲学のもろもろの発見を拒絶した。頑固にして経験的かつ実践的な彼の態度は，キケロが賛同し引用した国家に関する次の有名な言葉によって例証される。

---

[8] リウィウス『歴史』39, 8-18; 40, 19. ブルンズ，前掲書，164頁。ローマでのバッカスの密儀の詳細については次の貴重な分析を参照せよ。クモン（Cumont）『ローマの異教におけるオリエントの宗教』ed. 4, 付録「オリエント民族」195頁以下と注303頁以下。テニィ・フランク（Tenney Frank）『紀元前186年のバッカス信者の祭儀』Cl. Quart. xxi (1927) 128頁以下。

他の国の政体よりも、わが国のそれが優れている理由は、他の町々はほとんどつねに、たった一人の立法者により法律と制度が定められたのに対して、われわれの共和国は一人の者の才能ではなく、多くの人々の才能により、また人間の一生涯の間ではなく、数世紀、数世代にわたって確立された、とカトーはよく語ったものであった。なぜなら彼の説明によれば何事もその人から逃れることができないほど頭脳の明敏な人物はいなかったし、どの一つの時代の才能を一人の者に集めても、時代と経験から得た教訓なしにはあらゆる可能性を見通して、予期しうるようなものではなかったからである[9]。

この典型的な言説に、わたしたちはそれ以後カトーの名前と結びつけられている道徳的、政治的な根本思想の精神を捉えることができるであろう。

カトー主義と政治活動

このような狭く制限された見方からカトーは、自分たちの経歴をもって共和主義的な自己表現の合法的な流儀のよい実例となるだけでなく、共和主義的な徳の伝統的理想を自分たちの生活の中で具現するようにみえた代表的人物たちを模倣することによって適切な行動様式を見出した。それに当てはまる人物のうち、ファビウス・マクスィムス〔前260頃-203、古代ローマの将軍、ハンニバルを苦しめた〕やマニウス・クリウスたちはなお生き延びて、国家を創設し維持するのに役立った特質を、自信を失った世代に対して証言した。これらの人々を自分のモデルとしてカトーは、たとえ自分の名前が頑迷や粗野や非人間性をあらわす

---

9) キケロ『国家』2, 1, 1。

ことで周知のものになったとしても，それはまた，忍耐，節度，勤勉，自己抑制をも意味したという仕方で自らを教育し訓練した。まさしくこれらの特質を彼は戒めや実例の双方をもってまるで自分の息子に刻印するよう努めた。そのようにして彼は，「雄弁術，農業，法律，医学，そして戦争の研究を含む単純で，ほとんどまったく技術的，職業的大綱」にしたがって，諸々の技術によって個人的教えを施すことにより，息子を「徳に向けて形成した」。その結果，彼はローマの教育者の筆頭たる地位を得たのである[10]。このようなカトーの生き方の局面に関わるのが，『農業論』という有名な論文である。まず第一に土着の農業的伝統のなかで実現すべき労働の中でこの論文が示していることは，奴隷を育てて売ったりすることを含む土地と動産の徹底的開発のために新しく設立された荘園制度がもっている可能性に著者が十分に気づいていたということである。しかし，その主たる意義は農業を生活の一様式として示すことによって，たとえ道徳的等価物ではないとしても，少なくとも戦争に代わる道徳的対応物を提供するものであるとする，労働に対するカトーの信念を明らかに示している。

　カトーが公共生活にもたらしたそのような心の準備は，〔トロイ戦争の賢明な老将〕ネストールのそれと同じように通常なら三世代に広がったものである。その時代を通じて彼は悪を行う人々にとって脅威として自分を立て，要職と権力の地位にある犯罪者を告発することを絶えざる務めとなした[11]。しかし彼の経歴の絶頂は，疑いなく紀元前184年の検閲官職という任務であった。彼は公的契約を力強く遂行することによって，また共有財産を自分のもののよう

---

10) プルタルコス『大カトー』20。
11) プルタルコス，前掲書 15；リウィウス，前掲書，39,12-14。

に使う人々の活動を抑制するべく意図された他の方法によって，だが検閲官職と関連した伝統的な浄化機能を拡張することによって——たとえば贅沢品に重税を課すことによって——その任務を有名にしたのである[12]。帝国の政治において彼は，東方を新たに征服したり，それに関わりあうことには反対の立場をとった。しかし，ふたたび生じたカルタゴの脅威のために，この「制限された責務」という政策は西方においては失敗に終わった。カトーが「カルタゴは絶滅されるべきである」という叫びを上げたのは，おそらく経済的理由というよりはむしろ道徳的理由のためであった。それにもかかわらず，そうすることにおいて彼は自らの態度の本質的な曖昧さをあらわにし，いわば敵の思う壺になった。昔からのライバルの滅亡は共和国の運命の浮沈において事態を悪化させる明確な転換点を示し，カトーとカトー主義が空しく戦った冷酷無比な勢力の軍事行動を起こさせ，国家を革命にあと一歩という状態にまさに近づけさせるものと受け止められた。

　したがって，カトーの名前は「共和国が悪徳へと堕落していくなかで国家を再生すること」を求めた人のそれとして生き続けたが，とはいえ彼の時代の社会における人間とその行動様式は等しく常軌を逸していた。なぜなら単なる共和主義では，共和国を救うことはできなかったからである。こうして彼の死後十年余りで一連の出来事の急速な進展によって国家は，そのもっとも過酷な敵どもの手に渡されたのである。グラックス兄弟〔古代ローマの護民官で改革家〕とともにローマは，それに続く試練と苦難の年月を通じて思いもよらない革命的精神の別の側面を経験しなけ

---

[12]　カトーの影響は，おそらく紀元前 161 年の安全保証会議のうちに看取されるかもしれない。それによって最高行政官は，哲学と修辞学のあらゆる教師を都市から追い出すための権利を与えられた。スエトニウス「雄弁家伝」(『名士伝』所収) i。

ればならなかったように，スキピオ的な活動理念の最初の動揺を経験したということは疑う余地のないことである。事実ローマの町が，その帝国の将来へと適応する過程において浄化の火炎を経験せねばならなかったことは避けられなかった。カトー主義の原理を述べることは，こうして彼の限界をも明らかにすることである。しかしながらローマ人たちは新しい秩序に向かって手探りしながらも，なおカトーの教えにある有益な要素を忘れないでもち続けていたし，ローマの再建が実現したとき，その再建がもとづいていた原理は彼の生涯と思想からまったくかけ離れてはいなかった。

貴族社会の頽廃とローマ社会の荒廃

しかしながら再建の日は依然として遠かった。そして革命的精神の着実な前進に伴い，カトーが精力的に戦ったすべての要素は反抗的にも表面にあらわれてきた。こうしてカトーの曾孫が生きたローマ社会では，伝統的抑制の最後の断片が侮辱的にかなぐり捨てられた。そして，その社会の支配的特徴は個人の自由と自己主張のそれであった。新奇な経験のかたちに対する，飽くことを知らない渇望にかきたてられ，貴族社会の人々は浪費と酒色に溺れる長々と続くどんちゃん騒ぎにふけった。当時の世界は感覚の満足を求めてもっとも珍しく，もっとも風変わりな手段を与えるために荒らされた。洗練された贅沢と悪徳の究極的な工夫が，みだらな快楽ですでに飽き飽きした欲求をさらに刺激すべく持ち込まれた。その当時の広く行き渡ったムードをとても生き生きと反映させた叙情詩的な作品が発達し，カトゥルス〔前84頃-54頃，ローマの叙情詩人〕やその他の人々は生き残り，変動する時代の帝国都市の洗練された趣味と荒廃の証人となった。他方，歴史と風刺は同じころに発達し，多少気むずかしく教訓的な調子を帯びていたも

のの，その調子は程なく型にはまったので，数世代を経た
ころまでには大方の廃れた社会悪を非難した作家たちに
よって模倣されることになった。

この流行は，帝国社会のより地位の高い仲間たちに限定
されたものでもなかった。一般大衆の間でも急速かつ大規
模に広がりながら，パンと見世物は金持ちたちが行う贅沢
な宴会に相当するものを与えた。この時代にまた，ローマ
のトラは血への飢えや渇きを満たし，次第に巧妙になる血
みどろの見世物の提供によって貪欲で堕落した欲求を満足
させる手段を見出すために，政治的野望は無理な負担を強
いられた。事実，もしわたしたちがセネカの冷静で思慮分
別のある観察を信頼してよいならば，これはローマ人の生
活のひどい堕落の上に即座に天罰をもたらした物質主義の
クライマックスであった。高きも低きも同様に，また年齢
や地位，あるいは男女の別なくローマ人はこぞって官能と
激情の放縦にふけった。それは一方において社会的崩壊を
促進させたのと同時に政治的組織をも破滅させた，支配と
権力を求めるためのあの熾烈な競争を刺激した[13]。

ルクレティウスの真義

この狂った世界に，救いのメッセージであるエピクロス
の福音があらわれた。それは，ルクレティウスの『物の本
質について』の中で取り上げられ，哲学者であるよりも
芸術家であった人〔これは詩人オウィディウスの『アルス・
アマトリア』（恋の手はどき）を指すと思われる〕によって
説得力のある魅力に満ちた雄弁の限りを尽くして唱道され
た。ルクレティウスのうちに知的，道徳的混乱に向かう同
時代の傾向を合理化すること以外に何もみない見解はまっ

---

[13] 次の同時代の社会の描写を参照されたい。サルスティウス『カテリナ戦記』24,3-4 と 25。

たく皮相的である。実際,彼が目ざしたのは,そのような無秩序が克服される可能な方法を示すことであった。また,ある意味で彼は反感をかう言葉を語ったとしても,革命的な情熱の強烈な炎に油を注ぐ意図はなく,むしろ理解と統制の新しい原理を打ち立てることであった。その原理は理性であって,師のエピクロスの教えにおいて具現化されているように,彼にとって思弁的な業績の到達点をあらわすものであった。それを実現するために彼は人間生活に有効な理論の前提として,もろもろの現象の背後にある真理の啓示を求めた。

そうすることによって,ルクレティウスは古典的精神の最上かつもっとも顕著な側面の一つを写し出している。事実,古代の生活を堕落させた悪を認識する点で,彼に優る明晰な人を,あるいはその悪に対する公然たる非難において,彼に優る情熱的な人をギリシア・ローマの古典作家のなかに見出すことは困難であろう。これらの悪の原因を,彼は大衆に人気があり,詩的な異教主義の伝統的な神々に対する信心に帰した。この源泉にまでさかのぼって,彼は宗教（religio）の名によってなされ,かつある意味において人類の運命を支配すると思われる存在〔神〕の好意を勝ち取ったり,その怒りを避けたりする願望によって引き起こされるさまざまな衝動や抑制を突き止める。そしてそのなかに,彼は他のどんな力も引き起こすことができないような悪と苦難の原因を捉えている。

このような状況分析から,当然のこととして救済策が生まれる。なぜならば,このように人類に降りかかる諸々の災いは,いうなれば心理的なものだからである。それらは,「理にかなわない」希望ないしは恐怖の産物である。これらの災いは,それ自体,究極的実在の性格に関する誤解にもとづいている。この誤解を取り除くために,それが依拠している土台を破壊することだけが必要である。この

エピクロスの自然科学は、ある一つの自然観を提示することによって果たされる。その自然観は空虚のなかを動いている原子にすぎないものを明らかにするように、宗教の主張していることをまったくの幻想だと烙印を押すものである。こうしてエピクロスの自然科学は人類を見えないものや理解しがたいものへの恐怖から解放し、異教の神秘主義への広漠とした切望にとって代えるために、生の目標を提示する。この目標は超自然的な諸力による支えから自立しているがゆえに、前もって挫折を運命づけられてはいない。この目標は欲望と情熱の野蛮な衝動に屈することによっては達成されえない。それは個人の快楽と苦痛の判断基準によって測られるように、通常の人間関係において見出される具体的な満足からみられた合理的な人生の秩序の成果でなければならない。このようにルクレティウスが唱えていることは、一言でいえば啓蒙による救済である。それはただ、自然を詳細に調べることによって明らかにされる機械論的法則、すなわち「自然の形と法則」(naturae species ratioque) の要求に服従することを含意しているだけである。そしてそのためには、ただ理解という行為以外には何も要求されない。いい換えれば自発的かつ自動的で、「明日のことを思い煩うな」ということに依存している。こうしてそれは巧妙にも努力の根源を断ち切っている。

> わたしたちがなんら努力することなく、おのずから、より良いことが多くなされるのがあなたに分かるであろう……。

したがって、ルクレティウスの教えは興奮を与えるものとしてではなく、鎮静させるものとして実行された。それは帝国社会の無秩序を鎮めるための特効薬として提供され

カトーとルクレティウスの間に横たわっている大きな隔たりは、両者の間に介在している世紀にローマが辿った距離を測る尺度である。両者にとって、事実、ローマの問題はつまるところ心理的で道徳的な問題であった。しかしルクレティウスの世代は、カトーによって斥けられたと同じくらい全身全霊を傾けてヘレニズムを受け入れた。それゆえカトーが生来の力量のなかに解決の真の手がかりをみる傾向があったのに対して、ルクレティウスは人間生活の意味と目的をより真実に理解するためにギリシアの自然科学に遡った。この観点から彼が提示したのは、個人と社会の双方の神秘を剥ぎ取ろうとした言葉でもって両者を分析することであった。その分析は、神聖な共同体の儀式と神聖な人間の儀式を等しく馬鹿げたことと宣言した。しかし、そうすることによって彼は道徳的原子論を築き上げたのだが、それは個人のむら気な力に対して何ら効果的な抑制を与えなかったし、政治的、社会的結束に対する基礎を与えなかった。確かにエピクロス主義を無政府主義的であるとすることは誤りであろう。なぜならエピクロス主義は国家を「平和という共同の絆」(communia foedera pacis) を手に入れようと意図した盟約の産物として捉えていたからである[14]。しかしながら、その主張のゆえに、またそれが生み出した活動形態のゆえに、現に組織された社会はそれが現実にみられるように、原始時代の人間には知られなかったような不満の原因として深い疑いをかけられていた。

 とはいえ多数の兵士が軍旗の下に導かれて、
  一日のうちに、殺されるようなことはなかったし、

---

14)　ルクレティウス『物の本質について』5,1155. 樋口勝彦訳, 岩波文庫, 1961, 256頁。

また海の荒れた波が，船と人間どもを岩礁に打ちつけたこともない[15]。

それゆえ国家を経済的手段として受け入れようとしたが，エピクロス主義はそれ以上のものである装いをはっきりと拒絶し，明らかに非政治的な目的を人間活動の目標と定めた[16]。そうすることによって，エピクロス主義は共和国の古典的理念を完全に否定した。

この観点からして，エピクロス的「不動心」または「超然とした態度」は，ローマの過去の否認や，とりわけローマの未来の拒絶を暗に示した。したがって，エピクロス主義の流行はそのようなものとして共和国の消滅とともに消えていった。元首政の勃興とともにエピクロス主義は没落を蒙り，帝政時にルクレティウスの教えを実践する人の数は疑いもなく数え切れないほどいたのに，それを公然と表明する人はほとんどいなかった。この事実は，しかしながら彼の教えが影響を及ぼさなかったことを意味するものではない。というのは自然本性と理性によってローマに固有の問題の解決に達する最初の組織的な試みをなすことにより，この教えは議論を偏見のレベルから原理のレベルへ引き上げ，その他の考え方の選択を許さない試みとして役立ったからである。この試みはキケロによって受け入れられ，彼は類似した用語を用いてルクレティウスの考えに答えようとした。

---

15) ルクレティウス，前掲書，999, cf. 2,23-39; 3,37-93; 5,1105-135.（前掲訳書 250 頁。62-63 頁，114-17 頁。254-255 頁）参照。

16) ベイリイ『古代ローマにおける宗教の諸側面』225-27 頁。この著作は，エピクロス主義が静寂さの理想として理解された神々の模造において一種の道徳性に対する基礎を提示していることを論じている。

キケロの歴史的重要性

　現代の批判的研究はキケロの業績を陳腐な意見の寄せ集めとして片付けてきたし，彼の哲学的ないしは半哲学的著作全体においては，どれ一つ独創的な考えは見出されえないとさえ示唆された。しかしながら，このことは彼の歴史的重要性を少しも損なうものではない。なぜなら，それは彼の思想の本質的な重要性をわきまえていないからである。彼に優って広く知られ，集中的に研究されている著述家はなく，彼の影響範囲はこの事実のみならず，熱烈な崇拝者たちの直接的証言によっても示される。たとえばウエレイウス・パテルクルス〔前 19 頃 - 後 30 頃，ローマの歴史家〕はキケロにラテン文学の自律性を確立した功績があると信じ，宇宙を理解するに十分な洞察力を備え，かつその意味を解明する力のある一人のローマ人として文学的な不滅性を彼のために予告する[17]。セネカはアシニウス・ポリオ〔前 76- 後 5，ローマの軍人，政治家，著述家〕の意見を支持して，キケロの才能と勤勉ぶりについて詳述することは余計なことであると言明する[18]。さらにプルタルコスによって語られた話を信じてよいとすれば，皇帝アウグストゥス自身が彼のことを「偉大な学者にして偉大な愛国者である」と断言したのである[19]。初期帝政時代においてほとんど全員の一致した判断は，クインティリアヌスの言葉のうちに確証されているのが見出される。彼はキケロの名前を雄弁そのものと同一視し，哲学においてはその名をプラトンの名と結びつけている[20]。

　思想家としても著作家としてもキケロが抜きん出ていることは，一世紀に劣らず 4，5 世紀においても揺らぐこと

---

17) ルクレティウス『物の本質について』ii. 34. と 66。
18) セネカ『勧告者』6.24。
19) プルタルコス『キケロ』49。
20) クインティリアヌス『弁論術の原理』10.1.112 と 123。

はなかった。アンミアヌス・マルケリヌス〔330 頃 -400 頃，ローマの歴史家〕は異教徒として語りつつ，キケロとその教えを暗に指しながら喜び，そして哲学を賛美する有名な一節[21]は疑いなく『アルキアを弁護して』のなかの類似した一節を思い起こさせるように意図されている[22]。他方，キケロは「ロマニタス」（Romanitas ローマ文化）の鋳型を創りだすのにきわめて多く貢献したように，彼の精神はロマニタスがそれにとって代わられたキリスト教文化の形式に——支配するほどでなくても——影響を及ぼし続けた。ラクタンティウス〔240 頃 -320 頃，キリスト教の教父〕の『神の教義』はキケロの作品をモデルにしているのは明らかなので，彼は「キリスト教徒のキケロ」としばしば称されてきた。聖アンブロシウス〔339 頃 -397，ミラノの司教〕は，その『教役者の職務』と書簡集の双方において，意識的にキケロの用語と表現形式を模倣している。ヒエロニュムス〔347 頃 -420 頃，修道士，聖書学者，聖書のラテン語訳ウルガタの訳者〕の「わたしはキケロ主義者であってキリスト者でない」（Ciceronianus non Christinus sum）というよく知られた嘆きは，ウルガタ聖書の翻訳者がこの雄弁家にひきつけられたことの証左である。だがキケロにこれまで捧げられた最高の賛辞は，おそらくアウグスティヌスのものであろう。アウグスティヌスはキケロとともにラテン的思索が始まり，かつ終わったと主張し，彼自身がもっている哲学への情熱的霊感を惜しみなくキケロに帰している。

　異教徒であれキリスト教徒であれ，これらの意見は次の

---

21) クインティリアヌス，前掲書 29.2.18：「諸々の学問を教えることは何とすばらしいことか，それは天上の贈り物を幸運な者らに与えることであって，あなたはしばしば邪悪な本性すらも改善しました」。

22) アンミアヌス・マルケリヌス『アルキアを弁護して』7.15。

第 2 章　ロマニタス　帝国と共和国　　　　67

ような事実を証している。すなわち，それらはキケロの名声を支持する見方ではなくて，後代の人々の想像力を途方もなく引きつけている魅力を単に例証する事実を証している。そのようなことが何らかの個人についていわれる限り，キケロは帝国の法と制度を伝える考えの宣伝媒体であったという事実を証言する。この見方からすると，彼自身が近代において復活するように運命づけられていた。エラスムスにとって『義務について』は，公的職業に携わり始める若者にとって必要なあらゆる行動基準を包含する手引きであった。そして今日でさえ，〔現代の歴史家〕フエレーロはこの著作を「社会的，道徳的なローマ復興の可能性の重要な理論の具体的表現」とみなしている[23]。このような問題に立ち入って議論しなくても，わたしたちはこの著作が，キケロがその教えを普及させるために努めた，かなり包括的な教えを叙述していることに同意するであろう。その著作は当時から今日に至るまでのキリスト教徒として新生はしていないが，高潔な精神の異教徒たちによって大事にされた「名文句」の集積であった。今日の生活を危険にさらしている悪意に満ち，混沌とした諸力と戦わんとする努力において現代の自由主義が，もし正義，自由，そして人道にもとづいた世界－社会（world-society）の理想を保持し，その理想の実現を阻んでいる障害から人類を解き放つための一致した努力を要求するならば，その目的と方法はキケロからの直接の遺産としてではなくとも，少なくとも彼の思考様式に密接な類似性をもつものとして同様に理解されなければならない。

　キケロは，変動期のローマを苦しめた病弊についてルクレティウスと同じくらい気づいていた。その病弊とは，彼自身の言葉によれば「窃盗，偽造，毒殺，暗殺，同胞市民

---

23)　フエレーロ『ローマの偉大さと衰微』第 3 巻，108 頁以下。

たちと協力者からの略奪、自由人たちを支配しようとする渇望」、つまり考えられうるあらゆるかたちの反社会的行動へと門戸を開いた支配と権力を求める競争であった[24]。ルクレティウスと同様、彼もまたこれらの諸悪の根源を心理的動機にまで遡って考慮した。すなわち彼の場合、諸悪の根源はいわば「膨張する」情念（affectiones animi）を抑制することからの解放、とりわけ、欲望、恐怖、不安もしくは心配事、さらには暴動にまで突っ走って、個人や家庭のみならず共同体全体に破壊をもたらした快楽といった情念を抑制することからの解放であった。他方、彼は自己主張するエゴイズムの要求に対して一つの答えを見出すことを同じく切望した。その答えというのは、エゴイズムが刺激して引き起こした致命的反感に打ち勝つことが可能になるかもしれない原則であり、情熱の炎を消すことと個人や社会の平和に対して堅固な土台をおくことであった（tranquillitas animi et securitas 精神の静寂と安全）。結局、ルクレティウスと同様、彼は哲学にそのような原則を供給するように期待し、その原則として立てられたものが人類にとって実際に役立つであろうとの結論を指し示さないならば、その内容が不完全なものであるとみなした。

しかしながらキケロにとって同時代の熱病を癒すものは、エピクロス主義のなかには見出されえなかった。というのはエピクロス主義は知的・道徳的根拠からして彼にとって不快なものだったからである。すなわち知的な観点からみれば、科学的唯物論にもとづく自然学はでたらめだらけも同然であったと感じたのである。「ある占い師が別の占い師に会うとき、彼は微笑まない。ましてや君たちエピクロス主義者たちが一緒になるとき、君たちができるか

---

[24] キケロ『義務について』1,20,66-9。高橋宏幸訳、選集 9、167-68 頁。

第 2 章　ロマニタス　帝国と共和国

ぎり笑いを避けようとすることは驚くばかりである」[25]。だがエピクロス主義の体系がもっている真の弱点は，彼がみているように，その倫理との密接な関係にあった。この弱点は二重であった。第一に，それは人間の自由と責任の問題をとくに鋭いかたちで提示した。第二に善をあらゆる義務からの解放と同一のものとみなすことにより，それは利己心を崇拝するように促した。だが利己心は社会的美徳のための余地を残さなかった。そうすることによって，エピクロス主義はキケロにとって生活に関わるもっとも豊かでもっとも真実な諸価値を破壊した。

それらの価値を守ることを引き受けながら，キケロは反啓蒙主義の汚名を避けようとした[26]。彼自身，ギリシア的啓蒙によって育てられた人物だが，明白な良識をもって彼が拒絶しようとした迷信の危険に十分気づいていた。「国々にまんえんしている疫病である迷信は，人間の弱さにつけ込み，ほとんどすべての人の心を捉えてきたことは否定できない……もしわれわれがこの悪を本当に根絶さえできれば，われわれは自己自身と世界に測りしれない貢献をなすはずである」[27]と彼は言明する。しかし同時に彼は，組織された社会の生活が依存している忠誠心と正義感（pietas et iustitia）というような心情は，その究極的な基礎を宗教においており，もしこの事実が認識されさえするならば，それらが生き延びることができることを確信していた[28]。したがって科学的唯物論が宗教と迷信の間に設けた安易な

---

25)　キケロ『神々の本性について』1,26,71. 山下太郎訳，選集 11, 51 頁。この言葉はアカデミック派のコッタが語ったとされる。

26)　キケロ，前掲書，第 1 巻；『善と悪の究極について』第 1 巻。

27)　キケロ『卜占について』2,72,148. Religio と Superstitio という語の正確な合意については以下の書物を参照されたい。キケロ『神々の本性について』2,72.

28)　キケロ『神々の本性について』1,2,4。

同一視を拒絶し，迷信にとって真に代わるべきものは，高次の宗教の形式，つまり自然の知識によって清められ照らされた宗教であると主張した[29]。

キケロによる古典古代への復帰

こうして次のような疑問が生ずる。すなわち，そのような知識は可能であったか，と。キケロがエピクロス主義に対して抱いていたもっとも強い異議の一つは，その強烈な教条主義的な性格にあった。エピクロス主義の支持者たちは，エピクロスのいう「神々の住む世界の間の空間」(intermundio) からまるでちょうど降りてきたばかりの人々が抱くような確信をもって〔自分の意見を〕述べた。その人たちの抱く唯一の恐れは，自分たちが何らかの疑いをかけられはしないかということであった[30]。同様の異議は，ほとんどそれに劣らぬ迫力で，ライバルであるストア主義の体系にも加えられた。その柔軟性に欠け融通が利かない教義を，彼は『ムレーナを弁護して』のなかで嘲笑にさらした。キケロ自身にとってすべての思弁の不確かさに優って〔誤りが〕明瞭なものは何もなかった。彼はこのことの原因の一部を主題の極端な曖昧性に帰し，そしてまたその一部は相争う思想の学派間に存在する鮮明な意見の相違に現われているように，誤りやすい方法に原因を帰した。したがって彼は，真の知恵の役割は，判断中止の原理，もしくは哲学的懐疑を許容した新アカデミア学派にしたがうことであると感じた[31]。彼はそのような原理を受け

---

29) キケロ『卜占について』2, 72, 148。『神々の本性について』1, 42, 117 参照：「神々に対する空しい恐れが内在する迷信を取り除くだけでなく，神々に対す敬虔な礼拝に含まれる崇敬をも取り除くのか」。

30) キケロ，上掲書，1, 8, 18。

31) 「アカデミア派の懐疑」(Academicorum dubitation)：「判断

第 2 章　ロマニタス　帝国と共和国　　　71

入れることで,絶望することはなかった。反対にその原理は,彼に古典古代（vetustas）によって打ち立てられた知的,道徳的価値がまったく誤ってはいないと確信するための根拠を提供した。この程度までは,真理は時代の娘であるという信念に関して,彼は昔のカトーと意見を等しくした。しかし,キケロにとって既成価値を尊重することは賢者たちの判断に対する,つまり知識の蓄積をもたらす理性と推理の力に対する条件づきの信頼を排除せずに,その知識の正当性は周囲世界の支配から人類を救い出すというはたらきによって証明された。このような知識は,少なくとも,タレスの時代から進歩しかつ蓄積されてきたものだった。そしてその知識をできるだけ拡張することによって,原始時代の生活がさらされていた盲目的な運命に従う範囲を狭めた[32]。したがって,このような知識を所有することは自分が洗練され,かつ同時に人類の精神的遺産のなかに参入するという主張の正当性を立証するものであった。

　この観点からみれば,理性に優るものは宇宙には何もなかった。理性は人間と人間,人間と神との間の連携を確立した[33]。このことを理性は自然の「神的」秩序を明らかにすることによって実行した。秩序の法則は「正しい理性」の法則と同一のものであった[34]。この点において,キ

―――――
中止」（suspensio assensionis）。キケロの懐疑主義一般の精神については,次の書物を参照されたい。キケロ『アカデミア派』Prior., esp. ii.17,18,32-6,99,103,および『トゥスクルム荘対談集』5, 4, 11。

32)　キケロ『卜占について』1,49-50,109-112; 2,6-7; 15-8。

33)　キケロ『法律について』1,7,23ff., 岡道男訳, 選集8, 196頁。

34)　前掲書の同箇所と『国家について』1, 36,56; 3, 22,33. 前掲邦訳, 47-48頁, 123-24頁。『神々の本性について』第2巻 22,58, 邦訳122-23頁：「宇宙の精神……思慮ないし摂理と呼ばれるのはまったく正当なことである」. セネカ（『自然研究』II.45.1）とともに理性は「宇宙の管理者また監視人,世界の精神や霊,この仕事の主人と制作

ケロは疑い深い人たちによって提起された反論と彼自らの哲学的な懐疑の精神とを忘れている。そして彼は真理と誤謬，正しさと間違いの間には，本性上，真にして根本的な区別があるという自己の信念をもっとも明白な言葉遣いで主張した。このように主張するためには，理性が欲望の奴隷ではないということを確言しなければならない。ただし理性が類似のもの，すなわち真理に達するかぎり話は別である。このような理性の機能は，ルクレティウスが考えていたように，有用性の要求に仕えることではない。むしろ，それは法を定め，裁きを行うことである。そしてまさしくこのことを，理性は「客観的」であり，また事柄のまさに実体に根ざしているということを求める基準にしたがって行う。このように考えるならば理性の命法は義務的であり，いわば人間のための法を定める。すなわち人類は「正義のために生まれ」，こうして正義は「慣習」によってではなく，「自然本性」によって存在する。このような本性的正義のなかに人間と人間との結びつき，すなわち人間生活における共同体の絆としての理性（ratio 理拠）もしくは原理が見出されうる[35]。したがって国家からの自由（freedom from state）というルクレティウスの福音に対して，キケロは国家における自由（freedom in the state）の使信でもって答える。そのさい彼は「良くかつ正しく生きる社会集団」（bene honesteque vivendi societas）というビジョンを，洗練された人間の最高の価値を具現するものとして提供した。そうすることにおいて彼は，古典古代特有の希望をふたたび主張する。

者，すなわち「創造者にしてコスモスの保護者」としてあらわれることが当然であった。この観点からみれば，人間は理性へと参与するがために一つのミクロコスモスとして考えられた。

35) キケロ『義務について』i, 7.20：「人間の社会相互の連帯，いわば人生の共同意識が密接につながる理念」。

しかし，もしこのことがキケロの希望であったならば，その希望は変動期ローマにおける暗澹たる生の現実によって嘲笑されたことであろう。彼の青年期の回想には帝国の重大な危機と対決した祖国についての回想があるが，それでもその回想は国内の分裂とイタリアの統一を破壊する恐れのあった分離主義運動によって引き裂かれた。これらの経験の恐ろしさを彼の記憶から消し去ることはできなかった。またマリウス〔前157頃-86，ローマの将軍，執政官〕やスラ〔前138-78，ローマの将軍，政治家，独裁官（82-79）〕の時代を特徴づけたような新たな暴動の発生ほど，彼が恐れたものは何もなかった。このような恐怖のなかに見出されるのは，後年の政治運動に関して彼が抱いた懸念の真相かもしれない。その真相は彼が共和国にとって同様に致命的だと考えた相対立する諸派閥の主張を調停しようとしたとき，彼の政策がもっていた明らかに回りくどく優柔不断な道筋を説明している。このことは，グラックス兄弟以降の変革を生んだ偉大な人物たちについて彼が批評しなければならなかった論評によって示される。

これらの人間たちに対して，キケロは必ずしも敵対的ではなかった。キケロは彼らのことを人民の味方である友人とみなしていたし，彼らの後継者たちによって誇示された暴力や残酷さとはまったく対照的であった節度のことで彼らを賞賛していた[36]。しかし彼らの計画は，通常ローマの急進主義と結びつけられた恐怖政治の復活を示していたし，スプリウス・マエリウスやスプリウス・カッシウス〔前42没，ローマの将軍，カエサル暗殺の首謀者〕の亡霊が彼らの人物の中に，僭主の幻影でもって有産階級を脅すために墓からあらわれた。というのも，伝統のなかのかすんだ人物と同様に，グラックス兄弟の動機はけっして

---

36) キケロ『法律について』2, 12, 31。

純粋なものではなかったからである。「ティベリウス・グラックスは自ら王になろうとしたし，それどころか少なくとも数か月のあいだ王のように支配した」[37]。そうすることでティベリウスは同胞市民たちの自由を破壊し，彼のあとに続く弟も同様に，彼が受けるに値する運命を甘受した。ティベリウスの悲劇的な死のうちに，キケロは独裁制へのあらゆる野心がもっている当然の悲運をみた[38]。

しかし，この事例は益することが多かったがために，変革の進展を阻止することはできなかったし，その変革は別の活動の局面と社会の争いや内乱における危機に対する反応を通して断続的に進展した。このような争いの主導者のどちらにも，キケロは心から共鳴することはなかった。それゆえ彼は，「自らが保持していたこと，あるいは所有していたことを誰も知らなかった」無産者たちによる強奪という悪夢が過ぎ去ったのち，法の支配を回復しようとしたスラの奉仕を称賛する。それにもかかわらず彼は同時にスラの限界には鋭敏に気づいていたし，彼の限界を典型的な派閥の指導者のそれとして描いている[39]。このようなスラの勝利は「重苦しく混乱していたし」，彼は「王の権力」を狙うという罪を犯した[40]。さらにスラは「三つの堕落した悪徳である奢侈，貪欲，そして無慈悲」を顕著に示していた[41]。その結果，他ならぬ彼の名は無慈悲さや野蛮さと同義となり，そうして将来にわたる悪の前兆として非難された[42]。「かかる雰囲気のなかよりも野獣のなかで生き

---

37) キケロ『友情について』12,41. 前掲邦訳 90-92 頁。

38) キケロ『義務について』1,30,109。

39) キケロ『クルエンティウス弁護』55,151. 上村健二訳，選集1，179-80 頁。

40) キケロ『スラの弁護』26.72.: De Harusp. Resp 25.54;『アッティックス宛書簡集』8,11,2。

41) キケロ『善と悪の究極について』3,22,75。

42) 「スラのようにふるまおうとする」；「わたしはスラの役を演

ることのほうがましである」とキケロは思い，次のような
祈りでもって結んでいる。「神よ，二番目にくる者〔スラ
のあとにくる者〕からわれわれを救い出したまえ」[43]。彼の
町民仲間でありユグルタやキンブリ族との戦争の英雄であ
るマリウスに関するキケロの判断は，ほぼ同様に辛らつで
あった。一方でキケロは，マリウスのことを「超人的な才
能をもち，この帝国を救済するために生まれた人間」[44]と
して称賛する。しかし他方でキケロは，彼の対抗者の残酷
さに比肩するほどの耐え難い無慈悲のゆえに彼のことを公
然と非難する。そしてこの観点からみると，民主制の擁護
者がもし生存しなかったとしたら，国家がいっそう良い状
態であったのかどうかと自問することにおいて，キケロは
〔ローマ史家〕リウィウスと一致するであろう。

それゆえキケロにとって，右派の過激論者か左派の過激
論者かどちらかの間を選択することは，取るに足らないこ
とか，あるいはまったく意味がなかったことが明確にな
る。彼の目からみれば，両者は同様に荒れ狂った人間ある
いは向こう見ずな人間たちであり，彼らは自分らの利己的
な関心を超越した，あらゆる善の感覚を曖昧にする，権力
への欲望に駆られていた。またキケロはどちらかの勝利に
由来する悪だけを探しているにすぎない。したがって争っ
ている諸派閥の要求に向けて，彼は自らの代案を提示す
る。その代案とはまさに用語の真の意味における人民戦線
である。この概念は，おそらく彼自身の言葉によってもっ
ともよく説明されているものである。彼は言う。

　ローマの公的生活において活動的で傑出した役割を

───────
じる。スラはできたのだから，わたしにできないであろうか」――ポ
ンペイウスに帰せられた言葉。
43) キケロ『ウェッレース弾劾』3,35,81。
44) キケロ『セスティウス弁護』22,50。

演じようとした人々は、いつも二つの集団に分裂した。これらのうち一方は、民衆派であることを望み、また民衆派として知られることを望んだ。またもう一つの集団は、門閥派であることを望み、また門閥派として知られることを望んだ。自分たちの活動や言葉が気に入られることを望む人々を、大衆は民衆派とみなした。また最良の人民の賛成を勝ち取るために大いに行動する人々は門閥派である。一体、門閥派とは何か。もし知る必要があるならばだが、彼らの数は無限である。というのも、もしそうでなければ、彼らはおそらく存続しえないだろう。彼らには公的政策の指導者や彼らの同胞の指導者、そして元老院議員へと道が開かれている最高の尊敬を集めた人間たち、そして地方のローマ市民や田舎の土地所有者、また解放奴隷だけでなく事業者も含まれている。とはいえ、彼らの仲間たちは広範囲にわたり多様であったがゆえに、全体としての集団を正確に要約すれば次のように定義されるかもしれない。すなわち、当たりさわりがなく、純粋な道徳を備え、激情に従属することなく、あるいは借金に巻き込まれることもない、すべての人間が門閥派である。このような人間は信頼でき良識があり、共同体の健全な構成要素である。門閥派の理想は、このような性格を持った人々にとってもっとも立派で、もっともふさわしくあらわれるものである。すなわち、それは名誉ある平安（otium cum dignitate）である。この理想を心に抱くすべての人間が門閥派である。そのために働く人々は、真の人間にして誠実な国家の守護者（conservatores civitatis）とみなされるにちがいない。このような名誉ある平安の土台に関して、命を賭けてまで擁護されるべきものを、わたしは次のように彼らに列挙するかもしれない。すなわち、

礼拝と占いの公式宗教，実行力のある権威，元老院の影響力，成文法と慣習法，市民裁判所と行政長官の管轄権，良き信仰，属州と同盟諸国，帝国の名声，軍隊，国庫である。

　下劣な意識と刑罰の恐れゆえに，革命的扇動や転覆を熱望する者，あるいは一種の生来の熱狂ゆえに，市民の無秩序や闘争の上に繁栄する者，もしくは借金に陥っているがゆえに，彼ら自身が火災に巻き込まれるよりも，共同体が燃えてなくなるのを考えることを好む者，これら大勢の者がわれわれのなかにいるのと同じくらいたくさん国家のなかにもいる[45]。

この宣言は，キケロが彼の政治的信念を詳細に説明し正当化する公式の論考と同じくらい啓発的なものである。彼の希望を完全に破滅させた破局が起きるちょっと前に書かれた論考は，実にアリストテレスを超えて，「最初のホイッグ党員」として彼にあらわれる。そうした彼の信念は秩序と自由という二つの概念のうちにふさわしい表現を見出す。またこのことを彼は，大胆にも所有権と同一視する。それどころか組織された社会の目的は，この原理を確立し，維持することだとはじめて主張したのは，〔ジョン・〕ロックよりもむしろキケロであった。彼は言う。

　公的な事柄の運営に責任をもった人々の主要な関心は，すべての人間にはその所有物が保障されているということを，そして政府による私的権利の侵害が存在しないことを取り計らうことだろう。……それどころか，このような理由によって国家や共和国は創設され

---

45)　キケロ『セスティウス弁護』45-46, 96-9。宮城徳也訳，選集1，245-46：286-89頁。

た。なぜなら，自然それ自体は人間をともに集合させようとするけれども，それにもかかわらず彼らが都市の防衛に努めようとしたことは，彼らが所有しているものを守ろうとする願いがあるからである[46]。

　真のローマ人らしい熱情にもかかわらず，キケロは国家の使命は世間の人々にとって所有権を安全ならしめることにあると信じた。このことを彼は，何らかの絶対的な意味においてではなく，法学の専門用語において，法的権利の主体（persona）のためにのみ存在する事柄（res）として理解した。いい換えれば，「人格性の拡大」として理解したのである。こうして国家の機能は独立を保証することであり，よく秩序づけられた社会における新しい特徴のいずれかを，すなわち名声を喪失することのない閑暇か危機に陥ることのない活動を可能にすることであった[47]。これらの改善点でもって，ローマ人たちはギリシア人の政治的思考とは異質であった観点に到達した。というのもポリスという語は，「一つの大きな家族」あるいは全面的な協調関係という意味に引きつけられたのに対して，「公共の財」（res publica）という語は，それに対応する語である「私有の財」（res privata）への暗示的な言及なしに用いられることは，ほとんどありえなかったからである。私有の財は，公共の財とは異なっているにもかかわらず，それと対立していたのではなく，むしろ「両極性の原理」と呼ばれるかもしれないものによって，そして厳密には類似的な意

46）　キケロ『義務について』2,21,73。高橋宏幸訳，選集9，268頁。

47）　キケロ『弁論家について』1,1,1。「わが国が繁栄のきわみを迎える中……公務にあっては危険につきまとわれることもなく，閑暇にあっても威厳を失うこともない，そのような人生の道程を辿ることができた人々」大西英夫訳，選集7，4頁。

味で権利の対象と呼ばれうるものによって、公共の財にしっかりと結びつけられた相関語であった。このように考えてみれば、「共和国」は人民、すなわち「人間の雑多な集合体ではない」人民に属するものとして定義されるかもしれないが、それは「法の同意と共通の利益によって組織された社会」として定義されよう[48]。このような諸権利や利害関心はシティズンシップを構成し、「より善く、より幸福な生活」を可能にするために存在する、とキケロはつけ加えている。したがって、これらの起源は自然の強制だけでなく、人間の弱さにも遡るかもしれない。また自然の強制は、人類を孤独な動物というよりもむしろ社交的で、社会的な動物とした。しかし、この点において、自然によって演じられた役割は継母のそれである。というのも自然は、人間に連帯するように促しながら、彼らの欲求を満たすであろう連帯の形式を創造することを人間に委ねるからである。

キケロの『義務について』

こうしてキケロの社会的思考は変動する背景に抗いながら展開することで、『義務について』に向けていわば純化される。そしてこの紀元前44年の夏に彼の息子のために書かれた著作は、おそらく彼の精神的遺書として書かれている。タイトルそれ自体は[49]、人生に対するキケロの態度を意味している。彼は義務を自分自身と他者に対する責務の複合体とみており、そのような義務を遂行することによって、人は自らの存在のもっとも豊かな可能性を実現す

---

[48] キケロ『国家について』1,25,39。
[49] キケロ、前掲書、1.3.8:「わたしたちは完全な義務〔任務〕を正しいと呼びたいと思う。なぜならギリシア人はこれをκατόρθωμα（正しさと一致して）共有財産と呼んでいるから」。それゆえ『義務について』は「市民たち」の教科書である。

る。このような義務のうちでもっとも根本的なものが公正さの要求によって規定された義務であり，プラトンや流転する質料から独立した真理の領域の存在をともに信じる人々によって描かれたような絶対的な道徳的理想（善なるもの，あるいは美徳）である。義務に関する二番目のグループは，私利（有益なもの）を要求することによって課された義務である。それは「人類にとって有利な手段や資源の用意だけでなく，生活を潤色するものに属するような義務」として定義されるものである[50]。義務について追加された諸問題は，(a) 私利的な主張が公正さのそれと対立するように思われるときはいつでも，また (i) 名誉の観点からであろうと，(ii) 有益性の観点からであろうと，(b) 価値の比較を開始することが必要になったときに生じると考えられた。それゆえキケロは，五つの項目あるいは「熟慮の題目」に到達し，後者に関して彼は義務の主題を全体として包括することを主張する。

　これらのさまざまな類型の下で生ずる特殊な義務に関する問題は，キケロの目からみれば，「自然」に言及することによって解決することができる。したがって，主としてストア学派から借りた言語で，彼は人類にとって根本的な衝動と欲求を明らかにすることを意図した人間本性の概観を提示する。それらのうちで第一の衝動は，あらゆる生ける存在に共通する自己保存と生殖作用への衝動である。これこそ人にその存在を守らせることを促し，有害なものを回避し，この目的にとって便利なものを追求させるものである。しかし，これら主たる欲望の対象に加えて，キケロは彼がすぐれて人間的なものとみなす，ある欲求に気づく。なぜなら，これらの欲求は人類が理性とともに生まれながらにしてもっているという事実に依存しているからで

---

50) キケロ『義務について』2.1.1。

あり，理性によって彼が語るのは秩序づけられた生の枠組みにおける目的に対する手段である。このような欲求の第一のものは，「社会的交わり」への傾向である（「人間の連合は，言語と生活の共同である」）。このことが人間をして自らの人生と同胞のそれを一体化させ，同胞とのさまざまな結社の形式を展開させる。それゆえ，社会的交わりへの傾向は完成に向かう主要な動機になる（「配慮は心を促して，事業を担うべく大胆にする」）。第二のものは真理の探求と研究であり（「真理の探究と研究，認識と知識への渇望」），それは人間をその基本的な身体的必要を追求する必然性から解放することでもって鼓舞される。人間がもっとも偽りなく自分自身たらんとするのは，この欲求の充足によってである。第三のものは，卓越性ないしは非凡さへの情熱である（「最高権力に対する欲望」）。このような欲望は認識と権力への切望の基礎にある。同時に，それは権威の限界と人間たちの間の従属関係を決定づける。なぜなら，まさに敬意は共通善のために行使されるすぐれた知恵，あるいは権力の主張に対してのみ払われるかもしれないからである。第四のものと最後のものは，秩序への愛と礼節の感覚であり，それらは言葉と行為における節度〔優美〕に至る。人間たちによって保持され，その充足に自らの行為が大幅に依存しているような美と調和の感覚を共有する動物は〔人間の他には〕は存在しない。

四つの理想と伝統的な枢要徳

このような人間本性の概観から出発して，キケロは倫理学の枠組みを打ちたてようとする。考えられうる四つの理想は，四つの伝統的な枢要徳に対応しながら生じる。それは，すなわち（1）知恵あるいは観照の生活，（2）正義と善行の生活，（3）勇気，あるいは高邁さと精神力，（4）節制，あるいは節度と礼節である。次にすぐれてローマ的

偏見をもって彼はこれらの可能性を考察するが，それは個人の卓越性の探求があらゆる場合において，組織された共同体の安全と福祉を維持しようとする最高の必要に従属すべきであると主張するかぎりにおいてである。それゆえウェルギリウスにとってと同様にキケロにとっても，救済は個人的なものではなく，共同の生活においてのみ実現されうるような目的の実現を示している。

　この予備的な警告をもって，キケロは知恵，あるいは観照の生活を議論し始める。彼はこの観照的生活に絶えずつきまとっている罪業に少しだけ言及することによってこれを退ける——その罪業というのは活動にとって代わる目的もなく無益な研究に携わって生まれた軽率な判断と時間の浪費であって，それは現代においてもけっして消滅することのない一種の技巧である[51]。

　次にくるのが正義である。正義は人間関係の基礎として，また特殊な意味においてはローマ的な徳の基礎として観照的な理想よりもはるかに十分な扱いを受けている[52]。正義は，市民社会の絆や原理として描かれる。その内実は，次の二つの定式に示されている。

　　もし不正によって引き起こされていないなら，誰も被
　　害を受けていない。
　　共通の財は共同体の目的のために用い，私的な財は自
　　分自身のために用いる。

　このように市民的な社会は正義を体現したものとみなすならば，不正を正し，権利を強化するという二重の目的のために存在する。これらの権利のなかでも，もっとも根本

---

51) キケロ，前掲書，1,6,18-19。
52) キケロ，前掲書，1,7, ff. 20-60。

第2章 ロマニタス 帝国と共和国

的なものは所有権である。長期にわたる占有・征服・同意・分配のうちに所有の起源を辿っていったキケロは、人間社会の背後に存在する目的を侵害するものを防ぐために権利が設定されたと主張する。また正義は、交互的な奉仕を互いに交換すること（「与えたり受けたりして職務を交換して公共のために共通な利益をもたらすこと」）を含意する。そういうものであるから権利の基礎には取り決めたことに対する確かな信頼、つまり誠実さが存在する。したがって正しい社会のしるしとなっているものは、(a) 契約の不可侵性に対する敬意の念と、(b) すべての人が当然支払われるべきものを受け取ることに同意する決定（「各人に各人のものを配分すること、および契約を交わした事柄に対する安全保障によって」）である。このような原理から不正の特徴を推測することができる。不正の起源は自己本位、恐怖心、貪欲である。こうして明瞭になることは、富の追求には「本性的な」限界があって、その限界を超えると、富は有益な目的にかなわないということである。この限界を忘れると、クラッススやカエサルの経済的・政治的な帝国主義を特徴づけていたような、無限の獲得競争に門戸が開かれるか、あるいは「反社会的な」蓄財、つまり政治的な無関心や出費をすることに対するけちくさい恐怖心を反映しているにすぎないような獲得本能を満足させることに門戸を開くことになる。

　正義は多くの明白な責務を含んでいる。このことを叙述するさいにキケロは、（独創性が欠如していると考えられていたけれども）最高に飛翔したギリシアの理想主義とは根本的に相違した立場に到達している。というのは、アリストテレスが正義の原理こそ国家において人々を結合させるものであることを肯定しながらも、それを国家間の関係を便宜とか力とかの支配に重ねており、「契約を守らせる公共の行政長官のいない」ような異なった地域には適用しな

いという〔原則から引き出された〕付随的な結論を受け入れていたからである。しかしキケロは彼の背後にあるローマ史の長大な背景をもって，力の行使は野獣に特有なことであって，人間に特有なものである意見の相違を解決する方法は討議や討論の方法である（「力は獣たちの固有なもの，討論は人間に固有なもの」）との見解を提起した。そして彼はこの規則を個人のみならず，地域間の関係にも適用し，それを国際法の理論に対する基礎とした。この観点から彼はただ蒙った不正に対する賠償を求めるため（rebus repetitis 賠償要求のために），それも正式に宣戦布告をしたあとでのみ，戦争の正当性を認めた。単に権力と栄光への愛によって指令される，国家の強大化を試みるすべての形式を彼は公然と非難した。こうして彼は古典古代のマキァヴェリズムを超越し，個人と同じように国家も信義を守らねばならないとの教義を公表した[53]。ギリシア人たちに馴染みがなかった個人と共同体との相違を認識したラテン的思考は，もう一つ別のかなり重要な結論を生じさせた。こうして，たとえばキケロは，元来大カトーによって提起された，「戦闘員」と「非戦闘員」との間の区別を受け入れて，個人がその一員として所属する国家が戦争中であるという事実のために個人の責務は消滅しないと主張した[54]。だが，おそらくキケロの正義の理論がもっているもっとも著しい密接な関係は外国人や敵にではなく奴隷に及んでいる。ストア派のクリシッポス〔前280頃-207頃，古代ギリシアの哲学者，ストア学派第3代学頭〕は，セネカにしたがって[55]，奴隷は永久に雇われた雇用人とみなされうるとの命題を最初に表明した。この命題をキケロは次のような

---

53) キケロ，前掲書，38。
54) キケロ，前掲訳書，38,39。
55) キケロ『親切について』3,22,1。

定式によって現に行われているローマ的慣行を正当化するものとして受容した。すなわち、「このように雇用人を使用するためには、仕事が監督されるべきであり、権利が提供されるべきである」。

ここで論ずべき第三の徳は勇気もしくは不屈の精神〔剛毅〕である[56]。この徳目は〔四枢要徳の〕他の三つのどれよりも輝かしいものと一般には考えられているけれども、それが一つの悪徳とならないためには、他の三者と関連させるべきである。というのは不屈の精神は、しばしば権力に対する愛好や抑制に対する我慢のなさを伴うからである。この我慢のなさは、キケロの時代の社会にあまりにも浸透していたような、不正行為を引き起こす。キケロは軍国主義や帝国主義に対する嫌悪を強調しながら、真の勇気が外的事物に対してまったくの無関心さをもって受動的に耐える能力のうちに、および危険や困難を伴った偉業を能動的に実現する能力のうちに存在することを見出している。そういうものとして、真の勇気は（a）実現すべき善に対する正しい価値判断と、（b）富・権力・栄光といったような正しくない欲望からの自由にかかっている。こうして真の勇気は、もろもろの情念を理性の命令に厳格に服従させることを前提とする。

これが勇気の観念を社会化することであって、それは、たとえば不健康のために活動的な生活から隠退するように指令しても、例外的な事情を除くすべてにおいて、市民的な責務を細心の注意を払って遂行することを要求するであろう。したがって通常において勇気の観念は公の関係において提示されるが、戦争に劣らず平和の技術においてもすぐにそれとわかるであろう。平和を擁護することが問われている場合、市民も武器を取るよう勇気が求められる

---

[56] キケロ『義務について』1,61-92。

が，戦闘的な資質はこの徳がもっている最低の意義にすぎない。また軍司令官は，もし彼が勝利の栄冠をしばしば傷つける振る舞いを避けることができるなら，大胆な心に劣らず大いなる理解力を必要とするだろう。それゆえキケロにとって勇気とは，物理的な力よりもむしろ道徳的で知的な力なのである。そうしたものとして勇気はその最高に具体化されたものを，個人的な利益を考えないで，自分の職は信託されたものである（後見人のように国家を配慮する）ことを忘れないで，被支配者の幸福をその唯一の目標とするような政治家のうちに見出す。そのように勇気ある人は同志の感情を高く超えてゆき，人を立腹させることをためらわないで自分の考えを率直に語るであろう。彼はその場しのぎの手段や両義的にとれる進路を避けるであろう。彼は情け深く，愛想がよく，礼儀正しく，まったく良心的であり，罰を科するように強いられるときでも，激情から自由であろう。

第四の最後の枢要徳は節制である[57]。節制は礼節もしくは礼儀正しさの規則を命じる。その特徴は人間の本性に本来備わっている尊厳と両立できる振る舞いと定義される。したがって，それは人が語ったり行なったりすることが何であれ，その場にふさわしいものであろうことを暗に意味する。というのは，自然本性自体は各人とすべての人に実現するように学ばねばならない一つの役割を課しているからである。それゆえ一般的にいうと礼節によって定められた義務というものは，熱心で思慮深い傾向を啓発しながら，また情念を限界内に保ちながら，自然本性の導きに従うことである。さらに，すべての人は支持すべき二つの徳性をもっている。すなわち理性的な存在としてすべての人との間で分かちもっている徳性と個人としての自己自身に

---

57) キケロ，前掲書，1, 93-151。

特有の徳性である。こうして，すべての人は理性に合致して絶えず行動するように注意しなければならない。こうすることによって自分自身の傾向と適正とに合致する進路を採用するであろう。だから一致していないとか気まずいとかいう気がかりを無効とするであろう。その結果，人間性に共通な優美さを発展させながら，彼は自己自身の発展を妨げたり，ゆがめたりするような犠牲を払うことはないであろう。

　このようにして「自分の地位とその義務」の問題として考察してみるなら，礼節の命令は明らかとなる。行政官とその臣下，市民と異邦人の責務は各自の関係に依存し，かつ変化する。たとえば行政官は「国家の品位を支えながら」，それを象徴する能力を用いて行為すべきことを認識するであろう。彼の第一の責務は，その尊厳と名声を守り，法律を維持し，説明することであろう。こうしたことが自分にゆだねられている機能であることを彼は忘れていない。他方，公職に就いていない市民は，ひどく信用を失墜させたり，自己を過度に主張することを避け，共和国のために正義と平穏を求めながら，対等の立場に立って仲間と適合するように求めるであろう。なお異邦人は自分自身の問題にその注意を限定し，自分の関心事ではない公共の事業に対し不適切な干渉を避けるであろう。

　礼節の特殊な命令は振る舞いと言葉づかいにおける謙譲と上品さである。そこには適切なる体制の維持も含まれる。この最後の要求は紳士が従事するにふさわしい職業活動についての議論を含んでいる。「自由な」職業活動は一般的にいって（いまなお支持されているしきたりによれば）通常の賢さに優るものの行使を伴うもの，また通常の功利を超える結果を生むものと規定される。したがって，それらは医術・建築術・高い教育・「大規模な」商業とともに農業をも包含する。

キケロはもろもろの義務の位階を組織化する努力に決着をつけながら，再度，知恵に対して正義が優位することを繰り返し主張する。そしてふたたび，哲学が人生の実践的な目的や人類の利益に応用されないとしたら，価値がないと言う。彼は市民社会の起源を必然性よりも社会的な要求へと辿りながら，それが人に生まれつき備わっている道徳である点を見出す。このことは愛国心の主張を制限し，どんな場合でも祖国を擁護するという何か想定されたような責務を論破する。国家が社会的意識を具体化したものであるなら，それはその成員の不道徳的な行為を期待するような権利をもっていない。したがって，もろもろの義務を図式化するさいに，まず第一に宗教の要求が，第二に愛国心の要求が，第三に家庭の責務が，そして最後に教養人に残っている責務がくることになる[58]。

経済的な利益の問題

正当な行為をこのように吟味したのちに，キケロは「有益性」の問題，もしくは，よく言われることだが，人間生活における目的としての経済的な利益の問題を論じるように進んでいく。このことがきわめて重要な要因であったことを彼は十分に気づいている。ローマの元老院における財政的な利益の代弁者にとって，それは実際どうみてもそのほかのものではありえなかった。したがって彼は，社会生活が孤独な生活に対する優越性を負っているもろもろの技術の源泉や刺激としての経済的な誘因に惜しみない賛辞を送った。この技術のなかには健康管理・農耕・航海・輸出輸入の貿易・建築工事・道路・水道が，灌漑と採掘のような事業と一緒に含まれている[59]。それでも彼はヒューマニ

---

58) キケロ，前掲書，1,52-60。
59) キケロ，前掲書，2,12-14。

ストとして功利の観念を公正の観念から引き離し，有益性の観念を独立した原理として採用することができるという見解にはっきりとした反対の態度を表明している。というのは彼にとって有益性の意義は目的に対する手段であるし，またそうであらねばならないからである。この立場からすると，どんな真の有益性も道徳的な理想の要求に一致しないのである（公正でないなら，何ものも有益ではない）。

他方においてこの世界を構成しているものをわたしたちの利益に奉仕するものとみなすこともできる。また，このように考えて世界を構成しているものは無機物，動物，理性的なもの，つまりキケロが言うように「神々と人間」とに分類されるかもしれない。これらの中で最後にあげたものが，善を実現するためであれ，悪を実現するためであれ，もっとも重要な要素である[60]。人類が達成した最大の事跡は「幸運」とか「事情」よりも相互の協力に帰せられなければならない。したがって人生において成功を収めるためには，わたしたちの仲間の支持を獲得すべきであり，そのためには人間の間における信用と尊敬の真なる根拠を知らなければならない[61]。

善意・慈善・公の義務の強調

これに関連してキケロが熱情を込めて否定しているのは，恐怖と利益が人間生活の中で唯一の活動の動機であった，当代の権力 – 思想の主唱者クラススやカエサルのような人物には隠し事があるということである[62]。こういう人たちの運命を引用しながら彼は人々の信条が無益であることを明らかにし，善意だけが協動的な試みを得るための唯

---

60) キケロ，前掲書，2,16。
61) キケロ，前掲書，2,19。
62) キケロ，前掲書，2,22。

一健全なる土台を与えることを証明すべくとりかかる。それは個人の関係と同様に社会の関係にもキケロが適用する規則である。この見地から最善の時代に見られるローマの威信は次のような事実によって説明することができる。それは現実には帝国（imperium）よりも庇護者の務め（patrocinium），組織化された権力体系よりも偉大な仲間（同僚）の運動であった[63]。他方においてカエサルとクラススが失敗した原因は，彼らが根本的な精神の混乱を起こすという罪を犯したことにある。彼らには支配欲（libido dominandi）が，仲間を不当に扱わないでは満足しなかったであろう勲功への渇望（appetito principatus 統治への熱望）の場所を不法占有してしまっていた。このゆえに彼らは望みをかけていた栄光そのものを捉え損なったのである。

　真実の栄光は献身・確信・感嘆にもとづいている。これらの感情は正義と慈善の行為によって呼び起こされるものである。その中でも正義がいっそう重要であって，その上に協働の行為の可能性はかかっており，それは盗賊団にとってさえ不可欠である[64]。しかしながら慈善もまた栄光に至る正当な手段である。慈善はそういうものとしては贈与や奉仕のいずれかの形で行われる[65]。それはある意味では娯楽の提供・建造物の建立・歓待の分配に見られるが，法外でよく考えられていない施し物と混同すべきではない[66]。他方，それは，たとえば法廷における弁護のような，個人的な活動の多様な形の中に表れている。また慈善は個人や全体としての公共のいずれかに与えられるかもしれない。

　このように考えてキケロは次に要約されたような公の義

---

63) キケロ，前掲書，2,27。
64) キケロ，前掲書，2,40。
65) キケロ，前掲書，2,52。
66) キケロ，前掲書，2,54。

務に到達している。
　(1) 財産を所有する権利を保つこと
　(2) 重荷となる税金を〔課すのを〕避けること
　(3) すべての人に生活必需品を豊かに保証すること
　(4) 良心において潔白であり，貪欲や堕落の嫌疑を
受けないこと

彼はこれらの行動原理の観点から護民官フィリプスがローマ帝国の中には財産所有者は二千人以上いないと言明したときのような声明は，死刑に値すると公に非難する。この声明文の中にキケロは下層民の激情に点火し，組織化された社会の構造全体を転覆させようとする「富の共有」に向かって扇動する試みを見抜いた。こういうものとして，この声明は，破廉恥な大衆向きの指導者たちが政治的な影響（gratia）を獲ようと努めて唱道した，〔富を〕水平化し没収する対策の典型的なものであった。負債者が貸主の費用でもって豊かになろうとする，いかなる試みにも断固反対したのに，キケロは共和国の土台である良い信義に暴力を加えないなら，負債の壊滅的な重荷を救うかもしれない提案には反対しなかった。そしてもし負債者がその責務を弁済するように強いられた場合にのみ，共和国の土台は保たれうると彼は感じた[67]。彼がカティリナ党に反対したのは，まさにこの問題に関してであった。結論は明白であった。すなわち政府の第一の義務は法律の手続きによってすべての人が自分の所有するものを持ち続けるべきであり，貧しい人たちや身分の低い人たちは，自分らが稼いだものをとられたりすべきではないが，富んでいる人たちに対する妬みが彼らの富を略奪するような原因とならないよ

---

　67) キケロ，前掲書，2,84。「実際，いかなるものも信義より強力に国家を一つにまとめられないが，負債の返済が必然でなければ信義は成り立たない」前掲訳書，276頁（少し改訳）。

うに，保証することであった。こうした原理こそ古代ローマ人が固守していたものであり，それが彼らに影響力と栄光とをもたらしていた[68]。

公正の要求と便宜の要求との葛藤

こうした一般的な結論でもってキケロは公正の要求と便宜の要求との間に生じる葛藤問題に直面する。この問題は彼にとっては現実よりも明白なものであった。「公正なしには便宜はない」の原理を思い起こしながら大まかな通則を彼は述べている。すなわち奉仕は生活の原則であり，他人にとって損害となるまで自分自身の利益を追求することは，人類の共同を破壊することになる。その有様は身体のどの部分でも衰弱すると生命全体の破壊を伴うのと同じである。自然は「生きる権利」をだれに対しても拒むことなく，自然と諸国民の法は同様に他人に害を加えることを禁じ，またそれを防ぐことが法の目的であると，彼は断言する。したがって「各人の，またすべての個人の善は全体の善である」ということは，自明のこととして受け取るべきである。この法には例外はあり得ない。法は同族の者に対するのと同じように市民同士も同じように考えることを要請する。この点を解明し弁護するために彼は『義務について』の第三巻と最終巻を捧げている。

このような教えの中にはキケロが認めていた興味深い適正であることの証明が認められる。わたしたちは話を中断してそれを書きとどめてもよいであろう。それは厳密に言うと「独裁者」および「人間の形をした野獣」とキケロが描写する，クラッスやカエサルのような政治的・経済的な支配者との友情はありえないということである。そしてそうした人たちの実在は共和国とは両立しがたいと彼は考え

---

68) キケロ，前掲書，2,85。

る。そうした人物について彼は大胆にも「殺しても殺人事件ではない」という命題を表明する。「死にかけていて身体の他の部分を毒する恐れのあるとき、人が手足を切断するように、この有害で不敬虔な連中は追放されなければならない」[69]。

善良な市民は他方において全力を尽くしてギュゲス〔前7世紀のリュディアの王、自分の姿を見えなくさせる指輪を使って王位を簒奪した〕の誘惑に抵抗すべきである[70]。この誘惑は政治的な私利と友情のどちらかから想定された要求から起こってくるかもしれない[71]。一方の場合にはローマがコリントを滅ぼしたような行動に帰着する。これについてのキケロの論評は、恥ずべきものは何ものもまったく役立ちえないということである[72]。他方、唯一安全な規則は、公共の権利を侵害してまで、あるいは人が約束した言葉に違反してまで、友人に決して奉仕すべきではないということである[73]。不正な手段で獲たものを弁明するに足りる報酬は、どんなに大きくても、あり得ないし、それを実行する人は結局はそれを失うに違いない[74]。

このように語られた真実は自然本性自身によって裏付けられ証明されている。この事実は法体系の発見から明らかである。それによると陳腐な格言「買い手は警戒すべきだ」（caveat emptor）は完全に廃れたことが分かる。というのは法の真実な精神は、邪悪な詐欺に関するアクゥイリウスの法（Lex Aquilia de dolo malo）に明らかなように、どんな種類の不実表示や欺瞞とも相容れないからである。

---

69) キケロ、前掲書、3,32。
70) キケロ、前掲書、3,38。
71) キケロ、前掲書、3,43 と 44。
72) キケロ、前掲書、3,49。
73) キケロ、前掲書、3,43。
74) キケロ、前掲書、3,79-81。

この成文法は「品物を売るとき売り手は買い手に自分の知っているどんな欠陥をも知らせるべし」と定めている。また，この点を確認するにあたって，裁判官は売り手が質問されたとき黙って答えないのは違法行為であると判決を下した。こうすることで，よい信用の要求こそもっとも重要であって，それは信用と名誉が双方に要請されるかぎり，敵側をも拘束する[75]。だが，よい信用（bona fides）の理想を実現しようとするにあたって，単に客観的事実に関与する法体系よりも道徳哲学はもっと進んでいる。つまり市民法と自然法の区別が興ってきて，前者の不完全さを是正するためには，「善人の間にあっては正しく行動し，誠意をもって欺瞞があってはならない」とのスカエウォラ〔前2世紀のローマの法学者〕の格言にしたがって，後者を絶えず呼び起こさねばならなくなる。この規則は人間関係のすべての形式──後見権・共同経営・企業合同・委託・売買・雇傭（雇用と貸家）──に適用される。そしてそれはその根底において法の真実な源泉である，わたしたちの自然本性の最高の要求と一致するがゆえに正当であり，あらゆる形の抜け目のない企み（simulatio intellegentiae あくどい口実）を絶対に非難する[76]。敵に与えた生命を抵当に入れる手続きにおいてでも，信用を守る責務はこれにもとづいている。というのも結局は，誓いというものが何か神々の復讐を想定するよりも，それを行った人の名誉と関連しているからである。それゆえレグルス〔第一次ポエニ戦争で捕虜となった将軍〕はこの原則に自分自身を生け贄として捧げた点で愚かではなかった。

わたしたちは現代の偉大な権威者たちが『義務について』に与えた諸々の評価についてすでに述べた。この論文

---

75) キケロ，前掲書，3,61。
76) キケロ，前掲書，3,72。

の中で著者は自分が確信するところに最終的な言葉を与えている。その確信というのは、自然が人類にもくろんだ目標は、経験的な個性と呼んでよいものの達成であって、組織された社会の目的は社会的抑制を加えたり、適切に維持することによって、その発展を促進することである。このように行うことによってキケロは人類にふさわしい卓越性の理想を宣言する。同時に彼は諸々の情念が理性の抑制に従い、自らに課した訓練によってその理想を実現する能力を強調する。また、この点で彼は自我に抑圧を加えないで野蛮状態の欠陥を克服する可能性と文明化の可能性とを洞察する。

統治権の最終的な根拠

この観点から統治権の最終的な根拠に関しては何の問題もありえない。それは民（populus）もしくは組織された共同体であるし、それとともに存続すべきである。この共同体が統治権（imperium）と所有権（dominium）との双方の発生的な源泉であって、前者〔統治権〕が公共の秩序の原理であり、後者〔所有権〕が個人の権利の原理である。しかし、所有権と対比すると、統治権は相続権をもっておらず、それを所有していても何らかの肩書きを授けるどころか、肩書きをもつ所有者を保護するために存在する。したがって統治権を改造して所有の道具とすることは共和国の基本的な理念を否定することであり、そのような区別が存在しない野蛮な王国の形態と共和国を混同することになる。この事実に執政官の権力の範囲と特質は依存しており、このことのために執政官は威圧的な権威をもって武装している。しかしながら、その権威はそれが委託されているという言葉遣いが示しているように制限されている。それを濫用することは、それによってその「優越さ」（maiestas）が侵害された（laesa majiestas populi Romni ロー

マ国民の尊厳が損なわれると),主権をもつ民の側からの抵抗権を生み出すことになる。だが,抵抗権を生み出す状況は病的なものであって,テロリズム (vis et terror 暴力と恐怖) によって政治的結束力の,つまり同意 (voluntas) の真実な基礎が置き換えられるときにのみ発生する。

共和国の自由と正義の擁護および共和主義の先入観の強化

このような共和政体の政策についての簡略な叙述にはとくに新しい教えはない。それは法律を尊重するローマ的な用語を使って,共和国のパラドックスと呼ばれるものを単に繰り返し述べたに過ぎない。このパラドックスというのは精神と意図においてどんなに保守的であっても,それでもその根は革命の土壌に植え付けられているということである。この真理を示す特別な実例をデモクラティックなアテネが提供したのだが,これは暴君殺害者ハルモディウスとアリストゲイトンのために建立された記念碑である。ローマではその実例はブルートゥスやその他の国民的な自由の擁護者と関連する伝承の中に表現されているのが見られる。しかし共和制が今やこれまで直面しなかったような転覆を謀る勢力によって脅かされていたときに,どうしても新たにその正当性を立証する必要に迫られていた。そしてこれを提供することがキケロの使命であった。こうして,さまざまな危機的状況にさいして彼の行動を特徴づけた優柔不断と矛盾にもかかわらず,彼は独裁政治に対する激しい攻撃と共和国の自由と正義に対する熱烈な要求をもってその生涯を始めたときと同じように閉ざした。この観点からすると彼が自分自身を国王殺しの従犯となしたことに疑いの余地はありえないし,これに対する刑罰をやがてその命をもって支払った。だが,このようにして見込みのないことに殉教者として滅んだように思われるとして

も，彼が没落したのはほんの暫くの間に過ぎなかった。古典的な自由主義の部分的であっても永続的な真理を再び主張することによって，またその真理が理想主義的な基礎に依存していることを示すことによって，彼は帝国における野蛮化の進行を阻止し，皇帝アウグストゥスによって最終的に清算されるよう考慮されなければならなかったような仕方で，共和主義の先入観を強めるのに役立った。これらの先入観は西方世界においては決してすっかり絶滅するようなことはなかった。この先入観は現代においても奇妙なところで，予期しない仕方で，表に現れてきている。わたしたちはマッキャベリの『君主論』の中に含まれている独裁政治に対する激しい弾劾の中にこの先入観を見ることができるし，〔アメリカ大統領〕ジェファーソンが，自由の木を栄えさせるためには，そこにはその敵の血潮をもってしばしば水が注がれねばならない，と宣言するとき，彼はそれを再び語っている。

このように努めてキケロが共和国に新しい生命を付与するとき，彼は新しい地盤を，少なくとも一つの重要な特別な地盤を開拓しているように思われる。それは彼が世論についてそれが民主的なコントロールの一つの要素であると主張しなければならなかったことの中に認められる。変革以前の思想的なグループにおいて問題は一つの政治的な仕組みにすぎず，その解決は組織の内部において対立している勢力間の力の均衡にあると考えられていた。この〔力の均衡という〕ことは行政官であれ，貴族階級や平民階級であれ，起こりうる度を超した行為を無効にするであろうし，こうして彼らそれぞれの「逸脱行為」や僭主政治，また寡頭政治の独裁制，さらに暴徒支配を防げられると想定されていた[77]。おまけに，そのような均衡を創り出すこと

---

77) ポリュビオス『ローマ史』6。

によって永続的な平衡が現実にローマで達成されるという一般的な意見の一致があった。改革時代の無秩序はこうした見解の誤りをさらけ出すことになった。そしてキケロは非現実的ではあったが，見解の誤りに気づかないでいるにはあまりに鋭敏すぎた。こうして彼は混合政体の説を名目上は支持したけれども，その説はそれ自体において自由を保護する措置として十分でないことを認識していた。必要であったのは活動的で力強い世論であると彼は言って人々を説得した。それは共和国の理想を維持することを堅く信じる人々にとって，生涯の歩みのすべてを賭けて，協働することによってのみ可能であった。これこそ彼自身が執政権をもっていたときに暫くの間実現していたと思われるような「コンセンサス」(consensus) もしくは「諸々の秩序の一致」(concordia ordinum) や穏健さの流通によって彼が言おうとしたことであった。しかし，この場合「連合した戦線」はまったく一時的に興ったパニックの結果に過ぎなかった。問題なのはどうしたらそれを永続的に与えることができるかということであった。このことを彼は結局はイニシアチブと指揮の問題だと感じた。換言すれば，このことは自由な国家におけるリーダーシップの問題を提起した。

自由な国家における指導力の要請

こういう核心にまでキケロは『国家論』を書いた紀元前56年には到達していた。彼は親しい友への手紙の中で次のように述べている。

> それゆえ，少なくとも君の意見では私の「書物」の中で十分克明に描かれた「理想的」人物の徳がどれほど偉大なものなのか，それをじっくり考えることに自分の時間のすべてを費やしている。ところで，私が国家

の統治者にあらゆることにおいて守ってもらいたいと考えている原則を君は覚えているだろうか。……順調な船旅が舵手の，健康が医者の，勝利が将軍の目的であるように，この国家の統治者にとっては市民の幸福な生活が目的である。すなわち，国力によって安全に守られ，富に満ちあふれ，栄光に包まれ，徳によって誉れを得るような生活である。これが，統治者に成し遂げてもらいたいと私が願っていることであって，人間の最大にして最善の仕事なのである[78]。

このように指導力が必要なのを指し示しながらキケロは疑いの余地なく広汎にひろがりかつ緊急な時代の要求を述べている[79]。だが，そのような指導力の要求はキケロにとって独裁制のどんな形式によっても満たされなかった。独裁制の下で彼はとても深く悲嘆にくれた扇動的な精神の究極的な表現を単に見たのに過ぎなかった。彼の眼には真の指導者は「国家の操縦者」(moderator rei publicae),「舵取り」(gubernator),「指揮者」(rector),「国家の保護者」(protector),「君主もしくは自由社会の第一級の市民」の資質をもっていなければならない。また，そのような人物を見出すのはまったく容易ではなかった。そんなわけで最初ポンペイウスをその役に就かせようと決めたが，ポンペイウスが，その唯一の目的が共和政体をもっとも狭く，かつ，もっとも排他的な王家の独占権へと移すことにある，反動政治家の手先と自らをなしたとき，キケロはそ

---

[78] キケロ『アッティクス宛書簡集』8, 11, 49 B.C. 第1巻，根本和子・川崎義和訳，選集13，岩波書店，461頁。これは『国家論』第5巻でのスキピオの発言である。

[79] キケロのカエサルへの挨拶「国家による任命について」(De ordinando re publica) を参照。これについて本書第1章17頁で言及している。

のビジョンが消えていくのを見た。それからポンペイウスが哀れな終わりを遂げた後に,キケロはずっと早い時期にその速やかな没落を予測していたカエサルの方に仕方なく向きを変えた。そして彼はカエサルの政権を限定的に支持したのであるが,同時に共和国の理想と両立しうる政治活動のプログラムを実行するように強く勧めた[80]。遂にユリウス〔・カエサル〕のノーヴァ・コンコルディア（Nova Concordia 新しい一致）およびこれとともに和解と宥和の政策がカエサルの後の計画に取って代わると,カエサルは残酷にもほくそ笑んで独裁者の暗殺を歓迎した。これはローマ人の生活における秩序と上品さの本能がことごとく傷つけられたと見せかける彼のルサンティマンの深さを物語っている[81]。

キケロの判断によるとポンペイウスとカエサルの失敗は,「両者とも権力を欲し,その野望は王となることであった」という性格の根本的欠陥に由来する結果であった。それに反し真の指導者の任務は,ポンペイウスとカエサルが屈してしまったような誘惑の攻撃から免れていなければならない。また,それは世俗的な自己主張の空虚さと欺瞞にはるかに優って,共通善に仕えることで十分な報酬が見出される,名誉と栄誉への渇望によって引き起こされた。こういう仕方で真の指導者は,共和主義的な徳性のもっとも厳格な基準に暴力を加えないで,「王にふさわしい有能さ」（quiddam praestans et regale）という社会の需要を満たした。しかしながらキケロは,彼の時代にはそのような徳性があきらかに見あたらなかったので,それを過去に見出した。彼は小スキピオの理想化された形姿の中に

---

[80] キケロ『マルケッルス弁護』: Ad Fm. iv. 4.4.
[81] キケロ『義務について』1,8,26:「あらゆる神と人間の法を覆したガイウス・カエサルの暴挙」。前掲書,3,21,82-83 参照。

忠誠や献身（pietas）が正義（iustitia）について教化され，かつ，洗練された理解と結合されているのをはっきり見て取った。このことが小スキピオに共和国の真の守護者や保護者の資格を与えたのである。

わたしたちはここで小休止して，このように述べられた叙述がどの程度事実に一致しているかを，考察する必要はない。確かに歴史上のカトーはキケロの対話編『老年について』に見られる寛大にして人間的な哲学者の中に彼自身を認めようとしてもできないであろう。そしておそらく同じことがスキピオ・アエミリアヌスについても言えるであろう。しかし著者にとって問題は，歴史性の問題というよりもむしろ芸術的な迫真性のそれであった。そしてこのことは決して偶然的なものではなかった。キケロはアカデミア派の理想主義を代表する者として語っており，この理想主義には真正な現実的な具現は考えられなかったし，その必要もなかった。この事実に対してわたしたちは恐らく，その公言が実践とはしばしば食い違っている男にして戦うにはあまりにも誇り高き最高指揮官（imperator）であった，「日和見主義者」キケロの欠陥に責任を帰することができよう。

『スキピオの夢』，想像世界での完全性の原理

この種の精神と厳密にぴったりと一致していることは，それが現世において思想や行動を完成することができないことを認識するがゆえに，想像の世界の中に完全性の原理を求めなければならないということである。この点でキケロはまた典型的である。というのは彼が見出すことができる唯一の原理は夢の形で彼のところにやってくるから。『スキピオの夢』は政治的救済の希望を儚くも具体化したものであって，その中にわたしたちはそうした希望の法的な認可を認めることができよう。このことは部分的である

が民族に関する伝統的なローマ的信念に依存している。それは個人が一日しか生きない存在であるのに,「家族」は不滅であるという信念である。その成員たちの本分は,彼らが生きている間は家族の「品格を担って」おり,彼らが付けている名前の先祖たちを再現する人物にふさわしいことを示している。しかもキケロの場合には,これらの信念はピタゴラス派とプラトンに由来する哲学的な空想にもとづいて個人としての不滅性をほのめかすことで強化されていた[82]。

こうしてわたしたちはキケロがその人格において古典的な自由の理想主義の力と弱さを例証する典型であると結論してよい。この観点からする,キケロがアウグストゥス的な元首政治の具体的な諸現実を予告するどころか,実際において彼がユリウス〔・カエサル〕の君主政体で感じたのと等しく嫌なものとして捉えていたであろうことを疑うことはできない。というのは諸々の事件の経過がはっきりと示すようになるごとく,彼が願っていたような正義と公明正大という政治体制は,アウグストゥスとローマの庇護のもとでも実現されることはなかったからである。もしもキケロがアウグストゥスの業績を予想していなかったとしても,アウグストゥスの側では,キケロの教えでは権力を正当化する証拠がもっと必要とされたがゆえに,キケロを顧みようともしなかったことは,やはり真実なのである。こういう仕方でその生涯をとおして苦しめられ失望させられたので,雄弁家〔キケロ〕の精神は,その敵たちの家族において自分に代わって受ける不滅性を喜ぶようになった。

観念が足をもっていないということは自明の理である。観念は自分自身では歩けない。それゆえ動力の本性に従えば活力を欠いているキケロ主義に力を与えるためには何か

---

82) とりわけプラトン『ティマイオス』41D-42を参照。

が必要である。つまり、キケロ主義の支持を勝ち取り、それが実現するように定められているものとなるための何かが必要なのである。この動力を供給するのがウェルギリウスの役割であった。それを供給するに当たって、彼はアウグストゥス時代の観念形態に最終的な要素を提供したのである。

ウェルギリウスにおけるロマニタスの役割

　ウェルギリウスの作品が彼の前任者たちを意識的に考慮して書かれており、自分が願った効果を上げるために、詩人がギリシアのみならずラテンの古典的な遺産の全体を自由に誘き寄せたことは明瞭である。このことが真実であることは、古代の言語のみならず思想をも使用すべく着服する、彼の意のままに操る熟練さによって十分に例証される。それにもかかわらず彼の世代にとってきわめて重要な関心であった諸問題に対するウェルギリウスの態度の中にはヘレニズムの世界からイタリア的な観点への急激な逆転が表明されている。また彼の作品の原資料が祖国の生活と歴史に由来しているように、彼の作品の基盤は疑いなくイタリア的経験のもっとも特徴ある要素である、宗教（religio）に中に横たわっている。こうしてウェルギリウスの中にわたしたちが認識するのはカトー主義であるが、その土台が拡大され深化されており、キケロ哲学のもとで発見されたものによって彼の作品の特性は清められ高貴なものとなっている。その結果、ウェルギリウス的な啓示の燦然と輝く光の中でキケロの陳腐な思想が宇宙的真理の広がりを帯びるようになるような力と効果を産み出すことになる。というのもこのことが詩人に古典的なヒューマニズムの諸原理に自らを奉げることを可能にさせるからである。こうしてヒューマニズムが宗教への一つの段階としてではなく、宗教そのものとして啓示される。それと同時

にウェルギリウスは古典的な理想を実現するためのローマ的な方法を正当化する証拠を提供する。この精神にもとづいて西洋文明の繁栄における決定的な瞬間においてウェルギリウスは永遠の都ローマの歴史と定めについての解釈を提示する。そして彼はロマニタスの世俗的な意味をヘラスの諸理想との密接な関連において，しかも，ヘラスの諸理想とは一線を画し誇り高く自信に満ちた仕方で定義し，かつ，確定する。

しかし，もしウェルギリウスが最終的にアウグストゥス主義の哲学に転向したとしても，厳密な意味で彼を哲学者として扱うのを違法とする〔詩という〕手段に頼ったことによって彼は〔アウグストゥス主義の〕哲学者となった。このことは詩の形式と方法とを採用することで実現した。それは一種の「熱血によって考える」ことである。それでも彼がこの手段に訴えたのは彼の目的が議論を積み重ねることによってではなく，詩という芸術がもっている，人を魅惑させる力によってのみ実現できるという，彼の確かな勘にもとづいていた。この能力はある程度は形式に依存していても，その本質はその方法の中にある。その絵画的に描写する特質のおかげで，つまり議論することによってではなく，暗示することによって，詩歌はその効果を達成するのであるが，それは想像力を刺激し，同意を得るためにか，それともある確信——哲学は狭義においてその確信をいつまでももちえないままである——を生み出すために，情念を刺激することによって効果を収める。こうしてウェルギリウスとともに詩歌は表現の不可欠な手段となった。

この詩歌という手段を採用するに当たってウェルギリウスが，純理論的で体系的な要素を詩歌を用いて説明するという古代によく知られていた慣習に従っていた，ルクレティウスの模範によって奮起させられたことに疑いの余地はない。しかしルクレティウスにとって非本質的なも

の（つまり詩歌）がウェルギリウスにとっては本質的なものであった。また両者の間の相違は、彼らが一緒に心に懐いていた観念に後者が与えた新しい含蓄によって多分もっともよく例証されるであろう。それゆえ両者がウェヌスをアエネーイスの子孫の母（mater Aeneadum）として歓迎する点では一致しているが、ウェルギリウスのウェヌスが特効性のあるものであるのに、ルクレティウスのそれは単に付随的なものであり言わば慣例上のものである。エピクロスの弟子たちにとってウェヌスは、単に物理的な世界の内なる魅惑する原理を象徴しており、「自然のきずな」(foedera naturae) の中にその表現が見出され、そこでは〔軍神〕マルスによって象徴される闘争と嫌悪の原理である敵対者に勝利する。ウェルギリウスにとってウェヌスは機械的に働くのでも幸運をもたらすのでもなく、神意による秩序の働きを例証する。彼女の役割は〔『アエネーイス』の主人公〕アエネーイスを通して運命の命令をその選ばれた民に告げることであって、それによって彼女は人々がその定めを悟るように激励したり助けたりする。ウェルギリウスとルクレティウスとの間にある大きな隔たりは重要である。そしてそこには自然と生命についてまったく相違する解釈が含まれている。ウェルギリウスはそれでもってアトム論者たちの機械論的で唯物論的な体系を退けながら、自動的な善か、それとも自発的な善かの〔二者択一の〕観念を拒否する。アトム論者たちが物質的な幸福という確かな土台に寄り頼みながら、また感覚が与える単純な満足感を排除しないでいるのに、アエネーイスは、両者を超える目標を指し示すという目的を遂行することに幸福を見出すので、それを実現するために苦難を受ける。この目標というのはある理想的な秩序の実現である。この目標は詩人たちによって、また合唱隊において、さらに天体において象徴的に描かれた一つの理想的な秩序の実現である。合唱隊や

天体はこうして彼にとってもはや文学的習わしの単なる道具となっているのはなく，まさしく事物の本性に根付いている客観的な存在をもつものとなった。

ウェルギリウスとルクレティウスの相違

ウェルギリウスの作品はルクレティウスのそれと同じく，広義において教訓的である。そうでないと彼らの間の相違はギリシアとローマの間に横たわる相違と同じくらいの大きさとなるであろう。一方は知識を通して救いの福音を説教し，他方は救いの福音を意志を通して説く。一方は休息の理想を引き合いに出し，感覚的楽しみを優先する。他方は不休の努力と活動の理想を引き合いに出す。ルクレティウスは人々が塵のように制限されている事実を強調する。また彼は人々の願望の追求が絶え間なく人々を駆り立てる宗教・自負・野望の欲求と同じく空しく無益であることを力説する。ウェルギリウスの目標は自己の内にあるそうした暗い力の権利を擁護することである。それによって人類は目に見える成果に向かって駆り立てられ，自分の手のわざが滅びないように阻止することができる。それゆえ彼はその先輩に洗練されたお世辞をもって次のように語りかけるであろう。

　　もろもろの事物の原因を認識できた人は至福である。

後者〔先輩のルクレティウス〕が表明する浅薄な快楽主義を，それが導く結論と同様に，ウェルギリウスが心中で非難していることは明らかである。そして彼はローマ人たちの先祖らが過去において達成していたことの，また先祖らが将来実現させようと望むかもしれないことの世俗的な意味を新たに信じるように勧告する。それはルクレティウスの憂愁に満ちあふれた断念とウェルギリウスの甘受する

第2章 ロマニタス 帝国と共和国

憂愁という区別となった相違である。前者は無益さを知的に確信した人の信条であり，後者はあらゆる妨害にもめげず自分の希望の合理的根拠を苦労して見出し，組織的に練り上げた人の信条である。それは洗練された唯物論の叙事詩と実質的な文明の叙事詩とを区別する相違である。

というのもウェルギリウスが洞察しているように，文明は自力では発展しないからである。それは原子の偶然的な配列に由来する究極の結果ではなく，予測できない結果である。文明は建設されなければならない。そこでウェルギリウスはその同国人を何よりもまず建設者として予想する。『アエネーイス』を正しく理解するためには，彼を移住者と開拓者の役割で考えるべきである。今や人類は自分の目的のために征服しようとして自然の背景に逆らっており，付随するすべての目的を排除するまでに視野に取り込んだ，ある目的を着実に追求するに当たって心や頭脳また手の力を集中させる。意志は活動しようとし，意志は戦おうとする。大胆な革新が蓄積された利得を保存しようとする強い願望と結びついている。愛国心と呼ばれる，血と汗，涙と悲惨によって実現されたものに対するあの情熱的な献身，わたしたちとっても宗教に対する，ローマ人の宗教自身に対するのと同じ種類の心情，これらすべては詩人によって描かれた絵をほどよく構成する要素である。それは主題の求めに厳密に一致する堂々たる美しさである。

しかしながら，もし『アエネーイス』がそれに加えて国家的な叙事詩の性格をもっているなら，そのわけはウェルギリウスが文明を構築するためには単に努力するだけでなく，それに何かが，つまり組織化が必要であることを認めるからである。ローマ史の偉大なる時期のすべてにおいてローマ国家を特徴づけた服従の訓練を示威する壮大な運動は，その偉大な文学作品の中にも反映している。それは直ちに奉献された賢明な指導力（このことは，アエネーイス

が犬ほどの勇気さえもっていなかった，と言うテルトリアヌスの非難に対する回答である）であり，また人々の外面的な関係を特徴づけていると思われる不平等という鉄則にもとづいた権威と服従であり，国家的な運命を保証し誓約する〔ローマの守護神〕パラスの像（Palladium）のために難攻不落の要塞を建設する仕事をするさいの指導者と服従する者によって等しく分けもった共通目的の感覚から生じた協力関係である。

　このようにしてウェルギリウスは実践活動を促進することを正当化しようとする。この活動の精神は，もしヨーロッパ人種に属する人々が新世界の建設に着手するようになったのとまったく同じように，ローマ人たちがそれを旧世界で実現していたのだと考えるならば，最もよく理解されうるであろう。ローマの国家と帝国は基本的には意志に依存する。徳力は性格と同じ程には知識にもとづかない。また徳の成果は落ち着きや静思よりも活動に見られる。したがって『アエネーイス』は古代におけるピリグリム・ファザー〔ピューリタン，清教徒〕であり，その従者たちは古代世界における〔ピリグリム・ファザーをアメリカに渡らせた船〕メイフラワーの仲間たちである。他方，帝国の組織された社会は聖徒たちから成るニュー・イングランド王国に対するギリシア・ローマ的な対応物である。もろもろの制限に服し，聖別されたエゴイズム（自己愛）が神の愛として自分を隠すような，すべての社会が直面する危険に脅かされていることもそれに付け加えてよかろう。

　したがってウェルギリウスは単にローマ的気質に対し真正な表現を与えただけでなく，かなりの程度まで西方文明全体に対する真正な表現をも与えている。このようにして彼はラテン文学における最高水準の偉業を達成する。あなたは彼においてのみラテン文学のすべてを見ることができる。というのも彼はローマの国家哲学の根底に横たわる協

和と合意の有する真の本性を目に見えるようにしたからである。ローマの国家哲学は浅薄ではない知的同意と契約なのであるが，それはキケロによって「心の統合」(a union of hearts) ということそのものに含意されていたものであった[83]。

ウェルギリウスの精神と方法は彼の政治的でない著作においても明らかである。『農耕詩』は母なる大地の叙事詩として語られている。それは「小麦と森林地帯，耕作地とぶどう園，ミツバチの巣箱と馬と動物の群れ」から成ると言われるほどである。つまり大地の表面を改造し，それに「イタリアの風景に見られる暖かさと生活の何ものか」と言われるものを添える人間的な努力に対する記念碑なのである[84]。それが暗示するものは感傷的な恍惚ではなく，農業と実生活に関する道徳的価値を実現するために労働せよとの呼びかけである。それは次のようにウェルギリウスが祖国に挨拶するのを可能にする特性である。

　　大いなる穀物と偉大な人を生み出すサテュルニアの大地よ，ごきげんよう。

それは一国の最高の産物があたかも大地が生んで育てた人たちであるかのようだ。

『アエネーイス』における西欧精神の自律

そのような考えはすでにウェルギリウスの初期の作品でも輪郭が思い描かれていて，『アエネーイス』において細部にわたって取り扱われることになった。この叙事詩は

---

83) キケロ『国家』1,32,49；2,42,69。
84) ライト・ドュフ (Duff)『ローマ文学史』449頁。彼は『農耕詩』i. 99「休みなく大地を耕す人も耕地を支配する」を引用する。テニー・フランク『ウェルギリウス』160-66頁参照。

ローマの隆盛とともに,運命が民の発展過程で新奇なものを生み出したという意味を表明するように託されていた。そしてこのこと,つまり叙事詩の最後にして最大の偉業を詩は西方において実現したのである。このようにしてウェルギリウスは西欧精神の自律を初めて布告した。その西欧精神の任務はギリシア人たちが終わりまで成し遂げないでやり残した解放のわざを再開し完成することであった。

　このような趣旨は『アエネーイス』のはじめのところに奏でられていたが,主題が進行するに応じて,とりわけこの詩が結論を下す終わりの言葉において,その主張が強く繰り返される。

> ラティウムはそのままに,アルバの王家が幾代にわたりそのままに,イタリア人の武勇の力がそのままに,ローマの子らへ引き継がれますよう。……アウソニア人は父祖の言葉としきたりを保ち続けるだろう。名前もいまあるとおりのままに。ただ血肉のみにより混和したのち,トロイア人は埋没するであろう。彼らの祭儀の慣例としきたりを加えたうえ,ラティウムの人々の言葉はただ一つとしよう。ここから,アウソニアの血と和して起こる民にこそ,人間を越え,神々を越える敬神の念をそなたは見出すだろう。いかなる民もこれに等しく,そなた〔ユノ,ローマ神話のユピテルの配偶神〕を崇め,讃えることはないだろう[85]。

　この意味は明らかである。文明はトロイの灰の中に消滅することはなかった。もっともあの大惨事の真の意義は,

---

85)　ウェルギリウス『アエネーイス』XII, 826-840, 岡道男, 高橋宏幸訳, 西洋古典叢書 I , 京都大学学術出版会, 2001 年, 604-05 頁。

第 2 章　ロマニタス　帝国と共和国　　111

ただアエネーイスが精神のために新しい家を求めたという結論でもってのみ理解されえたとしてもだが。この結論は第二のイリアスを創立するために彼がトラキア〔バルカン半島南部にあるギリシアのマケドニア，アレクサンドロスの故地〕で失敗することによって学んだ教訓の結果であった。つまり彼が最初クレタ島に向かってさまよい出るように送り出すことになった謎めいた暗示，それはデロスのアポロンから出たものであったが，その暗示の結果であった。それは彼がクレタ島から出て，ヘレナとアンドロマケーの町を通過した長い航海の途次で，マグナグラエキア〔イタリアの南部にあった古代ギリシア植民都市群〕とシケリアの海岸に沿ってすすみ，アフリカに渡り，そこから遂にスキュッラとカリュビィディスを通ってティベル河畔の定められた家に到着するという暗示であった。

「ここは〔西方の地〕アウソニアである」(Hic est Ausonia)。ここというのは不滅の指導者がかつて謎めいた発言で約束していた西方の地であった。つまり「王国および王の娘と妻とが一緒になって，繁栄があなたを待ち受けているヘスペリアという西国の地」であったのだ。そうはいっても約束には〔不可避な〕ある挑戦が含まれていた。

> ここにはアトレウスの子なる兄弟も，言葉をつくろうウリクセスもいない。われらは根っから頑健な種族だ。息子が生まれると，まず川へ連れてゆき，厳しく，凍えるような川波で鍛える。子供のときは夜も眠らず狩りを行い，飽くことなく森をさまよう。青年になると，労苦を辛抱し，蓄えの少なさに慣れつつ，鍬で大地を支配するか，戦争で町々を震撼(しんかん)させるかする[86]。

---

86)　ウェルギリウス，前掲書 IX, 603-08, 前掲邦訳，429 頁。

こういう人たちの素質こそ，アエネーイスに登場する人たちがその目的のために征服することになっていた人的な素質であって，そこから新しい社会の成員を鍛えて作り上げたのである。「彼こそは，指揮権を包蔵し，戦争に沸き立つイタリアを統治すべき者，テウケル〔テウクロスのことで，トロイの初代の王を指す〕の高貴な血筋を引く一族を興し，全世界を法のもとに従えるべき者だ」[87]。

しかし永く険しい巡礼で出会う単なる身体的な危険は，わたしたちが出会って克服すべき精神的な危難に比べると，くだらないことであった。精神的な危難の中でもアウソニア人が他のタイプの支配的な文化に従属させられたであろう，道徳的で精神的な悪影響は少しも重大ではなかった。この危険はアエネーイスに登場する人たちが「富裕で戦争に強い」カルタゴに移植されたオリエント的な趣味とふれ合ったときその姿を露呈した。それは砂漠の流浪者に敵対してよく起こる同盟というカルタゴの陰謀に表明された。「トロイの軍勢はわたしたちの軍勢と比べてみると，どのような栄誉でもってカルタゴの蓄えを誉め称えることか」。ディドの挿話の悲劇的な結末でウェルギリウスは単にカルタゴ戦争の問題だけでなく，またおそらくはローマが打ち負かされたカルタゴから受け継いだ危険な遺産，つまり後期の共和国の経済的・財政的な帝国主義からの解放をも予告している。ディドの誘惑を退けてもアエネーイスに登場する人たちは別の社会体制，つまり混種の退廃的なヘレニズムの誘惑から免れることはできなかった。というのもギリシア人とトロイ人（プリュギア人，ギリシア人，ラテン人は根底的には一つの家系であった）との間には人種的な親近性にもかかわらず，ヘレニズムの腐敗はひどかったからである。こうしてすべてのギリシア人たちの中

---

87) ウェルギリウス，前掲書 IV, 229-31, 前掲邦訳，157頁。

第 2 章　ロマニタス　帝国と共和国　　113

で「最善のギリシア人種」であるアルカディア人エヴァンドロス[88]だけが来るべきローマの民に吸収されるのにふさわしかった[89]。

　こういうわけで西洋文明の基礎はある意味で特定の地域に関係しており，かつ，人種的なものであった。その本国はイタリアであり，それを造った素材は純粋で腐敗していないイタリアの蓄えであって，それは精力とエネルギーに満ちており，そのような性質を行使するための余地を農業と戦争という伝統的な仕事を追求することに見出したのである。しかし，このことは決して原始生活に後戻りすることを意味しないし，〔ローマの歴史家〕タキトゥスの思想を特徴づけることになったような文明に対する何らかの不信を表してはいなかった。ウェルギリウスにとってそのようなことは，政略的な建築家の手中にある生の素材に過ぎなかった。前進を創始するために必要であったのは，まさにアエネーイスに登場する人たちが吹き込まれなければならなかった方向と指導を授ける能力であった。

　こうしてアエネーイスとその従者たちのラティウムへの到着をもって国家的な前進が展開し始めた。その前進の程度はゆっくりとしており，ただ千年も続く努力の後にやっと実現されるような目標をめざす無限の労苦を伴っており，イタリアの統合と平和条約を通して実現されるべき定めであった。そこには詩人がその力をもっては解明しがたい神秘が横たわっている。「神よ，永遠の平和に向かうように前もって定められた諸国民がこんな過酷な動揺を受け

　88）（訳者注）ローマの伝説的な人物で，ヘルメスの子。イタリアに植民し，後にローマのパラティノスの丘に住んでいたが，アエネーイスに助力してローマの建国を成功するように導いた。
　89）ここでの感覚は恐らく反ギリシア的であるよりも反エジプト的である。なぜならウェルギリウスにとってクレオパトラは敵であるから。

てもよいのでしょうか」。というのもアエネーイスとその従者たちの到着とともに執念深い敵であるユノがヤヌスの神殿を開門することになっていたからである。それはサタンの子らを自然に対する戦いから方向転換させ，移住者たちと衝突させ，農夫たちの広大な領域から住民を絶やして，イタリア中に闘争心をはぐくむためであった。この観点から見ると原住民が受けた損害は，アエネーイスとその従者たち自身によって被った犠牲とほとんど等しかった。「神々を軽蔑する人」メゼンティウスという人の没落は，確かに理解されるし，正しいと見なされるであろう。しかしラテン人とトロイ人との激烈な争いは，それよりも複雑であった。それはトゥルヌス[90]とかカミラ[91]という人の死を伴っていた。トゥルヌスはいかめしく粗野な気性の人として描かれてきた。だが彼の高慢で激しい魂の中にローマ帝国の背骨となった「高潔」の要素が具現されていたと言ったほうがいっそう真実であろう。西方世界のアキレウスにおける唯一のけしからぬことは，彼が無教養であったことである。こういう事情がカミラをも巻き込んだ運命へと彼を招いてしまった。彼女は不作法であった事実を除けば，ローマ的な女らしさの点でもっとも純粋で最善であった特徴をすべて表していた。一方，アエネーイスとその従者たちは相応の代価を支払わないではその目的を実現できなかった。なぜなら彼らがティベル川をエリックスでやっと通り過ぎようとしたとき，それが「老いて無力となった者たちが，すべて弱くなって危険を恐れた」ように，今や彼らは新しい自国で，もっとも大胆な心でも怖じける損失を予想して，脅かされた。彼らは子孫だけが経験するであ

---

90) （訳者注）トゥルヌスはラウィニアとの結婚をめぐるアエネーイスの競争相手で，アエネーイスに殺された。

91) （訳者注）カミラはウェルギリウスの『アエネーイス』に出てくる女傑の名前である。

第2章　ロマニタス　帝国と共和国　　　115

ろう報酬という望みのほかには何も支えがなかったのだ。
　こうしてウェルギリウスにとって，歴史とは移りゆく光景，未だ有意義ではないきらめくページェントにほかならないことが，明らかになってくる。彼にとって歴史は隠された意味を実現することであって，その意味は先見者や予言者（クレウサ[92]，デロス島のアポロン，〔予言する力で有名な〕クマエの女予言者）の発言のうちにかすかに予告されることがあるにしても，永遠のローマの発展における世俗的進歩の結果をもってのみ完全に明らかになるべきものである。この観点からウェルギリウス主義は，恐らく特別な意味で，この世の宗教と呼ばれるに値する。そのようなものとしてそれ自身の特徴を有する世界観を形成するようになる。

ウェルギリウスの世界観と神学

　ウェルギリウスの神学の基礎はキケロ，ウァロ，オウィディウスの教養世界によって共有された観念の寄せ集めにある。伝統的な農耕と森林の妖精，詩人があれほど著しく敬意を払った田畑の神々を除くと，その構成要素は大神祇官長スカエウォラからウァロによって採用された分類にしたがって三つのグループから，つまり詩歌の神々・哲学の神々・国家の神々から取り出されている。ウェルギリウスの作品ではこれらの神々は因習によって割り当てられた役割をそれぞれ実現するように作られている。すべての概念の運命ではあるが，移りゆく言外の意味に服しているため，これらの神々の厳密な意味はたいてい討議してみてもどうにもならない。それらはある程度異教の精神が混入し

　92）（訳者注）クレウサはプリアムの娘でアエネーイスの妻，トロイから逃げる途中行方不明となる。

ていることの単なる反映に過ぎない[93]。だがこの寄せ集めからある種の基本的な観念が現れてくる。それを使って詩人は，帝国の都市に興隆をもたらすプロセスがもつ意味を伝えようとする。詩歌の全体を通してアエネーイスとその従者たちは，彼らの宿命を実現すべく戦うのであるが，それは一方はカルタゴの精神を，他方はローマの精神である，ユノとウェヌスとの確執に典型的に示される。ユノはさまざまな方法で自分を明らかに示す「悔い改めない」，もしくは野蛮な本性である。勇敢さと寛大さを持ち合わせているのに，彼女は執念深い悪意・復讐・裏切り・頑なな高慢・虚栄と妄想の強い誘惑・地獄の支配人である〔復讐の女神の一人〕アレクトに具現する卑しい情念を呼び出す意志を象徴する。アエネーイスがディドの企みに屈服するとき，あるいはエリックスで女性たちが船団に火を付けるように動かされるとき，これらの情念と弱さとは重責を免れたかったであろう。彼女たちは激しい反感を抱いて「ユノが振り落とされる」まで「ここであなた方のトロイを見出しなさい，ここにあなた方の家庭を見つけなさい」と叫んだ[94]。ユノは初めから終わりまでウェヌスに反対し

---

93) ウェルギリウスの運命や幸運の概念についてベイリーの『ウェルギリウスにおける宗教』によって適切な考察がなされている。「ウェルギリウスの運命の観念にはきわめて重要な点がある。それはギリシア語のアナンケー（必然性）のように，自然法則から生まれる機械論的な力ではない。あるいはギリシア詩人に時折見られる無意味な気まぐれでもない。そうではなく世界を超えて世界にある神的存在のよく考えられた目的である」（同書233頁）。他方，幸運は運命から（237頁）その反対に（212頁）至る何かを意味する。「自由意志に賛成する反抗」「個人における自由意志の要素を目立たせることで，それは例外的な行動によって運命より指定されたモイラを妨げたり，緩和することができる。（換言すればウェルギリウスはストア主義とプラトン主義との間にあって自分の精神を確立できずに，その間を揺れ動いている）。

94) アウグスティヌスは言う，「ユノは諸徳に敵対するものとし

た。そうはいってもウェヌスの最終的な勝利が保証される
のは,彼女が自然存在の究極的な法則である合理的な秩序
の精神を自然において象徴するからである。そういう存在
として彼女は敬虔――それでもそれは必要な自制によって
和らげられる――と同じく献身と忠実の性質を鼓舞し育成
する。しかし彼女の主たる働きはそのような義務をいっそ
う大きな有効性によって負わされたものとして命令するこ
とである。その有効性とは公共の恒常的な善の感覚であっ
て,それは頑なであっても一時的でしかない衝動と欲望を
抑制することによって実現される。このことが意味してい
ることは,ウェヌスが肢体の中の葛藤を克服し,調和と平
和の規則である理性の法則を実現させて,結局はユノ自身
を救い出すことができるということである。このことで彼
女はアポロンによって助けられるのであるが,アポロンは
光と指導の原理として時折未来の微光を漏らす。こうして
彼は全能の父,神々と人間どもの王であるユピテルの御心
に暗に含まれた定めを成就するように貢献する。そして最
終的にはユピテルこそローマの運命の立案者となる[95]。

　わたしたちは普遍的な理性の法則と考えられた宿命が人
類のためのある種の自由を含意していることをここで認め
ることができる。もし人々が選択するならばそれに逆らう
ことが許されているが,そうすることによってある不可避
的な罰にさらされるというのは,おかしなロジックであ
る。したがってアエネーイスにはディド〔カルダゴ王テュ
ロスの王女〕の両腕にとどまることには元来何らの障害も
なかった。そして実際そうするように強く誘惑された。し
かしながら,彼女の両腕にとどまることは「その西方の王

て詩人たちによって導入される」(『神の国』10・21) と。
　95) ユピテルがもっとも優れた精神のヌーメン(神性)に発展
する点についてはフォーラーの『ローマ人の神性観』第 2 章を参照。

国と彼に予定された地を欺むくことになるので」,〔その息子〕アスカニウス[96]には好ましくなかった。つまりそれは自分自身とその家庭に逆らう罪となるであろう。一方において「運命がどこへ率い,どこへ引き戻そうと,そのあとに従おう。何があろうと,運がもたらすすべては耐えて乗り越えねばならぬ」[97]。ユピテルの命令に同意することは,自分自身の本性が有する全面的な能力を発揮して命令を実現することになる。もちろんそれを達成するためにはヘラクレスの資格を持ち合わせていなければならない。このように見きわめることによって自然本性の秩序と組織自体のなかで行動するための認可が与えられる。ウェルギリウスは古代人の格言「各人は自分自身の幸運を造り出す者である」(faber suae quisque fortunae) という「わざによって義と認められる」という異教的な教えに新しい意味を追加する。この観点からユピテルの約束はこうである。

　　わたしは彼らの支配に境界も期限も置かない。
　　限りない支配を授けたのだ[98]。

これは約束と同時に警告ともなっている。というのもそれが徳に対する実質的な報酬を提供するように,悪徳に対する実質的な罰をも命じるからである。

この宇宙論的な正義の観念は詩人が〔冥界の深淵〕タルタロスとエリュシウムの広野の想像図を描くとき[99],彼の

---

　96) アスカニオスはローマ神話に出てくる人物でアエネーイスがトロイ落城の折,ともに逃げた息子で,アルバ・ロンガの建設者を言う。
　97) ウェルギリウス『アエネーイス』V,709. 前掲邦訳,230 頁。
　98) ウェルギリウス,前掲書,I, 278. 前掲邦訳,20 頁。
　99) ウェルギリウスの煉獄,前掲書,VI, 733-51.(前掲邦訳 285-86 頁)はプラトンの『パイドロス』249A-B を想起させる。

第 2 章　ロマニタス　帝国と共和国　　　　119

思想を支配しているものである。それは人々が別世界で罰せられたり報われたりする，致命的な悪徳と主たる徳との一覧表を決定する。それはまた，もし人が帝国と文明を救うならば比類なき栄誉を獲得する点で，アウグストゥスに訴える論拠ともなる行動の基準をも提供する。そしてローマ人たちが現世の事柄に献身するとき報酬なしには何ら行動を起こさなかったとアウグスティヌスが言明するとき，このウェルギリウスの態度は，ある意味でアウグスティヌスによって支持される。

　その社会的特性もしくは反社会的な特性にしたがって評価されるような行為に対してある基準を適用することは，ウェルギリウスにおけるピューリタニズム的感覚を示している。それは「戦争の狂乱と所有欲」(belli rabies et amor habendi) を根絶しようとするウェルギリウスの厳格な要望であって，それこそローマの思想家たちによって退廃の源泉であるとして公然と非難された経済的・政治的な侵略主義なのである。この要望はキリスト教的であれ，ロマン主義的であれ，たとえば「侵略主義的独裁の使徒が有する無慈悲さ」[100]という現代の気質に対して異議を唱える彼の作品のある局面を説明するのに役立つ。それはおおよそ詩人自身の精神内部におけるある種の不適応に由来することであろう。それは愛国心の冷酷とも言える要求に反対するウェルギリウス的な人間性であり，不本意なミネルウァ (invita Minerva) に反抗して働く彼のなぞめいたことばの根底にあると思われる芸術的な精神と宣教的な精神との間に生じる鋭い葛藤なのである。

　このように考えると，ウェルギリウスには歴史哲学の要素が含まれている。それは後にアウグスティヌスの作品の中にもっとも完成され，もっとも適切な表現を見出すこと

---

100)　ライト・ドュフ，前掲書，469頁。

ができるようなものであった。わたしたちはウェルギリウスのうちに「人間の国」（City of Man）がもっている精神的な土台を見出すであろう。人間の国と対決して，アウグスティヌスは人間の手によって建設されたのではない国の姿でもって対立する類型に反対するようになった。同時にウェルギリウスは地上の都市の成立過程に新しい光を投げかけている。地上の都市は，神の恩恵にもとづく権利の法典によって同様に対決されるようになる「自然本性的な」権利の教説を生み出すことになった。しかしながら，このような諸々の発展は，地上の都市（civitas terrena）が循環していって完成されるべき未来のためにとっておかれ，古典的な教説は，うまく働いてその諸欠陥を明らかにしたのであった。その間にウェルギリウス主義は古典的な帝国のリベラリズムに霊感を与えるものとして奉仕した。このリベラリズムはカエサルの社会的で政治的なプログラムのうちに，とりわけ第2，第3世紀の法体系において実現されることになっていた。こうしてこの法体系はアウグストゥスからアントニウス時代まで支持し続けられた信念と感情との信頼できる記録を提供している。

ロマニタスの永続性と成功

このような哲学の見解でもってウェルギリウスはローマの歴史を何かユニークなものとして把握した。詩人が考えたように帝国は，それに取って代わったどんな組織——カルタゴの営利主義，ヘレニズムの王朝的な気風，アジア風の神権政治——とも根本的に何か相違したものであった。またそれはローマがそのようなライバルな組織を転覆させて単にそれに取って代わり，今度は自分で同じ道を行くためではなかった。確かに古代の実利主義は苦労して「帝国の行動様式」を作り出した。それによって諸国民が次々に王笏を手からもぎ取るためにのみ領土を獲得するプロセ

スがもっている論理(ロゴス)を作り上げたのである。このプロセスはサルスティウス〔前 86-34, ローマの歴史家・政治家〕によってローマ人たちに説明されていた[101]。彼にはこのプロセスは，一つの原理の働きとして考えられており，その原理のおかげで地域社会は次々にマッキャベリ的な「徳力(virtù)の集中化」つまり道徳的で知性的な才能の集中化に到達する。このような集中化は，才能がいっそう劣った人たちを支配することによって，権力と栄光を求める万人の切望をローマ人たちに，満たすことができたかもしれなかった。しかし，この支配を可能にした同じ法則が〔今度は〕同じくその支配を滅ぼしたのである。その有様は，こうした支配の目的が達成されると，勤勉は怠惰に身をゆだね，自制心と公明正大さは快楽・貪欲・傲慢に屈服するようになったことに見られる。ローマ人たちはこのように他の人たちの歴史を説明しておきながら，彼ら自身はその例外であることが証明できるかもしれないと信じる理由を見出していた。ローマ的な秩序はその理想においてユニークだったので，未来にとってもまたユニークであるように前もって定められていると信じられた。というのも単なる富や権力の蓄積を超えた諸目的をそれが実現したように，他の諸々の組織が有する束の間の性格とまったく相違して，ローマ的な秩序は永遠を指し示していたからである。そのような諸々の組織がもっていた運命からローマは，ロマニタスが奉仕することになっていた諸目的によって救われていたのである。

この観点からロマニタスの永続性は，「個人的な人格性の本質的にして不滅な要素」[102]と呼ばれていたものを実現させたという事実によって確保された。このようにしてロ

---

101) サルスティウス『カテリナ戦記』第 2 巻 4-5.
102) ゾーム『ローマ法の制度』英訳(1907)序論, 46 頁。

マニタスの成功は，それが採用した方法にもとづいていた。それはいわば根底から建設するという方法であった。換言すれば「この地上の世界では物質的なるものは，そこから人々が精神的に申し分のない源泉を発見すべき土台としては，きわめて不吉であると思われる」という真理の認識にもとづいていた。この威風堂々たる組織に関して観察できる第一点は，支配していた観念が今までになく新しかったということである。専制政治と搾取によって創立された諸々の帝国の残骸の只中にあって，ロマニタスは精神のきずなによって統合された一つの世界共同体の事業として孤立して立っていた。そのようなものとしてロマニタスは，純粋に政治的なものであった。それは人種を超え，肌の色を超え，全体的に見てわずかな例外を除くと，それが古代によって予想されたように，宗教をも超えていた。この観点からロマニタスは純粋な「自然的な」絆のすべてを超越していたと思われるかもしれない。それは，事実，単に情緒的な経験のレベルにおいて和合のために何らかの現実的な基礎を見出す可能性を否定したかぎりにおいて，超越していた。しかし，それは人間の情緒を超越はしていてもそれを拒絶したりしなかった。そうではなくむしろ帝国という考えに支えられて情緒をまとめようと努めた。永遠のローマの庇護のもとにギリシア，ラテン，アフリカ，ガリア，ヒスパニアは自由に彼ら自身の生活を営み，自分自身の運命を実現するようにとどまった。4世紀の終わりごろまでにアウグスティヌスは（自分の言葉でもって）「アフリカ人としてアフリカの人たちに」語ることができた。だが地域的にして人種的な相違が存在し続けていたのに，帝国の市民たちは自然的な理性の次元でお互いに地域社会の結合を見出した。このことのゆえにローマの秩序は，普遍性と究極性を要求したのである。それに代わるもう一つの生活方法を主張することはできなかったのである。

第 3 章
永遠のローマ，権力の神格化

はじめに

帝国の首都の永遠性（Aeternitas Populi Romani ローマ民族の永遠性）は一般にコロッセウム〔大競技場〕の永遠性と同一視される。

> コリッセウス〔大競技場の擬人名〕が立っている間は，ローマも存立するであろう。
> コリッセウスが倒れるとき，ローマも倒れる。
> ローマが倒れるときには，世界も倒れる。

人間の本性——それによって人類の世俗的な希望が実現される——がもっている永続的にして本質的な要望をかなえると公言したのは，本当は秩序の永遠性であった。問題となっている秩序は具体的な歴史的な状況に応答することからはじまった。つまりローマの革新によって造り出された物質的，道徳的，知的な諸問題に応答することから起こっていた。それは形式的にも，実質的にも，皇帝アウグストゥスが与えた諸問題に対する回答から成っていた。しかし彼が提示した解決策について，皇帝はその都度の直接的な必要を遥かに超えたものを要求し，恒常的な解決に至る基礎を据えるように求めた。彼が自ら想定していたよう

に，組織化された社会の最終的な形を立証するように定められていたことの立案者として，その名声を求めたのはこの理由であった[1]。

このような要求は不当なものではなかった。その反対にそれは古典的な古代の思想と憧れのうちに根付いていた想定にもとづいていた。これらの想定はラテン的な西欧がギリシア文化を受容することで明確なものとなった。その想定の全面的な意義を正しく認識するためにはヘレニズム文化の背景と対決して考察しなければならない。わたしたちは，人間がその可能性をポリスにおいてのみ実現できる動物であるというアリストテレスの教え[2]を想起することによって，考察をはじめることができよう。

このように言ったからといって，アリストテレスが自明の真理を表明するよりも，むしろ問題点を述べていると指摘する必要は，ほとんどないであろう。この問題点はギリシア人たちが周辺の野蛮な習俗のレベルから自分らを向上させるために，また彼らが手にとって使用することができる素材から人間性の真実の可能性であると考えたものと一致する世界を構成するために戦った，数世紀に及ぶ経験から学んだ遺産である。このような状況にあって彼らが自分の問題に挑戦した勇気と発明の才を，あるいは美術や文学，科学や哲学において彼らが実現した富を，正しく判断することは，ほとんど不可能と言えよう。それよりもさらに推測することができないのは，ギリシア人たちの長く続いた痛ましい歴史の栄枯盛衰をとおしてあのようにさまざまな営為のかたちへと彼らを追いやった隠された力を見出すことである[3]。だが，そのような力が根底的には精神的

---
1) 本書第1章と第2章参照。
2) アリストテレス『政治学』1,2.1253a。
3) 一般にギリシア文化を評価するためにわたしたちはリビングストン編『ギリシア人の遺産』を参照することができる。特殊な側

なものであったということだけは、いずれにせよかなり確実である。したがってそうした精神的な力が示していることは、野蛮の風習や時代の危険な要素、また原始の生活がさらされていた境遇を克服しようとする衝動であった。そしてこの観点からヘラス〔古代ギリシア〕の理想像は自らを権力の像へと変化させたのである。

古代ギリシアの理想像

この理想像においてわたしたちは、最高に重要な二つの要素を区別してもよかろう。第一の要素は、「厳密に人間的な」卓越性、人間としての人間の卓越性と呼ばれる一つの理想もしくは類型である[4]。第二の要素は、同等な厳格さをもって厳密に人間的であると呼ばれるであろう確信であった。つまりこの理想は人間の本性のうちに内属する諸々の能力のおかげで実現することが可能であるという確信であった。このように区別されたプログラムの限界内においてさえ、目的と手段に関して双方の意見がかなり相違する余地があったことが明瞭となるのはもちろんのことである。ギリシア文学は卓越性の多彩な経験を明瞭に示しており、表現を見出すために多くの二者択一の方法を指摘する。ここでもギリシア文学はギリシア人の天才のもっとも著しい局面の一つを疑いの余地なく忠実に表現する。それはファウスト的な好奇心であって、たとえギリシア人が進

面はマレー『ギリシア宗教の諸段階』、ツインメルン『ギリシア共和国』、ヘアス『ギリシア数学の歴史』その他の多くの本を参照して貰いたい。

4) この問題はこれまで吟味されてきた。たとえばミレネ哲学の起源との関係でバーネットは『初期ギリシア哲学』第三版 39-50 頁でギリシア精神がオリエントとの接触を通して豊かにされた可能性を論じた。もしそうなら種が不毛の地に落ちなかったことが少なくとも同意されるである。他の理論はタレス自身がセム族であって、思弁の害毒を「その血液で」いわば運び入れたと言うことである。

歩についてわかりやすい理論を形成できなかったとしても，確かに好奇心は彼らの文明を前進させる助けともなった。しかしヘレニズム文化は，その発見の多様性にもかかわらず，その問題を「客観的に」考察しようと求めており，何らかの回答を自然から得ようと期待するという，首尾一貫した態度を至るところで主張したのである。またこの観点から少なくとも一つの理想が人間性の限界を超えているとして除外されるべきだと考えられた。これこそ〔一つ目巨人〕キクロピアンの理想であった。つまり個人は自分だけで絶対に十分であるという理想である。アリストテレスが，社会がなくとも行動できるものは獣であるか，それとも神であるかのいずれかである，と断言するとき，彼は疑いの余地なくギリシア人の経験の一般的な判断を記している。

個人と共同体の問題

キクロピアンのような独立の観念を退けることは，一つの問題の解決にはなっても，それほど大きくも困難でもない他の問題を立ち上げることになる。なぜならそれが直ちに個人とその個人が属する共同体との関係について問題を引き起こすからである。そしてここからギリシア人の見解は鋭く対立する諸学派に分裂していったように思われる。一方において共同体は純粋に「正しい心をもったもの」(εὔνοια)，あるいはわたしたちがよく言う「善意」の問題であるのか，あるいはそうあるべきかと論じられた。だが他方において共同体は結局は単に一つの組織された冷酷な力，つまり物理的な力に過ぎないのではないかと論じられた。アリストテレス自身は疑いなく中庸の道を願う常識の感覚を反映させて，それら相互に排他的な二者択一のいずれをも終局的なものとして受け入れることを拒否する。したがって彼は両者を第三の観念──それとの関連におい

第3章　永遠のローマ，権力の神格化　　127

て両者が新鮮で有意義な光として示される——に関連させてこのジレンマを解決しようとする[5]。この観念というのは「国家の中で人々を結ぶもの」として提案された「正義」であるが，「正義の運営，つまり正しいことの決定」は真実な「社会における秩序の原理」として守られる[6]。

　これらの用語を使ってアリストテレスは，長い間にわたってギリシア人の経験の根本問題として認識されてきたことに対して，彼の考えを明確に述べた。そのような経験として次のことはアカイア人を描いたホメロスの絵の中に恐らく暗示されている。つまり共通の利益という問題を解決すべく指導者の下で会議に参集したのか，それとも戦場にあって野蛮で，多言語を語る未開人の群れと対決して密集した集団をなして進軍したのかどうかである。このことは詩人ヘシオドスが，強力で無法な貴族たちによる弱者に対する冷酷な搾取に顔を背けながらも，共通善のために社会を秩序づけるプロジェクトに取りかかりはじめるとき，すでに関心の焦点となっている。その社会では競い合っている「悪い形」は「良い形」によってすげ替えられる。このことは同時に社会はゼウスの意志に一致すべきであるということを宣告している[7]。そうは言ってもこの考えを，理性と人間性にもとづいた法の規則を同国人のために定めることに（神話的な立法者から離れて）初めて実際に着手したのはソロンであった[8]。このことはヘラスの精神史にとって重大な意義をもつ転換となった。つまりわたした

　5）　アリストテレス『政治学』I, 1255a。
　6）　アリストテレス『政治学』I, 1253a37,『ニコマコス倫理学』V, 1129b, 25。
　7）　ヘシオドス『仕事と日』出典箇所の指示なし。
　8）　アリストテレス『アテナイの国政について』第12章参照。ソロンの目的と方法を明らかにするために彼の詩から引用がなされている。

ちがあえて共和国の古典的な理念と呼んでいたことを，事実，最初に表明することであった。このようにして法の規則は，この理念の中に潜在する多様な可能性を開発するためにヘレニズム文明が自らのエネルギーを献げるべき未来へと人を向かわせたのである。

「粗野な」個人主義と「穏やかな」個人主義
　このように主張するにさいして，少なくともギリシア社会の二つの要素にはそうした可能性がそれほど多くは求められてはいない点を，わたしたちは忘れてはいない。この要素を「粗野な」個人主義と「穏やかな」個人主義とそれぞれ呼んでもよかろう。前者は一方においてシニク派のディオゲネス〔前421頃-320 古代ギリシアの哲学者〕のような奇人を含み，他方においてはトラシマコス〔ソクラテスと同時代の弁論家で，プラトンの『国家』に登場する人物〕のような超人たちを含んでいる。この超人たちは組織された国家の権利要求を勝手気ままな制限であると憤慨する，実利的で道義をわきまえた帝王たちである。後者は快楽主義者や放蕩主義者から成り立っており，イオニアの抒情詩人と同様に完全性という幻想を解体し，単なる感性の誘惑に進んで身をまかせる。〔前者と後者の〕両者が表した方針の表明は一つの有名な事例[9]よりも多くの事例でもって明らかにされたように，疑いなく頻繁になされ，また危険なものであった。それでも彼らの引き起こした事件では大多数の人たちと一緒にポリスへの忠誠がなされており，ポリスの発展がそれ以後のギリシア精神の主たる優先事業の一つとなったという事実を強調するのに役立っている。その成り行きとして起こったのは，それを試みる永続的な運

---

[9] たとえばアルキビアデスの場合についてプルタルコス『アルキビアデス』とくにスパルタにおける演説（vi, 89-92）を参照。

第3章　永遠のローマ，権力の神格化　　129

動であった。その結果として地中海の沿岸地帯は，その運動が起こした事業の残骸でいっぱいになった，その様式は，事業に欠陥があったとしても，一つかその他の理由で彼らに課された試練に耐えられなかったものであった[10]。そして多産な発明という特性を用いてギリシア人の理論は，独創的で（多かれ少なかれ）教育的な無限に多様な計画を立案することによって，実践で露呈した諸々の困難を取り除くことになった。

 ポリスと中間層の人たち
　しかしながら古代ギリシアのすべての政治形態が，あるいは大部分の政治形態が人間的な卓越性（アレテー）――この卓越性が詩人や哲学者たちによって理解されたように――の実現のために献げられたと想定することは誤りであろう。事実，プルタルコスは，繁栄した後で消滅していった多くの人々の中でただ一人スパルタのルュクルゴス[11]だけが意図的に，かつ，慎重にそのような理想をいだいていたと主張する。大抵のギリシア人にとってポリスは，ピンダロスに対して行ったように，中間層の人たちにとって概してもっとも望ましい「国家」であるとの好印象を与えていたに違いない。そのような人たちに対してポリスは自分が本当に願っているものを，つまり外的な危険からの安全と物質的な幸福の約束を，獲得する最善の見通しを与えたのである。歴史的に言うならば，ポリスはこのように権力の問題に対して中間層の解決策となり，また，制度としてはその幸運と不運が小土地所有者の幸運と不運とに密接に関係していた[12]。

　10）　この関連で記憶すべきことはアリストテレスがその政治学のために 150 ものモデルを検討したことである。
　11）　プルタルコス『ルュクルゴス』29-31 参照。
　12）　アテネにおける五千人の支配についてツキィディデス『歴

だが，これこそ明らかにアリストテレスの解決策に意義を与えている事実である。アリストテレスはプラトンと同じく，このような共同体に本当に害悪となっていたのは，健全な組織化の原理が欠如していたことであると主張した。このような原理が欠けている場合には，共同体はソフィストたちによって社会に広められた見解——それによって権力が社会的な力学の問題に分解され，特殊なテクニックの習得と同一視される——に屈服したのであった。これとの関連においてわたしたちが思い出すのは，「都市設計者」のヒッポダモス[13]に対するアリストテレスの批判である。ヒッポダモスは以前にピレアス〔ギリシア東南部の港市でアテネの外港として5世紀に建設〕を設計したように数学的な図式にしたがって都市を設計できると宣言した。同時にアリストテレスはもっぱら経済や財政の問題に注意を限定していた同時代の政治家たちを批判した[14]。これらの批判は単に古代遺物への関心を超えたものがあり，観念論（1dealism）が問題の本質をどのように考えたかを確かに指摘している。

ギリシア観念論の影響とプラトンの宇宙論

哲学的な観念論にとって権力を聖別するものは「秩序」である。そしてもし秩序が正当に基礎づけられているなら，秩序は「正しい」はずである。つまり，それは個人の生活にせよ，公共の生活にせよ，単なる行動の習慣のすべてよりももっと深いところに横たわっている宇宙的原理に対して明白で，かつ，知性で理解できる関係を保っていなければならない。こうして観念論には「自然」と「人間」

史』VIII, 97 参照。
   13) アリストテレス『政治学』II,1267b22 参照。彼はエウリュポンの息子でミレトスの人であった。
   14) アリストテレス，前掲書，I,11,1259a20ff. 参照。

の根拠についての確かな学的認識（science）にとって必要な基礎となる原理の発見がゆだねられている。

この関連でわたしたちにはプラトンとアリストテレスの間にある学的認識（エピステーメー）の区別を無視することができる。というのもプラトンにとって問題の原理は厳密に超越的であるから。この意味でそれは「理解するに困難」であり，「伝達するに困難」である。それでもその原理は宇宙的な精神や知性（ヌース）として（独断的に）考えられている。こうしてそれは「運動の始原」（アルケー・キネセオース）として自らを提示しており，宇宙に特有な構造とそこに含められるすべてがこの始原から生じたとみなされる。しかし，それ自身は「真空では」（in vacuo）は作動しない。その反対に，その原理は創造されたのではない始原の物質（ヒュレー）の基体を前提としている。この基体はさまざまな仕方で「必然性」（アナンケ），「盲目の偶然」（テュケー），「逸脱した根拠」（プランオメネ・アイティア）として叙述される。もしそうでないと基体は無定形にして無意味な流転であって，その唯一の機能は，精神がそのうえに押しつける「形相」や「原型」を「受容する」ことである。したがって「この宇宙の生成は，知性と必然性の結合に帰せられるであろう。それは最善として存在しうる産物と成るように一方〔知性〕が他方〔必然性〕に影響を及ぼすことである」[15]。この宇宙論で特筆すべきことは，一方において「物質と運動」あるいはむしろ抽象的に考察された「質料の運動」は善でも悪でもないと言うことである。厳密に言うならそれは形相から離れると無であるか，無も同然である。他方において質料に自分を押しつけることによって質料に身体の性質を付与する形相や

---

15) プラトン『ティマイオス』48E; 29D, 30E, 48A, 69B-D 参照.。

原型は，そのことのゆえに自己の形相的な特質を何も失わない。それは無時間的に恒常不変的に何時までも留まり続ける。このような考察はプラトンが生成（genesis）によって何を意味していたかを理解するのを助けるであろう。彼が洞察しているように生成のプロセスにおいて精神や知性の役割はデミウルゴスほど創造的ではない。その活動が存在の「原形」を供給する点を超えて拡がっているかどうかは疑問となろう。更に生成の活動は流動的な質料の常軌を逸した傾向を抑制することの困難さによって至るところで条件付けられており，またこの視点から質料は（後代のマニ教徒たちが考えたように）悪の積極的な源泉ではないとしても，少なくとも「個体化の原理」として認識される。したがって「身体」の世界は「生成」の世界として考えられている。そうはいっても，この生成は決して現実的に生成したりはしない。なぜなら，そうなると身体としての自然を超えてしまうからである（一方では生成がいつまでも続き，他方では存在は決してない）。こうしてそれは原型，もしくは「真実在の」世界の単なる「反映」として留まっている。

　プラトンの宇宙論は人間の自然的本性に関して最高に重大な結論に導いていく。最初は人間が「身体」・「魂」・「精神」の合成体である宇宙の小宇宙として心に描かれる。この合成体の中で「精神」と呼ばれる部分は，独断論のさらなる行為によって宇宙的原理と同一視され，神の本質の「火花」（scintilla）と考えられる。これこそどうして（ある条件の下で）原形的な形相を把握することができると主張されるかという根拠なのである。しかしながら合成されたものはこの〔宇宙的な〕原理にとって「仮定からすると」（ex hypothesi）「外的である」ような要素，つまり「身体」と「魂」を構成するようになる要素を含んでいる。わたしたちはここで「個体化の原理」として見なされていた

キリスト教と古典文化

アウグストゥスからアウグスティヌスに至る
思想と活動の研究

C. N. コックレン著

金子晴勇訳

知泉学術叢書 1

序　文

　本書のテーマは，キリスト教の影響力を通してギリシア・ローマ世界にもたらされた思想と活動における革命である。このテーマは深遠な重要性をもった主題であるが，それを受けとめるほどの関心を，とくに英語圏の学者たちからもたれてこなかったように思われる。その理由は，部分的には関係している問題がかなり特殊な性格をもっていることにある。ところがこれとは別に，研究領域の間にある区分を受け入れてしまっていることにもその理由がある。わたしの考えでは，少なくともそのような区分とは概して恣意的なものであり，現実の出来事の流れによって正当化されたものではけっしてない。その結果，古典研究とキリスト教研究はおそらく両者にとって不幸な結論によって分離されてしまったのである。

　本書でわたしはあえてこれまで受け入れられてきた習慣に挑戦し，アウグストゥスやウェルギリウスの世界からテオドシウスやアウグスティヌスの世界への推移を描こうと試みた。このような企てに乗り出すとき，わたしは自らの大胆さを十分承知している。しかし，この企てへの本質的な関心とそれがヨーロッパ文化の連続的な発展に投げかける光となるという二つの理由が，わたしをこの課題に着手するように駆り立てた。またわたしは，直面すべき宗教的・哲学的問題がどれほど困難だとしても，その時代の出来事にとって中心的なものを見落とすという犠牲を払うこ

とを別とすれば，これらの問題を歴史家は拒むことはできないという意識をもって大胆にもこの企てを遂行したのである。

きわめて広大にして複雑な主題において，研究領域のやや厳密な境界画定を行うことは当然であった。それゆえわたしは，古典的秩序の最終的にして決定的な表現である「永遠性」への要求をもったアウグストゥスの帝国を，その出発点として選んだ。このことは何らかの深い意味においてアウグストゥスの仕事が新しかったということを示唆しているのではない。反対に，彼の仕事はギリシアにおいて数世紀前に始められた努力，すなわち文明のために保護されるべき世界を創造しようとする努力の最高点にすぎなかった。そして，この出発点からみると，皇帝が示したような独創性は単なる方法論の一つであった。ところが，この意味において彼の体制はたぶん，わたしたちがあえて「創造的な政治」と呼ぶものの最後の，とりわけ印象的な仕事として受け取られるだろう。

ギリシア・ローマ的なキリスト教の歴史は，ギリシア・ローマ的な企てとギリシア・ローマが依存した理念に対する批判へと大部分は変化した。それは，すなわち，永続的な安寧，政治的活動，とくに政治的指導者の「徳と運命」への服従によって平和と自由という目的を成し遂げることを可能にした理念である。キリスト教徒は，不変的な力強さと一貫性でもってこの考えを公然と批判した。彼らにとって国家とは，人間の解放と完全性に関する最高機関であるどころか，せいぜい「罪の救済」として正当化されるべき束縛であった。そうでなければ，彼らは国家について考えることを迷信の最たるものとみなしたのである。

キリスト教徒はこの迷信の原因を不完全な論理，すなわち古典的「自然主義」の論理に突きとめたのであり，彼らはこの論理によって古典的世界がもつ特徴的な欠陥（vitia）

序　文　　　　　　　vii

が生じたと考えた。この関連において彼らの反抗は，人間本性に由来していなかったことに注目することが重要である。それは，実践的生活に対する含意とともに古典的な知識（scientia）によって構築された人間本性の描写に由来した。また彼らが要求したのは，適切な宇宙論と人間論への前提としての第一原理の根本的な改訂であった。このような改訂の土台を，彼らは啓示として理解されたキリストのロゴス（logos），つまり「新しい」真理ではなく，太古までさかのぼりうる，永続的なる真理のロゴスのうちにあると主張した。彼らはこのロゴスを人類へと拡大された光と力の約束，したがって新しい自然学，新しい倫理学，とりわけ新しい論理，人間の進歩の論理への答えとして受け取った。その結果，キリスト教徒は古典的世界に存在するあらゆるものに優越する知性原理をキリストにおいて所有していると語った。この主張によって運命をともにする覚悟を彼らはもったのである。

　古典主義と対立するようなキリスト教の主張が最終的妥当性をもっていると断言することは，歴史家としてのわたしの課題のうちにはまったくない。わたしの課題は，その主張をわたしが描こうとした歴史的運動の本質的部分として単に記録することにすぎない。わたしは，この課題のために可能な限り各々の側の主張者に自分自身で語らせることに最善を尽くした。ましてや最初の4世紀に議論された諸問題を混乱したわたしたち自身の時代の問題に思い切って当てはめようとすることは，どんなことであっても相応しくない。それでもやはり，わたしたち自身の時代の問題への解決策を求めようとする人々にとって，少なくともその答えは古典古代の生活と結びつけられた陳腐な概念を復興しようとするどんな試みのうちにも見出されないということは，示唆されているかもしれない。これはギリシア・ローマ世界が成し遂げたものを，いわんやその厳密で

注意深い研究を蔑むことではない。反対に，その答えは，ギリシア・ローマ世界が成し遂げたもの，そしてその研究を莫大な価値や意義が得られるとわたしが考える展望のなかにみることである。キリスト教徒が（いくぶん口やかましく）言っているように，真理への最善のアプローチとは過ちの研究を通してのものである。またこの観点からみれば，偉大な古典はすべて立派な罪人であったことは否定できない。それゆえ彼らの著作は，彼らが想像した意味ではまったくないが，「永遠に魅入られるもの」を構成しており，それはいずれにせよ人間の経験において独自の重要性をもった一章とつねにみなされなければならないものをめぐる思考と切望の不滅の記録なのである。

　この目の前にある著作は一つの解釈である。そのような著作として，これは主に古典文献における適切な資料の研究にもとづいており，近代の著作家からの引用は最小限にした。わたしは主題のさまざまな側面に光を投げかけることに貢献した学者たちの仕事から計り知れない恩恵を受けている。しかし，それが特定される場合には，それにふさわしい感謝を〔本文や注などで〕表すことができたと思う。終わりにわたしは以前勤めていた大学のメンバー各位に対して謝意を述べたい。彼らは全体ないしは部分的にわたしの草稿に目を通してくれ，彼らの批判は形式と内容の双方における数多くの過ちを回避することを可能にしてくれた。とくにわたしは，R・G・コリングウッド教授とR・サイム氏から受けた援助に感謝したい。

　　1939年7月　オックスフォード
C.N.C.

目　　次

序　文 ·· v

第 I 部　再　　建

第 1 章　アウグストゥスの平和 ── 復興した共和制 ····· 5
はじめに　アウグストゥスの野望と元首政の創設（5）／3 世紀の危機とアウグストゥスの希望の挫折（7）／古典的遺産に対する信仰（8）／ユリウス・カエサルの生涯と業績（10）／カエサルの治世（13）／カエサルの自己認識と歴史家の判断（17）／共和国の破壊者としての独裁者カエサル（20）／カエサルの殺害と続く動乱（21）／カトーの精神とキケロの『国家論』（23）／アントニウスの生涯と意味（25）／初期オクタウィアヌスの生涯（26）／「アウグストゥスの平和」の印象（29）／歴史家サルスティウスの記録（31）／アウグストゥスの治世（34）／元首政の本質と共和国の理想（36）／アウグストゥスとローマの神格化（44）

第 2 章　ロマニタス　帝国と共和国 ······················· 47
はじめに（47）／ウェルギリウスの役割（49）／『アエネーイス』とローマ帝国の再建計画（50）／カトーの役割と意義（52）／カトー主義と政治活動（56）／貴族社会の頽廃とローマ社会の荒廃（59）

／ルクレティウスの真義（60）／キケロの歴史的重要性（65）／キケロによる古典古代への復帰（70）／キケロの『義務について』（79）／四つの理想と伝統的な枢要徳（81）／経済的な利益の問題（88）／善意・慈善・公の義務の強調（89）／公正の要求と便宜の要求との葛藤（92）／統治権の最終的な根拠（95）／共和国の自由と正義の擁護および共和主義の先入観の強化（96）／自由な国家における指導力の要請（98）／『スキピオの夢』，想像世界での完全性の原理（101）／ウェルギリウスにおけるロマニタスの役割（103）／ウェルギリウスとルクレティウスの相違（106）／『アエネーイス』における西欧精神の自律（109）／ウェルギリウスの世界観と神学（115）／ロマニタスの永続性と成功（120）

第3章　永遠のローマ，権力の神格化　………… 123

はじめに（123）／古代ギリシアの理想像（125）／個人と共同体の問題（126）／「粗野な」個人主義と「穏やかな」個人主義（128）／ポリスと中間層の人たち（129）／ギリシア観念論の影響とプラトンの宇宙論（130）／アリストテレスによる観念論の修正（134）／プラトンとアリストテレスの人間観とポリス観（136）／アリストテレスの国家批判（137）／アリストテレスの観念論的な国家論のねらい（139）／紀元前5世紀のギリシアの現実（141）／アレクサンドロス大王の意義と問題点（143）／ローマ市の夜明けとラテン人の共和国（151）／ポリュビオスによるローマ人たちの業績（155）／サルスティウスによるローマの評価（157）／同時代人の歴史家リウィウスのローマ観（159）／古典主義の根本的誤謬（162）／プラトン主義のアウグストゥス的改作（165）／リウィウスの方法

の問題点，幸運と形相（165）／リウィウスの宗教観（169）／古典的な観念論の決定的な影響（171）／観念論の正義と社会秩序（173）／国家の形成に関する問題点（175）／新しい統合の原理の問題性（177）／観念論的な政治学の手法（178）／秩序の創始者としてのアウグストゥス皇帝（181）／アウグストゥスの神格化（184）／ギリシア人の人間観と神的な人間の強調（185）／人間の神性と古典主義のラテン版（187）

第4章　カエサルの国は悪魔の国である ……………191

アウグストゥスの社会体制の運命，三つの局面（191）／適応から理解と受容へ（193）／アウグストゥスの平和における「力・権威・計画」（194）／軍隊の改革と皇帝の全権（196）／政治的正義と秩序（197）／司法制度の変化（199）／裁判の手続きの改革（201）／君主の指導的な役割と「王の法」（203）／元首政治の創立者の意図は何か？　古典的な諸原理の政治への適用（205）／公用の学問が帝国の問題を解く可能性（206）／古代ローマの貴族階級の没落（207）／旧貴族「世界の主人たち」の精神（208）／貴族たちと皇帝のキウィリタス（親切心）（210）／皇帝たちの破滅の運命，悪徳の化身であるネロ（212）／皇帝ティベリウスの政治における問題点と悲劇（214）／皇帝の神格化と天罰（217）／同時代の哲学の営み（220）／君主の統治権に関する観念の発展と現実（221）／フラウィウス王朝の破滅（223）／歴史家タキトゥスの仕事，現存する状況の現実主義的な受容と「判断の躊躇」（224）／タキトゥスのイデオロギーにおける欠陥（227）／五賢帝の時代，ローマの絶頂期（230）／ギボンが称賛したアントニヌス時代の到来と市民団体（civitates）（241）／公共の学問とし

ての古典的観念論（243）／キケロの貢献とその重大な意義（244）／この時代における学問と「哲学」の意味（247）／偉大な古典的伝統の力（252）／3世紀の危機と革命（253）／キプリアヌスの証言（258）／テルトリアヌスの場合（259）／古代文明の衰亡と破滅の究極の原因（263）／グノーシス主義の出現（266）／古典的世界の道徳的で知的な欠陥からの古典主義による救済の試み（267）／セネカの置かれた異常事態（272）／ローマ時代の哲学，ストア派とエピクロス派の対立（274）／セネカとマルクス・アウレリウス（277）／ストア派のイデオロギーに内在する問題（279）／プルタルコスの意義とストア派批判（280）／プロティノスの貢献（288）／経済的，社会的，政治的な発展に見られる危機（289）／ディオクレティアヌスの仕事（292）

第Ⅱ部　修　　築

第5章　新しい共和国　コンスタンティヌスと十字架の勝利 …………………………………………………… 299

はじめに（299）／ミラノの勅令の意義（301）／権力闘争の概略と継承した遺産（304）／コンスタンティヌスの政策の特質（307）／カエサレアのエウセビオス（309）／キリスト教皇帝の特色と革新（316）／キリスト教会によるローマ帝国の政治に対する抑制（320）／コンスタンティヌスの支配とキリスト教（321）／ラクタンティウス『神聖な教義』の証言（322）／ラクタンティウスの教説の問題点（330）／コンスタンティヌスの二大政策（332）／人格・所有権・高利貸しに対する態度（337）／テオドシウス法典に記されている制度と社会変革（339）／司法制度の問題（342）／新しい宗教の経

済政策における失敗（344）／ドナティスト問題と教会分裂（346）／コンスタンティヌスの皇帝 - 教皇主義（348）／ニカイアの公会議と関連事件（352）／コンスタンティヌス主義の脆弱さと悲劇（355）

第6章　アテネはエルサレムと何の関係があるのか。コンスタンティヌス主義の袋小路 ……………… 358

はじめに（358）／4世紀の理解に重要な二問題（361）／コンスタンティヌスの誤り（363）／この時代の思想的混乱，ラクタンティウスの問題点（366）／市民共同体と教会との類似点（368）／殉教者ユスティノスとテルトリアヌスの反抗的な挑戦（373）／「信仰の規則」における二つの重要な命題（378）／キリスト教的なグノーシス主義の批判（380）／テルトリアヌスの批判の意義（381）／キプリアヌスの意義と問題点（388）／キリスト教哲学の発展と異端の問題（389）／ニカイア公会議の召集と問題点（394）／古典主義の二元論とその異端思想の否定（399）／神の像としての人間とその罪（403）／進歩の観念の問題（407）／目的について（408）／古典主義の根本的誤謬（410）／古典主義の問題に対するキリスト教徒たちの反論（410）／オリゲネスとテルトリアヌスの反論（411）／ニカイア信条の影響とそれからの逃亡（417）／4世紀の政情とその一般的特徴（419）／法律的・経済的な社会状況の概観（420）／コンスタンティウスの主要な関心，宗教問題（426）／コンスタンティウスの施策（427）／アタナシオスの登場（432）

第7章　背教と反動 ……………… 437

はじめに（437）／ユリアヌスの事業と思想（440）／ユリアヌスのキリスト教に対する考えと批判（442）／ケルソスと同じ異端思想（447）／キリスト教的な生活に関するユリアヌスの理解（448）／

修道院制度の発展（450）／ユリアヌスの修道院制度に対する批判（452）／アタナシオスに対する憎しみ（454）／コンスタンティヌスとユリアヌスの違い，異教主義の復活（457）／ユリアヌスによるプラトン主義の信仰告白（459）／最高善と理性の生活（464）／太陽唯一神論にもとづく壮大な折衷主義（465）／ユリアヌスの改革計画（469）／自治都市の再建と税制の改革（472）／ユリアヌスの宗教政策と「ユリアヌスの平和」（474）／寛容の原理（477）／国家宗教として何を採用するかという問題（479）／自由学芸の再建（479）／ユリアヌスの死とその評価（484）

第8章　新しい共和国における国家と教会……490

はじめに（490）／ウァレンティニアヌスとウァレンスの治世（490）／ウァレンティニアヌスの宗教政策（493）／好戦的な皇帝（497）／世俗的な方法への傾倒（501）／4世紀の国家管理システムと法体系（504）／奉仕の原則（510）／ウァレンティニアヌスと国家的な教育制度（517）／アンミアヌスと古典古代の精神（519）／アンミアヌスの批判（524）

第9章　テオドシウスと国家宗教……530

はじめに（530）／テオドシウスの政治（530）／神聖な統治権（535）／神聖化を求める方法（539）／キリスト教と秩序（541）／異教主義の抑圧（547）／異端狩り（552）／ユダヤ人への対応（555）／キリスト教による帝国の聖別（558）／アントニオスと修道院の意義（562）／バシレイオスによる二つの貢献（566）／アウグスティヌスの『カトリック教会の道徳』（567）／修道院生活と世俗社会の対立（570）／異国趣味の復活（571）／アンブロシウスの登場（574）／アンブロシウスと神政政治

の始まり（576）／黄昏の時代（581）／弱体化する帝国と市民の不安（584）／二人の皇帝における違いと類似（588）／古典主義とキリスト教の間（589）

第Ⅲ部 新　生

第10章　教会と神の統治 …………………………… 595
はじめに（595）／4世紀の思想的取り組み（596）／アタナシオスの思想と行動の意味（598）／三位一体の神についての理解（600）／アレイオス主義の思想的ルーツと三位一体の思想との相違（603）／新しい出発点とその意義（610）／自由と幸福を求める人間の歴史（611）／御言による罪の贖いと神の経綸（613）／神の啓示としての受肉の意義（615）／アンブロシウスと正統信仰（618）／アウグスティヌスの仕事（623）／アウグスティヌスに対する現代の学者の評価（625）／アウグスティヌスの思想的境位（631）／アウグスティヌスの精神的な発展（633）／古典主義の欠陥の認識（635）／新しい始原と行動原理（636）／『告白録』の意義，『自省録』との相違（640）／内的な意識の発展段階の記録（643）／人間としての主体の自覚と自然的な欲求の満足（644）／青年時代の放縦な生活，恋愛と観劇（646）／自由学芸の意義について（650）／三位一体の教義の受容と大変革（654）／大変革の歴史的意義と大作『神の国』（658）

第11章　わたしたちの哲学　人格性の発見 ……… 661
はじめに（661）／アウグスティヌスの人格性の哲学（663）／理性と信仰の問題（664）／「あなたは理解するために信じなさい」という命題の意義（666）／意識・認識における三位一体の痕跡（668）

／人間の不完全性の自覚と創造的な神の認識へ（673）／創造的な原理と三位一体の認識（679）／古典的なイデオロギーの崩壊と新しい哲学（682）／理性的な推論を超える創造的三位一体の働き（685）／知識の方法と知恵の方法（687）／「霊的な」人間がもつキリスト教的知識（689）／客観性の新しい基準としての歴史的な啓示（690）／仲保者キリストによる新しい学問の成立（691）／時代のイデオロギーの実体とその「幻想との密通」（693）／古典主義の文化の誤謬（695）／ホメロスとその後継者たち（697）／ギリシアにおける哲学の興隆と特質（699）／プラトンのイデア論の誤り（703）／プラトンの宇宙論に対する批判（705）／プロティノスの哲学とポルフェリオスの試み（710）／古典的な理性の全面的な破綻とアウグスティヌス（713）／アウグスティヌスの認識論（716）／科学的な理性の働き（720）／アウグスティヌス的な知恵の特質（722）／時間的に有限な被造物としての自己認識（730）／自然の創造的な秩序とギリシア観念論の幻想（733）／神の主権とそれに対する人間の依存（733）／古典的な世界像の否定と創造的原理にもとづく世界と人間の理解（735）／身体-魂の複合体としての人間存在（737）／理性的な魂と意志の自由（740）／罪や誤謬の原因としての悪い意志＝高慢（744）／罪からの救いと恩恵の賜物（747）／ペラギウス論争，古典的な観念論との対決（751）／信仰による義認と人格の完成（754）

第12章　神の必然性と人間の歴史 ……………… 756

はじめに（756）／ヘロドトスにおける史料編纂の特徴（757）／ヘラクレイトスのロゴス（760）／ヘロドトスの宇宙論の特質（762）／運命の処罰は悪の結果である（766）／歴史における賠償の原理

質料に付着している曖昧さが「身体」・「魂」・「精神」そのものに影響する,重大問題を引き起こしていることを認めてもよかろう。たとえば,かつてピタゴラスが示唆していたように,質料的な身体を単に墓や牢獄として考えることができようか(ソーマ＝身体はセーマ＝墓である)。もしそうなら人類の最大問題は〔この墓から〕逃走するという問題でなければならないという結末となろう。どう見ても困難さがそんなに深刻ではないのは,人間の本質に関する困難さであって,その性格が原形的か否かということである。質料の中にのみ個体化や分割の原理を見ることは,このような結論を不可避的に招いてしまうであろう。だが,このことは個体の問題を鋭い仕方で立ち上げるであろう。それは基本的にはペトロ,パウロ,ヨハネは本質的に一なるもの(One)であるか否かを問うことである。つまり個体の問題は彼らの場所をいっそう包括的な全体[16]の中に見出すために,彼らを個々人として「分割する」ものを放棄することに成功したときだけ,自己実現するように前もって定められているのか否かを問うことである。終わりにプラトンのポリスそのものとの関連において,このポリスはどのような世界に属しているのかと問われるかも知れない。それを「生成する」世界にだけ位置づけることは,原形やモデル都市としての特性を滅ぼし,一時的で偶然的な支配に服させることになるであろう。だが,その場所を「存在」の世界の中に認めることは可変性から免除することになろう。だが,それはその場所を死者たちの都市に変えてしまうという犠牲を払って行われる。これらの諸問題を考察し,その生涯の晩年をこの仕事に適合した論理を発見することに献げて,問題を適切に処理するように努め

---

16) このことはやがて明らかになるように,国家統制主義つまり全体主義として一般に知られたことを指している。

たことはプラトンの功績であった。そしてもし彼が成功しなかったとしても、少なくとも彼はアリストテレスの手によって台頭することになる観念論の修正された体系への道を開いたのである。

アリストテレスによる観念論の修正

　アリストテレスは秩序の原理を内在的なものとして、つまり個別的な諸対象を通して自然のうちに「拡げられたもの」として考察することから出発する。こうして諸対象はアリストテレスのために「第一実体」(prima substantia= 基体）を与えている。こうすることで彼は疑いの余地なくプラトン的な超越的な見方の罠から逃れたいという思いに動かされていた。だが、もしこれが根源的な動機であったとしても、それはアリストテレス自身が行った研究、とくに生物学の研究から支持されていた。というのも生物学が、それによって諸対象が自らをそれぞれの類と種に組織的に分類されるべき見本として提示する、自然の新しいビジョンを可能にしたからである。このことは今や翻って環境に対する身体的な寄与の関係、それとともに自然の養育、類型の分類など、テオフラストス〔前372頃-286頃、ギリシア逍遙学派の哲学者、植物学者〕によって研究されることになる問題[17]として有名となった、更なる問題を暗示していた。

　しかしながらわたしたちの関心はアリストテレス的な普遍の体系一般ではなくて、単にそのホモ・サピエンスに対する適応に、つまり人間性の「科学」にとっての基礎としてのその有用性に向かっている。またここでわたしたちが注目したほうがよいのは、まず第一にアリストテレスが疑いの余地なくプラトンの観念論に本来備わっている形相と

---

　17)　テオフラトゥス『植物について』を指している。

質料の間のラディカルな区別を受け入れていることである。それゆえ彼にとって自然における発展は類型の形成に限定されている。またこうして自然における発展は四つの活動的な原因（質料因・活動因・形相因・目的因）によって課された限界内に制限されている。この図式においては与えられた対象の卓越性（アレテー）はその目的（テロス）の点から評価される。またプロセスは自然によって定められた方向に向かうかぎりにおいてのみ，つまり自分にふさわしい形相の実現に向かってのみ，その意味と価値とを獲得する。彼がこのことを「通常の」（normal）事態であると見なしていることはアリストテレスの楽観主義にその責任が帰せられるべきである。アリストテレスの図式を受け入れることは人間存在をそのエンテレケイア（entelecheia＝事物の本性にふさわしい動態）の立場から，つまり予め定められた類型に向かう自らの自然本性の法則によって駆り立てられたものとして考察することである。問題の類型はユニークである。それ〔人間存在〕はプラトンにとってと同じく，身体・魂・精神から構成された複合体である。その中で精神だけがその種差を設定する。そのような生き物の「善」も合成物でなければならない。なぜなら究極の卓越性は精神のそれである[18]のも当然であろうが，この精神はそこに自己を見出す「身体」と「魂」から離れてはいかなる住処をもたないからである。しかし，このことは身体的な善や心理的な善がそれ自体で独立しているとみなさ

---

18) 観照的な活動についてアリストテレス『ニコマコス倫理学』第10巻7章以下を参照。ローデはその著作『プシュケー』（英訳409頁）で次のように言明する。「アリストテレスのヌースは非情念的，非混合的，分離されたものである。そこには個別性のすべての属性（それは低次な心的能力の内にもっぱらとどまっている）が欠如している。またそれゆえ通常は神霊として現れる。そうはいってもそれはプシュケーの一部分であるといわれている。それはプシュケーの中に，つまり人体の中に住んでいるといわれる」と。

れることを意味しない。これらの善は，事実，最高善への視点でもって階層的に秩序づけられている。この最高善は人間性の中に明瞭に区別され，かつ，「終局的」である「部分」の善である。

プラトンとアリストテレスの人間観とポリス観

アリストテレスによってこのように提示された人間性の像は，表面的な相違があっても，プラトンのそれとほぼ一致する結論を指し示す。プラトンは情念という手に負えない馬を駆けさせる二輪馬車の御者の有名な比喩において，人間の秩序が，本当には，非合理性のすべての要素が理性への服従を必然的に含んだ秩序であったことを示唆していたのであった。また彼はこの秩序が（そのようなことがこの地上で可能である限りにおいて）天にあると確定し，かつ，恒常不変な秩序の模写や対応物であると明言した。アリストテレスはこのような宇宙論的な類推を何か空想的であると退けた。それは個別的なるもの，あるいは「第一実体」に注意を集中させるためである。だが彼は個別的な実体はある類型をいわば「担っているもの」としてのみその意義があると想定する点で，プラトンと完全に一致している。更にその他のすべてのものが彼においては「誕生」と「頽廃」から成る束の間の世界に属しているのに，「類型的なもの」だけが永続的，本質的，叡知的である（すべてはことごとく学知〔エピステーメー〕である[19]）と，最後に，存在のこの永続的，本質的，叡知的である「部分」を実現するために彼が求めていることは，ポリスの生活を生きることであると想定する点で，彼はプラトンと完全に一致している。

このように考察してみると，ポリス（polis）は〔他とは

---

19) 括弧内の言葉は著者不明のギリシア語の文章である。

異なった〕特定の人間の秩序のための特定な人間の要求に対する応答を構成する。この意味でポリスは「自然本性的なもの」として適切に説明されるであろう。しかし，この「自然性」は自然に成長するという意味では決してない。その反対に，その意味は質料的なものの可能性によって条件付けられた限界内で，「偶有性」や「自発性」（タウトマトン＝偶然起こること）から人類を守るために，作成された組織なのであり，それによってポリス固有のテロス（目的）を達成させるのである。このように見ると，ポリスで具現された秩序は，まったく非歴史的なものである。ポリスが約束するのは，実際，「流転」から免れることであって，この流転というのはすべて観念論が単なる運動の中で見分けるものである。またこのことこそアリストテレスによれば，「国家を最初に創り出した人はやはり最大の善事の原因者である」[20]という理由なのである。

アリストテレスの国家批判

このようなポリスの観念の中にアリストテレスは，諸々の国体が終わりまで治めているかどうかにしたがって国体を分類する理論的な根拠を見出す。それはまた〔彼が行った〕現存する国家に対する酷評をも説明する。その酷評のすべては，「少数の金持ち」か，それとも「多数の貧乏人」かの，いずれかの一方的な利益を促進するように組織化されている，寡頭政治か民衆政治かのいずれかであると言明する。それは，たとえばアテネやスパルタ——その一方は自由信奉者の理想に近似しており，他方は権威主義者の理想に近似している——によって代表されるようなタイプに対する彼の態度を，とりわけよく説明するものである。アテネについての彼の批判は，すべての形式的な制約を切り

---

20) アリストテレス『政治学』1, 2. 1253a30。

捨てて無秩序を生活の規範として公に聖別する,「究極の民衆政治」や「衆愚政治」であるとの批判だけを含意しているのではない[21]。それはまた船乗りを稼業とする暴徒によって代表される「欲望の膨張」にその根源をもつ民衆政治の初期の形態をも含んでいる。プラトンにとってアテネの没落のはじまりは,アレオパゴス(最高法廷)の廃止(紀元前461年)とその結果起こった共同体を抑制する力としての宗教(アイドース＝敬虔な心)の衰退である[22]。アリストテレスもこれに同意しようとしたが,プラトンさえも越えて進んでいく。というのも彼はソロン[23]の改革後のアテナイには何ら良いものを見ていないからである。政治的結束の原理としての「自由」に対する観念論者の態度はこれをもって打ち切りとしよう。この原理を擁護するためにペリクレスは告別式の演説[24]でとても雄弁に挨拶のことばを述べていた。スパルタ的な権威主義に関して言うと,それについてのアリストテレスの論評は,ほとんど痛烈なものに等しかった。スパルタが社会的秩序の積極的原理を確かに支持しておらず,またこの意味でその対抗者に優っていると見なすべきであることを彼は認めている。だが問題となっている秩序は,強要されていないし,強要されることもできない。そのような仕来りは,それを受け入れる好機が訪れたときでも,スパルタの市民たちによって拒絶

---

21) 「無法の書」($\gamma\rho\alpha\phi\grave{\eta}$ $\pi\alpha\rho\alpha\nu\acute{o}\mu\omega\nu$)の廃止とその結果についてアリストテレス『アテナイ人の国制』41 を参照。
22) プラトン『法律』698B 参照。原文は religion であり,宗教心や敬神の念を意味するが「敬虔な心」としてみた。
23) アリストテレス『政治学』2. 12. 1274a。
24) ツキディデス『歴史』2, 37-46。ペリクレスは新しい社会を考えるときその社会内における人間の諸関係をまったく新しい用語を使って述べようとしていたことに注意すべきである。それはアテナイ人が未来のため「パラディグマ」(模範),つまり「ギリシアにとっての真の学校」であるとの彼の論点を強調している。

第 3 章　永遠のローマ，権力の神格化　　139

されている。このようになった理由は人間的なゆがみにあるというよりもむしろ秩序自身に内在する欠陥にある。スパルタ人たちはもっぱら戦闘的なエートスを促進させることに努力を傾注させていた。だが，このことは卓越性の一つの局面に過ぎないのに，彼らはそれに向かって他のいっそう本質的でさえある諸要素を犠牲にしたのである。このために彼らの政体組織は真の政治的な「正義」[25]によって求められているものを欠いている。

アリストテレスの観念論的な国家論のねらい

これらの批判は政治的な理念に対する何らかの信仰の喪失を少しも連想させていない。反対に，これらの批判は観念論が創造的な政治学の仕事として何を考えているかを示すのに役立っている。実践的な用語に翻訳してみると，それらは人間のテロスが絶えず考慮され，「機能」が「能力」と「双方〔機能と能力〕に対する道具に適合させられる」[26]ような社会的な計画の，念入りに造られ，かつ，いっそう包括的であるような，組織をめざしている。これに関連してわたしたちは，〔これまで述べてきたことを〕一時中断して，国政術の仕事が，複雑になっていることに注目してもよかろう。それは扱わねばならない諸要素が，多かれ少なかれ，巧みな操作〔誤魔化し〕に逆らう傾向があるという事実によって起こっている。それゆえ，まず初めに，その〔考察する〕分野の範囲を厳密に設定する必要があって，そのような必要は市町村の自治体（アウタルケイア＝経済自律国家）の理想において表現されているからである。この自治体は人間と物質面との双方に関して重要な意味を

---

25) アリストテレス『政治学』2.9.1271b。
26) 詳しくはとりわけバーガー『プラトンとアリストテレスの政治思想』を参照。

担っている。そんなわけで経済の立場から自治体は，日々の欲求を確実に，かつ，容易に備えておくのに必要なすべてを生産できる領土を，〔それを実現する〕労働力の供給とともに要請する[27]。この労働力によって自治体の資源は組織的に開発されたことであろう。わたしたちはここでアリストテレスが奴隷制度を「自然的なるもの」として擁護したこと，および自然が自由人と奴隷との身体と魂の間の違いを浮き立たせる傾向があるとの発言を想起すべきであろう。土地に隷属する農奴（つまり野蛮人どもの）を「狩猟の表現形式」で是認していることも想起すべきであろう[28]。しかし観念論の立場からすると身体的な自足性は精神的な自足性の単なる土台であるがゆえに，創造的な政治術はさらに生き生きとした諸機能の承認を必要とする。とりわけ組織化された市民からなる軍隊による防衛の政治術，宗教的な思想や感情を有する公的な聖職者を通しての統制，承認された法律体系にしたがう「応報的」かつ「配分的」正義の施政は，生き生きとした諸機能の承認を必要とする。またプラトンが把握していたように，自発的に，かつ，生まれつき立派な人は，少しはいても，わずかしかないがゆえに[29]，そこではおそらくポリスの最高の責務として教育の義務をポリスに委ねるのである。そのさい教育の義務は「組織に関係する」一連の道徳的で知的な徳の教化として考えられている。このような手段によって諸情念

---

27) アリストテレス『政治学』7,5,1327b27.「そのようなものとはすべてを産出するものでなければならない」。同 6, 1327a19.「安全のためにも，生活に必要なものを供給するためにも，ポリスや国土が海に通じるほうが優っている」。

28) アリストテレス『政治学』1, 7. 1255b37. 奴隷を獲得する術がここでは「狩猟術」として説かれている。

29) プラトン『法律』642c.「なぜなら強要されてではなく，生まれつきによって，神的な運命によって，そして誰も偽造によってではなく，立派である」。

に対し，とりわけ「貪欲と野心」の情念に効果的な抑制を課し，優れた意味で政治的な神であるデルフォイのアポロンによって根気強く説かれた抑制（ソフュロシュネー）に関する何かを実現することが望まれた。終わりにこのことは，真の政治的な秩序として，「自己実現」つまり正義・平和・自由への一つの道として求められたのである。

紀元前5世紀のギリシアの現実

そのような諸提案はどんなに有益なものであっても，大抵聞く耳をもたない人たちに対してなされた。またプラトンやアリストテレスが「正統的な」路線で社会的再建の運動を行ったとしても，ヘラスの状態は間断なく前進する悪化の一途を辿って，最後的にはカイロネイア[30]の破局（338B.C.）に至った。紀元前5世紀には状況はすでに危険に満ちていたのであって，ペロポソネソス戦争（451-404B.C）が長期化し，破滅的になっていく間に蒙った打撃の結果，ひどく悪化した状況に置かれていた。この戦争は，ツキディデスが叙述しているように，記録では何ら有益でない目的のために人間のエネルギーと資源が消散されてしまった，恐るべきものとなっている。この闘争は，それに関与したすべての人には，自分が（明らかに）不可避的で情け容赦ない必然性の犠牲となったように感じられた〔のであるが，その〕結末たるや，混乱しており，部分的にしか理解されたのに過ぎなかった。スパルタの側ではこの闘争は「僭主の都市」の侵略に対抗する「自律」をもとめる闘争として始められた。この合言葉は少なくとも北方におけるブラシダ〔前422没，スパルタの軍人〕運動の時代まで使われ続けた。アテネの側ではこの闘争は民衆政治と絶

---

30) （訳者注）カイロネイアはギリシア東部の古都で，マケドニアのフィリペ2世がギリシアの連合軍を破った古戦場。

対的支配による「自由」のための戦争として布告された。シケリアではニキアス〔前470頃-13,スパルタとの和睦を志したアテネの政治家〕によってある声明が痛ましくも反響するようになる。彼は臣下に最後の努力をするように呼びかけ,「世界におけるもっとも自由な都市」のために自分たちが戦っていることを気づかせた。闘争が進むに応じてさまざまな二次的な問題,たとえば西方においてイオニア人に対してドリア人がスローガンを掲げたとき,民族主義の問題が国家間の政治における争いの一要因として表に現れてきた。シラクサのある政治家は,シケリアのための救済措置として地方ごとに分離された政策を公表した。この政策だけがシケリア人が半島内の隣国の独立を侵害する単なる仮面であったものへの仕返しに適っていた。その間に階級闘争が〔ギリシアの島〕コルキラで勃発し,それが蔓延してギリシア全土を席巻した。それは死と破滅のみならず,教化された人々の間でそれまで守られてきた名誉と品格というすべての慣行の逸脱を伴っていた[31]。同時に自由競争の政策が必要であることが強調されるようになったとき,その必要性は国家間の倫理の,新奇で災いとなる規約の体系を生み出すために役立った。そのさい助け手のない無垢な人たちは,強者のなすがままに引き渡されてしまった。そしてこのことはアテネの将軍たちによってミロス島の前で神の法や自然法として公式に宣言された[32]。しかし終わりが到来したのは,ただスパルタが勝利できない不安に襲われて絶望的になり,ヘレニズムの大義を裏切ったときであった。その裏切りは,小アジアに対してギリシアがもっている自由をペルシャの船舶や金と交換すること

---

31) ツキディデス『歴史』3,82-4。
32) ツキディデス『歴史』5,98以下。

で国家的な敵に対して実行された[33]。この疲弊させる闘争の諸々の結果からヘラスが回復することは決してありえなかった。スパルタが提供した「解放」は、ペルシャの支配下にあったアテネの自由よりも更に残忍で教化されていない帝国主義の裏返しであることがまもなく露呈した。だがそれは一世代が経過するうちにファシストであるテーベの短命な支配に道を開くために崩壊した。第二次アテネ同盟は、同盟国家に対し自律を十全に保証することによって支えられたが、マケドニアのフィリップの策略に反対してギリシアの利益を守ることが無力な方法に過ぎないことが判明した。その間にこの王と妥協する政策を支持する人たちとそれに反対する人たちとの間に生じた意見の衝突によって都市自身が引き裂かれてしまった。終わりに4世紀における連邦制度の実験的な試みがなされたが、ヘラスの病弊に対する癒しとして同じく効果がなく、単に扱う領域を広げ、問題点を複雑にするのに奉仕したに過ぎなかった。権力を新たに組織する道を備えるために、ポリスが、その歴史的使命を終えて、古代の美術品を収める地獄のリンボ〔辺土〕に追放されたちょうどそのとき、アリストテレスがポリスの必要不可欠なことの正当性を立証するために、あのように苦労しなければならなかったことは、人間の限界についての奇妙で、かつ、教訓的な具体例であった。もちろん、この権力というのはギリシア文明化されたマケドニアのそれであった。

アレクサンドロス大王の意義と問題点

アレクサンドロス大王はマケドニア族の世襲の指導者と

---

33) ツキディデス『歴史』7,18,37,38 にある三つの論術を参照。(「ヘレニズムの大義」とは平和条約（ニキアスの和約）を指し、法的手段による解決する行為を意味する—訳者注)

してその生涯を開始した。彼は東方と西方とを一つの巨大な物理的な組織に統合することによって，正当にも全世界的と主張できる，最初の帝国の支配者としてその生涯を閉じた。軍事力によって実現したこの偉業は，人類のために根本的に新しい未来の約束を必然的に含んでいるように思われた。ここで問題が立ち上がってくる。そのような未来は政治活動の歴史にとってどんな意義をもっているのか，と。

　同時代の見解に関する限り，この問題に対する回答はきわめて疑わしかったに相違ない。一方においてアリストテレスのような傍観者たちは，アレクサンドロスを人間としてどんなに称賛していても彼の活動計画からあまり多くを予測できなかったことであろう。彼らにとって独立し，かつ，自足したポリスの破壊は，真に人間的である善に対する要求に仕えることを期待されていたという意味で，政治的理念の消滅を意味していたに違いなかった。他方において，かなりの数のギリシア人にとってマケドニア人たちが現実に解放者に思えたことには何ら疑義の余地はありえない。ヘレニズム世界では，人間的な卓越性は二つのまったく異なった類型，つまり「英雄」の類型と「市民」の類型とがあることがいつも考えられていた。確かに問題はこの二つの類型を和解させることであった[34]。国家的な解放の戦争に続く短い栄光の期間には，一般の風潮は「市民としての卓越性」を可能な限り強調することをめざし，クセルクセス〔ペルシャ王，前 485-465，海戦でギリシア軍に大敗した〕とその軍勢に対するヘラスの勝利を，協力的なギリシア国家の訓練された武勇と共通の愛国心に帰したのである[35]。そうはいっても制度としてのポリスを考慮してさえ

---

34)　アリストテレス『政治学』3,13,1284a。
35)　ツキディデス（『歴史』1,69,5）はこの解釈に懐疑的である。

第3章　永遠のローマ，権力の神格化　　145

も，ギリシア人はつねにいわば「外部からの」時に応じた関与の必然性を予期していた。その始まりは，実際，普通にはリクルゴス〔前9世紀のスパルタの立法者〕やテセウス〔怪物ミノタウロスを退治した英雄〕のような英雄的な創設者の「知恵と力」にその原因が帰せられた[36]。更に政治生活の危機は英雄的な力の介入が正当化されて考えられた。たとえば現に起こったように，6世紀の後期と5世紀の初期には至るところで僭主たちや独裁政権を必要としていると思われた。この関連ではシュラクサイの「王」ゲロの実例が有効な行動の手法について教訓的なコメントを提供してくれる[37]。それゆえペロポネソス戦争後の都市国家の崩壊が進行するにつれてギリシア精神は再び救済者としての英雄の観念に転向しはじめた。プラトンは純粋な理論の領域で声を大にして「知性的な独裁政権」を求め，そのモデルを「哲学者が王となる」ことにおいて提示した。しかし単なる知性とは異なる，恐らくは誠実さに欠ける性質によって疑わしいと感じられても，成功をもたらす指導者もまた要求されていた。そこでクセノホンは，歴史的－哲学的ロマンス作品[38]でこのようなもっと包括的な観点からその類型を考察しようとする。イソクラテスの有名な『フィリプに対する挨拶』の時から今日まで純粋にアカデミックであった問題は新しい局面に入ったのである。それ以後それは実践的な政治学の問題となり，どんな色合いの

---

36)　プルタルコスの『英雄伝』を参照。とくに『テセウスの生涯』35-36章に注目せよ。クレイステネス〔紀元前6世紀にアテネを民主化した政治家〕のデモクラシーと関連して神話が使われた。その神話にはキモン〔アテネの将軍〕に従って英雄や骨がアテネに移され，公の儀式がなされたと書きとめられている。

37)　ヘロドトス『歴史』第7巻，153-65。アリストテレス『政治学』第5巻の僭主政治の項を参照。ここで彼はマキャベリがこの主題について主張することになるほとんどすべてを予想している。

38)　クセノホンの作品『キュロスの教育』を指す。

見解にせよ，ギリシア人はどちら側につくかを決めることが求められた。そのようなものとしてわたしたちはカイロネイア[39]の戦場において（修辞学の目的のためということを除けば）態度を決定しなければならなかった。

その間に，どんな人が解放者の役割に適役であったのか。フィリップの息子アレクサンドロスは，絶えず増大していった軍事力と経済力に支えられて，巧みに仕掛けられた破廉恥な陰謀から成る生涯を通してそれまで形成されてきていた，一つの王国を受け継いだのである。彼はまた帝国主義を拡張していくことに情熱を傾けた父をも継承した。しかし，このことに遥かに優って，その時代に活用できる最善の教育として評されていたものの恩恵に与った。アリストテレス自身も彼の家庭教師として奉仕していたのである。こうしてアレクサンドロスは自分自身を，栄光を渇望し自分の誇りを満足させるためには何でも耐える覚悟のできた英雄的精神である，アキレスの再来と見なすことができた。あるいは仲間を助けるために労苦し，個人として不滅性を達成した人である，第二のヘラクレスと見なすことができた。またアレクサンドロスも自分自身を（わたしたちが想起しうるように）ヘラクレス〔ゼウスの子で怪力無双の英雄〕の子孫だと思い込んでいた。ヘラクレスとその定めを沈思するとき，彼は新しいアキレスが企てた膨大なる事業が正当であることを見出すことができた。

アレクサンドロスのプログラムは人間生活に「深遠な革命」をもたらすために意図的で熟考された試みを含んでいたと最近になって論じられている[40]。その革命というのは都市国家の自足性という観念を永久に滅ぼすように考案さ

---

39)　（訳者注）カイロネイアについては本書141頁注30を参照。
40)　ターン『アレクサンドロス大王と人類の統一』イギリス学術会議の報告書19号（1533）123-66頁。

れたもので、その代わりにまさしく普遍的な同胞愛の観念をもって置き換えようと考案されていた。こうして「絶えざる戦争の脅威よりも良いもの」の可能性を世界に提供していた。このようにしてアレクサンドロスはハルモニアの、つまり「同じ心の」あるいは和合の名において、これまでギリシアを野蛮から分けていた物理的障壁のみならず、イデオロギーの障壁を破壊するように努力したと言われる。またコスモポリタン、あるいは世界市民の卓越性という新しい観念を樹立したと言われる。更に示唆されたのは、そのような行為によってアレクサンドロスが一つの運命の法則を実現したという確信によって鼓舞されていたということである。プルタルコスの言葉によると、「神から全世界を調和させ、和解させるために送られた共通の使者」として万人の平和・和合・協同をもたらしたのである、と彼は自分を見なしていた[41]。

この引用文でプルタルコスがマケドニア王のことよりも少なくとも彼自身の時代の「優れた」ローマ皇帝たちのことを考えているのではないかと、恐らく人は疑うであろう。だが、たとえそうであっても、アレクサンドロスと一緒に経験したような驚嘆に値する大変貌を疑うべきであったということは、活き生きとした発想力として学ぶべき教訓である。というのもアレクサンドロスの夢がどんなものであったにせよ、重要なのはその夢が本質的に政治的な方法によって実現されるかもしれないという点であるから。このように言うことでわたしたちは、科学的な、つまり「文明化した」武力衝突の解説者ほどには彼の偉業に言及したりしない。もちろんこのことはそれ自体として、ポリビウスやその他の人々が「アレクサンドロスの」戦術と戦法にしばしば言及することで示しているように、疑問の余

---

41) プルタルコス『アレクサンドロス』I, 6-8。

地がないほど重要な事業ではあるけれども，そうである。わたしたちが考えているのは，むしろ人々がそれによって実際に役立つ見解をある程度実現しうる政策なのである。マケドニアが政治的に優勢であるという単なる事実は，ホメロスの言語がエジプトからカスピ海までの，またドナウ川からペルシャ湾まで支配した種類のフランク族の言語[42]となったことを意味するに過ぎない。この広大な地域の中に中心となる諸々の大都市が，幹線道路に沿った戦略上でも商業上でも重要な地点に建設された。そしてギリシア人たちは「文明化した」生活の中心地に移住するように奨励された。王自身は東方の原住民との結婚を通して人種的同化策を採用し，それを家臣たちに勧めた。しかしもっともびっくりさせられた展開は，恐らく軍事養成所の制度であって，そこではギリシア人とイラン人とが対等の間柄において帝国の業務上の地位を求めて張り合ったことである。

　政治的な発展のこの局面では王権の理念について独特な意義が取り入れられる。部族の首領として出発しているアレクサンドロスが本来もっているその臣下に対する支配力は，世襲の権利と個人的名声にもとづいている。ヘラスに従属している都市国家との関係では彼の地位は「総司令官」のそれであって，共通の同意によって軍事力を独占することが彼に任されていた。彼は勝利を博した権利によって，「王たちの王」となり，以前ダリウスの家系によって所有されていた広大な領地を継承することになった。遂にゼウスの神託アメン[43]は彼を真正な「ゼウスの息子」と呼

---

[42] （訳者注）lingua franca の意味がはっきりしないが，フランク族の言語と訳しておく。
[43] （訳者注）古代エジプトの宗教のアメンは「その名を隠すもの」の意であるが，後に太陽神と同一視された。ギリシアではアンモンと称された。

第3章 永遠のローマ，権力の神格化　　149

んで歓迎した。しかしアレクサンドロスはこれらのことのほかに自分が一人の哲学者であると明言した。それは，それ自体としてみると，彼が人類愛の観念の中にその臣下との関係の秘訣を見出したと言われていることであった。この人類愛というのは，弱者や無力な人たちに対する愛であって，それは神的な性質の人を奮起させて彼らを保護しようとする配慮なのである。この意味では支配者が演じた役割は，いわゆる政治的なものを超えていた。コスモポリスの成員たちに対して彼は救済者と恩恵を施す人の関係に立っていた。それは人間から神を分かち，地上に向けられた神意の機能を果たす高貴な地位から神を分かつ，いくぶん曖昧な国境地帯を占めている，一種の「仲介的な存在」(intermediate being) であった。

　しかしそのような神意は，とりわけ永遠性という本質的な属性を欠いている。哲学的な専制君主（その肩にはすさまじい重荷がかかっていた）の早すぎる死とともに，帝国の全体はヘレニズム的な国家の継承に向かって解体していった。そして世界はどの程度アレクサンドロスが自分の主張を実現させたかを考えることになったのである。そうはいってもマケドニアによる数々の征服が近東の至るところで社会構造の計り知れない改造をもたらし，古くから深く根付いていた人種的で地方的な伝統を根絶し，ユダヤ人たちさえも一般的な生活様式になじんでいったのを疑うことはできない。更にこの改造によって人類に対する新しく拡大された展望が開かれたことを疑う余地はあまりない。しかしアレクサンドロスのプログラムに参加したギリシア人たちが，それが政治的な千年王国をもたらすであろうとの希望を心に懐いていたならば，彼らは直ぐに夢を覚まされることになったであろう。根拠のあやふやな独立を除くと一切を喪失するとの判決を言い渡されて，ギリシア人たちが見出した埋め合わせは，実際，今や野蛮人の世界を食

い物にするという彼らの好機を生かすことであった。そしてギリシア人たちは次第にこのことを洗練された術でもって——それに較べると獰猛なオリエントの支配組織はそれと類似なものを提示できなかった——実行に移しはじめた。だが彼らが今や結局は人間生活の単なる外面的なものに過ぎなかったものに専念したとき，彼らはまさにこの事実によって，それより前の古典的な精神にあった，もっとも優れたものを滅ぼすという危険を冒したのである。その結果は，たとえばアレクサンドリアの哲学と文学の傾向に明らかであるように，ギリシア人たちの知的産出力における衝撃的な質の悪化であった。さらにヘレニズム化したコスモポリスはその雑種的な性格を克服するのに一度も成功しなかった。アレクサンドリアの数多くの施設からなる進歩的な都市生活と並んで，そこには依然として農村経済のもっとも原始的な諸形式が存続していた。そして帝国のもっと遠隔な地域の多くは，ゆっくりとではあるが，その本来の野蛮な風習に転落していった。経済的にも社会的にも諸々の王国の継承者は，彼らが神の支配を祝う祭儀の中で統一の単なる形式的なシンボルをその臣下たちに提供していた間に，古典的なギリシア人の生活を特徴づけていたものとはいっそう大きな相違といっそう辛辣な変則さえも提示したのである。〔大王の死後帝国の再建を企図したマケドニアの〕アンティゴノス王朝，〔古代トラキアからインドまでを支配した〕セレウコス王朝，〔エジプトを獲得した〕プトレマイオス王朝の人たちはお互いに他人のすべての行動をねたましく観察しながら，彼らが最終的には増大してきたローマの権力に次々と屈するまでは，不安定な権力のバランスを保ったのである[44]。

---

44) ポリュビオスは至るところでこう主張している。

ローマ市の夜明けとラテン人の共和国

だが，もしこのようにアレクサンドロスの征服によって興った諸々の希望がヘレニズム化した東方の至るところで消えていったならば，ティベル川沿いの都市〔ローマ〕に注意を集中させる新しい中心を見出すだけとなった。紀元前3世紀の終わる頃になると，ローマ市の夜明けを人目につかないように隠していた霧が取り除かれて，ラテン人の共和国が顕わになったとき，卓越性の古典的な理想をこれまでずっと心に懐いてきたギリシア人たちの国々は，ラテン人の共和国の中にこれまで無益にも達成すべく努めてきたことの生ける模範と事例とが見出されると断言するようになった。この関連でポリュビオス〔『ローマ史』の著者〕の証言に優るものはない。ポリュビオスは人質の状態で，その当時ローマの徳行[45]を代表するもっとも偉大な人物の一人であり，ギリシア化した同国人の中でもっとも初期に属する人である，スキピオ・アエミリアヌスと親密な交際を長い年月にわたって続けてきた。そのため主権を有する民が地中海の全域をその足下に支配してきた間，ずっと途切れることなく50年間にわたる勝利を収めた期間に，ローマの軍隊と外交が達成したもっとも著しい偉業のいくつかをじかに観察する地位にあった。とりわけ彼はカルタゴの最後の包囲期間と滅亡のときスキピオと一緒にいた。ローマ人たちが海軍力の独占支配に挑み，かつ，それを転覆させた時期は重大な運命を孕んだときであったが，都市カルタゴは幾世紀にもわたって西方の支配についてヘラスとともに首尾よく争っていた。ポリュビオスの主題はローマ帝国の発展であり，それが偶然の結果ではなく，選ばれ

---

45) それを構成している要素としてスキピオの墓石に刻まれた墓碑銘を見よ。ワーズワース『初期ラテン語の断片と見本』159-60頁参照。

た民を媒介にして働いている明らかな運命の結果であると彼が宣言するとき，ポリュビオスはギリシア人がそれを認める確証を帝国の発展に置いている[46]。そのさい彼はその特有な流儀でもってローマ人の成功をその当時ギリシアの政治哲学において流行していた「雑多な形式」が有する長所のすべてが具体化された「ローマ人の政体の卓越性」に帰することができると付け加えている。

　トロイ神話を発展させて永遠の都市に適用したことをギリシア人の著者たちの創意に負っているのは，疑いの余地がない。先祖にトロイで戦った人たちがいたことは，古代の人たちにとって，上流階級の身分がもっている平凡な印であったし，この理由でイリウム〔古代都市トロイのラテン語名〕の陥落の後1600年に〔6世紀のビザンティン帝国の歴史家〕プロコピウスはギリシア-ローマ的な文化遺産を共有するゴート族の権利を認めることができた。この伝説はユリアヌス家の特別な要求を支持するために採用されているが，そのずっと前に，まったく同じ意味でローマの民のために採用された。そしてユリアヌス家の目的にとってそれが有効であったように，ローマの民にとっても価値があることを証明している。そうはいってもその一般に容認された形においてはトロイの神話は，ローマ人を「国家の敵」の子孫として描くという重大な欠点を必然的に含んでいた。トロイ神話はアウグストゥス時代の一人のギリシア人[47]のために残されていた。この人はローマの政体がまったくギリシアのものであったことを——それはあり得たかも知れないが——証明するために生き残っている証拠を彼が巧に操作することによって証明したのである。実

　46）　本書12章（原典の）785頁を参照。
　47）　ハリカルナッス〔小アジア西西部の古代都市〕のディオニシウスを言う。『古代ローマの遺物』を参照。

第 3 章 永遠のローマ，権力の神格化　　153

際，〔ギリシアの古代名〕ヘラスの外ではローマは「諸都市の中でもっともギリシア的」であった。彼は事実においてではないとしても精神においては正しかったことが認められるであろう。というのもローマ人たちは，このときまでヘラスが自分たちの歴史に寄せた解釈を，完全に受け入れていたからである。

　ギリシア人たちが自分たちの新しい擁護者を初めに歓迎した情熱は，護民官政治のもとに消滅するように運命づけられていた。紀元前 146 年のコリントの滅亡とともに彼らが新たなとらわれの身になったとき，人々はぞっとするようなショックを受けた。この捕囚によって受けた恨みは，目下の悲惨な状況のゆえにただローマ人を軽蔑することによってのみ和らげることができた。そのさいこの悲惨な状況は，自分たちの過去の栄光に対する明らかに純粋な称賛と結びついた。だが政治関係では避けることができない軋轢にもかかわらず，二つの民の間には真の精神的な意味での類似性があったことに疑いの余地はない。この類似性は，なじみのない非友好的な勢力でもって蓄積された世界において，共通の目的と共通の理想を実現するために彼らが戦ったという一つの確信にもとづいていた。この感覚は，ローマ人にとって，ギリシア文化に対するあの特別な尊敬を呼び起こすのに役立った。それは詩人たちをして残忍な征服者に対する征服された者ら〔ギリシア人たち〕の勝利をはっきりと示すように突き動かした。疑いなくギリシア讃美は，〔ローマの将軍〕フラミニヌス[48]がコリント地峡での競技でヘラスを（紀元前 196 年に）マケドニアのくびきから正式に解放したはじめた頃は，いっそう気前よ

---

48)　（訳者注）フラミニヌス〔紀元前 227-174〕はローマの将軍にして政治家であり，マケドニアを破って，ギリシアの独立を宣言した。

く，もの惜しみなく表明された。それでもギリシア讃美は数世紀にわたって生き続け，古典文化に対する忠誠心を公言するに至った，ローマの君主たちの最後の者〔ユリアヌス〕は，自分をヘレニストと呼ぶのを誇りとしていた[49]。ヘレニズムに対するローマ人たちの愛着は彼らの歴史のほとんどどの頁を開いてみても説明することができよう。たとえばユリウス・カエサルがパルサルスで彼と戦ったアテネの人たちに許しを乞うたとき，優しさと嫌悪とをない交ぜにして突如「哀れな人々よ。あなたがたの先祖の徳がどれくらい長くあなたがたを救うであろうか」と叫んでいる。またカエサルはこのように特有な年貢を市民的な自由と思想の養母である故国に支払っているのに，マシリオット家を――強烈な，かつ，たび重なる挑発にもかかわらず――存続させたのは，彼らの過去に対する判断によるよりも，むしろ彼らの将来〔の役割〕を新たに併合された属州ゴールでの文明化の手段にすることを望んだからであった。マッシリア[50]の歴史的使命をこのように予想していたことでカエサルは誤っていなかったと付言されうるであろう。西方におけるローマ人の町マッシリアは，東方におけるローマ的なアテネと同じく，都市と言うよりも大学として生き残った。そのような役割において二つの都市は，野蛮人たちに侵略されて前者〔マッシリア〕が滅ぼされ，ユスティニアヌスが後者〔アテネ〕の学校を閉鎖することによって，古典主義の時代を正式に終焉させるまでは，文明の光りを〔世界に〕広めるように定められていた。

---

49) 背教者ユリアヌスについては本書の第7章を参照。皇帝ハドリアヌスもそうであって，彼はその当時の有名なギリシア文化の愛好家であった。

50) （訳者注）マッシリアはローダヌス川の河口にあるフォカエア人が建設した植民市であり，現在のマルセーユを指す。

ポリュビオスによるローマ人たちの業績

　ポリュビオスにとってローマ人たちの業績は，二つの観点からユニークであった。一方においてローマ人たちは内部の不和という疫病（党派心）——それはポリスの生活を絶えず脅かしていた病であったが——を克服することによって「自由で合法的な人間」(liber et legalis homo) という観念で期待される市民的な徳を完全に実現していた。他方においてローマ市民の徳はアレクサンドロスのそれと張り合って等しい成果を達成したことが明らかとなっていた。というのも軍隊の強制力と政治的な技術との無比なる結合によってローマの平和を地中海世界に押しつけることを彼らはその徳によって可能としたからである。またそれによって彼らは（ポリュビオスが考えているように）対外関係の困難な問題をきっぱりと解決したのである。こうしてローマでもって，これまでは両立しがたい二つのヘラスの理想〔つまり軍隊の強制力と政治的な技術〕が，遂に「強権的な国」(imperiosa civitas) という発想において和解したと思われた。この判断が時期尚早であったことは，残念なことにもちろん明らかになるであろう。それは，実際，〔古代ローマの護民官で改革家〕グラックスの反乱の直前にほとんど話されていた。そのときローマは抑制力を直ぐにも超えてしまう一触即発の力でもってすでにはち切れそうであった。しかしローマが，今度は自分で，余りにもよく知られた革命の小道をよろめきながら降っていきながら，国家について抱いていた高い希望が打ち砕かれても，新しい指導者 (princeps) の導きのもとに，ローマが長く患った病から見たところ健康を快復した青年の活力でもって抜け出したならば，再度生き返っていたであろう。こうすることによってローマが——そのように姿を見せて欲しかったように——西方における文明の強固にして不動の防波堤を建設することがその明らかな宿命であったという新たな

る根拠を提供する。問題であったのは,ヘラスが失敗した場所でローマがどんなチャンスを継承すべきであったか,ということであった。

　もちろんその多くは君主が提供する指導力にかかっていた。また再建の危機的な期間にヨーロッパの運命が君主の手中にあったと言っても,少しも誇張ではない。その意味するところは,将来に対して決定的となるはずの,何が本当に必要なのかということについての,君主の判断の適切さが求められていたということである。この関連でよく認識すべきことは,アウグストゥスの精神性が「まったく政治的」である人のそれであり,彼にとって「国家の道理」が,彼もそう認識していたように,政策の「究極な根拠」をなしていた。このように判断することによってこの皇帝は,彼の方法を特徴づけていた楽観主義と理想主義との独特な混合に対する正当化の理由を見出そうとしていた。この楽観主義はほとんど国民的な特徴と呼ぶことができるであろう。結局のところ必要となったのは,その問題の困難さの程度にしたがって具体的な問題に取り組みながら,だが採用された手段については不必要な疑念を懐かない生まれつきの才能であった。理想主義〔観念的な傾向〕に関して言うなら,それは厳密には国民的な特徴ではないとしても,少なくともその時代を支配していたファッションであった。わたしたちはすでにこの理想主義がキケロとウェルギリウスの作品にどのように現れているかを示した[51]。この点に関して何らかの疑念がなおあるならば,それを鎮めるために同時代の文学の他の記録を参照することによって解決されるであろう。そんなわけで,たとえばホラティウス〔前65-8,古代ローマの抒情詩人〕は,疑いなく心ではいつも快楽主義者であったが,公にはアウグストゥス

---

51)　本書第2章参照。

の信奉者に改宗したことを宣言した。そして一連の政治的な頌歌（Ⅲ, 1-6）では皇帝が抱いていた諸々の理想に対する忠誠を表明した。そしてまた『世俗歌集』（Carmen Saeculare）ではアウグストゥスが理想を育成することを配慮して他の数々の理想の再生を予言した。

> 今や信義と平和と名誉，および古風な慎み
> またおざりにされた徳は大胆にも帰ってくる。
> すると祝福された軍勢が豊かな角〔勇気〕とともに出現する[52]。

そしてこの頌歌が教本となる際に，詩人はもっとも懼れていた運命を蒙ったとしても，この〔歌われた〕事実は帝国の宣伝機関として彼が容認されていることを強調するのに役立っただけである。他方においてオヴィディウス〔前43-後17ローマ詩人〕は，自分が仲間はずれであって，国外に追放された者であることを分かっていても，そうなった理由は，公の宗教的なリバイバル[53]に対し少なからず貢献したものの，彼の作品は，同時代の他の詩人たちと同じく，好き勝手な情熱を表現しており，アウグストゥス時代の精神と見解にあわせていなかったからである。

サルスティウスによるローマの評価

しかし「皇帝の国」（imperiosa civitas）という発想でもって指導者の徳は，彼が指導するように求めた，自主的な人たちの徳と何ら異ならなかった。またこの視点からするとローマの秘密は，ローマ自身の所有するものであった。そのような真理のいくつかに関して大カトーは，国家

---

52) 『世俗歌集』Ⅱ. 57-60.
53) 『暦』（Fasti）を参照。

が多くの人々の能力と多くの世代との作品であったと語ったとき，ヒントを与えていた[54]。同様に革命の激痛を受けている間にサルスティウス〔前 86-34 ローマの歴史家〕は次のように宣言する。

> わたしたちはカトー（小カトー）のような精神の多芸・迅速さ・巧妙さを称賛する義務がある。このような名人芸はギリシア的な修養の果実である。しかし男らしさ・精力・勤勉はギリシア人の間には現存していない。事実この民の怠惰はまさしく彼らの自由を損失させている。わたしたちは，彼らの指針に従うことでこの帝国を団結させ得るとでも，考えることができるのか[55]。

これらの言葉によって著者は，同時代人が堕落していたにもかかわらず，ローマがローマの再建のために最善のモデルになるとの自分の確信を表明する。

しかしながらこのことは単に「ローマ人の天分に固有なものはなにか」という問いを提起するだけである。この点に関してユリウス・カエサルは，ローマ人たちが新しい現実とか必要とかに適応するために，今までなかった新しい方策を採用することに関して決して怯むことがなかったと主張したとき，また友人からも敵からも同様に何か役に立つ考えを提供する準備がすでにできていたと主張したとき，少なくとも一つの側面を指し示している[56]。確かにこの都市の記録は，一つの恒常的な借りものの記録であって，その伝統は歴史以前のイタリアにおける隣国と交わし

---

54) 本書第 2 章，53-54 頁参照。
55) サルスティウス『カエサルへの書簡』II, 9,3.
56) サルスティウス『カティリナ戦記』51-8; ポリビオス『歴史』VI, 25, 11。

た最初期の契約にまで遡ることができる。こうして〔歴史以前の〕ローマは、産業・商業・建築術・とりわけ占い術（haruspicina＝腸卜術）を含む宗教的な儀式のすべてにわたってエトルリア人の援助を当てにしていた。このようにローマは自国の基本的な法律の構成要素を含めて、その制度の枠組みさえもギリシア人の作と見なした[57]。ローマはその軍団の組織、およびハンニバルとフィリップ5世の軍隊を粉砕した技術が〔古代イタリアの部族〕サムニウム人に由来していることを誇っていた。また第一次ポエニ戦争で制海権を獲得するに役立った軍船のモデルがカルタゴ人に由来することを自慢していた。

同時代人の歴史家リウィウスのローマ観

このような諸事例は、ローマ人の性格がもっている、少なくとも一つの重大な本質を明らかにするのに十分であろう。それらの諸事例が明らかにするものは、ある精神であって、それは世俗的な成功を収めようと熱中しており、そのような賜物でもって邪魔になるように投げ込まれた運命をも役立てることができ、実際もっともひどい困窮さえも有利に変えてしまうことができる、そんな精神である。しかし、この意味では彼らは帝国の民がもっている別の、それに劣らない著しい性質を指し示す。わたしたちの目的はそのような性質を個々別々に調べることに着手することではない。その性質を解明するのにこれまで膨大な量となった学問的な考察がなされてきた[58]。わたしたちはア

---

57) タルクィニウス〔紀元前616-578、古代ローマ5代目の王〕は移民コリント人の子孫であると考えられていた（デマラトゥス『リウィウス』1.34）。十二表法の一部はソロンの法律に伝統的にもとづいていたが、本当はおそらくマグナグラエキアの法律にもとづいている。

58) 一般的な見解に関しては、グレニエ『ローマの精神』を参

ウグストゥスの同時代人によってそれらの性質がどのように理解されていたかを，可能ならば，見出したいと単に興味をもっているに過ぎない。この目的のためにウェルギリウスとホラティウスの同時代人たちのような作品に加えて，ローマ人の生活を「正当化」しようとするリウィウスの記念碑的な努力をも考察すべきである。彼の態度は，彼が「歴史」について言わねばならなかったことから明らかになるであろう。リウィウスは次のように言う。

> 行動のあらゆる側面を，際立った仕方で説明するために，歴史があなたに証拠を与えていることは，歴史のもたらす特別な価値と利益である。ここからあなたは自分のために，またあなたの国のために模倣するに値することを選ぶことができよう。そのなかであなたが避けなければならないこと——発端と結末における悪——を理解することができよう。

このような観点から考察すると，ローマの歴史は著者〔リウィウス〕にとって全くユニークな意義を帯びてくる。

> わたしは自分の仕事に対する愛によって盲目とされているか，それともよい模範とするにあたって，さらに偉大にして，純粋であり，豊かな国はなかったかのいずれかである。強欲と奢侈が浸透するのにこんなに時間がかかった社会はない。貧困と質素がこれほど長期

照。特殊な側面として宗教についてのさまざまな作品に対してはワルド・フォウラー『ローマ人の宗教経験』と『ローマの祝祭日』を参照。また C. ベイリー『古代ローマの宗教の諸相』とヴィッソワ『宗教とローマの祭儀』を参照。ローマ人の他の諸相についてはテニー・フランク『ローマの経済史』が扱っている。同じく古代の法律と制度について多くの著者たちが書いたものをも参照。

間にわたってとても高く尊重されたところなど，どこにもなかった。富の蓄積が貪欲を刺激したのは最近のことに過ぎない。物質的な財の過剰は，人間の側にある渇望をして，自分自身を含むすべてのものによって破滅を招くような情熱を欲しいままにさせる[59]。

　この見解は同時代人の精神を理解するためにもっとも重要な諸々の前提を隠している[60]。それらが必然的に含んでいるのは，美化された過去にもとづいて未来を建設することは願わしく，かつ，可能であるという主張である。しかしながらそのような主張はまったく非現実的なものである。まず第一に，この主張は歴史は自らを繰り返さないという真理を無視している。絶えず変転する諸状況は，人類の創意と忍耐に対して絶え間なく挑戦してくる〔からである〕。第二に，それは人間が事実においてまったく恣意的にして抽象的な「悪徳」か「徳」かの二者択一とを選ぶ自由をもっていることを前提している。換言すれば，もし人々が願いさえすれば，「昔の勇敢な人たち」である彼ら自身の祖先の生活を生きることから彼らを妨げているものは何もないということを前提している。しかしながら，この前提はまったく誤った推論にもとづくものだ。というの

---

59)　リウィウス『ローマ史』の「序文」10-12。
60)　また古典的なルネサンスのために，次のことも追加されるであろう。続くリヴィウスへの批判は彼の弟子であるマッキャベリに対しても等しく強力に適用される。マッキャベリは非情な「現実主義者」と一般に考えられている。彼は事実ロマンティックな夢想家であった。彼は背教者ユリアヌスがその時代の必要について現実認識が欠けていたのと同じようにまったく欠けていた。しかも厳密に同じ理由のためにである。この関連では『君主論』とともに『リヴィウスについての講話』と『フィレンツェの歴史』を学ぶことは有益である。また「徳」と「幸運」に関する古典的な考えから作られた〔語の〕使用のためには『カストラカニのカストルッキオの生涯』を参照。

も，それは人類が社会的な現実との本質的な，あるいは内在的な関連に立っていないことを含意しているからである。この社会的な現実は，事実上，彼ら自身が実際に設定したものである。これらの欠陥は偶然なことではないのだ。その反対に，そのような欠陥は，この関連を無視することによって，人間の社会に作用している法律の本性をひどく誤解するような論理から直接的に，かつ，不可避的に生まれてくるのである。

古典主義の根本的誤謬

　古典主義の根本的な誤りは，人類の歴史が「自然」における「諸々の対象」の研究に適用できる用語でもって，つまり形相や質料に関する因習的な観点から，完全に理解されうると想定することにある[61]。この図式を適用しようとするどんな試みからも起こってくる困難さを考察する場合，わたしたちは（本書の 140-41 頁で示唆されたように）この図式が個別的な人間存在を一つの「タイプ」を具体的に表現する「見本」(specimen) という次元に還元して観察することで始めてもよいであろう。しかし，このようにすることは，その人に特別な性格を与えている容貌のすべてをとり除いて抽象化することを意味する。換言すればクレオパトラの鼻についての問題〔もしそれが低かったなら世界史は代わっていただろうということ〕を立ち上げることを意味する[62]。さらに人間存在をこの観点から考察することは，アリストテレスが「彼は何でありえたのか」というように表現したように，構造や機能という言葉によって

---

　61) ここで論じられた問題に関してわたしたちは R. G. コリンウッドの「人間の本性と人間の歴史」(Proc. Brit. Acad. xxii, 1936, pp.97-127) という優れた論文を参照できる。
　62) この点は J. B．ブュゥリ『エッセイ集』60 によって調査されている。

第3章　永遠のローマ，権力の神格化　　　163

人間が完全に理解できるようになるという想定を必然的に含んでいる。このようにそれは観念論によって考えられたように成長や発展の問題を提起する。この問題に対する回答は，すでに幾分かは明らかであるとすべきである。タイプはタイプとして変わらないし，変えることはとてもできない。タイプは〔鋳型のように〕個別的なものにおいて，かつ，個別的なものを通して絶え間なく単に自己自身を補充しているに過ぎない。他方，個別的なものは，自分の側で，完全性（つまりその目的かテロス）に到達する。この高度に造形的で，かつ，図式化された人生の画像の中で，わたしたちは人間関係の理想主義的〔つまり観念論的〕な理論がもつある種の重要な意味を見分けることができよう。というのも，それは個人に対する唯一本質的で固有な関係が，その人が「本性的に」属する「タイプ」と関わっていることを示唆しているように思われるからである。このことは，少なくとも現代における観念論的な立場の主唱者によって「理想化することは本質化することであり，典型的でない要素を減少させることである」と（自分自身の名前で語って）主張されるときには，率直に認められる[63]。しかしその場合，個々人の関係は相互においてどうなるのか。（ソフィストたちが強く主張していたように）そのような関係は単なるきまり（ノモス）のカテゴリーに貶められ，「不自然なもの」だと認められねばならないのか。再びその関係は動物的な群居性なる述語に還元されて，「雄と雌」あるいは「主人と奴隷」の繋がりから興ってくる関係のように，身体的な充足を求める社会として説明されなければならないのか[64]。このような結論を避けるため

---

63) イング『プロティノスの哲学』第1巻75頁は個人の特異性が何ものでもないと考えられ，副監督の本質は普遍的で原型的な主席司祭と本来的に同一視されうるかのようである。

64) アリストテレス『政治学』第1巻第1章参照。アリストテ

に，観念論は独特の完全性の原理を急ぎ見つけ出そうとする。そしてこのことは，すでにわたしたちが言及したように，完全性の原理をアリストテレスが正しくも指摘したように，すべての理性的な動物が有する共通な属性である正義の理想において見出すのである[65]。だがこの理想は現状のままでは全く「形相的」であり，ポリスの「正義」と理想とを同一視することによって実質を与えようと試みる。

　観念論者が，ゼウス[66]に属するものを自分自身のものとなそうとして，〔ゼウスの火を盗んだ〕プロメテウスの罪を犯すのは[67]，あるいは楽園におけるアダムのように，「神のように」なりたくて禁断の木の実を食するのは，厳密にはこの点においてである。換言すればアダムが罪を犯すのは，知識を「知恵」に至る手段としてではなく，〔自分が神のようになる〕「力」の源泉として扱うことなのである。だが観念論者がそのように切望する力は，まったく人を誤らせることが判明する。というのも彼が実際に実現したものは，自分の秩序の観念を宇宙において現存する秩序の代わりに置くことだからである。つまり現実にあるものの代わりに虚構のものを置き，生ける現実の代わりに死んだ観念を置くことだからである。そこで観念論者の課題は，この宇宙的な秩序の偽造物を本物として人々が受け入れるように説得するか，それとも強制することで偽造物を普及させることである。そのような努力が古典的古代の「政治学」の歴史を組み立てている。

レスにとって後者の「主人と奴隷」は「人間的」ではあっても，真正な「政治的」関係に対して政治以下で副次的なものと考えられている。

　65）　アリストテレス，上掲書，第1巻第2章，1253a。
　66）　ギリシア人にとって火は二重の意味をもっていることが想起される。(1)字義的には火は文明の技術を可能にする。(2)比喩的には「精神」と同義語である。
　67）　ツキディデス第1巻，22章参照。

プラトン主義のアウグストゥス的改作

わたしたちはリウィウスの作品の中にあの歴史にとって少しも重要でない〔事件について述べた〕章節を見出すであろう。そこで，わたしたちはリウィウスとともに，真理を求める熱心で細心な探求としての歴史についてのツキディデスの思想――彼の探求はもっとも厳格な規範の明証性に適切な注意を払って遂行される――から遠くに引き離されるのだ[68]。リウィウスが提供するものは，むしろ時代の趨勢に対して隠し立てをしないパンフレットである。つまりプラトンが懐いた高貴な虚言のアウグストゥス的改作である。またもしこれが芸術的な歪曲の要素を伴っているとすると，その歪曲は，奉仕すべき目的を顧慮して是認されなければならない。その目的というのは（古代か現代の）批判的な史料編纂で採用される言葉による諸事実の調査のようなものを排斥する。そうした目的は通常の話し言葉ではアウグストゥスの組織を「売る」取り組みであると表現されよう。どのように著者〔リウィウス〕がこの仕事にとりかかったかを考察することは有益であろう。

リウィウスの方法の問題点，幸運と形相

リウィウスの方法は本質的に詩的である。彼が提示しているものは，ウェルギリウスが詩で提示したものを，つまりその本質的偉大さと善性との確信を十分に納得させるために設計されたロマニタスの要素の説明を，散文で言い換えた等価物であった。これらの性質をリウィウスは古典主義の伝統的な言語によって「徳と幸運とのユニークな結合」[69]と呼ばれたものに帰している。これらの術語にどん

---

68) この言葉はギボンのものである。彼は古典的な「説明」をこのように忠実に再生させている。

69) この言葉はギボンのものである。彼はこのように忠実に古典的主義的な「説明」を再生産するのだ。

な含蓄を彼が与えているか，という問題が起こってくる。わたしたちは彼がどのように「幸運」を扱っているかを考察することから始めてもよかろう。

たいていの同時代のヒューマニストたちと同じく，リウィウスは幸運の観念に潜んでいる〔啓蒙に逆らう〕蒙昧主義の危険に完全に気づいていた。ローマ世界がこれらの危険から免れていないことは，通俗的で公的な祭儀の存在によって示されていた。それは本来その土地の伝統にもとづいており，最初期の時代に遡るものであって，わたしたちがその筋の権威を信じるならば，それ自体では比較的無害なものである[70]。それでもそのような祭儀があるという単なる事実は，それ自体重要である。というのも，それはロマニタスが外部の源泉によって汚染される危険に曝されていたからだ。またこの危険はヘレニズム世界に流布している諸観念が西方に流れ込むに応じて深刻になった。このような諸観念はサルスティウス〔前86-34，ローマの歴史家〕と一緒に愚かな偶然説——それはけっして断固として支持されたわけではない——の中にその表現を見出すことができよう[71]。一方においてキケロは全力を尽くして，その観念が諸々の出来事や原因についてのわたしたちの無知

---

70) ヴィソワ『ローマの宗教と祭儀』第2版 256-68 頁参照。またワード・フォウラー『ローマの祝祭日』161-72 頁参照。
71) サルスティウス『カティリナ戦記』8，1。「だが疑いなく幸運が万事を支配している。そのようなものは皆，真実よりも欲望から祝われ，かつ，隠される」。だが偽サルスティウスにある定式と比較せよ。『カエサルへの書簡』，Ⅰ．1-2。この箇所で「すべての人は自分自身の運の建築家である」との詩人の考えを支持する。わたしたちはこの主題に関するアウグスティヌスの次の二つの言葉にここで注目すべきである。「この女神は各人にその恩恵を，思慮にもとづいてきちんと割り振るのではなく，まったく気まぐれに施与すると言われている」，「この幸運の女神の向こう見ずな力は，判断でも向こう見ずである」（『神の国』Ⅶ，3）。

を覆い隠す言葉に過ぎないと言明しているように，それを無力化するように努めた[72]。だが彼はその観念が人生に対する古典的な見解に本来備わっていたがゆえに，それを完全に除去することができなかった。「徳」と「幸運」の観念は古典主義にとっては相補的であった，両極性の原理と呼ばれているものによって互いに繋がっていた。そこで同時に前者を退けないでは，後者を退けることはまったく不可能であった。つまり赤ん坊がいないので浴槽などいらないということは不可能である。この困難さに気づき，また徳を救い出したいと思った古典的なヒューマニズムは，〔徳と幸運の〕二者を対立する性質のものとして扱う方策に訴える。こうして両者は一方においては「学問と産業」として，他方において「状況」とか物質的環境として対立させられる。たとえばキケロはヒューマニストとして語って，次のように宣言する。

> わたしたちが繁栄を経験することになるか，それとも不運を経験することになるかは，どれほど多く幸運に，あるいは（いわば）諸条件に依存するかを，誰も洞察できないものはいない。実際，ある種の出来事は人間の抑制を超えた自然的な諸原因によっている。だが，一般的に言ってわたしたちの不幸と失敗は，また同じくわたしたちの勝利と成功は，幸運の要素を含んではいるが，それでもわたしたちの仲間との活動的な協働を前提する[73]。

---

72) キケロ，『アカデミカ』. I, 7, 29；ラクタンティウス『神の教義』III, 29 参照。

73) キケロ『義務について』2, 6, 19.「無謀と知恵とは決して混同されはしないし，偶然は誰も協議に参加されないであろう」『マルケルス弁護論』2,7）がワード・フォウラーによって引用されている（in：Cl. Rev. XVII, 135. p. 75）。

リウィウスはわたしたちがキケロ主義者とかヒューマニスト的な偏見と呼んでもよいものをたっぷりと分かちもっている。それゆえ彼にとってローマの偉大さの問題は,「どんな方策（art）によって」ローマ人は偉大となったかという問題に変わっていく[74]。彼はこれらの「方策」がある代表的な人物たちに具現していると見なす。したがってこういう人物は政治的な徳〔＝有能性〕のさまざまな側面をいわば「象徴する」。またこれらの人物は「政治的な」悪徳のさまざまな側面を同じく象徴する他の人たちと対決する監督に据えられる。こうした手法によって批評家たちの注意を喚起した，奇妙なリウィウス的な「重複」による説明にわたしたちは気づくのである。たとえば〔ローマの政治家であった〕検閲官アッピウス・クラウディウスの描写と同名の十大官の一人〔前451-450の法典制定十人委員会の委員〕との間には，この二人は数世紀の経過によって隔てられてはいても，容易にそれと分かる区別がない点が指摘される。同様にカミリウスを告発する護民官アプレイウスは，その（想定される）子孫である，紀元前100年のアプレイウス・サツルニヌスのほとんどそのままの写しなのである。同時に第二ポエニ戦争のガイウス・フラミニウス〔前？-217，ローマの将軍，カルタゴのハンニバルに破れた〕はどの時代にもいる革命的な煽動家の特徴的な容姿を具現化したものである。それによって実現した効果は偶然なものではない。描かれた人物像は人間というよりもマネキン人形である。というのは観念論者としてのリウィウスにとって人間性を決定する唯一の要素は，「形相」と「質料」であり，その中でも形式的なものが積極的で活動的な原理なのであるから。

---

74)　リウィウス『歴史』「序言」9。

リウィウスの宗教観

リウィウスが宗教について発言しなければならなかったことよりも、「形相」に夢中になって取り組んだ例証に優って明瞭にして教訓的なものはあり得ないであろう。サルスティウスはかつてその仲間の同国人を「もっとも敬虔的な人たち」（religiosissimi mortales）とその特徴を述べていた。またルクレティウスのローマ宗教に対決する傾向からそう判断したことは、それほどひどく間違っていなかった。だがリウィウスにとって宗教とは何であるのか。わたしたちはこのことを〔占いの〕兆しが神意を示すものであると述べた彼の発言から知りうるであろう。彼自身がそのような現れの客観性に関して彼の時代のもっとも教養ある人よりも疑い深かったことは言うまでもない。実際、彼自身は恒常不変な運命についてのストア派の教えを明言していたことは、そのことによって彼が神意の表れの可能性すら考慮に入れていないことを十分に示していた[75]。それでも彼はそのような現象に直面すると、躊躇しないで次のように主張する。「人の精神はいわば往事の色彩を帯びてくる」、「そして人は昔の人たちの中でもっとも賢明な人たちが公に注意する価値があると考えたからには、それが意味をもっているに違いないと信じるように強いられる」[76]。同時に彼は、自ら正しく嫌疑をいだいていたように、何らそれに替わるものを十分に提供しないで「公の」宗教に対する大衆的な信仰を破壊する傾向があるがゆえに、エピクロス主義とプラトン主義を公然と非難するのである。

リウィウスによってこのように想定された態度は、総じて古典的な観念論者にとってと同じく、彼にとって「宗

---

75) リウィウス『ローマ史』25,6「その法則によって人事の秩序が不動であることが結果する」。

76) リウィウス、前掲書、43,13。

教」を純粋に，かつ，単純に形相（form）の問題に変えることができるまでは不可解のままにとどまらざるをえない。この関連において〔古代ローマの〕高位神官からなる団体〔最高諮問機関〕（religiones licitae ＝ 合法的な規律）によって認可された祭儀は，観念論者の思想的要求に厳密に一致する。起源と目的において，高位神官らが手配した神の怒りを鎮めるさまざまな技巧と占いの儀式において，彼らの浄化と有めの儀式において，彼らが唯一の目標としたのは「神々の平和」（pax deomm）を維持することであった。また「政治的に」役立つと感じられるかぎり何でも，それは神々の平和のために本当に仕えるにちがいない。オリエントから何か輸入された神々に関して言うなら，その神々の礼拝が自国の精神状況を「汚す」ことがないように，それが骨抜きにされたり，隔離する必要があると思われたにちがいない[77]。しかしこのように主張することは，公の宗教の精神がまったく実用主義的であったことを示唆するものである。したがって宗教の実質的な真理や虚偽を問いただすことなどまったくどうでもよいことなのである。哲学者たちがそのような調査に興味を感じても，「形式的に」言うならば，たとえ彼らにそうしたことを探索する傾向があるとしても，法にもとづいた表現法では哲学者たちが「愚かな心を転倒させること」[78]などしないかぎり，この種の問題は絶対に起こってこない。わたしたちはたぶん次のように付言してもよかろう。すなわちローマ人たちは，知識人に対する「行動人」の根深い軽蔑をもって，諸学派の混沌とした戯言よりも宗教的な目新しさの導

  77） 紀元前186年のバッカナリアの陰謀と関連させてリウィウスによって記録されている討論（本書第2章54頁）を参照。

  78） このことはディオゲネス48,19,30では，「もし誰かが軽薄な人間の心を怯えさせる何かをなそうとしないなら……」と控えめに語られている。

入のほうがいっそう危険であると感じる、と。このような事態をローマ人たちはしっかり見張っており、必要とあらば国家の全力を尽くしてそれを粉砕しようと備えている。これとの関連でキケロは 12 表法からなる昔の対策を指示して引用する[79]。この法律の下に占星術や「数学的計算」は他の形の「違法の好奇心」と一緒にいつも社会から追放された。そしてユダヤ主義でさえ「堕落した迷信」（prava superstitio）としてユダヤ人にふさわしいとされたが、他の場合には、程度の差はあっても、禁止することを強いられた。このような事実を正しく評価することによってのみ、キケロのような知的で高潔な市民たちが、あるいは皇帝アウグストゥス自身が、彼らが完全に知っていたように、まったくの、かつ、文字通りのたわごとであった諸々の慣行——これらの慣行が社会秩序を維持するための素材という理由で正当化されていた——をどうして黙認することができたかを、わたしたちは何とか理解することができる。

古典的な観念論の決定的な影響

先に指摘した両極性の原理にもとづくと社会秩序に対応するものは社会的変化であるということをわたしたちはここで気づくかも知れない。したがって変化はある事実を認識させ、また、ある問題を解くという双方を確立する。このことは古典的な観念論にとって決定的な問題をわたしたちにもたらす。わたしたちはすでにこの主題に関してユリウス・カエサルのような代表的なローマ人についての（報告された）見解をほのめかしておいた。それに付け加え

---

79) キケロ『法律について』2, 8, 19「新しい神々であれ、外来の神々であれ、公に認められたものを除き、自分だけの神をもつことは誰にも許されない」。なお同書 2, 11, 27 参照。また十二表法とはローマ法の中で日常生活に関する最も重要な規定を定めたもの。

て，彼は刷新者としてよく知られていても，〔当時〕変化がある意味で不可避的であったことを認める点で，刷新者は決して彼だけではなかったかもしれない。たとえばキケロはポンペイウスに東方を治めるための「法外な命令」(imperium extraodinarium) を与えるための討論において[80]，現存する制度は次第に出てくる要求にいつも適用されなければならないという彼の信念を強調した。そしてキケロはその仲間の市民たちが，歴史の形成者として生活の基礎となる勇気ある確信を失うほどひどく堕落していないかどうかと問いただした。同様な観点は1世紀後に皇帝クラウディウスが強烈に表明することになった。そのさい彼は「名誉の特権」(jus honorum) の範囲がガリア・コマタ〔長髪のガリア族の地〕の貴族たちに及ぶように元老員を説得するに当たって，前例との関連でここで承認された提案がいつの日か先例法と見なされると論じた[81]。しかしながら問題は，「政治的な」精神の恐怖の的である偉大なる神の旋風 (Whirl) に従わないで，どのように先例法を制定し決定すべきかということであった。この問題に対して観念論は独自の貢献をしたが，それについてわたしたちはここで簡略に論じなければならない。

　政治学を物理学の言葉で解釈するのは，「合法的なこと」と「自然的なこと」との間にある種の並行論を立てることになるのは，明らかであろう。逆に言えば，それは（物理的に）不自然なものと（政治的に）違法なものとを同一視することである。しかし，この文脈では「合法性」という用語は，統治者が含意した意図に関わりなく，彼の意志として考えられた単なる適法性〔法律厳守〕よりも多くのことを意味する。それは「意志が理性に先行すべきである」

---

80) キケロ「マニリア法を弁護して」20, 60。
81) 本書第1章，39頁を参照。

(sit pro ratione voluntas) というホッブズ的な行動原理において、あるいは権力の剥きだしの命令としてオースティン〔1790-1859、イギリスの法学者〕的な法律の定義においてほのめかされていると思われる。というのも、かつてアリストテレスが主張していたように、もしこの命令が正当性をもっているなら、それは正しいと認識されなければならないからである。そうでないとアリストテレス自身のいくらか興奮した言葉で「いや、誓ってそれは正しくない」[82]と言わねばならない。こうしてわたしたちは再び国家において人々を結びつける絆としての正義の問題に直面させられる。またそれと一緒に正義とは何かという観念論者〔の発想〕に直面させられる。

観念論の正義と社会秩序

ここでは、再度、並行論が役立つかも知れない。もし観念論者が強く主張するように正義とは、その本性において、個々人が「あるべきであったもの」の、つまり類型 (the type) の実現であるならば、その政治的な対応物は、国家の形式的な秩序の実現でなければならない。このことが政治的なプロセスの範囲と限界を決定する。こうしてそのプロセスはイデアに向かって「徐々に進展する内実」の関係を担っている。この点を超えると、プロセスは「非合法的で」かつ「不自然なもの」となる。わたしたちはここで古典主義の観念論にとって、他ならない成長の可能性そのものが個々人に制限されていることに留意したほうがよい。現代の自由主義によって考えられているような共同体的な発展や社会的な発展は[83]、その範囲を完全に超えている。そうして、たとえばリウィウスについて次のように語

---

82) アリストテレス『政治学』第 3 巻 10,1281a。
83) R・M・マックルバー『現代の国家である共同体』参照。

られた。

> 先立つ数世紀がアウグストゥスの世紀に厳密には似ていないことを彼はぼんやりと感じていても（たとえば『ローマ市が建設されてから』（ab Urbe Condita）1,18,1; 57,1 のように），その数世紀がどのように相違しているかという問題に決して立ち向かわないで，自分がアウグストゥスについて知っていることから単純に全体を描く。……ティベル川の谷をさかのぼって行われる通商貿易を略奪するためにロマヌスと一緒にパレスチナの麓で野営した冒険家たちが，カルタゴに勝利し，世界の征服に影響を与えることになる，勤勉にして質素でよく訓練された田舎者とは，何も共通点をもっていないことは明らかである。ましてやこれらの田舎者は洗練されており，キケロ時代の幾分かは時代遅れのローマ人たちとも似ていない。リウィウスはこの相違を見逃すか，それをまったく見逃していないとしても，少なくとも彼はその著作においてはっきりとそれを示す取り組みをしていない[84]。

このような人間生活の観点に含意されている強烈な保守主義について解説する必要はもはやない。それは「来るべき世界」がもつ何らかの良い可能性に対する信念がまったく欠如しており，確立されたモデルに一致するように人々を招くだけである。そのさい伝統的な習俗を行動への指針として尊重することと，習俗を統制の原理として立てること，つまり生ける者を治める規範的な権利を死者にまで広げることとは，まったく相違していることが忘れられている。ここから起こってくる結果の一つは，社会的な変化の

---

84) H・ボルネック『本物のティトゥス』88 頁からの引用。

性格と潜在力に注意を向けないで，その変化を恐れ，かつ，嫌悪する態度を生み出すことである。そしてリウィウスと共にこのことが，革新に向かうあらゆる反対勢力を危険として断罪する傾向となって現れる。しかし平民の深刻な不信を引き起こすことはそれとは相違する。この階級が持っている単なる動物的な衝動は，社会的な大変動に帰せられる。この大変動というのは人間生活で実際に活動している盲目で突飛な推進力と同義である。リウィウスは次のように断言する。「命令におとなしく服従するか，それとも公然と支配をめざして励むかは群衆の本性である。この両者の間を媒介する自由に関して言うと，一般大衆はその実現方法を知らず，節度ある精神でそれを維持する方法を知らない」と[85]。この結論はわかりきったことに違いない。レヴィアタン〔ホッブズの書名にある専制君主〕が欲しているものは頭脳である。その頭脳を提供することは創造的な政治学の仕事である。

国家の形成に関する問題点

このようにして政治学の問題は「自由」と「権威」とを和解させることになる。わたしたちはこの問題に対するリウィウスの態度を，サルスティウスによって用意された背景とは反対の立場からそれを考察するなら，もっともよく理解することになろう。サルスティウスは断言する，「ロムルスは法律と権威とがまったく欠けていた田舎者の住民に対する支配権を獲得した。彼らが軍事的防衛施設の中で一緒に集まってからは，人種や言語また習慣の相違にもかかわらず，驚くほど速やかに連合したのであった。こうして短期間の間にばらばらで形のない大衆が一つの市民社会

---

85) リウィウス『歴史』25,8。

に改造されたのである」[86]と。サルスティウスがここで真の歴史的秩序を逆に捉えていることがこれまでに注目されている[87]。つまりローマ社会の核心(そこからローマ社会が形成された諸民族)は人種的にも文化的にも親近性をもっていたに違いないが，これをこの歴史家は勝手に無視するように決めている。〔とはいえ〕この転倒自体に意義があって，それは諸々の国家が成長するのではなく，国家は計画されており，制作されたのだという彼の確信を強調するのに役立っている。つまりローマの場合に顕著に見られたように，所謂「ロムルスの隠れ家」に一緒に集まっていたような有望でない素材から国家はしばしば計画され，作られたのだ，と。しかし，この目的に必要なのは，この素材を政治的統一体の要素へと変えうる有能な触媒〔促進する働きをするもの〕である。したがってそれは自覚的で計画的な政治的手腕を前提する。その本性と結果において超越的な知恵と力，アリストテレスの言葉を使えば「何か英雄的で神的な秩序の善性が有する，ずば抜けた卓越性」[88]を授けられたもの以外には不可能な並外れた行為を前提する。あるいはキケロが表現するようにそれは「人間を超越した神の属性に違いない，正しい判断を下す揺るぎない理性」[89]である。この(神話的な)英雄的な創設者や法の授与者に帰せられるべき行為は，ポリスとかキウィタスの，つまり「文明化された」生活のもつ特有な形を，そこに集

---

86) サルスティウス『カティリナ戦記』6, 2.「この人たち(つまり粗野で法律も支配もなく自由にして放逸な人たち)が一つの防壁に集まってからは，ばらばらな種族，異なった言語，互いの異なった習慣に生きていたが，彼らがどんなに容易に合体したかは思い出そうとしても信じられないほどである。こうして分散し，かつ，さすらっていた群衆が短期間に友好都市に改造されたのである」。

87) イエリング『ローマ法の精神』Ed.7 & 8, i, p. 183ff.。

88) アリストテレス『ニコマコス倫理学』7, 1：1145a19。

89) キケロ『神々の本性について』2,13,34.（前掲邦訳109頁）。

第3章　永遠のローマ，権力の神格化　　177

められた諸々の要素〔素材〕の上に押しつけることによって実現する。しかしそれらのものの本性上，これらの形の本来の根源はそれ自身「形相的」でなければならない。というのも，もしそうでないと，根源は自分の機能を発揮できないからである。したがってその根源は（サルスティウスの用語を使えば）「合法的な支配」（imperium legitimum）として記述されよう。この歴史家は歴史以前の王たちに描かれたように，この「自由の保護と公共善の増大」[90]をこのような原理に帰している。

新しい統合の原理の問題性

「合法的な権威」（legitimate authority）の「実行方法」（modus operandi）に関しては，わたしたちはリウィウスを参照しなければならない。わたしたちは彼から（わたしたちを教えることが真正な古典の仕事であるように）「人々が自由であるように強いる」のを引き受ける技術を学ぶことができる。そうすることで，わたしたちは細部にこだわっている余裕はなくなる。とても幸先よく創始者が市壁沿いの神聖な土地の境界――それを超えて不法侵入すると死をもたらす――を調べるとき，彼がその仕事を，誤ることのない重要な意義をもつ祭儀的行為をもって始めることを思い起こすだけで十分である[91]。この作業を遂行することにより，彼は大衆を強制の法律と法律の強制の両者を含む規律に服させるようにする。しかし，それに加えて新しい統合の原理が必要となる。そしてこのことを第二の創始者（〔ローマ第二代の王〕ヌマ・ポンピリウス）はその「諸宗教の法令」によって果たす。これは民がそれによって生

90）サルスティウス『カティリナ戦記』6,7.「王たちの支配の始まりは，自由を保護し，国家を増大させることであった」。
91）リウィウス『歴史』1,7,2。

きねばならない徳の神話なのである[92]。だがこの神話形成の期間は紀元前509年の革命をもってはじめて終結した。また社会的階級間の争いも終結した。またこれらのことを例の歴史家〔リウィウス〕は予め考えておいた観念の言葉でもって合理化する。こうして彼にとって「潜主」タルクイニウス〔古代ローマ五代目の王〕の追放は、公の権威と個人的な所有権（imperium と dominium）の間の「形式的な」区別を再び主張するのに役立っている。この区別は法の普遍性が実現される一つのプロセスを創始する[93]。その間に同時にそれは特別な性格を獲得する。他方において貴族と平民の間の社会的な紛争は、そこでは特権が責任と同一視され、この両者が意志や奉仕する能力という言葉で評価されるのであるが、「階級間の幸いなる階層秩序」と呼ばれているような人民（populus）の斬新的な発展を促進するように助ける。この発展は12表法の法令[94]や紀元前440年のウァレラウス－ホラティウス法のような法律制定の重要な部分によって示されている。前者の12表法は公的にして私的なあらゆる権利の源泉となるように公布され[95]、後者は伝統的な制度を新しい、かつ、いっそう効果のある認可のもと回復させることによって、共和国のラテン語版の意味を明確にし、永続的に固定した[96]。

---

[92] リウィウス『歴史』1,19,1.「ヌマは力と武器によって創設された市（ウルプス）を新しく治めるにあたって、法と道義によって全面的に建設し直すことに取りかかる」。

[93] リウィウス『歴史』2,34,6.「十枚の板に記された法が……今やまた……あらゆる公共的権利と私的な権利との源泉となる」。

[94] ローマ法の中で日常生活に関する重要な条文を短縮したものを指す。

[95] リウィウス『歴史』34,6.「一二枚の板」の法は今やまたあらゆる公的で私的な権利の源泉である」。

[96] リウィウス『歴史』3,54-5。

第 3 章　永遠のローマ，権力の神格化　　179

観念論的な政治学の手法

わたしたちはすでに創造的な政治学のわざが観念論者の理論にしたがってどのように制限されているかを指摘した。その制限は，扱いにくい素材から起こり，それに完全な，あるいは絶対的な形相を与えようとする政治家の努力を挫折させないまでも遅らせるのに役立っている。わたしたちはリウィウスと一緒になってこの理論をローマに陳腐な仕方で適応させてきた。前にすでに引用した言葉によって明らかなように，この理論はデモクラシーに対する彼の態度のうちに暗示される[97]。それはもっと強調された形で彼が初期の時代の民衆や大衆運動を扱うときに支配しているものである。こうして平民のさまざまな仕方での「分離」を叙述するに当たって，不平分子の側にたくさん悲しみがあったことを著者は容認するが，それを彼は確かに容認すべきである。更に彼はこのような悲嘆が調整できずに残っているかぎり，共同体は全面的に外国の敵どもの手にかかって今にも崩壊する危機にさらされていると考える。敵にとってローマ人たちの間の意見の衝突は侵略するようにとの不断の招きなのである。したがって問題なのは社会内で衝突している要素が一致するように説き伏せられるか，そう強いられるかする手段を見出すことである。もちろんこのことはあらゆる局面である程度の妥協と譲歩とを必要とする。しかしリウィウスが主張するように，合意は相互的な同意によって，すべての党派が「自然」が社会組織の中で彼らに割り当てた場所を同じ仕方で理解し，それを受容するのでないなら，長続きのするものとは考えられない。またこのことは，一般大衆に関するかぎり，彼らが自らを全体としての有機的な組織体との関係でその一員として見なければならないことを意味する。つまり一般大衆

---

[97]　本書 174 頁の引用文参照。

の働きは，大きな獣が生きるのに必要であっても，それでも厳密には従属的なのである。というのも，その働きは腹部から摂取する栄養物に依存しているからである。わたしたちは，このような確信から私欲のために群衆の情熱を公共善に反する仕方で利用しようとする扇動政治家について説明するリウィウスの態度を評価してもよかろう。こうして彼は扇動政治家を悪漢の展示場に並べてわたしたちに示す。その中にはスプリウス・カッシウス，スプリウス・マエリウス，また以前のカピトルの救済者，「自由国家でなければどこででも名士となっていたであろう」人物，マンリウス・カピトリヌスさえ入っている。このような人たちは称賛すべき性質を確かに欠いてはいないけれども，それにもかかわらず一つの赦しがたい罪を犯している。彼らはローマ市民としての責務を受け入れること，つまり政治的な通念に一致することを拒否した。したがって彼らの運命は，もしローマの自由の木が繁栄されなければならないなら，その血でもって自由の木を灌漑せねばならない，潜在的な「独裁者」の運命なのである。

　このことは著者〔リウィウス〕の道徳的意図と呼ばれるものに対する問題にわたしたちを遂に至らせる。そしてわたしたちは，ここで考察を一時中断して，わたしたちのテーマにとって決定的に重要な報告をしなければならない。それはリウィウス的な様式として指摘されうるものに不快感を覚えて現代の史料編纂が道徳を考慮しない歴史の観念に逃避する傾向がみられることである。しかし本当に困難な問題はリウィウスが歴史に道徳的価値を導入していることにあるとは思われない。それはむしろ彼が導入しようとする諸価値の性質にある。このゆえに，彼が単に歴史を宣伝の道具に改造したという理由で，彼を公然と非難するのは十分な根拠をもっているとはいえない。わたしたちは彼の評価の基準を単純であるとか古臭いとか言って愚か

にも退けることで十分に答えたとは言えない。わたしたちの問題はむしろ，彼がそのような評価の基準を持つに至った思想のプロセスをできれば見出すことである。また，この目的のためにわたしたちは彼の作品の背後にある諸前提を考慮すべきである。

秩序の創始者としてのアウグストゥス皇帝

リウィウスがめざした目標が〔共和制の伝統を尊重した帝政である〕元首政治を彼の時代の諸問題に対する唯一可能な解決として推薦することであったと，わたしたちはすでに示唆しておいた。この結論は彼の「姿勢」がもつ論理的な帰結から起こってくる。というのも彼の説明では，ひとたび統治する人たちがもっとも恐るべき敵に勝利を収めると，団結の要素が，まさにその事実によって，彼らの間で弱められるのが明らかだからである。だがこのことは，わたしたちが考察したように，いつも事件の中に存在しており，「情熱」がその本性上限界がないため，究極的には崩壊に至るまで，情熱を中和したり抑制することがますます困難になるという，諸々の抑制力が働かなくなることを意味する。リウィウスが理解しているように，この結果は「堕落」の進行である。そのプロセスは，彼の時代には，彼自身の言葉を使うと，「わたしたちの悪にもその矯正策にも等しく耐え難いものとなった」[98]。しかしこのように言うことは，支配の方策が一般的な意味で尽き果ててしまったことを認めることである。それが示唆するのは，まさに第二の創始者の介入を要求するも同然の状況が引き起こされているということである。こうして遂に人物としてのアウグストゥス皇帝が期待されるようになる。

このように主張するとき，わたしたちは，このように新

---

98) リウィウス『歴史』序論9。

しいロムルスやヌマとして歓迎された人物が，その生涯を単に成功した派閥の指導者として迎えられている事実を看過しているわけではない。またわたしたちは，この人物〔皇帝〕がもっていた実際の権力が，極めて異質な幾つもの要素の集合体に頼っていたことを，忘れてはいない。小さな〔ローマの属州〕ノリクムというアルプス地方の王のように，またクレオパトラの広大で太古の領域の王のように，彼は最初からギリシア化された小アジア人たちによって「専制君主」や「東ローマ皇帝」として認められていた。それと同時に西方の属州の野蛮人らに対してアウグストゥスは彼らを服従させた軍隊の頭目であると表明した。ところがローマやイタリアでは，彼に先行するその父と同様，「皇帝」のような「王」ではなかった。アウグストゥスは支配のための闘争にさいして，神格化されたユリウスの養子にふさわしい要求を主張することによって，名門としての権利がもっている根深いラテン的感覚を利用したのであった。同時に彼は最初父の名前がもつ魔力を通して古参兵たちに訴えたりしていた。その後で，彼は軍隊の忠誠心を獲得するために独裁者によって考案された方法を総司令官として徹底的に活用した[99]。アウグストゥスは護民官の権限を通して自分が「都会の下層民」(plebs urbana)，つまり「無視された人」のための闘士であると宣言した。彼は軍人と同じく市民からも社会のすべての階層から，即位のときに公になされた一定の誓いの形式（宣誓）でもっ

---

99) 軍隊が報酬と手当を皇帝に直接求めていたことが想起されるであろう。そのための用意は皇帝によって管理された軍隊の資金から賄われたのであって，元老院によって採決された「兵士の現金給付」にもはや依存していなかった。それに加えて彼らは奉仕している間にも臨時の下賜金を期待したであろう。彼らが除隊するとき「ユリウスの植民地」で独裁者によってなされたのと似た土地の下付を期待したであろう。こうして保護者と被保護者の関係に近い関係は伝統的にもっとも親密でもっとも内密な結束であった。

て忠誠の固い約束を求めた。同時にすべてに対して等しく、彼の人物とは言わなくとも、その地位は、この世のものとも思われない帝国の祭儀の投光照明でもって光を浴びせられた。皇帝がこのような配慮を受けたのは、疑いなくその権力の実質によるものであった。だが、そうした配慮は、権力の「形式的」な性格にますます強く救いを求めるのに役立ったにすぎない。

これとの関連でわたしたちは二つの点を注意すべきである。まず第一に皇帝は彼の立場が「形式的に」正当であることを主張する。——確かに皇帝は合法的な支配であることを究極的に示すとともに自由国家における指導問題への真の解決を主張する[100]。第二に彼の権威の称号は特殊な卓越性を持つ性質——それによって彼はラテン的な政治的徳の真髄を実現するように要求できる——に依存していると考えられる。わたしたちはここで皇帝が主張しているその性質は徳 (virtus)・寛大 (clementia)・正義 (jusitia)・敬神 (pietas) であると気づくであろう[101]。このリストはこのままでは明らかに熟考された従来の枢要徳を興味深く修正したものにすぎない。たとえば「度量の大きいこと」 (magnanimitas 広大な心) の代わりに「寛大さ」 (clemenntia) を使うことは、ユリウスの伝統が有する卓越した側面であったものと、アウグストゥスとを提携させることによって、おそらく若きカエサルと年輩のカエサルとの間を結びつけようと意図していたであろう。他方、「賢慮」 (prudentia) の代わりに「敬神」 (pietas) を置いたことは、オクタビアヌスにとってユニークではないとしても、その

---

100) モムゼン編『レース・ゲスタエ』(1885) 5章31節, 7章43-6節, 10章21-5節, そして特に34章13-23節を参照。

101) M. P. チャールズワース『ローマ帝国の徳』(ローリー・レクチャー, 1923) 参照。この問題に関するコメントは非常に解明的である。

経歴においてとにかく計り知れない意義をもっていた特性に世間の注目を集めることを意図したのであろう[102]。この特性は今やアウグストゥスの政治的知恵の第四にして究極的な支柱として提唱された。それが示唆するものは，この知恵が過去について承認された結論に対する忠誠にあるのであって，将来を予見する何らかの能力にあるのではないと言うことである。この意味で「敬神」はウェルギリウスによって「忠実なアエネーアス」(piua Aeneas) に帰せられた精神を想起させる。それはまたわたしたちがリウィウスで注目したものと類似した保守主義をも反映する。このようにして「敬神」は「アウグストゥスの平和」(Pax Augusta) の独特で他と明瞭に区別できる特色となるものを指し示している。

アウグストゥスの神格化

アウグストゥスの平和を彼の卓越性から直接生まれた成果として認識することは，皇帝が地上における神の摂理として至る所で歓迎されなければならなかった理由を理解することである[103]。このことが明らかに宮廷詩人たちの口先だけのお世辞として根拠のないばかげた空言だと看過することはできない。もちろん，わたしたちがロマニタス〔ローマ文化〕の全構造が虚構という土台の上に建てられたものであるとするならば，話は別であるが。それどころか，それらの空言は「世界のために偉大なことをなし，平和の福音とよきおとずれを告げる」に至った者と見なされた「お方に対する献身の真正な告白」であったのだ。そう

---

102) この主題についてタキトゥス『年代記』1,10 を参照せよ。
103) 「今ここにいます神，つまり神はわたしたちにこの平穏をお造りになった。そのようなお方はわたしたちにとって常に神であろう」。『ケンブリッジ古代史』第 18 章 586 頁参照。

はいってもあの著者[104]が示唆しているように，その逆であるよりも，むしろそれらの空言が事実において「まったく健全なもの」であったかどうか疑わしい。この問題についてどのような見解がとられようとも，このように表明された感情的判断が〔正しい〕理解に対する挑戦となっていることは少なくとも明瞭である。アウグストゥス的な体制の完全な意味とキリスト教徒たちによってその体制に向けられた批判を正しく認識しようとするなら，歴史家はこの挑戦に立ち向かうように努めねばならない。

　皇帝たちが行った祭儀は一般的にはヘレニズムの世界からイタリアに移植された東洋的な風俗習慣の一つの形式と考えられている。しかしこのことはその由来をよく説明しているかもしれないが，どうしてそれが新しい環境に受け入れられえたかを説明するのに失敗している。したがってこの祭儀の起源をたどるに当たって，わたしたちは異質なものであるか外来のものであるかよりもむしろ，それが多かれ少なかれ古典主義に明白な，人間の本性に関する理論に根ざしていたことを明らかにすることから始めなければならない。この観点からすると，祭儀の起源はわたしたちが想定したくなるものよりも現代ヨーロッパの精神性により近いものである。

ギリシア人の人間観と神的な人間の強調

　わたしたちは一般に普及しているギリシア思想が「厳密に人間的な卓越性」の観念から出発していって，人間性の普通の尺度を超越する個人の出現を，それがどんなに散発的であり，一様でなくとも，認められるという事実に注目することから始めてもよかろう。抒情詩人たちにおいては

---

　　104)　ワルデ・フォウラー『ローマ的な神性の理念』88頁，123頁。

そのような個人は一般に否定されている諸々の能力，つまりどんなに困難であろうとも成功し（τυχεῖν），状況を捉え，かつ，活用する能力を持っていると考えられている[105]。同時に彼らは「危険に生きる」傾向を示し，通常の行動を支配する慣習に挑戦し，普通の人が求めるとしたら常軌を逸するような結果を達成した。つまり彼らは権力がもっているまったく常軌を逸した「可能性」を所有しようとしたのである。この権力は（わたしたちがすでに知る機会を前にもっていたように）よく知られた「徳と幸運」（アレテーとテュケー）によって合理化されている。この「徳と幸運」は成功の「主観的」な要因と「客観的」な要因とを表す相補的な観念であると言うべきである。これらの内の前者は一般的には知性と忍耐に分割されるが，これに対してローマ人はそれにふさわしい同義語（σύνεσις καὶ ἀνδρεία ＝ sapientia et fortitudo 知恵と勇敢）をやがて見出すことができた。後者に関して言うなら，幸運に読み込まれた意味は幸運を利用した人たちの見解と一致して変化している[106]。

このように一般の人たちの心に描かれたタイプは哲学によっても認められる。そんなわけでプラトンは（理想的な）都市国家の守護者として奉仕の仕事をしてから幸福者の島に住むべく出発する人たちについて語っている。そしてプラトンは彼らを「神霊として祀り，そうでなければ祝福

---

105) それがギリシア詩人の『詞華集』では至る所に認められるのを参照せよ。
106) たとえばツキディデスの『歴史』V，VI，VIIによって与えられたニキアスの肖像をプルタルコスの『ニキアスの生涯』と比較して参照せよ。アテネの民衆政治にとってニキアスは（主観的には）能力のある正直な男であったが，（客観的には）「幸運」であった。なぜなら彼は（a）「その名によって勝利を得た」（b）すべての機会に神々の怒りを宥める配慮が行き届いていたから。その生涯は現代の心理学からするともっとも教訓的な努力から成り立っている。

された（エウダイモーン）神的な人間として」彼らのために記念碑を建て，犠牲が公に捧げられるように要求する。「国家は記念碑をたて犠牲を捧げる儀式を行うことになろう，……神霊（ダイモーン）として祀り，そうでなければ祝福された（エウダイモーン）神的な人々として讃えながら」[107]。他方アリストテレスは自然の階層秩序において人間のプシュケーが，一方では普通は神々と英雄の本性との間に置かれ，他方では野獣の本性の間にあると認めることで満足する。それは自己の知性によって前者と連結し，その情愛において後者と連結する。そして彼は感覚的な部分の情愛がときどき腐敗してまさしく野獣に似たものを生みだすように，理性的な部分もときには添え名「神々しい」に値するような完全性の段階に到達すると追加する。

人間の神性と古典主義のラテン版

こうした発言によって，そのような考えが最初にはイタリアにとっては固有なものではなかったが，それでもその土壌はその考えが発芽するためには好都合であったことが暗示されていた[108]。これとの関連で重要な点は，ラテン的なイデオロギーがそのひどい不毛性にもかかわらず，あるいは（おそらく）ひどい不毛性のゆえに，そのような観念を受容するうえで克服しがたい障害が何も存在しなかった，ということである。こうしてわたしたちは，キケロが土着のジュピターという神霊（ヌーメン）をストア哲学者たちによって考案された「創造的な知性もしくは生命力」（もっとも優れた精神の神霊）と同一視し，そうすることで人間が自己自身の内に「ある種の神的な精神のひらめ

---

107) プラトン『国家』540B. 藤沢令夫訳，岩波文庫，下，163頁。『法律』951B 参照。
108) ワルデ・フォウラー，前掲書81頁。

き」[109)]をもっていると主張するようになるのを見出す。このように述べるに当たって彼は精神的にして道徳的な諸性質を神格化することは合理的であると考える。彼は次のように言明する。

> 人間性の有する知性，忠誠心，男らしさ，さらによい信仰を崇めることは適切である。これらのすべてにローマでは神殿が公に建立された。それはそういう性質をもっている人たちが——すべての善人が行っているように——自分自身の内奥に宿りたもう神々自身を彼らがもっていると感じるべきである。なぜなら聖別するに値するのは有徳であって，悪徳ではないから。

この最後に挙げた言葉からわたしたちは，ローマ的な先入観に特徴的なことを多分看取できるであろう。ギリシア人にとっては，わたしたちが不道徳な仕方とか超道徳的な方法と呼ばねばならないことでデモーニッシュな人間の「力」が自らを示すことができたし，事実そうしてきた[110)]。しかしローマ人の強力な社会的な感覚は，「神性のシンボルでもって自己を誇示し，神としての尊敬の念を尊大にも自分に求める狂人」サルモネウス〔ギリシアの神でゼウスを真似たが，ゼウスの雷電に殺された〕の自負から顔を背けてきた。一方において彼らはある人がその仲間たちの奉仕で，また，それを通して，当然のことながら神性を志向してもよいという観念で満足していた。したがってヘラクレス神話の中に人は人間の精神の品位を下げるよりもむしろ高めるものとして彼らに訴えた権力‐崇拝の一つ

---

109) キケロ『神々の本性について』2, 2, 4。『国家について』3, 1, 1。
110) ローデ，前掲書138頁。

第 3 章 永遠のローマ，権力の神格化

の形式を見出したのである。キケロは「ヘラクレスは神々のもとに旅立ったが，もしも彼が人間の間で生きているときに，その道を築いていなかったならば，決してそうはできなかったであろう」[111]と言明する。再度，彼は言う，「法がわたしたちに，ヘラクレスやその他の人のように聖別された，ある種の人間の種族を礼拝するように命じる事実は，実際すべての人の精神は不死であるのだが，勇敢にして善なる精神は本来神聖であることを指し示している」[112]と。確かにこういう人たちは「国家の支配者にして救済者」，「天の境界線が下げられる愛国者」[113]なのである。この結論のうちに古典主義のラテン版は権力崇拝を祓い浄める能力がないことをはっきりと示す。このようにしてそれは皇帝アウグストゥスを政治的な神として認可するための道を整える。

わたしたちは今や「厳密に人間的な卓越性」の追究が「厳密に人間的な権力」によってわたしたちにもたらした要点を考察するまでに至った。わたしたちは単なる人間性の限界を超えて，超人の領域に入り込んだのである[114]。こ

---

111) キケロ『トゥスクルム荘対談集』1, 14, 32。木村・岩谷訳，選集 12, 30-31 頁。

112) キケロ，De Legg. 12,11,27. タキトゥス『年代記』1, 14, 32 参照。

113) キケロ『国家』6, 24, 26。

114) このけしからぬ言葉「超人」は，「19 世紀の偽の哲学」が制作したものであるどころか，グレゴリウス大教皇によって作り出されたようである。このことはジャック・マリタンの『テオナス，ある賢者との会話』（ロンドン& N. Y. 1933, 189 頁）によって指摘された。彼はグレゴリウスの言葉（Job, XXVIII, 21, Moral Lib. XVIII, Cap. 54）を引用する。「パウロは自分の流儀ですべての人が知者であるという。なぜなら神的なものの味がわかる人は明らかに超人であるから」。つまり「（野蛮のおわびの言葉を添えて）彼らはいわば超人である」。この引用をわたしは以前の学生 L. C. ブレイスランド S. J. 牧師に負っている。

の領域では政治生活において前提されていた実質的な平等性と共通の努力によって実現されるべき至福の理想は，どうなっているのか。それらは完全に消滅している。したがって人類の希望と期待は「畏敬の念を起こさせる」存在の上にじっと注がれる。人々は今やこの存在に対して自分らを彼によって保護されるように位置づけたのである。こういう関連において皇帝の徳が必然的に神格化される点が指摘されうるであろう。それは不可避的な推論によって皇帝の幸運を神格化するであろう。このような考察は，どうしてキリスト教徒たちが，少なくとも，重大な嫌疑と不快感をもって「アウグストゥスの平和がもつ計り知れない尊厳」を見たかを理解できるように助けるであろう。実際，どうしてアウグストゥスの平和が実現した安寧と秩序という計り知れない利益にもかかわらず，テルトリアヌスのような人が「カエサルの王国は悪魔の王国である」と公然と非難しても自分が正しいと感じたかを理解できるように助けるであろう。

　グレゴリウスがここで指摘している点は根本的に重要である。彼はキリスト教が異教主義と一致するのは人間性を超えている現象を認めている点であることを強力に推し進める。この立場から神と崇められた皇帝たち（divi Caesares）は教会の神格化された人や聖人たちとの明らかな類比をもっている。しかしながら教会は聖性の獲得が内在するものの結果か，それとも生まれつきの卓越性（アレテー，徳）の結果であることを否定する。というのもこの卓越性は原罪の教えと矛盾するからである。そして彼はそれが「天上的な交わり」（coeletis conversatio）つまりわたしたちの単なる人間性にとって外的である善に寄りすがることの結果であると説明する。アウグスティヌスが明らかにしているように，人間を普通のレベルを超えて高める真の知恵は，「神に寄りすがること」（adhaerere Deo）から成り立っており，「自己－実現」ではない。こうして「真の哲学者は神を愛する人である」(verus philosophus amator Dei)。

第4章
カエサルの国は悪魔の国である

───────────

アウグストゥスの社会体制の運命，三つの局面

あえて言う必要もないことであるが，アウグストゥスの社会体制を最終形態として求めることは，最終的には失望する運命にあった。さらに神格化された皇帝の素晴らしい形姿のうちに象徴化された諸々の理想は，大幅にその不足が満たされなければならなかった。また，十字架に付けられた一人のユダヤ人〔イエス〕の姿に実現されたもののおかげで，これらの理想が放棄されるまでには，ほぼ3世紀が経過しなければならなかった。わたしたちは恐らくこの期間を思想と行動の三つの局面に区別することができよう。最初の局面はアウグストゥスの社会体制の諸要求に適合する時期であった。第二の局面は「ローマ人たちはその報いを獲た」と言われるように，その社会体制の約束が実現された時期であった。ところが第三の局面は崩壊と再建というさまざまな局面によって特徴づけられた時期であった。この崩壊と再建は社会統合の根源的に新しい原理を結果的には公に採用するようになった。この新しい原理の名の下にいわゆるキリスト教皇帝たちは，ロマニタスの刷新に取りかかることができたのである。このロマニタスの性質と範囲をわたしたちは本書の第Ⅱ部において指し示すべく試みるであろう。このように叙述される諸々の局面は異

教徒の皇帝が継承した3世紀の歩みと一致する。したがってわたしたちは，第1世紀を大まかに調整の世紀，第2世紀を達成の世紀，第3世紀を崩壊と衰退の世紀と見なすことができよう。この種の区別はその大部分は恣意的なものであるとして記憶に留められるに違いない。というのは歴史が紡ぐ織物は継ぎ目がないからである[1]。

---

1) この時代の研究にはギボンの『ローマ帝国衰亡史』（ブユリー編，1896年）が基礎として不可欠なものである。この作品の意義は古代の学術上の伝統をとても忠実に解釈している点にある。もちろん現代の歴史家は主に碑文や古銭などの新しい情報の史料に助けられてその像を補足したり，修正したりしている。前者は『ラテン語の碑文集成』とそれに続く出版物に集められている。後者は Mattingly-Sydenham,『ローマ帝国の硬貨鋳造』全五巻（1923-33）に集められている。最近の批判的な考察の結果は『ケンブリッジ古代史』第10巻と第11巻で検討されている。第11巻は紀元170年までのその解説を伝えている。それに続く困難な時期に関しては H. M. D. パーカー『紀元138年から337年のローマ史』（ハドリアヌスからコンスタンティヌスまで）は明晰で信頼でき道案内となっている。その状況の特別な局面はロストフツェフ『ローマ帝国の社会・経済史』，ホモ『ローマ帝国』と『ローマの政治制度』，チャホット『ローマ世界』およびその他多くの学者のものを参照。また個々の皇帝のかなりの数についての専門書もある。標準的な著作には規模の大きな参考文献がたいてい付いている。

一般的な流儀ではこの時期は多かれ少なかれ個人に関係しない仕方で扱われている。ギボンにとってそうであったように，皇帝の宮廷やその居住者について注意が定まっておらず，一般には彼がある程度見過ごした経済的で社会的な現象に注意が向けられた。だが，わたしたちは現在求められているもの〔経済や社会の現象〕がこれまで長く使用されてきたよりも適切な識別の原理に対して妥当するのかどうかと疑ってもよかろう。とりわけ最近のある皇帝の伝記に関して，黒人の血統に対する真の解答が水おしろいで塗装することではないと正当にも言われてきた。わたしたちはまたアルフェルディが，「個々の皇帝や歴史の運動を超える偉大な心的な力」についての叙述〔*F. R. S.* xxvi- xxvii (1936-7), p. 256, パーカーの著作の書評〕のように，その叙述に暗に含まれた誤解の危険性を指摘できよう。わたしたちにとってこの叙述はまったく間違った反定立を含んでいるように思われる。

適応から理解と受容へ

 人間的に言うなら,適応の問題が理解と受容の問題に変わったのである。そのようなものとして,適応問題はカエサル主義を,自ら災いを招くようなことをするばかりか,古典的な社会体制のロゴス〔宇宙的な理法〕を最終的に,かつ,決定的に具体化するものとして,承認する方向に向かった。換言すれば,皇帝の卓越性を皇帝の権威の根拠,または,前提として承認することである。この皇帝の権威のおかげで君主は自己の任務を果たす資格が授けられた[2]。そのような任務の期間に関して言うなら,それは詩人の次の言葉によって述べられようとしていた。

　ローマ人よ,あなたはその権力によって民を統治することを心に刻んでおきなさい。

 したがって皇帝の任務には次のような二重の仕事が含まれていた。(a) 地中海のような広大な生活様式からなる異質な諸要素を一つの巨大な身体的な統一に引き寄せ団結させること,(b) それらの諸要素をロマニタスの公式的な規律に服従させること。わたしたちはこれらの目的の観点から,カエサルたちによって提供された諸々の事業を,解明しなければならない。現代の国家に期待されていることとの比較によって,このような事業はある意味ではとても

同じ批判は F.B. マーシュの『ティベリウスの治世』の言葉「ローマ人たちは人事における経済的・政治的因果関係について愚かな認識しかもっていなかった。そして出来事の成り行きを説明するために自ずと実行者の人柄に向かった」にも妥当する。本当に必要なのは確かに経済的・政治的な行動の本性に対するもっと厳密な正しい認識である。しかしながら,このことは「純粋な」経済学者や歴史家が,そのような人がいるとしても,扱うことをほとんど期待され得ないような哲学の問題である。

　2) 本書第 3 章 183 頁参照。

基本的なものであった。とはいえ他の意味では，それはもっと包括的な事業であった。というのも，事業がめざしたのは「至福」(felicity) の可能性を確保することであったから。それはこの地上における生存の不可避的諸条件と両立しうると考えられるかぎりでの良い生活であった。この観点から見ると組織化された社会的行動はサルスティウス〔ローマの歴史家〕によって示された三つの様式，つまり「力・権威・計画」(vis, auctoritas, consilium) の一つのもの，もしくは他のものに属するものと見なされよう。したがって，わたしたちが試みる最初の仕事は，これらの原理が「アウグストゥス〔ローマ〕の平和の計り知れない壮麗さ」の内部においてその表現がどのように見出されるのかを見定めることである。

アウグストゥスの平和における「力・権威・計画」

そこでまず初めに，力 (vis) もしくは物理的な（軍事的な）力について考察する。それをはじめるにあたって想起されることは，無限なる膨張という観念をアウグストゥスが認めていなかったことである。そのような観念は〔ローマが〕息を引き取ろうとする最後の数十年間に派閥争いを特徴づけていた「統治者と権勢」(dominationes et potentiae) をめぐる無益な競争を構成する部分なのであった。それゆえ問題は文明を「守る」ことであった。この関連で新しい政策は，いかなる意味においても自己の弱さを自覚することからは決定されなかったことが認められよう。というのもアルミニウス〔紀元前 19 年頃死んだゲルマンの族長でローマ帝国に反抗して蜂起した民族的英雄〕とか言う人の叛逆が古代ローマの軍旗「鷲」の進軍を遅らせることができたかも知れないが，北方の蛮族たちは，まだローマ帝国の警戒線に対して異議を申し立てる備えができていなかったからである。長く使われ古くなった三軍団の

第4章　カエサルの国は悪魔の国である

壊滅によって引き起こされた結果において当然生じる落胆はさておき，〔ローマの三軍団を全滅させた〕トイトブルクでの大災難は，帝国の領土がすでに十分に拡大していたこと，および将来の仕事がすでにあるものを固めることであるという真理を強調するのに，単に役立ったにすぎなかった[3]。他方，パルティア〔アジアの南東部カスピ海の南東にあった古代国家〕を脅迫するにさいしてアウグトゥスの採った方法が成功するためには，もっとも困難で微妙な性格をもった諸問題でさえも力を十分に顕示させることで裏打ちされた外交手段によって満足のいくように対処できることを示唆したのである。この観点からすると「服従する者らを助命し，傲慢な者らを征服する」(parcere subiectis et debellare superbos) というウェルギリウスの言葉は，帝国の外交政策の精確な叙述と考えられた。しかしながら，この外交政策が陸海軍の軍事力の補充・訓練・配置は言うに及ばず，軍事施設，道路と橋の建設によって何が起こったかを討論すべきであるとはわたしたちは考えない[4]。わたしたちにとって問題なのは，この任務の程度がどれくらい皇帝にもっぱら所属すると考えられたか，ということである。というのも皇帝の強さは，この活動の領域では皇帝の保護のもとに戦った役人たちと人々の強さに主としてもとづいていたに違いなかったことが明らかであるから。だが，もし軍隊が公共政策の道具としてその機能を発揮することになったら，その規律を守らねばならなかったし，とても魅力的な力を，前線を超えて無謀な冒険や，内戦によって体力を弱体化させたり，浪費すべきでなかったことは，守るべき基本であった。そのさい，このことは皇帝が

---

[3]　タキトゥス『年代記』1,11,6 と 7 (Furneaux)；プルタルコス『道徳論集』207D。
[4]　これらの問題はさまざまな学者によって研究されている。

最高指揮官や外交政策のコミッサール〔大臣〕として直面する問題であった。また他ならぬ最高の個人的な「全権」（auctoritas 権威と特権）は，皇帝ティベリウスが評価したように，難局に直面するためには皇帝にとって必要であった。こうしてわたしたちは皇帝の全権の問題に到達する。

軍隊の改革と皇帝の全権

わたしたちはすでに皇帝とその臣下の間にある緊密なる関係，および臣下が皇帝に与えるように求められた個人的な忠誠の誓約について言及した[5]。この誓約は伝統的なローマ的な規律の力によって強化された。その中には反乱者の10人ごとに1人を殺してもよいという戦慄すべき権限が含まれていた。この権限は遅くともユリウス・カエサルの時代に至るまで発動されていたように思われる。これらすべてのことには新しいものは何もなかった。新奇で珍しかったのは改革によって創られていた勤務の条件であった。そこには根本的に重要な二つの点が含まれていた。その一つはマリウス〔ガイウス・マリウス，前15-86，古代ローマの将軍・執政官〕によって創始され，アウグストゥスによって完成された軍団の兵士の職業化であった。第二は国家の武装勢力に対する元老院による抑止の喪失であった。これらの発展は広範囲にわたる重要性をもっていた。それらは軍隊を〔民衆から〕離れた階級に改造した。軍隊と市民階級との間の唯一の繋がりは君主としての皇帝であった。たとえば，軍事行動が成功した暁に報酬が与えられるように軍隊があえて提案したとき，ティベリウス〔ローマ皇帝〕は身震いする元老院に，あなたがたは軍隊をどう扱うべきでしょうか，と求めた。こういう状況においては，総じて社会の利益となるように軍事組織を抑止

---

5) 本書第3章183頁。

する意志と権能の双方を皇帝自身がもっていることが，絶対に必要であった。このことは決して容易な仕事ではなかった。というのも，世界にある最善の意志をもってしても，習慣的に容認されていた，ときたま寄せられる寄付金と厳しい経済的な要求とを妥協させることは，容易ではなかったからである。ところで他方では，君主がそのような軍隊に好意を寄せておきながら，軍隊に自分の力に対する感覚を呼び覚まさせないでおくことはむずかしかった。この問題は〔アウグストゥスの最期と〕ティベリウスの即位との間隙に発生することになった。ライン河とドナウ河沿いの布陣は，苦情を取り除き，面倒な奉仕期間を縮小するようにと要望して，〔こうして起こる〕暴動を治めるために一時的に配置換えすることのほうが〔その場合〕有利であった[6]。この問題は無力な君主か経験のない君主が皇帝の地位を奪うときにはいつでも，深刻化する運命にあった。しかし，それにはローマ軍団の兵士たちよりも遥かに優って，手強い近衛兵のガードマンのほうが，アウグストゥスの元首政治の栄光と恥辱とに同時に関与していたのである。彼らは首都に配備され，ありとあらゆる恩恵を満喫し，その身に体現していたと言いうるかも知れない。

政治的正義と秩序

この「カオス（混沌）から秩序を引き出す」あるいは「無秩序の上に秩序を課す」という自ら任命した仕事を遂行するために，創造的な政治家の手腕は実質的な物理的武力（vis）の支持を要求した。しかしながら，このような力の使用はより大きな目的を促進するために仕えるものとしてのみ正当化されよう。この大きな目的こそ政治的正義，つまりキケロの言う「各自に当然支払われるべきも

---

6) タキトゥス『年代記』1,16-45 参照。

のを報いること」(suum cuique reddere)，およびローマ的な法律の理論家（iurisprudentes）の希望を達成することであった。これによってのみ「信義」と「公正」を実現する秩序の要求に立ち向かうことができると考えられた。したがってそこでは万事は統制と抑制の広範囲な能力をもつ君主の重要な執政官としての能力にかかっていた。ここでわたしたちは君主の種々雑多な執行機能，たとえば食料の調達・主要道路の権限・水道とティベル河の管理委員会などに言及するまでもない。これらは都市の全住民の福祉に絶対的に必要であった。わたしたちはまたローマ帝国の公共的な財政のような諸々の領域において君主が最終的に責任を負っていた組織体の仕事についてもここでは考えないことにする。わたしたちの関心は，むしろ正義を実行するさいに君主が採った役割に向けられる。するとわたしたちは，ここで君主の義務が二重であって，それが社会的な階層においてそれぞれ「下位」と「上位」の階級の間から出てきた幅のある区別と一致することに気づくであろう。下位の階級は奴隷・異国人・無産階級から成っており，彼らが恐らく全人口の大部分を占めていたのであって，彼らはいつも「庇護された」階級にとどまっており，即決の警察の裁判権に服し，治安判事の懲罰（coercitio）というもっとも残酷な条例にかかりやすかった。これらの基本要素と関連して，それに付随するものは，直接であれ間接であれ，君主の責任であるが，秩序を維持することは彼の肩にかかってきた。その目的のために採用された方法について言うなら，タキトゥスの言葉にあるように「そのような下層民を支配する唯一の方法は恐怖によってである」[7]が，わたしたちはこの点で決して幻想をいだいてはならない。

---

7) タキトゥス『年代記』15, 44「あなたはこのようなごた混ぜ〔暴力団〕を恐怖によるほかには抑制できない」。

彼がこのように主張するのは，とりわけローマ帝国支配下のイタリアでは，その数が巨大なものとなった奴隷に関連してである。しかし，これらのことを別にすれば，いわゆる元老院から成る，騎士から成る，またアウグストゥスによって造られ，あるいは改造された地方自治と呼ばれた，社会の諸々の秩序が存在した。これら中間にあるものは数世紀を超えて市民法の増大する諸巻の中に表現を見出すことになった。その法律の実際の内容は，もちろん特殊にして詳細な研究のための項目として残されているに相違ない[8]。わたしたちの関心は，君主と組織との関係を単に指摘するだけである。換言すれば，共和政体の自由の損失でもって何が獲られ，何が失われたかを尋ねることである。わたしたちは犯罪についての司法制度の分野で起こったある変化を指摘することから考察をはじめてもよかろう[9]。

司法制度の変化

太古のローマでは犯罪の概念は現代的な意味で言うとごく少数の違反に限定されていた。その中でもっとも重要なのは叛逆（perduellio）もしくは裏切りであった。これには祖国に対する謀反，敵を援助したり，慰めたりする行為，また（後には）仲間の市民の殺害も含まれていた。窃盗や襲撃のような行為は単純に軽い罪として考えられ，それに対しては加害された傷害の重大さと被害者の社会的な身分にふさわしい処罰で十分であると考えられた。犯罪や軽罪の両者に関して言うならば，執政官の義務は（それは元来王の義務であったのだが），罪を償う賠償が市民

---

8) その研究は最初は原典のテキストにもとづき，次には古い注解書にもとづき，最後には膨大な現代の作品にもとづいて行われている。

9) この主題一般に関してはモムゼン＝マルクアルト第18巻を参照。

の治安に換算して与えられた，と考えられるべきであった。またこの目的を果たすために執政官は，その臣家らが自分の意志に従うように強制するのに必要な権力によって，武装されていた。法律的に言うならば，紀元前509年の革命がもたらした主たる結果の一つが，市民の生命〔つまり死刑〕が関係するときはいつでも，民会における（in comitiis）主権者なる民に訴えることを公認することによって，執政官の有する懲罰の適応を制限することであった。そしてこの権利は，ウァレリアヌス〔前？-260，ローマ皇帝〕が定めた上訴する法律で定められたので，それからは市民としての自由がどれくらい含まれているかが考えられることになった。こうして紀元前509年に大衆のための裁判権は始まり，その後のローマ史において存続した。実際にはこの裁判権は共和政体が終わるまで，あらゆる実践的な目的のためすべての常任の陪審員の法廷に取って代えられた。この常任の陪審員法廷は，紀元前149年の「不法誅求された財産に関するカルプルニウス法」（Lex Calpurnia de Rebus Repetundis）のもとに，属州の政治家によって誤って運用された場合を審理するために設置されたものをモデルにして設立された。そのような執政官を議長として構成された，また陪審員名簿をもとに社会の上層階級から選出されたほぼ50名の陪審員のグループから成る七つの法廷は，独裁者スラ〔前82-79，元老院の権力を強化した〕によってさまざまなタイプの違反を処理するように組織された[10]。これらの法廷は，単にいわば犯罪的なものとして描写された組織のもとに，また正義という目的を無効にするためにほとんど際限ない好機が許されるよう

---

[10] スミス『古代ギリシア・ローマ事典』のLeges Corneliaeの項目を参照。

な組織のもとに、運用されたのである[11]。さらにそういう法廷は、〔時代の〕急進的な政策に深く巻き込まれ、法廷の総人員をコントロールするものとしてグラックスの時代から貴族と民衆との間にある激しい争いの原因となった。それゆえ、これらの法廷が共和政体と一緒に結局は滅びなければならなかったことは驚くべきことではない。

裁判の手続きの改革

　元首政治〔古代ローマ初期の政治形態〕の制度は、犯罪を犯しやすい権力がさまざまな仕方で改良され、強化されたことを意味する。わたしたちが証人の規則と呼ぶべきものに、ほとんど最小の関心も払わないで執り行われた起訴と弁護による熱烈な嘆願をもって、治安判事が取り調べる形式（inquisitio）が陪審会議の代わりに採用された。正式な裁判手続きの改革は、たとえば自殺の場合、その意図の説明で採用されたように、実質的な改良の導入が可能となった。懲戒的な認可は同時にいっそう効果的となった。死刑は共和国が終わるまで事実上実行されていないが、再度その実質がぞっとするようなものとなった。しかしながら、こうした変化がもたらした有益な効果は「密告」（delatio）（つまり職業的な報道官によって情報を提供すること）がある程度ではあるが、帝国下の社会生活を害するような体面をなくす効果をもたらした[12]。しかし新しい組織の主要な害悪は、恐らく起訴との関連で「皇帝を侮辱することに対する法令」（Lex Laesae Majestatis）のもとで発展した。そのさい初めはローマ人の自由を保護するために計画された皇帝の法令は自由を抑圧する手段に変えられ

　11）　ストラッハン・デイビッドソン『ローマ犯罪法の諸問題』第2巻。

　12）　この点に関してタキトゥスはかなり手厳しい。『年代記』の至るところを参照せよ。

た[13]。この法令に与えられた解釈は, それはティベリウス皇帝とともに始まったのであるが, もっとも破壊的な性格を含意するものを意味するようになった。まず第一に, それは民に対する首位権や威厳を君主のそれと同一視し, そのさい理論的には法に仕える奉仕者であった君主を法の上に高めてしまった。第二に, 違反のすべてを, その証拠を引き出す手段として自由人に拷問が公認される罪のようなものまで, 一覧表にある〔あばかれるべき〕もっとも重大な罪のすべてと同化させることによって, 正義の政治を腐敗させる傾向があった。

しかし犯罪の法律と手続きの改革がある意味でロマニタスの基礎を脅かしていたとしても, その正反対のことが私法〔民法・商法など〕の領域における発展に当てはまった。共和国の最後の歳月の間に起こったことであるが, 属州において幹部の権威が無制限な行使にまで増大したことと関連して国内の派閥が強化されるようになり, 一市民の仲間に対する自然的で適切なる態度である, 市民としての義務 (civilitas) の土台がすっかり浸食されてしまっており, そして最終的には都市に独裁政権をもたらしたのである。元首政治のもとでは市民として諸権利と義務とは再度承認されていた。そして国家は必要なときはいつでも諸権利と義務を強化する立場にあった。その結果, 人間であることの創造的な使命の認識として表明されていた私的な関係の秩序が念入りに作成された[14]。それともそれは多分もっと仰々しく言わないとしても, 「個人的な人格の本質的で不滅な要素」という表現ですでに引用された言葉[15]で表明されていた。

---

13) この肖像とそのさまざまな改善についてスミスの前掲書を参照。
14) イェリングの前掲書第 2 部 128 頁と 260 頁を参照。
15) 本書 121 頁。

君主の指導的な役割と「王の法」

これらの発展において君主は指導的な役割を演じる運命にあった[16]。彼が獲得した地位は、ウルピアヌス〔170頃-228, ローマの法学者〕の有名なテキスト「王の法」(Lex Regia) の中で「民が君主の上に民自身の権限と力の全てを与えてしまったかぎり、君主の意志が法の力をもっていることを誰も疑ってはならない」に示されている[17]。この観点から君主はローマ人の権利の究極的な代弁者として立ち現れてきた。この権利を君主は諸々の「布告」(edicta)・「指令」(mandata)・「裁判所の判決」(rescripta) によって宣告し、また「法令」(decreta) として君主が関心を寄せている党派に行政官を通して呼びかけた。それを立案するさいに君主は専門の法律家の忠告と援助とを受けていた。同時に彼は次第に立法の独占権を身につけていった。それからこの独裁権は、帝国の「法令」(constitutiones) の形式を採用し、元老院においては「式辞」を通して多数の人に朗読され、かつ、多数の人によって歓迎されて、広まっていった。

ローマの秩序の代表者や主唱者としての君主の力量は、検閲官、さもなければ「諸々の法と慣習の監督」(cura legum et morum) としての力と職権によって君主に示されていた。こうしてこれらが帝国の権威の最終的な局面を構成したのである。この力は、他のものが元首政治に実現されていたのと同様に、その根源を原始的な政治生活の中にその根をもっており、高級官吏制というローマ的な観念のうちに本来備わっていたように思われる。もともとこの観念は、その名称が示唆するように、国家に対する軍事的に

---

16) ケンブリッジ『古代史』11巻, 21章, 806頁以下を参照。その論文はアーティクルのものである。

17) 『王の方』i,a,6。

して財政的な奉仕のために5年ごとに行われた市民登録と関連していたことに疑いの余地はない。そのようなものとしてその性格は，その最初の段階から厳密に「形式的」なものであった。しかしながらこの事実はその力が政治政策の道具として利用されることを妨げなかった。この意味で，わたしたちが私的な権利の完全所有権と見なすべきものと広範囲にわたって衝突するのを可能にした[18]。こうして皇帝アウグトゥスによって彼の社会再建の事業計画が促進されるように呼びかけられた。だが，それは良く理解された諸目的のために，また一定不変のアウグストゥスの抑制と常識をもって採用されたに過ぎなかった。彼を継承した君主たちのいっそう保守的な人たちは，力の所有が彼らに課した責任から尻込みしていたように思われる[19]。だが他方（クラウディウスやドミティアヌスのように）独裁的な方法を採用するように傾いた者たちは，彼らの手に任された統制の可能性を歓迎した。これらの可能性の程度を捉えるためには，わたしたちはただ「王の法」（Lex Regia）のテキストを調べてみるだけでよい。そこにはもっとも包括的で，かつ，曖昧でない用語によってそれが述べられている[20]。

　君主の形式的な力量についてはここまでにしておこう。もちろん，どのような目的に向かってそれを導くかは「計画」（consilium）の問題である。つまり，それは第三にして最後の皇帝の行ったことであって，それに他のものは究極的に依存していた，政策の問題を提起する。それとの関連でわたしたちはすでに元首政治の諸目的が創立者によって立てられていたことを考察した。元首政治の諸目的は君

---

18) その特徴を示す事例としてプルタルコス『大カトー』を参照。
19) タキトゥス『年代記』Ⅲ，53-4。
20) ブルンス（Bruns），前掲書，5章，56頁；2章，17-18頁。

主が，ヘレニズム的なバシレイア（統治・王威）とかラテン的な独裁制に頼ることなく stasis（血行停止）の問題を解決していた要求のうちに要約されるかも知れない。それは続く 2 世紀の歴史を展望してディド・カッシウス〔150頃 -235 頃，ローマの歴史家〕が次のように評価したことである。

> 君主は民衆の主権と自己の威風とを調停させた。そのさい彼は安全と秩序とを保ちながら，民衆の自由を守った。こうしてローマ人たちは，民衆の自由な習慣と高慢な独裁制から同様に免れて，一人の人間の統治下における節度ある自由を，つまり王の臣下であって奴隷ではなく，意見の衝突のないデモクラシーの市民であることを，恐れずに経験した[21]。

元首政治の創立者の意図は何か？　古典的な諸原理の政治への適用

このように考察してみると〔元首政治の〕創立者の意図は，観念論哲学の古典的な諸原理を全世界に適応する〔政治的な〕用語に移すことに他ならなかった。問題は現在のみならず，また将来にも，どのようにこれらの原理を刻印するかにあった。

単にアウグストゥスの計画を叙述するだけでも，それが内包する広大で複雑な問題を感じることができる。これらの問題は概して二重となっている。それらが関わっている問題は，プラトンが「最善でありうる結果」としてかつて叙述していた面から眺めてうまく手を入れたように，物理的で，かつ，人間的な素材を同時に処理することであった。これらの素材を巧に操作しても困難な問題が出てきた

21）ブルンス，前掲書，41,4。

のであるが，その中で少しも手強くない問題は物理的，もしくは「客観的」世界に関わっていた。この困難は簡単に述べることができよう。わたしたちはすでに観念論の分析によると対象の世界が，主観の世界に対立して設定されており，一方では幸運（テュケーやフォルトゥナ）が支配する領域と対立しており，他方では「美術や産業」の世界と対立していた点を考察した。この〔幸運が支配する〕領域は政治家の視野に明らかに入ってきている。なぜなら，それはアリストテレスが計画された社会には不可欠な「振付師」(choregia) と呼んでいたものの源泉として認識されていたからである。そうはいっても，同時にそれ〔振付師〕はそうした懸念を巧に避ける傾向があった。確かにその支配は偶然的もしくは偶有的な領域として，結局は，まったくの運がもたらす問題であったからである。これこそ帝国の利益と損失の釈明が究極的には崩壊する真の理由を暴露するという主張に見られる真理の要素であった。

公用の学問が帝国の問題を解く可能性

このような事情においては自然の中には知られておらず，また知り得ないことに至る抜け道を見つけようと努めて，人々の注意が人間的な素材に集中しなければならなかったことは驚くべきことではない。この目的のために〔その当時〕創造的であった政治学は，独立し自給自足した都市（ポリス）の内部で人々が獲得していたものと類似した，公用の学問 (publica disciplina) の有する可能性を予め心に描いていたのであった。そのような学問分野は社会生活と同じく経済の領域を含んでおり，理想的に言うなら，中産階級の支持にもとづいた経済にのみ表現を見出すであろう。問題はどのようにしてこの理想を帝国の社会の諸条件に適用するかであった。これは数え切れない問題を引き起こすことになったが，わたしたちはその問題をただ

簡単に指摘するにとどめたい。

わたしたちは，その問題が何よりもまず帝国の民に影響していた一つの問題であったことを，指摘することから開始したい。属州長官たちに関して言えば，少なくとも初期の元首政治においては，彼らの地位は「彼らは現存する業務の状態に異議を唱えなかった」[22]と言ってタキトゥスが不承不承に認めたことに示されていた。換言すれば属州長官らは「ローマ人民の土地」（praedia populi Romani）として，つまり長期にわたって動乱を起こしてきた支配と権力のための情け容赦ない闘争の犠牲として，彼らの運命がもたらす最悪の結果から今や保護されていたのだ。このことはさておき属州長官らの身分は，時の経過を受け身で傍観する者に過ぎなかった。その経過を彼らは将来にわたってある程度は自分でコントロールすることができた。だが，このことがもしも属州長官にとって真実であったとしても，主権を有する民については正反対なことが言われなければならない。その構成員には新政権は彼らが理想的な生活と考えるように学んでいたことを根底から修正する必然性を課したのだ。この必然性は「アウグストゥスの平和」が定着することによって，利己的な帝国主義の時代が直ぐにも最終的な終わりに達したという事実のうちに要約されえよう。

古代ローマの貴族階級の没落

ところで，その結果起こってきた諸々の変化がある程度すべての階級のローマ人に影響を及ぼしていた間に，これらの変化は，共和制時代の経済的・政治的な統治者であった少数の独裁者が退けられることによって，顕著に感じられるようになった。この少数の独裁者の中で生き残ってき

---

22) タキトゥス『年代記』1,2; 4,6。

た人たちとその子孫たちに，これらの変化は〔この変化に対する〕順応という問題を彼らの面前に差し出した。この順応はこの人たちには気質とか伝統に対する適応能力がないために起こった。そしてこれらの順応の問題は最終的には，そのような著名な貴族的な家族を新しい状況に自らを適応することに失敗した者として一掃することによってのみ解決されることになった。その状況が彼らにとって何を意味していたかは，初期の帝国文学の記録のうちに示されている。そのような局面の一つは，ペトロニウス〔？-66, ローマの風刺作家〕が俗悪な新富豪（nouveau riche）である大金持ちの自由民トリマルチオを描いた肖像を見ると浮かび上がってくる[23]。それとは別の局面はユウェナーリス〔60 ? -128, ローマの諷刺詩人〕の諷刺詩に含まれている1世紀の社会の姿のうちに生き生きと示唆されている。そのような記録を学ぶことによってわたしたちは，困難であったのが物的な財よりも道徳であったことを認識するであろう。貴族階級に関して言うと，この階級はアウグストゥスの社会体制に含まれていた生活の新しい可能性を洞察できなかったし，ましてやそれと結びつけて自らを考えることができなかった。その社会体制に対する盲目で頑なまでの対立から生じる悲劇は，古代ローマの貴族が実際には消滅することによって終息を迎えたのである。

旧貴族「世界の主人たち」の精神

政治的に言うと，新旧の間に起こった衝突は，元老院の家族に集中していた。そこでの衝突は皇帝たちの間で起こったいわゆる敵対関係に表明された。この対立はカトー〔前234頃-149頃，ローマの政治家〕の残したメモにおいてイデオロギー的な基礎を見出すことができる。この

---

23) ペトロニウス『サティリコン』を見よ。

第4章　カエサルの国は悪魔の国である　　209

メモとの関連で見ると，それは「殉教者」自身のロマン主義と同じくらい仰々しい空想的なロマン主義であることが暴露された。しかし物質的な側面から考察すると，その主たる関心は，わたしたちが生活の水準とか，あるいはそれ以後では明らかに非難された生活様式とか呼ぶべきものと関わっていた。しかもこの場合面倒なことは，それが競争好きな侵略主義という過去の生活に結びついた自分の過去，つまり偉大さや豪華な雰囲気を想起するのをやめることができないことだった。これとの関連においてその怒りは，疑いなく，皇帝たちの宮殿から広まった富と権力の誇示によって効果を高めた。これには副次的ではあるが少なくとも決定的な要因として，称号を奪われた旧貴族（ci-devant），「世界の主人たち」の精神を支配していた家柄の強烈な意識を加えられえよう。その意識というのは，それが続く世代をその先祖にふさわしい業績へと駆り立てるのに役立っている間に，旧貴族の顔を将来に向けて転換させるのを困難ならしめたのであった。このことは，生まれ合わせで魅力的な集団の圏外に置かれた人たちのなかで明瞭に認められる劣等感に，それとよく似たものが認められた[24]。したがって貴族階級は遂に自らを破滅させるまで，豪華で法外な生活という伝統的な習慣に固執した。またタキトゥスが指摘しているように，質素なウェスパシアヌス〔9-79，ローマ皇帝（在位69-79）〕の即位は，もっとつましく健康な時代が出現する先導役を務めた[25]。そうはいっても同時代の「悪徳」という主題を論じるために豊富な材料をまず初めに提供していなかったわけではない。わ

---

24)　この関連でドミティアヌスの心理は興味ある研究であると考えられる。

25)　タキトゥス『年代記』3,55：「卓越した道徳の創始者ウェスパシアヌスは古い生活様式や暮らしによって固く縛られていた」。この章は全体として研究すべきである。

たしたちは先に論じられた観念論哲学の骨組みのうちに導かれることを指摘することよりもさらに深くこの討論の中に入っていくことはできない。したがって実例を挙げて言うなら、それ〔同時代の悪徳〕は「退化」が見られそうな「原因」として土地の資本主義（land-capitalism）という古い問題に関与したのである[26]。同時に改革者たちは「奢侈」を公然と非難することに固執し、このことを彼らは頑なに主張したのであるが、それは現代の経済学者が生活の諸条件における進歩を、たとえば衣服の装いに絹を使用するように、一般に指摘しようとする現象と同じであるとみなす[27]。終わりに改革者たちは真正な洞察力を欠いたまま、贅沢を規制する問題に政治的に介入する声をあげるのにこれまで役立つものへと後退する傾向があった。こうした関連で彼らは著しくためらう態度、とりわけ皇帝ティベリウスのような知的な保守主義の人たちに遭遇することになった。この保守主義者たちによって元老院の世話役に対して向けられた鋭い非難は、このような貧弱なテーマについての討論を総じて特徴づけている非現実的なものの雰囲気と対比して、清新な実践的な常識の態度を討論の中に持ち込んだのである。

貴族たちと皇帝のキウィリタス（親切心）

時代の差し迫った直接的な必要とは、もちろんギリシア - ローマのコスモポリスの要求に対して適応する必要であった。このことは貴族との関係において、いわば両頭政治の観念をもつ創設者が考えていたような言葉にもとづく、協力を意味した。そのような協力に対しては皇帝の力

---

26) プリニウス,『博物誌』18,6,35。「広大な地所はイタリアを滅ぼす」。
27) ここでの真の問題は、徐々に帝国の正貨金1ポンドを絹1ポンドの値段で流出させたと言われる外国貿易の問題である。

第4章　カエサルの国は悪魔の国である　　　211

と，皇帝たちがその階級から輩出した人たちの力との関係の中に一つの哲学的な基礎が現に存在していた。そしてその基礎は保守的な君主たちが明らかにした貴族的な連帯性が真正で，かつ，深い心情に外ならないことをおのずと示した。このような心情が存在していたことは，元老院が疑いなく衰亡の一途を辿っていると非難されていたのに，死滅するのにこんなに途方もなく長くかかったという事実が説明している。またそれは継承した皇帝たちが，つらい幻滅に直面して，とどのつまり彼ら自身の政権が依存していると感じた，〔元老院という〕組織の協力をどうして懇願し続けたのかを説明している。また専門的でかつ技術的な行政的な熟練に対する新しい要求があったのに，個々の元老院議員たちは彼らに課せられることになった平和と戦争の業務に益々適応できない状況にもかかわらず，〔実際には〕このような有様であった。たとえ彼らが忠実な精神でもってそのような業務を果たすように信任されたとしても，そうであった。だが忠実な精神というものは決していつも見出せるわけではなかった。団結する能力をもっていた元老院について言うと，それが生き残っている影響力は，体制に忠実な精神の支配者たちの意見が歴史の判定と同等なものとして受け取られるという事実から明らかである。このことは彼ら自身の性格や経歴についても言えることであった。というのも最後には神格化するのか，それとも亡くなった皇帝たちの「記録を弾劾する」（damnatio memoriae）のかは，元老院の双肩に懸かっていたからである。しかし新しい統治のもとで元老院議員たちが協力できる一般的な可能性に対しては書き添えられるべき一つの事情があった。元老院議員たちはローマ共和国という思想の心髄にあった個々人の独立という理想を犠牲にせざるをえなかった。なぜなら君主への忠誠は（タキトゥスが語っているように）「あなたが好きなことを考え，あなたが考

えることを主張する」権利を放棄すべきだと要求したからである[28]。実際，問題の核心が皇帝と貴族たちとの間で結びついたのは，この点にもとづいていた。ここから貴族たちが皇帝のキウィリタス（親切心）のもっとも率直な告白を受け取ったときの，不機嫌な疑心暗鬼な態度は起ってきた。またここから協力を求める誓願に抵抗して貴族たちが掲げた，積極的であれ，受動的であれ，慎重に考え抜かれた抵抗が生まれてきた。それは彼らが自分たちの身分と職業が次第に少数者によって不法占有され，同時に彼らが奈落の深淵に追いやられるのを見出すまで続いた[29]。

皇帝たちの破滅の運命，悪徳の化身であるネロ

もしアウグストゥスの平和が貴族政治にとって破滅の運命を意味したならば，それは創始者自身の後継者たちにもそれに優るとも劣らない破滅をもたらした。実際，アウグストゥスに続いた二つの王家は調整する過程が完了する前に没落する運命にあった。初期の皇帝たちについて言うならば，古代の文筆家の権威たちによって与えられた説明は，ほぼ一致して，敵意に満ちたものであった。皇帝たち

---

28) タキトゥス『歴史』1,1,4。続くラテン文は本文と同じ内容である。
29) アウグストゥスが西暦3年から10年にわたって「新人」の奉仕に協力を求めた行動に関してはマルシュの前掲書43頁を参照。クラウディウス帝は騎士団の制度のために一連の新しい職業の全部を公開することになった。旧家の脱落は，たとえばホルテンシウス家のように，一部分では自然に起こった。また一部分では一連の「テロ」の結果起こった。その初めは紀元31-37年のティベリウス帝の治下に起こった。その最後はドミティアヌス帝の治下の紀元93-96年に起こった。わたしたちは恐らくここで少なくとも古代共和国時代の家族の一つが3世紀の中頃まで生き延びた事実を想起するであろう。そのとき「ヌマから28代目の」カルプルニイ・ピゾンネ家の最後の人は陰謀が成功しなかったために滅んだ。ギボン，前掲書，第10章276頁参照。

第4章　カエサルの国は悪魔の国である　213

を受け入れるということは、その中のある人間嫌いの人がある狂人によって継承されていたからには、ティベリウスで始まって、今度は彼自身が愚か者によって継承されることを意味するであろう。他方、ユリウス‐クラウディウス家の最後の人物であるネロは、あらゆる悪徳の化身として現れてくる。彼の無節制という犯罪的行為は、すでに純真さを失っていた首都の雰囲気を堕落させたばかりでなく、同じく諸属州の生活を脅かすことになった。同じ状況においてウェスパシウスはアウグストゥスの秩序を復興させたと語られていたが、残念ながら、それはもう一度その息子たちによってその名誉が損なわれたとすべきである。とりわけ彼の若年の息子は忌々しくも「頭のはげたネロ」に過ぎなかったとその真相が言われうるほどであった。そんなわけでわたしたちに知らされているその横顔がひどくゆがめられていることを指摘する必要はほとんどない。実際、それはある点では真相をまことに下手に模倣したものだった。このことは皇帝たちが彼らに向けられていた残忍さや快楽に対する非難から必然的に赦されることを示唆するものではない。そうではなく、わたしたちが古代の文芸の伝統において歴史的解釈の第一級の問題に直面することをそれは示している。この問題は同様に「善い」皇帝たちの「善さ」と「悪人の」皇帝の「悪さ」にかかわっている。それが立ち上げているものは、実際、「国家における徳と悪徳について」の古典的な問題なのである。

　このような文脈においてわたしたちが想起すべきことは、ローマの皇帝が現代の憲法にもとづく統治下にある皇帝とはまったく相違した地位を占めていたことである。それもキケロの言葉を反復して言えば、「皇帝は国家の役割（person）を担っている」ほどなのである。この意味において皇帝は、彼が「代表する」と公言する主権者なる民のためにばかりか、また民として語り、かつ、行動する、

ローマ的な徳の最高の具現者として立ち現れる。この点ではアウグストゥス自身は著しく成功したのであった。彼は自らをこの上なく洗練されており，市民的な君主として示したのであった。しかし，このようにしようとすることは，少数の人たちにしか身につけていないと思えるような自制心や忍耐力の性質を前提していた。そしてこのことはあのきわめて謎に満ちた支配者たちの権力に対して過酷な税を課していたに相違ない[30]。

皇帝ティベリウスの政治における問題点と悲劇

この視点からすると将来の歴史は，〔とりわけ〕皇帝ティベリウスの歴史では，きわめて広範囲において不明確であった。ティベリウスは軍隊に属したり政治に参加したりした奇妙な市松模様のキャリアを経て，タキトゥスによると「老人になってから養子となったり，その母の策略で」皇帝の地位に昇進した。実は創立者の側での王家の野心からそうなったのである。このことが自然に起こったとか何かの役に立ったとしても，それは共和国の原理を形式的に宣誓することとほとんど両立不可能であった。新しい君主は，性格と素質が明らかに欠けていたにもかかわらず，とりわけ内気な性格（haesitatio）が歴史家によって誤って生まれつきの誇り（「クラウディウス家に定着した傲慢」insita Claudiae familiae superbia）と同一視されたのだが，たぶんもっとも有益な選択なのであった。というのもユリウス家の生き残ったひとりの男性，アグリッパ・ポステュウムスは皇帝としての徳の兆しさえ欠けていたからで

---

30) 仕事から解放されたときの皇帝アウグストゥスの振る舞いに関するうわさ話についてはスエトニウスのアウグストゥスの章を参照。もちろん彼は敵にとっては白く塗った墓に過ぎなかった。彼をもともとはうぬぼれ屋であるとして特徴的に描くことは多分もっと寛大なことであろう。

第 4 章　カエサルの国は悪魔の国である　　　215

ある[31]。同時にティベリウスは官職に明らかに向かない個人的な制約に気づいていたように思われる[32]。したがってわたしたちはティベリウスによって繰り返し表明された退位する願望の真実を問う必要はない。それは彼のこの意図が決して実行に移されなかった事実と完全に両立する。こうして彼は一部分は子としての献身（pietas）の気持ちから，一部分は疑いなく「共和国」の回復に続くであろうほぼ確実な結果に対する恐れから，権力にしがみつくように強いられたのであった。同じ精神によって彼は「尊敬を獲得できさえすれば，評判を気にしないで」自分の義務を果たすべく努めた。しかし行政において積極的に働きかけようとした努力は，元老院の議会と法廷における発議権を単に麻痺させるのに役立ったに過ぎない。それと同時にティベリウスは貴族の側から絶えざる妨害行為を受ける対象となった。彼はこの貴族のほぼ隠された悪意に満ちた態度に抗して絶えず警戒しなければならなかった。その陰謀のおかげで皇帝の地位を獲得したと言われている，未亡人の皇后である彼の母との難しい関係という問題に，彼の甥で養子でもある皇帝ゲルマニクスとのそれに優るとも劣らない困難な関係が加えられた。この養子は状況が求めているように目立たなく振る舞うどころか，一生懸命に評判を得ようと努めた。この点でゲルマニクスに優っていたのは野心的で横柄な妻の心遣いであった。そんなわけで元来天与の才に欠けていた皇帝の気質が，すねて，むっつりしたものとなったのは避けられなかった。その間にゲルマニクスの不可解な死に始まって，それに連続して起こった悲劇的な出来事が宮廷と社会の土台を動揺させた。嫌疑と陰謀に

---

31)　彼は「自由学芸の基本に欠けており」（rudis liberalium artium），教養がなかったし，教育されうる素地さえなかった。
32)　タキトゥス『年代記』i.11-12。

よって毒された状況から逃れるために，ティベリウスは首都から立ち退くという致命的な一歩に踏み切った。そうすることによって彼は彼自身とその家に悲惨な結末をもたらすセイヤーヌス〔皇帝ティベリウスの護衛隊長で，帝位簒奪を企てたが果たせなかった〕が立ち上がる道を造った。彼が全幅の信頼を寄せていたように思われるひとりの男の側での陰謀の発覚によって，皇帝の意気込みは遂に弱まってしまった。そのために起こったのがティベリウスの恐怖政治であって，元首政治の歴史を汚すことになった一連の政治的な大殺戮であった[33]。

しかし諸々の状況がこのように西暦31-37年の政治的瓦解を促進させようと企んだとしても，その状況はそれ自体においては政治的瓦解を十分に理解させるものではない。その本当の意義を把握するためにわたしたちは，アウグストゥス的な支配（imperium）の考えに本来備わっている異常事態から生じた結果としてそれを理解すべきである。瓦解が起こったので皇帝は，自分自身にとっても同時代人にとっても，まったく違った地位に置かれたのである。それは皇帝ティベリウスに「わたしの後に大洪水が来る」と叫ぶようにさせた異常事態に対する余りにも鋭い理解であった。皇帝たちの悲劇は彼ら自身の時代からひっきりなしに起こる論争の主題であった。それは，一言で言えば，神々の役割を演じるように求められていたのに，野獣の役割にまで傾斜していった人間たちの演じた悲劇であった[34]。このように言ったとしても，わたしたちは一瞬たりとも皇帝の宮廷での慢性的なスキャンダル（chronique scandaleuse）に同意するものではない。それは恐らく何か

---

33) これとの関連でわたしたちはマルシュ（前掲書200頁）の主張に異議を唱えることができよう。彼は宣言する，「ティベリウスの恐怖政治の全体像は明証性に欠ける空想的なレトリックである」と。

34) 本書第3章187頁参照。

主張しようとしても自分では主張することが何も見出せない著者たちの方便として片付けられるかも知れない。わたしたちが関心を寄せているのは、むしろ根拠のないイデオロギーと紫色の衣を着せられた人たち〔つまり皇帝たち〕によってイデオロギーが受容された場合に起こるような破滅を招く結果である。わたしたちはこのことをすでに権力についての古典的なイデオロギーとして叙述しようと試みてきている。

皇帝の神格化と天罰

わたしたちはこのイデオロギーが、同時代の徳と運の観念によって組み立てられて、どのようにローマではアウグストゥスという人物のうちに神格化されてきたかを観察してきた。彼の後継者たちの上にそれは逃れることができないネメシス〔応報天罰の女神〕として課せられたのである。こうしてわたしたちはティベリウスが自分がひとりの人間としての義務を果たし、先祖にふさわしい評判だけを希求している、単なる人間に過ぎないことを想起するよう、元老院に嘆願しているのを見ることができる。しかし彼は、自分自身とその母の名において、この世における神意に当然与えられるべき尊敬を受けるように強いられたのである[35]。あるいはウェスパシアヌスに至っては、イタリア風の悪質な機知でもって、その死に際に「わたしはひとりの神になりつつあると思う」と述べたとき、彼は神格化の観念をあざ笑っている。しかし、その馬鹿らしさにどのような味わいがあろうと、その観念は反抗やあざけりのどちらかによって処理されるものではなかったのだ。神格化の観念はアウグストゥスが考えていたと思われるように、領土の防壁をイタリアにおいて受け入れることに異議をさ

---

35) タキトゥス『年代記』4, 37-38。

しはさんだのだと言っても十分ではなかった。というのも，それに抵抗することは，根底において，他でもない，すたれかかった共和国という先入観に依存していたことを認めることになったからである。なぜなら，すでにガイウス・カリグラ〔12-41，ローマ皇帝（在位 37-41）〕とともに，この偏見は残ったとしても，防壁のほうは崩れたからである。わたしたちはこの事実の中に彼の短く悲惨な生涯の手がかりを恐らく見出すことができる。確かに最近のある著者[36]はそれを他の仕方でもって説明しようと試みているが，むしろその人は文学的な伝統の全体を余りにもぶっきらぼうに切り捨てるという犠牲を払っている。そして彼はガイウスの明晰で論理的に思考する能力について，あるいは冷笑的な機知のひらめきについて何も語っていない。このことはガイウスが偏執狂，いや実際はユリウス・クラウディウス家の狂った犬であったという予想とは一致しない。その著者が認めているように[37]，このようなものとして「彼のもっとも個人的な性格は恥知らずの図々しさ」であった。換言すれば，自分が字義通り「神性」であることについて至るところで知られていたと想定して，彼が行動したことは，まったく恥知らずなことであった。このようなことは，こうした初期の段階ではローマ人の誇りにとっては耐え難かった。だがローマ人たちは直ぐにもこの考えに慣れてしまったのである。わずか 40 年後のドミティアヌス〔51-96，ローマ皇帝（在位 81-96）〕でもって，皇帝を「わたしの主にして神」（dominus et deus）と呼んで歓迎することは，礼儀に適った演説の慣習となった。これに続く世紀ではトラヤヌス〔53？-117，ローマ皇帝（在位 98-117）〕のような法に則った君主たちでもこのような呼びか

---

36) バルスドン『皇帝ガイウス』。
37) バルスドン，前掲書，214 頁。

第 4 章　カエサルの国は悪魔の国である　　219

けの形式を受け入れるのに躊躇しなかった。その結果として残ったのはテルトリアヌスのようなキリスト教徒がその呼びかけの形式の使用に反対して抗議することであった。ガイウスの後継者である「軍人皇帝」クラウディウス〔前10-後54〕に関しては，彼は青年時代からどちらかというと少しおかしな人物以上のものであった。このことは恐らくは政治的な神のようなものになろうと志す人がそういう制約の下で取り組みうるもっとも厳しい不利な条件であった。したがってクラウディウスは王座にあって同時代の機知に富む人たちにとって格別な嘲笑の的となった。この人たちは遂に彼が「馬鹿なうぬぼれ男」となっていくとの予言さえも思い切って述べた。この事実は，彼の統治が，婦人と〔奴隷から解放された〕自由民[38)]によって際立っていた状況とともに，一人の皇帝の確固とした行政上の業績を曖昧にするのに貢献したのである。この皇帝の仕事はネロの強制された退位と自殺によって起こった危機に導く破滅から元首政治を守るのに疑いなく役立った。このような危機は，ネロのような耽美主義者が〔政治における〕配役にとって，とりわけ君主の役割にとって十分な代役とはならないという真理を，明らかにすることになった。それはまた「皇帝たちが（もし必要なら）ローマで起こったよりも他のところでなされうる危険な秘密」をさらけ出すことになった[39)]。同時にそれは秩序や安全性の一つの保証として帝国の役目の有用性を単にローマにおいてばかりか，また

---

38)　とりわけ明らかなのは，パラス・ナルキッスス・カリストゥスもしくはポリビウスから成る所謂「第三の三頭政治」がこのような人たち〔つまり婦人や自由民〕ではクラウディウスによって創設された新しい帝国の事務職員に対する貴族の敵意を反映させるとあざけっていることである。ところが彼らは同時にその全職員を後にハドリアヌスによって達成さることになるように改革しようとめざしていた。

39)　タキトゥス『歴史』1,4,2。

同時代の哲学の営み

　同時代の哲学が皇帝の権力を説明し，かつ，正当化しようと新しく試みて，提供しようとしたことは，それが本当に重要であるとの自覚から行われたことに疑いの余地はない。この種の努力としてセネカの『寛容について』(De Clementia) がある。この著作で著者は皇帝の尊厳を讃美し，彼の意志はただ慈しみの自覚によってのみ制限を受けると，つまり皇帝は共和国が結束する絆であり，魂そのものである生命の息吹であると言明する。このような大げさな言語を使っているが，セネカはギリシア人の詭弁家プルサのディオの『王権について』[41]や，また少しあとのアエリウス・アリスティデスによって追随されることになった。アリスティデスはわたしたちにまったくよく知られた言句でもって皇帝を「父・その民を養う羊飼い・人間的な幸福を導く光・わたしたちが感謝しても感謝しきれない徳に卓越せる者」として歓迎している[42]。またプリニウス〔23-79，ローマの博物学者〕もトラヤヌス帝に関する讃辞においてこれから遠くかけ離れてはいない。そうは言っても彼は古代ローマ人の先入観の特徴を表して，「君主は法律の上に立っておらず，法律が君主の上に立つ」[43]との言葉を用いて合法性の伝統的な原理に呼びかけながら自己自身を擁護しようとする。

　40）　タキトゥスによって記録されたケリアリスの演説を参照（前掲書，4,7,3-4）。そのところで彼は彼の読者たちに遠隔地における明らかな未熟さによって欺されないように，だが社会制度から生じる確実な有利さを記憶しておくように警告する。

　41）　続く世紀のトラヤヌス帝の時代である。

　42）　匿名の書『エイス　バシレイア』35, 22 and 38。

　43）　プリニウス『頌徳文』., 65.

君主の統治権に関する観念の発展と現実

わたしたちはこの〔君主の〕統治権の観念に含意された多くの社会的で政治的な発展を考察するのをやめることができない。アウグストゥスの時代にはすでに進行中であったそのような発展は，とりわけ (inter alia) 宮廷 (aula) の発展を歓迎した。そのさい，これまでギリシア化されたオリエントに限定されていた特有な現象が伴っていた。そこには対抗者との派閥争いの存在が含まれており，各々は独自の利益を積極的に推し進めており，ティベリウスが死の間際に「日の出を迎えるためには日没から方向転換するように」と苦々しくも表明したように，追従者の流血が伴っていた。そこにはまた特別な身分が王室にふさわしい構成員であることが含まれていた。このことは「姦通罪に関するユーリア法」(Lex Julia de Adulteriis) を踏み超えて王家の娘に提供された特別な保護に優るとも劣らないほど，未亡人皇后リウィア・アウグスタに称号を与えることで彼女が高く評価されていたことでわかる[44]。同じ考え方が多く皇帝と列席するさいの儀礼的なアプローチの成立にも向けられた。そのさい形式的にはカリングラによって導入されたのであるが，訪問者が武器を隠しもっていないかが探索された。そのような〔探索の〕導入は，もちろん初めはとてもわずかで単純ではあったが，2世紀後の状態を予測させていた。そのときには神の王室 (domus divina) の儀式が完全に実現され，あるローマ人皇后が自らを公の碑文に「われら主人である至聖なる皇帝セルヴス・アレクサンドリウスの母にして，……諸々の砦と元老院および祖国と人類全体の母」[45]として描写するようになった。

---

44) タキトゥス『年代記』ii.50。

45) デッサウ, I. L.S. 485. ローマ皇帝たちによって「至聖」という表現が使われたことに関しては同書 429 と 439 頁を参照。

このような諸発展は，どんなに目立つものであっても，皇帝自身の地位をアウグストゥス的な社会秩序の代表者にして模範とするのに大きな助けとなるのに単に役立ったに過ぎない。このような資格には皇帝に対して，恐らくその主たる責務として，創立者の硬貨に刻まれた型と一致する義務が課せられていた。そしてこの型から少しでも逸脱することが嫌悪されていた。したがってローマ皇帝たるものに期待されたり，願望されていた最後のものは，皇帝が皇帝自身であるべきだということであった。このことが個々の君主たちに課していたに違いない，心理的にきわめて大きい，ストレスについて言及する必要はわたしたちにはほとんどない。また君主たちの多くは，程度の差はあれ，密かに逃げ道を捜していたのを見ても，それは驚くべきことではない。たとえばティベリウスにしても，彼が占星術に耽溺していたという言い伝えは，彼がアウグストゥスの理想からの密かなる変節漢であると見なされるべきであろう。カリグラはある意味でアウグストゥスの理想に対するむき出しの謀反であった。つまり彼の「恥知らずの厚かましさ」は，そのより良い反面では，職務上の恥に対する激しい憎悪を反映している。同じ性質の何かが恐らくはネロにもあったと認められよう。それはさもなければ救いがたい悪徳の性格のうちにあるわずかな徳の一つなのである。だが恐らくわたしたちが考えているもっとも興味深い実例は，ティトゥス〔フラウィウス・ウェスパシアヌス〕のうちに見出せる。アウグストゥスの原理の復興者なるウェスパシアヌスの予定された相続人で，年長の息子であったティトゥスは，「人類の最愛の人」（amor et deliciae generis humani）として追従者たちによって持ち上げられるはずであった。だが予定されていた地位のことを考えると，彼の適性はきわめて疑わしいものであった。彼はエルサレム以前にそのわざによって証明していたように，有能な軍人

第 4 章　カエサルの国は悪魔の国である　　223

としては十分であったが，それでもユダヤ出身のオリエント的でとても魅力的な女性と交際し始めていた。そして彼はローマ人の繊細な感情を無視して自分の妻となるように彼女にプロポーズした。父の厳命によって彼は渋々その恋愛を放棄し，ローマに姿を現した[46]。だが，たとえ彼がそのようにしても，帝国の奉仕員として自分自身を示すことで，それは単にフラウィウス朝皇帝の政策をだめにしたに過ぎなかった。こうして歴史家の痛烈な言葉によって言われるように，彼の統治が短く終わったのを見ても，彼は少しも幸運に恵まれなかったのである。

フラウィウス王朝の破滅

このようにフラウィウス王朝はティトゥスによって危うくされ，ドミティアヌスのもとでまったく破滅するようになった。ドミティアヌスの殺害事件はユリウス・クラウディウス家の不幸な経験を想起させる。このように想起することによって，それは皇帝の相続が因習的な危険を避ける手段として，つまり皇帝という要職を満たすのに最善なる有能な人物を選ぶ手段として，養子縁組の原則を認識するように向かわせたのである[47]。この方策を受け入れることはわたしたちが適応のプロセスと呼んでいるものを完成させるのに役立った。同時にそれは，タキトゥス自身が「稀に見る幸運な時期」（rara temporum felicitas）の真っ盛りの時に暮らしながら，初代の元首政治の記録を調査する

---

46)　スエトニウス『皇帝伝』の「ティトス」5 と 7。

47)　問題になっている危険はアリストテレス『政治学』第 3 巻，1286b22 で論じられていた。そこでの議論のおおよそはローマ皇帝のうわさに入れられた話としてタキトゥスによって要約されている。わたしたちはこの方法を採用した君主たちが自然による後継者を一様に欠いていた点に多分気づくであろう。しかしこの事実はまた帝国の民にとって幸運となったことに疑いの余地はない。

歴史家タキトゥスの仕事,現存する状況の現実主義的な受容と「判断の躊躇」

　タキトゥスは自分の仕事が公平無私であると力強く公言することで開始する。彼は「怒りも党派心もなく」(sine ira et studio)「時の経過とともに消滅していった」諸々の理由を書きしるすと主張する[48]。そしてわたしたちは，純粋に事実にもとづくレベルで，彼が自分の主張を十分に正当化していることを正しいと認めることができよう[49]。しかしながら彼の報告の厳密さは単にティベリウスに対する自分の論争法の野蛮さを強調するのに役立っているにすぎない。そこから「どのようにして歴史家の気分は説明されうるのか」との疑問が起こってくる。この気分はある人たちにとってドミティアヌスの独裁のもとに受けた個人的な不幸によってゆがめられ，かつ，誤解された精神の苦しみに帰せられる。だが他の人たちにとっては，それは共和主義の偏見の所為(せい)にされ，さもなければ「貴族政治の」偏見の所為にされる。ところでもしもタキトゥスが共和主義者であったとしても，それはその言葉のまったくアカデミックな意味においてであった。事実，彼は原始の共和国を法律上の自由の具現として描く点でリウィウスにしたがっている。彼にとってローマの偉業のクライマックスは一二表法〔前451-450年に公布された古代ローマの民法・刑法・宗教法〕の時期と一致する。それに続く時代には内輪もめ

---

　48) タキトゥス『年代記』1,1。
　49) 彼がティベリウスの行政について述べているところを参照。『年代記』1, 72-75; 2,48 と 50; 3, 69-70; 4, 6; 6,7 と 51（最後の評価）を参照。

第4章 カエサルの国は悪魔の国である 225

──それに対してはただ元首政治が可能な救済を提供している──がどんどん進展したことしか彼は見ていない[50]。タキトゥスは「政治の混合形式」が政治的権力の問題に最終的な解決をもたらさないことを認める〔歴史家の〕ポリュビオスやキケロの考え方から遠く隔たっていた。また彼は大衆の独裁と一人物の独裁との間に二者択一が実践的に不可能ではないと考えている。これらのうちの後者が二つの悪の中ではより劣っている。それゆえ個別的な支配者の気まぐれと独裁的な権力の恐ろしい悪にもかかわらず，それは忍耐すべきである。したがって共和政体の完全無欠なのを称賛しながらも，彼はカトーの精神では死滅している者どもの死を単に芝居じみたものとして嘆いている。というのも結局のところ「徳」の育成は悪しき君主のもとでさえも可能なのであるから。したがってタキトゥスは現存する状況を現実主義的に受け入れることを政治的な知恵のもっとも真実な形として説く。ユリウス‐クラウディウスの独裁政治のひどい徴候をはっきりと非難しながら[51]，彼は政府を転覆させる革命的な活動のどんな証拠も同じく熱烈に公然と非難する[52]。

これらタキトゥスの政治的見解の有するはっきりしない性格は，単なる共和主義者とか貴族がもっている何らかの偏見よりもずっと深く進行しているものにわたしたちを注目させる。それは歴史家の側に起こる根の深い精神的な停滞状態 (stasis) をもたらす。つまりあることに対する「判断の躊躇」(haesitatio judicii) は皇帝ティベリウス自身に帰せられるものと似ていなくはない。この躊躇は残忍さと常識との奇妙な寄せ集めを示している占いに彼が言及す

---

50) タキトゥス『年代記』3.26-7。
51) タキトゥス，前掲書，1,72。
52) タキトゥス『歴史』4,1,3。

るとき明らかである。そこでは幸運を論じるときに頼りにならない決定論と同様に頼りにならない自由論とが結合している。また原始時代における理想化された生活の姿と対照させて，その後の歴史を彼が解釈するときに表明する露骨なリアリズムに明らかである。帝国の貴族政治を非難するときの無慈悲さにもかかわらず，彼は大衆に対する貴族的な軽蔑以外の何ものも誇示しない。たとえばペリクレスによって理解されていたようなデモクラシーの精神は，彼の視野を全体として超えている。しかしタキトゥスの躊躇は恐らくは何よりもわたしたちが「進歩」と呼ぶべきものに対する彼の態度に表明されているのがわかる。彼は皇帝たちのもとで千年王国が実質的に実現されることを期待するウェルギリウスの信念を完全に放棄している。彼の作品は「退歩に反対する一つの長い抗議」[53]である。だが彼は命令によって退化の悪霊を攻撃する武器をもっていない。この関連で彼はローマ的な秩序の究極的な価値について起こってくる明らかな疑問を想起しているのかも知れない。その疑問というのは売り込まれた文化のすべての時代に共通する郷愁の犠牲として彼に示されるものであり，彼は現在が耐え難く見える事柄からの逃走の手段として夢の世界を創造することで，そのはけ口を見出している。タキトゥスとともにこの傾向は原始時代の徳に対するばかげた讃辞に明らかになる。この初期の徳とゲルマン人の徳とを同一なものと見ることによって北欧人の優秀さの神話を出動させる。このようにしてこの神話はゲルマン社会ではなく，ローマで造られたのである。同時に彼はゲルマン人の仲たがいが存続していることに対するその有名な祈り「お願いだから留まってくれ，外つ国人らを堪えてくれ」(maneat,

---

53) フルヌー (Furneaux)『タキトゥスの年代記』第 1 巻，4 章の「序文」23-37 頁。

quaeso, duretque gentibus）において蛮族たちの手によってローマが最後には打ち負かされる運命をほとんど先取りしている[54]。このように文明を捨てることなく公然と非難することによって，彼はその見解の根本的な曖昧さを漏らしている。と同時に彼はまたアウグストゥスのローマ精神からの衝撃的な逸脱をも示している[55]。

タキトゥスのイデオロギーにおける欠陥

こういうわけでタキトゥスにまつわる理解しがたい問題は，その根底において，精神的なものであると結論できよう。彼はイデオロギーの網の目にとらわれて，そこから逃げ出すことができない。わたしたちは彼が論じようと引き受けた政治問題に関する不確かな扱い方をこのイデオロギーの欠陥に帰することができる。この問題の核心は皇帝のためになされた神性を要求すること〔つまり神格化〕にあったと言えるかも知れない。その要求が経験と常識の双方への挑戦であると彼が正しくも見なす要求に反対して，歴史家は全身全霊をもって反旗をひるがえす。同時に彼はそれに対して十分な知的な護身術をもっていない。確かに彼はティベリウスが「ロムルス・クィリヌスと神のようなアウグストゥスの範に倣って神格化を望むのを拒むこと」によって明らかとなった「自信の欠乏」と呼んでいるものに対して軽蔑を禁じ得なかった[56]。そのさい彼が皮肉った

---

54) タキトゥス『ゲルマニア』33.2.

55) タキトゥスの『ゲルマニア』に関する批判については『ケンブリッジ古代史』11, 第2章68頁を参照。その基礎となっているのは，文明と野蛮との間の従来の対立関係である。その文学的な伝統はヘシオドスにまで遡ることができる。しかしタキトゥスではその扱いは「人類に対する文化の悪意に満ちた影響というルソー的，もしくはストア的な観念」によって緩和されている。わたしたちにとってこのことはその社会的な記録としての意義を高めるように思われる。

56) タキトゥス『年代記』4,38。

真の犠牲者は彼自身に他ならなかったことを自覚していなかった。しかしタキトゥスが懐いたイデオロギーはこのことよりももっとラディカルに諸々の欠陥を露呈する。というのも結局のところ,それは彼から諸々の性格と出来事のどちらをも理解する力を奪っているからである。したがって性格に関して言うなら,彼はティベリウスの見方を羊の衣を着た狼のように見なしてしまう。ティベリウスの生まれ付きの邪悪さは,最後の外的な抑制が除かれたときにのみ,その姿を現わした〔と語られる〕[57]。ここでタキトゥスは行動の動機づけの意義を正しく認識することに失敗している。換言すれば,それとの関係でのみ「役者」が生き生きとしたものとなる,人格を表現する見せ場としての具体的な状況の意義を正しく捉えることに失敗している。そして,そのようないかなる状況においても,人格に対応するものは出来事である。「行動」(action) は,「役者」(actor)から離れると,何時までも不可解のままに留まらざるをえない。タキトゥスはティベリウスの性格の評価に失敗しているが,同様に出来事を理解しやすく説明することに失敗している。このように良く理解していないことを彼は率直に認めている。彼は自分の主題の結末に近づきながら,皇帝の悪い守護霊になることになった〔護衛隊長〕セイヤヌスの出現に直面すると,この男〔ティベリウス〕の興隆と滅亡を,由緒ある,だが少なからず不毛な幸運の観念に呼びかけることによって,説明しようと企てる。彼は主張する,「幸運は突如としてすべてを転覆させ,気が狂うようになるか,あるいは狂気に力を貸しはじめた」[58]と。あるいはもし幸運がそうしないと,そのときは神々がそうす

---

57) タキトゥス『年代記』6,51。
58) 彼はここで事実サルスティウス『カテリィナ戦記』10,1.「幸運が荒れ狂って,万事を掻き乱しはじめた」を単に繰り返している。

第 4 章　カエサルの国は悪魔の国である　　229

る。「ティベリウスをいけにえとして殺すことができたのは，セイヤヌスの側で何か賢明であったのではない。むしろそれはローマ世界に降ってきた神々の瞋恚(しんい)によるのだ。これに対してこの男が権力をふるったのも，倒れたのも，同じく国家にとって破局的であった」[59]。つまりタキトゥスは何らかの理性的な根拠にもとづいてセイヤヌスをどうしても説明できなかったことが知られる。

　このような状況を見ると，どうして歴史家が自分の活動を正当化する唯一可能な方法として，公の意見を授ける神官になろうと切望していたかを理解することは容易である。〔タキトゥスの著作の〕編集者は「彼はどんなところでも何らかの信念を正式に表明していない」[60]と見ている。その理由としてわたしたちは彼が明言すべき何らの信念も持ち合わせていないと付言する。彼にとって信念に置き換えられるものは，個人的な不滅性を得ようとする漠然とした志望と，人々が後代の記憶に真に生き残るという観念とを，結合しようとする人類についての強烈な関心である。このことが歴史家の役目についてのタキトゥスの見解を決定している。その役目が人生における善と悪との双方の際立った実例を記録するようにという考えを彼に吹き込んでいる。歴史はこういう仕方でもって人類に対する一種の良心として奉仕する[61]。しかし，この関連において彼の評価の基準が古典的な徳と悪徳のそれであることが想起されるべきである。そしてこの基準はこのようにアントニヌスたち〔アントニヌス 1 世とマルクス・アウレリウス・アントニヌス〕の黄金時代のように歴史において記録されることに

---

59)　タキトゥス『年代記』4,1（紀元 23 年）。
60)　フルヌー（Furneaux）前掲書，同頁。
61)　タキトゥス『年代記』3,65「諸々の徳がどんな場合でも邪悪な言動によって子孫から無視されたり，不名誉なことが危惧されることがないように」(することが歴史の義務である)。

なって遂に自己を実現するようになった。その時代には調整の緊張と圧力が最終局面にまで達し、「五賢帝」なる人物を通して神の摂理が世俗の仕事にまで実現したのである。

五賢帝の時代，ローマの絶頂期

このことは，少なくとも，そのように思われたようである。というのも〔五賢帝の一人〕ネルゥァ帝〔30 頃 -98 頃，ローマ皇帝（在位 96-98）〕とその後継者たちのもとでローマ帝国はその絶頂期に到達していたからである。国々の戦いは終熄しており，地中海沿岸の全地域は帝国の都市ローマの支配権を承認していた。国境地帯でも厳密に国境が定められ，訓練を積んだ軍隊によって護られていた。広大な地域が開発と定住のために開かれていた。ローマ世界の全体を通してきら星のような自律的な自治都市の集まりが現れていた。都市の各々はコミュニティの中心とそれに本来帰属する領地とをもっていた。ローマ世界は往時の観察者には普遍的な共和国の本質を備えもっていたのである。人種・言語・宗教の歴史的な差異は急速にその姿を消し，同化のプロセスは遠隔の地にまで及んだので，スペインやガリアの属州はすでに自分たちの皇帝たちをローマに渡していた。その間にローマの貴族階級そのものは帝国の土台の上にほぼ全体として再構成されていた。そして新しい貴族はその機能が命令するのではなく奉仕することであるという教育を明らかに授けられていた。確かに市民としての権利がかつては主権を有する民の特権としてうらやましいほどに守られていたので，ローマ世界のすべての自由な住民にそれを拡大すべき時代が急速に近づいていたのである。このことがローマの世俗的な使命の実現を表わすことになるのか，それともローマ的な社会秩序を無にまで引き戻したことを表わすことになるのか。

第 4 章　カエサルの国は悪魔の国である　　　231

　すでに確立された組織に対する脅迫とか抗議とかは，マルクス・アウレリウス〔121-80，ローマ皇帝（在位 161-80）〕の問題の多い統治に至るまでは，相対的に見て無意味であった。北方の国境地帯では通常では駐屯軍による戦争の状態にあった。それも時折起こる懲罰的な遠征によって何度も中断された。ハドリアヌスやアントニヌスのもとで大ブリテン島の防壁が建設されたように，またローマ帝国国境の城壁，つまりライン - ドナウ川の間の凹角部分を縮めるべく良く考案された要塞化のシステムによって諸々の防備は着々と強化された。ドナウ川に関して言うと，デケバルゥスとそのローマ化された軍政を敷いた君主政体の脅威は，トラヤヌス〔53 ? -117，ローマ皇帝（在位 98-117）〕による二つの激しい戦争（A.D.101-2 と 105-6）によって軽減された。その結果，ダキア〔現在のルーマニア地方〕の鉱物資源と農業国がローマ帝国に加えられることになった。トラヤヌスの成功は首都におけるフォーラム〔公共広場〕と円柱の建設によって明白である。そして将来同様な危険が起こらないようにとの予防策が講じられた。絶対的な通商禁止が国境を越える武器の輸出に課せられた。また〔軍事の〕教練教官が外国人に奉仕をすることが死刑をもって禁じられた。東方においてローマの威信は，領土拡張ばかりか，更に強い印象を与えることであるが，撤退しても十分に発揮された。そんなわけでトラヤヌスの壮大な拡張計画はその後継者たちによって放棄された。

　ローマ帝国の内部からは帝国の組織への効果的な挑戦をしかけ得るような，あるいはそのように願望するような要素は何もなかった。妥協しない共和主義者たちは，これまで長いこと墓場に至るまで，カトーにしたがってきていた。こうしてユリウス・クラウディアヌスとフラヴィアヌスの独裁政治のもとでの生活がもたらす屈辱に対して彼ら

は死の覚悟をもって応じてきた。今や[62]ストア派でさえ，王朝統治を不安げに疑っていたにもかかわらず，彼らの伝統的な共和主義と実際の策略とを和解する方法を，主権は本来「本性的に」見て「最善の」人に備わっているという理論に見出していた。確かに軍隊は皇帝たちを立てたり廃したりする古来のゲームをときどき試みる冒険を犯した。だがネルウァ帝に反抗して起こった初期の暴動は，トラヤヌスを養子に採用することによって速やかに鎮められた。また同じ年（97年）に起こった近衛兵の反乱は容易に鎮圧された。ハドリアヌス帝の選出を妨害しようとする元老院議員による陰謀は失敗したが，それは四人の執政官の身柄を（違法にも）拘禁することで際立っていた。マルクス・アウレリウス帝に逆らったアウィディウス・カッシウスの反乱（175年）は，ローマ軍団の兵士の不満による一つの重大事件であったが，それは東方の軍隊によってさえも完全には支持されていなかった。

　社会的な平和はうまく保たれていた。社会における二つの重要な構成要素のうちの上層の貴族階級からは何ら不平が聞かれなかったし，下層の平民階級からは不満はほとんど何も聞こえて来なかった。96年の奴隷と自由民との間に起こった騒動の勃発を抑えることはネルウァ帝の義務であった。奴隷たちはドミティアヌス帝の「恐怖政治」の間にその主人に反対して情報を提供するように勇気づけられていた[63]。そうは言ってもスパルタルコス〔前？ - 後71，トラキヤ生まれの奴隷剣闘士〕とシケリアの奴隷戦争の時代は過ぎてしまっていた。征服の時代が終わることによって，デロスのような大きな奴隷市場はさびれ，賃金労

　　62）　ロストフシェフは『ローマ帝国の社会経済史』108頁以下でこれを指摘する。

　　63）　ディオゲネス・ライエスティヌス『哲学者列伝』68,1。

第4章 カエサルの国は悪魔の国である

働がいっそう価値あるものとなっていた。さらに広範にわたる人道主義的な心情は、奴隷階級に、彼らがそれに対して感謝すべき理由をもつ、援助を与えた。また、きわめて重要な彼らの特権である自由を得るための契約は、法律によって完全に与えられた[64]。アントニウスの時代を通じて起こった広範で唯一深刻な反乱は、ユダヤ人たちの反乱であった。その熱狂的なナショナリズムはエルサレムの滅亡をもってしても鎮圧されなかった。またユダヤ人たちは今や東方の国境地帯の平和を脅かす点ではユーフラテスを越えて同盟しているように思われた。一斉に蜂起したユダヤ人による反乱が二つあった。一つは115年にトラヤヌス帝に反対して起こったものであり、もう一つは16年後にハドリアヌス帝に反対して起こった。それはアエリウス・カピトリウム〔ローマのユピテル神殿〕として聖都〔エルサレム〕が再建され、ヤハウェの神殿の場所で最高神ユピテルの神殿を奉献したことによって引き起こされた。しかしアントニウス・ピウス〔86-161、ローマ皇帝（在位138-61）〕はそれを変更させるいかなる試みもユダヤ人の側に許さなかったが、割礼の実施を許可した。こうして修正された妥協政策が始まった。一般的に黙認するという精神にとって帝国の内部にはただ一つの例外だけが残っていた。キリスト教徒たちは、社会のあらゆる階層から新しい構成員を黙って補充して来たが、支配的な諸理想の不毛性と皮相性と考えられたものに対決する霊的な反感をもっていた人たちのための活動の中心地を創り出した[65]。しかしながら西方において、少なくとも〔マーカス・アウレリウス・〕アントニヌスの時代が終わるまで、彼らの声はほとんどはっきりと述べられなかった。

---

64) ブルンズ、前掲書、第5章204頁；S. C. Rubrianum。
65) 本書第4章371-72頁参照。

その間に五賢帝はアウグストゥスの政策のもっとも健全な特徴を実施すべく献身した。これらの君主たちは立憲主義の表明と（ときどき失策するような）実行の点で注目に値した。不敬罪に対する非難の長く，かつ，忌むべき記録は，ネルヴァ帝によって終息した。彼は公然たる非難の異常発生を同様に鎮圧した。クラウディウス帝が放棄していたティベリウス帝の政策に戻ることによって同じ皇帝〔ネルヴァ〕は，皇帝の代官たちに対し国庫の要求を聞き入れることによって法的な機能を横領することを禁じた。ネルヴァはまた養子縁組の形式を通して，統治する君主がその後継者を選出するという慣例を整えた。あるいはむしろ彼は元老院と民に，自分の権力を相続するのに最適な人として，その後継者を「推薦した」のである。

　これらの皇帝の目標は計画された社会の目標として描かれたと考えてもよいかも知れない。しかしこのことはある程度の官僚政治を必要としたのであるが，統制は未だ画一的な管理にまでに悪化していなかったし，また権威すじは多少の強権的な政治的抑制でもって満足していた。トラヤヌスは帝国の軍隊組織を徹底的に洗い直した。彼はまた許可された労働者の同業組合が発展するように育成した。ハドリアヌスの主たる関心事は「市民的な訓練」に向けられていた。そのために彼は巡回視察を絶え間なく繰り返した。勅令を統合することで彼は法律の原則と実施を合理化するのを助けた。この改革を強硬に推し進めて，彼はイタリアのために「旅する四人の裁判官」（IV viri iuridici）の制度を作った。市民権の布石である古代ローマ人の権利を広範に認めることによって，彼は限りなく増加した属州の多数の民にローマ法を適用する道を準備した。彼はまた帝国と都市の財政をいっそう効果的に抑制するように制定した。〔そのさい〕帝国の財政は帝国の中央国庫を発展させることによって，都市の財政は諸都市の中に管理者や財政

監督官を導入することによって，それぞれ効果的に抑制するように制定した。

アントニヌスたち〔アントニヌス一世とその息子マルクス・アウレリウス〕は彼らの見解の限界内で社会的経済的・改革のプログラムに精力的に乗り出した。わたしたちはこのこととネルウァ帝をもって始まった農業の法律制定，それと同様に帝国の至るところでの道路建設・水道・公共の建築物とを結びつけることができよう。この改善の取り組みについてもっとも顕著な特徴は，疑いの余地なく食物の制度であった。それはネルウァによって新たに拓かれ，その後継者たちによって発展したのであるが，次の世紀に信用が失墜するまで存続することになった。この事業は，イタリアの市役所において男子や女子の孤児たちを支援する目的で，物惜しみしない基金を設立するために地方での法的な出資による資金を必要としていた。こうして直ちに市民のための教育の形式と社会的な奉仕の進歩的な計画が立てられ，この計画によってこの組織の衰弱が「経済的にも」また「学問的にも」起こらないようにさせた。それは多分それなりにアントニヌス精神の心髄を説明するために用いられたことであろう。

奉仕の祭儀に献身してアントニヌス皇帝たちは古代史には類例がないようなスローガンによって彼らの対策を宣伝した。そしてこのスローガンは，何らかの意味をもつのをやめてしまったずっと後になっても，現代の政治家たちの叫びのように，貨幣や記念碑に刻まれてオウムのように繰り返されることになった。こうしてネルウァは「アウグストゥスの正義，万人共通の自由」(iustitia Augusta, libertas publica) によって立憲政治に帰ることを通して自由と権力との和解を宣言した。同様にローマの再生 (Roma renascens) は，「イタリアの救済事業」(alimentaria Italica),「イタリアの再建」(restitutio Italiae), 自分の

「徳と幸運」(virtus et felicitas),「和解」(concordia),「平和」(pax) そして最後だが, とりわけ重要な, 自分の後継者を選出する「養子縁組」(adoptio) を通してもたらされると宣言した。その合言葉が「時代の幸運」(felicitas temporum) であった。トラヤヌスは, 自分の貨幣に帝国の豊饒を刻んで示した。そのさい彼は穀物・油・ぶどう酒のもたらす祝福を具体的に快適な世界に注入した。彼は結婚の権威を, たとえばローマ人の夫が酒好きの妻をしつける伝統的な権利から起こってくる権威を, 濫用するのを阻止するために国家がそれに介入することを考えていたと言われる[66]。ハドリアヌスの好んだ標語は(税金の不払いを解消することに関連する)「気前のよさ」(liberalitas),「訓育」(disciplina),「安定」(stabilitas) であった[67]。ピウスはその倹約傾向のゆえに一般にけちくさいとして知られていたが, その気前よさ, つまり時代の「繁栄」(felicitas) と「喜び」(laetitia) に責任を負うべき「アウグストゥス的な物惜しみしないこと」(munificentia Augusta) を布告した。彼はその貨幣に人類に対する神のような奉仕者, ヘラクレスの姿を刻印した。また「幸運」が彼の従順なる召使いであることが, 一般に言われていた。しかし彼の政策は恐らく「あきらめ」(aequanimitas) という言葉にもっともよく示されている。この言葉は彼が死ぬ際に口にしたと言われている。哲学者の王であったマルクス・アウレリウスは, その統治がこの〔五賢帝〕の時代を閉ざすことになったのであるが, その特徴として「アウグストゥス的な繁栄」(felicitas Augusta) とか「アウグストゥス的な安泰」(salus Augusta) とか, またまったく意義ありげに「万人共通の

---

66) プリニウス『博物誌』14,13,89-91: Val. Max. 2,1,5 and 4,3,9。
67) そうは言っても彼の気質は完全に不安定であって, 不安を引き起こし,「すべてを嫌悪して死んだ」と言われている。パーカー, 前掲書,「序文」11頁。

安全」(securitas publica) を加えた。この「安全」を守って彼がドナウ川の周辺で労苦して戦った生涯の最善の年を費やすことになった[68]。

皮相的な類比にもかかわらずアントニヌスの組織はどんな意味でも現代の「資本主義」を予感させるようなものはない。というのもその経済的、社会的、政治的生活に息づいていた精神は、安定よりもむしろ拡大を求める生活であったから。そうしたものとしてアントニヌスの組織は政策において古典的な保守主義という性格に表明されている。この連関においてわたしたちは、ローマ世界が本当に帝国の経済的な諸要求に合うように補正されるプロセスが今や完了したことを観察できよう。それはタキトゥスのような同時代の観察者が気づいた事実なのである[69]。この経済は一般的に言って搾取ではなく、むしろ生産と配分からなる一つの経済である。それがもし何らかの社会的な寄生状態のために余地を残すならば、それは傍観者の寄生状態というよりも、むしろ不労所得生活者の寄生状態であった。元老院支配が行われた最後の数十年における強力な財政的グループの活動を特徴づけていたような大規模な「市場操作」〔ごまかし〕は、きわめて限定されていた範囲の他はみな過ぎ去った昔のことであった。生活の土台はプラトンやアリストテレスによって理想的に考えられていたように、〔耕作地としての〕土地であった。首都のために食料をコントロールした帝国の組織が発展するとともに、また属州の至るところに市民権が拡がるとともに、ウェッレース[70]家の人によって憎むべきものとされた方法を適用

---

68) Mattingly-Sydenham, op. cit., vols. ii. and iii.
69) タキトゥス『年代記』3,54,6 と 7。ケンブリッジ『古代史』第 11 巻 8 章参照。
70) ウェッレースは紀元前 70 年に属州総督としてシケリア島民を手ひどく搾取したためキケロによって弾劾された。

する余地は残されていなかった。食料生産に投機することは、ディオクレティアヌスの即位に先立っていた経済的なデモクラシーの最盛期に至るまでは、かなり多くの分け前を再度獲得することはなかった[71]。同時に単に価格破壊を示すにすぎないディオクレティアヌスの勅令の証拠から、わたしたちは農業組織がどんなに苦心して作り上げられねばならなかったかを推測することができる。生産の単位は「広大な土地」(latifundium)であったが、土地は海外征服のための大戦争の後では、小作農の農業経営に取って代わった。そして少なくともユリウス・クラウディウスの時代が終わるまでは恐らく土地がいっそう少数者の手に買い占められる傾向があって、それに対する唯一の効果的な手段は〔土地を〕没収することであった。このことはネロが6人の地主たちに対して土地の没収を実行するまでは、アフリカのほぼ半分が彼らによって所有されていたという、よく知られた文書から推測されうるであろう。このようにして皇帝の領地(res privata＝個人的な財産)は政治の重要な分野となるまでに成長した。そしてもし共和政治時代の明瞭な証拠を受け入れることができるならば、かなりの地方自治体も高価な属州の土地の広大な領域を所有していたのである。キケロの時代に至るまではアルピーヌム〔キケロの生地、現在のアルピーノ〕はアルプス山脈の南側のガリアにおける大農園の所有者であり、(地代さえ払われれば)町のすべての建築物とサービスの維持費を確保するに十分な土地を所有していた[72]。鉱物の富に関する限りではそれを総じて国家が独占していた。鉱山は囚人労働者によってか、収税請負人たち(publicani)を通して採

---

71) 本書292-93頁を参照。
72) 町の財源に関する問題は一般的に言ってヴィンスピアー『アウグストゥスとローマ社会の再建』226頁以下を参照。

掘されていたが，法的な権利のことを考慮して，鉱山業の共同体の生活を支配していた帝国の特許状に彼らは署名するように強制された[73]。貿易と輸送に関しては最大級の共同経営者は海で運営するものであって，「新しい天然資源」に関する〔ガイウス・〕ペトロニウス〔? -66，ローマの風刺作家〕の諷刺詩の英雄であるトリマルチオは，商業による投機的事業で三倍の財産を作ったことを自慢している。しかし地中海の交通でもっとも重要な要素——アフリカとエジプトから首都への穀物貿易——は，入港税を免除されるという特典に与っていたように，疑いなく政府の用心深い管理下に置かれていた。手工芸品は，指摘されているように，属州の至るところで分散する傾向にあった。だがディオクレティアヌスの勅令から判断することができるとしたら，エジプトとシリアの諸都市は織物の手工芸のようなある種の特別な産業を支配し続けた。労働に関して言うなら，それは今や相当高価な代物となっていた。だが，シケリアの海賊やローマの貴族の主たる仕事であった巧妙なゆすりたかりはもはやなかった。したがって多くの仕方でもって行われていた無責任な財政上の海賊どもは，たとえ彼らが完全に鎮圧されていなくとも，〔悪行を続けることは〕困難なものとなっていた。

　帝国の経済の維持はそれにふさわしいような技術を採用することによって可能であった。それらは主に遠い過去から引き継がれたものであった。つまり歴史的なギリシア-ローマの時期には〔その時代にふさわしい〕意味のある革新は何ら行われなかったことが明示されている[74]。安定性という最高の要求は，確かに疑わしい利益よりも，科学的な発明をその産業に適用させるように役立ったことであろ

---

73) ブルンズ，前掲書，p. 289, no.112: ワイパスの鉱石法参照。
74) トゥテイン『古代世界の経済生活』序文，26頁。

う。確かに「発明」という単語は，まさに文学における言葉上の奇抜な思いつきを見出すことに制限されていた。これとの関連で因習的な態度は，ある男の物語によって多分明らかにされるかもしれない。その男はティベリウス皇帝の時代にしなやかで，粉々にならないグラスを発明し，皇帝の前で見事に証明をすると申し出た。皇帝はその発明家の秘密が彼とともに消滅すると最初から確信していたので，そのようなグラスが市場に出回ると金の既存の価値のすべてが崩壊するのを防げなくなるとの理由で，即座に彼を打ち首に処した[75]。なお，このことを説明するために，ローマ人たちは経済的な「発展」に対してまったく冷淡であったと想定することは次の事実を看過することになる。たとえば需要に適応する技術を採用するさいに，北アフリカの十分に灌漑されていない緑地のために乾燥に強い作物を育てる農業方法のような技術を採用する慣例を創造したという事実である。

だが経済生活の領域内において安定性を確保するためになされた最大の勝利は，恐らく通貨に関してであっただろう。共和政体において程度の差はあっても，通貨の標準はいつも貨幣の購買力を下げる傾向を示していた。この傾向はハンニバル戦争の時期のような危機的な時期ではいつももっとも顕著であった。金と銀の通貨の発行をコントロールする権利を得ていたアウグストゥスの統治のおかげで通貨が安定したので，両替の単位はマルクス・アウレリウスの時代に至るまでほぼ同じレベルが維持された[76]。ドナウ川流域での戦争を実行する資金を調達するためマルクス・

---

75) ディオ・カッシウス『ローマ史』62,21; ペトロニウス『サテュリコン』51; プリニウス『博物誌』36,26,66。
76) しかしながらネロは銀貨を銅と混ぜたし，トラヤヌスの統治下では銅の混合率が 15 パーセントに達した。Mattingly-Sydenham, op. cit. 1, p. 28; 2, p.6 and p. 242 参照。

アウレリウスは，第三世紀の間に信用を崩壊させる頂点に達することになったインフレ政策を開始した。

ギボンが称賛したアントニヌス時代の到来と市民団体（civitates）

こうして「人類の歴史でもっとも幸せでもっとも繁栄した時代」としてギボンの讃辞に値するアントニヌスの時代が到来することになった。少なくともそれに続くことになる無秩序と対比して，〔歴史の〕この時期は，物質的には幸福のレベルに到達した。それは後代の子孫の目には紛れもない黄金時代の性格を与えたのである。しかしながら，それを物質的な幸福という理由で唯物主義の勝利にほかならないものとしてきっぱり片づけてしまうのは誤りであろう。というのもこの物質的な幸福が意味ありげであっても，それは，それ自体において意味があるのではなく，そのときまで古典的な共和国の未だ実現していない夢であったものの不可欠な要素として意味があるからである。こうしてこの幸福は，古代ギリシア‐ローマの観念論者たちによって考えられていたように，アウグストゥスの希望である「善い生活」という精神的な側面が実現したことを強調した。

具体的な事実にもとづく言い方に翻訳してみると，このことはアントニヌスたちが文明化した人の要求にふさわしい世界を造るのに成功していたことを意味した。第2世紀の帝国はある共同体を構成しており，そこではアリストテレスが遂に精神的な家庭を見出すことができたのかも知れなかった。だが，それはスケールにおいてギリシア都市国家の哲学者を驚かせていたことであろう。このことは，あらゆる一般的な目的のために，経済自立政策と自給自足の古典的原理を実現した，ある程度主権をもった諸々の市民団体（civitates）における，市民生活の成長を促進するこ

とによって，達成されたのである。これらの市民団体は，確かに一様に戦争と平和を造り出す危険な権利を奪われていた。またこれらの市民団体には普通の「ローマ市民の入植地」(colonia civium Romanorum) の特権から納税の義務がある普通の市民共同体 (civitas stipendiaria) の特権に降っていく，第級別の特権の段階が彼らの間になお存在していた。しかしながら，このような資格の認定に服しながらも，諸々の国はその構成員の精神的要求と同じく物質的要求に自由に仕えることができた。この構成員の野心を彼らは地方参事会員の職 (decurionatus) を通してであれ，富んだ自由人（つまり労働者階級の指導的な代表者たち）の場合であれ，アウグストゥスの権威かアウグストゥスの聖職を通して満足させた。地方自治体の上には，それに覆い被さって資産と政権を握った帝国の上流階級が立っており，それは属州の至るところに散らばった広大な土地を所有していたが，トライヤヌスの法令によって求められたように，イタリアの地に投資された資本の三分の一を少なくとも保持していた。またそこには共和国時代の状況と比較されうるように，生活の階層化に向かって益々増大する傾向があった。そうは言っても地方と帝国の上層階級は，各自がそれぞれの仕方で，かつその力が及ぶかぎり，最高度の満足をその構成員のために確保しようとめざしていた。両者とも〔経済的〕「生産」(production) を〔政治的〕「活動」(activity) に従属させる古典的な理論を受け入れており，ポリスの伝統的な活動が自治都市 (municipium) において追求されるように継続させたので，帝国社会の諸活動はたとえば二人のプリニウスのそれのように職業において表現が見出されるようになった。一方はウェスウィウス火山の爆発に科学的な興味を抱いた犠牲者として死ぬ運命となったし，他方は教養ある田舎の紳士として良心的で勤

第 4 章　カエサルの国は悪魔の国である　　　243

勉な公の奉仕者であり文学者として熟達している[77]。

公共の学問としての古典的観念論

　古典的観念論の勝利は，公共の学問として一般に受容されたこと以上に良く例証されることはない。この学問は革命の期間にはあらゆる方面から声を大にして求められていたものであり，今や市民のための教育体系として帝国において実現されるようになった[78]。この体系を入念に仕上げるにさいして，ローマ人たちは彼らの非凡な才能にとって古典的な法体系に優るとも劣らない記念碑を立ち上げることになった。それとともに実際のところこの体系は，後に起こるヨーロッパ文化の核心を形成する〔抜き書きした〕「名言集」なる遺産を提供するために帝国自身を存続させることにもなった。それは古典的な理想を反復してたたき込み，かつ，普及を促進するために組織されたので，まず第一にあらゆる党派中心主義を解体する試薬にすることによって，第二に判断と趣味の「普遍的な」尺度を立てることによってその目的を達成した。

　そのような公共教育の原理はアウグストゥスがその仕事を始めたときにすでに存在していた。そしてその原理を帝国社会の諸状況に適応することだけが残っていたのである。教育的なカリキュラムの概要を最初に敷いたのは恐らくカトーであった[79]。しかしその概要は，共和政体が終息する最後の世紀になると人文主義的な理想が発生したので，彼の簡素でまったく技術的で職業的な訓練の大綱から

---

　77)　時代精神の特徴を示すものとして『ケンブリッジ古代史』第 11 巻 858 頁参照。
　78)　この問題の一般的な議論として Gwynn『キケロからクインティリアヌスにいたるローマの教育』およびハールホッフ『ガリアの学校』を参照。
　79)　本書第 2 章 56-57 頁。

ことごとく離れた性格を帯びていったのであった。このような変化とともにその概要は，帝国の生活におけるとても重要な根底となり，必要な修正を加えて中世を通して訓練の基礎となるように定められた「良い，或いは自由な学芸」(bonae or liberales artes) の体系として浮上してきた。このような改造にさいしてわたしたちは再度キケロの手が加わっていることを認めることができよう[80]。

キケロの貢献とその重大な意義

キケロは二つの古典的な言語を基礎としていた彼自身の勉学の模範に息子が従うように熱心に勧めていた。同時に彼は文学（文法と修辞学）と哲学とを結合させる利点を主張していた。そしてこれを結合させるさいにアカデミア派，逍遙学派，ストア派の著作と合わせて自分の著作を読むように推奨した[81]。なぜなら彼は〔諸学派からなる〕合成的な学問こそ最高に有利であると言い張ったからである。そのとき彼はそれが正しい行為と正しい表現とを確実にする二重の目的を実現すると主張した[82]。換言すれば合成的な学問は社会生活に必要とされる思想と行動の要求を満足させていたのである。このような計画こそ，キケロは，文学と哲学との提携が特にローマ人にふさわしい，つまり教育上の理論に対する彼の貢献であると言い張る[83]。

---

80) Gwynn，前掲書，82 頁とキケロ『国家』3, 3 を参照。キケロは自由学科の価値を「共和国の繁栄と徳を支持する」手段として推し進めている。
81) キケロ『義務について』1,1 そして『弁論家について』全体の議論を参照。
82) キケロ『弁論家について』3,15,57：「その教えは……正しく行為することと良く語ることの教師である」。
83) キケロ，前掲書，1,8,33：「これが人間と市民の守るべき生活様式である」。Gwynn は他方においてイソクラテスとの結合関係を辿り，それを哲学や反省と区別し「教化」（パイデイア）としてはっき

このことが真相であろうとなかろうと、プラトン的な提携で特徴的なものであった、文学が数学の意図的な代用となったことは、アカデミア派の学問の精神と目的から明らかに分離したことを表明する。そしてそのことが有する歴史的な意義はいくら強調しても強調しすぎることはない。プラトンがとても熱心に非難した「文学的で美学的な偏見」をそもそも古典主義に知らせることによって西洋文化のすべての体質が修正され、西洋文化に修辞学的な傾向が授けられた。この傾向からは現代の数学的で物理的な科学をもってしてもほとんど自由になることができない。

　このラテン的な学問がもたらした諸結果を正確に評価するためにわたしたちは、いっそう明瞭なことに容易に触れることができる。それはたとえば演説家や著作家の訓練において有用で実利的な目的に適っていた。政治的な自由の消滅とともに表現の手段がまったく削減されていたとしても、わたしたちはその重要性を決して過小評価してはならない。この関連においてもっとも意義深い発展は修辞学がもつ特徴的な弱点が誇張されたことであった。つまりそこからキケロとウェルギリウスの退屈きわまる「反響させる行為」が起こってきた、修辞学の形式へのこだわり、規則に支配された伝統主義、修辞学の美的な効果の強調である。この効果は「言葉だけでは密のように甘い球」（verbal honey-balls）の制作によって流れ出し、そこには間違った気分が詰まっており、真理に何ら関心がなく名人芸を望む文筆家たちに可能な限りの、あらゆる形での抜け目なさを発揮したのである。このような脆弱さは讃辞を述べる人でもって頂点に達した。この人たちの取り組みが無意味であったのは、度を越した吐き気を催すお世辞に熟達することに対する直接な〔反発という〕釣り合いにあった。

り認める。前掲書, iv, p. 46f.

すでに1世紀においてセネカは,「わたしたちは生活のためではなく, 学校〔閑暇〕のために学んでいる」[84]と言ったとき, 文芸の学習に対する典型的な批判となるべきものを的確に指摘していた。この非難はペトロニウスによって繰り返されるべきであった[85]。換言すれば, これらの批判家たちが嘆いたのは文芸の学習が「生活のための備え」とはならなかったという事実であった。このことは狭い実践的な視点から提供された種類の訓練に対する共通の反対として残っており, 古典的な学問に特有な失敗の観点からすると核心をまったくはずれてはいない。しかし, その告発は体系自身に対してではなく体系の行き過ぎに対して向けられ, そして学者ぶった行動とか現実からの遊離に関していうなら, 他の学問も古典文学と少なくとも同等な罪人であることが判明したのである。さらにもしも帝国社会の特別なる要求が考慮されるならば, セネカの告発は根拠の確かなものであることが判明する。というのも幾世紀の間, 確かに古典的な学問が文化の同化推進政策において本質的な役割を演じることになったからである。その同化の推進政策は植民地化を通して遂行され, 属州に建設された自治都市の免許状の大綱を通して効力を発揮し, 商業と通信の影響を通してと同じく, ローマ軍団と外人部隊, および外国人婦人との結婚を通して進展し, 高等教育の次元においてその頂点に到達した[86]。こうしてとどのつまり観念からなる共通の胴体の上に立てられた社会では, この教育が共

---

84) セネカ『ルキリウム宛道徳書簡』106,12。
85) 『サテュリコン』1,3.「またそれゆえにわたしが考えるに青年たちは学校でまったく愚か者になっている。なぜなら彼らはわたしたちが使用しているものを何も聞かないし見もしないから」。
86) 彼が帝国を「溶かす鍋」とか, よく言われるように「ミキシングボウル」と呼ぶことについてはプラウトゥスの『アレクサンドロス大王――運が徳』1,6 を参照。

同体での権利と特権に至る通行許可証となった。入場許可に対する何かしら人工的な障壁が立てられることになれば、そのような障壁は構成員の総数を限定する観点から必要であった。

だがセネカの批判に対する最後の回答は、セネカの批判がキケロの計画の中心的な考えを無視しているか、誤解していると言うことである。わたしたちが先に示したように、このことは知的な訓練と同様に道徳的で精神的な訓練を提供することになった。そしてこの効力を発揮するためには、職業教育の中心的な考えはすべて一般的な文化的な目的に従属すべきであるということが本質的なことであった。こうしてわたしたちは致命的な問い、つまり「人文学者は哲学によって何を言おうとしたのか」に直面することになった。このような問いはセネカにはほとんど現れていない。それは彼が批判すべく引き受けた体系の前提を彼自身まったく無批判的に受け入れていたからである。そうは言っても、もし古典的な人文学者の力と限界が正しく評価されうるなら、それは当然直面せねばならない問題であった。

この時代における学問と「哲学」の意味

「哲学」という用語が非常に狭く、かつ、弱められた意味で理解されていたことには疑問の余地はあり得ない。すでにソクラテス的な伝統のおかげで人間の研究に限定されていたので、哲学の言外の意味はさらにキケロによってギリシア観念論者たちの態度と見解が徹底的に受容されたことによってさらに制限された。こうして哲学は「科学的である」ことを求めていたのに、現代の科学とは根本的に相違したために、恐らく「知識」（scientia）と呼ばれるべき

であろう[87]。このことが何を意味するかは，それが排除しているものを示すことによってもっとも容易に把握することができる。

　第一に，この知識は初期のギリシア人たちが理解していたような自然学を締め出している。古代ギリシア人の知性が哲学に勧めた熱心な質問に対して自然は，はっきりしない答えしか返さなかったので，ローマ人たちがヘラス〔古代ギリシア〕と接触をはかったとき，彼らにはさらに調査し研究する欲求がもう欠けていた。それに加えてローマ人たちの間では探究の精神がとても強かったことはこれまで一度もなかった。ルクレティウス〔前1世紀の詩人哲学者〕でさえも知識に関心を寄せたのは主として活動のための基礎としてであったし，わたしたちがこれまで考察したように，キケロは真理のために真理を研究することに深い疑念を懐いていた。こうして人文学の勝利でもってローマ人の科学はプリニウスのように目的を欠いた誤った〔技能修得の〕訓練に雲散霧消してしまった[88]。彼の『博物誌』は未消化の書物による学問と迷信からなる博物館の陳列品に留まっており，迫力のある鋭い個人的な観察が奇妙に挿入されてはいても，認識できる明瞭な方法をまったく欠いている[89]。このような感じでのみローマ人は自然を学んだのであって，現代的な意味での科学は学校ではとても地歩を占めることはなかった。それゆえ科学がロマニタスを救っていたであろうと言明する人たちに対して，こう答えられるであろう。この救いを手に入れるためにはロマニタスは死

---

87)　本書 687-88 頁以下を参照。
88)　この点では彼は多くのアレクサンドリア人たちによって先立たれている。
89)　若いほうのプリニウスは Epp. 3,5,6 で叔父の作品を「散漫な作品で，博学であっても，自然そのものと一致することなどない」と描いている。

第4章　カエサルの国は悪魔の国である

滅していなければならない，と。

このように自然科学が排除されると，同じことが人間科学について，あるいはむしろ人間の問題への現代科学的な取り組みについても言われうるかもしれない。というのもローマ人も疑いなく心理学を研究してはいたが，それは決して真剣に問題とされないか，それとも何らかの客観的な尺度によって検証されない，広漠とした想定にもとづいていた。たとえばセネカの『道徳論集』と『書簡集』の調子は，人間の本性は思いもよらない可能性など含んでいないし，人間の本性について発見されうる根本的に新しいものはないことを示唆している。経済について言うならこの分野での調査はもちろん「古典的な」方法で可能であろうが，その技術的な性格はスペシャリストのほかには適していない。またそれゆえに経済はキケロによって銀行家や実業家の独占的な考慮に委託された[90]。

歴史に関して言うと，状況は，もし言うことができるとしたら，さらに嘆かわしい。キケロは『法律について』という著作において歴史が快楽よりも真理をめざしていたという根拠にもとづいて，歴史を詩から区別していた[91]。また彼は『弁論家について』という著作の中で歴史家の第一の任務があらゆる虚偽を避け，真理から尻込みしないこと，またそのさい歴史家は恐れとか好意とかの，どの外観をも避けることである，と大胆に宣言していた[92]。同じ作

---

90) キケロ『義務について』2,24,87「しかしこの種の問題全般，つまり，金銭の取得と投資について，それにできれば運用についても，論じることは，中門に店を構える紳士のほうがどんな学派のどんな哲学者よりも適切に行う」。

91) キケロ，前掲書，1,1,5。

92) キケロ『弁論家について』2,15,62「歴史の法則の第一が嘘偽りの何も書かないということ，第二に怖れることなく真実を書くこと，また依怙贔屓の疑いをもたれないように書くこと，敵意の疑いをもたれるように書くことであるのを知らない者が誰かいるだろうか」。

品の他の箇所で歴史は「過去の無数の教訓のすべてを蓄えている宝庫である」と述べられている。たとえば「時代の証人」,「真理の光」,「伝統の生き方」,「人生の教師」,「古代の使者」と呼ばれたりする[93]。

それにもかかわらずキケロは, ルッケイウスへの書簡[94]において彼の執政権についての報告を準備し, かつ, 公表するように求めて, 伝記作者に証拠を潤色するに当たって, その根拠が『ブルータス』において説明されることになる, 大胆で巧妙な恥知らずをあえて遂行するように促している[95]。そこから彼は続けて歴史は一種の散文詩であるとの見解を表明する。その散文詩の目的は悲劇的な情念を刺激することによって読者を喜ばせることである。その情念というのは状況の変化や人間的な幸運の栄枯盛衰を生き生きと説明することよりも鋭く刺激されることはない[96]。このように歴史を芸術として考えること, また歴史を詩作に劣ると考えることは, 致命的な結果だけをもたらした[97]。こうして人文学において歴史は, そこから文学が, 他のすべての人間的な表現のように, その性格と内容を引き出す母胎よりも, 文学に仕える無給の召使と見なされるようになった。そしてこの惨めな身分は現代科学の興隆に

---

93) キケロ, 前掲書, 2,9,36。
94) キケロ『ファミリアレスへの手紙』5,12,4。
95) キケロ『ブルータス』11,42「何かを狡猾に主張するためには, わたしたちは修辞学者に譲歩して歴史を捏造すべきである」。
96) キケロ,『ファミリアレスへの手紙』5,12,5「不確かで多様な災難をもつ卓越した人々は, 感嘆・期待・喜び・悩み・希望・怖れをもっている。だがもし異常な死によって終わりに至っても, 精神は〔自分らについて語られる〕耽読というもっとも楽しい快楽によって満たされる」。
97) セネカ, Epp. 88,3「文法家はおよそ言語に関心をもち思案をめぐらしている。もしいっそう広い領域に逸れようと願うなら, 彼は歴史について, その目標をもっとも遠くへ拡張するなら, 詩歌について思案をめぐらす」。

第4章　カエサルの国は悪魔の国である　　251

至るまで歴史を支配するようになった。

　しかし古典主義が現代の精神にとってもっとも関心のある主題の多くを排除したとしても，あるいはまったく不十分な仕方でそれらに取り組んだとしても，それにもかかわらず古典主義は法体系をこれまで一度も達成されなかった次元にまで高めたのである。またもちろん，このことが職業的な専門家の研究にとどまったとしても，その一般的な重要性は教育上の事業計画において独特な意義を授けた。「人事と神事に関する知識」（scientia rerum humanarum et divinarum）として定義される法体系は，言葉の優れた意味において，人間関係の科学と考えられた。そしてヒューマニズムの精神は，法体系を伝統的な形式主義から解放するのにまさに必要なものであったし，合理的な線に沿って法体系を発展させた。この連関でそれは万人に，あらゆる場所に，あらゆる時代に，適用できる「自然法」（ius naturale）の観念を援用した。問題はこの法を「諸国民の法」（ius gentium）にもとづく法，いわゆる「万民法」に関連づけることであった。この万民法は実際のところ高等行政官の目を通して見られた公正な慣例にほかならなかった。恐らくは偉大な古典的な法学者であったガイウスにとってこの両者〔万民法と慣例〕は根底において同一のものであった。この両者を区別することによって彼の後継者ウルピアヌス〔170-228，ローマの法学者〕は歴史的にして政治的な正義の真の性格に対するいっそう鋭い評価を示した。問題は奴隷制という決定的な問題に関して直ぐに反応する形式を引き受けることであった。そしてウルピアヌスの採った態度は，〔現実の〕帝国の生活という事実とアントニヌス哲学の天上の国を特徴づける理論との冷酷な食い違いを強調するのに役立っている。この意味でそれは来たるべき不運の前兆であった。

偉大な古典的伝統の力

　ギリシア - ローマ世界の内部におけるこの偉大な古典的伝統がもつ力と不屈さを強調しても強調しすぎることはほとんどありえないであろう。5世紀においてアウグスティヌスはそれが「地上の平和」（pax terrena）の究極的な現われであると捉えるようになった[98]。もちろん，そのようなものとして古典的伝統は，物理的で道徳的な両方の限界に服することになった。まず初めにその適用は必然的に選択する基本原理にもとづいていた。異邦人たちの間で採用された一般的な原則は，タキトゥスによって「指導者の息子たちを自由学芸によって教育すること」（principum filios liberalibus artibus erudire）[99]と言明されたものであった。一般社会の内部では適切な高等教育は，二，三の例外はあるが，ただ費用がかかるという理由で，帝国や一地方だけの上流社会に限られていた[100]。このことはさておき制度が何らかの制限を含んでいるなら，そのことは書籍が閉ざされていたのではなく，精神が閉ざされていたのである。独創性をまったく欠いていたとしても，高等教育はいかに「生産する」か，あるいは「建設する」かよりも，いかに「行う」かを人々に教えようとしたのである。この目的のためにそれは永遠のローマ自身の究極性を要求した「行動」の基準を人々に供給した。このように行うことによって高等教育は変化の意義が人々に分からなくする役割を果たしたのである。またこれによって三世紀の危機を準

　　98）　アウグスティヌス『神の国』18.22：「都市ローマは建設された。それによって神は全地を征服し，諸国家からなる一つの社会において長くかつ広く平和に導くようにするのをよしとされた」。

　　99）　タキトゥス『アグリコラの生涯』21;『年代記』3,40; 11,23-24 参照。

　　100）　北イタリアにおける当時の状況に関してはプリニウス『書簡集』iv.15 を参照。

備するように助けたのである。

3世紀の危機と革命

　この危機の大きさについて疑うことはほとんど不可能である。実際，この危機は〔ローマ帝国の〕衰亡の長く続いた激しい苦痛の前触れであった。そしてローマ世界を通して再建の英雄的な苦闘によって時代の災難を切り抜けて生き残ることになった。ただ革命的な変化に服することによってのみ，そのようになすことができた。この変化の結果ギリシア‐ローマの政策の原理は，完全に滅亡したのではないとしても，絶望的に醜くなりひどく損なわれた。帝国の骨組みの完全な崩壊は，戦闘的なイリュリア人〔現代アルバニア人の先祖〕の皇帝たち——この皇帝たちの最後の者は正義を多少は示すことで「全世界の再建者」(restitutor orbis) の称号にふさわしかった——の奉仕によってのみ防がれた。だがロマニタスのわずかな遺物を救い出すに当たってディオクレティアヌス〔245-316, ローマ皇帝（在位 284-305）〕はそれをほとんど認識できないほどに改造した。彼が設立した官僚的で軍事化した社会秩序のもとで帝国は政治的理念の最後の天罰を経験した。国庫の飽くことを知らない要求に応じるために，「東ローマ帝国のいわゆるカミルス〔紀元前396年にガリア人の支配からローマを解放した〕」は，その家臣を事実上日雇い労働者の身分状態にまで導いた，社会生活の残酷にして血なまぐさい統制を導入した。納税者である国民は絶えざる堕落によってその身分を弱められ，耐え難い財政上の重荷のもとによろめいたのに，統治権のほうは，以前には元老院家屋から野営に移動させられたように，今や決定的に野営から宮殿に移動し，帝国の「主人にして神」(dominus et deus) たる法人格として崇拝されることを要求したのである。経済的にも道徳的にも破綻した組織はそのようなものであっ

たし，それはディオクレティアヌスの退位に続く王家のもめごとにおいてコンスタンティスヌの手中に移っていった。この君主とその後継者たちは，ものすごい勢力を注いで，瀕死の状態のロマニタスの身体の中に新しい生命を注入する仕事に献身した。彼らの努力がまったく無益でなかったことは，ローマ帝国が終わりに近づく世紀を特徴づけた，知的な活動の新しい噴出によってわかる。そのさいキリスト教徒は，文明と法を生み出した尊敬すべき母〔なるローマ〕に賛辞を呈することで異教徒の著作家たちと張り合っていた。しかしコンスタンティヌス家とテオドシュス家が実行しようとした対象は革新と言うほどの回復ではなかった。彼らは新世界において古いものとのバランスを取り戻そうとねらっていた。このことは帝国の政策——それが主に没頭したのはそれ以後教会と国家との新しい関係から興ってくる諸問題に関するものであった——の完全なる再確認を引き出すのに効果があった。押しつぶすようにのしかかる行政と財政上の組織の致命的な遺産を受け継ぎながらも，コンスタンティヌスは帝国を新しい論争に巻き込んだのであった。そこではキケロや〔アテネの政治家〕デモステネスの言語はどちらにとも理解し得なかったであろう問題を討論するために使われることになった。またローマ人たちの衰えゆく霊的なエネルギーは，異教とキリスト教との間の絶えざる論争によって使い果たされていた。したがって蛮族らが〔死肉を食らう猛禽〕ハゲワシのように再度ローマ帝国の上に降ってきたとき，それは死体から目を引き抜くような運命であった。こうして3世紀の危機は，人類史の新方針となる特別に重要な意味をもっていた。このことを特徴づけているのが（ギボンの有名な句にある）「迷信と野蛮」による文明の敗北ではないとしても，それは少なくとも徳と卓越性という厳密に古典的な理想の没落であった。この意味でそれは古代ギリシア - ロー

マの偉大なる精神的な冒険の終焉を布告したのである。

3世紀の大不況が起こった日付は，西暦235年に起こった獰猛で残忍な田舎者の兵士であったマクシミヌス〔173頃-238，ローマ皇帝（在位235-38）〕——彼は自分が「軍隊秩序の友にして擁護者」であると自任していた——の簒奪から発しており，284年にディオクレティアヌスの即位によって起こった軍隊秩序の最終的な勝利に至るまでの期間である。この時期の間にわたしたちは三つの局面を区別することができるであろう。第一の時期は235-52年（マクシミヌスからデキウス）であって崩壊が次第に進むという特徴がある。第二の時期は253-69年であってウァレリアヌスとガッリエヌスの時代である。この時代には堤防が決壊したため，ひどい無政府状態と広範囲に及ぶ道徳的頽廃が普及した。第三の時期は270-84年であり，この15年間にアウレリアヌス〔215-75，ローマ皇帝（在位270-75）〕によって緩慢にして根拠のあやふやな回復が着手された[101]。

この試みが突然崩壊したことについて最近では，自由都市で支配していたブルジョアジーに敵対したプロレタリアートが，意図的に巧妙に仕組んだ反乱として解釈されているが[102]，それはかつてはまた恐らくもっと単純に，行政と防衛という二つの機能の間で戦われた決闘の結果であると理解されている。だがその究極の意義は何であれ，それは確かに刀（権力）と〔ローマ人の外衣である〕トーガ（役職）との間に交わされた漠然とした争いでもって始まった。その争いはゴルディアヌスとアラビア人のフィリップの支配を通して長く続いた。この内紛と同時に起こったの

---

101) この時期の一般的な歴史に関しては（ギボンの他に）パーカー前掲書とテオドール・シュッツの『親方から主人へ』(1919) を参照。

102) ロストフシェフ，前掲書，第10章。

が蛮族〔外国人〕の力に対する大変な接近であった。それは一方において新しいアケメネス王朝の帝国が 227 年にペルシアのアルタクセルクセスによって強固なものとなったためであり，他方において新しい軍事的で封建制的な地盤においてゲルマン民族の間で連邦化が進展したためである。またこのようにして圧力が帝国の上に強化されるに及んで，それは全般的に慢性となった鬱血というよく知られた現象をやがて引き起こしてしまった。

この崩壊はローマ人の生活のすべての局面に影響を与えた。政治的に言うとこの状況は 26 人の皇帝たちの中で一人だけが暴力的な死から免れたという事実から判断されうるであろう。ローマ世界のあらゆる部門において暴君（いわゆる 30 人の独裁者）が出現した。彼らが立つのも倒れるのも軍隊のむら気に依存している。私法の壊滅状態は公法のそれをも直ちに引き起こした。演説による政治体制が原則となった。またテロリズムは深刻な局面が強調されることによって行政の通常の原理となった。このようにしてローマ帝国が秘密の動因に満ちあふれる間に，市民たちはそれと引き替えに強奪・強制労働・剣でもって脅かされた。その間に蛮族の大群は，ほとんど無防備な状態の国境を越えて〔帝国内に〕突入していってアカイアとアジア或いはピレネー山脈の西側に侵入した。彼らは都市や田舎を繰り返し攻撃しながら捕虜と戦利品をどっさり積み込んで去っていった。なおユーフラテス川を越えると脅威を与えるアルダシルの息子にして後継者であるサポールの姿がとても不気味に現われてくる。彼はローマの東方への入植のすべてを一撃で無効にすると脅威を与えたのである[103]。

---

103) 彼は西暦 242 年と同じころにシリアに侵入し，アンテオケアに脅威を与えた。Hist. Aug.(Gord.) 26, §5 and 6. 本書 354, 420 頁参照。

第4章　カエサルの国は悪魔の国である　　　257

　政治的な無政府状態は深刻な経済的にして社会的な悩みの種を伴っていた。伝染病と飢餓は属州を横断して情け容赦なく猛威を振るい，広大な地域に人口の激減をもたらした。インフレと通貨の高騰は，ローマの自由都市の経済の土台を破壊し，社会組織の基礎そのものを動揺させた[104]。帝国のさまざまな部分で恐るべき農民の暴動が勃発し，282年にガリアのバガウダエ[105]の暴動においてそれは最高潮に達した。経済的で社会的な生活の混乱に乗じて暴利を貪る者がふたたび出現し，こういう人たちの売買における邪悪な活動が市場から消費者が必要とする品物を締め出したりすることが，ディオクレティアヌスによって厳しく非難されるようになった[106]。この災いはガッリエヌスのもとで頂点に達した。そのさい〔各地の〕自主独立主義は——その発端は民族主義者の感情とローマ世界の国家的で経済的な区切りを反映していた——パルミラ[107]的な自律と半ば独立した「ガリア人の帝国」という形で中央集権化した抑制の原理に対して明らかに勝利した。

　こうしたことの結果は霊的で知的な生活の領域では同じくらいの悲惨を招いた。侵略を阻止する緩衝地帯を維持しようとする試みのすべては，イタリアでは遂に崩壊してしまった。オリエントの生活様式は大きな利益をもたらすものとして怒濤のように首都ローマに侵入し，そこに今や西洋的な諸価値が転覆されることになる希薄化のプロセスが

　　104）　通貨の高騰は208年に始まった。ホーモ『ローマ帝国』343頁を参照。（ミラサの法令は貨幣の投機を抑える試みであった。）この危機の頂点の状況について前掲書346-50頁を参照。
　　105）　(訳者注)バガウダエとは，ガリアで反乱を起こした農民の一団でディオクレティアヌス帝の時代に将軍マキシミアヌスによって平定された。
　　106）　価格に関する勅令，本書303頁参照。
　　107）　（訳者注）パルミラとはシリア中部にあった古代都市の名前で，ソロモンが建設したと言われている。

本格的に始まった[108]。その間に数世紀にわたって中断することなく聞こえていたギリシアとラテン文学の声は，ほとんど沈黙したままであった。そして他ならぬこの沈黙こそその時代の惨めさを雄弁に証ししている。そのような残存せる悲惨な記録は帝国が希望のない混乱状態に益々投げ込まれているように見える猛烈な不安の度合いを示している。そして人々は世界に迫った現実的な終わりを予想しはじめたのであった。

キプリアヌスの証言

異教の資料には信頼できる証拠が欠けているので，わたしたちは聖キプリアヌスが語った悲惨な状況の様子を思い出すことができるであろう。彼はドナトゥスに宛てたいわゆる書簡で言う，「見たまえ，道路は山賊によって閉じられ，海は海賊・流血・至るところに起こる争いによってふさがれている。世界は殺し合いと殺人犯によって満たされている。それらは個人によって犯される犯罪と思われているが，公的に犯されるときには美徳と見なされる」[109]と。7年後にデメトリアヌス宛の書簡で時代（saeculum）の終わりが近づいているとの確信をはっきり述べている。

> わたしたちが黙っており，聖書の預言を引用しなくとも，世界はこの真理を自ら証言し，至るところで衰頽が明瞭であることによって世界の崩壊が差し迫っていることを布告している。冬に穀物を養うに足りる雨がもはやないし，夏には穀物を成熟させる暑さもない。春はもはや種蒔きの対策を講じないし，秋も果実のた

---

108) このプロセスを明らかにするために研究者はクモン(Cumont)『ローマの異教徒におけるオリエントの宗教』4th ed.(1929)のような研究にとても多く負っている。

109) キプリアヌス『書簡集』1, 6。

めの対策を講じない。大理石のブロックを採掘し尽くされた岡から取り出すことは減少していくばかりだ。使い古した鉱山は金や銀の蓄えをもたらすことがなくなってゆくばかりだ。衰弱した葡萄の木は衰え果てるまで益々小さくなっていく。野原には耕作する人がいない，海には水夫がなく，陣営には兵隊がいない。公共広場には清廉潔白はなく，法廷からは正義が去り，友情からは協調が，美術からは熟練が，行動からは訓練がそれぞれ消えている[110]。

キプリアヌスは恐ろしい疫病が帝国を荒らしている間に書き，終末が迫っていることを言うまでもなく積極的に主張しながら，同じ主題にもう一つ別の箇所で立ち返っている[111]。古典的な修辞学とキリスト教的な千年王国説を考慮しなくとも，これらの言葉を見れば一人のひとの幻想もなければ希望もない発言が認められよう。

テルトリアヌスの場合

大惨事の衝撃はそれがほとんど全面的に予想だにされていなかった事実によって増大された。確かに帝国のある部分においては悩みの種が増大していた証拠はある[112]。また詭弁家たちも老齢化した世界における徳の枯渇について漠然とおしゃべりしていた。しかしテルトリアヌスのような人は，超然として批判的ではあっても，それでも何が差し

---

110) キプリアヌス『デメトリアヌスに宛てた弁明』第3章。

111) キプリアヌス『死すべき運命について』(A.D.253-4) 25：「世界はすでに破滅しており，悪人どもの害悪の暴風によって支配されている。見たまえ，世界はぐらつき転落し，その瓦解はもう物事の老衰ではなく，終末を証言している」。

112) パーカー，前掲書，120-21頁はエジプトにおける状況を論じる。本書265頁注103で言及されたミラサの法令を参照。

迫っていたかを予想することができなかった。実際，彼にとってセプティミウス，カルカッラ，ゲタの統治下の帝国の平和で繁栄した状態は，帝国が神の摂理によって恵まれており，それは時の終わりまで持続することを保証するように思われた。彼は言う[113]。

> この時代が証言しないような改革が何かあろうか。わたしたちの現在の主権が有する三重の徳が建設し，増大し，あるいは回復させた諸都市のことを考えてみよ。神はこの祝福を多くのアウグストゥスたちに一人の者と同じように授けている。彼らが行った国勢調査を考えてみたまえ。彼らが呼び戻した人々のことを考えてみよ。彼らが栄誉を授ける社会の階級のことを考えてみたまえ。彼らが阻止した蛮族のことを考えてみよ。誠にこの帝国は世界の庭園となったのだ。

だが，これらの言葉は〔現実には〕ほとんど奈落の深淵の崖っぷちで書かれたのである。

多くの点でもなお人間の手によってかつて建設されたもっとも堂々とした世俗的な組織であったロマニタスの病は，不可避的に多くの注意を引き起こし，キプリアヌス自身の時代以来，社会について研究する人たちはその病の原因を診断することに関心を寄せてきた。彼らの努力の歴史を辿ることは，社会科学の発展に関する魅力的な提供となることであろう。また提出されたさまざまな論評のカタログを作成することだけでも興味のないことではない。たとえばローマ帝国は老いていく俗世（mundus senescens）の癒しがたい病から被害を受けていたという古典的となった理論がある。この観念はギボンによって提唱されたもので

---

[113] テルトリアヌス『肩衣について』2,8-9.

はなく、ギリシア - ローマの修辞学者の常套語に属していた。この仮説の現代的な変形は次のようである。諸々の帝国はその組織の有する必然性によってそれらが燃え尽きるまで拡大するが、そのとき中央集権化した権力の基礎を形成している富が浪費されると、混合されたもののように農業を営む農村や地方の小さな取引所のような最初の要素に分解する。そのような説明はその根拠を周期的な展開という古典的な教えにもとづいている。この理由のゆえにそのような説明は、すでに厳しい批判のためにキリスト教の弁証論者の手の内にもたらされている。そしてこの批判（このメタファーが化学的であれ、生物学的であれ）は正当化されているように思われる。というのも後者〔生物学的メタファー〕の妥当性は社会が、個人と同じように、ある人間の生活過程のすべてを実現しているといった疑わしい想定に依存しているからである。だが他方において、前者〔化学的メタファー〕は物的な明証性をプロクルステス[114]的な歪曲によってのみもっともらしくさせている。

演繹的な推論に対する現代的な不信の念は、総じて歴史家を促して積極的な性格をもつ理論を探しだすように促した。こうしてたとえばギリシア - ローマ文化の衰退は〔動いていないように見える〕「古代の水上自転車」[115]と呼ばれているものと関係づけられる。それによると穀物の栽培者たちは、わたしたちが問題にしている時代の初期数世紀の間、スキタイ人の遊牧民との勝ち目のない戦闘に従事していたのであるが、この事実を彼らは、アジアの〔政治経

---

114) （訳者注）プロクルステスというのは、アッティカの追いはぎで、通行人を捉えてベッドに乗せ、身長が長いと足を切断し、短いと槌で引き延ばしてベッドの大きさに合わせた。テセウスによって殺された。

115) E. ハンティングトン『文明と気候』： J. ハクスレイ「気候と歴史」（土曜評論 1930 年 7 月号）。

済の〕中心地域が次第に乾燥化するに応じてその住民が国外に向かうように強いられるまでは，〔自転車が動いていないように見えたので〕気づかなかった。これによってゲルマン人の中で抑制できない人たちは国境地帯に向けて駆り立てられたのである。

　干ばつ，マラリア，自然資源の枯渇のような周囲の何らかの環境的な条件よりも，社会自身の内部における〔衰退の〕説明を求める人たちにとって多数の可能性が姿を現わしてくる。それらの可能性の中でもっとも明瞭なものの一つは，最善な人たちを根絶する戦争状態とか（独身生活とか悪徳のような）社会悪とかの結果である非優生学的な選択である[116]。だがもしそのことが，ある種の蓄えは「文化の担い手」であることを意味すると解するならば，一つの謎にもう一つの謎が単に加えられるだけだろう。第二の可能性は奴隷制度のそれであって，奴隷制度は本質的に消費経済の一部や一片として見なされる。それは恣意的で理屈に合わないやり方で富を配分することによって集団に恒常的な服従と辛苦さらに欠乏を運命づける。あるいは再度，もし純粋に経済的なことに道徳的な要素を加えるならば，「キリスト教は貧乏人に福音を説教することで古代世界を混乱させている」と論じられるかもしれない[117]。最後に政治的な説明が残っている。それはあらゆるその明白な脆弱さをもっている帝国主義であって，その脆弱さには王位継承の問題を解決するのに失敗していることも含まれる。この理論は最近も優れた大家によって再び説かれているが[118]，それはまた政治的なリベラリズムの観点から思考する人たちに影響したのである。

---

116) セーク『古代世界の没落史』第 1 巻 3, 269 頁以下。
117) ランゲ『唯物論の歴史』英訳（1892）第 1 巻 170 頁。
118) フェレーロ（Ferrero）『ローマ帝国の崩壊』。

第4章　カエサルの国は悪魔の国である　　263

古代文明の衰亡と破滅の究極の原因

しかしながら崩壊現象は単に経済的なものとか，社会的なものとか，政治的なものではなくて，むしろ，それらに優る何らかの理由から生じたのであるから，それらのすべてがあてはまる。なぜなら，わたしたちがここで直面しているのは，結局のところ道徳的で知的な失敗，つまりギリシア - ローマ的な精神の失敗であるから。この観点からしてわたしたちは，提供されたさまざまな理論がもっている比較的重要なものについて討論することに関心がないが，それらの理論がすべて資料の事実からなる錯綜した織物の中に一つの場所を占めていることを率直に認めたい。しかしながらローマ人自身がその事実を理解することができないことがわかったならば，その理由は確かに彼らの思考が何か根本的な欠陥をもっていることにあると考えられる。この欠陥のうちにわたしたちは，古代文明の衰亡を引き起こすように作用していた，破滅の原因についての究極の説明を見出すことができよう。

また問題になっている欠陥が古典的な権力に関するロゴスと密接に関係していることを示唆することは理由のないことではない。わたしたちが考察してきたように古典主義は権力の観念を主観的と客観的との〔二つの〕要因に分けていた。前者は性格（技術と勤労）であり，後者は状況（運命と幸運もしくは神々）である。そのさい，古典主義はその二つの要因の発生を二つのものの結合か少なくとも同時発生かを明らかにする。しかし，そこにはきっと証拠があって明らかとなるように，この〔古典主義による〕解決はまったく解決ではなかった。というのもこの〔二つの要因の〕結合においては何ら理解できる関係が二つの要因の間に確立されえなかったから。もっと正確に言うと，それは古典的な理性が排除しようと試みても無駄であった，蒙昧主義（obscurantism）の一段階を必然的に含んでいたの

であって，理性がその光を入り込ませるような限定された領域では〔事態を〕明瞭にするのに成功したけれども，〔暗い〕森のほうは背景にとどまっており，理性が徐々に入ってきて制御しはじめるように備え，かつ，期待していた。それに応じてロマニタスが待ち受けていた運命は自分自身を理解するのに失敗し，そのためにしばしば訪れる未知なるものの恐怖によって支配されるような文明の運命であった。ここで問われている恐怖が追い払われる可能性はありえなかった。なぜなら，その恐怖は，文明の体系の基礎自身の中へといわば敷設された脆弱さから発生してきたのであるから。しかしながら，この意味でそれは，ロマニタスに固有なことではなかった。それは単に古典的古代の観念論者たちを打ち負かす運命がもつ最後の，かつ，もっとも見ごたえのある例証に過ぎなかった[119]。

　この恐怖によってわたしたちは古典時代と古典語の時代のもっとも特徴的な現象の多くの説明を理解することができよう。まず初めに恐怖は「幸運」に対する一定の持続的な信仰の成長を説明するのに役立つ。プリニウスは宣言する，「全世界を通してあらゆるところに，あらゆる時に，すべての人が声をあげて幸運だけを名指し，呼び求めた。幸運だけが告発され，裁判にかけられる。幸運だけがわたしたちが考えたり，称賛したり，罵倒する唯一の対象である」[120]。この信仰だけをユベナリスは同時代の「声」の，もっとも重大な側面の一つとして選び出すことができた。そして彼はさまざまな諷刺によってそれを公然と非難した。とくに 15 番目の諷刺によって。しかし迷信に対する攻撃においてこの諷刺家はキケロとリウィウスのヒューマニズムの偏見に後退するしかなかった。そして彼はこの

---

119) たとえば本書第 7 章を参照。
120) プリニウス『博物誌』2,7,22.

第4章　カエサルの国は悪魔の国である

点をよく知られた詩句によって次のように再度主張した。

> もし知恵があるとしたら，あなたは神性をもっていません。幸運の女神よ，われわれはあなたを，さよう，われわれはあなたを女神として祭り，天にその御座を設けます[121]。

もっと不吉な展開は，それがもし可能ならば，占星術の，太陽の影響を受けやすい決定論に対する信仰の展開であった。それは〔バビロニア南部の〕カルディア人かそれとも占星術師と一緒に帝国に侵入した信仰である。この信仰を説明するためにわたしたちはケンソリヌゥスの手短な叙述を参照することができよう。彼は次のように言う。

> カルディア人たちは，最初にまた真っ先に，人生においてわたしたちに起こることが恒星と関連する天体によって決定されると固く信じている。人類を支配しているものは，これら天体の多様にして複雑なコースである。しかしそれら自身の運動と配列は，しばしば太陽によって変更される。また，さまざまな星座が昇ってきたり沈んだりしていくことが明瞭に区別できる「熱」でもってわたしたちに影響している間に，この事態は太陽の力によって変更される。したがって，わたしたちが自分をコントロールする霊を究極的に負っているのは太陽である。というのも，わたしたちが動かされ，わたしたちの存在と宿命に対して最大の影響を及ぼしている現実の諸々の星を太陽が動かしている

---

121) ペルシウス／ユウナーリス作『ローマ諷刺詩集』x.365-66, 国原吉之助訳，岩波文庫，259 頁。

からである[122]。

　この迷信の邪悪な点は，もちろん，人間の自由と責任性の事実をまったく否定し，人間を単なるロボットの状態に低減させることである。マニリウス〔前1世紀末から1世紀初めに活躍したローマの著述家〕の詩は帝国の初期にはかなりの人気を博していたことを示している。

グノーシス主義の出現

　このような信念を受け入れると，人は自然の姿をまったくの偶然か，それとも（また，その代わりに）情け容赦ない宿命か，のいずれかの言葉に巻き込むことになる。こうすることによって，人は何か逃れる手段を求めてますます熱狂的な情熱を呼び起こすように催促する。この情熱は超自然主義のさまざまなタイプの中に表現されているのが見られる。この超自然主義において東方と西方とは手を繋いでもっともグロテスクな宇宙論をそれに劣らずグロテスクな倫理体系のための基礎として造りだしたのである。そのようなことを明示するものには「野蛮でオリエント化したプラトン主義」[123]であるグノーシス主義的な解釈に優って特徴をよく表明するものはない。それはギリシア観念論に由来する要素とオリエントの形而上学的な二元論とのでたらめな合成から結果として生じたのである[124]。グノーシス

---

　122)　『発生した日について』8章（A.D.238頃）クモン『太陽の神学』27頁注4からの引用。彼はそれが最初の段階ではワローから，そして終わりにはポシドニウスから拝借されたものと考える。

　123)　イング，前掲書，第1巻，103頁。

　124)　グノーシスという異端の歴史はレールトンによって論じられている。前掲書第2巻第1章83頁以下参照。そこではグノーシスは次のように論じられている。「キリスト教に先立つ大きな宗教的な運動であって，その傾向においてキリスト教にまったく対立している。われわれの時代の最初の諸世紀にそれはギリシア‐ローマ世界の全体

主義は悪と物質（ヒュレー）の世界を同一視することに始まる。それはそこから進んでいって物質と精神の間に絶対的な対立関係を主張する。グノーシス主義が宣言するのは，人間存在が物質的世界にあって，物質世界の悪がそこから人間の構成要素にまで入ってきていると言うことである。しかし彼らは精神としてそのような世界から来ているのではなく，彼らの唯一の問題はその世界から逃避することである。このことは天上的な啓示（グノーシス）との交わりによってもたらされねばならない，と考えられた。「知識」よりも「照明」として考えられたそのようなグノーシスは，異国風の深遠な理解の仕方に強調点を置いていた。そのようなものとしてグノーシスは，バビロン神話の七つの悪魔を含めた悪鬼や妖怪によって入植された宇宙を通して遍歴する，経験の連続する諸次元にもとづく前進の極致を表わしているように思われた。この立場からはグノーシス主義には高揚と失墜との間にもっとも幅の広い振幅が認められた。また，グノーシス主義はもっとも厳格な禁欲主義ともっとも無拘束な放蕩の噴出とを結びつけた。こうしてそれは節度（sophrosyne）の古典的な理想から正反対の極に立ったのである。それはちょうど客観的な科学を軽視して，自らを古典的な理性の自殺として登録したのと同じである。

古典的世界の道徳的で知的な欠陥からの古典主義による救済の試み

これらの展開が古典世界に内在する道徳的で知的な欠陥に由来する論理的な結末であったことは，その展開の悲劇的性格を弱めることにはならない。わたしたちが考察し

に侵攻しキリスト教を攻撃するまえにヘレニズムとユダヤ教を攻撃した」。

てきたように[125]，古典的様式が行った努力は，混乱状態にあった生活と精神性から人類を救い，人類に良い生活の可能性を確保しようとする試みであった。つまりそれは野蛮な生活と迷信に反対する文明のための闘争として考察された。暗闇の力とのこの世俗的な闘争においてアウグストゥスは自分が決定的な勝利を収めたものと空想していた。しかしながら諸々の出来事が示しているように，アウグストゥスの組織は前に述べた政治的諸実験を脅かしていたような諸々の無秩序に対する真の免疫性をもってはいなかった。その反対にその無秩序は神聖化された統治に対する礼拝において組織自体の核心に安置された。この意味においてローマ帝国の宿命は皇帝たちの宿命の内に潜在的に含まれていたのである。

わたしたちは古典主義によれば，文明を守るために必要だと考えられた権力が，いかに〔既述の〕性格と状況との幸運をもたらす偶然の一致——この一致がアウグストゥスという人物において最終的に実現されてきたように思われた——に依存しているように思われたかを，これまで考察しようと試みてきた。この立場からするとローマの将来はアウグストゥスの卓越性に対する崇拝の念と密接な関係にあるように思われた。この卓越性は「全能なる幸運と避けられない運命」（fortuna omnipotens et ineluctabile fatum）[126]と一緒にローマの永遠性を保証し，それを堅く約束することになった。だが，もしこれがアウグストゥスの希望であったとしても，それは期待はずれとなるように運命づけられていた。というのも，それが最終的なことを装っていたにもかかわらず，その基礎は事実において単なる実用的なものに過ぎなかったからである。また皇帝は彼

---

125) 本書第3章を参照。
126) ウェルギリウス『アエネーイス』VIII, 334。

の「徳行」という言葉でその成功を説明するように求めても,「幸運」がそれを実現するに当たって演じていた役割に関しては何らの確実性もありえなかった。このことは実際にはその組織（体系）を文字通りの意味で受け入れた者たちは，変化する諸勢力に反対する絶望的な闘争に身をゆだねているのを見出すことを意味した。その闘争においては「秩序」が〔変化の〕「プロセス」に反対しており，創設者によって来たるべきすべての時の規範として建てられた慣行の維持を自分が引き受けていると考えた。こうした分析結果の有する欠陥は，実質的な成長や発展の感覚を公平に評価するのに失敗したことである。その結果，その失敗は保守派と革新派——そこでは双方が疑いの余地なく部分的に誤っていたのであるが——との間に鋭い分裂を生み出すことに役立った。保守派の傾向は，あらゆる変化をそれ自体として悪いものと見なすことであった。あるいは少なくとも危険にも暗闇に跳び込むものとして変化を疑うことであった。こうして保守派はそれに抵抗する態度をとり，鋳型が最終的にはきっと砕かれる結果となる，既存の思想の鋳型にすべてを押し込めようと強制する。それに反し革新派の弱点はそれ自体では，道順を教える何らかの観念を欠いていることである。このゆえに革新派は「新しさ」の要求を単に潮流に身をゆだねることによってうまく処理する傾向があった。またそうすることによって野蛮な行為であるとの保守派の非難に革新派は曝されたのである。その闘争は皇帝たちを二つの対立する陣営に分けることになった。それはまた個々の皇帝たちの「ヘレシー〔異なる意見，異端〕」をいわば彼ら自身に反対して，生み出しがちであった。その異端はハドリアヌスの総合と言われるものの，形式的にして皮相的な統合の内部にさえも見出されるかもしれない。こういう仕方で闘争は，第3世紀の道徳的にして知的な危機として実現することになる根拠

を準備したのである。

　このように政治活動の領域に明らかとなった異端は，帝国社会の諸階層の内部におけるいっそう広く，かつ，深い分裂の一局面に過ぎなかった。ホラティウスは，ユピテルとカピトールが揺るがないかぎりローマの偉大さは継続するであろう，と予言していた。そのさい厳密に国家的な理想の保存が唱道されていた。またウェルギリウスもおそらくその展望においてどちらかというと寛大でコスモポリタン的であったが，軽率な世界主義が有する危険に少なからず鋭敏に気づいていた。しかし今やユピテルの名目上の監督下において〔ローマの神々を祭る〕パンテオンは着実に拡大されていた。そして国家的な神々は地中海沿岸のすべての神々からなる異質の仲間と親しく交わっていた。とはいえ，そこには例外な神もあって，カルタゴのバール神のように明らかに文明以下のものや，ユダヤ人の信じたヤハウェのように文明を超越したものもあった。こうして結局のところ〔愛と美の女神〕ウェヌスとアポロンが暗闇の勢力と戦った勝利は不完全であったことが明らかとなった。

　ローマの寛大な精神を指し示すと受け取られるパンテオンの領土拡張は，現実にはロマニタスの内部に真正な識別原理のようなものが欠如していたことを立証する。帝国の「神々の平和」（pox deorum）は道徳的で知的な多数の不一致を隠していたのである。それは階層制度をもたず，寄せ集めであって，政治本体の内部で生きながらえた深遠な経済的で社会的な区別は言うまでもなく，人種・慣習・伝統のびっくりさせるような集積であった。確かにローマ帝国は「魂のない身体」と言うよりもむしろ多くの部分からなる人格の実例であった。それは〔料理の材料を混合するための〕「ミキシング・ボウル」というプルタルコスの教えに関する恐ろしい解説〔コメント〕となっている。というのも，まずもって大衆は，どちらかというと文化に触

第 4 章　カエサルの国は悪魔の国である　　271

れられないままであったし，組織内部における大衆の役割は単なる黙認のようなものであったから。文学的な言語と方言との間で生じる相違が広まったことは，自治都市（municipium）の洗練された市民を，粗野な小作農や村や国境の兵士から分かつ大きな隔たりを測る尺度なのである。さらに文明化がこのように支配階級に制限されていた間に，学問に近づき得た人たちは張り合っている意見をもつ諸学派の要求に直面しているのに気づいた。だが，この諸学派がたとえ人間の精神について異議をさしはさむ「分派」として片づけられようとも，彼らは精神的な統合に役立つ真の基礎を提供することができなかった。それとはまったく対立的に，彼らは実際に物理的な力によってのみ制御されうる崩壊に向かう諸傾向を促進させた。ウェスパシアヌス皇帝は利口な田舎者の機知でもって「わたしは自分に向かって吠える犬を撃ったりしない」と夢想家らしい態度を表明していた。それにもかかわらず漠然と哲学者と称した人たちが，一般的に言って「カエサルの国」（regnum Caesaris）の内部にあって疑念を懐いたので，政府は何回かの機会にわたって首都から哲学者と称した人たちを追放することによって破壊的な影響から社会を粛正することに着手した。

　こういう人たちの活動は，「社会は最高の地位のもとで死んでいる」という格言の真理を明らかにするのに役立った。あるいはテルトリアヌスの激しい言葉で言い表すと，「彼らは公開の場にやって来て，あなたがたの神々を滅ぼし，あなたがたが拍手喝采する真っ最中にあなたがたの迷信を攻撃する。彼らの何人かはあなたがたの支持を得て断固としてあなたがたの君主にかみつき吠える」[127]。こうしてロマニタスは，まさしく自分が提供した学問を通して自

---

127)　テルトリアヌス『弁明』46。

らの墓穴を掘る武器を, 自分らを中傷する人たちに装備したことが明らかとなる。確かに帝国はコンモドゥス〔マルクス・アウレリウスの息子, ローマ皇帝（在位 180-92 年)〕のような人の叫び声を無視する余裕があった。その叫び声は勝ち目のない犬のはっきりしない憎しみをわずかに反映し, かすかなメシア的な希望によって励まされており, ディオゲネス自身の皮肉な態度と似ていなくはないキリスト教の悲観的な考えをぶちまけたに過ぎなかった。しかしわたしたちが指摘したような教えが知的なサークルに普及していったことは, 広まった失敗と挫折の感覚を教え込むことによって文明に対する反乱に備えるのに役立った。その感覚は永遠のローマの使命に対するウェルギリウスの揺るぎない信仰と著しく相違していた。

セネカの置かれた異常事態

こうした傾向に反対する抵抗は何かあるとしても, 有効な抗議は少なかった。確かにネロの時代まで遡れば, セネカのような人が時代を擁護するためにやって来るのが見出されるかもしれなかった。それは皇帝たちのもとでの人間的な完全性と兄弟愛の美しい夢想に過ぎない浅薄な楽観主義の陳腐な警句という火花を発する文言を纏っていた。だが, セネカの修辞学の輝きは, 彼の地位に固有な異常事態を隠すのに失敗している。セネカは自分がユリウス－クラウディウスという最後にして最悪の「暴君たち」に仕える首相として行動しながら, 自由・平等・兄弟愛の教えを公布した。彼は「迷信」を攻撃しているが, 政治的な神々を「形相の実質」（a matter of form）として, さらに「大衆を市民社会に結びつけるために」役立つものとして迷信礼拝するように勧める。そのさい彼は「どんな役者よりももっと偽善的なもの」として自分自身を見せている, と言われ

ている[128]。最後に彼はその目を主なめぐり合わせに冷静に向けながらも、弁舌さわやかに哲学の任務は人々に「人生を軽蔑すること」にあると教えることだと論じる。セネカの矛盾は理論と実践との間の根本的な欠陥を指摘するようなものである。アウグスティヌスはこういう事態を「セネカの著作に表明されている自由は、彼の実生活には完全に欠けている」と表現することができた。

　たとえセネカがこのように熟練した役者の仮面を身につけていたとしても、彼がわざとひねくれていたり不誠実であったというわけではない。そうではなく、周知のように性格が弱かったにもかかわらず、彼が高潔で善意の男であったことを、あらゆる証拠は示している。確かに厳密にはこのことが原因となって、彼を理解することを困難にしていたのである。なぜなら、このことが彼を、知的に装備していたのに克服できなかった、「ヘレシー〔異なる意見〕」の犠牲者としていたからである。セネカを見ていると分かるのだが、こじつけで口やかましい楽観論にその表現が見出されるヘレシーは、他の同時代の著作家の間にあっては特異なものであっても、あまり特徴的でないものとなって現われる。これと関連してわたしたちは国家に対する後悔の念を虚しくももったローマの詩人ルカヌス〔39-65、スペイン生まれのローマの詩人〕について何か述べる必要はない。さらに進んでこういう人たちが作家と作家が生きている世界との間での一致が欠如していることを露呈していると指摘する必要はない。ユウェナリスを見ていると分かることは、同様に〔社会への〕適応能力がないことが因習的な「悪徳」に対する辛辣な批判の形式をとっていることである。それはまるで諷刺や毒舌の連発が苦痛の種を悪化させること以外に何かを期待できるかのようである。同じ

---

128) アウグスティヌス『神の国』6,10；4,32。

ことがいっそう多く同時代のヘレニズム世界における哲学的なペテン師である〔ギリシアの風刺作家〕ルキアヌスについても言えるかもしれない。

ローマ時代の哲学,ストア派とエピクロス派の対立

　ローマ帝国の文学における異端者たちは,その根源をローマ帝国の哲学の異端者のうちにもっている。アウグストゥス帝国の設立において巨大な物質的な変化は頂点に達したが,新鮮な刺激を人間の思想にもたらすことはなかった。こうして哲学は後退していく過去の着想に依存して生きていると非難されたのであるが,あげくの果てには伝統的な公式を少し修正することのほかに何も実現しなかった。その精神と方法に関してわたしたちはディオゲネス・ラエルティウスの証拠を握っている[129]。ディオゲネスは『哲学者列伝』の序文で思弁的な活動がイオニアのギリシア人たちと一緒に始まり次のような計画表にしたがって年代的にも論理的にも発展したことを指摘している。

(1) 自然学(神学・数学・自然科学・心理学を含む理論的な学問)
(2) 倫理学(実践的な学問——倫理学・美学・経済学・政治学)
(3) 論理学(論証や帰納法や普遍化の方法によって知識やその研究方法の道具についての批判的な考察)

　この計画表では最初に記されているものは,自然学や「宇宙論」(cosmology),つまり自然現象を「説明する」(account for)ために,もしくはギリシア人たちが

---

[129] 彼の日付は不確かであるが,多分3世紀の初め頃栄えていたであろう。

第4章　カエサルの国は悪魔の国である　　275

考えたように「諸々の現象を救うために」(to save the appearances) 観察者が自ら語っている「物語」(story) であることが気づかれるであろう。この説明は根本的なものである。それは「仮説」(hypothesis) か，それとも「倫理学」(ethics) について語らねばならないことに内在する基礎である。こうしてその標語は（ストア派にとってのみならず，あらゆる学派にとって）「自然に従うこと」となる。この用語にどのような特別な〔意味と属性である〕内包が与えられようともそうである。

　この計画表はひとたび確立されると，後に起こるすべての思想のパターンを決定することになった。このことは各自の好みにしたがって分かたれる，さまざまな意見をもつ学派を立ち上げることによって行われた。またこのような好みの各々がディオゲネスが「分派」(sect) とか「異端」(heresy) と呼んでいるものに相当する。これらの異端の歴史は哲学的継承や後継者戦争（diadoché）の歴史である。（彼が注記しているように）そのもっとも重要な側面は，肯定に傾いた者たちと否定に傾いた者たちとの間の，つまり独断主義者と懐疑主義者との間の分裂に向かう傾向である。帝政時代において懐疑主義の立場は，主としてアカデミア学派によって支持されていた。この人たちは判断中止という論理学的な原理から出発し，この原理を利己心の常識的な保証までも問題視するところまで通すのである。そのさい彼らは時に自分の無能力を申し立てる。それに反して独断論は少なくとも二つの重要な意見のグループによって代表されていた。これらのグループは宇宙の姿や表象を「形相」と「質料」の用語によって受け入れる点で一致していた。彼らの見解が相違していたのは，これら二つの原理のうちのどちらが宇宙の秩序を究極的に決定するものとして考えられ得るかの問題に関してであった。ここから「観念論者」と「唯物主義者」との間の歴史的な区別が生

じ,また提出された二者択一の各々が実際は等しく恣意的であるという単純な理由のために長々と論証せねばならぬような議論が生じる。こうしてその功労にもとづいて解決が避けられた問題点は,帝政時代を通してストア派とエピクロス派とを分かつことになったが,それはついにアウグスティヌスがぶっきらぼうな評言「ただ彼らの〔燃え尽きた〕灰だけが生き残った」をもって両方の分派の要求を同様に退けるに至るまで続いた。

　しかし,このことがストア主義の究極的な運命となったとしても,わたしたちは恐らくローマ帝国の最初の2世紀における観念論の主なタイプとしての〔ストア主義の〕役割の意義を無視すべきではない。この立場は,観念論の最大の試みの一つとは言えないとしても,最後の試みとして成し遂げたものであって,古典的な「知識」(scientia)を思惟する人に相応な,かつ,理性的な世界に対する合法的な要求に合うように試みている。またこの意味でストア主義は「迷信的ではなく,うやうやしく」あった自らの体系の功績を要求したのである。こうして国家によって公認された祭儀の上に,またそれを超えて立つものとして,迷信の単なる形式的な定義を解明する試みが始まった。また「自然」(nature)の運命(είμαρμένη)や「秩序,つまり諸原因の連続」(ordo, series causarum)の上に築かれた宇宙論を土台にして,一方において評判の良い大衆的な信仰と他方において真の宗教とを区別する試みとが始まった。それから,この試みは「自然に従え」という教えである倫理学の最高の命令として主張されるように進展した。しかしながらこうした命令が有する意義はこの特別な文脈においては問題的なものとしてとどまっている。なぜならもし自然が事実上は運命であり宿命であるなら,おそらく〔ゼノンの後継者ストア派の〕クレアンテスの聖歌からの有名な詩句「運命は欲する者を導き,欲しない者を引き

ずっていく」(ducunt volentem fata nolentem trahunt) に示されていたように，だれもが自然の定めに反抗する自由をどの程度もっているか定かでないからである。こうして起こってきた難題がストア的論理の主たる問題を構成している。この論理は多数のまったく恣意的な同一視——その結果は〔ストア的な論理の〕単に独断的な性格を強調するようになった——をよりどころとして，問題を解くと言うよりは，巧に逃れている。これらの同一視は「内在的な宇宙的な理性」として非人格的に考えられたストア的なロゴスと関係がある。このように考察するとこの理性は，主観的には「精神」と同等であるとみなされ，客観的には「燃えさかる霊感」(fiery fire = πûϱ や πûϱ πυϱῶδες, セネカの言葉では spiritus = 霊) と同等であると見なされた。それは自然の至るところに注がれており，大きな生物を活性化し，同時にそれはさまざまな構成要素の間に普遍的な「共感」の土台を造りだしている。

セネカとマルクス・アウレリウス

そのような諸々の同一視が疑わしくとも，それらが「自然に従うこと」は「理性に従うことである」との推論を保証していると考えられた。こういう仕方でもって諸々の同一視はストア主義の知恵，もしくはサピエンティア (sapientia) の理想を承認することに役に立った。セネカによってこのサピエンティアが一連の命題で言い表されたのである。その命題の中で彼はこの用語を，セネカと聖パウロとが密かに文通していたとの神話を立ち上がらせるためにキリスト教徒によって用いられたような，仰天させる仕方で用いる。この用語には「神の国」のように，「父なる神と兄弟である人間」と「愛と恵みの法則」が含意されており，この一覧表には漠然とさらに多くのものを付け加えることができよう。このような明瞭な〔ストア派とキリ

スト教の〕比較は驚くべきものではない。というのも，これらすべてはより良い国を夢想している点で，ストア派がキリスト教徒と一致しているからである。しかしながら真の問題点はストア派がそのように行っていたことを保証する根拠である。この関連においてストア的なサピエンティアの弱点は「秩序」と「プロセス」の間を架橋することに失敗したことである。その一つの結果として起こったのは，自己の理想とする秩序についての先入観と一致しないものはすべて，「真のものでない」として否定されるか退けられたのである[130]。

こうしてわたしたちは，実生活の「不穏な動きを見せる動揺」(turulenti motus) から自分自身の創造からなる私的な世界——そこでは少なくとも心の優しさがふんだんに流れていると考えられたかも知れない——に引っ込んで，「不動の，乱されない精神」(immta, inconcussa mens) というストア的な理想を維持する決意をしているセネカを見ることができよう。しかし〔アレクサンドロスの死後マケドニア帝国領を争奪した〕ストア的な武将たちの中でセネカの最後の後継者である，哲学的な皇帝マルクス・アウレリウスにとってそのような解決は許されるものではなかった。それゆえ彼が自分の信念を偽って伝えているように思われる証拠が集積しているのに，わたしたちは彼が暴力のない整然とした世界を信じる権利を情熱的に主張して暮らしているのを見出す。彼は次のように言明する。

> もしもわたしたちの知的な部分がすべての人に共通のものであれば，人間存在としてのわたしたちの状態をわたしたちに授ける理性もまた同様である。このこと

---

130) ここからストア派のパラドックスが起こっており，たとえば賢人は岩の上においてでも幸福であると言われる。

第4章　カエサルの国は悪魔の国である

を認めるならば，わたしたちに実行せよとか実行するなと命令する（実践的な）理性も共通でなければならない。ここからただ一つの法則のみが存在すると結論されよう。そしてもし法則が一つであれば，わたしたちはみな市民仲間であり，一つの身体からなる政体の構成員である。すなわち宇宙は国家のようなものである。なぜならそこでは全人類が市民であると言われるような共同体は他には考えられないから。またこの万人に通じる普遍的な状態からそのような知性と理性の能力も，わたしたちの（自然的な）権利の観念とともに，与えられているに違いない[131]。

マルクス・アウレリウスによってこのように明言された理性の宗教は「宇宙に直面する高度の道徳的感覚という単純な事実から発する絶対的な宗教」として歓迎された。この宗教は「人種や国から独立している」と宣言されていた。「それは革命も進歩も発見もそれを転覆させることはできないであろう」[132]。ところが実際は宗教が大胆に擬人化されており，一種の空中文字となって宇宙の上に単なる人間の合理性を投射し，それを言い換えて自然や神を説明するために使っている。

ストア派のイデオロギーに内在する問題

内在する神というストア派の教説によって創られた諸々の困難に対して，古典的な知識はただ一つのありうる二者択一を提供したに過ぎなかった。それは考えることに疲れた人たちにとって麻痺を引き起こすのにいつも役に立つ懐

---

131) マルクス・アウレリウス『自省録』第4章4節；第7章9節参照。

132) ルナン『マルクス・アウレリウス』16章，272頁。

疑主義からは切り離されていた。この二者択一はもともとはプラトンに由来する超越の教えの中に見出され得たものである。この教えの一つの目的は、人間の自由と責任性の感覚——わたしたちが示唆しておいたように、それはストア派のイデオロギーでは主として曖昧模糊たるものであった——を公平に扱うはずであった。この目的を達成するためにこの教えは、ロゴスもしくは宇宙的な秩序の原理を、質料もしくはその中にストア主義に拠ればロゴスが埋められていた物質やヒュレー〔質料〕から、切り離すという仕方でもってステージ〔舞台〕を移したのである。この成り行きは自由の可能性を擁護するためであった。だが、それは「機会」とか「必要」を再建することを止めるという犠牲を払っていた。それら〔機会とか必要〕はこうして（多かれ少なかれ）独立した事態の機能として再度浮かび上がっていたのであるが。そうすることによってその教えは伝統的なプラトン主義的な倫理を回復させた。この倫理においては人間的な洞察（prudentia=賢慮）が蕩々たる流れに直面して（客観的な）秩序——そこでは類似した役割が「神の摂理」に割り当てられていた——に対する（主体的な）相手役として考察された。このように質料的な無秩序に対立させられて、ロゴスの摂理は今度はさらに遠隔で接近しがたい原理に依存するように想定された。この原理からロゴスの「性格」と「エネルギー」が引き出されるように思われていたのである。そしてこの後者の原理のビジョンは、やがて「至高の」あるいは「最高の」神として人格化されて、人類が腐敗する泥のような衣服である肉体的な身体から解放される、将来のために取っておかれたのである。

プルタルコスの意義とストア派批判

　初期の帝政時代におけるこのような観念の主たる主唱

第4章　カエサルの国は悪魔の国である

者はカエロネアのプルタルコス（紀元約40-120）であった。この観念はたとえば運命に関するエッセイ（道徳論集「運命について」）に明記されている。この書の中で著者は〔プラトンの〕『ティマエオス』その他で提示された観念を土台にしてストア派の教義を批判する。このエッセイは（a）活動としての運命と，（b）実体としての運命として考えられた，ややスコラ的な区別をもってはじまる。前者はわたしたちが「神の働き」（operatio Dei）と呼んでいるものと同じであり，後者はその結果であって「造られた作品」（opus operatum）や自然と同じである[133]。「活動」として考察されると，運命はその範囲内に「宇宙の大変革の全体と時間の全経過」を包含する，「無限から無限に変化するすべてのもの」を含んでいると宣言される。しかしながら運命はそれ自体として無限であり得ず，その性格から見て有限であらねばならない。そうすると運命はどのようにその仕事を実現するのであろうか[134]。この問題に答えてプルタルコスは言う，わたしたちは一般的な術語（概して πολιτικὴ νομοθεσία καθόλου ＝市民法）で語る市民法の例を引き合いに出すことができる，と。こうして個別的な事物の性格を決定することは，ただそれがその存在の論拠（ratio）の中に含意されている限りにおいてである[135]。この立場から「すべては運命によって起こる」という命題に同意しないで，つまりその場合になお偶然性の尺度を入れる余地を残しながら「運命がすべてに及んでいる」と主張することが可能となる。あるいはプルタルコスが説明しているように，船は船であるために特定の仕様書を満たさねばならないが，500フィートの長さをもっていなければ

133）　プルタルコス『道徳論集』「運命について」第1章参照。
134）　プルタルコス，上掲書，第3章参照。
135）　プルタルコス，上掲書，第4章参照。

ならないという必要はない。このように神の摂理の機能を制限することは，そのわざの質料的な欠陥のために起こる「過誤」の責任をとることから免除することができる。

　自然における創造的な活動のこの絵姿に対してプルタルコスは精神と知性のわざをなす人間の間にその相手役を見出す。人類に賢慮と知恵を供給するのは知性であって，それを欠くと彼は「獣よりももっと不幸になる」であろう[136]，と彼は考える。このような「姿勢」でもって再度わたしたちは「性格」と「環境」，「徳」と「幸運」との間の伝統的なアンチテーゼに立ち返る。ここにおいて洞察と慎重さと同一視された徳は，環境世界に対立し，それに直面し，「測定することはチャンスに〔働く〕余地を与えない」[137]と確信して克服するように勇気づけられる。わたしたちは，そこから派生するさまざまな結果のすべてを通してこの考えを追跡することに従うことはできない。そこには「自然」，「理性」，「習慣」の訓練による「徳の完成」として定義された教育理論が前提されていた。このように訓練された徳は，時と環境の殴打に対して難攻不落である，と宣言されていたのである[138]。この意味でそれは解釈の基礎として利用された。たとえば『徳あるいはアレクサンドロス大王の幸運』という二つのエッセイにおいて「王の幸運についてあなたが称賛すればするほど，彼がそれを得るに値した諸徳をあなたは高揚させている」[139]との結論に達している。その重点は幸運が「サンダルを脱いで何時までもとどまる」ように入ってきた人たちの物語，『ローマ人

　　136）　プルタルコス「幸運について」第 3 章。
　　137）　プルタルコス，上掲書，第 4 章。
　　138）　プルタルコス「少年の教育について」参照。
　　139）　プルタルコス『徳あるいはアレクサンドロス大王の幸運』第 2 章 8 節。

第 4 章　カエサルの国は悪魔の国である　　283

の幸運』の中で繰り返される[140]。だが他のどんな箇所よりもいっそう明瞭にそれはよく知られた『類似した人たちの生涯』（Parallel Lives）の中で現われている。これらの伝記の手法を吟味すると，それらが各々またすべて厳密に同じ観念の用語でもって構成されていることがわかる。こうしてプルタルコスはギリシア・ローマ史のさまざまな「典型的な」姿を古典的な性格と偉業の範例として描き出すために選んでいる。描き出されたその姿は，真実に代表的なものである。だが，彼らの内に秘められている卓越性が，推測するに，絶え間ない変化から独立している理想的な秩序に属するがゆえにのみ，選ばれる資格を獲得している。こうして『生涯』はその強い側面と弱い側面の両方にわたって，理解するための原理としてのプルタルコス的な理想主義の価値を明らかにするのに役立っている。また，その意味で『生涯』は古典的な人間性の宗教に対する永続する独特の貢献を果たしている。

　彼が引き出した結論を説明し擁護するのに役立つであろう世界観（Weltanschauung）を探究するにあたって，プルタルコスは，その注意力をエジプトの神話にしっかりと向けるために，ギリシア・ローマ神学の使い古した神話を見捨てる。エジプト神話はイシスに仕える祭司たちの理論と実践に表現されているのであるが，プルタルコスは「それ自身の身から何の根拠もなく成長する単なる蜘蛛の巣ではないもの」として，そうではなく物理的な宇宙の内部に起こる出来事を正確に叙述するものとしてその神話を推薦する。もちろん，それは「象徴的な」形式において提示されたとしてもそうである[141]。この神学においては最高にして究極的な原理は近づきがたいヴェールの背後に隠れている

---

140)　プルタルコス，前掲書，4 節。
141)　プルタルコス『イシスとオシリス』20 節と 76 節参照。

が，このことは原理が目に見え触れることができる世界に何らの影響力を及ぼしていないことを意味しない。その反対に，それは「ダイモンたち」として人格化されて，人々の間に自分を明らかにするものらと厳密に類似する「徳と悪徳との相違」を具現していると考えられた，二次的な力を通して自分の力を発揮する[142]。これらのダイモン的な力の中で二つのことが最高のものとして区別される。前者がオシリスという湿り気と自然における「秩序ある成長」の原理であり[143]，後者のテュポンは燃えさかる要素であって，その乾燥は，それが破壊し殺しているのに，それでも完成するために不可欠である[144]。物体世界における秩序ある成長の原理としてのオシリスは，さらに主体における精神（mens）と原則（ratio）と同一視され，それによって「あらゆる良いものの主人にして支配者」として歓迎される。ところがテュポンは自然の中に病気・嵐・地震・太陽や月の「欠乏」，確かに「季節外れの」出来事として出てくる。それは「没理性的で気まぐれな要素，騒乱を引き起こす野獣的な人間の魂の部分」に等しい[145]。つまりそれは「破壊的要素であって，外から影響を受けやすく変化しやすい要素と混じり合っている」[146]。「この世界の誕生も構成も，対立する力の混合によっている。両者は互角ではない。善なるもののほうが力をもっている」[147]。したがってわたしたちが自然において見ているものは（神学的言語

---

142) プルタルコス，前掲書，25節。「ダイモンにも人間と同様に美徳と悪徳の相違があるのです」。

143) プルタルコス，前掲書，35節。こうしてオシリスはディオニュソスやバッカスと同一視され，〔ピンダロスが言うように〕「喜びの授与者よ，魅力的な果実を木々に繁らせたまえ」と祈られる。

144) プルタルコス，前掲書，39節。

145) プルタルコス，前掲書，49節と50節。

146) プルタルコス，前掲書，55節。

147) プルタルコス，前掲書，49節。

では）母なる大地であるイシスの獲得を求めてオシリスとテュポンとの間に起こる終わることのない闘争として叙述することができよう。イシスは原子の偶然の集合ではなく、「受け入れて満ちることに憧れているもの」として考察される。換言すれば「容器」（receptaculum）として消極的で女性的な原理であって、オシリスから離れると何時までも不毛にとどまらねばならない[148]。他方、オシリスとイシスとの性交（coitio）はテュポンの軽蔑にもかかわらず行われ、「感覚でとらえられるものでありながら、真に思惟されたものの似姿」[149]であるホロスの誕生に役立つ。わたしたちはオリシスを滅ぼし、その子孫を持ち逃げするテュポンの悪辣な努力の物語を詳しく話す必要はない。あるいは少なくとも不適切な要素の「汚染物」にして、したがって「違法の」ものとして焼き印を押す必要はない。テュポンの努力は〔ホロスの〕父が本性上「永遠にして不滅である」[150]がゆえに終わりには失望するように定められているのに、息子は「物質において誕生し、父の本質の似姿であり、その存在の模倣である」[151]。この取り組みの一時的であるが明白な勝利は、遅い冬の季節に行われる「悲しく憂鬱ないけにえを献げる儀式」において祝われ、その敗北は生命の目覚める例年の春の祝祭において祝われる[152]。

この昔の神話が出生地のエジプト人たちに何を意味し

---

148) プルタルコス，前掲書，53節。「それゆえ〔プラトンはイシスを〕乳母だのすべてのものの受容者だのと呼んでいる」。58節参照。

149) プルタルコス，前掲書，54節。

150) プルタルコス，前掲書，54節。「永遠にして不死だが」。

151) プルタルコス，前掲書，53節。「なぜなら物体における誕生は存在の似姿であり、存在するようになるものは存在の模倣であるから」。

152) プルタルコス，前掲書，69節。

たであろうかは一つの問題として残るに違いない。わたしたちの関心はギリシアとローマの哲学の光に照らしてみられたときに何をそれが意味するかを単に指し示すことである[153]。この観点からすると，それはすべての人にとって福音，つまり人間の精神が初めから探し求めてきた真理の「合理化」として推薦されたのである[154]。こうしてプルタルコスが宣言するには，それは「ホメロスとタレスの謎」[155]に包まれていたものであった。とりわけ，恐らく「神々のような姿とか神々にも等しく造られた」[156]人間のホメロス的な姿に包まれていたものであった。そしてそれはダイモンの本性と活動に関するクセノクラテス，エンペドクレス，プラトンの考えと一致していた[157]。そうしたものとしてそれは人類にとって実践的に重要な二つの結論を指し示した。その第一は「身体にいる」間は人類の将来に関与した。ここで予想されうるすべては物質に対する精神の優位をもとめる終わることのない闘争であった。それは季節ごとの変動を見込んでも，実質的な変化のないものであった。しかしながら，このことを超えて精神が「死と破滅に感染しやすいすべて」から，またそこへの移動から物質的な事物によって汚されない純粋な世界（領域）に至る終局的な解放の希望は「死者の王にして指導者である」オシリスの行為のもとに拡がっていた。この世界では遂には「善にして美なるすべての実現である」イシスの保護のもと精神は至福の直視を享受し，それを受容するのであ

---

[153] プルタルコス，前掲書，68節。「哲学からの推論」。
[154] プルタルコス，前掲書，66節。
[155] プルタルコス，前掲書，34節。
[156] プルタルコス，前掲書，26節。「神のような」とか「神に等しき」。
[157] プルタルコス，前掲書，26節。

る[158]。

　プルタルコスの超越論的な考えは神と宇宙,「叡智的」世界と「感覚的」世界の間の隔たりを拡げることで始まり, そこからその懸隔を二者の間の「仲介者」としてダイモンの観念を呼び起こすことによって架橋しようとする。そうすることで彼の考えは二つの危険な可能性を示唆する。この両者はプルタルコスの後継者たちによってプラトン的伝統のうちで徹底的に利用されるようになった。第一の可能性は悪魔論への更なる考察の可能性であり, 第二の可能性は「ダイモンたちの仕事」に対する技術を完成していく可能性である。その結果, 一連の神智学と神的秘術が興隆することになった。このようなものが一緒になって霊的活動力の学問であると公言されたものの理論的にして実践的な側面を構成する。わたしたちはさまざまな形式の催眠術[159], 催眠状態, 自己暗示[160],〔降霊術の〕テーブルたたき[161], 千里眼や予知能力[162]また魔術や死者の霊の再現を含んでいると言うこと以上に, これらの発展を特徴づけるのを止めることはできない。このような傾向はアプレリュス, ポルフェリオス, その他によって2世紀と3世紀の間じゅう単に支持されるようになったばかりか, 実際に促進されもした。このような古典的な精神のどちらかというと脆弱で, 暗い現われに不必要にとどまることによって古典主義に対決する論拠をわたしたちは立て直そうとは願わない。したがってわたしたちは, この期間に知的な指導力

---

158) プルタルコス, 前掲書, 78節。「〔魂たちは〕人間の筆舌には尽くしがたい美……この地上の世界を美しく善きもので満たそうとする」。

159) テルトリアヌス『弁明』22-23.

160) アウグスティヌス『神の国』14巻24章：祭司レスティテゥトゥスの場合。

161) アンミアンス『三一巻史』29,1,29.

162) Philost. Vit. Apollon. Tyan.

が一般に嘆かわしい状態にあったのに，少なくとも一つの輝かしい例外があったことを観察することで満足するであろう。その例外というのはプロティノスの作品の中に見出すことができる。

プロティノスの貢献

　プロティノスの作品は，宇宙と宇宙における人間の地位の正しい状況を獲得する，古典的理性の最終的な奮闘を表明する。それはプラトンの教えを同時代の人たちに理解できるような言葉でもって再び叙述する形式をとっている。師の権威に対する学問的な尊敬によって特徴づけられて，プロティノスの作品はプラトン思想の確固たる核心を具現する。それでもそれが時代の諸傾向に対する意識的な感じ方でもって構想されているかぎり，哲学的なレベルで受容されたと思われるようなアカデミア派，ストア派，新ピタゴラス派的な要素を含んでいる。そしてその精神は一方において唯物論の生き残った諸形式に敵対するように，他方において異教とキリスト教のグノーシスという超自然主義に敵対するように導かれている。プロティノスとともに引力の中心はプラトン主義の客観的で積極的な側面から主観的で神秘的な側面に移されている。またこの観点からこれまで議論されていなかった多くの人間経験の領域が明らかにされた。この方法でもって新プラトン主義は福音を準備する（praeparatio Evangelii）要因としてとても重要になってきた。そしてアウグスティヌス自身が寛大にも認めているように，その多くの要因がアウグスティヌス主義の中に入っていく道を見出すことになった[163]。それでもプロティノスとともに古典的な知識（scientia）の中心が欠如した

163）　これらの要因が何であるかはこの著作の結論部分において示すように試みられるであろう。

ままとなり，哲学はついに防壁の背後に避難所を見出すように追いやられた。賢人の救済という観念に断固として寄りすがりながら救済が「思弁的な能力の集中的な開発」を通して達成されるようにと，プロティノスはそれを理性を超え，実在するものを超えたところに横たわる一者の脱自的なビジョンを与える地点にまで推し進める。この有頂天にさせるレベルから道徳的で社会的な徳は背景に遠ざかっている。プロティノスは宣言する，「賢人は自分の地位を失うことを，あるいは自分の祖国が滅亡することさえも，重要なものだとは考えない」[164]。こうしてポリスの足場が崩れ去っても，個人的な献身はその神との孤独な交わりにおいて示される。このような状況においては，現代の著述家が述べているように，プロティノスが「彼の静穏な講義室を囲んでいるカオスを無視していた」[165]ことは何ら驚くべきことではない。彼の本を読んでも，彼がヴァレリウスとガリエヌスの同時代人であったことが怪しいとは誰も思わないであろう。それでもこの事実はそれ自身彼をもって古典的な哲学がその道の終わりに到達していることを充分に示している。新しくなり活気に満ちた共和国に対するプラトンのビジョンと対照すると，その弟子のプラトン的なポリスは3世紀の危機の間中の恐ろしい現実からの隠遁者のような引退に他ならなかった。

経済的，社会的，政治的な発展に見られる危機

そのような危機を引き起こすのに寄与した経済的，社会的，政治的な発展は，批判的に解明する問題として残っていると考えるべきである。そうは言っても，この問題に関してどのようにして何らかの厳密な結論自身に到達されう

---

164) プロティノス『エネアデス』1,4,7。
165) イング，前掲書，第1巻，27。

るかを考察することは容易ではない。幾つかの可能性がすでに提出されている[166]。これらに対して恐らく帝国の問題はその根底において軍事的で財政上のことであったという提案が加えられるかもしれない[167]。だが，もしそうでなければ困難で不明瞭な状況において一つの事実が問題なく明瞭なものとなる。そのような状況の現実が何であったとしても，それは現実には古典的な「徳」と「悪徳」の問題として考えられていたのである。このことは少なくともあの謎につつまれた収集である「皇帝たちの歴史」，つまりハドリアヌスからディオクレティアヌスの継承に至る「伝記」であると言われているものの証拠から間違いなく推定されうるであろう[168]。この意味でその危機はとどのつまり人間精神の危機として考察されうるであろう。その問題というのはアウグストゥスやアントニウス皇帝たちによって崇められていた「教化」(civilization) の価値がもはや普及していないということである。

この立場からは堕落したコンモドゥス〔161-92 ローマ皇帝（在位 180-192）〕からガリエヌス〔ローマ皇帝（在位 253-68）〕に至る皇帝たちに対する感情的な告発の背後に横たわってる真理を見抜くことは難しい。たとえ疑いなく

---

166) 本書 259-62 頁参照。
167) ホモ『アウレリウス皇帝の統治についての試論』参照。
168) これらの文書についての論争は N.H. バインズ (Baynes)『皇帝たちの歴史』(1926 年) によって良く再検討されている。この著者はその文書を「率直な（反動的な）宣伝」であると同定している点で確かに正しい。この宣伝が等しい保証でもって背教者ユリアヌスによって開始された運動に結びつけられるかどうかは多分確かではなかろう。なぜなら至るところで採用された「徳」と「悪徳」の観念は推測するに無時間的で，恒常不変的であるから。したがって，そういった観念は，4 世紀あるいは実際その他の世紀に対してもっていたのとちょうど同じくらいの（あるいは同じくらい少ない）関連性を 3 世紀の実際の事情に対しもっている。

第4章　カエサルの国は悪魔の国である

伝記作者たちの意図は（少なくともある場合には）広大で包括的な規模での社会的で政治的な実験の試みを隠すのに役立っているにせよ，そうである[169]。このことは，これらの君主たちによって提案された革新が，必然的に正しい方向をとっていたことを含意しない。また歴史家たちは，それなりに，明らかにガリエヌスによって意図された地方分権化の計画に含まれていたような単なる可能性に関心を寄せることはできなかった。他方，ある状況を扱うためにとられた方法がそれが理解された仕方に依存していることは確かである。この関連においてその期間の仕事は一般的に言って再興の仕事として考えられたことは確かに意義がある。つまり第3世紀の夢はもし可能ならば第2世紀の繁栄を「回復させる」ことであった。このことはいわゆるヴァレリウスの検閲制度と関係している「偉大なる道徳的で，かつ，共和国主義者的な反動」と呼ばれているものの文学的な伝統によって示唆されている。そしてここで文学的伝統は「再建者」(restorer)，つまり「世界の再建者」(restitutor orbis)，「全世界の再建者」(restitutor totius orbis)，「平定者にして世界の再建者」(pacator et restitutor orbis) の称号が求められたあの長い系列を示す硬貨の証拠の集合によって支持される[170]。しかしながら哲学は世俗的な仕事を放棄したため，復興の義務は軍務に属する粗野な人間にゆだねられた。戦う皇帝たちを「無責任な力の中心」として退けることはどう見ても正しいことではない。なぜなら彼らはみんな頭上にダモクレス〔ギリシアの伝説的人物で紀元前4世紀シラクサの王ディオニシウス1世の廷臣〕の剣をいただいて働いたからである。彼らが頭に

---

169)　たとえば キーズ（Keyes）『三世紀における騎士階級の勃興』参照。

170)　ホモ前掲書126-27頁およびその注によって作成されたリストを参照。

描いていたことは，事実，その権力内にある何らかの，またすべての手段によってばらばらに壊れている社会をその崩壊から守るという本能的な努力であった。同時に彼らは由緒あるローマ帝国の原則，つまり「平和」(pax)・「平等」(aequitas)；「永遠」(aeternitas)・「優雅」(laetitia)・「美徳」(virtus)・「アウグストゥスの先見」(providentia Augustus)；「当節の幸運」(felicitas saeculi)・「諸時代の幸福」(felicitas temporum)・「戻ってきた幸運」(Fortuna Redux)を思い出すことによって高圧的な方法を是認するようにと求めた。またこれら古代の理想は古代では恐らくユニークな平和主義の調べと結びつけられることになった。それは皇帝プロブス〔ローマ皇帝，在住276-82〕がドナウ川の上で最後の奮闘をするために軍隊を動員していたとき，自信をもって「兵隊たちをもはや必要としないような日が間近に迫っている」と保証したときのように結びつけられていた。こうして再建の仕事はイリュリア〔バルカン半島北西部〕の君主たちによって引き受けられたのであるが，二つの特徴を必然的に含んでいた。第一は反抗的な一団に対して益々強く抑圧を加えて対処することであった。第二は発展してきた事実と必要に一定の譲歩をすることであった。そういうものとして再建の仕事はディオクレティアヌスの仕事でもって頂点に達したと言えるかも知れない。

ディオクレティアヌスの仕事

　ディオクレティアヌス〔245-316，ローマ皇帝（在位284-305)〕はしばしば新秩序の創設者であると見なされる。だが，いっそう正確には古い秩序の最後の偉大な支持者であるとその特徴を述べることができよう。彼の政策の諸要素はそれ以前の君主たちによってすでに予示されていたが，主として第3世紀の経験から引き出されたのである。こ

第4章 カエサルの国は悪魔の国である 293

うして彼の政策は枢機卿会 (the Sacred College), 新首都, 布告による行政を含んでいる。その布告というのは帝国元老院の推薦の言葉といった形式を踏まずに, 直接, 市民や軍隊の諸階層に告げられたのである。それはまた帝国をして, 恐らくはすべてにおいて, だがその技術において, 本格的な現代の組合国家の原型となした, 入念なる組織を含んでいた。この帝国の教練教官のもとにローマ帝国は全体として軍隊の広大な野営として, 一般市民からなる住民は民間人〔非戦闘員〕として扱われた。行政の精神は恐らく価格に関する勅令の序言で使われた言語によってもっともよく例証される。とりとめのない散漫な文章で皇帝は暴利を貪る者らの悪事と貪欲に対して激しい攻撃を始め, 自主規制する帝国経済の楽観的な教えを否認しながら, 需要と供給とを一致させる唯一の効果的な手段として弾圧する政策を提案する。彼はこのことを, 軍隊の要求と貧乏人の必要とを結びつけて考えるために「共通善」を根拠として主張する。掃除夫の業務から学校の教師のそれを並べながら商品と業務の膨大なリストに最高価格の尺度を課すことで締め括っている。この計画は手加減を加えることなくすべての属州において適用され, 買ったり売ったりするにせよ, 指定された商品を市場に出すのを差し控えるにせよ, 法律違反に対する処罰は死刑に値する。こうして契約の自由は貧者の生存の自由という他の自由に味方して置き換えられたのである。こうしてお役所風の階層（それは支払う人たちよりも受け取る人たちの数が多い）を支えるために考案された課税の尺度によってと同じく, この方法によって以前にあった中産階級の楽園は地上における紛れもない地獄に変えられた。ラクタンティウス〔242-325頃, キリスト教の教父〕がそれを生き生きと述べたように, 生きる

にも死ぬにも等しく費用がかかることになった[171]。

また帝国の権力を神聖なものとするためにディオクレティアヌスはキリスト教の根絶を不可避にした政策を論理的な帰結に至るまで発展させた[172]。こうして彼は第二の10年間（decennium）をその世紀のもっとも徹底した情け容赦のない迫害をはじめることによって締め括った。

それにもかかわらず皇帝は結論として論証された彼の方法が効果のないことを生きながら見ることになった。というのも305年の退位でもって彼の行政組織の栄冠であり頂点であった枢機卿会が不和にして闘争的な徒党に解体されたからである。そして6年後，迫害の勅令が突然廃止された。やむをえない事態を素直に受け入れてさまざまな皇帝と大望を抱く人たちはキリスト教徒の支持を取り付けるために互いに〔キリスト教に対して〕高値を付ける競争を開始した。ミラノの勅令は孤独に立っているのではない。それは軽蔑され迫害された「キリストの僕」に対してより良い言葉を献げた一連の声明の結論を表明している[173]。だがミラノの勅令はその意義において少なからずユニークである。というのもその競争者たちがさまざまな段階の寛容を約束していたのに，コンスタンティヌスははっきりとかつ最終的に神々を船外に投げ捨て，19世紀の自由主義を奇妙に予想する仕方でもって国家の宗教的な絶対的中立性を原則的に言明したからである。その間に同時に彼は新し

---

171) ラクタンティウス『迫害者の死について』23節，『賄賂の効く事物の代価に関する勅令』C.L.L. iii, pp.801-41 のためには補足もしくはデッサウ, I.L.L. 前掲書 S.642 参照。

172) 言い換えればユピテルとヘラクレスの保護のもとに君主政治は聖別された。迫害の三つの勅令の日付については Parker, op. cit., p. iij 参照。

173) その最初の声明は311年4月にガレリウスによって発布された。ラクタンティウス前掲書, 34節：エウセビウス『教会史』viii. 17。

い統治のために信徒が祈ってくれるように謙虚になって嘆願した。そうすることによって彼はギリシア・ローマ的な古代の全体に公然と反抗し，共和国の古典的な理念をその本質において公式に廃棄したのである。

第Ⅱ部

修　築

第 5 章

新しい共和国：
コンスタンティヌスと十字架の勝利

はじめに

313 年という年はヨーロッパの歴史における転換点として正しく特徴づけられる。最初の 3 世紀の間〔に起こった〕重要な出来事は、全体としてみると、教会と世界との間の対立の要素を強調するようになっていた[1]。確かにキリスト教がローマの秩序を力ずくで転覆させることを説教したり、弁護したりすることなど決してしなかったのは真実である。それにもかかわらずキリスト教は、ローマの秩序がその内在する理由によって消滅する運命にあると考えていたし、その崩壊の時期がキリストの地上における支配の確立への序曲であると大胆に予想していた。したがってキリスト教は、無政府状態と混乱の歳月のあいだロマニタスに突然降りかかると思われた天罰を冷静にも考えていた。ところがそれは同時に崩壊していく世界に対する配慮

---

1) 問題となっている対立の極端な叙述に関しては次のテキストを参照。テルトリアヌス『弁明』38「わたしたちにとって国家よりも異質なものはない」。『パリウスについて』5「わたしは人々から関係を絶った」。『偶像について』19「一つの魂が二つのことに義務を負うことできない」。その他『見せ物』28-9;『兵士の冠』14;『殉教者たちに』3;『異端者への抗弁』7「アテナエとエルサレムとの間に何の関係があろうか。アカデミア派と教会との間に何の関係があろうか」参照。

と悲しみからの避難所を教会の内部に準備したのである。この精神でもってキリスト教は，また，さまざまな皇帝たち[2]による迫害に抵抗して勝利を収めた。その迫害は最高諮問機関（Sacred College 神聖な枢密院議院）の力から来る最後の試練において最高潮に達した。303 年の春にディオクレティアヌス〔245-316，ローマ皇帝（在位 284-305）〕とマクシミアヌス〔240 頃 -310，ローマ皇帝（在位 286-305, 306-10)〕の熱心な改革の最後の最高の取り組みを表す，三つの勅令が発布された[3]。公認の異教主義に対する「保守的な献身」と呼ばれたものによって鼓舞されて，これらの勅令は信仰を消滅させようとする組織的で集中的な取り組みの基礎を形成した。したがって，勅令が続けて撤回されたことは意義が深いものであった。世俗の秩序に対するキリスト教の勝利を認めることによって両者の間の対立の局面は，突然の予期しない終わりをきたした。またそれ以外のことが起こりえなかったので，古代の宗教的 - 政治的観念の全面的な破産を論証することによって，キリスト教はローマ帝国と教会との間の新鮮な関係を発展させる道を指し示した。これらの関係はいわゆるミラノの勅令において表現されることになった[4]。

---

2) よく知られている迫害はデキウス帝（249-50）とウァレリウス帝（257）の迫害である。
3) エウセビウス『教会史』8,2-16; ラクタンティウス『迫害者たちの死』13 と 15. 彼によると迫害は皇帝ガリレウスによって導かれた狂信的な反キリスト教徒の党派からの圧力に帰せられる。
4) Duchesne, op. cit., ii. p. 56ff. この主題に関係する問題の批判的な展望には H. H. バイネス（Baynes）『コンスタンティヌス大王とキリスト教会』Proc. Brit. Acad. Xv (1929), 409-12 頁，n.42 参照。わたしたちは Baynes の結論を再現してみよう。「ミラノの勅令が作り話であるとしても，この言葉が示している事実は変えられることなく存続する」。

第 5 章　新しい共和国　　　　　　　　　　301

ミラノの勅令の意義

　ミラノの勅令はもちろん特別な目的をもっていた。その目標はキリスト教のために「認可された宗派」(religio licita) の特権を確保することであった。それはキリスト教に味方して多くの決定的な対策を与えた。まず第一に，勅令は信仰を告白する権利のすべてを保証し，キリスト教徒が結果として蒙ったであろういかなる法的な無資格も取り除いた。こうすることによって，勅令は宗教的な理由によって帝国の公益事業から追放されていた人たちの地位を回復させた。同時に異教の宮廷において生け贄を献げる宗教儀式に対する良心的な反対のゆえに，最高諮問機関の指導下に法律にもとづく行為の特権を否定されていた人たちの地位を回復させた。第二に，勅令は誰もその宗教の責務を果たすのを妨げられるべきではないと主張した。こうして勅令は信者たちのために「キリスト教の法」に個人として同意する権利を確実にし，同時に集会と礼拝の完全な自由に対する要求を法的に定着させた。第三に，勅令は売却することで処分されたものや私的な党派に与えたものをも含めて，迫害の間に没収された土地と建物の返還のための有効な対策を施した。同時に，勅令は反抗しないで土地と家屋とを断念するように準備していた人たちに土地と建物とを保証すると約束した。最後に，勅令は教会が財産を保有することを認可することによって教会を〔法人の〕団体として認めた[5]。

　このようにしてキリスト教を〔公的に〕認めることによって，しかしながらコンスタンティヌス〔274-337，ローマ皇帝（在位 306-37）〕とリキニウス〔250 頃 -325，ローマ皇帝（在位 308-23）〕は新しい宗教を許可するために求め

---

　5)　ラクタンティウス，前掲書，48; エウセビゥス，前掲書，10, 5。

られた条項を遥かに超えて進み，遠大で広範囲にわたる意義をもつある種の原則を表明した。なぜならキリスト教信徒に保証された自由は同様にあらゆる宗教の信奉者に及んだからである。「それはわたしたち各人が欲する宗教を追求する自由な権限を，キリスト教徒にも，すべての人にも与えたいためである。……それはわたしたちがキリスト教徒たちの慣例にせよ，自分にもっともふさわしいと思う宗教にせよ，その精神を捧げる機会を何人にも概して否定してはならないと考えたいがためである。……」[6]。したがって人は自分自身にもっとも適切と思われるどんな信念を懐こうとも自由であった。このことは国家の側では精神的な生活をコントロールするいかなる試みに対しても明確な放棄を公式に表明するものであった。こうして精神的な生活は自律的なものである，と宣言された。寛容もしくは完全な宗教的な中立性は，単に政治的に役立つものとしてではなく，公法の根本的な原理として採用された。そのようにこの原理は378年におけるテオドシウス〔346頃-395，東ローマ帝国皇帝（在位379-95），西ローマ帝国皇帝（在位392-95）〕の即位に至るまでとどまった[7]。またそのようなものとして続く皇帝たちによって——ユリアヌス〔331-63，ローマ皇帝（在位361-63）〕とウァレンティニアヌス〔321-75，ローマ皇帝（在位364-75）〕の立場のように異なった立場からも——再確認された。

　このように考えてみると，ミラノの勅令は人間関係の歴史における画期的事件となっている。それはローマの秩序を東方に由来する異教の諸観念を援用して再建しようとした先に述べた試みに対する決定的な否認を提示する。少なくともこれらの諸観念が帝国の権力の理論と実行に影響し

---

6) ラクタンティウス，前掲書（勅令の引用による）。
7) Mommsen-Mrquardt, op. cit., xviii, *Droit Penal*, ii, §2, p. 303ff.

第 5 章　新しい共和国　　303

たかぎりではそうである。この関連においてはディオクレティアヌスとその同僚たちの使命は，〔マルクス・〕アウレリウスによって着手され，その皇帝の評判を貶めることになった反動によって中断された諸政策を復活させ，かつ，その論理的な結論にまで導くことにあった。それらの諸政策は「王家の慣習規定」（forma regiae consuetudinis）の中に発表されていた。それは一種の「全体主義」であって，その要求が絶対的かつ排他的にして妥協を許さない性質であるがゆえに，ロマニタスの最終的な愚かさを表わしていた。

　コンスタンティヌスがこのように事実上東方の神聖なる君主制を拒否したとしても，彼は昔のギリシア‐ローマ的な瀕死のヒューマニズムに，つまりそこでは一種の公認の神々に対する祭儀が組織化された社会の必要不可欠な機能として認められていた古典的なポリスに，帰ろうとするいかなる意図もなかった。この観点からすると彼が行った精神的な自由の公布は，古代の経験において見出される自由が何であれ，そこからの真正な離脱を表明している。人間生活のすべての領域に対する政治的なコントロールからの形式的な分離は，国家を相対的に無意味なものへと導いた。そしてこのことは「皇帝のものは皇帝に返還せよ」（reddite Caesaris Caesari）という有名な聖書の一節で長い間キリスト教によって表明されてきた要求に影響を与えた。こうしてそれは信徒たち〔の要求〕と一致するのを可能にするように思われた。それは同時にとくにキリスト教的な社会哲学の要素を発展させ，かつ，適応させるように挑戦する機会を信徒たちに提供した。こういう仕方でもってそれはまったく自由な観念──キリスト教的な共和国のプロジェクトを指し示した。この観念によって数世紀の傾向が逆転することになり，ロマニタスは教会の庇護のもとに新しい生活の共有地を獲得することになった。

権力闘争の概略と継承した遺産

このように主張するためには，皇帝〔コンスタンティヌス〕がローマ帝国軍旗 (Labarum) を掲げて自ら十字架の兵士であると宣言したとき，彼の重大な行為に含まれていることを皇帝が明瞭に予期していたと信じる必要はない。反対に彼の動機が野心的であって，彼は直面していた当面の状況を超えて〔何も〕見ていなかったことは，真にありそうなことである。コンスタンティヌスはどう見ても彼が生きていた時代の典型的な軍人の政治家であった。同時に彼はエピゴノイ〔テーベ遠征の七勇士の子孫たち〕の一人であって，全くそつがなく，ディオクレティアヌスの〔権威としての〕マントのために格闘した人たちのなかでもっとも有能な者であった。そもそも彼はその父，皇帝コンスタンティウス・クロルス〔250頃-306，ローマ皇帝（在位293-306）コンスタンティヌス大帝の父〕の夭逝のあとヨークにおいて軍隊によってアウグストゥスの呼称で歓呼して迎えられた後，その当時，第二次四頭政治（306年7月）の首席であったガレリウス〔250頃-311，東ローマ皇帝（在位305-11）〕によってカエサルとしての地位をしぶしぶ受け入れたのであった。彼は数か月後にディオクレティアヌスのもともとの同僚マクシミアヌスの娘と結婚することによって王家との関係に入っていった。このマクシミアヌスは必然的にその仲間と一緒に305年3月1日に辞任させられていた。そしてガレリウスがその間にリキニウス（前出）に西方における王権を授けていたけれども（308年11月），マクシミアヌスは少なくとも307年から自分をアウグストゥスとして表明し続けた。彼が皇帝の地位を再び得ようとの不運な企てに敢然と挑んだ310年に，コンスタンティヌスは彼を逮捕させ，死刑に処した。その後，彼は，「神のようなクラウディウスの孫，神のようなコンスタンティウスの息子」(divi Claudi nepos, divi

第5章　新しい共和国

Constati filius)[8]としてのコンスタンティウスとクラウディウス・ゴティクスを通して，他に頼らない世襲の権利を主張した。次の年にガレリウスがニコメディアで死んだとき，王朝の危機が起こり，以前のライバルであったコンスタンティヌスとリキニウスの間の協約に不安が発生した。312年にコンスタンティヌスはアルプスを越えて強奪者マクセンティウス（マクシミアヌスの息子）を有名なミルヴィアン・ブリッジの取り決めで打倒し，古代からの首都に入場した。ところがリキニウスのほうはマクシミヌス・ダイアを鎮圧することに取りかかった。この人はガレリウスによって指名されたもう一人であり，ガレリウスの死後，古参のアウグストゥスとして東方を占領していた。このような段階を通してコンスタンティヌスとリキニウスがローマ世界の共同支配者として台頭してきた。彼らの結束は結婚による同盟によって，またミラノで立案された調書の言葉に共同して誓約した事実によって固められた。

きわめて簡素な概略でもって示されたように，権力を求めての闘争の核心はそのようであった。それはディオクレティアヌスの引退に続いて起こったことであって，自動的に自己補充をする四頭政治の手段によって政治的な安定性を保証しようとする彼の計画がいかに無意味であったかを暴露した。王朝の連合と伝統的な要求によって強化された個人的な野望は中断されて，前世紀の最悪の記憶を思い出させる一連の内戦を引き起こしていた。その状況は，注意深い司法組織の内部において，数名のエピゴノイ〔つまりテーベ遠征の七勇士の子孫たち〕が最高諮問機関が共通に懐いていたはずの政策の原理に対して徹底的に異質な方針を採用した事実によって複雑になっていた。

これらの人たちが相続していたものは，確かに悪い遺産

---

8) Dessau, *I. L. S.* 699, 702.

であった。最高諮問機関のもとにあって正義は，人民の意志とか普遍的な理性とかのいずれかの表現として，もはや考えられなかった。そして正義は権利ではなく恩恵の表現であった。したがって祭壇が法廷において建てられ，そして弁護するためには訴訟当事者たちは皇帝陛下に犠牲を捧げることが求められ，その大臣たちを「神の」意志の代理人として呼びかけた。さらに統治の新しい理論は行政長官と主〔キリスト〕の権利との間に混乱を必然的に含んでいたので，それは国家──国民に反対するものとしての──によって求められた権力に何らの制限を認めなかった。こうして一般的な評価額の課税を課すにあたって財政上の役人たちは武装した征服者の精神でもって属州に侵入したといわれている[9]。鞭打ちと拷問を勝手に適応することによってイタリア人と属州の人たちとは，同様に，課税できる富の最終的な必要事項を明らかにするように強いられた。こうして穀物の年間収益高や財政上の見返り援助はこれまで課されていたよりも少なからず冷酷に集められた。民間人の権利は財産の権利と同様に少しも考慮されなかった。〔古代ローマ帝国初期の政治形態である〕元首政治のもとでは奴隷に制限されていた拷問は，今や自由人に科されたばかりか，地方自治の上流社会にも科された。しかもそれは犯罪者の場合と同じく民間人にも科されたのである。名門貴族たち（honestiores）には死刑の恐怖が，十字架刑のように奴隷的で，かつ，品位を落とす執行形式の採用によって強化された。同時に身分の低い階級の犯罪者に

---

[9] このような課税のためにディオクレティアヌスによって制定された恐るべき指示についてパーカー，前掲書283-85頁参照。その課税には（a）くびき（iugum）もしくは土地税と（b）人頭税（capitatio）が含まれていた。ラクタンティウスの言葉にはこれらの税金を課そうとしたとき政府が出会った対決が，とりわけ西暦167年以来直接的な課税から除外されていたイタリアにおいて，反映している。

は生きながらゆっくりと火あぶりの刑に処せられるという強烈な苦痛が準備されていた[10]。そのような方法が導入されたのは，とりわけマクシミアヌスの責任と見なされているが，価格に関するディオクレティアヌスの勅令への序文は，少なからず恣意的で独裁的な精神を示している。この二人の皇帝の間では法の支配がまったく消滅していることが明らかである。

コンスタンティヌスの政策の特質

政治的自由の弾圧を求める絶対主義は，宗教的な自由に対して少なからず敵対的であった。確かにそのような決定的な行為を求める組織の内部においては教会が安全であることはありえなかった。そして〔教会教父〕ラクタンティウスの見解からは〔政治的自由と宗教的な自由の〕二つの問題がどのように同時代人の精神において混同されているかを把握することができる。というのもキリスト教と古典主義の間には初期段階での相違が決定的なほどに明らかであったけれども，両者はある意味で破棄できない人格性の権利を主張する点で合意していた。したがって新しい独裁主義に対して反対する点で共通していた教会と昔の共和主義の左派であったものとは，ついに和解できる基礎を見出した。そして両者はこれまでの彼らの敵対関係を利用すべく備えた闘士としてコンスタンティヌスを見出した。皇帝の大胆さと独創性は彼がこのチャンスを見て捉えた事実の内に見出される。

この観点から見ると，コンスタンティヌスの演じた役割は，ある程度であるが，彼の先祖たちによって決定されていた。市民階層とキリスト教徒に対するコンスタンティウス・クロルスの同情が彼のもっと有名な息子〔コンスタ

---

10) ラクタンティウス，前掲書，21-23 頁。

ンティヌス大帝〕の同情を予示していたということは，伝統が明らかにしている。こうしてエウトロピウス〔有名なローマ史の作者〕はコンスタンティウスを例外的な人間として叙述した後，市民的な責務の感覚で注目に値することであるが[11]，彼が属州の繁栄を熱心に支持し，国庫の要求を押しつけるのを躊躇したことを付け加えている。そしてコンスタンティヌスは富が一つの財布の中に集中するよりも，民間の手を通して行き渡るべきであると考えた。またカエサレアのエウセビオス〔264頃-340，司教で『教会史』の著者〕はコンスタンティヌスのキリスト教徒たちに対する友好的な関係を強調する。コンスタンティヌスの司法制度の中では彼ら〔キリスト教徒〕は，どこにおいても国家の最高の官職にまで上げられており，ニコメディアから発する迫害に対する一般的な勅令にもかかわらず，その地では彼らは支持されたのである[12]。エウセビオスは他の箇所でコンスタンティヌスの皇室に行き渡っている純粋で健全な雰囲気を語っている間に，疑いなく最高神（supremus deus），つまり太陽崇拝を奉じるプラトン的な一神教という「いと高き神」に対する献身について語っている[13]。

　しかしコンスタンティヌスの性格と動機について何が考えられようとも，彼の仕事の計り知れない意義に関しては疑問の余地がない。心の底から宗教的であるか，それとも（恐らくは）気質的に迷信的であったか，記録された彼の言葉は「神性」（divinitas）に対する言及に満ちている。彼はその父と同じくこの神性に対し無制限に献身する。その漠然とした観念は，時の経過とともにゆっくりとヤハウェの特徴を採るようになった。「神の霊感でもっ

---

11) x. 1;「卓越した人にしてもっとも優れた市民的な人」。
12) エウセビオス『コンスタンティウスの生涯』1, 13-16。
13) エウセビオス，前掲書，16-17。

て，精神の偉大さでもって」(Instinctu divinitatis, mentis magnitudine) とローマにある彼の凱旋門に刻まれた碑文は，霊感を受けた英雄もしくは運命の人として彼を描いているように思われる[14]。彼のイタリアでの軍事行動では彼の様子はそのようであったので，キリスト教の伝統によると，彼は十字架のビジョンを経験し，「このしるしの下に勝て」(hoc signo vince) という合言葉を受け取ったのである[15]。したがってイタリアへの侵略は，コンスタンティヌスの生涯における一つの危機として特徴づけられ，そこから逃れることができない未来に彼をかかわらせたのである。精神的な自由の闘士として現われながら，彼は歳月を重ねる間に徐々に教会の擁護者から改宗者に改造された[16]。同時に皇帝の改宗は，キリスト教皇帝の事業を示唆することによって，歴史的展開の新しい一時代をはじめるのに役立った。

カエサレアのエウセビオス

アウグストゥス皇帝の遠い昔の日々のように，ローマ世界はもう一度新しい希望と新しい出発の感覚によって奮起させられた。コンスタンティヌスはアウグストゥスとは違って，自分を称賛する〔ウェルギリウスのような〕詩人がいなかった。しかし彼にはそのような詩人がいないので，彼は巫女の予言の要素と一緒に，素朴にもウェリギリウスのメシア的な発言を思い出し，迷信的な畏敬の念を

---

14) 「神の霊感」という言葉はプルタルコスによっても同じ意味で厳密に使われている。プルタルコス『アレクサンドロス大王』(Virt. aut Fort.) 1,9. アレクサンドロス大王に関しては「これら高貴な事物に対する神的な霊感によって」とあり，さらに 2,10 を参照。アレクサンドロスはヘラクレスのように運命に直面し，彼の精神の偉大さによってそれを克服する。

15) バインズ，前掲書，401 頁と 402 頁 n.33 を参照。

16) ギボン，前掲書，20 章，289 頁。

もってその要素を自分自身に適用した。ほぼ同じ精神でもって彼は記念碑——それによって彼は自分の統治の栄光を言いふらそうとした——を飾るためにトラヤヌスの凱旋門から素材を盗用した。彼の称賛者たちは、今なお破壊されるべき莫大な悪事を考慮し、それを修正する必要を感じているかのように、その時代を粉飾されたものとして描くことで満足し、真の黄金時代のように描くことを差し控えたのである。

しかしコンスタンティヌスには彼の徳を公に宣言するウェルギリウスのような人物がないとしても、彼は少なくとも彼を讃えるエウセビオスをもっていた。カエサレアのエウセビオスはヨーロッパの舞台を横断的に行動した教会政治家の長い系列における最初の人物として位置づけられる。「皇帝との親密なコミュニケーションの内に生き、皇帝の政策の内的な作業の多くを知っている」一人として、ニカイア公会議の開かれている間、帝国の王座の右側に座していた人としてのエウセビオスの地位のことを考えると、また全教会の信条と戒律を作るのに決定的な影響を行使したことを考えると[17]、彼の仰々しい発言に時代の確実な声を見て取るのは決して行き過ぎたことではない。

エウセビオスにとって教会の光栄ある、だが予期していなかった勝利は、人類の歴史における神の手である「神の活動」（operatio Dei）の決定的な証拠である。同時に思想の安易で生まれつきの混乱によって、教会の勝利はキリスト教が成功した哲学であるという危険な誤謬をそれとなく示した。エウセビオスは皇帝自身の信仰告白を支持して引用するが、この信仰告白はリキニウスの敗北が皇帝の最後の恐るべき敵から彼を救った後に作成されたものであ

---

17) F. J. ホークス - ジャクソン（Foakes-Jackson）,『ポンフィリのエウセビウス』3 頁。

第5章　新しい共和国　　　　　　　　　　　311

る[18]。

> ……神の神聖な律法を忠実に果たし，神の命令に対する違反からしりごみする人たちは豊かな祝福をもって報われ，根拠の確かな希望と彼らの事業を完成させる十分な力とを授けられているように思われる。他方，不信心な心をもち続ける人たちは，悪い選択をなした結末を経験したのである。……わたし自身はというと，その奉仕を神が神の意志を実現するのにふさわしいとお考えになる代理人であった。したがって……神の力で助けられて流布していた悪のあらゆる形を払いのけ滅ぼしたのである。そのとき懐いた希望は，人類がわたしの仲介で啓発されて神の聖なる律法を然るべく遵守するように思い出されるかも知れないし，同時にわたしたちのもっとも祝福された信仰が，全能の御手の導きを得て，栄えるかも知れないということであった。

わたしたちの関心はこれらの〔感情のまざった〕見解の真理や虚偽に関してではなく，むしろそれらを受容した結果である。この観点から見るとコンスタンティヌスは，迫害した者たちに対する神の復讐を果たす神の使いとなるために，至高の神によって任命された闘士として描写されている[19]。迫害者たちの運命はヘブライの預言者の激昂を思い出す言葉でもって述べられている。他の箇所では皇帝が，至高の王者に敵対して正気を失って不敬虔な腕をもたげて，神に挑むティタン〔巨人族の一人〕を滅ぼすものと

---
18) エウセビオス『コンスタンティヌスの生涯』2,24 と 28。
19) エウセビオス『称賛演説』(Panegyricus) 7,623B-624。

して登場する[20]。それゆえ神はコンスタンティヌスを統治者とすることによって彼に報いたのである[21]。そのさい神は彼だけが鎮圧されることなく無敵な仕方でもって，中断されることがない勝利の生涯を追求することができる方途でもって彼に成功を授けた。そしてコンスタンティヌスは歴史と伝統が記録する誰よりも偉大な支配者となった。こういう言句の中にわたしたちは碑文にある「勝利に輝く，もっとも偉大な，きわめて愛情深く，かつ，とても実り豊かなアウグストゥス」(victoriosissimus et maximis, maximus piissimus felicissimus Augustus) を見つけることができよう。この君主のゆえに軍隊は「神よ，あなたは無傷にして勝利者なる将軍を守りたまえ」(Deus, incolumem et victorem serves imperatorem) と祈るように教えられたのである[22]。

　十字架の軍旗があらゆるところに随行した勝利は，キリスト教の君主が海から海に，川から地球の果てまで支配する日が来るという約束を与えた[23]。したがって青年期の適切な育成者であった平和がその影響力を世界中に拡げ，また豊かな平和と共に義を拡げるようになる。「彼らは剣を打ち直して鋤とし，槍を打ち直して鎌とする。そして国は国に向かって剣を上げず，もはや戦うことを学ばない」（イザヤ 2.4）。これらの昔の公約は過ぎ去った時代にヘブライ人たちのために作られたものであったが，今や新しい共和国において目に見える形で実現しようとしている[24]。

　このようにしてエウセビオスがコンスタンティヌスの時代に探し求めたものは，まさに人々の世俗的な希望，つま

---

20)　エウセビオス『コンスタンティヌスの生涯』1,5。
21)　エウセビオス，前掲書，1,6。
22)　エウセビオス，前掲書，4,20。
23)　エウセビオス，前掲書，2,7。
24)　エウセビオス『称賛演説』16。

り普遍的で恒常的な平和の実現であったと思われる。それは古典的ローマがその民のために作成していたものであったが，それについてローマの平和（Pax Romana）は単にぼんやりした不完全な予想に過ぎなかった。そしてエウセビオスの確信の根拠を書きとめることは重要である。これらの根拠はキリスト教が人類の連帯意識のための，これまでは欠けていた土台を提供した事実のうちにある。ヘレニズムとギリシア‐ローマ世界のシンクレティックな〔諸説を統合する〕運動に対して公正の点では何か劣ってはいるが，エウセビオスは民の間にある競争の執拗さを民族的で地方的な神々の存在に対する信仰の責任にしている。この神々はセクト主義の理想にとって中心点として活動する。しかし創造主にして全人類の救済者である唯一神聖なる神のキリストにおける啓示を通して，異教の多くの神々は滅ぼされ，ヤハウェの優位が，粗野なものにも教養ある者にも，人々が住んでいる大地の果てまで，すべての者に対して宣言される[25]。

　神の下には皇帝がいる。少なくとも（聖パウロに由来する）キリスト教的な思想の一つのタイプは合法性の完全な基準をこの世的な権威に対し認めている。エウセビオスにとってそのような権威がキリスト教の君主によって行使された場合には，それ自体で神的なものに似ている。

> キリスト教の君主は地上の政治を神的な原形にしたがって組み立て，神の君主政治との一致において力を感じる。……というのも君主政治は確かにその他のあらゆる憲法と支配形態を遥かに超越しているから。なぜならその反対である民主的な権力の平等は，むしろ

---

25)　エウセビオス，前掲書，9。

無政府主義や無秩序と言われるから[26]。

　わたしたちの皇帝はその権威の源泉を上からいただいており，その聖なる称号の力において強力である。彼が地上で支配する人たちを彼は独り子の御言葉や救い主のところに連れていき，その御国の臣下にふさわしい者とする。……彼は真理の敵を征服し懲しめる……[27]。

したがってコンスタンティヌスは神の正義にもとづく皇帝であった。

　すべてのものの神，全宇宙の最高の統治者は，このように有名な両親の子孫であるコンスタンティヌスを，ご自身の意志によって君主としてまた統治者として任命するであろう。こうして他の人たちが彼らの仲間の選びによってこの栄誉ある地位に揚げられたとしても，彼は，その昇進にいかなる人も貢献したと誇ることがない，一人の人としてユニークである[28]。

このような感情をキリスト教徒のラクタンティウスが共鳴している。

　至高の神の摂理はあなたを君主の尊厳ある地位に高めた。そして神の摂理は真の献身でもって他の悪い政策をくつがえし，彼らの誤謬を正し，父らしい柔和な精神でもって人々の安全のための対策を立てることを可能にした。また真正なる統治の本性がすべての者に明

---

26) エウセビオス，前掲書，3.「原型的なイデアに一致して統治する」。
27) エウセビオス，前掲書，2。
28) エウセビオス『コンスタンティヌスの生涯』1,24。

第5章 新しい共和国

らかになるために，主なる神があなたの手に引き渡した犯罪者を共和国から取り除いたのである。……生まれつきの神聖な性格と真理の認識でもってあなたはすべてのことにおいて正義のわざを完成させる。それゆえ人間の出来事を整える仕事のために神の力がその代理人や奉仕者としてあなたを雇ったことは適切であった[29]。

コンスタンティヌスは神のような特徴と称号を神の代理者と快く交換することによって，失ったものよりも獲得したもののほうが多かったように思われる。確かにエウセビオスやラクタンティウスのような発言は，苦しい経験を通して敵意と迫害の危険を正しく認識するようにキリスト教徒たちに教えたかもしれないが，それでも彼らはギリシア人からこの危険が贈物を意味することを理解するように悟らねばならなかったことを示唆している。これら〔敵意と迫害〕の危険が現れると，少なくとも教会の内部の業務に対し政治的に干渉されるのを防ぐために，ある意味で新しい「帝国」の装いをもたせ，教会の業務に資格を与える必要があることが明らかとなった。この点でコンスタンティヌス自身は自制することを学んでいる態度を至るところで示し，「〔教会の〕外にいる人たちの監視者」[30]という称号

---

29) ラクタンティウス『神聖な教義』2,26（ミーニュ版）。この引用文は恐らくは改ざんされている。C.S.E.L 19, i, 668 頁 (Vienna,1897). それは 27 章の脚注として印刷されている。Mayor-Souter(Camb.1917). Monceaux,『キリスト教的アフリカの文学史』(1903), 第 3 巻 301-3 頁はそれに対して懐疑的である。Pichon『ラクタンティウス』(1901)，6 頁以下はそれを真正なものとして受け取る。Bardenhewer『古代キリスト教文学史』(1914)，第 2 巻，535 頁参照。

30) エウセビオス『コンスタンティヌスの生涯』4, 24. この語句の解釈についてバインズ，前掲書，注 70 を参照。バインズはそれを「大神祇官」(pontife maximus) という異教的な称号のキリスト教的な

で甘んじていた。このような穏健さを彼はアレイオス主義との論争が続いている間は控えめな振る舞いでもって示した。というのも，そこで問題になっていることは「言葉に関するどうでも良い愚かな討論」[31]に過ぎないと自ら説明してはいても，それは教会の一致のためにとても必要なこととして干渉することがまったく許されるべきではないからである。それにもかかわらずニカイアに召集された司教たちの代表者からなる集会に服従することによって，彼はそのような問題の決断が自分の力量を超えていることを告白した。とはいえ彼の息子のコンスタンティウスは，そのような寛容を実行しなかった。彼は大胆にも神学上の論争に首を突っ込み，ニカイア信条の修正を教会の権威者たちに課そうと望んで，彼の権威が帝国の権力の神聖なる貯蔵庫として，国家と同様に教会にとっても最高のものである，と論じた。そして「わたしが意志するものは何であれ，拘束力があると考えよ」と宣言することによって彼は自分の意志が教皇の無謬性に優るとみなした。

キリスト教皇帝の特色と革新

そのような発展を考慮すると，諸々の取り組みが，やがて特権の理論に一種の制限を導入するようになったことは驚くべきことではない。この制限はもちろんその性格において合憲なものではありえなかった。「合法的な支配」（imperium legitimum）は時代遅れの観念であって，共和国の古臭い古典的な理念の一部としてある以外には無意味なものであった。それゆえ皇帝 - 教皇制主唱者（Caesaropapism）に対する4世紀の対抗者たちは，新しい急場しのぎの方策を採るように駆り立てられた。彼らは皇

解釈であると見なしている。さらにパーカー，前掲書，301頁参照。
  31) エウセビオス『コンスタンティヌスの生涯』2, 71。

第 5 章　新しい共和国　　317

帝がエクレシア（教会）の一構成員であって，その頭ではない，つまり他のすべての人と同様にキリスト教的な法律に，またその結果，教会の規律に服従し，教会の守護者となるように神によって任命されたと論じた。そのような理念の導入はキリスト教皇帝に独特な特色を与えており，オリエントの君主政体——これとそれはときどき混同される——から区別するのに役立つ。その理念の有効性はその世紀のあいだ検証されることになった。それはまず初めにコンスタンティウスの手による政治的圧力に対してアタナシオス〔296 頃 -373, アレクサンドリアの司教でギリシアの神学者〕によって提案され，その抵抗は成功して，続くミラノのアンブロシウス〔339 頃 -397, ミラノの司教〕の厳しい要求に対するテオドシウス帝の服従で，検証されることになった。このような英雄的な闘いは，厳密に政治的な観点からすると，恐らく「皇帝の良心の祭司的守護者」に対する「危険な権威づけ」として説明されるかもしれない違犯の結果を例証する[32]。こうして彼ら〔アタナシオスとアンブロシウス〕はまた中世における教皇たちと君主らの間に生じた有名な衝突の前兆となっている。事実，彼らは教会の帝国主義の成長を示す里程標なのである。

　だが，そのような発展はなお将来のことであった。当面の状況に関する限り，もっとも重要な意味をもつ事実は，同時代のキリスト教思想が帝国の権威に対して正当性の主張を新たに提出するように思われたことである。そのさい支配者が司祭の手によってその王冠を受け取るようになるまでには，なお 1 世紀以上経たねばならなかったとしても，その正当性の主張をむしろ，どちらかというとヘブライ的な王国の理論と融合させたのである[33]。こうして皇帝

　32）　ギボン，前掲書，27 章，175-76 頁。
　33）　ビュリイ『エッセイ集』104 頁。

はその前任者たちの誰も自分らをそこから引き離して自由にすることができなかった制限から〔今や〕解放されたのである。神の恩恵による統治者として皇帝は，躊躇することなく王朝の政策を発展させることができた。このことは皇帝の個人的な念願と軍隊の意向——軍隊はその支配者として「コンスタンティヌスの息子たちだけ」を要求していた——を直ちに満足させた。同時に皇帝は政治的行動の観念のために，とりわけ改革の目的のために法律を使うことに関して，新しい保証を確保したのである。確かに皇帝の統治は並ぶもののない立法上の活動の時期を導入させることになった。これら政治的な絶対主義と社会的で道徳的な革新という二つの考えは，キリスト教的な帝国における運動を理解するのに必要な手がかりを提供する。この二つはコンスタンティヌスによって創始された時代の根本思想であった。

　こうして，たとえばキリスト教君主は，王にふさわしい儀式を自分に盗用しても間違っていると感じたことがなかった。その儀式は，最高諮問機関のもとでは，共和主義の自由な諸形式に取って代えられた。したがってキリスト教君主は，少し前に巧に考案された宮廷の儀式を引き継いだ。その中には「神聖なるもの」の前で平伏する風習のような屈辱を与える行事が含まれていた。それと一緒に「女神のような教え」（divalia praecepta）が帝国の信書として表現されるようになった崇拝の諸形式が，帝国の末端に至るまで地方の高位の人たちによって受容された。そのような革新の試みは，帝国の権力に神々しさの香りを授けるというディオクレティアヌスがめざした産物であったが，ローマ世界の内部に一般にオリエント主義として記述されている最高水位の印として記録されていたものであった。そのような革新の試みがキリスト教皇帝のもとでは弱められているが，それでも何か曖昧な感じで受け取られたので

第 5 章　新しい共和国　　319

ある。このことはたとえば神の礼拝と皇帝の肖像に対する畏敬の念との間を識別する法典の努力から見られるかもしれない[34]。こうして直前の前任者たちによって定められた王冠と宝石をちりばめた礼服を採用したが，コンスタンティヌスも彼らには因習的なものであった諸称号――愛情深い，至福な，無敵な（pius, felix, invictus）――をも身につけた[35]。それにもかかわらず，そのような通称はキリストの信奉者よりも異教徒に似つかわしいものであった。

　東ローマ帝国（Lower Empire）の内にはその他の特徴が瓦礫のように存続し，最高度に発達したオリエント主義によってそのレベルを表わしており，ビザンツの壮麗さに東西ローマの中間段階としての特別な性格を付与している。このことに関する実例は手の込んでいる宮廷生活の中に見出されるかもしれない。そこには群がるように多数の床屋，料理人，下男，その数がコンスタンティウス2世のもとでは恥ずかしいほどの割合に達した宦官が見出される[36]。それは隠し立てをしない王朝体制においても恐らく見られるであろう。この王朝主義はコンスタンティウスの息子たちの即位にさいし，ローマの年代記には先例のない大殺戮を起こさせることになった。それは可能性を秘めていた競争相手の大規模な清算となり，そこから王室の血統をひくただ二人の青年だけが死なないで逃亡した。この王朝体制はまもなく奇妙な形式を採用することになった。軍隊のいる前でウァレンティニアヌス1世〔321-75，ローマ帝国皇帝（在位364-75）〕が厳かに当時8歳の息子グラティアヌス〔359-83，ローマ皇帝（称号367，在位375-83）〕に皇帝の地位を授けた。これによって帝国の福祉を一人は怠

---

34)　テオドシウス法典15,4,1（425年）。
35)　Dessau, I.L.S.702.
36)　アンミアヌス『三一巻史』xxii. 4. 1-5.

け者であり，もう一人は間抜けであった，二人の若者の名目上の管理にゆだねるという，テオドシウス〔346-95, 東ローマ帝国皇帝（在位 379-95），西ローマ帝国皇帝（在位 392-95）〕の行動に対する前例が設けられた。それはまた帝国の権利を強化する目的で婚姻関係を利用することによって有名になった。たとえばグラティアヌスは第二フラウィウス家の世襲権を獲得するためにコンスタンティヌスの孫娘を妻にした。この体制は終に帝国の有効な管理を婦人たちの手にゆだねることになった。テオドシウス王朝のその後の歴史はローマの最初の女帝であるパリキディアとプルケリアの生涯を軸にして展開するのである。

キリスト教会によるローマ帝国の政治に対する抑制

しかし，そのような革新にもかかわらずロマニタスはその古代的な性格をまったく失ったのではない。したがって王朝体制が凋落した合間に，軍隊の選挙と協働という由緒ある方策は，その欠陥を補うように切望された。また教会は，人々を王侯にまで高める単なる生まれつきの事情にはおかまいなく，ヴァレンティニアヌスとかテオドシウスとかいうような人物に，コンスタンティウスにすでに行ったように，祝福を授けた。さらに過去の遺産として発展し続けた 4 世紀の法律は，伝統的な古代の法（vetus ius）の印象でもってかなり強烈に刻印された。そのような遺物はさておき，新鮮にして決定的に意義ある発展，すなわちキリスト教会による帝国の政治に対して行使された抑制が気づかれるかもしれない。このことは二つの方法によって示されたのである。(1) 公会議の活動を通して。それはある意味で政治的ではないとしても哲学的な帝国の知恵を体現する議会として機能した。(2) たとえばアタナシオスやアンブロシウスのような個人的な指導者によるキリスト教的な原則を支持する啓発的な意見の流動化を通して。コンス

第 5 章　新しい共和国　　　321

タンティウスに反対する署名付きの公の抗議は，アレキサンドリアのカトリック共同体によって「不死なる魂の救済のために」[37]コンスタンティウスに向けられた。それは古代の歴史においてユニークな文書である。こうした考察はすべての付着物にもかかわらず，ローマ帝国が今や，いつもそうであるが，自分自身にさえ何ら似ていないほど〔の変化〕であった。

コンスタンティヌスの支配とキリスト教

　コンスタンティヌスの手になる支配権力の強化は，彼に公共生活をいっそう組織化させて進めることを可能にした。その組織化はごく新しい経験によって決定された路線に沿って，またある程度までディオクレティアヌスの計画において実現されたものであった。またこれらの皇帝たちがこの事実に気づいていたか，それとも気づいていなかったにせよ，彼らの努力はプラトン的な秩序や統制（古典的な良い秩序）を思い起こさせる，政治本体の内部における諸機能の結合から結果として生じたのである。こうして市民的に運営していくためにコンスタンティヌスは前任者によって考案された属州を小さく分けることを受け入れた。そしてそこに4人の偉大な高級行政官もしくは最終的な権力をもった総督の地位において頂点に達する官職の階層秩序を創設した。この創設のプロセスは324年リキニウスの没落後までにはほとんど完成させることができなかった。その間にコンスタンティヌスは二つの帝国の首都（古いローマと新しいローマ）の例外的な地位を，二人の都市総督の権力のもとに，分離することで認めた。このほかに彼は巨大な事務所と部局をもって現に存在する——市民の，かつ，軍隊の——司令部組織を引き継ぎ，完成させ

---

37)　アタナシオス Hit. Arian. 81。

た[38]。彼はまたぞっとするようにずらりと並んだ称号——それは帝国の軍隊内部のさまざまな等級を確認したり区別することに役立った——に対して新しい貴族階級を創案することで整理するのに貢献した[39]。こうして公共の奉仕の完全な装備が提供されて、またもし繰り返された宣誓をわたしたちが認めることができるならば、キリスト教徒の理想を推し進めるという一つの目的によって鼓舞された指導力によってコントロールされ、方向づけられていたならば、コンスタンティヌスの組織は、感銘を与える光景を呈するであろう。それは本物の再生としてどのような約束を提示したのか。

ラクタンティウス『神聖な教義』の証言

　この質問に答えるためには同時代のキリスト教思想家の代表者たちの作品に意見を求めなければならない。この関連ではわたしたちはすでにカエサリアのエウセビオスが懐いていた希望と期待に言及する機会をもった。西方に目を向ければ、わたしたちはアフェルのアルノビウス[40]なる人物にまず出会うことになる。しかしながらアルノビウスでわたしたちはわたしたちの目的に役立つものをわずかしか見出さない。彼は狭い神学問題に没頭しており、このことは彼が初期の分離主義の伝統に属している印象を与える。これらの問題を扱うときの脆弱さは、わたしたちが他のところで分離主義者の思想上の知的な弱さとして指摘したことを立証する[41]。しかしアルノビウスの同郷の出身者ルキ

---

38) テオドシウス法典 xi. 30.16; i. 5.1-3 と 16.1-6 参照。
39) その詳細はパーカー、前掲書、第5部、第4章、262頁以下によって注意深く要約されている。
40) 『異教徒駁論』全七巻の著者、ミーニュ編『ラテン教父著作集』第5巻。
41) 本書388-89頁参照。

第5章 新しい共和国

ウス・カエキリウス・フィルミヌス・ラクタンティウスでは事情は異なっている。彼はラテン文学の同時代の指導的な解説者であり、皇帝の一番年上の息子クリスプゥスの個人教師であった。彼は単に文字通りの意味に優って「キリスト教徒のキケロ」と呼ばれるにふさわしい人物である。そして彼の『神聖な教義』における狙いは同世代におけるキケロのそれと正確に類似している。この作品は新共和国のための〔キケロの〕『義務について』と同様に仕えることを意図していた。この観点からするとそれ〔『神聖な教義』〕はコンスタンティウスの時代の精神に対する手がかりを得ようとする人たちが綿密に考察するに値する著作である。

『神聖な教義』は皇帝自身に献呈されているので、神の摂理に対する信仰を弁明する試みから始まっている。この神の摂理の証明は理性と権威という二つの源泉から引き出される。理性面において議論はおおむねキケロとストア派から剽窃した陳腐な文句から成り立っている。そのようなものはキリスト教と古典的な観念論との間の友好関係を示すためにのみ役立っている。それと同様にエピクロスとルクレティウスの唯物論には敵対的である。権威について言うとラクタンティウスはコンスタンティヌス自身の精神と同じ精神でもって聖書からと同様に異教の予言者、詩人、哲学者から無差別に引用する点が注目されねばならない。オルフェイス、巫女、ヘルメス・トリスメギストゥス〔神秘論・呪術に関する諸著作の著者〕、ウェルギリウス、オウィディウス、タレス、アリストテレス、キケロが信仰の支えとなるヘブライの文書から並行して引用される。

罪と誤謬——その起源をラクタンティウスは堕落した天使たちを自分の意志へとそそのかす悪魔の狡猾な企みに帰

している[42]——についての説明を〔ここでは〕無視して，彼の古典哲学に対する態度を吟味すべく一時中断したい。彼は古典哲学を，それが神の真理への洞察をもっていないことと性格を改善する力をもっていない（non abscindit vitia, sed abscondit 悪徳を止めさせないで，隠している）との，二重の理由で公然と非難する。それゆえに古典哲学は純粋に人間的な正義を無益にも追求するように巻き込み，社会的な再建の手の込んだ計画に力を使い果たすようになった。だがその計画は侮辱された本性からの凄まじい反発を呼び起こすことだけに役立ったに過ぎない。こうして著者はプラトン的な共産主義を攻撃し，本物の平等が，物質的な財産を何か機械的に配置換えすることよりも，むしろ利己的な高慢と横柄さを鎮圧することにかかっていると主張する。それゆえに真の宗教によって霊感を授けられた新しい価値観の伝播をもってのみそれは実現されるべきである，と彼は論じる[43]。同じ精神によって「同情は病である」とのゼノンの言葉は愚の骨頂であると公然として非難する。それは事実において人間らしさ（humanitas），もしくは兄弟愛であって，それのみが人間の間で協働を可能にする心情である。このようにラクタンティウスが古典主義において見出すのは，本能的な愛情に対する懸念である。古典主義は本能的な愛情を結局のところ挫折させたり，堕落させたりする傾向がある。彼はこのことを追跡して最初の誤謬が「理性が信仰から分離したこと」にあると言う。彼はこの誤謬がもたらした結末を「真の宗教がそれ自身の性格をもった哲学にまで向上することよりも，哲学がへま

---

42) ラクタンティウス『神聖な教義』2,9 と 15『書簡』27-28，クモン R. O. 前掲書 283 頁注 71 はこの悪の教義がミトラ信仰とマニ教の二元論に接近していることを指摘する。

43) ラクタンティウス，前掲書, 3,22。「そこでは共同体は移ろいやすい事柄ではなく，精神の事柄であるべきである」。

第5章　新しい共和国　　　　　　　325

をやって間違った，もしくは不完全な宗教に向かったこと」において捉える。

　哲学のむなしさは，その歴史が絶え間のない不和の歩みであったという事実によって証明される，とラクタンティウスは断言する。しかしその正反対は，宗教から成長する知恵であり，それのみが人間の本性についての真理を開示する知恵と言えるかもしれない。この真理を把握するためには人間が「社会的で共同社会に生きる動物」であって，そのようなものとして互いに平和と友好のうちに生きようと意図していることをすぐにも捉えなければならない[44]。この観点から見て著者は古典主義によって提案された連合（association）の理論を唯物論的な系列のものであれ，理想主義の系列のものであれ，馬鹿にして退ける[45]。人間関係の広大なネットワークがかつて物理的な必然性の単なる圧力によって創造されることができたと想定することは，人間の知性にとってまったくふさわしいことではない。他方において契約（contract）というような観念は根拠のないものである。というのも，このことは社会を構成している要素がもともとばらばらなものであることを前提してるからである。ところが事実においてすべての人は神の子であり，このことが彼らがみな兄弟であることの結論

----

44)　ラクタンティウス『神聖な教義の要約』34,「（人間は）社会的にして共同社会に生きる動物である。野獣は凶暴になるように生まれる。なぜなら野獣は〔他の動物を〕餌食とする流血による以外に生きることができないから。…… それにもかかわらず野獣は同類の動物を思いやる。……ましてや言葉による交際や，意見の共有によって人間と結びつけられている人間は，どんなに人間を思いやらねばならないし，また愛さねばならないことか」。この文章はアリストテレスの「人間はポリス的な動物である」という定式の巧妙な修正であるように思われる。（『神聖な教義の要約』はラクタンティウス自身によって書かれていると考えられる。Duchesne, op, cit., ii, p. 53.)

45)　ラクタンティウス『神聖な教義』6,10。

のために唯一考えられる基礎なのである。真正な共同的なる共和国，相互的援助からなる社会（congregatio hominum humanitatis causa 人間の集いは教化するためである）を現実化する可能性はこの真理を受容することにかかっている。この可能性はどのようにして実現されるかという質問に対してラクタンティウスは，この書物の終りの三巻でもって答えている。

　これらの諸巻の中で「正義」について論じた巻〔『神聖な教義』〕（第5巻）は少なからず重要である。ラクタンティウスにとって真の，あるいは「人間的な」正義は博愛，あるいは自分の仲間に対する愛に変化している。そのようなものとして正義は，分けることはできないが，「敬虔」（pietas）と「公正」（aequitas）として特徴づけられる，二つの要素を含んでいる。敬虔を彼は神に対する献身と定義する。その機能は精神を集団的に統制する態度と呼ばれうるものに普遍的な基礎を与えることである。後者の公正は，人々がその隣人を「同等なもの」として受け入れるように促進することによって，人間関係を黄金律〔マタイ福音書7.12〕の視野の内にもたらす感覚である[46]。歴史的に言うと古典主義が正義を実現することができなかったのは，これらの原則の真の性格を正しく認識することに失敗した結果であった。したがってローマはたとえば敬虔を経済的で政治的な理念と同一視することによって，敬虔の本性を誤解してしまった。「父を尊重した人は義務に忠実である」（Pius est qui patrem dilexit）と宣言されていた。こうすることで単に世俗的な忠義の合成物にすぎないものを唯一真なる神に対する忠誠の代用として掲げたので

---

[46] ラクタンティウス，前掲書，5,15;『神聖な教義の要約』60「正義のすべての基礎はあなたが受けたくないものなら何ものも行なわず，他人の心をあなたの心から推し量ることである」。

ある。したがっていわゆる市民的な徳目として植え付けられたものに献身する間に，ローマは最高の徳目——これから切り離されると他の徳目は結局のところ取るに足りないものとなる——に関する視野を喪失してしまった。この点でローマの失敗は古典主義一般の失敗である，とラクタンティウスは論じる。実際，神なしにはどのような種類の観念論にとっても健全な土台はありえないし，カルネアデス〔前214-129，ギリシア懐疑派の哲学者〕の〔判断停止という〕議論をくつがえすことは不可能である。栄誉・高位・執政官の職（honores, purpurae, fasces）といった世俗的な野心のさまざまな対象は，プラトンが反対したにもかかわらず，正義の報酬ではなく，現世における不正行為の報酬である。

　それから続けてラクタンティウスは幾つかの興味深い結論を明確に述べる。まず第一に，彼は不平等（inaequalitas）にもとづく権力国家や階級別国家を非難する。なぜなら，それが約束する「解放」を人類にもたらすことに失敗しているからである。彼は政治的な秩序の起源を獲得本能の肥大化にまで辿っていく。この獲得本能は，原始社会の自然的な集合体や黄金時代の社会をユピテルの支配に典型的な経済的な個人主義にまで改造する，と彼は主張する。この経済的な個人主義は「政治的」社会の内部で争いを引き起こす。なぜならユピテルは暴君であり，彼の従者たちも暴君的であるから。第二に，彼は競争的な帝国主義を公然と非難する。それは他者を犠牲にしても自己の目的を実現しようとする権力国家の野望から結果として生じる。あなたがたの国に不利益でしかない，わたしの国に有利なことは，いったい何なのか，と彼は尋ねる。そのような利益を追求することは，兄弟愛の絆（vinculum humanitatis 人間性の絆）を粉砕することであり，人類の統一を崩壊させること（discidium aut diremptio generis humani 人類の分離や関係

を絶つこと）である。最後にこのような自殺的な活動に対する二者択一として彼は再建のプログラムの要点を概説する。その再建では強調点は団体生活の中心的な重点として家族が置かれる。だが，このように考えると，家族はもはや国家の創造物である異教的なローマの家族ではない。国家の創造物というのは，その組織の由来を法律から得ており，経済的で政治的な秩序の主要な要求を反映させている。家族はとくに優れた自然的なつながりであって，財産よりも血族関係と共通の理想への献身にもとづいている。それ〔家族〕は社会的な徳の現実的な温床であって，情念を昇華させるのに役立つもっとも強力な道具である。こうしてそれは情念を根絶するのではなく，生命の真の目的に服従することを求める。わたしたちはラクタンティウスとともにテルトリアヌスが「破滅への通路」として婦人を考えたような恐怖感から遠くに連れ去られている。そのときには独身という修道士の理想は未だ総じて将来に起こることであった。

　このように家族の役割を再検討すると同時に高めることは，著者にとって人間の本性の真の要求にふさわしい社会であるものの基礎を築くことである。「人間の本性は孤独を逃れ，交わりと社会を熱望している」。この社会において人々は相互的な必要によって決定された互恵的な奉仕の穏やかな交換のうちに自分自身を見出すであろう。さらにこのような必要は本来霊的である。新しい共和国における「義務」の唯一の基準は魂の救いを助けるものである（omne officium solius animae conservatione metimur. すべての義務はただ魂を保護することによって計られる）。

　この理想において自己発展の絶えざる進歩として生命のビジョンは具体化される。それはあらゆる外面的な関係において人間性に対する尊敬を前提する。この尊敬は古典的な共和国においてはただ不完全に実現されてきたもので

ある。これは世界の理拠(ratio mundi),つまり自然の法則であって,それは神の法則と同じである,とラクタンティウスは考える。この神の法則とは,もし人間が至福を達成し,「天上的にして神的な動物」(caleste ac divinum animal)としての自分の究極の運命を実現しなければならないなら,人間が同意しなければならない原則である。というのもそれが結局のところ,はっきり言うと,人間の本質であるから。

　このような提案を受け入れることは,ポリスと政治的な仕組みを新鮮な光の下に考察することになる。新しい共和国においては主要な目標は,すべての人が同様に,キリスト教を告白し,キリスト教的な生活を営む自由を確保することであろう。このことは教会に対する自由を要請するが,その自由は信じない人たちにも拡がっていくであろう。というのも宗教はまさにその本性において強制によって精神に課すことができないからである(religio cogi non potest. 宗教を強制することはできない)。同時に人々は,妨害なしに,キリスト教徒に特徴的な徳目,すなわち親切なもてなし・囚われ人の贖い・寡婦の弁護・病人の世話・外国人と貧者の埋葬を実践する自由をもっている。しかし何時までも続く悪徳と無知の優勢に関しては,実定法が介入する必要があろうし,またこのことが国家の存続する理由となる。しかしながら新しい秩序においてロマニタスは,上位に立つフマニタス(humanitas 教化,文明化)の要請に奉仕することによってのみ,その正当化を見出すであろう。またフマニタスの原則が次第にその受容を獲得するに応じて国家には,自らが愛の律法によってのみ治められる,階級のない,何ら強制のない社会に消えていくことが,期待されるであろう。

ラクタンティウスの教説の問題点

　ラクタンティウスの信仰は「神秘的なタイプよりも道徳的なタイプ」[47]として叙述されてきた。そしてこの事実にもとづいてわたしたちはキリスト教的社会学説の主唱者として彼の短所が説明されるのを見出すかもしれない。だが彼の教えにまったく欠けているものは，原罪の教義に含まれているものに対する感覚である。だからわたしたちは，彼がキケロやストア主義者と一緒に自然的な人間の本質的な徳を主張しているのを見出す[48]。その結果として彼は人類の罪（ハマルティア）が「悪徳」（vice）にあるとみなすように駆り立てられる。そして彼はこの悪徳を情念の常軌を逸した展開，とりわけ情欲（あらゆる悪の根源）と同一視する。この情欲は市民社会の中に自分を隠してきたのである。このゆえに救済は基本的に健全な情念を解放する問題へと単に変化することになる。そしてこのことは古典主義が精神に与えていた情念と感情の優位を復活させることによってもたらされる。——それはいわばアリストテレスの実践理性からキリストの「愛と憐れみ」への権威の移転である。このような教えでは現実には何も古典的な自然の概念に付け加えられていないし，自然に特有な困難さは何も解決されていない。さらに提案された解放は——提示された方向が厳密には逆になっているが——あらゆる点で古典主義自身によって提供される解放に類似している。しかしながらラクタンティウスにとってはこれが福音の総体にして実質なのであって，それがキリスト教的な革命の意味のすべてである。

　したがって著者はその議論の高みに昇っていくことに失

　47）　ギボン，前掲書，第 20 章，307 頁，注 57。本書 367-68 頁参照。

　48）　ラクタンティウス『神聖な教義』第 5 巻 ,5,6, と 7。

敗していることは明らかである。彼が詳説するキリスト教の銘柄は，それ自体において相対的には無害のものであり，現存する経済的にして政治的な構造にどうみても損害を与えるものではない。というのも，彼は「キリスト教的理想」に対して口先だけの好意を示しはするが，その理想の中に単に生活の「より良い道」を見ているに過ぎないから。その生活は人間の目が，かろうじて思慮深さを保っている（経済的‐政治的な）外観がもつ致命的な限界に，次第に開かれていくに応じて，現実のものとなるであろう。この視点から見ると人間本性の「邪悪な欠陥」は素朴にも一種の知的な視野の狭さのうちにある。そして福音の目的は，それが単に〔人間本性を〕啓発し鼓舞するように奉仕するならば，実現される。古典的な尺度をもっても皮相的であるため，この福音はもろもろの状況の漸進的な改善だけを指し示したに過ぎない。それは数世紀以前にウェルギリウスによって予言されたユートピアのようなものに似ていなくはない。そこではライオンが羊と一緒に横たわっているというような，いっそう穏やかな仕方で到来する新時代なのである。同時にそれは巧妙にも地上の千年王国の約束を漠然とした未来に延期するが，その真の希望を国家に置いている。そしてまたこのようにキリスト教の未来を新しいマッキャベリの手で救うことによって「信心深く正しい」立法の時代を，気高くあるが行き過ぎない改革の時代として明瞭に予告する。それは神の国に対するコンスタンティヌスの最終的な貢献となるであろう。このような神の摂理による秩序のもとに帝国はやがて異教的な人道主義とキリスト教的な心情との特別な混合の適用――それはキリスト教的な社会主義の名前によって出発している――を経験することになった。この混合物ではどちら側の要素の真実な徳も大部分他のものによって中和されている。このリベラルな社会的でデモクラティックな計画に突然降りか

かった運命から，現代における類似した運動で多分起こりうる結果を予測することができる。

コンスタンティヌス自身は宗教が変わると社会秩序も変わるという見解をもっていたと思われる[49]。そしてローマ世界は，帝国を癒す人という威光によってさしあたって深い感銘が与えられるか，それとも，ことによるとその病のゆえにもっとも絶望的な応急措置に備えて，コンスタンティヌスの援助を受け入れたように思われる。そのさい彼の援助を受けると当然生じる疑いをもっとはっきりと指摘することが伴われていない。それらの援助は先に述べたとても不安定な混交物から注意深く調整されている一服の薬からできていたのである。その薬は分量が規定されていたならば危険な混合物であったが，男女の関係を（ラクタンティウスの意味で）「人道主義化する」ことによって政治組織を若返らせるために他の方法で算定されていた。この目的は帝国の改革のプログラムの多様な特徴のうちに示されている。このプログラムを研究してみると皇帝と〔詭弁的な〕学者によって受け入れられたキリスト教の諸観念の間に際立った一致が明らかになる。言うまでもないことと思われるが，そのような一致の存在は，一方が他方に対して依存する必要を何ら含意していない。そうはいっても，両者がその時代における宮廷のサークルに行き渡った精神性の代表的な所産であったことをそれはもっとも強烈に示唆している。

コンスタンティヌスの二大政策

紙面のことを考えてみるとコンスタンティヌスの法律を定めたり，政治に関する活動の全体を細部にわたって考察することは不可能である。そこでわたしたちはただその一

---

[49] エウセビオス『コンスタンティヌスの生涯』2,65.

第 5 章　新しい共和国　　　333

般的な精神と目的を明らかにする試みでもって満足しなければならない。このことが実行に移されると，ミラノの勅令に含まれている公認の中立性に対する保証は，政府の側での宗教問題に対する何らかの無関心を含意するように取ってはならないことが明らかになる。はっきり言うとコンスタンティヌスの政策は二つの並行するが区別される目的に毅然として従っていた。その目的は，最初は仮のものであったが，増大する活力と目的に向かう確信をもって追求されており，とりわけリキニウスの没落後に最後の重大な障害を進路から取り去ってしまった。この目的というのは次のように表明されるであろう。

(1) キリスト教徒たちが生きていくのに適した世界を創造すること。
(2) キリスト教にとって安全な社会を造ること。

前者は個々の信者に対する皇帝の態度を表わし，また道徳的で社会的な改革の広大な計画において表明される。この計画は信者の要求を満足させ，彼らの利益を促進するように設計されたのである。後者は組織としての教会に関する彼の考えを反映させており，それはだいたい現存している異教的な国家的な祭儀に沿って考えられたキリスト教的な制度の事業計画に明らかである。

コンスタンティヌスの社会的な立法は「ローマ法の苛酷な伝統を緩和したもの」として特徴が述べられてきた。このことはもう少しやさしく表現すると非常に問題の多い叙述である。というのも少なくとも古典的な法体系の気質は苛酷なものに他ならなかったからである。その作者たちの精神的な限界を認めると，それは本質的に公正で人間的なものであった。しかし，こういう性質は次第に獲得されたのであって，それは，新しい共和国の立法を特色づける感情的な傾向と感傷的な表現とは鋭く対照的である，男性的な性格を続けて示していた。またそれは皇帝アルカディ

ウス〔377-408, 東ローマ皇帝（在位395-408）〕とホノリウス〔384-423, 西ローマ皇帝（在位395-423）〕のもとでは一種の病的興奮状態において頂点に達することになり，〔マルクス・アウレリウス・〕アントニウスの精神とはほとんど正反対のものとなった。しかしながら，そのような徴候はコンスタンティヌスの場合には支配的な政治的動機に厳しく従うように保たれていた。こうしてキリスト教的な社会理論に向かわせる何か一つのものさえあれば，ローマの異教的な法律によって考えられた所帯や家政の完全な再建となるはずであった。——その制度はそれ自身が資産の観念にもとづいた存在であって，歴代の異教的な皇帝たちによって導入された改善にもかかわらず，家族的な統制という伝統的な権力をもって武装された，家父長（paterfamilias）のほとんど独裁的な支配に厳格に服従するように未だなお拘束されていた。このことによって起こった結果の一つは，帝国の社会に属する女性が個人的な装飾を無益に追求することを咎め，何らかの真剣で価値のあるような活動に近づくことを否定するようになったことである[50]。

しかしながらコンスタンティヌスの改革は召使い・女性・子ども・奴隷にはやさしく取り扱うように規定されていた。たとえば女性たちは公共の法廷において試練に耐えるように強制されなかった[51]。寡婦と孤児たちは裁判官の手によってとくに考慮されるようになり，聴聞会のために長い旅路を強いられることはなかった。奴隷の苦痛は男と妻を売買によって別れさせることを禁じた法律によって和らげられた[52]。そして奴隷解放の実行はそれがとくに教会

---

50) Val. Max. ix. 1. 3.「（女性の）精神が弱く，重要な仕事に就くことが禁じられているため，その渇望はすべての取り組みを自分たちをいっそう注意深く維持するように駆り立てられる」。
51) テオドシウス法典 1,22,1。
52) テオドシウス法典 2,25,1。

の中で行われた場合に勇気づけられた[53]。風雨にさらされた幼児を見つけた人はだれでも，幼児を見捨てた人の側のすべての要求を排除することによって，幼児を保護することが許された[54]。だが個人が見つけ出したような幼児たちを買ったり養育したりする場合，もともとの所有者が，もし欲するならば，彼らの養育費を支払うことによって，あるいは同じ価値がある奴隷を譲渡することによって，所有を取り戻そうとするかぎりではあるが，彼らに対し家の主人としての権限（dominica potestas）の恩恵にあずかることができる，と少し前の成文法は制定していたのであった。コンスタンティヌスはまた両親の続いて起こる〔結婚外の〕同棲関係から生まれてくる子孫を正当な嫡出とみなすという法律を制定した[55]。初期の法案は，余分で不必要な子どもを認知しなかったり，奴隷や売春に売ったりする常習行為を，老齢の人たちの精神にとっては嫌悪すべきものとして認めていない。そして低所得の両親によって公共の店から食料や衣服が子どもたちに受給されるような形でアントニウスの慈善行為（alimentaria）が復活することで，これを阻止しようと求めている[56]。また他の関連では皇帝はとりわけ制定法にもとづく理由以外には離婚を禁止することによって家族が結束するのを保つように試みた。その理由というのは妻の場合には姦淫，中毒，売春の仲介であり，夫の場合には名誉毀損，中毒，墓泥棒である。特別に除外されていたのは，たとえば泥酔，賭博，不義といった「軽薄な口実」である。この点においてわたしたちはコンスタンティヌスの立法が有するわずかに偏向した性格を認めることができよう。というのも彼は夫と同じく妻も訴訟

---

53) テオドシウス法典 4,7,1。
54) テオドシウス法典 5,9,1(331)。
55) ユスティヌス法典 v. 27.5; テオドシウス法典 4,6,3。
56) テオドシウス法典 11,27.1（315）と 2（322）参照。

を起こす権利を容認していても,道徳性の二重の尺度をなお維持していたからである。そんなわけで法律上罰せられるという理由とは別に生じる何らかの離縁に対して,彼は妻を国外追放と寡婦産〔亡夫の遺産のうち未亡人が相続する部分〕の没収によって罰するが,夫には単に支度金の全額返還と再婚の禁止をもって有罪の判決を下している[57]。

　このような尺度の導入は疑いなくローマ的な家族に対する新しい態度と呼ばれうるかもしれない。だが,それはまさしくこの事実によって,コンスタンティヌスが一般的な立法において帝国社会の伝統的な組織を徹底的に変革することを目的としていなかったし,達成もしなかったという,もっと重要な真理を強調するのに役立っている。帝国社会はもともとは原始的な小作農の共同体から興り,その廃墟（はいきょ）の上に完全な姿にまで高まって来たのであって,そういう社会はキケロの時代にすでに存在しており,コスモポリタンな階級国家という特徴的な形を取っていた。また,それはそのようなものとしてアウグストゥスの元首政治のもとで強固にされていた。こうして東ローマ帝国の期間にとても念入りに作られることになった社会関係を治めるための,また神聖な君主政治というオリエント主義にしばしば帰せられる,仰々しい礼儀作法の様式の始まりは,共和国の最後の諸世紀に至るまで辿れるであろう。帝国社会が発展すると,この成り行きは第3世紀を通じて職業の性質にもとづいたきわめて明白な機能区分に向かっていった。これらの変化を定着させ神聖化させることによってディオクレティアヌスは,この社会に何か身分制度の特徴をもった組織を設けることに成功していた。そしてかれはこの点において,他の点と同じく,古典的ポリスに天罰を下したことを明らかにした。

---

57)　テオドシウス法典 3,16,1。

人格・所有権・高利貸しに対する態度

この身分制の度組織から脱しうる唯一の道は，人間的に言うなら，コンスタンティヌスの思想や，その傾向にも，少しも可能ではなかった，革命的な解放のプログラムの中に横たわっている。わたしたちはどのようにしてコンスタンティヌス的な家族的な伝統が，たとえ厳密には中産階級の市民であったにもせよ，もっと順応性のある社会的なあり方にならなかった点を指摘しておいた。またその公的生涯の最初期の段階で皇帝がいかにキケロ的な楽園と神の国の真の要求とをあいまいにすることにより，なんとかうまく取り扱っていたことをも指摘しておいた。しかしながらひとたび権力を握ると，コンスタンティヌスはそのような考えを放棄してしまったように思われる。というのも彼は階級社会の法的な枠組みを厳格に主張したからである。このことは人格と所有の双方に対して彼が取った態度に示されている。次に示す例証は多分そのことを明らかにするのに役立つであろう。

そのことはコンスタンティヌスのローマ的な家政に対する判断で彼の感傷的な見方が家父長的な独裁主義の不運な犠牲となるもろさをどのように指示していたか明らかにしている。しかしながらこのもろさは，もっとも厳格な処罰の下に自由な身分の婦人と奴隷が結びつこうとするのを禁止することを，阻止しなかった[58]。こうして続く法令では自由な婦人と彼女の奴隷との秘密の同棲を，死刑の苦痛を与え検証する必要のない犯罪として禁じている[59]。婦人の召使いたちはそのような場合，彼らが〔罪の〕負債を済ませたことが分かれば，自由を約束することでもって，女主人に逆らって〔負債を済ませたことを〕知らせるように勇

---

58) テオドシウス法典 4,12,1（314）。
59) テオドシウス法典 9,9,1（326）。

気づけられた。同時にコンスタンティヌスは，自由な男性によって生まれた女奴隷の子孫が母権の条件に従うべきであるとの古典的な原則を再び主張した[60]。彼は同様な一貫性のない言動でもって，以前には独身者や子供のない人たちに課されていた特別な相続税から彼らの土地を免除しておきながら，彼らには支払能力がないとしていたアウグストゥスの法令を無効にした。彼はまたそのような人々が他の人たちと同じ条件で遺産を受け取れるようにした[61]。この基準などは〔独身の〕聖職者の世俗的な利益を促進させたいという願い以外にはとうてい説明できない。

　所有権に対してはコンスタンティヌスは，遺言人の同父母兄弟による〔遺産を得ようと〕抗争する意志を，遺産を受け取る人がたとえ売春婦，私生児，舞台俳優であっても，躊躇することなく承認した[62]。他方において，それらの権利が人間にとって当然の権利とみなされているものと衝突しても，彼はそのような権利を最高に重んじることを表明した。こうして逃亡奴隷は，逮捕されると，再び奴隷の状態に戻されることになった[63]。奴隷がその所有者によって受けた体罰は，政府の規制の下に置かれていたが，それでも許されていた。こうして奴隷の主人には鞭打ち，石打ち，投獄することが公認されていた[64]。そのような処置によって奴隷が死んだ場合には，主人が犠牲者の生命を故意に奪ったことが分かれば，彼の殺人行為には罰が科せられたであろう。同時に解放された人たちでも，自尊心や高慢な態度を示した者らは，もとの主人によって以前の奴

---

[60] テオドシウス法典 4,8，と 7; 12,1,6。
[61] テオドシウス法典 8,16,1（320）。
[62] テオドシウス法典 2,19,1。
[63] テオドシウス法典 5,17,1。
[64] テオドシウス法典 9,12,1．と 2（319 と 326）。

隷状態に引き戻されることが法律に定められていた[65]。

キリスト教教父たちは高利貸しの悪をほぼ一貫して，また少なからず激しく，公然と非難した。アンブロシウスはとりわけ所有欲に逆らって抗議の声を大にした。彼は言う，「金銭に対する愛はあらゆる親切な衝動を圧し静め，乾涸らびさせる」と[66]。コンスタンティヌスは単に利息の年率を12％に固定したに過ぎなかった。それは〔ローマ最古の法典である〕12表法によって定められた古代における上限であった[67]。アウグストゥス皇帝のもとでは良い歳月と安全な生活とは高い水準に達していた。というのもその時代の利息の年率は先例のない4％のレベルに下がっていたから。

テオドシウス法典に記されている制度と社会変革

これらの事例でもって社会組織に対するコンスタンティヌスの態度を十分に明らかにすることができる。彼は社会組織の将来をテオドシウス法典の12巻と13巻においてとくに記録されている長く続く一連の帝国の規定（constitutiones）によって確定しようと助力した。これらの基準によって彼は職業的な基礎に立つ社会変革への諸々の動きを促進させたのである。その各々においてまたすべての場合において彼は法人の特権に対応した固定された責務を押しつけようとした。彼の共同体における地位には特権の資格があった。また同時に彼は気脈を通じたグループには免除と例外をもって寛大に対処した。彼はこのグループの奉仕を政権にとってとくに価値あるものと考えた[68]。

---

65) テオドシウス法典 4,10,1。
66) アンブロシウス De Offic. 1,49; 3,8-9。
67) テオドシウス法典 2,33,1。
68) テオドシウス法典 6,35/3（帝国軍隊の警察）; 7,20,1-5（古参兵）; 8,3,1-3（内科医，教師，教授）; 12,5,2（異教の祭司）;

このような事情の下で「神々があなたをわたしたちに奉仕さるるように：あなたがたの安全（salus）はわたしたちの安全である」（Dii te nobis servent: vestra salus nostra salus）という叫びは，彼の役人と古参兵（紀元320年）が発したものであったことは驚くには当たらない。しかしコンスタンティヌスの組織のもとでは共同社会の中にあるいかなるグループも，悲惨な中産階級（bourgeoisie）——それはもっと幸いな日々には共和国の骨や筋肉として描かれていた——よりも詳細にわたる，あるいは不快な手入れを受けねばならないものはなかった。たとえコンスタンティヌスがかつて彼らの大義名分に真に同情したとしても，今や新しい秩序——その利益がそれ以来彼にとって主要なものとなっていた——のためにそれを恥知らずにも裏切ることができたのである。というのも帝国に奉仕する（軍隊の，市民の，教会の）役人たちが次々に特権を与えられたのに対して，当時の独裁者によって考案されたさまざまな工夫が，財源が得られる一大源泉である農地から引き出すために，見境のない仕方でもって適用されたからである。したがってディオクレティアヌスとマクシミアヌスの恐れられた課税〔それは「15年紀」と呼ばれる制度で，313年にコンスタンティヌスによって制定された課税査定周期を言う〕は継続され，その精神や方法のいずれにおいても評価できる変化は起こらなかった。

　この組織的で飽くことのない圧政の計画で目立っているのは，地方議員や現地の貴族たちがその主な犠牲となっていることである。彼らの個人的な重荷の上に，あるいはそれを超えてこれらの人たちは地方公共団体におけるどんな

16,2,1-7（聖職者），8.2-4（ラビ）．7,21, 1 では軍隊に与えた特権を彼が市民の不正な申し立てからいかに保護しようと試みたかが示される。

第 5 章　新しい共和国　　　　　　　　　　　　　341

怠慢に対しても共同の責任を負わされていた。そして彼らは放棄された，あるいは荒廃した農地に付けられた財政上の責任を取るように事実上強制されていた。ところがそれと同時に彼らは増大する苛酷な処罰のもとで軍隊の身分に，あるいは教会に逃げることによってその運命から逃れるどんな試みをも禁じられていたのである[69]。この意味でコンスタンティヌスは自分自身を財政を気遣うこと (tributaria sollicitudo= 租税の気遣い) に対して貢献する仲介者とみなした。この気遣いは活力と主導権を麻痺させることによって，また明滅している残り火を消すことによって，ローマ市民の間に至るところに，少なくとも帝国の西の属州にあった，愛国的な感情の最後の火花を消してしまうのに役立った。同時にこの皇帝が，彼の後継者はそうでなかったとしても，怠慢な納税者が所有していた諸権利をまだかすかに気づいていたということは指摘されねばならない。なぜなら長い勅令の中で彼は民に直接語りかけて，投獄，鎖，鉛のむち刑が当然のことながら罪人に取っておいた罰であることを主張したからである[70]。彼はまた裁判官が邪悪な性質からか，あるいは怒りからかのどちらにせよ，財政上の負債者から適正な金額を取り立てるためにはそのような罰則に頼らねばならないと主張した。負債者に対しては財産を差し押さえ，また支払いを頑なに拒む場合には，支払うべき税金のために財産を売るだけで十分であった[71]。

　総収入をものすごく追求するに当たって，コンスタンティヌスは農地にだけ目を向けるように制限しないで，たとえば商取引に課せられた一般的な販売に関する税金[72]，

---

69)　テオドシウス法典 12,1,1-22; 16,2,3, etc.
70)　テオドシウス法典 11,7,3 (320)。
71)　テオドシウス法典 11,7,4 (327)。
72)　Zosimus, ii. 38; テオドシウスの法典 13,1,1. これは 356 年に

帝国の元老院議員から取り立てた個人的な収入に課された税金，陸や海による輸送，パン焼きや製粉などの職業に結びついた，多くのサービス業務のような，他の租税形式を定めた。このことから明らかになるのは，行政がただそこから派生する財源のために，実在する社会的な構造を維持することに腐心している事態である。それゆえ何か思慮深い変化は経済的な考察よりもむしろ社会的にして宗教的な考察に帰せられねばならない。たとえば時の経過とともにその条件が次第に悪化することになったユダヤ人，異邦人，異端者たちに反対して，カトリック教徒に差し出された不合理な特権のようにである[73]。

司法制度の問題

新しい政治制度に固有な特質がもっとも明瞭になってくるのは，恐らく，刑法と刑の手順の分野においてである。犯罪に関する司法組織でもっとも著しい特色は死刑が頻繁に行われたことである。それはしばしば血なまぐさい性格のものであったが，伝統的な侮辱や刑罰を廃止し，道徳的にして社会的な条件を改善する法律を用いる新しい刑を導入したことであった。そこには不可避的な付帯状況が伴っており，罪と犯罪との観念の間に混乱が深まっていった。もっと意義ある新制度[74]の中には，拳闘士の見物に対する無益な行為の禁止と，疑いの余地なくキリストの記憶に対する敬意に由来する刑罰の形式としての十字架刑の廃止であった（315年）。このようなキリスト教的感情の適切でない表現と多分較べられるのが，「顔は神の像に似せて作られたがゆえに」顔の上に烙印を押すことを禁じた条令で

コンスタンティウスによって更新された。
73) テオドシウス法典 16,8,1-9。
74) テオドシウス法典 15,12,1 (325)。

あろう。ところが同時に奴隷や犯罪人，また徴募兵でも身体の他の部分に焼き印を押され続けてきた[75]。そして血なまぐさい光景は時代の精神と調和しないとして公然と非難されてきたけれども，囚人たちが「彼らの刑罰を血を流すことなく片づけるために」地下道で生きたまま殺すように彼らが引き渡されることが代案として出された[76]。商売人の妻（uxor tabernarii）の側での姦淫は，もちろん夫との契約上の権利に逆らう違反として，キリスト教的な家族の観念に反する罪として，厳しい処罰でもって報われた[77]。それはまさしく子としての責務が強要される試みであって，古代ローマの信義でももはや十分に子の責務を支えるものではなかった[78]。同じ精神の則って駆け落ちも法律でもって罰せられるものの数に含められており，強姦として分類されていた[79]。冒瀆に関して言うと，皇帝ティベリウスの常識的な共和制は，「神々に対する侮辱は神々には悩みの種である」（deorum iniuriae dis curae）との感情を広めていた。だがコンスタンティヌスは財産の半分を支払う罰金の苦痛でもって冒瀆的な言辞を禁止した法律によって神性の威光を支えることに尽力した。しかし彼が法律の限界についての何らかのセンスを欠いていたことは，彼が売買で明らかに悪質な約束を取り交わした証拠に反対して[80]，また法廷から無罪の判決を買収するための権力と金の濫用に反対して，さらに職務上の腐敗と悪事の増大に反対して[81]，古典的な法体系とは異質で無縁な言葉でもって，

---

75) テオドシウス法典 15,40,2。
76) テオドシウス法典 15,12,1。
77) テオドシウス法典 9,7,1。
78) テオドシウス法典 2,19,2。
79) テオドシウス法典 9,24,1。
80) テオドシウス法典 3,1,1。
81) テオドシウス法典 1,16,7:「今やもう第21軍団の兵士たちは下級役人の暴力を止めるべきである。わたしは言いたい，止めるべき

声高に抗議するためにいわば説教壇に立ったとき，明らかとなった。このようなもろもろの考察から見ると，人は新しく設立された司教制にもとづく法廷のおかげで明らかになった優遇措置に驚きはしないであろう。この法廷ではもし同時代の証拠が信用されるなら，訴訟当事者は安価にして迅速，かつ，公平な裁判を受けることを合法的に期待することができたかもしれない。

新しい宗教の経済政策における失敗

新しい宗教がどうして中産階級を道徳的に退廃させ，かつ，品位を下げながら，同時に自由農民を農奴に改造した社会的崩壊のプロセスを阻止するのに失敗したかを説明するために，ある法学者が次のように言明する。すなわちキリスト教を通して福音が大衆に布教されるようになったけれども，それが経済の現状に何か決定的な改革をもたらすには福音の到来が余りにも遅すぎた，と[82]。しかし，キリスト教が啓蒙された経済学にかなった体系を実現したとの想定からまったく離れても，この意見は時代精神（Zeitgeist）に荷重なまでの重荷を負わせているように思われる。このようにして，それはコンスタンティヌスとその仲間を，その統治の期間にかくも急速に進展してきた諸々の悪に対する責任分担を，問わない傾向がある。わたしたちが示そうと試みたようにそれらの人たちの考えには状況を真に改善するように指摘できる要素はほとんどなかった。ところが他方ではまさしくそれらの状況をさらに悪化させ，こうして崩壊のプロセスを加速させる多くの傾向が存在したのである。

である，と。なぜなら警告されたことを止めなければ，剣によって命を奪われるであろうから」。

82) ゾーム，前掲書，序文45頁。

第 5 章　新しい共和国　　　　　　　　　　345

　このように主張することは，次のようなブルジョアびいきの意向が皇帝にあったことを忘却させるためではない。つまり，その意向をはじめのうち皇帝はいだいてはいたが，属州ガリアでは一種の生命力をまだ保っていた事実はさておき，そうでもなければその意向は古臭くて恥ずべき過去からの単なる遺物に過ぎなかった。皇帝の生涯においてそのような感情の働きが初期の行動を動機づけることとなった。それ〔ブルジョアびいきの心情〕は最高諮問機関の独裁に反対してコンスタンティヌスが準備した対抗手段として，彼が回心した 313 年に頂点に達した支配と権力に対する闘いに勝利するための支援を彼に提供するのに役立った。その後その意向は，彼の構想の中でも政治的にもっと価値ある他の政策を選んだので，次第に放棄されるようになった。

　それらの政策が何であったかをローマ世界はやがて見出すことができた。迫害時代にキリスト教の団体が蒙った物質的な損害に対する賠償は，疑う余地なくミラノの勅令の言葉に込められていた。しかしながらこのことは，キリスト教の聖職者が市民的で個人的なあらゆる責務から逸除されている条例のことをどう見ても言っているのではない[83]。独身生活に反対するアウグストゥスの法律は廃止され，普通の相続権を聖職者たちに容認することは法令によって実現した。この法令のおかげで教会は団体として贈物や遺産を受け取ることが許された[84]。このような対策によって皇帝と聖職者は共通の利益を獲得し，共通の利害に到達した。だがこのことは不幸な十人隊の隊長たち（地方議員）には分与されるわけにはいかなかった。彼らにはす

---

83)　テオドシウス法典 16,2,2（319）。エウセビオス『教会史』x. 7 参照。

84)　テオドシウス法典 16,2,4（321）。

でに 320 年に神聖な社会組織をめざすことが厳しく禁止されており，多くの言葉によって新しい社会における彼らの役割が戦争に尽力することにあると告げられていた[85]。こうしてコンスタンティヌスがディオクレティアヌスから継承した軍事化された官僚政治に対して，彼は新しい政体における第二の支配的な相棒として強力な教会的な利権を加えたのであった。

ドナティスト問題と教会分裂

しかしながら，この組み合わせを受け入れたいとの希望は，いわゆるドナティスト〔とカトリック教会〕の分裂（313 年）がアフリカの地に起こったことによって幾分かは曇らされた。もちろんこの分裂の直接的な原因は，迫害の間に「裏切り者」として烙印を押されていた人たちが聖職の任務に復帰するにふさわしいか否かという問題であった。また，このような人物が執行したサクラメントの妥当性に関して表明されていた疑念にはテルトリアヌスの「霊的な思想」（spiritualism）の明白な反響があった。それは帝国の干渉を批判する声にあるように，「教会は皇帝と何の関係があろうか」（quid est imperatori cum ecclesia）という問いの反響でもあった。アフリカ教会会議が合意に達することに失敗したことは，皇帝への直訴へと導いた。その結果，問題は引き続いてローマとアーレス〔フランス南東部の都市，今日のアルル〕で，遂にはローマでコンスタンティヌス自身の前に召集された教会の会議で〔この問題を〕審議することになった。そこで皇帝は自薦の「そうした外部の者たちの監督者」として何らの疑問を抱かずに宮

---

85) テオドシウス法典 16,2, 3.「適切な資源を与えて訓練され，公共の務めに携わるのに役立つ十人隊の隊長は……公共の奉仕を引き受ける」。

廷が下す評決を実行することを引き受けた。「神の僕たち」とか「二頭の野獣」とかさまざまに表現された帝国の役人たちがアフリカに派遣された。これらの人たちは軽率にもまず賄賂を取り，それから反対する人たちに強制した。前者〔皇帝〕の政策は国家をしてアフリカ，ヌミディア，マウレタニアにおけるカトリック教会に重い寄付を課することにまで及んだ[86]。後者〔帝国の役人〕の政策はさらに災いとなる結果を招いた。というのはそれは災難を引き起こす長期の内乱と階級間の争いの機会を与えたからである。

　この紛争における対立勢力は一方において皇帝の軍隊が支援するカトリック共同体であった。他方においてはドナティストの徒党の「力とスキャンダル」として表現されるものであった。ドナティストにおける左翼は放浪修道士団 (Circumcelliones) あるいは放浪者として知られた共産主義的‐無政府主義的‐至福千年説の信奉者から成っていた。彼らは定まっていない群れをなして不毛の高原地帯に結集し，「神の選民」(Israelites) と呼ばれた重い棍棒で装備しており，世間で言う「聖徒の指導者」の指導の下に平和で勤勉な地方に降っていった。そして彼らのときの声「神を賞讃せよ」(Laus Deo) は伝統的なローマの小作農や奴隷が関わる戦争にはこれまで前例のなかった新奇な暴動を起こすのに役立った。休戦のなかった 6 年間を超える歳月は，彼らの勢力を鎮圧するには足りなかったし，320 年にコンスタンティヌスはドナティストに良心の自由を容認することによって自らの失敗を認めた。ドナティストはアフリカにおける独立した宗派としてアウグスティヌスの時代に至るまで存続することになった。

---

86) エウセビオス『教会史』x. 6。

コンスタンティヌスの皇帝 - 教皇主義

これらのまたそれと同様の発展によって，たとえば「主の日の行事」の法令によって（321年）[87]，皇帝がミラノの勅令で具体化した公務上の中立性の精神と，はっきりと矛盾する政策の路線に深く関与することになったことが明らかとなった。この政策は皇帝リキニウスとの仲たがいとそれに続く彼の長男クリスプスの殺害という，彼の生涯における第二の大きな危機にやがて発展していった。というのも（コインや碑銘に刻まれた）彼の異教徒の臣下たちを安心させようとした願望の証拠があるにもかかわらず，さらには異教徒の称号および公共の占いという伝統的なごまかしを保存したにもかかわらず，勅令で考えられていた宗教と政治との絶縁がほとんど維持できなかったからである。換言すればコンスタンティヌスが個人として信じていた宗教は急速に国家の宗教となったのである。もしこの事実がそれだけでもってリキニウスの背教を説明するに不十分であるなら，ただ自分の栄光が失墜したのを洞察したライバルの嫉妬をそれに加えることが必要となろう。リキニウスは自己の対等の立場が，コンスタンティヌスがとった，教会に対する関心を増大させる巧みな操作によって，損なわれたことを察知したのである。したがって323年に「宮廷からキリスト教徒を追放した」リキニウスはその将来を戦争の結果にゆだねた[88]。リキニウスは2年間のうちに，ダルダペレス党を無理やり入れることによってその敗北を来してしまった，クリスプスの死によって簡単に敗北することになった。そこには若い君主に対する裁判と執行に関連する真実の証拠がないのに加えて，さもしい宮廷の陰

---

[87] ユスティヌス法典 3, 12, 2.
[88] エウセビオス，前掲書，10,8;『コンスタンティヌスの生涯』1,49-56 と 2,1-18。

第 5 章　新しい共和国　　　　　　　　　　349

謀——そこでは皇妃ファウスタ（クリスプゥスの継母）がポティファルの妻の役割のゆえに疑いがかけられていた——について教会の歴史家が出したはっきりしない手がかりが重なっており，クリスプゥス殺害の本当の動機が政治的なものであったという示唆を支持している。そのような行動に対してローマの年代記は，国家の善のためにその子孫が殺害されていた，ブルウトゥスの神話における先例を提供している。だが，その視点がますますヘブライ的になっていたコンスタンティヌスがむしろ自らを，主の栄光のためにその長子を犠牲に献げるべく備えたアブラハムとして考えていたことは起こりそうなことである。

このような不明瞭な処置に真実が覆い隠されているとしても，323-25 年の危機を勝利のうちに打破したことによって，コンスタンティヌスは皇帝 - 教皇主義（Caesaropapism）という新奇な現象をやがて立ち上げるようになったプログラムを完全に実現することを可能にしたことは，それでも少なからず明白である。異教徒の皇帝たちは伝統にしたがって自己宣伝に没頭していたが，最初のキリスト教の統治者がこれまで考案されたどんな宣伝よりもいっそう効果的な手段を見出すことが残っていた。皇帝自身がますます〔政策を〕構想する教会人の道具となっていったとき，帝国の説教者たちは，皇帝を「使徒に等しい者」として自らを示すことが不敬虔と思われないような政治的な聖人という度を越したお世辞を，声高に唱えたのである。称賛のコーラスを総じて導いていたエウセビオスでも，一つの点においては何か弁解的な調子を響かせねばならないように感じていた。彼は言明する，「コンスタンティヌスのもっとも著しい特性は慈愛のそれであった。このために彼はしばしば社会のあらゆる階級を食い物にする強欲で無節操な人々の暴力でもって，またその特性もないのにキリスト教徒の名前を装って教会に入り込んだ人たちの，恥ずべき偽

善によって苦しめられた」[89]と。

　この時期の至るところで教会に対する保護が拡がっていった証拠を指摘できる。それに合わせて教会の後援者に対する巧妙な讚美も伴っていた[90]。帝国の役人による異教的な犠牲による儀式の遂行を禁じた勅令は、偉大なる高級行政官の管轄区からきわめて末端の属州に至るまで、一般のキリスト教徒でもって行政的なサービス業務を満たす効力をもっていた。公共の利益の申し立てが〔役人が〕介入するための理由を与えるところではどこでも、異教の祭儀は威圧的に抑圧された。たとえば〔マケドニアの町〕アエガエでの〔ローマの医神〕アエスクラピウスの祭儀は迷信的ないかさま行為の理由で抑圧を受けたし、フェニキアのヘリオポリスでの〔愛と美の女神〕ウェヌス（〔フェニキアにおける豊饒と性愛の女神〕アスタルテ）の祭儀は売春と他の悪徳のゆえに抑圧を受けた[91]。異教の神殿はキリスト教の教会として再び聖別され、新しいキリスト教の土台はとくに殉教の場所を表わすために公共の資金から引き出された基金でもって設置された。コンスタンティヌスの12周年記念行事の機会には壮大な聖墓教会がエルサレムにおいて奉献された。同時に神殿の再建を企てたユダヤ人たちは耳を切り落とされ、公共の執行人によって死に至るまでむち打たれた。自らを扶養しかつ慈善的な目的のために金銭を調達するために、聖職者は伝統として小さな事業を行ってきていた。だが今や彼らの財源が計り知れないほど拡がってきたので、彼らは明らかにかなりの規模で投資

89）　エウセビオス『コンスタンティヌスの生涯』4,54; Zosimus, 2,38 参照。

90）　エウセビオス、前掲書、2,44-50 及び 3,1；その詳細はテオドシウス法典における残存する立法によって部分的に実証されている。

91）　この点でコンスタンティウスは良い仕事をしたように思われる。この祭儀の不快な徳行についてはクモン, *R. O.*,p. 110 参照。

をはじめていた。そこでニカイア会議の教会法規（第17）はどんな教会基金にも高利貸しによる有罪に対しては聖職の剥奪をもって脅迫した。326年に祝われたコンスタンティヌスの20周年（Vicennalia）〔の治世祝賀記念〕は至るところで教会へのすばらしい寄贈によって表明された。この偉業の頂点となるのが疑いなく新ローマ〔とコンスタンティヌスが呼んだコンスタンティノポリス〕の建設である。この新ローマ（New Rome）は，位置からして本来すでに目立っていたが，今度は（330年5月11日に用意された）帝国の魔術師の手によってことごとく新たに計画されたのである。新しい首都は，脆弱なギリシアの諸都市からもぎ取ってきたデルポイ神殿の青銅の祭壇のような，威厳のある尊い芸術作品によって飾られた。新しい首都はグラックス兄弟の時代以来，昔のローマが〔他人にたかる〕世界の食客となっていたのと同様に，穀物の年間収穫高（annonae）の制度で支えられていた。このことは次の点においてのみユニークである。というのも新しい首都は信仰に献身した君主の完全にキリスト教的な首都となるべきものであったからである[92]。

そのような対策が完全に成功していたならば，ただ一つの結果，しかも教会の完全な不妊状態を来たしていたであろう。教会はこの体制のもとで無害な「キリスト教的な諸理想」の説教に自らを限定するように期待されていたことは明白である。ところが教会はその運命とローマ世界の運命とを物惜しみしない強力な恩恵を施す人の手に委ねたのである。その組織が有する数と作用の範囲とは，皇帝が，公務的な中立性の範囲内において，どのくらい自由であると感じていたかを，余りにも明らかに示している。というのも〔コンスタンティヌスが用いた〕ローマ帝国の軍

---

92) エウセビオス，前掲書，3,48と54；4,58-60。

旗が彼の個人的な旗であったように，キリスト教は，徹頭徹尾，単に彼の個人的な宗教に過ぎなかったことをわたしたちは想起すべきであるから。それにもかかわらず彼は状況の論理を独特の仕方で無視して，キリスト教的な最高位の神官（Pontifex Mamimus）の諸機能を引き受けたのである。この異教的な称号を彼は異常なほどに保ち続けた。それは事実ドナティストの分裂に関連して演じようと努めていた役目でもあった。しかしながらアレイオス主義者との論争が起こると，彼はキリスト教の独得な特質を知らされることになった。その特質とはキリスト教を異教の祭儀から顕著に際立たせたものであり，同時にキリスト教に手に負えない独特な性格を付与するものであった。それらの展開はニカイアの公会議との関係で起こることになった。それを熟考してみると，組織化された教会において，帝国は単に国家が造った〔教会という〕「団体」と直面したばかりか，上位に立たないとしても対等な〔教会の〕精神的な権力とも直面したことが示されることになる。

ニカイアの公会議と関連事件

このような事実の全面的な実現は，疑いなく，その後継者たちに残された。コンスタンティヌス自身に関して言うならば，彼がアレキサンドリアの司祭〔アタナシオス〕が起こした問題を耳にしたとき，「彼は力ある神の使者のように教会内部の紛争についてどんな種類の戦争や衝突よりも危険なものとして声高に抗議した」[93]。そして定められた政策の遂行に当たってコンスタンティヌスは問題を解決するために教会の代表者による会議を招集した。その問題の真の意味を，彼の伝記作者によれば，彼はただぼんやりとしか理解できなかった。こうして召集された全体的な公会

---

93) エウセビオス，前掲書，2,61 以下 ; 3,12 と 21。

議（325年）は，318人もの司教から構成され，皇帝は単に帝国のすべての部分からの代表のみならず，同様にアルメニアやシケリアからの代表が集まったのを見て元気づけられた[94]。こうして〔聖書の使徒言行録 15.32 以下にある〕仮説的なエルサレムにおける原始的な公会議を除けば，今や普遍的な教会が最初に声をあげたことになった。3か月を超えて続いた討論において道徳や規律を支配するためにさまざまな教会法典が定められ，2，3の意見を異にする投票があったが，三位一体的なキリスト教の根本的な法にして綱領である，ニカイア信条として歴史に知られている偉大なる教義の形成が推進された[95]。

この明確な教義の記述は直ちにコンスタンティヌスによって帝国内の精神的な統一のための基本原理として採用された。そのため反対者は悪人や不敬虔な者として真理の敵である——その作品は回収されて滅ぼされるべきである——と公然と非難された特徴的な命題（prounciamiento）が結論とされた。こうして書籍，とくにアレイオスとその信奉者たちの書籍の焼却が始まった。そのさい「単にアレイオスの堕落した教えのみならず，その記録でさえも子孫に残すべきではない」ことがその対策として採用された。誰かがアレイオスによって書かれた著作を1冊でももっていたり，それを焼却するのを拒否した場合の罰は死刑に処せられるというものであった。

だがコンスタンティヌスの観点からすると教会の統一を確立することは，もっとも見ごたえのある偉業を含んでいるものであった。それはアウグストゥス皇帝の偉業よりも大なるもので，より良い帝国の形態を実現できるはずで

---

[94] 同時代の叙述としてはエウセビオス，前掲書，3,7-22 参照。他の言及としてはアタナシオス『ニカイアの法令について』がある。

[95] その詳細は Duchesne, 2,144-53 頁参照。

あった。というのもゲルマン民族やオリエント民族に対する福音伝道によって皇帝は，国際関係の新しい重大な局面が開始したことをはっきりと気づいていたからである。それとまったく同様に彼のよく知られたゴシック的なるものへの愛好と新しい世界主義に関する基本原理を正当とする証拠を彼は感じ取っていた。このことは古いロマニタスの限界を超えて至るところで外国人との連帯が実を結んだためであった。こうして彼はサポール王〔本書 256 頁と 420 頁参照〕に手紙でもって話しかけ，自分が信仰者たちの擁護者にして暴君と迫害者の敵であると宣言した。彼ははっきりと言う，「ペルシアの最善の部分はキリスト教徒によって満たされているのを知って満足している。このことをわたしはあなたの人間性に委ねます。彼らを親切に扱ってください。というのも，そうすることによってあなたご自身とわたしたちに多大の奉仕をあなたはすることでしょうから」[96]と。このような文通によって皇帝は自己自身を主の剣として心に描いていたのである。そして彼の手綱のうちにある，畏敬の念を起こさせるローマ帝国軍旗，またその効果がリキニウスとの戦闘において試されていた有名な幕営（tabernaculum），あるいは祈りの幕屋の存在によって皇帝は勝利を確信していた[97]。それらは平和主義の何らかの勝利を含意するところではなく，19 世紀の間イギリス帝国主義を特徴あるものとしていたと思われる「キリスト教と 6 パーセント」の精神を示唆している。それにもかかわらず，それらは政治的な自己充実性という古代の古典的な理想をやがて転覆させることになる，新しい眺望の起こりを示すものとして重大な意義をもっていた。

---

96) エウセビオス『コンスタンティウスの生涯』4,5-14。
97) エウセビオス，前掲書，2,7-12。

コンスタンティヌス主義の脆弱さと悲劇

コンスタンティヌス主義の脆弱さを暴露することは必要不可欠な課題である。その弱さは一部は皇帝の個人的な欠陥（たとえば権力に対する強い欲望）によるものであり，だが一部は彼の同時代人の多くのものと共有していた精神的な態度によるものである。公言されたコンスタンティヌスの目標は，一世代において千年王国に関する法律を制定することであった。単にこのことを述べるだけでもその中に乗り越えられない困難を含んでいることが感じ取られねばならない。彼自身が作成し，他の人が彼のために作ったことは，過度な要求ではなかったとしても，彼の歩み寄りが不完全であったことに同情するほうがずっと容易であろう。しかしながら，ほかでもない彼が犯した誤謬は，キリスト教徒たちがその信仰の社会的で政治的な関わり合いについてもっと十分な，かつ，もっと適切な発言をするように強いられるために，必要であった。

コンスタンティヌスがキリスト教のためにクモの巣〔陰謀のわな〕を意図的にあるいは慎重に織ったりしなかったことは全く明らかなことである。確かに，もしも彼がいやしくもそれを一つでも織っていたならば，それは彼が自分の後継者たちを滅ぼして彼自身の王朝の希望を崩壊させることになった。人間の歴史における最大の革命の一つを創始した人，（真に広大な範囲にわたる）中世期の設計者であるにもかかわらず，彼の生涯の真実の悲劇は，彼が行ったことの意味を知らなかったことである。彼の政策の直接的な成果について言うなら，その苦みを十分に味わうほど長く彼は生きながらえなかった。すべての人と比べて，彼はその死の瞬間において幸運であった言えるかも知れない。

もし何らかの意味でディオクレティアヌスを東ローマ帝国のカミルス〔ローマ第二の建設者〕として語ることが適切であるならば，コンスタンティヌスはスキピオ・エミリ

アヌス（小スキピオ）と呼ばれるに値するであろう。スキピオのように彼は政治においても戦争においても続いた一連の勝利で現われた実践的なものに対する鋭い感覚が授けられていた。またスキピオのように幻想的な神秘主義的信仰によって目立っており，普通の人の視野を超えた超自然的な強力な諸力と親しく交わることを求めた。それはちょうど彼のお気に入りのモットーであった「神性に対する霊感によって，精神の広大さによって」(instinctu divinitatis, mentis magnitudine) のように彼をヘレニズム世界の神的な人々である霊的な先祖たちと結び付けている。この人々は卓越した才能と幸運のおかげで変化の時代における先導役の資格を特別に与えられていた。そして彼の同国人を新しい人跡未踏の道に案内することは，スキピオの定めであったように，事実，コンスタンティヌスの定めであった。

　その生涯を通してコンスタンティヌスは宗教が実現するように宣言し，かつ，実行した。彼の伝記作者は，いつも決まって彼の事業が幸運に恵まれていたことの保証を提供している。終わりに至るまで彼の栄光はわずかな逆転によってもなお暗くされていないし，〔その幸運によって〕皇帝は名祖（なおや）の名をもつギリシアの英雄 - 創始者のように，十二使徒の教会において新しいローマに永眠するように生まれたのである。終わりに至るまで抜け目なく，時折政治家が直面する残酷な必然性に気づいて，彼は洗礼の儀式を 11 時間も引き延ばしたのであった。彼は自分の罪を意識すると言うよりも，むしろ長い見ごたえのある生涯の過程において神と自分の仲間たちに与える特権を許された，多大の奉仕のことを意識し，無垢の白衣を着て新任聖職者（修練士）として死んだ。彼の時代は激しい過渡期が有する多義性のすべてをもっている。そのような多義性は皇帝自身の人格において劇的に縮図のように示された。彼はあ

る異教の神として神聖化された存在の気品を享受していながらも，同時にキリスト教の聖人として広く敬われた一人の人間として恐らくユニークなものであろう。

第 6 章
アテネはエルサレムと何の関係があるのか。
コンスタンティヌス主義の袋小路

はじめに

ローマ皇帝によるキリスト教の受容は教会にとって大いなる関心と重大なる時期を導入するのに役立った。まだ1世紀も経過しない前に，〔キリスト教と〕帝国との衝突がその頂点に達していたとき，テルトリアヌスは「キリスト教皇帝」という観念が形容矛盾であると宣言していた[1]。「キリストがこの世の王国を拒絶した事実は，あらゆる世俗的な権力と尊厳が単に神と無縁であるばかりか，敵意あるものであることをあなたに確信させるに足りるものでなければならない」と彼は言明する。したがって「神に対する献身の誓いと人に対するそれとの間には，キリストの基準と悪魔の基準との間には，光の施設と闇の施設との間には調停などありえない。一つの魂が二者に仕えることはできない（Non potest una anima duobus deberi.）。つまり神と皇帝との二人の主人に仕えることはできない」[2]。

この精神によってこの著者はローマの秩序からキリスト教徒たちの脱退を宣言していた。彼は「わたしたちに

---

1) テルトリアヌス『護教論』21：「だが，もし皇帝たちもこの世界に必要でなかったら，あるいはキリスト教徒たちも皇帝であることができたなら，皇帝たちもキリストを信じていたことであろう」。

2) テルトリアヌス『偶像崇拝』18,19。

第 6 章　アテネはエルサレムと何の関係があるのか　359

とって共和国よりも無縁なものはない。わたしたちは一つの普遍的な共和国つまり世界だけを認める」[3]と主張する。彼のロマニタスからの背信行為は〔次の言葉で〕完了する。「わたしは〔古代ローマの公共広場〕フォーラム，キャンパス〔施設と建物〕，元老院に対する義務を負っていない。わたしはどんな公共の役割にも目覚めないままでいる。わたしは演壇を独占しようと努めない。わたしは行政上の義務に何ら留意しない。わたしは投票者のボックス，陪審員のベンチを遠ざける。……わたしは行政官としても兵士としても仕えない。わたしは世俗社会の生活から退いてしまっている。……わたしの唯一の関心事はわたし自身である。配慮すべきでないということの他には何も気をつけていない。……誰もひとりで死ぬように定められた他者のために生まれてきているのではない」[4]。このようにして信者とその周囲世界との間には何らの共感の絆がありえなかった。「社会は喜ぶであろうが，あなたは悲しむであろう。だから異教徒たちが幸福であるときには，悲しみはじめ，彼らが悲しみはじめるときには喜ぼうではないか。もしわたしたちが今一緒に喜ぶならば，その後で一緒に悲嘆に暮れるかも知れない。……喜びに対する侮蔑，つまりこの世の活動に対する〔敵意に満ちた〕軽蔑に優って大きな喜びはない」[5]。そのような態度は適切である。なぜなら世俗社会から追放されているが，キリスト教徒は新しいエルサレムの市民であって，この立場からはこの世における何ものも，できるかぎり素速くそこから立ち退くことのほかには重大な関係がないからである[6]。したがってキリスト教徒は熱心に〔この世からの〕自分の釈放の好機を楽しみ

---

3)　テルトリアヌス『護教論』38。
4)　テルトリアヌス『肩衣について』5。
5)　テルトリアヌス『見せ物について』28-29。
6)　テルトリアヌス『花冠について』13-15;『護教論』41。

に待った。「というのも、わたしたちが世界そのものを牢獄と考えるならば、皇帝の牢獄に入ることは自由になることであると悟っているから。……社会の外にいるあなたにとってあなたが社会において何であるかは重要ではない」[7]。

　これらの意見を考えてみるとき、二つの点が心に浮かんでくる。まず第一にそれらの意見は、風変わりな行為に向かう個人的な傾向が、遂にはモンタニズム〔2世紀後半にモンタヌスを祖とするキリスト教の異端〕の行き過ぎによって強化されることになるような人物の発言である。それからまた〔第二に〕それらの意見は、教会と帝国の間に交わされた討論が最後のもっとも先鋭な局面に入っていった、危機の時代の産物である。それらは信者が帝国の迫害に抗議した通常の精神的態度をそれほど多く反映させていない。だが、たとえそうであっても、それらの意見は意義がないのではない。なぜならそれらは無視されるべきではないキリスト教と古典主義との間の対立を指摘しているからである。こうしてそれらの意見はコンスタンティヌスがキリストに対する献身を堅く約束するために、ロマニタスの公認の神々を捨てたとき、彼が歩んだ足跡の重大性を示すものである。このようにして4世紀を理解するために決定的に重要な二つの問題が起こってくる。第一の問題は伝統をそのように強調して断ち切った皇帝の動機にかかわっている。第二の問題はそこに含まれる行動が重要なものであるがゆえに、それを処理するのはさらに容易ではないということである。換言すれば、それは新しい意義深い文脈において3世紀前にパレスチナの石地の丘で布告された福音の問題、またアウグスティヌスの言葉では「腐敗し、崩壊する世界」として叙述されるべきものに対する救済の教え

---

7)　テルトリアヌス『異端者への抗弁』2。

(doctrina saluberrima tabescenti et labenti mundo 腐敗し崩壊する世界に対するもっとも有益な教え）としてのその価値の問題，を立ち上げるのである。

4世紀の理解に重要な二つの問題

前者の問題に関して言うと，ミラノの勅令における結びの言葉がコンスタンティヌスの率直な意見を具体的に表現していることを討論する機会がほとんどなかった。皇帝自身が表明しているようにその希望とはこうである。「彼の生涯の重大な時点で彼が経験した神の恵みは，継続して彼の後継者たちにも恩恵としていつまでも降り注がれるべきである。同時にそれは共和国の幸福を保証するものである」。この大志の中にわたしたちは，たとえば恐らく生きたり生かされたりする合意によって達成したかもしれない，単なる宥和政策の願望に優るものを認めることができよう。コンスタンティヌスの目的は政治的統合の新しい原理を手に入れることであった。このことには何ら驚くべきことはない。わたしたちがすでに考察してきたように，それは3世紀の中頃から君主たちが継続して追求してきた復興政策と全く一致している。そうは言ってもその新奇さによって驚かせていたものは，そのような原理がキリスト教から引き出されうるという彼の明白な観念であった。

この観点からすると皇帝によって計画された解決の意義を推定することは困難ではない。彼がキリスト教のうちに見ていたのは，単なるお守りであって，そのお守りによってロマニタスが，たとえば公認の異教主義がそれを与えるのに失敗したような，物質的繁栄を確信したのであろう。そして中断されることのない一連の後継者たちがこの希望の正当性を立証するように思えたとき，彼は福音の約束と帝国と彼自身の家の約束とをますます同一視するようになった。確かに彼がその貨幣の中に伝統的な異教の神々

の姿と寓意画を少なくとも中世に至るまで保っておくべきだと考えたのは，彼の信仰の実用的な精神を継続するためであった。また占いを一般に禁止しておきながら，同時に彼は「公共の利益において」それを特別に認可したこともその現われであった[8]。しかしながら同時に彼はいわば有徳な甲冑でもって身構えた。彼の同僚であるリキニウスとの重大な闘争において祈りが犠牲に，〔神の〕幕屋が神殿に対比させられた。ところが特別なエリート部隊によって護られた軍隊の先頭にあって彼は恐るべきローマ帝国軍旗（Labarum）を移動させた。この軍旗は「その神的で神秘的潜在力」を備えており，異教徒からもキリスト教徒からも同様に，古代のヘブライ人によって与えられていた，何か迷信的な崇拝を受けていた[9]。このような考察はそれだけでは皇帝の誠実さを非難するための正当な理由を与えていない。そうはいっても，そこにはコンスタンティヌスのキリスト教の理解が不完全であったことがもっとも強く示唆されている。こうしてそれらの考察が提示するものは，彼の誤謬が何であれ，それは，ただ，新世界への移行において旧世界からの偏見という大きな重荷を背負ったような人の誤りであったということである[10]。

---

8) テオドシウス法典 xvi, 10,1 (321)。
9) エウセビオス『コンスタンティヌスの生涯』2,4-16。
10) コンスタンティヌスの目的と方法とは昔でも今でも論争にその素材を提供してきた。最新の意見は N. H. バイネス（Baynes）教授の挑戦的な論文「コンスタンティヌス大帝とキリスト教会」（Proceedings of the British Academy, xv, 1929）による批判的な吟味に曝されている。わたしたちは皇帝が意図的な巧妙な偽善者であるか，それとも他方において「政治的な聖人」であるのか，そのいずれかであったという見解を退けている点で，この著者に同意することができる。しかし彼は「単なる哲学的な一神教徒」ではないし，「彼は自らをキリスト教，キリスト教会，キリスト教信条とはっきり同一視した」との結論を受け入れることは困難である（367-68 頁）。ここでの真の問題はコンスタンティヌスの信仰の質である。この議論に対してわた

第 6 章　アテネはエルサレムと何の関係があるのか　363

コンスタンティヌスの誤り

したちは少なくとも有能でほとんど同時代の観察者の意見では，このことはとても高度な社会体制の問題ではないことを指摘する以外には何も加えることができない。アウグスティヌスの『神の国』第 5 巻 24 章を参照せよ。「キリスト教皇帝の至福，真の幸福（いわゆる「君主の鏡」）とは何であるのか」。すなわち「キリスト者である皇帝たちのある者は幸福であったと言うとき，それは，彼らがいっそう長い間支配していたからとか，穏やかに死んで息子たちに〔国を〕継承するように残したからとか，国家の敵どもを征服したからとか，国家の敵たちを圧迫したからとか，自分たちに敵対して立ち上がる市民たちを警戒し，また立ち上がった市民を弾圧することができたから，という理由によるのではない。この悩み多い人生におけるそのような，またその他の幸福および諸々の賜物や慰めは，悪霊どもの礼拝者たちも受けるに値していたのである。しかし彼らは神の国には所属していない。これら〔キリスト者である皇帝たち〕はそれに属しているのである。しかし彼らは神の憐れみによってそのようにされたのである。それは神を信じる者たちがそれらの現世の幸福を最高善であるかのように神に願い求めないためである」。

「しかしながらわたしたちは，彼らが正しく統治するならば，彼らを幸福なものと呼ぶ。また彼らを高く称賛する者たちの言葉と，極端に卑下して〔彼らにこびて〕挨拶する者たちの恭順とに囲まれても高ぶることなく，自分が人間に過ぎないことを憶えているならば，また自分の能力を神の礼拝を最大限に広めるために用いるならば，また神を畏れ，愛し，礼拝するならば，また彼らと共にそれに与る兄弟をもつことを恐れないかの〔神の〕国をより多く愛するならば，また罰すること遅く，赦すことに速やかであるならば，幸福であると呼ぼう」等々。

このような観念をコンスタンティヌスに特別に適用する問題に関しては『神の国』第 5 巻 25 章でなされている。その箇所では支配者たちが単にキリスト教徒であるとかキリスト教を宣言しているがゆえに，支配者たちにいかなる一時的な特別に有利な点をも保証しないことが論じられている。

恐らくもっとも正しいコンスタンティヌスに対する評価はクモン (Cumonnt), R.O.302-03 頁 のそれであろう。「コンスタンティヌスの漠然とした自然神論は太陽崇拝とキリスト教との矛盾を和解させることから来ている」。こうしてそれは「一つの奇妙なことが神学的なディレタンティズムを生みだし，何よりもその土台の上に，キリスト教のわずかな用語の助けでもって，またさらにもっと少ない，恐らくはキ

コンスタンティヌスの誤りはキリスト教の実体とその形式とを同一視したことであった。つまりそれは古典的な観念論に特徴的な誤謬であった。しかしながら真の問題は，彼が自己自身を古典的な思惟方法と関係ないものと見なしたことであった。この点で彼はたとえば彼が有名な「神性に対する本能によって，精神の偉大さによって」(instinctu divinitatis, mentis magnitudine)[11]を自己自身に適用したことから明らかとなるように，古典的思惟方法との分離に完全に成功したのではなかった。このことはわたしたちが別のところで注記したように，単にアレクサンドロス大王との関連でプルタルコスが使用した表現をラテン語に翻訳するというだけのことではなかった。またそれはヘレニズム的な超人にふさわしい神との一種の「協働」を指し示す。その他の〔皇帝の中にある〕異教的な精神性の遺物は，恐らく宗教的な儀式を無意識に取り消した効きめに対する皇帝の明白なる信念のうちに見出される[12]。それとともに半ば異教的な『迫害者たちの死について』の中で，神の審判に対する畏れが，神に由来すると考えられた行動の仕方 (modus operandi) を示唆する，善い行為への励みとして信じられた[13]。これらの信念は神と人との契約的な関係の観念にもとづいており，成熟したキリスト教の思考よりも公認の異教徒の考えに共通のものである。

　皇帝の誤りは，それがもし生来の傾向であるなら，そのことのゆえに重大なものであった。というのも彼は恐らく公共的な改善という一時的で大部分は架空である意味を作り出すのには成功していたけれども，ローマの伝統的な

リスト教的な理念の助けでもって，汎神論者を仕立てたのである」。
　　11）　このことは，バイネス，前掲書，注36，404-05頁によって討論されている。
　　12）　バイネス，前掲書，348頁。
　　13）　バイネス，前掲書，351-54頁。

第 6 章 アテネはエルサレムと何の関係があるのか 365

問題を恒久的に解決するようなことはなかったからである。帝国の北方と西方の国境地帯ではなお野蛮な人たちの危険，つまり新しい信仰がさまざまな点で扱うのにあまり適していない危険と直面していた。なぜならキリスト教はすでに徐々に消えゆく市民的な諸徳を消滅させるのに寄与していたのに，同時に異邦人とのまったく新しい接触点を，〔両者の間の〕境界線のどちらの側でも広めた共通の宗教という形態において勧めていたからである。こうしてキリスト教は提携の過程を，とりわけゲルマン民族との提携の過程を，だが異教帝国の内部において求められた文化的な同化の提携とはまったく異なる基礎に立って推し進めたのである。こうした観点から見ると最初のキリスト教皇帝のよく知られた異教主義を愛好する精神は，彼の保守反動的な甥〔ユリアヌス〕の目には気分を害するものとなった[14]。すでに指摘しておいたように[15]，その間に生活を苦しめていた社会的で経済的な諸勢力は属州から〔はじまって〕情け容赦なく活動し続けていた。1 世紀半も続いた「租税の不安」（財政上の悩み）は癒すことも耐えることも不可能と思われた悲劇的状況を証明するに足りるものであった。このようなことはコンスタンティヌスが行った解決からいっそうかけ離れた成果であった。そこからもたらされた最終的な結末は，このように都市ローマの究極の運命を確認することであったが，それも意図されたものとはまったく逆の仕方で実現することになった。

　皇帝がもっていた王朝についての当面の希望は，将来にとってもっと皮肉なものとなるように運命づけられてい

14）　アンミアヌス『三一巻史』xxi. 10.8;「ユリアヌスは彼〔コンスタンティヌス〕が外国人〔ゲルマン人〕を高官職に至るまで昇進させ，また執政官の職にまで就けた最初の人であったがゆえに，彼を明らかに非難する」。

15）　本書第 5 章参照。

た。彼の後継者たちにとってコンスタンティヌス主義というのは混乱した観念の一つであって，そこでは異教の要素とキリスト教の要素が密接に混合していた。コンスタンティウス2世が自分のことを「神のようなコンスタンティヌスの，最善にして最大の指導者の＜息子＞，神のようなマクシミアヌスとコンスタンティウスの孫，神のようなクラウディウスの曾孫」(divi Constantini optimi maximique principis <filius>, divorum maximiani et Constanti nepos, divi Claudi pronepos)[16]と語ったことは，偶然の出来事によって生じたのでも，何か単なる因習的な意味においてでもなかった。第二フラウィウス朝皇帝の男子による直系では最後の遺族であるこの皇帝の目的は，その父によって創始された諸政策をできるかぎり実施することであった。そして25年に及ぶ彼の統治の至るところにこの線に沿っての革新が止まることなく続けられた。このように矛盾する要素から成る絶望的な公共計画の中での共存は，純粋な異教のどんな組織においても無類の緊張を作り出すのに役立った。そして遂にはそのような緊張は耐え難いことが分かった。したがってこの道は，第二フラウィウス朝の天罰が実現された，背教者ユリアヌスのもとで巧妙にかつ徹底的な反動への方向をとるに至った。

この時代の思想的混乱，ラクタンティウスの問題点

コンスタンティヌス的なキリスト教の多義性は，皇帝の側における何らかの巧妙に仕組まれた邪悪さに責任があるのではなく，アウグスティヌスが古典的な生活と思想の「もっとも邪悪な習性」(pessima consuetudo) と呼ぶようになったものを断つことがとても困難であったから生じたのかもしれない。確かに思想の混乱は，瓶をぶち壊さない

---

16) Dessau, *I.L.S.* 732

で，新しいぶどう酒を古い瓶に注ごうとするような不可避的な結果であった。キリスト教徒たちが古典主義に含まれている落とし穴を避けようとして直面した困難さをいくら強調しても強調しすぎることはない。そこにはなお人類によってこれまでのところ世界の科学的な理解と人間生活を合理的に秩序づけることに向かうもっとも有意義な欲求として生き残っている感化力が伴われていた。この点に関しては皇帝の欠陥は彼がもっとも親密に接触した教師たちの欠陥でもあった。そんなわけで〔その教師の中でも〕エウセビオスに関して「彼の精神性はその根底においてアレイオスのそれであった。しかし，後者〔アレイオス〕が組織的な記述において明瞭で厳密であったのに，カエザリアの司教〔エウセビオス〕は自分の考えを〔むくむくと重なる〕言葉の雲に包んで，〔本質的なことを〕何も言わないために多弁を労することに優れていた」と観察されている[17]。他方においてある古代の批評家はラクタンティウスの欠陥を疑念を懐かせない言葉でもって指摘している。すなわち聖ヒエロニュムスは「彼がわたしたちの敵の立場を粉砕するのに効果的であったのと同じように，わたしたちの立場を明瞭に述べていたら良かったろうに」と慨嘆する[18]。わたしたちはこの「キリスト教徒のキケロ」〔ラクタンティウス〕の弱点を，キリスト教の諸原理を不適切にしか根拠づけなかった結果として説明すべきである。たとえばギボンはラクタンティウスが「キリスト教の教えにほぼまったく無知であり，神学よりも修辞学によって〔信条が〕詩作されている」という趣旨でニカイア信条を弁護するために教皇の勅書を引用し，特徴的なこととして彼の信仰が「神秘的なタイプよりも道徳的なもの」であったと付言してい

---

17) Duchesne, op. cit. ii, p.133.
18) ヒエロニュムス『書簡集』58, 10.

る[19]。この観点からラクタンティウスとキケロおよびストア派との友好関係は偶然ではない。わたしたちがすでに論評したようにラクタンティウスは気高い異教主義の結論と共通した多くのことを表現する。確かに彼の思考は古典的な伝統の内部から逸脱し、またいくぶん両立しがたい要素に由来する諸観念によって支配されているように思われる。『神の活動』(De Opificio Dei) と『迫害者たちの死』(De Mortibus Persecutorum) は歴史的な唯物論をうっかりさらけ出している。その有様は、たとえばテルトリアヌスにおいて、神が「機械仕掛けの神」(deus ex machina) として全面的に活動しているのが見出されるのに似ていなくはない。他方において『キリスト教の教義』(実際もしこの作品が同じ著者によるものであるとしたら) はうっすらと偽装された古典的タイプの観念論を提示する。この観念論は疑いなく弱められ感傷的なものとなっているが、それでも公には放棄された過去のものと似ている創造的な政策に対する信仰を漏らしている。これらの考察は、もし可能ならば、教会がそれなりに真に支持したもの、教会のこの世における布教活動の意味を決めるのに重要なものとなるであろう。この目的のためにわたしたちは、最初の3世紀の間にローマ世界に〔キリスト教が〕表明したことがらが見出せるような、キリスト教の精神と目的とは何かを想起することから開始してもよかろう。

市民共同体と教会との類似点

この時期が進行するにつれて教会は、目に見えない帝国の性格を、護教論者の言葉で言うと、「隠された、人目を避ける集団」(latebrosa et lucifugax natio)[20]という性格を

---

19) 本書第5章321-22頁。
20) Minuc. Felix, Octav. 8. 4.

第 6 章　アテネはエルサレムと何の関係があるのか　369

徐々に獲得した。その〔教会という〕帝国の構成員は，新会員を単にローマのすべての地方自治体からばかりでなく，ロマニタスの境界線をさえ越えて補充し，そして彼らは共通の忠誠によって結びつけられていた。その忠誠は皇帝に対しその臣下たちを結びつけたものに優るとも劣らなかった。キリスト教の諸団体はその組織の形態のために当代の世俗社会から重要な草案を引き出していた。たとえばキリスト教の諸団体は国家（civitas）の中に教会（ecclesia）のためのモデルを見出していた。またその聖職者の位階（ordo）と平信徒（plebs）の関係は地方自治体のクリア（curia　地方行政府の上級構成員）と平民（populus）の関係に一致していた。同様にキリスト教の諸団体は自治都市（municipium）の役人と監督によく似たものをもっていた。ところが市民的な精神の衰退と共に平民は執政官の選択に関する規制手段を放棄してしまっていた。こうして執政官はクリアや元老院によって指定された一種の行政長官のようになったが，デモクラシーはキリスト教徒の間には一般民衆の歓呼による承認において生き残った。この承認は，司教が彼自身の隣人である聖職者たちの間から正式に選ばれるべきであるという意味においてと同様に，一般的には同僚たちによる司教の公式の聖職叙任に先立っていた。こうして教会は指導者の選出にあたってはギリシア-ローマに特有な感覚と聖別された司祭の観念——それは元来イスラエルに由来することは疑いない——とを結びつけていたように思われる。同様に教会に特有な建物を建てるに当たっては教会は世俗的な建築の伝統的な様式を採用していた。ところが少なくとも教会の儀式のある側面は，ヘレニズム的な神秘的な祭儀の側面と著しい並行現象を呈していた。また別の関連でもエクレシア（教会）はキウィタス（国家共同体）とは反対の型として現われていた。それはたとえば準備された救済の入念な計画に具体的に示されて

いたが，その救済は施しや，ローマ的な秩序における慈善事業のようにではなく，キリスト教の愛の律法にしたがって利益にならない仕方で配分された。またそれゆえにキリスト教の救済は〔背教者〕皇帝ユリアヌスによって貧困者や弱者に対するもっとも重要な罠として非難された。さらに世俗社会の司法制度は教会のうちに類似した物をもっていたのである。一般の民事手続きには司教による仲裁の体系が対応していた。それは信者の側の「法に訴えること」を躊躇する結果として起こってきた。刑法上の正義に対応する物は悔い改めの戒律であって，そこには，少なくともある集会においては，公衆の面前で告白する義務が含まれていた[21]。だが一方，純粋に霊的な交わりの最後的な武器として破門宣告は，公法と刑法に代わるキリスト教的な方法を提供した。最後にキウィタスの生活が地方と帝国の祭儀の巧に作られた組織に集中していたのと同様に，エクレシアもその活気を与える原理を宗教の中に見出した。

　これらの無数の類似点は，〔一方が他方を〕汚染する何らかの傾向を明らかに示すどころか，単にキリスト教と組織化された世俗社会との間の分裂を強調するのにも役立つ。この両者にとっては等しく，そのような分裂の意味は明白である。異教徒の側ではこの分裂は，単に新しい宗教に帰依した人たちに敵対して大衆が暴力行為を発作的に勃発させるだけでなく，また「その名を告白しただけで」反逆罪に相当すると受け取られるような，程度の差はあっても長く継続する迫害に彼ら〔信徒たち〕を服させるため，無認可の団体に反対して法による禁止を切望した政府の態度によっても，表明されている。一般民衆の傾向はある程度は文学に反映されるようになった。この関連でわたしたちは「ユダヤ人の無神論」とそれまで間違えられていた

21）　テルトリアヌス『純潔について』18。

第 6 章　アテネはエルサレムと何の関係があるのか　371

祭儀に対する一般民衆の誤解と反感だけをあらわに示し，〔社会の〕転覆をねらうものとぼんやり感じられた，〔文学が示す〕初期の参照すべき諸点を無視しても多分よかろう[22]。この問題についての最初の明瞭な叙述は，プリニウスによる〔黒海に面した古代大国〕ピシニアのキリスト教徒に関するトラヤヌス〔ローマ皇帝（在位98-117）〕への報告である[23]。この報告はキリスト教の顕著な特質が知的で同情を欠いていない観察者に見えてきたとき，キリスト教の特質をいっそう明瞭にしている。また，それはキリスト教の特質が普及することによってローマの行政に与えた問題の幾つかを提示する。他方，わたしたちは，同時代のキリスト教的な感情の見解を明らかにするために，殉教者ユスティノス〔100頃-165頃，ギリシア教父〕が2世紀のほぼ中頃に皇帝ピウスに呼びかけた『弁明』を参照することができる。彼は次のように明言する。

　　わたしたちがキリスト教徒になる前には放蕩にふけって喜んでおりましたが，今では清い生活を喜んでいます。わたしたちは魔法と妖術にふけっていましたが，今では善にして永遠の神に身を捧げています。わたしたちは他の何よりもお金と所有に価値をおいていましたが，今ではわたしたちが所有しているすべてを寄せ集め，それを必要な人たちに分けています。以前にはわたしたちは互いに憎み合い殺し合っていましたし，国民性とか習慣の相違のゆえに見知らぬ人がわたしたちの門に入れるのを拒んでいました。だが今はキリストの到来以来わたしたちはみんな平和に暮らしていま

---

22)　タキトゥス『年代記』xv. 44. さらにスエトニウス『皇帝伝』の「クラウディウス」25；「ネロ」16；「ドミティアヌス」12参照。
23)　プリニウス『書簡』x. 96.

す。わたしたちは敵のために祈り，キリストの高貴な教えに従って生きることによって，不当にもわたしたちを憎む人たちに打ち勝とうと求めています。それは彼らがすべての主である神から報酬を得るという同じ喜ばしい希望を共にするためです[24]。

　この短い要約で著者は信仰の受容によって経験し道徳的で知的な変化がもつ意味を記録しようとする。心に感じられる印象の主たる記録は釈放のそれである。回心者は世俗社会の規定通りの配慮と優先事からばかりでなく，もっと災いをもたらす活動から放免されていることが見受けられる。同時にユスティノスは福音によって約束された何か「いっそう豊かな生活」を実現している。だがこの関連では特別な恩恵を受けている状態（カリスマタ），初代教会の会員によってしばしば求められ，聖霊のわざに帰せられた「証明」と「力あるわざ」の賜物は，何も語られていない。強調されているのは恐怖や不信によってではなく，愛によって支配された世界に自分が入っているという事実である。この世界からは世俗社会の区分や対立が消滅しており，ユダヤ人もギリシア人もなく，奴隷も自由人もない。その結果生じているのは，共同体の新しい意味であって，それは相互的な奉仕において表現される。さらに新改宗者が献身している価値が究極のものと感じられている。したがってこれらの価値は純粋で正しい生活に対する反論の余地がない認可を提供する。そして最後に福音がすべての者によって受容されるべきではないという持ち前の根拠がないため，そこでは福音の恩恵をすべての人に分かち合いたいという強力な情熱が認められる。

---

24)　ユスティノス『護教論』i. 14。

殉教者ユスティノスとテルトリアヌスの反抗的な挑戦

　このような見解は使徒的な教えと使徒以後の時代の教えの忠実な反省とみなされるかもしれない。わたしたちが言い伝えにしたがって殉教者ユスティノス自身は以前にはプラトン主義者であって，133年頃に回心したことを想起するならば，このことはその意義を何ら失うことはない[25]。というのも，このことは哲学がユスティノスに与えることに失敗したものを彼がキリスト教のうちに見出したことを意味するから。すなわち哲学が彼に与えることに失敗したのは，根本的に新しくかつオリジナルな態度の論拠であって，その光を受けて，この世（saeculum）の知恵が，聖パウロの言葉によれば，単なる愚かさに過ぎないように思われる経験に導かれる。このような解釈は人間的な聡明さの憶測にもとづくのではなく，「善にして永遠の神」という主の啓示にもとづいている。そしてこの観点からすると，万事はそのうえに建物が建てられるべき「岩」なるキリストに対する信仰にかかっていた。こうしてユスティノスの発言は〔ギリシアに由来する科学的〕「知識」（science）と〔キリスト教に由来する〕「信仰」（faith）の間の問題としてときどき述べられていたことを導入するのに役立っている。

　この問題を公式化しようとする取り組みでキリスト教徒のある人たちは，「知識」に対する彼らの反対が，理性自体に対する反対であるような印象を残すような，仰々しい言語に没頭してしまった。こうしてテルトリアヌスは周知の爆発的発言によって次のように尋ねるようになった。

　　アテネとエルサレムと何の関係があるのか，アカデミーと教会と何の関係があるのか。……わたしたちは

---

[25] Duchesne, op. cit., p. 205.

イエス・キリスト以来，〔そのようなことへの〕好奇心を必要としないし，福音以来，そのような探究をも必要としない。

彼は続ける

このような怠惰な思弁に対する渇望の意味は何か。その主張の強い確信にもかかわらず，気むずかしい好奇心からくるこの無益な気取った態度は何を立証するというのか。タレスが天体を観察してその目をめぐらせている間に井戸に転がり落ちざるを得なかったことは極めて適切である。この不運は哲学の愚かさに引き寄せられた人々のすべての運命を明らかにするのに良く役立つであろう[26]。

それから彼は続けて自分の採っている態度の理由を次のように概観する。

神の本性とか配済を軽率に説明しようとするのは世俗的な知恵の内実である。……異端者たちと哲学者たちは同じ素材を扱い，その議論はほぼ同じである。プラトンの思想がグノーシス主義者たちに彼らの言う永劫を供給しており，マルキオンの神（静穏の理想）は，ストア哲学に由来し，神と物質であるヘラクレイトスの火との同一視は，ゼノンの教えである。……エピクロス主義者たちは魂が消滅するという観念を提供する。そしてすべての人はこぞって肉体の復活の可能性を否定することで一致する。……その前提において彼らにごまかしの論理を，その結論においてこじつけ

---

26) テルトリアヌス『異端者への抗弁』7。

第6章　アテネはエルサレムと何の関係があるのか　375

の論理を，討論において論争的な論理を，それ自身にとって厄介な論理を，何も決着しないためにすべてを決着する論理を提供するアリストテレスは不幸である[27]。

ここからテルトリアヌスは他の箇所で次のように求める。

> 哲学者とキリスト教徒との間にはいかなる共通点があろうか。哲学者らはギリシアの学問を追究し，わたしたちは天の教えに従う者である。彼らは名声を求め，わたしたちは救済を求める。彼らは名声を求め，わたしたちは生命を求める。彼らは言葉を作り出すが，わたしたちは行いを作り出す。そこには建設者と破壊者，誤謬の改竄者と真理の考案者，真理の盗賊とその守護者との相違がある[28]。

ここから結論は次のようになる。「信仰の規則に抗して何も知らないことは，すべてを知ることになる」[29]。

こうしてテルトリアヌスの訴えは「単純な信仰」への訴えに変化する。

> わたしが自ら呼びかけているのは，学校で形成され，図書館で訓練され，アカデミックな知恵を噴出する魂であるあなたではない。そうではなくてその経験のすべてが街角，十字路，産業労働者の施設において拾い

---

27)　テルトリアヌス，前掲書，同。
28)　テルトリアヌス『護教論』46。
29)　テルトリアヌス『異端者への抗弁』7。

集められたもののほか何も所有していないような，単純で教養のない魂であるあなたなのである。わたしはあなたの無経験さを必要としている，なぜならあなたに少しでも経験の蓄えがあるならば，誰も信じないから。……真理を含んでいるのは「生まれつきで先天的な知識の隠された埋蔵物」であり，真理は世俗的な学問でもって作られるものではない。文字の前に魂が来ており，書物の前に単語が，哲学者や詩人の前に人自身が来ている」[30]。

このような言葉でもって彼は「魂は本性的にキリスト教的なものである」(anima naturaliter Christiana) との彼の観念を要約する。

古典的な学問に対するテルトリアヌスの敵意は受肉の教説をもっとも挑発的に述べるように促す。「神の御子は生まれた。そのように言うことは恥ずべきであるがゆえに，わたしは恥じない。神の御子は死んだ。そのように言うことはまさに愚かなことであるがゆえに，説得力がある。御子は埋葬されてから甦った。このことは不可能であるがゆえに，確実である」[31]。これは有名な「不合理なるがゆえにわれ信ず」(credo quia absurdum) であって，〔その意味は〕良い分別の明証性，確率，理性そのものにできるかぎり逆らって，恥ずべき，愚かな，不可能なことを主張することによって，古典的な世界に向かって反抗的な挑戦を投げかけることである。

これらの感情表現は恐らくまったく典型的なものではなかろう。それは教会の内外における同時代の運動からわたしたちが理解すべき危険に対する激しい恐れによって〔キ

---

30) テルトリアヌス『魂の証言』1 と 5。
31) テルトリアヌス『キリストの肉体について』5。

第 6 章 アテネはエルサレムと何の関係があるのか 377

リスト教徒に〕吹き込まれている。一方においてはセプティミウス王朝のある人たちによって宣言された誘惑的で宗教的な自由主義があり，他方においては信仰の土台を浸食しなくとも暗くするように思われた仕方で神学者の間に起こった思弁的な活動の展開がある。それにもかかわらずこれらの感情表現はキリスト教の立場の誤った表明であるよりはむしろ誇張であると受け取られたかもしれない[32]。というのもキリスト教の教えがめざしていた何か唯一のものがあったとすると，それは真理への一つの道として主の権威を承認することであったから。この権威は絶対的で排他的であると考えられていた。そのようなものとして主の権威は，もっとも広く応用できる性格という帰結，少なくともニカイア公会議以前では確かに明瞭ではなかったものの完全なる意義を含んでいた。しかし，そのことは少なくとも，わたしたちが他の箇所で示したように，人間生活の問題に対する因習的となった古典的なアプローチ，つまり「自然と理性」(nature and reason) を通してのアプローチであったものからの離脱を意味したことだけは明らかであった。同時にそのことは新しい理想と新しい思想の方法がキリストへの「依存」(dependence) を通して実現されうることを示唆した。そしてこの観点からキリスト教徒の義務と特権は詳しく調べることよりも，むしろ理解することであった。

それゆえ信徒のもっとも重要な責務は，主人〔主なる神〕について確信しているところを確定することであった。そしてここで歴史において，つまりティベリウス皇帝の治下で「食べたり，飲んだり，受苦した」現実の人間存在としてのナザレのイエスを〔主なる神として〕承認することを

---

32) いっそう正しくは恐らく部分的な叙述か，それとも「一方的な」(ex parte) 叙述とすべきであろう。

第一に訴えることが行われた[33]。このことは根本的なことであった。というのも、このことにキリスト教と異教の神秘的な祭儀——その対象は総じて「神話的なもの」つまり空想の産物であった——との区別にもとづいていたからである[34]。第二の問題はもっと細心の注意を要するものであった。それはイエスの生涯の意味がもっている聖書の趣旨（sense）をまったく忠実に記録する言葉でもって、また同時に同時代の精神に理解できる言葉でもって明確に述べることであった。このように行うことによって教会はヨハネ福音書が次のように語って閉じられるテキストでもって治められた。「これらのことが書かれたのは、あなたがたが、イエスは神の子、キリストであると信じるためであり、また、信じてイエスの名によって命を受けるためである」[35]。このように要約されて、キリスト教の教義の基礎は、洗礼のとき信者によって信仰告白される、いわゆる「信仰の規則」（regula fidei）の中で表明された。使徒の教えとして具体化されたように思われるこの公式は、3世紀にはすでにローマにおいて伝統的になっており、それと類似した諸類型がエジプト・パレスチナ・小アジアの諸教会に行き渡っていた[36]。

「信仰の規則」における二つの重要な命題

信仰の規則は二つのきわめて重要な命題を含んでいた。まず第一に、それは歴史的な〔イエス・〕キリストが父なる神の「独り子」であり、まったく字義どおりに神々を根

---

[33] イグナティオス, Ad Trall. 9.1; Ad Smyrn. 2.
[34] この点はルブルトン『三位一体の教義の歴史』第1巻, 181頁によって強調された。
[35] ヨハネ福音書 20.31；第二ペトロ1参照。
[36] ヘスティングス『宗教と倫理の百科事典』の「信条」の項を参照。

第6章 アテネはエルサレムと何の関係があるのか 379

絶する神であることを断言する。こうしてこの命題は〔異教世界では〕「キリスト教的無神論」と一般に考えられているものの基礎となった。というのも，このテーゼを受入れることは世俗主義の雑多な神々を不正なものとして退けることになったからである。とりわけ皇帝の「徳」とか「幸運」のために推薦された神性の要求を退けることになったからである。同時にこのテーゼはアウグストゥスの帝国において実現された諸々の希望と恐怖と関係を絶つことになった。こうしてこのことは，キリスト教徒をして自己自身を帝国社会における巡礼者や外国人として叙述するように導いた疎外感の由来を説明している。またキリスト教徒がもっとも有意義な諸活動の多くに参加することを絶対に拒否する理由を十分に説明している。またこのテーゼは「無認可の祭儀」に普通は与えられていた安易な認容を〔キリスト教徒が〕どうして拒絶する気持ちになったかを説明している。

キリスト教の信条（credo）の第二の要素は，第一のそれよりも重要であることは言うまでもない。これは信仰者の間に拡がっている「永遠の生命」への期待である。その期待は超越への一般的な異教的な抱負ではなく，主の生涯で啓示された「身体」（body）と「霊」（spirit）の間の関係という新しい感覚にもとづいていた。またそれと共に肉体の「贖い」（redemption）を通して実現される人間本性のもつ可能性という新しい感覚にもとづいていた。問題となっていたのは，この啓示の意味を把握することであった。とりわけ当時の異教世界に普及していた神格化（apotheosis）の考えとの関連においてその意味を捉えることであった。この関連においては恐らくもっとも困難であったことは，「形相」（form）と「質料」（matter）の用語を使って，つまり世界の姿を自分のために構成する古典的な科学的知識（scientia）の成果からの遺産であった諸

観念の用語を使って，考える傾向を克服することであった。わたしたちはこの傾向が帝国の哲学に導入されたある種の発展についてすでに言及している[37]。宗教的な意識においてこの発展に相当するものは，さまざまな「グノーシス」の体系の出現であった。これらの体系は「身体」の汚染として感じられたものから逃れたい願望のほかには，およびそのように行うことに有効な技術を発見したいという要求のほかには，共通なものはほとんどなかった。この危機に直面して教会はエイレナイオス〔130 頃 -200 頃，ギリシア教父〕において擁護者を見出した。彼は受肉せる御言の名においてグノーシス主義者たちに精力的に反対したのである[38]。

キリスト教的なグノーシス主義の批判

グノーシス主義者たちの誤謬は，彼らが本性的に「邪悪である」とみなした物質と運動の意義を誤解したことであった。この点において彼らはユニークではなかった。というのも厳密に同じ傾向がやがて教会の人たちの重要なグループの間で，つまりアレクサンドリアのキリスト教的な観念論者の間で明らかになってきたからである。たとえばクレメンス〔150 頃 -215 頃，アレクサンドリアで活躍したギリシア教父〕が当時の異教的な神秘家によって明言されているものと区別しがたいキリスト教的なグノーシス説を提案していることが指摘されている。この異教的な神秘家によってロゴスは，新改宗者を照明の継続的な段階を通して案内するように奉仕する。同時にクレメンスは明らかに新ピタゴラス派的 - プラトン的な方法にもとづいたキリ

---

[37] 本書第 4 章 274 頁以下を参照。
[38] この関連でのエイレナイオスの奉仕についてレブレートン，前掲書 ii, 395 頁以下を参照。

スト教的な予備知識の計画を擁護する。オリゲネス〔185頃-254頃、アレクサンドリア生まれのギリシア教父〕も同様に異教のイデオロギーを承認したことはほぼ明らかである。こうしてオリゲネスはアリストテレスの用語と定義を見境なく受入れたとの有罪判決を受けている[39]。そして彼の偉大な作品『原理論』においてオリゲネスは異教の学問の伝統となっている概念を使って自分に与えられた問題を考察する。主発点は「一」と「多」の型にはまった対立関係であって、両者の間の接触は仮説的なロゴスによって立てられ、「第二の神」として考察されており、こうして「被造物」はその内部に原形や精神的な世界の形相を含んでいるとされる。これらのものは今度は天使的な、悪魔的な、人間的な身体の中に「罰」として「投獄されて」いる。世界は初めなく、終わりもないが、身体の世界からの逃避は「純粋な」精神として考えられたキリストに対する信仰を通して提供される[40]。このようにオリゲネスは、魂と身体との間の有機的な関係という意味にもとづいた「歴史的な」宗教としてのキリスト教を、また肉体の復活を通して不滅を約束するキリスト教を、正しく理解することから、遠く離れていたのである。

テルトリアヌスの批判の意義

この異端者たちの誤謬はテルトリアヌスにとって「思弁」(speculation)の危険を明らかにするのに役立った。したがって異端者に対する彼の回答は、もっとも生き生きとした、かつ、語気の強い用語でもって「知識」(science)と「信仰」(faith)の間の割れ目を再び主張することであった。彼にとってこの割れ目は絶対的であって、キリス

---

39) G.Bardy, *Mélanges Glotz,* i, pp.75-83.
40) Duchesne, op. cit. i, p. 340ff.

トの要求とこの世の要求との間の和解しがたい対立を意味した。こうしてこの割れ目は世俗主義のすべての可能な側面を含む世俗的な価値に対する批判を指し示した[41]。とりわけ、それは世俗的な価値の究極的な保管場所としてローマ的な秩序に対する攻撃をそれとなく示した。この攻撃はキケロやウェルギリウスからの遺産であったローマ的な業績を美化することに向けられた[42]。またその著者〔テルトリアヌス〕は、それを指摘し強調するために、ラテン修辞学の豊かな資源のすべてを援用した。こうして彼はローマ帝国には何らユニークなものとか特有なものはないと主張する。「わたしが間違っていなければ、王国と帝国のすべてはその存在を剣に、その〈領土の〉拡張を戦場における成功に負っている」。したがってローマの歴史は帝国の豪華さの典型に他ならないバビロンにおいて前もって示される。月桂冠の花輪よりもむしろ死体のほうがバビロン的な世俗の進歩を示す真の象徴であって、高慢な者たちを征服することによって偉大となっていくどころか、聖徒を殺害することによって次第に高慢な者たちになっていく[43]。ローマ人たちはその偉業が強い宗教的な自覚に負っていたと思い違いをしていたが、このことが事実において〔歴史に見られる〕状況の真の論理を〔次のように〕ひっくり返すことになった。「彼らを偉大にしたのはその宗教ではなくて、彼らを宗教的にしたのは彼らの偉大さであった」[44]。したがってユピテル神殿は一般に知られた宗教の心臓にし

---

41) 参照箇所は至るところにある。とりわけテルトリアヌス『擁護論』4(法律);『見せ物について』21;『純潔について』(倫理);『偶像について』10(文学);等々。

42) 本書第2章を参照。

43) テルトリアヌス『花冠について』12;『諸国民に』1,17;『ユダヤ人に抗して』9(聖徒らを征服した女);『マルキオン駁論』3,13.

44) テルトリアヌス『擁護論』25;『諸国民に』2,17。

第6章　アテネはエルサレムと何の関係があるのか　383

て中心地として伝統によって聖別されていたが,「あらゆる悪魔が住まう神殿」として叙述される[45]。永遠の都のためにロマニタスの主唱者によって人間的なすべての成果のクライマックスや目標として提唱された諸々の主張についてはこれで終わりとしたい。

テルトリアヌスがここで反対していることは,一連の純粋な世俗的な価値をアウグストゥスとローマの名前において神聖なものとする試みである。この反対は皇帝の神格化に逆らう抗議の形式を取っている。

> わたしは皇帝を神とはみなさない。彼が人間であるならば,神にその座を譲るのが当然であろう。帝国の基礎を築いたアウグストゥスは主人（ドミノス）と呼ばれることすら欲しなかった。わたしは進んで皇帝を主人（ドミノス）と呼びたい。ただし,わたしは一般の意味においてであって,決してその称号を,わたしの主にして同様に皇帝の主である,全能者と永遠者〔なる神〕に与えるという意味においてではない[46]。

テルトリアヌスが要求しているのは,いってよければ,政治的秩序の完全なる世俗化である。彼ははっきりと付言する,真の宗教の本質は宗教を〔強制されないで自由に〕意志的に受容することである[47]。あるいは有名な警句にあるように「宗教を強制することは宗教のなすべきことではない。宗教は力によってではなく,自由に受容されるべきである」[48]。

宗教的な自由の要求においてテルトリアヌスは政治的な

---

45) テルトリアヌス『見せ物について』12。
46) テルトリアヌス『擁護論』33-34。
47) テルトリアヌス,前掲書,24-28。
48) テルトリアヌス『見せ物について』12。

拘束力に対して限界を見出す。こうして「〔皇帝のものは〕皇帝に返すこと」という言葉について彼は論じて尋ねる，「そうすると何が皇帝に属しているのか」と。その回答は啓発的である。彼は次のように言明する。

> わたしたちは皇帝のために貨幣に刻まれた皇帝の像をもっている。神のためには人間存在に刻印された神の像をもっている。皇帝には彼の貨幣を与え，神にはあなた自身を与えよ。……したがってわたしたちは行政長官，支配権，権力に服従するために使徒的な指図にしたがう。だがそれも教会規律がゆるす限界内においてである。つまり偶像崇拝からはっきりとわたしたち自身を守るかぎりにおいてである[49]。

換言すれば政治的な服従は罪を犯すように義務づけることができない。このことはテルトリアヌスにとって軍事的な奉仕をも含んでいる。彼は詰問する，「訴訟にかけることでさえふさわしくない平和の子が，剣を使って紛争を治めるであろうか。また自分が受けた損傷に対しても復讐するように義務づけられていない人が，投獄・拷問・死の手段に頼ろうとするであろうか」[50]と。国家がキリスト教徒から合法的に要求できるすべては，キリスト教徒が税金と祈りによって国家を支えることだけである[51]。しかしながら，この奉仕は他のどんなものよりももちろん重要である。というのも帝国の崩壊が，十人の統治者の間で生じる国土分割を伴っているように，またこの崩壊が，今度は，アンチキリストの支配によって引き継がれるようになるよ

---

49) テルトリアヌス『偶像礼拝について』15。
50) テルトリアヌス，前掲書，19.：『花冠について』12-13。
51) テルトリアヌス『擁護論』30,42,43,44; Scorp. 12; Ad Scap. 等々。

うに，キリスト教徒は異教徒とほとんど等しく世の終末を引き延ばすことに関心をもっていたからである[52]。

このように指摘された態度は，犬儒学派やキレネ学派の間に見出されることができたように少数の例外はあっても，古典的古代の生活と思想を支配していた伝統的な慣習に対するもっとも激しい嫌悪を表明している。このような強い態度は，「御霊の器」としての個人の価値と意義に対する新しい価値感覚をあらわし，もっと豊かな生活の約束の相続人であることを示すことにある。この態度の弱点は，究極の限界まで抑圧されると，それが制度化したすべての権威を，つまり組織化された国家と同じく組織化された教会の権威をも徐々に蝕む傾向があることである。ところがテルトリアヌスはこのような結果になってもひるまないのである。彼は言う，「ある命令が疑わないで従うように発令されたと，わたしは聞いている。確かにわたしたちの教皇（Pontifex Maximus 最高の高位神官）——それによってわたしは司教の中の司教を意味している——はこうして次のように宣言する，〈求められた罪滅ぼしを済ませた者たちにわたしは密通と姦淫の罪を赦す〉と。何という勅令であることか。わたしたちは〈でかした〉といってそれに署名することはどうしてもできない」と。この手続きに関して彼は次のように論じる，「霊的な力がペトロにばかりでなく，全体としての教会にも付託されているがゆえに，真の唯一の支配者は霊的でなければならない，つまり御父と御子と聖霊の三位一体でなければならない」と。教会は確かに赦しているが，霊的な人間を通しての霊の教会だけがそうするのであって，多数の司教からなると考えられる教会ではない。「力と権威は主人に属しており，召使いには属していない。神に属しており司祭には属していな

---

52) テルトリアヌス『擁護論』32;『肉体の復活』24; 等々。

い」[53]。他の箇所でテルトリアヌスは聖職者と平信徒は厳密には同じレベルにあって厳密に同じ力を享受すると論じる[54]。こうしてすべての人は自分自身の司祭となり，「たとえ俗人であっても，2，3人が集まるところには，教会がある。……さらに個人は自己のうちにこの司祭の力をもっているがゆえに，彼は当然必要ならば司祭的な規律の機能をもたねばならない」。このような考えは「内的な光」の教義というプロテスタント福音主義の極端な状態〔熱狂主義〕にまで進むようになった。

このようなことがテルトリアヌスが「知識」(science)と「信仰」(faith)，「心霊的な」(psychic)もしくは自然の人と，「霊的な」(pneumatic)もしくは精神的な人との間の絶対的な対立として確立しようとしたことによって導いたものであった。しかしその対立は著者自身にとってさらに遠くにある同じくらい重大な結果を必然的に含んでいた。というのもその対立が古典主義とキリスト教の間の真の問題が分からなくなるようにさせ，また事実彼が他者に対して公然と非難した汚染物に彼自身を曝すのを助けたからである。テルトリアヌスはグノーシス派に流布していたキリスト仮現説の誤謬と戦おうと努めていたとき，観念論が敵であったとの結論に飛躍した。彼は次のように言明する。

> プラトンはわたしたちに尋ねる，彼がイデア・形相・範型として示す，目に見えない，非形態的で，超世俗的な，神的で永続的なある種の実体があることを信じるか，と。これらは感覚に根付いた自然的な現れの根拠であって，諸々のイデアは諸真理であり，真理はイデアの単なる反映であることを信じるか，と。……あ

---

53) テルトリアヌス『純潔について』1; 21。
54) テルトリアヌス『高潔の勧告について』7。

第 6 章　アテネはエルサレムと何の関係があるのか　387

なたは今グノーシスとウァレンティノス的な異端の種子を見分けることができない。それは動物的で身体的な感覚と精神的な，もしくは，英知的な諸力の間の区別が起こってくる源泉である[55]。

　わたしたちはここでちょっと立ち止まって，テルトリアヌスが英知的世界と感覚的世界との間を徹底的に区別する観念論を疑う点で〔決して〕ユニークではないことに注目しなければならない。殉教者ユスティノスはすでに，内在するロゴスの発見のゆえに，ヘラクレイトスを「キリスト以前のキリスト教徒」と呼んでいた[56]。ところがテルトリアヌスは観念論に対する敵意のゆえに，神自身を身体の言葉によって翻訳した粗野な唯物論を受容するという誤謬に陥っている[57]。この唯物論は〔彼の著作の〕多くの頁にわたってその表現を留めているが，『魂について』（De anima）という心理学に関する長く，かつ，入念なるエッセイに優って明瞭に述べられた箇所はない。これに興味をひかれるがわたしたちはこの作品に手間取っているわけにはいかない。だが，その一般的な調子は「あまりに多くの胆汁を分泌する人にとっては万事は苦々しい」[58]という警句に明らかである。そしてそこでは思想が感覚の機能の比

---

55)　テルトリアヌス『霊魂論』18。
56)　このことは Lebreton 前掲書第 1 巻，55 頁によって注目されていた点である。
57)　テルトリアヌス『キリストの肉について』11：「存在するものはすべてそれ自身の種類の身体をもっている。存在しないものだけが非形態的である」；『プラクセアス駁論』7：「というのも，たとえ神が霊であっても，神が身体的に存在することを誰が否定するであろうか。なぜなら霊はその形において無類な身体であるから」。
58)　テルトリアヌス，前掲書，17：「胆汁を過剰に出す人にはすべてが不快である」。

率に還元される[59]。このことは至福千年説の要素がテルトリアヌスに見出されるのを説明するのを助ける。それと同時に物質的な地獄に対する明瞭な信仰をも説明するのを助ける。この地獄は混乱した空想の幻視であって，恐らくその霊的な子孫であるニュー・イングランドのピューリタンの間以外には類似したものはないであろう[60]。

キプリアヌスの意義と問題点

オリゲネスやテルトリアヌスのような人たちによって示されたこのような脆弱さは，同時代の教会の力強い反動を生み出すのに役立った。こうしてキプリアヌス〔200頃-258，カルタゴの司教（248-58），殉教者〕はテルトリアヌスの記憶を心に懐きながらも同時にテルトリアヌスが教えたものと正反対であった権威主義と伝統主義を説いた。この精神にしたがってこのアフリカの司教は，制定された権威を信じて疑わない服従の必要性を強力に推し進め，大きな公会議と評議会の活動の起こりを予想するかのように，司教職の代表的な性格を強調した。同じ方法で彼はたとえばパウロの結婚観と彼自身の時代との関連のように，聖書のテキストを解釈するために伝統に立ち戻った。このように一種の理論上の保守主義に逃避しながらも，彼はデキウス〔201頃-251，ローマ皇帝（在位249-51）〕とワレリアヌス〔没260，ローマ皇帝（在位253-60）〕による継続した迫害の危機を通してその群れを支えた，強力な実践上の指導者として表に現れ出てきたのである。

それにもかかわらず教会の真の問題が哲学自身に特有な第一原理と交渉することにおいてよい結果となったことは明瞭である。つまり，それは認識とその適用の問題であっ

---

59) テルトリアヌス，前掲書，18。
60) テルトリアヌス『見せ物について』30。

た。またこの観点から3世紀の教父たちは、ほかでもない彼ら自身の誤りによって、新しい世界の発見を可能にした開拓者として考察するに値する。まさしくそのような哲学が欠けていたために、その世紀は教会の歴史における転換点を示したのである。道徳的には大胆で活力があったが、その世紀はいまだ知的には臆病で脆弱であった。生活の仕方では勝ち誇っていたが、その世紀はいまだ哲学的には欠陥があった。したがってそれはその友の無能ぶりからよりも、その敵の悪意からほとんど害を受けなかった。そしてそれ自身の知的な難題を克服することができなかったので、異教主義を打ち倒すのに必要な大砲を明らかに欠いていた。それゆえ異教主義は、背教者ユリアヌスのもとで最終的支配をねらうために帝国社会のもっと地位が高いサークルで、存続することになった。

キリスト教哲学の発展と異端の問題

キリスト教哲学に特有な発展は、3世紀における〔異端者〕ケルソスとポリフェリオス〔233頃-305、新プラトン主義の哲学者〕によって向けられた攻撃のように、また4世紀における〔背教者〕ユリアヌスとその仲間たちによって向けられた攻撃のように、ある程度は信仰に対する理論的な攻撃によって促進した。それはまたデキウスからディオクレティアヌスにいたる迫害とその後の新しい君主政体の皇帝＝教皇制の主唱者のような行動の世界における出来事によっても刺激された。確かに325年におけるニカイア信条の適用と50年後のコンスタンティノーポリスにおけるその確認の間を仲裁する神学論争にヒントと意義を与えたのはこの後者〔つまり新しい君主政体の皇帝＝教皇制の主唱者〕であった。そして教会が「エジプト人たちをだめにする」地位にあったのは、教会がこのような経験をしたときまではなかったのである。換言すれば徐々に廃止

されたロマニタスの断片から素朴なキリスト教の訴えを補いかつ強化し，こうしてその最終的な勝利を獲得するように設計された思想体系を組み立てることができるまでは，そうではなかった。だが，この関連で教会の欠点は313年においてはなお残念ながらひどかったのは明らかである。したがってキリスト教徒が「わたしは尋ねたい，異邦人はわたしたちと何か等しいもの，唯一真実な哲学を書くことができるのか」[61]と書くことができる日はまだ遠かったのである。とはいえこの日が到来したのは，皇帝コンスタンティヌスが瀕死の世界の病に当面の特別な癒しを提供するために，キリスト教徒を召集することによって幸運を求めて，驚嘆すべき賭を行った瞬間であった。

　キリスト教の諸問題は減少していかないで，キリスト教が帝国の生活の全面的な潮流に引き込まれた政治的変革を通して，むしろ増大した。まず初めに，その強力で著しい世俗的な利害を伴ったコンスタンティヌス宮廷の強力な魅力があったし，そこには教会を公共の政策の道具に改造しようとする明瞭な欲求も含まれていた。それから，また，そこには教会の人たちの側でも，強力なパトロンの願いとできるかぎり妥協しようとする自然の願望があった。そして終わりに，理解と適用というきわめて重要な問題がなおあった。この関連では議論はキリストの生涯と個性に結びつけられる意味に集中した。こうしてたとえばカエサリアのエウセビオスは，その時代におけるいわゆるアルテモンの異端がサマトラケのパウロによって復興したことを記録している。彼は言う。

　　61）　アウグスティヌス『ユリアヌス駁論』iv. 14.72:「異邦人の哲学のほうが，唯一で真実な哲学であり，わたしたちのキリスト教哲学よりも，優れていると考えられないように，わたしはあなたにお願いしたい」。

救い主は単なる人であったと言い張るこの〔アレイオスの〕異端は，最近の新しい思想として批判された。その異端の著者たちは，この新しい思想を古代にその起源に帰すことによって尊敬すべきものにしようと努めた（195B）。……彼らはずうずうしくも聖書を改竄し，信仰の伝統的な規則を無効にし，キリストを無視した。彼らは聖書が何を言おうとしているかを探究することなく，どんな種類の理性的な議論が自分たちの無神論を支持するために考案されうるかをせっせと考察した。……もしも誰かが聖書のテキストでもって彼らと対決すると，彼らはそれが接続法的な三段論法の形式かそれとも選言命題的な三段論法の形式に収められうるかを論じる。……聖書を否認しながら，彼らは自分自身を幾何学に適用する。……大地については自然的に〔洗練されてない仕方で〕論じ，それはいわば下からやって来ているかのように語り，上からわたしたちに到来するお方を拒絶する。彼らはユークリッド，アリストテレス，テオフラトス〔前372頃-286頃，ギリシア逍遙学派の哲学者〕を学んで称賛する。彼らのある者らは疑いの余地なくガレノス〔130頃-199，ギリシアの医学者〕に腰をかがめ，礼拝する（197 A, B）[62]。

贖い主が「単なる人」であったとの提案はエウセビオスを戦慄させたのであった。しかしこのことが妥当しないとしたら，それでは贖い主とは何であるのかという疑問が起こってくる。この質問に対してアレクサンドリアの長老アレイオス〔250頃-336，ギリシアの神学者〕が今や回答を企てることになった。アレイオスが批判の対象とした

---

62) *H. E.* v. 28, この時代の未知の著者からの引用。

のは,「御子」というのは父なる神の単なる「力」や「働き」(エネルゲイア)であったという最近サベリウス〔没260頃,古代の異端者〕によって出された議論を反駁することであった。換言すれば神性の内部には実体的な区別はなかった,つまり三位一体のいわゆる三つの「位格」(プロソーパ)は単純に神の行動の三つの異なった様式であるという議論を反駁することであった[63]。この説は専門的に言うと様態論的モナルキアニズム(君主制)として知られているものであって,〔父・子・聖霊を別個の神と見る〕三位異体論の可能性を排除しようとしていたが,それは厳密には同様の反対に曝されることになった。つまりそれは算術の用語を使って神の本性を理解しようとする試みであったと反論された。つまりそれは複数性における統一〔多における一〕という古代の哲学的な問題の反省に過ぎなかった。サベリウスに答えてアレイオスは,それ自身においては単純であるがすべてを含んでいる,究極的原理の観念に訴えたのである。それは「モナド」であって,新プラトン主義の言葉では「知識を超えており,実在を超えている」ものであった。この原理に彼は被造物全体の創成(genesis)を帰した。そこにはロゴスの創成も含まれていた。こうしてロゴスは御父とは「別の実体」として記述され,ロゴスについて「ロゴスは実在しなかった時があった」と言うことができた。さらにロゴスがその起源を何らかの内在的必然性に負っているのではなく,ロゴスがその被造物であった御父の側での自由な意志的な行動に負っていると論じられた(造られたもの,生まれたもの,御父のもの,ロゴスは存在するものから造られなかった)。時間における被造物と

---

63) その定式は「一つの実体における三つの名称 (τρεῖς ὀνομασίαι ἐν μιᾷ ὑποστάσει)」あるいは「一つの実体で,三つの機能 (μία ὑπόστασις καὶ τρεῖς ἐνέργεια)」である。

してロゴスは理論的には変化に服していた。したがってその神性は実体的なものではなく，功績（アレテー）によって獲得されたものであった。ロゴスが御父の知恵と力をもっていたなら，それはロゴスがそれらを単純に「分有」していたのである。換言すれば，ロゴスは新プラトン主義の神学が言う典型的な「中間的な存在」であって，「全くの神」でもなく，「全くの人」でもなく，ロゴスがそれによって今度は生まれると信じられた御霊を通して〔存在する〕二者の間の「連結」であった。

　アレイオス主義は常識的な異端として記述されてきた。また異端派の創始者につきまとう真の困難は「彼が隠喩（メタファー）を理解できなかった」ことであったと示唆されてきた[64]。このことは疑いなく真実であるが，その困難さはもっと先までも進んでいく。アレイオスは自分の問題は「文章構成法」（作文）の一つであったと考えたように思われる。つまり彼は和解させるのが彼の義務であった二つの世界の観念をもって出発した。このことを彼は，ロゴスの姿によって二つの世界の間の仮説的な結合を見出すことにより，公認された科学的な流儀で行おうと試みた。だがこの解決策はまったく成功しなかった。というのも時間的なものと永遠的なものとの間の連結として考えられたロゴスは，それにもかかわらず時間に服従する者とみなされたからである。こうしてそれ〔時間に服従する者〕は「第二の」あるいは「デミウルゴス的な」神という独立した身分が認められた。このことは歴史的なキリストにおける御言の啓示にとって決定的なことをすべて否定することになった。アレイオス自身それを「神は多くの言葉をもっており，それらの言葉のどれを独り子と呼ぶことができる

---

64) H. M. グワットキン（Gwatkin）『ケンブリッジ中世史』第1巻，119頁。

のか」と表現する。その結果として「中間的な諸存在」・神々・半神半人・悪魔と悪魔的人間という無数のものを有する多神教に門戸がふたたび開かれたのである。

ニカイア公会議の召集と問題点

アレイオスがフィロン〔前25-後45, ユダヤ人哲学者〕, オリゲネス, 新プラトン主義者たちと知的な友好関係にあったことはわかりきったことである。このことが同時代の人たちには明白であるということは, コンスタンティヌスがニカイア公会議の直後に発令した勅令において, また疑いの余地なくそれに対する所見を反映させながら, アレイオスの仲間たちがポリフェリオス主義者たち (Porphyriani) として認識されるべきであると命じた事実から明らかである。したがってアレイオス主義によって引き起こされた問題は, 異教主義の実体がキリスト教の諸形式のもとに存続することになったか否かであった。その問題は著しく宣伝の傾向を帯びた運動として先鋭化した。そして巻き起こった嵐が重大となったので, 皇帝は325年に彼自身の監督の下にニカイアで公会議を召集するのが賢明であると思った。

どのように教会教父たちがアレイオスによって引き起こされた問題を扱う約束をしたかを考察することはためになる。すでに示唆されているように, アレイオスはこの問題を「作文」(composition) の問題と考えた。それは永遠的で恒常不変的な神が, その本質的な属性に関して格下げを蒙ることなく, いかに「絶え間ない変化」の世界である自然との結合に入りうるかを示すことであった。この問題をアレイオスは特徴的なことに古典的な線に沿って解決するように試みたのである。ここでアリストテレスが同じ問題に直面したとき, 自然は至るところで運動しているのに, 神は, 空間や時間における存在ではないがゆえに, 運

第 6 章　アテネはエルサレムと何の関係があるのか　395

動の中には存在していなかった，と論じていたことを想起してもよかろう。ここからアリストテレスは神が全体としての自然の創始者でありえず，自然における整然とした秩序だけの創始者でありえ，それも自然が単純に秩序を愛したからであって，その反対ではないとの論理的推論を引き出したのであった。他方，アレイオスのほうは新プラトン主義者たちにしたがって，彼の言うロゴスにおいて派生的な〔独創性のない〕神性を造りだしていた。だが，この神性は時間に服するがゆえに，「生成における神」（deus in fieri）として表現することができた。つまりアレイオスは父なる神の実体を擁護したが，それは御子の実体を犠牲にして行われたのである。

　これらの結論に反対する教父たちの行動は，ニカイア以前の教会の文献と伝統に表現が見出されるように，歴史的イエスにおける神と人との実体的もしくは本質的な統合の意味をふたたび主張することであった。この信仰は究極的には「御言は肉となって，わたしたちの間に宿った」[65]というテキストに依存している。それは主がいかなる意味においても，「本性的に」時間や必然性に服しており，「道徳的に」変化しやすい，「神」よりもむしろ「神のように素晴らしい人」であるような，「被造物」ではないという確信を具体的に表現するものであった。つまり神性の属性を「分有する」ものとしての神か，それとも「本質的」ではなく，「偶有的」であり，「恵みによる」[66]神であるのか，ということである。この確信はもっとも明白な用語でもって公式化された。そして他の仕方で示唆するように考

---

65) ヨハネ福音書第 1 章 14 節。
66) κατὰ χάριν（恵みにより）。同じ確信は別な仕方で人間的な成熟と神の父性という伝統において表明された。ここでの問題は伝えるべく求められていた意味を把握することである。これを理解するのは主張された「奇跡」の現実性を理解することである。

えるべきであるとみなしたどんな人にも発せられた破門によっていっそう補強された。こうしてニカイアで公布された教義は、それに続く見解において洗練され、強調されることになった。その見解は救い主の人格における神と人との二つの本性の絶対的な共存在や位格による統合（κατὰ ὑπόστασιν）を主張した。こうして一方においてキリストが罪を除いてすべて可能な属性によって人としての資格が与えられた「完全な人」であると主張された。このことが意味しているのは、キリストが倫理的に完全な人格であったことばかりでなく、理性と感覚を含む人間存在にふさわしいすべての能力を備えていたことでもあった[67]。他方において同等の確信をもって、キリストは「完全な神」であり、「御父から生まれた独り子」であって、「御父の実体から生まれた」ので、「はじめに」あった言葉と同一物であると認められた、と論じられた。これらの見解に対する典拠はヨハネ福音書10章30節の「わたしと御父とは一つである」また同書14章9節の「わたしを見た者は御父を見たのである」というような聖書本文に見出された。このことが指摘していたのは、神のロゴスと「獣のような」肉と呼ばれうるようなものとの単なる「混合」ではなく、むしろ指導原理としてのロゴスによっての肉の、つまり人間イエスの完全な人間性（理性と感覚）の、真正な「摂取」（assumption）であった。同時代の思考のやや手ごわい言葉遣いがはぎ取られると、このことは異教徒たちが存在と生成、神と自然の間に想定していたような何らかの裂け目が実在するということの否定に等しくなる。それどころか〔神と自然との〕二者は直ちに関係し、両者の間の関係は（どんなに非論理的に思われようとも）救い主の生

---

67) 同時代の論争者の言葉では「理性的で知性的な魂、生ける理性的な肉」（ψυχὴ λογικὴ νοερά, σὰρξ ἔμψυχος λογική）。

涯において実際に証明されていたのである。このようにして教父たちは，キリストが真理を所有したばかりか，彼が真理であったこと（quod deus habet, id est. 神が所有するもの，それで彼はある）を何度も繰り返して言うために，語彙のすべての源泉を探索し尽くした[68]。つまりそれは厳密には福音書記者が，とりわけ聖ヨハネが，物語の形式で伝えようとしたのと同じ確信である。それゆえ彼らは永遠の真理の世界への通路が人間のために事実存在すると考えたのである。それはこうして「神化され」，「神の子たち」と理解することによって，彼らに力を授けたキリストを通して可能となった[69]。この立場からキリストの啓示はとくに神性の啓示として受け取られたのである。

公会議によって理解され提出されたように，この啓示によると神性は三位一体としてそれ自身を提示した。この三位一体の第一のエレメントあるいはその「位格」は，ヘブライ語聖書が言う偉大なる「われ〔はありてあるもの〕なり」という父なる神であり，とりわけ実体や存在として明らかになる。わたしたちはここで，まず初めに，「初めのない始原」（ἀρχὴ ἄναρχος）である御父を宇宙におけるあらゆる存在の究極的な基礎や源泉として認めることは，マニ教徒たちが想像していたような，何らかの反対する原理の実在を否定することになった点を指摘することができよう。換言すれば，それは形而上学的な二元論への門戸を閉ざすことになった。さらにこのように御父に属するものと考えられた存在は，哲学の抽象的な存在ではなかった。すなわちそれはギリシア思想におけるように τὸ γιγνόμενον（生成）に対する τὸ ὄν（存在）のように，いかなる意味でも生成を排斥するものではなかった。それ

---

68) アウグスティヌス『神の国』第 11 巻，10 章。
69) ヨハネ福音書 1.12。

どころか，御父の存在は秩序や運動の完成——秩序と運動はこうして相互的に補完するものとして認められ，同時に内在的に実体に関係していた——を含めて，あらゆる完全性のすべてを包んでいるように考えられた。したがって三位一体の第二位格である御子や御言は「御父の実体をもつもの」として記述された。そのさい「生まれる」（nasci）という術語が自然との統一性と同格を示すために御子に適用された。他方において御父の叡知的な決定を具現するものとして御子は特別に宇宙の秩序と区別の原理である「ラティオ」（ratio 理拠）のように思われた。エネルギーと運動の原理である聖霊という第三の位格でも同様であり——その原理は「御子の内にある御父の実体を啓示する」ために言われた——そこにおいて聖霊は被造物における生命と完全性の双方の源泉として二重の機能を発揮する。このように組織化されると神性は「統一における三肢」や「三肢における統一」のいずれかとして叙述することができたのであろう。神性を三一性として考察するためには，その諸要素をある意味で相互に「対立させて」見なければならなかった。存在は秩序と同一視されえないし，秩序も過程と同一視されえないし，これらの三者もみな未分化の，すべてを包括する一者の用語に変えることもできない。さらに問題になっている諸対立は実体的なものであるのか，つまり諸対立は「諸位格」という真実の存在をもっており，人間精神においてのみ存在する単なる論理的な区別ではないことが認識されねばならなかった。他方において，神性を統一として考察することは，これらの諸対立が究極的なものではなく，本質的には同じ現実の次元にあるものにもとづく単なる必要な関係の対立であることを承認することであった。

　わたしたちはここで古典的な学問にとって好ましい術語でこれらの主張の真理を論証するために，何らの試みもな

されなかったことを観察することができよう。それどころか，それらの主張は厳密に「信仰について」(de fide)，信仰問題，宗教的な意識の確信としての始めと終わりとして提議された。そのようなものとして，それらの主張の正当性は究極的には聖書の判断にかかっていると感じられた。そしてたとえば三位一体の内部における位格の関係を示すために「共-実体的な」(consubstantial) という言葉を使う妥当性に関して起こった討論は，この形容詞が十分に聖書的な権威をもっているかどうかの問題に向かった。しかしこれらの主張はそのような説明にもとづいて提唱されたのではない。テルトリアヌスの挑戦的な精神においてはこれらの主張は自然と理性に矛盾するものとして提唱されたのである。むしろそれらは自然的な理性がこれまで挫折した問題を理解するための手がかりとして提供されたのである。しかしながら，それらの主張はこれらの問題に対する新しい態度を示唆しており，それは古典主義のように自然を通して神に至るのではなく，神を通して自然にいたるアプローチであった。

古典主義の二元論とその異端思想の否定

三位一体の教義は経験の構造と内容に関する根本的に新しい，古典的でない説明のための基礎を提供した。古典主義あるいは少なくともプラトン主義の想定は，自然の中には「存在」と「知識」との間に〔互換できる〕正確な等価があったということであった。したがって古典主義の取り組みは「純粋な」実在を理解する手段として「純粋な」知識を獲得することに向けられていた。この想定の背後には二つの世界という異端〔二元論的世界像〕が潜んでいた。その一つは学問的な理解でもって接近できる叡知的世界（コスモス・ノエートス）であり，他は真正な学問は可能ではなく，ただ意見（ドクサ）や信念（ピステス）だけの感

覚的な世界（コスモス・アイステェートス）である。キリスト教はこのオリジナルな想定を否定し，それとともにそこに含意されていた異端を否定した。キリスト教にとっては一つの経験の世界だけしかなかったし，それも，厳密に同じ言い方で，すべての人間存在に共通であった。こうして「無前提の始原」（ἀρχὴ ἀνυπόθετος）というプラトンの夢がよく訓練された精神を通して理解されることは，空しい幻想として退けられた。この原則とともにプラトン的な知性の独裁とプラトン的な「通説」(orthodoxy) も退けられた。このような観念に反対して，思想と行動の真の出発点は肉の目にいつも見えないものとしてとどまらねばならないことが主張された[70]。このことが展望の全体を変え，すべての人にとって例外なく，もっとも重要な問題は思考するための能力よりも，むしろ思想を支配する諸前提であると主張されるようになった。そしてこの立場から，啓示の神に対する信仰が十分に理解するためには不可欠であると提案された。この信仰を受容することは，信仰が科学的な知性には不明瞭に思われても，御父の存在（esse）はそれ自身の内に秩序と運動の要素を含んでおり，これらは神の本性にとって実体に優るとも劣らないと信じることである。それは，さらに，このような神性の本質的な構成要素に宇宙の構造とプロセスが依存していると考えるようになった。しかしながら，このように考察すると，神性はそれ自身を経験の対象としてではなく，経験にとっての基礎として現存したのである。それは「わたしたちが彼のうちに生き，動き，ある」神なのである。

この「神の活動」（operatio Dei）というものの見方は，古典的な精神に付きまとっていた，ある種の伝統的な諸問題に新鮮な光を注いでいる。これらの諸問題の第一は宇宙

---

70) コロサイ 1.15「見えない神の〔姿〕」。

論の問題と関係がある。こうしてたとえば古典的な唯物論者は，独立した自動的な物質の観念をもって開始し，思想を含めて宇宙を「偶然」や「必然性」のいずれかの言葉でもって，もし何らかの自由の要素を含むようになると，この二者の任意の組み合わせでもって説明する立場に置かれているのを見出した[71]。他方において観念論者たちは自発的な，あるいは機械論的な〔宇宙の〕生成の観念を退けていたが，ただほとんどその重大さにおいて容易でない問題に直面していることに気づいた。この関連でわたしたちは「純粋な」あるいは主として古典期以後の観念論のタイプを退けることができよう。この観念論は宇宙を神の自己-実現に必要な様式として描写したが，そのさい汎神論の困難さに自らを巻き込んでいる。もっと重要なのは修正された観念論であって，それは宇宙を反対する諸勢力から造られたと見ていた。つまり原始時代からあって，多かれ少なかれ逆らう傾向のある「質料」という基体の上に自分自身を押しつける「形相」から造られたと見ていた。わたしたちはすでにこういう思想の方法から帰結した理論的にして実践的な結論を吟味した。その結論は，この思想方法が癒しがたい不完全性や悪へと運命づけられた宇宙を立ち上げるという事実に，要約される。

世界創成（genesis）に関する古典主義の説明が有する根本的な欠陥は，キリスト教徒たちによって「知識的な」（scientific）想像によって与えられた出発点の不適切さに帰せられた。他方において彼らは啓示の神の中に，それによって自然や物理的世界にふさわしい像を構成することが可能になる原理を発見したと自ら断言した。この原理の光に照らされて宇宙は真実の，具体的な，個別的な実体の世

---

[71] たとえばルクレティウスの『物の本性について』によって作り上げられたようなエピクロス派の宇宙論を参照。

界として自らを呈示したのである。そういう実体の各々とその一切はそれぞれにふさわしい目的に導く、秩序があるが、それを妨げるものがない発展において「自然的な」(natural) 表現を見出した。だがこのように考えると、自然の世界は自然発生したのでも、自己実現したのでもなく、その創造者と保護者としての神の聡明で恵み深い支持に絶対的に依存していた[72]。「あらゆる必然性から自由な、無からの産出」(productio ex nihilo, ab omni necessitate libera) として定義された「創造」(creation) という言葉は、このような直接的で無媒介の神の活動——それは内的であれ、外的であれ、あらゆる強制するものや制限することから自由である——という意味を指し示すように意図された。このような世界では本質的な不完全性や悪は見出されなかった。この世界を眺めることはそれが善であることを知ることになった。

本書でこれから展開するいくつかの章で[73]4世紀の歴史的な討論から浮かび上がってくるように、この新しい方向に向かう取り組みから生じた諸結果をある程度発展させることは可能であろう。この点についてわたしたちは、ただその討論が古典的古代の哲学者たちによって理解され実行されたような「原因の探求」を終わらせたと言っておく必要がある。同様にそれは古典期と古典期以後の間に人間的な創意によって考案された種々の新智学のすべてを処分した。しかし、4世紀の歴史的討論がそのように行ったとしても、それは単にアタナシオスからアウグスティヌスに至る討論の主題を構成することになる理解の新しい問題を立ち上げたに過ぎなかった。この討論は主として自然の階層

---

72) ニカイア信条の言葉では、「唯一の神……すべて見えるものと見えざるものとの創造者」となっている。聖書のテキストとしてはコロサイ 1.17：Ⅰコリント 12.6 参照。

73) 本書第3部を参照。

秩序における人間とその身分に関係していた。

神の像としての人間とその罪

ここでわたしたちは，まず初めに，人間を自然における被造物として考察することは，その構造と機能が他の被造物と同様に，完全に「神の意志」に依存していると考えることであったことを指摘できよう。だが，他方，人間の「存在」(esse) は「知」(nosse) と「力」(posse) の要素を含んでいる。このことが自分自身を知ることを人間にできるようにさせ，人間を，生命のあるものにせよ，生命のないものにせよ，他の存在から区別するのに役立ったのである。この意味で人間は（可能体としてでも仮説的でもなく）本性的に不死であり「神の子としての身分」に「運命づけられた」，「三位一体の像に」造られていると言われた[74]。これは逆説的に響くかもしれないが，それでもそれは人類の構成と歴史に関するキリスト教の全教説を支えている。というのも人間が自分の力と限界を認めることができたのは，自己意識のこの賜物のおかげであり，それによって自分の運命を実現するさいに創造者と「協働する」ことができると，キリスト教徒は主張したからである。

しかし，もしも人間の定めが永遠であったならば，どうして人間が至るところで死に服しているという，よく知られた事実を説明することができたであろうか。この問題に対して罪というただ一つの答えしかありえなかったであろう。このように言うことは人間的な生活の罪（ハマルティア）や悪徳（vitium）として古典主義の注意を永きにわたって引きつけてきたことに対する新しい解釈を提供することになった。この悪徳はキリスト教徒が見ていたように本性の欠陥ではありえなかった。つまり人間の存在の実

---

74) 本書 745 頁の注 157 を参照。

体に本来的に備わっているものではなかった。だが，悪徳は習慣の欠陥でもなかった。そうすることは自分が住んでいる物質的な条件に究極的に責任を負わせることになる。このことはキリスト教徒が物理的もしくは社会的な悪に気づかなかったことを示唆していない。まったく反対である。しかし，それは彼らがこの悪をもっと根本的な悪の副産物，つまり自然の経綸における自分の特権と責任性を認めることを人間が拒絶することであるとは考えなかったことを指摘している。そうした拒絶は人間が創造者の地位を簒奪して，もう一人の神でありうるという空しい夢である。この夢を満足させることは，もちろん，あの経綸を支配する法則を少しも変えるものではなかった。それは単に人間の違反行為に対する不可避的な罰を蒙ることに過ぎなかった。そしてこの観点からすると人間の失敗は，記録にとどめるべき事態であって，確かに人間の歴史は連続的でひっきりなしに起こる自己の濫用であった。この自己の濫用は，アダムとともにはじまった。そのとき彼は伝説によると人物審査の掟〔禁断の木の実〕に意図的に，かつ，慎重に挑戦したのである。この行為によって彼は「完全無欠の賜物」を，つまり自分の自然的な要求に完全に適応する賜物を，喪失したと言われた。また彼はその構成要素間の交戦状態——それは肉と霊との間の葛藤であって，そこから生じる不可避の問題が身体的な死であった——を起こしてしまった。こうして使徒が述べているように「独りの人を通して罪がこの世に入ってきた」[75]。この罪はアダムの息子たちや娘たちのすべてに「現実に生じた」（actual）あるいは積極的な悪行としてではなく，その誤りを繰り返す状態・傾向・性癖として存続した。そしてそれが人間の自由の可能性と人間的な選択の能力であったがゆえに，このこ

---

75) ローマ書 5.12 参照。

とから誰も除外されていなかった。そのことはこうして「一つの根源から」(una cum origine) あるいは根源的な原罪として叙述され，そしてアダムの種から「生殖によって蔓延した」と言われた。わたしたちは確かにキリスト教思想の最高の問題の一つを構成する，この教義に置かれていた，好奇心をそそるショッキングな解釈のことをよく知っている。アウグスティヌスがやがて表現するように，「それよりももっと悪評の高い，それでいて把握するのにさらに困難なものはない」[76]のである。それが真実に意味するものは何であったかを考察するに当たって，「原罪」がニカイア公会議後の神学者たちによって「先祖の罪」——ギリシアの悲劇作家たちによって考察されていた一種の親譲りの生物学的もしくは社会的な汚点——からとりわけ区別されたことを正しく記憶すべきである。そして原罪は厳密に個人的なもの，つまり「個人の罪」(peccatum personale)，あるいは，わたしたちが主張すべきであるように，人格性 (personality) の問題として診断された。この関連でアダムは個人的な存在であって，同時に万人であったことが想起されるであろう。こうしてわたしたちはまことに現実的な意味で原罪が個別的な人に関わっていると結論できるであろう。

逆説的な考えであると思われるかもしれないが，キリスト教徒たちはこの教えにおいて絶望よりも，むしろ慰めの根拠を見出したのである。このことを理解するためには聖パウロが「罪と死の法則」から人間を贖う手段の一つとして推薦した，生命の法則とか御霊の法則と呼んでいたものを理解しなければならない[77]。というのも永遠の生命が本

---

76) アウグスティヌス『カトリック教会の道徳』1,22。
77) ローマ書 8.2「キリスト・イエスによって命をもたらす霊の法則が，罪と死の法則からあなたを解放したからです」（ギリシア語の引用）。

来的に属性であると断定されうる唯一の被造物は，個人的な人間存在であったことを，それによって理解することができるからである。なぜなら個人的な人間だけが意識的に，かつ，思慮深く活動する真の単位であったからである。このことから帰結することは，罪と誤謬が個人的な逸脱行為の問題であったように，救済も結局のところ個人的なものにかかっており，そしてこのことは人間にこの真理を認識させるようにする問題に過ぎないということである。このことはまったく新しい理想と人間的完全性（キリスト教的テレイオーシス〔完成〕），つまり自然的な「完全の賜物」（donum integritatis）の回復が「肉的なもの」からの「霊的な」人間としての「再生」によって実現されるという，全く新しい表現方法を確立することになった。

　この教義の端緒となったさまざまな論争を詳細に吟味することは，この著作のもっと適切な場所のために取って置かれた議論を予想することになろう[78]。ここでわたしたちは，ちょうど今しがた提示したように，新生が神の恩恵にもとづいて起こり得ると〔キリスト教徒には〕感じられた点を，ただ観察してみる必要がある。このことは究極的には，生命の病からの救済が生命そのものと同じ源泉から来なければならないし，生命そのものと同じ用語によらなければならないことを，認めるだけである。換言すれば，それは無益な反抗をすることでは実現され得なかった。しかし「焼き物師は粘土に対し権限をもっていないのか」と尋ねたときに，使徒〔パウロ〕は単なる受動性や断念のいかなるプログラムをも示唆しなかった〔ローマの信徒への手紙 9.21 参照〕。そうではなくて彼は有効な活動に不可欠なものとして，有効に活動し得るようになる諸条件を進んで受け入れることを要求しただけである。そしてこれらの諸

　　78）　続く本書の第 3 部のことを言う。

条件のなかで最初でもっとも重要なものは，個人が，目的のない自動的な物質であれ，自立する存在である形相・類型・タイプ——その仮説的な実在に個人は漠然と「関与していた」——であれ，宇宙のプロセスの偶有性〔非本質的な性質〕として自分のことを考えるべきではないということであった。このことは，人間の経験を自然における現象の研究に適応できる言葉で「客観的に」(objectively) 理解すべきではなくて，御霊の運動の言葉においてのみ，つまり人間の精神と心の内にあるものの運動の言葉においてのみ，理解されるべきであることを主張することを意味した。そのことを別の仕方で考えることは，その本質的な意義を捉え損なうことになった。それこそ，確かに厳密には，人々が主張したように，人間の生活を訊ねていって，アウグスティヌスの言葉で言うと，それを「死に向かう種族」(race towards death) に改造した誤謬であったのである。したがって，この誤謬を取り除くことが進歩の本性と条件との何らかの真の理解に至るために必要な準備であった。

進歩の観念の問題

キリスト教の教えのすべての要素の中で進歩の観念よりも多く注目すべきものはなく，古典的古代の思想と実践に矛盾するものもない。進歩の観念はもともと黙示文学において出てきており，千年王国のビジョンとして形造られた。その性格は，キリスト教徒と異教徒との側でも同様に奇妙な誤解を生じさせるような，隠喩と暗示に託された言語によって生き生きと描かれた。こうして進歩の観念は解釈する上で恐るべき問題を生んだのであるが，それにもかかわらず解決しなければならないものであった。というのもそれはまことに現実的な意味で人生に対する全キリスト教的な取り組みの「最後の理由」(ultima ratio) であった

からである。

　この問題に接近するに当たって最初に必要なことは，事実としての進歩と理念としての進歩を区別することである。進歩の事実については議論の余地がない。それはアリストテレスが政治学で考察していたように，つまり「すべての人は何らかの善をめざす」と書いているように，意識的で思慮ある活動と密接に関係する[79]。だが，またそうだから，わたしたちは退歩の事実があることを付け加えてよかろう。というのも人々の活動はめざしている善をしばしば破壊するものであるから。したがって問題は何が究極の善であるか，いかにしてそれが実現されるかという意味の問題に変化する。またここに目的と手段の双方に関する最大の困難が生じてくる。古典主義の歴史はこの双方について十分な証拠を提供している。

目的について
　そこでまず目的に関して論じてみよう。古典主義に対して二つの一般的な可能性が提供されていた。つまり善は思想の生活から成り立つか，それとも行動の生活から成り立つか，または両者の組み合わせから成り立つか，と古典主義は主張した。前者に関してわたしたちは，ソフォクレスが『アンティゴネー』の有名なコーラスの中で自然の征服を，あるいはむしろ逃れることができない生命の法則として認められた死を除いて，自然におけるすべての征服を，「多彩な人間の精神」によっていかに求めていたかを，思い出すことができる。彼はこのように認めることによって古典的な「好奇心」や「知的な生活」について究極的な価値に関して最大の疑問を抱かせることなしには長い間答えられないままであった，ある質問を提起していた。他方に

---

　79)　アリストテレス『政治学』1,1。

おいてウェルギリウスは行動の使徒であって，わたしたちが考察してきたように[80]，彼は行動をその計り知れない賜物でもって説明し正当化するように探究してきた。そして個人の経験の一時的で痛ましくもある性格に深く感じ入って，彼は全体の繁栄と「永遠性」の中にこのことに対する補償を見出したのである。この共同的な不滅性の理想のために働き，かつ，死ぬように彼はその同郷人を招いた。その間に同時に彼は，キケロと意見が一致したように，国家の救済者として適切にも描写されうる例外的な精神の持ち主のために個人の神格化による天国を確保しておいた。このようにして彼は「ローマ風の歩みでもって」（passo romano）がいかなる時にも人類の行進の歩みであると宣言した。これもわたしたちが怪しいと思うように，十分ではなかった。単なる知識の理想のようにこの行進には人類の理性と良心によって要求される正義が不足していた。

キリスト教徒たちはこれらの古典主義の解釈と決別した。それは善が人間にとって永遠の生活であって，善は自分自身の存在の原理として神の知識と愛から成り立つと主張するためである。この関連においてこのようにして提出された善が厳密な意味において「人格的」であって，「団体的」な善でも「集合的」な善でもないことに注目することは重要である。そのようなものとして善は現実的であって，問題的でも空想的でもないことを求めた。なぜなら善の主体は現実的であり，具体的な個人であるから，また善は個人の直接的な経験の対象であったからでもある。しかしこのように言うことは，方向とプロセスの問題を立ち上げることになった。

80）　本書第 2 章参照。

古典主義の根本的誤謬

またここでキリスト教徒たちは，そういうわけで，古典主義の誤謬が創造的で運動する原理を〔現実の〕「外部に」探さねばならなかった点にある，と主張した。このことは偶像崇拝の危険に，つまり現実を絵画や概念化する空想によって縁取られたその複製と同一視する危険に自らを曝すことになった，と彼らは主張した。それはまた解決できない超感覚的な問題を創造することになった。こうして唯物主義者とか観念論者をして〔マジシャンのように〕哲学の帽子からお好みのウサギを創り出すことを許してしまった。終にそれは経験にもとづく発見に対して深さのない反対の主張となる間違った対立関係（アンティテーゼ），たとえば形相を欠いた質料と運動を欠いた形相との間の対立関係を立ち上げることになった。また次にはこのような実在しないものから宇宙の信頼できる記述を組み立てようと試みるものとなった。

古典主義の問題に対するキリスト教徒たちの反論

このような古典主義の諸問題に対してキリスト教徒たちの反論は，古典主義が三位一体を創造的で動的な原理として承認すべきであるとの要求であった。そうするに当たってキリスト教徒たちが強力に推し進めたのは，問題になっている諸困難は，どんなに深刻なものであっても，現実の構造における困難さではなくて，単に現実を理解する取り組みにあることを理解することであった。それは何らかの実体の性質を事実において構成するものが，その中にある秩序や運動であること，またこれら〔秩序や運動〕が自存する「型」（types）か，もしくは無秩序な「質料」(matter)という基体かに依存している，何らかの意味でその実体の外部のものとして考えるべきではないということを認めることであった。こうしてそれ〔キリスト教徒たちの主張〕

は自然的諸対象からなる世界における神ではなく，確かに神の何らかの部分でもなくて，彼らが説いたように，神の活動の痕跡（vestigia）あるいは足跡であることを理解することであった。認識する主体である人間に関して言うと，キリスト教徒たちが人間に要求したことは，御言と聖霊を通してこの永遠の真理に接近する方法のユニークな実現であった[81]。またこの立場からするとその完全な実現を妨げる唯一の障害は，物を見る目のない頑なな拒否によって人が自分自身に課した障害であった。

オリゲネスとテルトリアヌスの反論

わたしたちが過っていなければ，そのようなものはキリスト教的な進歩の理論の性質と基礎であった。それが古代の常識から遠く懸け離れていることを考えれば，それが古典的な精神と意思疎通するのに困難な見解であることが判明しても，わたしたちはそれを不思議に思う必要はない。またキリスト教徒自身が進歩の理論を理解可能な用語に公式化するにさいしてすこし当惑を覚えるのも驚くべきことではない。というのも，進歩の理論が指示して向かわせたものは，彼らを育てた考え方とはまったくかけ離れたものであったからである。こうしてわたしたちは，たとえば，オリゲネスがプラトン的な循環説に反対して激しく抗議しているのを見出す。それは「もう一つのアテネにおいてもう一人のクサンティッペと結婚するであろうもう一人のソクラテスが生まれ，もう一人のアニュウトスともう一人のメレトスによって訴えられるであろう」[82]と彼が言うよう

---

81) ヨハネ福音書 16.13.「その方，すなわち真理の霊が来ると，あなたがたを導いて真理をことごとく悟らせる」（ギリシア語の引用）。

82) オリゲネス『ケルスス駁論』4,68. アニュウトスとメレトスというのはソクラテスを有害な教育者として法廷に訴えた人物である（訳者注）。プラトン『ソクラテスの弁明』参照。

な観念である。しかしオリゲネスと一緒にそのような反復の可能性を否定することと,〔永遠に回転する歯車の〕「輪」から離脱する方法を見出すこととは別である。他方においてテルトリアヌスはオリゲネスよりも変化の事実と必然性とに敏感に反応する。このことはテルトリアヌスが因習,とくにロマニタスの因習に加えた攻撃を見ると明らかである。彼は宣告する,「真理は本能的に嫌悪されるように思われる」[83]と。それでも物事は伝統的な規範によって支配されている社会においても動いていく。

> あなたがたの衣服・食物・習慣,終わりに言語においてもあなたがたは先祖たちを拒絶してきました。あなたがたはいつも古代の風習を称賛していますが,日々あなたがたの生活を新しくしています[84]。
> わたしたちに反対してあなたが提起する一般的な告発,つまりわたしたちが祖先の慣習を放棄しているとの告発は,あなたがたに対しても等しく向けられないかどうか考えてみなさい。あなたがたの生活と規律のすべての局面で,古代の風習の実践は壊敗され,破壊されているとわたしには思われます。……あなたがたご自身の権威が過去の権威のすべてを台無しにしています[85]。

彼はこの変化を進歩と同一視するほうに傾いている。

> もしあなたが世界を全体として見るならば,あなたは

---

83) テルトリアヌス『擁護論』14。
84) テルトリアヌス,前掲書,6。
85) テルトリアヌス『諸国民に』1,10。

第6章　アテネはエルサレムと何の関係があるのか　413

世界が前進的にいっそう開花され，かつ，教化されてきていることを疑うことができません。すべての広い地域は今や近づきやすくなっており，すべての地域は調査され，すべての地域は意見を交換するように拓かれています。もっとも楽しい農場は以前荒廃していた地方をなくしてしまいました。耕作された土地が森を征服しました。人に飼育された家畜が野獣を逃走させました。不毛の砂地が肥沃になり，岩地が〔農民の働く〕大地となり，沼地が排水され，今日の都市の数は以前の孤立した小屋の数を超えており，島々はもはや恐れを抱かせないし，ごつごつした岩は戦慄を与えない。至るところに人々が溢れ，至るところに組織化された社会があり，至るところに人間生活がある。人口が多いことの証拠としてもっとも確信させているものに，わたしたち人間は実際には大地にとって重荷となっており，自然が与える果物はわたしたちを支えるにほとんど十分ではなく，不平を呼び起こす欠乏という一般的な重圧がある。というのも大地はもはやわたしたちを支援することができないからである。人口過剰をいわば削減し，取り除くのに役立つように，疫病と飢餓，戦争と地震が救済策として見なされるようになることにわたしたちは恐怖で打ちのめされる必要がある[86]。

しかしテルトリアヌスが進歩の実質を証明しようと着手するとき，彼が行っていることは実際には純粋に古典的な仕方で外的な性質にもとづく明証性に後退している。そこにある違いは古典主義が自然の中に秩序あるいはむしろ秩

---

86)　テルトリアヌス『霊魂論』30. それは『人口論』の著者マルサスに対する擁護論ではない。

序に向かう傾向を見ていたのに，テルトリアヌスは自然の中に変化と盛衰を見ているだけである。彼はこの法則が天体の規則正しい運動（naturae totius solemne munus），太陽年，月ごとの月の様相，星座の昇ることと沈むこと（siderum distincta confusio），昼と夜，日光と雲，嵐と静寂の内に明らかに示される，と宣言する。地球も全体として見れば変化してきた。ある時期それは水中にすっかり沈んでいた。貝殻も山の頂上においてさえ見出されることがある。それは高地でさえかつては洪水に襲われ，今日でも地震がその種の変化を造り出すとのプラトンの主張を擁護するかのようである[87]。この物理的な変化の法則を彼は動物や人間にも適用しようと考える。動物や人間は原始時代から彼らの習慣を人が住んでいない世界の大部分に拡げてきた[88]。そうはいってもテルトリアヌスはこれがあらゆる面での改良点であるとは考えられえないと，意味ありげに付言する[89]。

　これらの叙述から明らかになることは，テルトリアヌスがこれまで提案しようと試みてきたわたしたちのキリスト教的な立場の要点を完全に捉え損なっていることである。彼は進歩の法則が人間に対して求められる法則であること，およびそれに関する首尾一貫した理解可能な説は外的世界の構造と進歩に関する思弁の上には立てられ得ないということを悟るのに失敗している。「天地は滅びるが，わたしの言葉は決して滅びない」〔マルコ福音書 13.31〕。この誤りの結果，テルトリアヌスは進歩に関するキリスト教的な理論の主唱者としてではなく，現代の相対主義の最初の使徒として台頭する。このことはとくに進歩的な真理と

---

87) テルトリアヌス『パッリウムについて』2。
88) テルトリアヌス，前掲書，3。
89) テルトリアヌス，前掲書，4。

いう観念において明らかになる。こうしてモンタノス派に加わった時期の著作『ヴェールを被った乙女たち』(De Virginibus Velandis) において彼はわたしたちがどんな処方薬であっても真理に対してそれを課すことができないと論じる。何ものもそうする力をもっていないと彼は言明する。

> わたしたちの主イエス・キリストはご自身を慣習としてではなく真理として表現する。それゆえ信仰の規則という一つの不変の反駁不可能な原理は別として，その他のすべての諸真理は，どのような理論や実践においても，修正を認める。というのも神の恩恵はおそらく働き続け，時間の終わりに至るまで結果を生み出すからである。……主はその御霊を助け主として送っている。……主は言明する，わたしはなお多くを言わねばならないが，あなたがたがそれを受け取る力をもつまでは，そうしない，と。……真理の御霊が到来するとき，それはあなたがたをあらゆる真理の道に導き，あなたに向かってなお到来するであろうものをはっきり示すであろう。……したがって御霊の奉仕というのは訓練の方向，聖書の啓示，理解の改革，より良いことの達成を可能にする以外の何であろうか。……その活動の時期をもたないものはなく，すべてのものはそのときを待っている[90]。

しかし，なお発見されるべき多くの真理があるのを認めることと，この真理の発見がモンタノス派の助け主である，誤りやすくまったく当てにならない力の働きに，依存するのを示唆することとはまったく別である。

---

90) テルトリアヌス『ヴェールを被った乙女たち』1。

テルトリアヌス〔を理解するのに〕困難な点は，彼の思想に埋め込まれた「古典的な唯物論の抹消されていない残滓」と呼ばれているものにまで追跡できる。このことは興味深く，しばしば仰天させられる仕方で表現される。それはたとえば魂を一種の星形状のからだ，もしくは亡霊のからだとして視覚化する試みに現われる[91]。さらにそれは，人間がそれを実現しようと前進させるいかなる努力ともまったく関係なく，いわば運命的に決定された出来事として捉える，唯物論的な千年王国説の観念の基礎にもなっている。換言すれば，それは「物質の運動」に巻き込まれ，こうして結局はまったく理解できなくなっている。だがテルトリアヌスの唯物主義の最高の事例は，彼の地獄の観念に見出される。地獄は地上的でない一種のコロセウムとして考えられており，そこでは以前に受けた苦痛の代償という方法によって，教会の聖人たちや殉教者たちには，永遠の罰に断罪された者たちの身体的な苦痛を見守るという特別な身体的な満足を味わうことができるように最前列の席が提供されている[92]。注意しなければならないことであるが，この種のことは初期の教会の思想に深く根ざしており，それを整理することは決して容易ではない。わたしたちはそれがアウグスティヌスぐらい時が経過してからも現れているのを見出すであろう。それはアウグスティヌスによって，とりわけ，ゲヘナの火と地獄に堕ちる罪の見通しとして真剣に討論された。もちろんそのようなことが起こりうる可能性は，彼自身の終末論の最善の水準とは明らかに一致していない。

---

91) テルトリアヌス『霊魂論』7-9 and 53;『肉体の復活』参照。
92) テルトリアヌス『見せ物について』30。

ニカイア信条の影響とそれからの逃亡

ニカイア信条の影響はオリゲネスやテルトリアヌスの思考を損ねていたような誤謬を主として追放し，新しいキリスト教に特有な世界観の基礎を据えるようになった。この世界観を受容することは世俗社会の世界観とはまったく別の経験の領域に入ることを意味した。そこにはこの〔キリスト教の〕世界と異教の皇帝の援助によって建てられた世俗的な諸価値の広大な建造物との間の関係は何であるかという問題が起こっている。この問いは全体として一つの意味に変わっている。またこの関連でわたしたちは次のことに同意できよう。すなわち，考えることに満足しないで，皇帝の指導に単純に従っている，大多数の人々にとって，その関係〔つまりキリスト教の世界と世俗的諸価値の世界との関係〕というのは単にジュピターの代わりにキリストを，犠牲の代わりの聖餐式を，〔大地の女神に雄牛の犠牲を捧げる〕タウロボリウム (taurobolium) の代わりに洗礼を置くことと同じである。また彼らはその他のことはすべて同じであると装っている。しかし罪の意識のない一貫性のない生活を営むことに満足できなかった人たちにとっては，そのような解決はありえなかった。それでは彼らにとって変化は何を含意したのか。この変化がテルトリアヌスのような人にとって，普通の生活のとても単純な満足さえも含めて，あらゆる自然的な価値に対する軽はずみで性急な否認という結果になったことを，わたしたちはすでに考察してきた。〔こうして〕テルトリアヌスはキリスト教徒がもっとも厳格な禁欲主義を実行すべきであると宣言する。つまり二度目の結婚は（とりわけ寡婦たちにとって）重婚に等しく，肥っていることは単にライオンにうまい食事を供給するに過ぎないのである。

しかし，そのような教えは，ライオンがキリスト教徒たちに向かって吠えることをやめていた時期に，どんな妥当

性をもっていたのか。そのとき帝国は迫害をやめていたばかりか，キリスト教徒たちを実際その懐に取り入れていた。ただその問題を公式化するだけでも，とりわけそれが最初4世紀のはじめに向かって起こったときには，それは大きな混乱と当惑とを伴ったに違いないということがよくわかる。だが，少しだけ考えただけでも直ぐに明らかになることがあった。その一つはキリスト教が徳とか幸運という観念を使って解釈してきた古代的な生活を転覆させたことである。あるいはむしろ徳とか幸運がその時から独立した原理としての地位を失ったことである。また，それとともに安全と独立によって，さもなければ環境や身体的で経済的な力の独占によって，実現されるべき至福（the summum bonum 唯一最高善）の観念を転覆させた。すなわちキリスト教は，古典的な古代を通して追求されてきた，創造的な政治学の中心的な思想を転覆させたのである。しかし，もし国家がこうして究極なものとして見なされることをやめたならば，それに替わるべきものは何であるのか。また今や信用を失ったポリスのそれよりも少なからず強烈な究極性の要求を携えて登場するかも知れない，何らかの新しい機構に対する「新しい共和国」の関係はどうあるべきであろうか。

　そのような問題は回答するよりも尋ねるほうがはるかに容易である。だが，わたしたちにとって少なくとも一つのことは確実であろう。そのことは，国家が伝統的な特権の実質を闘争しないで引き渡そうと提案したことはなかったということである。こうしてわたしたちは（ニカイア公会議の僅か10年後の）335年にすでにコンスタンティヌスがニカイア信条に対する密接な関係から逃走する道をさがしており，アレイオス主義の方へと向かってニカイア信条を無効にしようと努めているのを見出す。彼はアレイオス主義者が〔古代フェニキアの町〕テュロスでアタナシオスを

第6章　アテネはエルサレムと何の関係があるのか　419

攻撃するのを黙認しはじめた。その後直ぐに彼は頑なな教会主義者を遠隔地トレーブ〔トリエルのフランス語名〕へと追放し、アレイオスを交わりに再び迎えることを大都市の大司教会議に正式に要求した。終わりに彼は彼自身の個人的な感情をニコメディアのアレイオス派の司教から洗礼を受けることによって表明し、こうしてアレイオス主義の神聖な感情から発する香りをもって死に、面倒な遺産をその子どもたちに残した。

4世紀の政情とその一般的特徴

　キリスト論的な論争が直ちに勃発し、4世紀の大部分の期間にわたってそれが継続することになった。この論争は恐らく思想を不当にも物質の機能と見なす人たちによって「無意味で幻滅させる口論」として忘れられてしまうであろう。しかし、人々が行うことは考えたり欲したりすることと直接関係している、と信じる人たちにとっては、その時代に起こった諸問題を避けることは不可能である。そしてこの観点からすると歴史家は神学者よりも直接的にそれらの諸問題に関心をもっている。したがって歴史家はその時代の経済的、社会的、政治的な運動にとって現実に中心的であったものを見過ごすことを犠牲にする以外には、それらの諸問題を無視することができない。このことはキリスト教的な立場がもっている本質的な諸要素を——それらがニカイアに続く時代に理解されたように——顕わに示す試みを、たとえそれが不十分であったとしても、正当化するに役立つであろう。

　コンスタンティヌスの子どもたちへの相続は、激しい動揺の時代を、つまり彼の希望の破滅を予告する、行動と反動の時代を創始した。この時代はゴールとパンノニアにおける反王朝的で「共和主義的な」（つまり異教的な）軍事活動によってだけでなく、彼の息子たちの間における一

連の陰謀事件によって特徴づけられる[93]。アンテオケアにおける騒乱とユダヤ人による反乱は、皇帝ガルス〔207頃-253、ローマ皇帝（在位251-53）〕の凶暴な残酷さでもって鎮圧されたが、このことはシリアとパレスチナには人々の危険な不満があることを指し示す。強奪者マグネティウスに反対してコンスタンティウスはフランク族とアレマン族がライン川を越えて助力するように招いた。しかし彼の野蛮な協力者たちは、前世紀の最悪の恐怖を思い出させる仕方でもって、ガリアを越えて進撃し、襲撃するようになった。コンスタンティヌスがペルシアに押しつけていたように思われる平和は、彼の死をもって消滅した。またアルメニアに対するローマ的な干渉の常套的な口実をもって、サポル王〔本書256頁と354頁参照〕はユーフラテス川を越えた属州に侵入し、338年と346年にニシビスを包囲した。その間にローマ人たちは自分たちではシンガラにおける大勝利（348年）を主張した。ドナウ川沿いのクワディとサルマチアとの紛争は結果的には猛烈な軍事行動——それを皇帝が個人的に配慮するように求めた——をもって終わった（355年）。ライン‐ドナウ沿いの国境地域における重圧はとても深刻になったので、次の年にはコンスタンティウスはひどく嫌っていた従兄弟のユリアヌスを高い地位に抜擢し、ガリアを治める皇帝として彼を任命しなければならなくなった。

法律的・経済的な社会状況の概観

その間に、帝国の内部においては、公的な支配層の内に

---

93) マグネティウスの貨幣の形跡「都市の一新、共和国の解放者、自由の再建者」についてはEckhel, Doct. Nun.vii, p.122. テオドシウス法典 16,10,5（353）「マグネンティウスの提唱によって許可された夜の犠牲は廃止されるべし」参照。もちろん異教徒の反動は多かれ少なかれ隠されねばならなかった。

第6章　アテネはエルサレムと何の関係があるのか　421

うわべだけ正義を主張したり、〔その権限の〕濫用が増加するのを抑えるためにもくろまれた政治的な統制〔の必要性〕が増大している証拠が認められる。こうして法律[94]の運営に関して言うと、もしも人々が政府の布告[95]の実施を無視したり、引き延ばしたりすると、属州の裁判官が罰金を払うようにおどした勅令にわたしたちは注目してもよかろう。この布告は以前には遅延による訴えを妨害しないようにと命じられていた[96]。他方において教区の司教代理たちは、属州の統治者と国庫の役人から、彼らに関係する諸問題を帝国の司令部に直ちに送り届けるように命じられていた[97]。そのような諸問題はすべて司教代理たちを通して提出されるように命じられた[98]。349 年の条令は皇帝からの特別な指示による以外にはだれにも公の給料を与えてはならないと定めた[99]。さまざまな種類の給料以外の給付（臨時収入）を得ていた役人たちは、そのような認可の権限を与える権利を〔金で働く〕高級行政官の長官に制限するという規制を促進させる傾向にあった[100]。それに続く対策として通例文書の要求は問題となっている政府高官が属する司教区によってのみ作られるべきであるし、またそれは皇帝によって個人的に署名されるときだけであるということを定めた[101]。他の勅令では団体を治める詳細な統制と帝国の宮廷の奉仕に関する規律、役所の主人のもとに実行すべきことが含まれていた[102]。

---

94) テオドシウス法典，第 1 巻。
95) 同上，1,2,7 (356)。
96) 同上，1,5,4 (342)。
97) 同上，1,15,2 (348)。
98) 同上，1,15,3 (353)。
99) 同上，12,2,1。
100) 同上，1,5,5 (355)。
101) 同上，1,5 6 and 7 (358)。
102) 同上，1,9,1 (359)。

その時代の特徴として一般市民からなる全住民に対して異常で，かつ，不正な要求を課しながら，同時にその犠牲者に対し準司法的な強制力を官僚が不法に入手する傾向があったように思われる。〔たとえば〕アフリカに適用された 344 年の勅令[103]は，このような仕方で帝国の任務に就いている人たちにその地位を濫用することを禁じた。だが 13 年後には公共の穀物を輸送する一般の法的な責務の上に，またその責務を越えて，特別な重荷を負うことになった，船荷主に対して救済の措置を執らねばならないようになった[104]。361 年の法令は同様な課税に反対する帝国の元老院議員を擁護するために「元老院議員の弁護」を計画したことを記録している[105]。その間に帝国の広大な地所の借地人たちは，属州の人たちと同じ言葉を使って，通常の属州法廷から司法権に従う義務があると宣言された[106]。ところが同じ法廷は帝国の宮廷を巻き込んでいる事件をも扱う権限が与えられた。二つの法律（De Dignitatibus）は帝国の運輸閣僚の構成員である秘密警察（curiosi）と 警備兵（stationarii）および 監督者（curagendarii）に関係している。〔二つのうちの〕第一の法律は公共の運輸業と結びついた責務に法的な責任がある属州の人たちに対してこの人たちが（投獄権を含めて）勝手に裁判権を行使することを禁じている[107]。そして属州の人たちに対し不平をすべて属州の権威者に提出するように，また明白な証拠によって権威者を支えるように命じた。第二の法律は，度を越した設備の使用だけでなく，帝国の特使のほかには誰に対しても自由に通行できる許可を与えることを運輸閣僚たちに禁じ

---

103) 同上，8,10,2。
104) 同上，8,5,9。
105) 同上，1,28,1。
106) 同上，2,1,1 (349)。
107) 同上，6,29,1 (355)。

ている[108]。

　このように役人のゆるみと腐敗だけでなく，市民の権利に対する役人の侵害をも抑えることを求めている間に，政府は同時に各自の本来的な責務と見なされていたもの，つまりその生まれや身分によって課された義務から誰も逃げ出さないように努めた。またこうして政府は都市の自治体の不幸な構成員たちの負担を主として守らせるように関わった。この構成員たちについてわたしたちはコンスタンティン体制における主たる犠牲者として前に説明している。これら地方の上流階級のうちに重い財政的な要求に見合う地位を獲ていなかった人たちを数多く増していったことは，次の法律によって示されている。すなわち私有地の25ユーゲルム〔約四分の一ヘクタールの地積単位で土地の課税単位〕の保有，あるいはもっと少ない保有でさえ，たとえその所有者が帝国の地所における小作人(colonus)の特権を嘆願によって逃れようと試みたとしても，その所有者に対して行政区に対する義務を払わせる傾向にあった〔とそれは述べている〕[109]。

　このような都市参事会員(curiales)たちが自分らに課された租税の義務(obsequia)から逃れることを阻止するために，個人がその収入の査定額を偽りの販売によって減少させようとして売られた資産は政府の金庫に没収されるべきであると，同じ法律によって規定された。同様に土地所有者たちが，その資産のいくつかを整理して，自分らの地所の残った部分を小作人や農業労働者に譲渡することによって，その仕事がそれに結びついた人たちを所有し続けることが禁じられた[110]。帝国の名誉を取得することは高い

---

108)　同上，6,29,2 (357)。
109)　同上，12,1,33 (342)。
110)　同上，13,10,3 (357)。

手数料を課すことで反対された[111]。帝国の係員としての少なくとも20年にわたる奉仕の期間は，元来の行政区に対する義務からの例外的な状態として規定された。同じ規則は帝国の記録局，公文書保管庁，金庫や地所部局における業務にも適用された。同時に上位の階級の立場から自分の責任を回避しようと試みる人はだれでも，有罪判決として銀30リブラの罰金に服さなければならなかった[112]。excomites（以前の行政部の役人），ex-praesides（以前の属州の政治家），ex-rationales（以前の歳入局の事務員）も，要するにすべてex-perfectissimi（以前の顕職に就いていた者たち，彼らの身分が名誉職であるならば）は，この規則に服していた[113]。しかしながらhonorarii codicilli（顕職に基づく皇帝の勅令）をもっている人たちに対する行政区の義務の実施は，彼らをその身分の喪失に巻き込むためではなかった[114]。344年の規則によると行政区に属する人たちは，どんなに長く帝国の公務員に雇われていたとしても，もともと財政上の義務に服すべきであった[115]。10年後にはそのような人はみな，その誓約から解放され，もともとの地方自治体に立ち去るように命じられた[116]。361年には同じ規則が帝国元老院に関係するところで働いていた個々の人たちに適用された[117]。軍隊の身分でさえ行政区の義務から完全に逃れることは許されなかった。5年間の勤務評定をもたない皇帝の軍事警察のメンバーは，直ちに元の地域社会に追いやられることになっていた[118]。また近衛兵

---

111) 同上，6,22,2 (338)。
112) 同上，12,1,24 (338)。
113) 同上，12,1,26 (338)。
114) 同上，12,1,41 (353)。
115) 同上，12,1,37。
116) 同上，12,1,42。
117) 同上，12,1,48。
118) 同上，12,1,31 (341)。

(domestici) と護衛兵 (protectores) は怠慢なために徹底的に捜査されることになった[119]。軍隊のために〔配属された〕新兵は，地方の十人隊の隊長の前でその出身と行政区の責任からの自由が公的に証明されないなら，受入れられなかった[120]。同時に政府は質の落ちた元老院のメンバーを外から補おうと試みた。その父と同じ義務に元来法的に従う責任があった兵士たちの息子たちは，16年後に，武器を身に付けるのに不適切であることがわかったならば，元老院の部署に配置されることになった[121]。退役軍人はすべて正式の退役証明書を携帯しなければならず，強奪行為に転落しているのが見つかった人は，もし直ちに農業か産業かのどちらかに就かないと，死刑の罰でもって脅された。

同じように手厳しい法令が国家のためのドル箱として本質的に社会奉仕を維持する目的で公布された。都市参事会員に課された責務に服しやすくするように強制する規則は，帝国の軍隊 (militia) にどんなに長く雇われていようとも，クリア〔行政区分〕の外部にある自治体とか同業組合，たとえば石灰製造者，武器製造者，銀細工師にも適用された[122]。すべての商人 (negotiatores) は犠牲による清めの儀式 (lustratio) や商取引税に服従させられた。その義務の免除は聖職者，退役軍人，自分の土地の生産物を小売りする農夫に対してのみ与えられた[123]。ローマの地方自治体においてはパン製造業者の同業組合——それは定期的な施しものとしてパンを支給するように準備する責任を負わされていた——のメンバーの娘と結婚の契約を結んでいる人はだれでも，その同業組合に対して恭順 (obsequia)

---

119) 同上，12,1,38 (346)。
120) 同上，7,13,1 (353)。
121) 同上，12,1,35 (343)。
122) 同上，12,1,37 (344)。
123) 同上，13,1,1-3 (356-61)。

する傾向があった[124]。属州の政治家たちは帝国における道路，橋，その他の公共の仕事に関係する何らかの責務からの免除を人々に与えることを禁じられていた[125]。

刑法とその手続きにおいてもわたしたちはコンスタンティヌスの治世の間に見られた傾向が継続しているのを認めることができよう。この関連である種の法令は新共和国の通貨を守るために考案されたものとしてとりわけ興味を惹くものである。標準的なソリドゥス（solidus）金貨の偽造者らは生きたままで火刑に処せられた。そして彼らを有罪判決に導く情報には褒賞が提供された[126]。貨幣を溶かしたり，売るために外国に輸出したりしたことが発覚した人たちは死刑に処せられる傾向にあった[127]。誰も「流通している通貨として貨幣はそれ自身は商品ではなく，むしろ商品交換の手段であるから」貨幣を買ったり，貯め込んだりしてはならない。一般に流通している貨幣とは異なる未使用の貨幣を所有していることが発覚した人は，だれであれ，それが没収されるのを免れなかった。商人と船荷主は彼らの商売に必要な額の現金のみを所持することが許可された。そのような基準は3世紀の無政府状態の間に行き渡っていた状態に戻ることを阻止しようとする意向を示している。

コンスタンティウスの主要な関心，宗教問題

コンスタンティヌスの方針に反対する告発状に認められる力は，うんざりするほどの記録のうちに含まれている詳細な記述の堆積中に見出される。そしてこのことは帝国の官僚政治の無能力と腐敗だけでなく，その犠牲者の嘆き

---

124) 同上，14,3,2 (355)。
125) 同上，15,1,5 (338)。
126) 同上，9,21,5 (343)。
127) 同上，9,22,1 (343) および 23,1 (356)。

をも明らかにする山積する証拠として役立てねばならない。しかしこの社会的で経済的な状況に関する短い概観をもってわたしたちはコンスタンティウスの主要な関心は何であったかという問題，すなわち宗教的な問題に向かわねばならない。またここでわたしたちは，彼の父の政策における最善なものを無視し，最悪なものを促進させることが息子の運命であったことを示唆してもよかろう。というのも，もしラクタンティウスの精神がコンスタンティウスの時代を特徴づけるものとして採用されるとしたら，フィルミクス・マテルヌス〔360年以後の人，修辞学者〕の精神がコンスタンティヌスの後継者の統治のもちろん典型的なものとして見なさねばならないから。また，よく指摘されているように，この人物の著作，とりわけコンスタンティヌスの息子たちに献呈された『聖別されていない宗教の誤謬』（De Errore Profanarum Religionum）は不寛容の紛れもない手引きである。その著作は異教主義に対する「神の判決」を宣告するにあたって，古い信仰がかつて新しい信仰を迫害した方法と類似した仕方でもって，だがそれも獰猛な精神（「息子に対して，また兄弟に対して容赦するように命じるのではなく，むしろ愛された配偶者によって復讐の刃が抜かれる」）において，古い信仰の信奉者に対する迫害への道を指示している。このように宗教的な狂信と闘争を刺激し，帝国の内部における不和を助長することによって，この著作はコンスタンティヌス主義の宿命を確定し，ユリアヌスによる反動の到来を不可避的にすることを助けたのである。

コンスタンティウスの施策
　この時期の合言葉と標語はずっと「迷信をやめ，諸々の供犠の愚行を廃棄すべきである」（cesset superstitio,

sacrificiorum absoleatur insania)[128]であった。この表題のもとに異教主義は今や以前に自分が犯した罪の天罰を経験することになった。コンスタンティノポリスから発令された日付のついた，また繰り返し発令された，346年の法令によって，実質的には10年後ミラノにおいてすべての〔古代ギリシア・ローマ・エジプトの〕神殿はまったく閉ざされることになった。そして美術館として以外には祭壇に近づくことがとくに禁じられたのである。財産の没収を伴った死刑が，生け贄を伴う宗教儀式に参与する犯行が発覚した人たちに加えられるようになった。また行政官たちはその法律を強制するのに失敗した場合には罰金でもって脅された[129]。異教徒に対する憎しみは，ユダヤ人に対する拘束が次第に増大してゆき，不寛容となる態度にも反映している。異邦の人種に属する奴隷を購入するユダヤ人はだれでも，その奴隷を即座に没収されるのを免れなかった。というのもキリスト教徒であることが知られた奴隷を購入する場合，ユダヤ人はその召使いのすべてを全部没収されるという損害を被ることになったからである。もしユダヤ人がそのような奴隷たちに割礼を授けたと考えられた場合には，それに対する罰は死であった[130]。婦人部屋や国家の織物の仕事で働いているキリスト教徒の婦人たちとユダヤ人がその儀式において合同することに関して言えば，この犯罪も死罪をもって罰せられることになった[131]。その後

---

128) 同上，16,10,2 (341)。これとその他の法令との関連においてわたしたちはトゥテイン『古代世界の経済生活』327頁の有益な警告を想起することができる。「そんなにも多くの法令が発令されたという単純な事実は，それらがいかに効果がなかったかを示している。それらから間違いなく推察されうることのすべては，政治的政策の精神と方向である」。

129) 同上，16,10,3,4，および6。
130) 同上，16,9,2。
131) 同上，16,8,6 (339)。

第6章　アテネはエルサレムと何の関係があるのか　429

しばらくして自由人のユダヤ教への回心は，全財産の没収という脅迫をもって反対された[132]。その間に刑法（第9巻）によって，占い師（haruspex），予言者（hariolus），占星術師（mathematicus）に相談することはだれにとっても極刑に値する違反とされた。そこで「絶えず占う好奇心〔で穿鑿(せんさく)したこと〕は万人に対し口外すべきではない」(sileat omnibus perpetuo divinandi curiositas)と法令にはあった[133]。また，普通には帝国の公共事業に携わるメンバーに与えられるこの罰から免れているにもかかわらず，魔術師や占い師たちは，その組織のメンバーとして捕らえられると，拷問に処せられると宣告された[134]。

このように異教主義に反対する神の判決を異教徒に対して発効させながらも，コンスタンティウスは同時にキリスト教の利益を促進させ，かつ，助長することを約束した。また彼の宣教活動の精神は彼の名前でもって発効された一連の法令から判断されよう。こうして聖職者に宛てられた声明において，聖職者と彼らの奴隷たちが，帝国の役人が〔客を歓待するためその地に〕滞在するという厄介な責務に対する義務から免除されるだけでなく，すべての新しい税金や特別な税金からも免除される，とコンスタンティウスは宣言した。聖職者は同じく犠牲による清めの儀式や商取引税から免除されて，生計を立てるために商取引を企て営業する権限を与えられた。349年にすべての聖職者はクリア会合所とその他の責務から免除され，彼らの子どもたちも，血統的にクリアに関する義務を負う法的責任がなければ，聖職者として分類されると宣言された[135]。4年後には聖職者とその子どもたちは，個人的な重荷と商取引

132)　同上，16,8,7 (357)。
133)　同上，9,16,4 (357)。
134)　同上，9,16,6 (358)。
135)　同上，16,2,9。

税を〔ホームレスの〕収容施設と貧救院からの収益のために特別に免除された。その理由はこれらの施設が貧しい人たちを助けたからである。低賃金労働に対する寛大な態度は，今問題にしている聖職者たちの妻たちや子どもたち，また男女の奴隷たちにまでも拡張され，実質的にはさらに4年の間隔を経た後にも繰り返された[136]。同じ頃コンスタンティウスは犯罪的な違反で告訴された司教たちに対して同僚の前でのみ聴聞される権利を認めた。こうして彼はコンスタンティウスの教会法廷に危険な体質を与えたのである[137]。そのような特別な免除と特権の容認はただあまりにも急いで受け入れられてしまった。それが常食されたことで食欲が明らかに増大した。その統治の終わる頃（359年か360年）皇帝はアリミヌムの教会会議が提案した恥知らずの要求，すなわち聖職者に関わる束縛（juga）や課税できる土地＝単位が公共の責務から免除されるべきであるという要求に直面した。彼はこの恥知らずの提案を拒否する勇気をもっていた。しかし彼は生活を維持するために聖職者が企てた小さな事業に対する〔課税の〕免除を承認した。そしてその他のすべては明細書（matricula）や事業課税の目録にしたがって課税するように命じた。彼の政策の一般的な精神は，「キリスト教的な律法」に献身したすべての人たち，つまり修道士を公共の責務から免除した，最後の法令（361年）に表明された[138]。

しかしコンスタンティウスがこのように新しい共和国の骨格と腱を労働よりもむしろ祈りに見ていると明言する間に，批判家たちは彼の政策を彼自身の確固たる目的のため

---

136) 同上，16,2,10 (353) and 14 (357)。
137) 同上，16,2,12 (355)。
138) 同上，16,2,16：「わたしたちは，義務や身体的な労働や汗よりも宗教によって国家が保持されるのを知っているので，わたしたちは信仰から絶えず喜び，かつ，それを誇るように願っている」。

第6章　アテネはエルサレムと何の関係があるのか　431

に教会を悪用する計画的な試みとして解釈することを好んだ。こうして，たくましく，かつ，賢明な異教徒であるアミアヌス・マルケリヌスは，有名な一節において，皇帝が本来単純で明瞭なキリスト教を女々しい迷信と混同したと言明したのである[139]。またその有名な一節は教会に関する特別な政策だけでなく，先に概観した法律制度と関係しているものとして受け取られたことであろう。というのもコンスタンティウスは，教会を従属状態に引き戻す手段として，このような粗野にして退廃させる利益供与に，疑いなく主としてムルサのアレイオス派の司教ワレンスが提示した巧妙さをもって前述の「明瞭にして単純な真理」を複雑化する試みを加えたからである。ワレンスはマグネンティウスとの戦いに勝利するように祈りによって皇帝を助けたので，皇帝は頼りになる精神的なアドヴァイザーとして彼を受け入れた。この諸々のとらえがたいことをコンスタンティウスは教会に押しつけようと努力した。だが彼は単に不和を掻き立てるのに成功しただけであったので，次々に教会会議を招集し，巧妙な思いつきを承認させようと努め，こうして聖職者たちを皇帝の命令によってあちこちへと派遣するために輸送しなければならないという重圧のもとに帝国の運送業を衰えさせたといってもよい。

このような教会会議においてコンスタンティウスは「諸々の司教の司教」というとても不可能な地位を引き受けた。そして前にも示唆したように[140]，後になって神権（divine right）の原理として知られることになる原理を大胆に主張した。彼は自分の要求を実現するために司教団のなかにあって彼に反対する者たちを繰り返し攻撃した。とりわけ老齢のローマの司教リベリウスに対して耐え難い圧

---

139)　同上，16,16,18。
140)　本書，第5章，316頁。

力を加えた。前途に横たわる障害がなかったならば，彼の努力は概してうまく成功していたであろう[141]。

アタナシオスの登場

「世界に敵対するアタナシオス」（Athanasius contra mundum）という光景はギボンの物惜しみしない称賛を呼び起こした。ギボンはコンスタンティヌス朝廷の連続する三人の専制君主のもとで五度ほども，多くの相違した追放の時期に受けた非難と迫害に直面して戦った，この勇ましい教会の戦士が皇帝の干渉に反対して立ち上げた抵抗を詳細に描いている。アタナシオスの強さは一つの考えしかもたない人の強さであった。正統信仰を弁護することが彼の生涯にわたる仕事を激励し続けたのであった。そしてニカイアの公会議がキリスト教を強化したことが真実であるならば，アタナシオスとともに教会が自分を養った〔飼い主の〕手をどのように噛んだかを示すどんな主張も等しく正当である。というのもアレイオス派の司教たちとカトリックの司教たちは，個人として，その利益が促進されるか，脅かされるかどうかにもとづいて，多分〔皇帝の命令に〕従うことも妥協しないことも等しくできたであろうが，それでもアタナシオスによって代表されるように正統派の立場には苛酷な要素――それは別の派には欠けていた――があったことが否定されえないからである。そしてコンスタンティウスが呼び起こした異教主義に対する迫害の精神が，直ちに教会自身の内部における分派の「治療」〔解釈〕に適用されたとき，ニカイアの正統信仰は今や名ばかりのキリスト教皇帝の手から期待するように聞いていなかった

141）障害とはアタナシオスのことを指している。彼は328年4月18日に死去したアレクサンデルの後継者としてアレクサンドリアの司教に選出された。

第6章 アテネはエルサレムと何の関係があるのか 433

ような待遇を経験することになった。アタナシオスが自ら
それを表現したように，その「迫害はとりわけ新しい異端
の恥知らずな行為であった」[142]。

三位一体を説く立場を転覆させようとする〔アレイオス
主義に加担した〕コンスタンティウスの取り組みを支えた
人たちの中に，正統信仰は二つの同盟し，かつ協働したグ
ループを見出した。第一のグループはいわゆるアノモエア
ン派もしくは極端なアレイオス派からなっていた。この派
の人たちは御子が御父とはまったく別の本質をもっている
と宣言した。第二のグループは半アレイオス派のホモイ
ウーシア派であり，その立場は正統信仰もしくはホモウ
シア派とは「単にイオタ〔ギリシア・アルファベットの第
9字〕によってのみ」相違していた。しかしながらアタナ
シオスが洞察していたように，そのイオタには福音が絶対
的であることの要求とプラトン的な分有説との間にある相
違のすべてが横たわっている。それは「どの程度」御子が
御父と似ているかという問題を顕わにすることによってそ
の他の無数の過去・現在・未来にわたる「啓示」の可能性
〔の攻撃〕に曝されたのである。

そこに含まれていた神学的な問題と哲学的な問題との
解明に対するアタナシオスの特別な貢献に言及すること
は，この著作の適切な場所に残しておかねばならないであ
ろう[143]。目下のところ，わたしたちは彼が霊的な真理とし
て考えたものを弁護して，アレイオス派に傾いた宮廷の主
張に断固として反対した[144]，単に行動の人としての彼に関
心を寄せている。この目的を心に抱いて彼は四つの異なっ
た行動のどれか一つを用いて実践しようとしていた。まず

---

142) アタナシオス，Hist. Arian. 67 以下。
143) 本書第 10 章参照。
144) アタナシオス，Hist. Arian.

第一に，彼はニカイア信条の最初の立案者としてエキュメニカルな公会議の全権的な権威をいくら想起しても飽きることがなかった。第二に，彼はニカイア信条を弁護するために，とりわけトリエルに亡命している間にローマと西欧の至るところで招集できた，どのような司教の支えをも結集することを自分の仕事とした。第三に，彼が，たとえばアレクサンドリアで公の抗議文を作成し，それへの署名を求めて配布するようにしたときのように，彼は皇帝の反三位一体的なプログラムを思いとどまらせるように嘆願して「皇帝の不滅の魂のために」と大衆に直接訴える宣伝文句を使うように導いた。最後に，彼は皇帝の要求に同意することを拒絶したために受けたさまざまな屈辱が証明しているように，個人的な恥辱には自ら進んで服することを示した。教会の独立についての理論を立案するのを助けようとして行ったアタナシオスの活動は，もちろん重要であった。彼は教会の内的な事柄に皇帝が干渉することの間違いを繰り返し主張した。「いつ教会の判決はかつてその法的な有効性を皇帝から受けたことがあったか。あるいはむしろ，いつ皇帝の法令を教会が承認したことがあったのか」を知らせるように彼は要求する[145]。さらに彼は教会の組織や規律に対して何か抑制できると帝国がその力によって想定していることに反対して抗議し，コンスタンティウスの〔教会を〕監督する役職をアンティ・キリストの仕業として公然と非難した[146]。この点に関してもしもカッパドキアの有名なグレゴリオス〔240-332，カエサリアの司教〕がアレクサンドリアの司教区へと昇進したことが何らかの意味でその典型として見なされうるならば[147]，彼は完全に正し

---

145) アタナシオス，前掲書，52。
146) アタナシオス，前掲書 74-5。
147) この異常な性格について本書（原書）の第7章271頁参照。

第6章　アテネはエルサレムと何の関係があるのか　435

かったと思われるであろう。このようなさまざまな点において彼はとくにキリスト教の政治理論の基礎を据えたのである。

皇帝が自分の周りの閉ざされつつあった包囲網から逃げようと努めて，急場しのぎのとても驚くべき方策に頼った期間の闘争の進展について詳細に検討する紙面の余地はわたしたちに残されていない。彼がその活動によって教会と国家の関係で生じた危機のために素材を提示したことを観察するだけで十分である。教会で地位の高い人たちの間ではあらゆる面で不正に地位を利用した証拠が増大していた。その間に帝国の行政機関に広く行き渡った腐敗は，すでに言及されたように，宮廷のスキャンダルに対する観察の鋭い批評家が明らかにしていた。この宮廷のスキャンダルから，とりわけオリエントからビザンティン帝国に移入してきた宦官たちが〔登用され〕，今やローマ史において初めて皇帝の政策を決定したのである。

コンスタンティウスの政策はコンスタンティヌスの支配体制がもっていた苦境から遠ざかる後退の一つであった。その政策にはキリスト教を公式に否認することなどなかった。法典からの証拠に示されているように，まったくその反対であった。それにもかかわらず父〔コンスタンティヌス〕のもとでヤハウェの特徴を次第に帯びてきていた「最高神」は，子〔コンスタンティウス〕のもとではいつの間にか再度変態を起こして，もともとの自我に変わってしまった。しかしコンスタンティウスが名前だけのキリスト教徒として留まった事実は，敬虔な皇帝をアンチクリストと決めつけたアタナシオスの弾劾に一種の痛快さを加えたのである。またこうして政権に対するアタナシオスの攻撃に適切さと辛辣さを与えたのである。同時にそれは，キリスト教の形式的な限界内にあってはコンスタンティヌス主義に対する密接な関係から逃亡しようとする皇帝の側の試

みが空しいことを，とても明瞭に示唆していた。したがってコンスタンティウスによって引き起こされた危機は教会的であって同時に政治的であることが判明した。その問題を別様に言い換えれば，ちょうどコンスタンティヌス主義が国家と教会との間の打算的な結婚に巻き込まれたように，その異常事態から逃れる道は，両者の間の離婚にあるように思われる。こうして皇帝と衝突していたアタナシオスが行詰りに等しい状態に到達していたその瞬間に，彼は遂に自分の大義の正当性を立証することができ，かつ，意志する闘士であることを見出すようになった。しかし復讐者はイスラエルの陣営から立ち上がったのではなかった。パリで王位に就いたユリアヌスがナポレオン的な猛攻撃を大陸を横切ってコンスタンティノーポリスで実行したのは，信仰からの背教者としてであった。ユリアヌスがそこで見出したのは，その敵がすでに破産し，死滅していたことだけであった。それと同時にキリスト教の中心地は，キリスト教の公然の敵を王として歓迎する合意に至るように準備していた。

第 7 章

背教と反動

はじめに

ユリアヌスのコンスタンティノーポリス入場（361 年 12 月）をもって哲学は，ローマ史においては二度目となる皇帝の紫色の衣服を身につけた[1]。コンスタンティヌス大王の兄弟ユリウス・コンスタンティウスの息子として新皇帝は，ちょうど〔即位の〕30 年前に主都において誕生した。6 歳の子どものとき，コンスタンティヌスの息子たちの即位継承のために選び出される可能性のある競争者たちの大虐殺によって，〔したがって〕彼はその親族の絶滅を通して恐ろしいショックを受けた。そのときユリアヌス自身とその兄のガルスだけはその殺戮から逃れた。13 歳のとき彼は，ガルスと一緒に，遠隔の地にあったので人々が近づきにくい，カッパドキアのマケルム要塞に移された。その地で続く 7 年のあいだ彼は閉じ込められた監禁状態に置かれて過ごした。それは「すべての自由学科の学びと自由な交際から切り離されていた」[2]。しかし，このように彼の

---

1) Dessau, I, L. S. 751:「全世界の哲学の教師として崇められている支配者 Fl. Cl. ユリアヌスはもっとも愛国心のある君主にしてもっとも多くの勝利を誇るローマ皇帝である」。続いて上記のラテン語のギリシア語訳が記されている。

2) ユリアヌス『著作集』271C（別な仕方で述べられていると

少年時代と青春期を傷つけた王朝の態度は，後になると不思議などんでん返しを引き起こすことになった。コンスタンティヌスの死の直ぐあと彼の長男のコンスタンティヌス2世は，ガリア・ヒスパニア・ブリタニアを継承し，末子コンスタンスはイタリア・イリュリクム・アフリカを帝国の分け前として受け取った。3年間のうちにコンスタンスはコンスタンティヌス〔2世〕を滅ぼしており，彼の領土を押収して自分一人が西方のアウグストゥス〔ローマ皇帝〕となった（340年）。10年後にはコンスタンス自身も彼の騎兵隊長のマグネティウスによって殺された。マグネティウスによる皇帝の地位の簒奪は，パンノニアにおけるウェトラニウスの反乱と同時に併発したのであったが，コンスタンティウス〔2世317-61，ローマ皇帝（在位337-61）〕が今や兄弟たちの唯一の生存者となってしまい，しかも彼自身に跡取りがなかったので，もしも王朝が維持されるべきであったなら，彼の従兄弟の援助を切願することは必然的なことになった。こうしてガルスはローマ皇帝となる約束によって突然牢獄から王位に移された（351年）。他方，ユリアヌスは，そのとき20歳の青年であったが，たとえそのように斟酌されなくとも，血族の王子として地位を受け取るために主都に移された。しかしガルスはコンスタンティウスによって退位させられ，死刑に処せられた（354年）。それは一部にはマグネティウスを力ずくで転覆させるためにはガウスが不必要になったからであり，一部にはフラウィウス王朝にとって利点よりも厄介者となった，気質的な悪徳の理由に拠っている。その間に皇帝は西方にいたので，ユリアヌスはミラノに行くように命じられ，宮廷

ころを除くと，ヘルトライン編トイブナーのテキスト，1879を参照。この作品には著書名が付けられていないので，『著作集』とする。訳者注）

第 7 章　背教と反動

において厳重に監視された。しかし，その地で皇后エウセビアの友情のおかげで彼は自由と幸福の短い合間の出来事を手に入れた。彼女の嘆願の結果，若者は勉強のためにアテネとビティニアに立ち去ることが許された[3]。だがゲルマン族の略奪行為が直ちに彼の余暇を終わらせ，次の年（355 年）にはカエサル〔副帝〕としてガリアにおける一族の勢力を表すためにその隠遁生活から連れ戻された[4]。そのようなことを実行する能力を考えてみると，ユリアヌスは明らかにコンスタンティウスのプラエトル〔陣頭指揮〕の地位にあった長官の腐敗した，かつ，効力のない行政に対する単なる遮蔽物〔覆い隠すもの〕として役立つように期待されていたに過ぎない[5]。しかし資源を好きなように自由に使える公共の奉仕という理想に刺激されて，内気で自信のない学者が行動の人として浮かび上がってきた。西方の蛮族を一掃するさいのユリアヌスの熟練と企画は，追い立てられ重税を課された彼の管轄下の属州に対する彼の配慮によってのみ可能となった。同僚とか代役とかいう地位は，いつも困難であったが，ガリアにおけるユリアヌスよりも苦しい事例はなかった。彼の従兄弟は彼の古参兵の一部を除いてすべてを引き上げることによって彼を弱体化するように試みた。だがその試みが，彼をして王冠の横領に導く反乱を喚起したとしても驚くべきことではない。自らを皇帝として宣言することでユリアヌスは行動を開始したが，それは家族内の専制政治に対する個人的な苦々しいルサンティマンから起こる反抗に優るものであった。というのも，その行動がコンスタンティヌス自身の昇進以来もっとも重要なことであったとてつもない革命運動の先鋒

---

  3)　ユリアヌス『演説集』3,118 c。
  4)　アミアヌス『三一巻史』15,8,1 以下。
  5)　ユリアヌス『著作集』277D と断片 Z。彼は「祈ることだけを知っていた」ちょうど 360 名の兵士たちを与えられていた。

に彼を置いたからである。ところがコンスタンティヌスが率いた運動とは相違して，ユリアヌスの運動は反動の一つであって，その合言葉は「キリストからプラトンへ」となったのである。

ユリアヌスの事業と思想

　ユリアヌスの事業は特別な意味において個人的な事業であって，もしこの事実がただ精神の中で〔内面的に〕生まれたのであれば，理解されうる。この関連において背教者には第二フラウィウス朝を世襲する天分が少なからず授けられていたことにわたしたちは恐らく気づくであろう。ガリアにおける皇帝〔副帝〕として彼は政治家の資質を持ち始めていたが，その資質はその祖父コンスタンティウス・クロルスの記憶と事業を想起させるのに役立った。ところが兵士としての彼の仕事は，コンスタンティヌス自身に比べて劣らないものであった。ゲルマンとの軍事行動を通して，またコンスタンティノーポリスへの行軍にさいして示された大胆さと主導権は，確かにその徴候をメソポタミアへの侵攻の間に致命的な軽率さと愚かさとして現わすことになった。しかしそれに関してユリアヌスは彼の叔父が経験したこともないような失敗に対する罰を受けたばかりではない。幸運を賭ける賭博師として彼の幸運が終わりまで持ちこたえたことは，コンスタンティヌスとは相違していた。わたしたちはそれに加えて，神学的で思弁的な問題に対する彼の強い関心のことは言わないとしても，改革と組織化への情熱においてユリアヌスは不思議にもその叔父〔コンスタンティヌス大帝〕と似ていたと言えるかもしれない。また彼が献身した大義がその叔父の仕事を廃棄することであるとしても，それでも彼はローマ帝国の宣教師として同じ熱意を発揮した。他方において彼はコンスタンティウスのもとにあって経験した苦難のおそらく結果である執

第 7 章　背教と反動

念の犠牲であったことに疑いの余地はない。この苦難は，単にその従兄弟に対してのみならず，また彼に帝国と王朝の災難の責任をとらせた叔父に対しても，根拠のない憎しみを彼のうちに点火するのに役立った。彼がさらされていた諸々の危険は，ユリアヌスをして彼がもっとも憂慮していた家族に対する本当の感情を隠すように強いたのであった[6]。自分自身の内に引きこもって彼は自分の家庭教師が用意した文学や哲学の研究に対する喜びを熱心に摑もうとした。またこの経験は彼のうちに，ドンキホーテ的な古物愛好癖と言うことができる，ロマンティックな精神を刺激するのを助長した。そのような精神は燃えるような，だが明らかにアカデミックな古典主義への献身に，その表現を見出すことになった。そこには同時に古典的な世界によって供給された〔思想の〕最高の基準にまで達する情熱が伴われていた。この立場から個人的で私的な悲しみが公共の福祉政策の考察と混同されるようになり，そしてユリアヌスは自分を第一に，ロマニタスの回復者に定められた者として，第二に，太陽神ヘリオス王の同窓生として，二重の役割をもっていると考えた。このヘリオス王の仲介によって彼の先祖たちの家族全員はすべて汚れから清められねばならない。彼はいわばキリスト教的なアガメムノンの悲劇におけるオレステースであった[7]。

---

6)　アミアヌス，前掲書，21,2, esp. §5.
7)　ユリアヌスの神秘的な宿命論については『エピグラム』6 (Bidez and Cumont, 170)：「産神はあなたを生むのを欲するごとく，あなたは生まれる。あなたがそれに逆らっても，あなたは自分を害するだけでしょう。それでも産神はあなたを生むでしょう」とある。
神の復讐の道具として自分自身を考えていたことについては『著作集』234c（『演説集』vii）：「あなたの先祖に対する敬愛から，あなたの祖先の家を清めること」とある。

ユリアヌスのキリスト教に対する考えと批判

　ユリアヌスがキリスト教について懐いていた考えは，主にコンスタンティヌスから受けた印象によって彩られていた。この二つを愚かにも混同する仕方はコンスタンティヌスについて『ローマ皇帝たち』の中で言わねばならなかったことから明らかであろう。このエッセイの中で彼はキリスト教に対して，それが典型的な逃避‐宗教であるとの烙印を押している。逃避宗教の魅力はそれが「応報的な正義の鉄則」を回避する手段を提供したことであった。〔またそのエッセイで〕卓越性の懸賞が付いた競技会が神格化された皇帝たち（その中にはアレクサンドロスとカエサルが含まれる）の間で開催されていたとき，褒賞が哲学者の王であったマルクス〔アウレリウス〕に与えられた。競技者たちは各々自分にふさわしい神性の保護のもとにこれから別々に生きていくように命じられた。このことを彼らは進んで行った。コンスタンティヌスに関して言うと，彼は神々の中にあって自分自身の基本様式を見出すのに失敗したので，ついに奢侈（トルプセー）の姿を捉え，彼女の傍らに座り込む。奢侈は優しい愛情をもって彼を受け止め，刺繍された衣服で彼を飾ってから彼に自制心のなさ（アソーティア）を贈呈する。このとき皇帝はイエスを見つけ出し，あちこち歩きまわって大声で叫ぶ，「彼は誘惑者だ，彼は人殺しだ，彼は冒瀆の腐敗で汚れている。恐れることなく彼に近づけさせよ。この水でもってわたしは彼を洗おう，そして直ちに彼を清くせよ」と。「さらに彼が同じ罪を再び犯すならば，頭を強打し胸を打ちさえすれば，彼が清められるのを許すであろう」。ユリアヌスは「コンスタンティヌスはイエスに喜んで寄りすがった」と付言する。「それにもかかわらず復讐する神々は，ゼウスが憐れんで死刑の執行猶予をクラウディウス・ゴティクスとコンスタンティウス・クロルスのために皇帝とその息子たちに与え

第 7 章　背教と反動　　　　　　　　　443

るまでは，彼らの親族の血の報酬を取り立てて，彼らを罰した」[8]。この叙述をコンスタンティヌスが事実においてキリスト教に帰依した精神の証拠として受け取ることは，ひどい誤りであろう。だが，この叙述はユリアヌスがキリスト教について考えていたことをかなり明らかに示している。彼にとってコンスタンティヌスは裏切り者であって，自分自身の野蛮な本能を満足させるために野蛮な行為に資産を売り払おうとするあの時代の〔ローマの将軍〕マルクス・アントニウスであった。そしてコンスタンティヌスはこの野蛮な本能のために必要な認可を，古典的な共和国の基礎である正義の代わりに憐れみ・愛・赦しの理想を推薦する，福音の中に見出したのである。しかし彼はこの福音を受け取ったときに，その根が現実の土壌に植えられていなかったので，直ぐに枯れてしまった単なる「アドニス〔女神アフロディテに愛された美少年〕の庭」を計画していたに過ぎなかった[9]。

　この立場からするとキリスト教の出現は，人類にとって新しい夜明けの先触れどころか，文明と野蛮な生き方との間に生じる無限な葛藤の単なる最終局面を象徴したものに過ぎなかった[10]。この意味で〔キリスト教徒の〕信仰は，ヘブライ人の生活の「源泉にして起源」(fons et origo) である，モーセ律法にまで遡ることができる自然発達史をもっ

---

8) ユリアヌス『著作集』336A と B.
9) ユリアヌス，前掲書，329C と D.
10) ユリアヌスのキリスト教に対する正式の攻撃を述べたテキスト，つまり『ガリラヤの人々のもとで』は紛失しているが，アレクサンドリアの司教キュリロスによる反論の中に挿入されていた断片からその復元がニュウマンによって行われた。これはユリアヌスの作品のローブ叢書版で復刻されている。以後本書における『ガリラヤの人々のもとで』の出典箇所は，ユリアヌスの現存している著作から区別して，星印を付けて示される。

ていた[11]。しかし，このようにユリアヌスが，マキャベリのように，ユダヤ主義の出発点としてモーセの立法的な活動に言及しているが，彼はモーセの秩序が，古典的なギリシアとローマの偉大な法律制定者たちである〔スパルタの立法者〕リュクルゴス，ソロン，ロムルスによって建てられた諸秩序に劣っていることを，論証しようと苦労する。したがって彼は至るところでギリシア‐ローマ的な知恵の対応物であるユダヤ的な知恵の特徴をよく示す範例に抗議し，ロマニタスの巨大な成果と比較することによってヘブライ人の記録を軽蔑すべきであると主張する[12]。もしも歴史が何かを証明するとしたら，それはユダヤ人たちが神に見捨てられた種族であって，彼らが考えているように神性から特別な寵愛を受けていないと言う。彼らには一般的な教化が欠けていることが示されており，彼らの物語は連続する監禁状態の一つなのである[13]。

　しかしながらこの「ガリラヤ的な迷信」[14]はユリアヌスにとってユダヤ主義のより良い側面さえも表わしていると言うことは不可能であった。というのもユダヤ的な伝統の内部にある「律法」と「預言者」という二つの特徴の中で，それが協力関係をもったのは後者とだけであったから。つまり，それはモーセの法典を大切に扱おうとした人々〔つまりユダヤ人〕よりも，それを刷新しようとした人々であった。それゆえ，彼が言うように，「ガリラヤ人たちは〔寄生虫の〕ヒルのようにあの源泉から最悪の血を

---

11) ユリアヌス，前掲書，43A; 253B
12) ユリアヌス，前掲書，168：171-94：200ff., esp.209-18; 235B and C.
13) ユリアヌス，前掲書，209 D and E; 213A; 218B; 221E.
14) ユリアヌス，前掲書，380D：本文に該当するギリシア語はδεισιδαιμονία.

吸い，いっそう純粋なものから離れた」[15]。「彼らは自分自身の律法を犯し，律法に反抗して生き，異質で新奇な福音を示すことを選んだために，それにふさわしい刑罰を受けた人たちに意識的に従った」[16]。

こういう精神でもってユリアヌスは多少は包括的なキリスト教信仰の告発文を作成した。彼は聖者〔イエス・キリスト〕の神性を否定することから開始する。それは子どもっぽく，愚かで信じやすい，心の部分にのみ訴えかける作り話にすぎない[17]。彼にとってナザレのイエスは，神の言葉の完全にして終局的な表現を体現しているどころか，教養のない田舎者に過ぎない。その教えは真理と美とを欠如しており，それと同時にか弱く，非現実的で，社会的に見ても破壊的である[18]。この関連で，「あなたのもてるものをすべて売り払いなさい」という戒めは，もし実行に移されるならば，地上におけるあらゆる国家，あらゆる共同体，あらゆる家族が直ちに崩壊することになるであろう勧告であると，彼は公然と非難する。キリストの神性に対する要求と並んで，イエスの偽った啓示の要求もユリアヌスは誤りであり瀆神的であるとの烙印を押すようになる[19]。モーセ，イエス，またパウロの側での何らかの〔真理の〕開明からはまったく独立して，理性は神的な本質の知識をわたしたちに獲得させる，と彼は主張する[20]。そのような知識は究極的には最高神の摂理にかかっているが，それ

---

15) ユリアヌス，前掲書，202A.

16) 432D. 不法な生活（Ζῆν παρανόμως）：さまざまな事例として，たとえば 351（割礼の放棄），354（パン種を使わないパンの使用）等々。

17) ユリアヌス，前掲書，39A and B; cf. Ep. 79 (Bidez and Cumont, no. 90).

18) ユリアヌス，前掲書，191D.

19) ユリアヌス，前掲書，49Aff.; 94A.

20) ユリアヌス，前掲書，52B.

は叡知的な太陽である〔太陽神〕ヘリオスの恵み深い活動によって人類の理解力のうちにもたらされる。ヘリオスはそれとまったく同じ創造的な活動によって視力と可視性 (ὄψιν καὶ ὁρατόν) を可能にする[21]。

この知識の光に照らしてみると、ヘブライ-キリスト教的な知恵の誤謬が明らかになる。この誤謬のもっとも重大なものは神性に関するものである。これはモーセ的なヤハウェ観念のうちに根拠をもっており、ヤハウェは近視眼的で、妬み深く、復讐的で、気まぐれであり、党派的で、排他主義的であって、本質的には原始的で開化されていない民の神である[22]。しかしユリアヌスは旧約聖書と新約聖書の神の間にある不一致を強調することにおいてはマルキオンに従っているが、それにもかかわらず、それらは同じ神であるとの結論を下す。というのも不一致というものは、厳密には、自己を理性としてよりも意志として示す存在を特徴づけているものであるから。これらの間違いと密接に関係しているのは、物質と悪の起源に関する誤りである。わたしたちはこれまで考察してきたように[23]、キリスト教徒にとって宇宙は、何らかの必然性によって制限されていない神の目的の表現として、本質的には善である。そうすると、もし悪があるとしたら、それは宇宙に内在する何らかの不完全性にではなく、人間の精神と心の逸脱と誤用に当然のことながら帰せられねばならない[24]。しかし、それは神の予知の欠乏に帰せられるか、それとも罪と受難に対する責任を神に負わせることになるかのいずれかである、とユリアヌスは論じる。したがって彼は創造者に無力を帰

---

21) ユリアヌス，前掲書，133ff.(Orat. iv).
22) ユリアヌス，前掲書，86A; 93E; 94A; 106D; 148B and C; 155C and D; 168B.
23) 本書第6章参照。
24) ユリアヌス，前掲書，49A; 75B; 86A.

第 7 章　背教と反動　　　　447

するか,それとも敵意を帰するかの選択をもってその論敵と対決する。

ケルソスと同じ異端思想

　わたしたちは,やがて明らかになるように,単に古典的な常識の批評にすぎない,これらの批評に何時までも手間どっている必要はない。そのような批評としては,その系譜はケルソスにまで辿ることができよう。ケルソスの議論の要点は現代の著者によって次のように要約されている。

> ケルソスは,キリスト教が名誉に値しないような人物に,古臭く使い古した神化の神話を授ける教えだと考えた。彼は歴史のある時期に起こった贖罪の観念が,神の愛や正義——それはそのように〔歴史的に〕制限された成果に限定され得ない——と調和しないと断言する。救済の理論に反対して,彼は自然の恒常不変的で永遠の法則を立てる。そこでは物質に内在する悪と罪はその必然的な場所をもち,人間は決して世界の存在理由ではない。このように人間中心の人間の立場と神性の擬人化された本質を否定する点でケルソスはほぼ現代思想の先駆者なのである[25]。

ケルソス自身〔の言葉〕を引用してみよう。

> 神は宇宙にあり,摂理は宇宙を決して見捨てない。また宇宙は決して悪化しなかった。神はあらゆる時間を通して自分自身のうちに決して退かず,猿たちや蠅たちによっていらつかされないように,人間たちのゆえに決していらつかない。そして神は,各々の運命が

---

25)　ネグリ『背教者ユリアヌス』(英訳) 第 1 巻,293 頁。

はっきりと定められているので，存在するものを脅かさない〔出典箇所不明〕。

キリスト教的な生活に関するユリアヌスの理解

わたしたちはこれまでキリスト教の教義についてのユリアヌスの見解を十分に語ってきた。次の問題はいわゆるキリスト教的な生活について彼が何を考えていたかを決めることである。この関連ではキリスト教自身が「あなたがたはその実によって彼らを知るであろう」とのテキストによって古典主義に対し挑戦状を突きつけてきたことが想起される。その挑戦をユリアヌスは受けている。彼は次のように言明する。

> あなたがたの著作と較べてわたしたちの著作を学んでみればわかるであろう聡明さの相違をあなたがたは自分で理解すべきである。あなたがたの著作からはだれも卓越性に，あるいは普通の善良さにさえも，到達することを望むことができない。わたしたちの著作からはどんな人でも，たとえその人が生まれつきの資質にひどく欠けていても，自分自身を改良できるであろう。だが生まれつき資質に恵まれており，その上わたしたちの文学によって教育された人は，学問の火花が点火されることによって，あるいはある種の政治形態を見つけることによって，あるいは戦場において無数の敵に圧勝することによって，または陸と海を広く旅することによって，こうして英雄的な原型の人として自分を誇示することによって，はっきり言えば人間に対する神々の賜物に似合うようになる[26]。……それゆえわたしたちが，学芸の知識・知恵・理解力のあらゆ

---

26) ユリアヌス，前掲書，229D and E.

第7章　背教と反動　　　　　　　　449

る点において，あなたがたに優っていないかどうか考えてみるがよい[27]。

　キリスト教徒たちは古典主義の文化遺産を拒絶することによって自己犠牲・自己否定・肉を殺すことの生活を採用するきわめて貴重な有利な立場を放棄してしまった，とユリアヌスには思われた。それはユリアヌスの目には「血まみれで瀕死の神」の礼拝に適切にも象徴されている野蛮で卑屈な精神性の理想である。また「十字架に付けられたユダヤ人」の人気が絶えず拡がって行く信徒の仲間をやがて含むように広まったとき，キリスト教徒たちは崇拝の対象として「本来の死体に〔殉教によって〕最近死んだ他の多数の死体」を加えておいた[28]。確かに皇帝の友人にして同時代人である詭弁家のエウナピウスが，聖人たちや信仰の殉教者たちに対するキリスト教徒たちの帰依についてすべての異教徒たちの批評のなかで恐らくもっとも辛辣なものを語った記録が残っている。彼は言明する，「酔っぱらった頭とかび臭い骨，こいつらがローマの人々の新しい神々になってしまった」[29]と。だが，この言葉はエウナピウスのものであっても，〔そこに込められた〕感情はユリアヌスのものである。というのも同胞が輝かしいオリンポスの一二神から逸れて異質な大罪人で無法者の暴徒，キリスト教的な「無神論」の首謀者と彼が見なしたものを崇めるようになったのを彼が見たことには，苦痛と反感とが混入していたからである。品位を下げる迷信であると彼が考える

───────
　27）　ユリアヌス，前掲書，235C.
　28）　ユリアヌス，前掲書，335B. この非難に対しアウグスティヌスは他のものと一緒に回答に着手しようとした。『神の国』8,26-27（聖人崇拝について）。
　29）　エウナピウス『アエデシウスの生涯』。ギボン，前掲書，28章208頁からの引用。

ことに対する同様な反対は,「キリスト教の神学の総体と実体はつまるところ口笛を吹いて悪霊どもを近寄せないことと額に十字架のしるしを付けることで明らかとなる」という嘲笑から出てきている[30]。

修道院制度の発展

同時代のキリスト教徒の生活を明らかに示すものの中で,修道院制度に優って大きな関心を引き起こすものは恐らくないであろう。3世紀の後半にはすでに始まっていたこの運動は,4世紀の間に驚くほどの規模に到達することになった。その成長は疑いなく新共和国という構想された皇帝―教皇制主義から逃れたいという熱心な人々の願いに刺激されていた。キリスト教的な完全性に鼓舞されて,修道院制度は現世からの逃亡,現世の因習や義務と同様にその誘惑や罠の放棄という形式をとった。その献身者たちは隠者の生活を採用するためにエジプトやシリアの砂漠にある隠れ家に隠遁するか,それともその構成員は「キリスト教の律法」に従って厳格な訓練からなる制度に服していた団体に加入するしかなかったのである[31]。

修道院制度の発展は不可避的に金銭の浪費を招いた。それは主として模範的な行動を発揮しようとする大げさな願望の結果であった。その浪費のなかで主なものは恐らく自己顕示欲の傾向であった。それについてシメオン・スティリテス〔387-456,シリアの行者,聖人〕の行動が古典的な事例として残っているが,それはその運動を病的に逸脱しており,彼の欺瞞が典型的なものとはとても考えられないことに気づかれるかもしれない。他の修道士たちは杖と外

---

30) ユリアヌス『書簡』78(Bidez and Cumont, no.79) 出典頁不詳。

31) 本書 562-71 頁参照。

第 7 章　背教と反動

套を携えた浮浪者となったし,「キリスト教的な律法」の主唱者として彼らに与えられた聖性を宣伝して, たくましい乞食の性格を身につけ, さらに災いとなる活動に携わらなかったときには, 情け深い人たちや感傷的な人たちを食い物にした。というのもユダヤ人や異邦人に対する非合法的な攻撃では, それを指導したのは乱暴で怒り狂った修道士であったことが, すぐに知れわたったから。彼らの発言の他の特徴は, それほど正道を踏み外していないときでも, ほとんど不快なものに等しかった。たとえばテオドシウスの時代に, そこから島の名前が取ってこられた動物のように, 遠くからでもその臭いを嗅ぐことができる, カプラリアに建設されたコロニー (共同体) があると言われた。しかしそのような出現は疑いの余地なくその運動の信用を傷つけることに役立ったのであるが, 真の危険はコロニーが組織された世俗社会の要求を否定したことであった。ワレンティニアヌス皇帝〔321-75, ローマ皇帝 (在位 364-75)〕とワレンス皇帝〔328 頃 -378, ローマ皇帝 (在位 364-78)〕の形式的な声明は厄介な市民である修道士たちをとくに非難しているが, 同時にそれは少なくとも偽善的行為の嫌疑を彼らに負わせている[32]。この意味で修道院制度はポリス〔都市国家〕に反対する伝統的なキリスト教精神の 4 世紀版を具現しているといえるかも知れない。そして善良なキリスト教徒であったテオドシウスでさえ「これらの狂信的な修道士たちに何をなすべきか」と哀れにもアンブロシウスに求めて, 修道士らの存在が提示した諸々の困難を告白した。

---

[32] テオドシウス法典 12,1,63 (370? か 373 年)。「ある怠惰な信奉者たちは国家の義務を無視して, 孤独や隠棲地を得ようと努め, 宗教と見せかけて修道士の一団と一緒に集められる」。

ユリアヌスの修道院制度に対する批判

したがってユリアヌスは修道院制度を最大の嫌悪をもって考えたし，また彼の時代の堕落した犬儒学派に対する処罰を執行するにあたって，犬儒学派をこの「キリスト教的な律法」の常習的な主唱者と比較したことは，驚くに当たらない。彼は次のように言明する。

> わたしはずっと昔にあなたがたを描く方法を思い付いたが，今やそれを書き留めておこう。ある宗派（隠遁者と異端者）に対し不敬虔なガリラヤ人たちという言葉を適用する。ガリラヤ人たちの大多数は，少しだけ個人的な犠牲を払って，あらゆる源泉から多くを，あるいはむしろすべてを積み上げてきた人たちである。それに加え彼らは自分らのために名誉・注目・追従を手に入れる。……彼らのようにあなたがたは自分の祖国を捨て，放浪者のように世界中を不穏に，かつ，横柄にさ迷っている[33]。

修道士たちと犬儒学派に対し同様な仕方で皇帝は，とりわけ棒をつかんでも，髪の毛を長くしても，社会的な仕来りに挑んだりしても，ちっとも卓越性に至る近道はないと示唆する。修道士と犬儒学派に対して皇帝は古典的なカロカガテイア（$καλοκἀγαθία$ ＝ 善美なるもの）の理想を支持する。「真の知恵の始まりは自己認識にあり，その目的は理想への接近である」[34]。

4世紀にはとても流行を見たにもかかわらず，修道院制度はキリスト教的な生活の何か異常な現れとしてとどまった。大部分はその出発点と性格において自発的であった

---

33) ユリアヌス『著作集』224A と B: ヘラディウム宛て書簡。
34) ユリアヌス，前掲書，225D。

が，その運動は主として鋭い感受性と特別な気質の人物にのみ訴えるところがあった。また，アタナシオスのような教会人によって好意的に考えられたけれども，修道院制度は未だ大部分において教会の権威による抑制を超えていた。この意味で修道士はキリスト教世界の犬儒学派であるとのユリアヌスの批判には当たっているところがあった。それにもかかわらず修道士と，完成への何らの向上心もなく教会の教えと規律に服従した普通のキリスト教徒には，同じように共有された一つの特徴があった。それは彼らに共通する「理性」に対する拒否であって，それは自己認識，つまり古典的な生活に性格と首尾一貫性を与えていた，確固たる知的な核心に至る手段としての世界についての知識に対する拒否であった。そしてユリアヌスにとっても理性を拒絶することは，衝動・情緒・感情といった純粋に主観的な力にもとづいた生活にとっての客観的な基準のすべてを拒絶することを意味した。このことはコンスタンティヌスのような人々にとって，すでにわたしたちが考察したように，奢侈と悪徳への傾倒を含意すると受け取られた。そのことは地域共同体にとって，たとえばアンティオキアのように明らかにキリスト教的な都市にとって「好きなように振る舞う」[35]というときの理想である，放縦の方を選んで古典的な正義を拒絶することを意味した。どちらの場合〔コンスタンティヌスのような人々と地域共同体〕にも野蛮な行為によって文明を転覆させることを表明する。

この立場からすると，そのような原理を実現していても，それを欠如していても，教会はユリアヌスにとって組織化された不正と欺瞞の混合体であった。それは幼稚でか弱い人たちの愚かさの上に繁栄したという意味で詐欺行為

---

35) ユリアヌス，前掲書，355：Misopogon.

であった。教会はその堕落させ，かつ，不道徳化する儀式によって幼稚で弱い人たちの迷信に仕えたのである。教会は，その指導者たち——その大部分はこの頃までは教育を受けた人たちであった——が詐欺と偽善に気づくことができなかったかぎりで，悪辣であった。コンスタンティヌスの教会の名を汚した羊を装った狼たちの中でもっとも有名なのは疑いなくアレクサンドリアのアレイオス派の司教，カッパドキアのグレゴリオスであった。この人物をユリアヌスは「償いがたい犯罪を犯した不敬虔な奴」として，また当時現存したもっとも価値の高い個人的な図書館の一つを収集した蔵書家として知っていた。グレゴリオスは自分の地位を利己的で世俗的な目的のために組織的に利用した人であった。最後に彼はキリストの名前を使って軍隊をアレクサンドリアに導入し，国民的な神サラピスの祭壇を差し押さえ，その宝物と美術作品をはぎ取った。その結果，彼は突然襲撃を受け，怒った異教徒の暴徒によって私刑を受けて殺された[36]。ユリアヌスは彼らの無法行為を黙認する印象を与えるような穏やかな言葉を使ってアレクサンドリアの人たちを公的に叱責した。同時に彼は帝国の図書館のためグレゴリオスの収集物を確保すべくあらゆる努力を尽くした。

アタナシオスに対する憎しみ

しかしながらユリアヌスの憎しみはグレゴリオスのような人々に限定されていなかった。それはアタナシオスのような教会人を含んでいた。アタナシオスの頑固な党派心はそのアレイオス派の好敵手の奢侈と悪徳よりも彼にとってまったく不快なものでさえあった。アタナシオスといえ

---

[36] この状況を理解するためにビデッツ（Bidez）『皇帝ユリアヌス』234頁参照。

ば、アンミアヌス・マルケリヌス〔330頃-400頃、ローマ帝政末期の歴史家、『三一巻史』を著す〕は彼のことを「予言の技術と占いの儀式を開発し、同時に他の不法な風習に耽っていたと見なされる傲慢な高位聖職者」と記述している[37]。ユリアヌスにとってアレクサンドリアの司教はキリスト教において反対すべきすべてを具現していた。そしてアタナシウオスに対するさまざまな当てつけで、皇帝はギリシア語の毒舌の語彙をほとんど使い果たしている[38]。ユリアヌスの態度は、もし非理性（無分別）がキリスト教のしるしであるならば、アタナシオスはその人格においてまさに理性的でない精神そのものを表現しているとの趣旨でもって、〔アンミアヌスによって〕口述されている。よく知られた一節でもってアンミアヌスは皇帝をキリスト教徒をその喧嘩好きの傾向のゆえに酷評した人として描写する。同時にアミアンヌスはユリアヌスの発したあらゆることに対する寛容の勅令が、キリスト教を滅ぼすためには兄弟たちに自由を与えることだけが必要であったというマキャベリ的な希望によって、鼓舞されたことを、次のようにほのめかす。「キリスト教徒たちがお互いに敵対的であるほどひどく、どんな野獣も人類に敵対的ではないことを彼は自分の経験によって知っていた」と[39]。

---

37) アンミアヌス、前掲書、15,7.7ff.「司教アタナシオスはそのときアレクサンドリアでの職業〔的な地位〕よりも高く自分を誇張していた。……というのも預言者たちの予言に対する信仰や卜占官の杖で未来を予告することに熟練し、きわめて巧みに何度か未来を予言したと言われたからである」。彼は異邦人には謎のようであったに相違ない。

38) ユリアヌス『著作集』376B and C「神々にとって嫌悪すべき敵」「汚れたもの」、398D「もっとも尊大な者、例の過度に横柄な奴」、435B and C.「悪漢、手を出す不穏な奴、迷信的な堕落した教師」。

39) アンミアヌス・マルケリヌス『三一巻史』22,5. 3-4.; 27,9,9.

異教徒たちはキリスト教徒が論争好きであることを，一部はテルトリアヌスに明らかであるような「神学的な憎しみ」（odium theologicum）に帰し，一部は世界大に拡がった組織の内部における地位と権力——それは贈物の中でもこの時まで地上でもっとも豊かな当たりくじであった——のための闘争に帰した。コンスタンティヌスの時代においては両方の十二分な証拠が提供されている。わたしたちはニカイア公会議に続く50年間にローマ世界を揺り動かした諸々の論争についてすでに言及した[40]。アンミアヌスは，自分らの観念に一致するようにすべてを強制する聖職者たちの情熱を例証するために，これらの論争を採り上げた[41]。教会内の貪欲と野望の増大に関して同じ著者はそれに繰り返しふれており，大都市の司教たちの振る舞いを，貧困と謙虚の誓いを忘れていなかった属州のそれと対比する[42]。ユリアヌスは，たとえ生きながらえてペトロの司教座の昇進をめぐってダマスス〔304頃-84，ローマ教皇（在位〔教皇座〕へ366-84）〕とウルシヌス〔没385〕の間に生じた争いを表わす公然たる流血という，世紀のスキャンダルを証言しなかったとしても，このようななりゆきを十分に知っていた[43]。これに付随する出来事として都市の長官プラエテクスタトスの有名になった機知に富んだ言葉「わたしをローマ司教に任命しなさい，そうすればわたしは直ぐにキリスト者となろう」が有名になった。

修道院制度と教会の活動とが成長していくにつれて莫大

参照。「キリスト教徒たちの口論」。

40) 本書第6章389頁以下参照。

41) アンミアヌス『三一巻史』21,16,18:「自分の意見にすべてを引っ張っていく慣わし」。

42) アンミアヌス，前掲書，28,3,14-15.

43) アンミアヌス，前掲書，27,3,12ff.(367). この事実について Duchesne, ii, pp.455-58 参照。

なエネルギーが反政治的な,あるいは少なくとも非政治的な諸目的へと転換してゆく間に,行政の取り組みから明らかになったのは,キリスト教が,少なくともその正統的な形態においては,国家に奉仕するようにとても強要できないことだった。ユリアヌスは教会に形式的なアレイオス主義を押しつける彼の従兄弟の試みについて述べている。「多くの人たちが監獄に投ぜられ,迫害され,追放された。異端派と呼称されていた者たちからなる軍隊は死の苦しみを受けた。……〔ローマの属州〕パフラゴニア,ビシニア,ガラテヤおよびその他の属州において町や村がことごとく滅ぼされた」[44]と。このような事実は,キリスト教が存在すると帝国が吸血鬼——それは直ちに根絶されないと,帝国の生き血を飲み干すであろう——の腹に飲み込まれる,とユリアヌスに確信させるに十分であった。この確信こそ彼自身を首領となした反動の精神と目的を決定したのである。

コンスタンティヌスとユリアヌスの違い,異教主義の復活

ユリアヌスによるヘレニズム文明への復帰とともに運命の車輪は1周してもとに戻った。コンスタンティヌスは彼の祖先のプラトン的な太陽一神教から出発して,自分とキリスト教とを同一視していた[45]。その結果,彼は最後の歳になって初めて教会にいわばタタール人(ダッタン人)のようなものを取り入れたことを悟ったに過ぎなかった。彼

---

44) ユリアヌス『著作集』436 A.
45) ここで「プラトン的」というのは,クモン(Cumont)が「太陽の神学」としてすでに指摘するように,プラトンが神の内在の観念の代わりに超越の観念を使っていたからである。太陽神学の初期の形態と特徴づけている内在の教えは,もともとはストア派に由来する。

の後継者たち，つまりコンスタンティウスとユリアヌスの両者のもとに，状況の論理として明らかになったように，コンスタンティヌスが定めた〔政治的な〕決着の影響から逃れようとする益々絶望的となる奮闘——それを彼の息子と甥の両者が共有した——が起こってきた。ところが前者〔コンスタンティウス〕にとってこの奮闘は体制から次第に後退するものとして展開したが，後者〔ユリアヌス〕にとっては体制に逆らう突然で過激な反乱の性格を取った。コンスタンティウスのもとでは，キリスト教的な形式をとくに否認することなく，ニカイアの信条を骨抜きにする執拗な努力がなされた。そこには同時にアレイオス派の国家教会を建設する力強い試みが伴っていた。すでに考察したように[46]この計画は，政治体制の内部に耐え難い緊張を創り出すことによって失敗し，こうしてユリアヌスに道を開くことになった。背教者とともにコンスタンティヌス主義に対するあからさまの公然たる拒絶が，キリスト教の承認によって創り出された道徳的で政治的な多義性から帝国が抜け出るただ一つ可能な手段として登場してきた。それと同時に再建されたポリス（都市国家）の土台として異教主義の公式の回復がなされた。そこには「宗教」の感情が組織化された政治生活を支える機能としてふさわしい表現を見出したことであろう。その運動は，一般的に言うなら，「啓示」から「理性」への運動であった。それはつまり，わたしたちが他のところで述べたような[47]，古典的な知識（scientia）の精神と方法へと帰還することを指示するものであった。このようにしてその運動が知恵の条件として前提していたのは，精神における再生ではなく，むしろ「自然」や物理的世界の知識を可能にする研ぎ澄まされた知覚

[46) 本書第6章参照。
[47) 本書第4章参照。

であった。しかしながら，これに加えてそれは明らかにプラトン的な要素を含んでいた。わたしたちは古典的な伝統の内部でその「自然学」に懐疑的であった人たち，あるいは知識の道具を批判的に検討した結果，その発見の信憑性を信頼しなくなった人たちが多くいたことを考察してきた。そのためそのような人たちは，〔新アカデミー派のように〕完全な懐疑主義に転落するか，それともキケロのようなヒューマニズムに立ちとどまっていた[48]。ところがユリアヌスはプラトン主義の諸々の主張を無条件で受け入れ，イデアの中に人々が渇望するとんでもない客観性と普遍性を見出したのである。彼にとって問題なのは単にこれらのイデアを，自然と人間との真実にして決定的な知識に至る手がかりとして，捉えることであった。さらに彼以前になされたとても多くの人たちの失敗にもくじけないで，彼はこの知識を最後の英雄的な奮闘をもって社会の病を癒すために応用しようと試みた。そのさい彼はロマニタスの新しくより良い夜明けをもたらすために，彼自身が典型的な哲学者 - 王として約束されたと感じた社会的な医者の仕事を引き受けたのである。

ユリアヌスによるプラトン主義の信仰告白

ユリアヌスの仕事は，わたしたちがもっているプラトン的な思想に，ほとんど何も付け加えていないことが認められ得るであろう。彼の関心はプラトンの思想を彼の時代の問題にもっぱら関係づけようとする企てにある。わたしたちは地中海世界の通俗的な多神教の神々を自分の計画に適用させようとする皇帝のうんざりする，かつ，苦しげな取り組みにはとてもついて行けない。もちろんこのことは，これから考察するように，彼がもくろんでいた起こりうる

---

[48] 本書第2章，70頁。

道徳的で政治的な折衷主義のための基礎としてそれ自身の重要性はもっていた。その中心的な地位は理想的な秩序の主である〔太陽神〕ヘリオス王によって占領され，物理的な創造の主たる代理人は彼と同一視された〔ギリシア神話の〕ゼウスと〔ペルシア神話の太陽神〕ミトラであることに注目するだけで十分であろう。ヘリオスの下には彼の奉仕者として神々の母がやって来て，この母と〔女神〕アテナ・プロノイアもしくはプロメテイアが結合される。この女神は実践的な叡知と創造的な学芸の源泉であって，とりわけ政治的な提携の基礎となっている。またそのような存在としてゼウス - ヘリオスの娘が「完全者に由来する完全者」として彼〔ヘリオス〕に源を発していた[49]。啓蒙の創始者アポロンは，分割と個体化の原理としてのディオニュソス - オシリス - サラピスと一緒にヘリオスの息子たちである。同じように生ける被造物の無限の生殖をつかさどる「第二原因」としてヘリオス王と一緒に働いているのが〔愛と美の女神〕アフロディテである。そのときに彼らの保持者として〔ギリシア神話の医術の神〕アスクレピオスはパンテオンの中に自分自身の場所を見出す[50]。このようにユリアヌスは新しいヘシオドスの神統記の構成要素を展開させる。それは最高神からの流出に起源をもつ神的な存在のヒエラルキー〔階層秩序〕であって，叡知的世界と感覚的世界を結びつける手段である。感覚的世界は多くの要素からなる現象界を統一する，自律する原理から出現したものであって，その個別的な実在は先在する叡知的な一者によって把握されたものとして実在と意味とを獲ている[51]。

---

49) ユリアヌス『著作集』149B:「完全者に由来する完全者」。
50) ユリアヌス『演説集』4,「ヘリオス王に」および前掲書, 5,「神々の母に」。
51) ユリアヌス『著作集』139B：「完全なる一者は叡知的なも

第7章 背教と反動

この信仰の告白から二つの基本的な事実が明らかになる。第一に、〔着想された〕観念は実体化される、つまり存在の性格を着衣される。第二に、観念は一つの原因として考察される。ユリアヌスは言明する。「質料もしくは質料的な形相の中に具現された、形相と同じく、質料も実在する、とわたしたちは主張する。しかし、もしもそれらに先立つ原因が割り当てられなければ、知らないうちにエピキュリアン主義の術語で考えてしまうであろう。というのも、これら二つの素因よりも高いものがないとすると、自発的な運動と機会はそれらを一緒にしてしまっているに違いないからである」[52]。このようにユリアヌスは機械論的な、もしくは自動的な発生に対して、おきまりの観念論的な反対を提示する。形相と質料の「合成物」としての物体的な世界（σώματα）を考察して彼は、質料が消極的で受動的な原理であり、形相が活動的で動的な原理であると想定する。このような想定から彼は、物体的な形相のために理性と原因（λόγοι καὶ αἰτίαι）がなければならないがゆえに、またこれらの理性と原因がそれ自身質料的でなければならないがゆえに、質料的な原因のためにも、秩序を昇っていって「まったく非質料的な原因」として記述される第三の創造者に達するまでは、非質料的な原因がなければならないと論じる。換言すれば、彼は読者たちが叡知的な太陽神であるヘリオス王において頂点に達する実体と力の階層秩序の存在を受け入れるように求める。この太陽神は自然における究極存在として自分自身のうちに「因果関係の連結した鎖」と同じく「物体的な形相」のさまざまなパターンを含んでいる。また十二分の〔豊かな〕生殖力を

のであり、いつもすでに先在している。そしてそれはすべてのものを合わせて一者のうちに集める」。

52) ユリアヌス、前掲書、162A:「神々の母」。

通して星のように輝く〔火や光がある〕最高天を通過してその創造的な使命によって地上にまで下る[53]。

　この本質と原因としての形相の観念は，プラトン主義の観念論にはありふれたことである。その観念がユリアヌスによって人間と社会の知識に適用されると，それはかなり興味深い結論を生むことになる。この関連でわたしたちは彼が人間の本性について語らずにはいられなかったことに注目してよかろう。彼は次のように尋ねている。「どうしてこんなに多くの種類の被造物がいるのであろうか。雄と雌とはどこから生じてきたのか。もしも原型や原因として役立つようにあらかじめ存在する，先在する前もって確立された形相がないとしたら，どこから事物はその類にしたがって諸類型に分化しているのか」[54]。この教えの中に彼は種族としての性格や天分の秘密を見出す[55]。医術に精通する人ヒポクラテスが元来は7世紀前に答えようと試みた質問を立ち上げて，彼は次のように求める。「どうしてケルト人とゲルマン人は獰猛なのに，ギリシア人とローマ人は一般的に言って洗練された人間らしい生活への傾向があるのと同時に，断固としており，戦争好きであるのか。どうしてエジプト人はいっそう知性的であり，技術的能力に熟達しているのか。高い知性と敏捷な知覚を興奮しやすい気質や虚栄と結びつけながら，どうしてシリア人は戦争を好まず，奢侈であるのか。もし誰かがこのような種族の区別に対する理由を見分けないで，万事がひとりでに起こると主張するなら，どうしてその人は宇宙が摂理的な管理に服していると信じることができようか。……人間の法律に関して言えば，これらの法律がその要求に一致する人

　53）　ユリアヌス，前掲書，161D.
　54）　ユリアヌス，前掲書，162D, 163.
　55）　ユリアヌス，前掲書，134D. ff..:『ガリラヤ人に』In Galileos.

第 7 章　背教と反動

間の本性にしたがって決定されていることは明らかである。一般的な規則として法律は文明化され，人間性の精神（φιλανθρωπία）が開発されているならどこでも，思いやりのあるものである。もしそうでないなら法律は残酷にして野蛮である。そして立法者は学問を通し人間の生まれつきの欲求に対して少しも書き加えていない」[56]。彼は付言する，「ゲルマン人とシリア人の大多数はリビヤ人とエチオピア人の大多数から何とまったく違っていることか。確かにこの相違は空しい〈成れ〉(fiat) という命令に帰せられるべきではなく，気候や地域が肌の色までも決定するために神々と一緒になって働いている」[57]と。もしこれが本当なら，それは帝国の「ミキシングボウル」としての融合の可能性を制限するように思われるであろう。彼は言う，「ローマ帝国が西方の種族の間にあって長いあいだ支配的であったにもかかわらず，ごく僅かな例外があるとしても，哲学や数学またそれと類似の研究に心を傾けた西方の種族の構成員たちをあなたは見出さないであろう」[58]と。

推測された「種族的なタイプ」の存在は，ユリアヌスに広範囲にわたる意義を有する真理を示唆する。その真理には神の本性と活動に関する経験が証言していると彼は考える[59]。というのも彼が言うように，創造者やデミウルゴス〔世界制作神〕がすべての共通の父にして王であるとしても，創造主やデミウルゴスによって特別の機能がさまざまな下位に属する神々に割り当てられているからである。その神々の各々はその特別な性格に応じて働くのである。こうして父なる神においてすべては完全であり，すべては一つであるが，その下位に属する者どもは異なった特性に

---

56) ユリアヌス，前掲書，116A and B; 131B and C.
57) ユリアヌス，前掲書，143D
58) ユリアヌス，前掲書，131C.
59) ユリアヌス，前掲書，115E.

よって区別されても、アレス〔軍神〕が戦っている人々を支配し、女神アテネは戦争が好きであると同様に賢明な人たちを支配し、ヘルメスは好戦的であるよりも知的な人たちを支配する。要するに民の主要な特性はどれでも、それによって彼らが決定される神や神々の特性なのである。この説明は種族的な特質の粘り強さを釈明するのに役立つ。「というのも、ちょうど何らかの植物の性質が普通には長い間伝えられて、各々次の世代が先行する世代に似ているように、人間の間でも子孫たちはたいていその先祖との緊密な類似性を担っているであろうから」[60]。この考えはユリアヌスとともにその論理的な結論にまで絞られる。彼は尋ねる、「人間の魂に消えないように刻印されたある印とか象徴とか——それは正確にその子孫であることを示し、嫡出と認められた人として証明するであろう——があるとわたしたちは推測できようか」[61]。「人が有徳な祖先たちをもち、彼自身が彼らに似ているならば、彼は確信をもって生まれつき高貴であると評されるであろう」[62]。

最高善と理性の生活

人間本性に関するこの理論の中にユリアヌスは、至福とか最高善（summum bonum）を「わたしたちにおける最善にして最高貴なるもの、つまり理性の生活」[63]の実現と同一視する、倫理の基礎を見出す。彼はこれこそ、人類が動物と共有する、人間以下の感覚的な生活から逃走する唯一の道であると考える。彼は事実、伝統的な古代の諸徳に讃辞を呈し、諸徳の長いリストの中に、でたらめには何もし

---

60) ユリアヌス，前掲書，348B and C.
61) ユリアヌス，前掲書，81D.
62) ユリアヌス，前掲書，83A と B.
63) ユリアヌス，前掲書，194D.

ない習性と同様に，自由・独立・正義・節度を含める[64]。彼はこれらに実践的な判断（φρόνησις），つまり人をして状況に持ちこたえるか，従うか，それとも協働するように促す素養を追加する[65]。この関連で彼はプラトンの『法律』を「神は万物を支配し，神とともに機会や好機（τύχη καὶ καιρὸς）が人間的な諸問題を治めているが，一緒に歩んでその仲間となる必要がある技術という厳しくない見解もある」[66]という意味で引用する。そうはいってもユリアヌスにとっては徳の完成はこの点で止まってはならず，その究極の対象として神の本性の知識を含んでいなければならない。また結局のところ，徳の完成は洞察や直観の問題であるがゆえに，心の清い者にのみ理解できる。このことは禁欲主義の重要性を強調するようにさせ，生活を不断に浄化するように努めることへと変へていく。したがって自己抑制の古典的な原理である賢慮（σωφροσύνη）がまだ残っている間に，それは諸徳の階層秩序において，神に依存するキリスト教的感覚にきわめて類似する性質である，敬虔や神聖（εὐλάβεια, εὐσέβεια）に首位を認める。このことの一つの結果は個人的な純潔に対する欲求を完全性の前提条件として高めることである[67]。

太陽唯一神論にもとづく壮大な折衷主義

個人にとって土台となるものは，同時に社会的倫理にとっても土台である。というのも「非形態的な理性」[68]がまさしくその本性上共通であるがゆえに，個人的な善と社

---

64) ユリアヌス，前掲書，202A.
65) ユリアヌス，前掲書，255A.
66) ユリアヌス，前掲書，257D.
67) ユリアヌス，前掲書，293A.
68) ユリアヌス，前掲書，182D. 本文に該当するギリシア語 ἀσώματος λόγος.

会的な善との要求の間には葛藤が起こりえないからである。換言すれば，人間としての人間は公共的にして政治的な動物である[69]。そのようなものとしてユリアヌスの責務は「博愛」（φιλανθρωπία）という言葉で要約される。そして博愛の光の下で「街に座っている乞食はすべて神々に対する侮辱となる」[70]。こうして公共的にして政治的な連帯意識の基礎として提案された「非形態的理性」はまた人類の連帯性の土台を与えるのに役立つ。というのも，ちょうど国家的な，もしくは団体の精神がポリスの内に表現を見出すように，人間性の精神は全体として帝国の組織において具現されており，その組織の形相は比較して言えば普遍性のいっそう高い段階を示しているからである。天上的な階層秩序においては国民的にして政治的な（地方の）神々は，自治的な共同体の団体生活を代表しているが，同時にそれは普遍的な帝国の神的な君主たるヘリオス王によって統括された，帝国のパンテノンにおいて機能的にして部門別の神々としてその場所を見出している。このように太陽唯一論においてユリアヌスは壮大な折衷主義——それはただヤハウェが参加しようと決心するなら，ヤハウェさえも含んでいる——のための基礎を見出す。

　このような道徳的にして政治的な「仕組み」の中では並の程度に卓越した者たちもあらゆる職業の訓練のために求められている。徳の完成に関していうとその仕事は紛れもなく〔怪力無双の〕ヘラクレスのように極めて困難である。しかし成功の賞金は，実際には，ヘラクレスや暫定的な神格化と同じように，それに対応して労力をかける価値がある。ユリアヌスは指導者としての問題と責務に悩まさ

　69）　ユリアヌス，前掲書，201C. 同上 κοινωνικὸν καὶ πολιτικὸν ζῶον
　70）　ユリアヌス，前掲書，289,291,292.

れる。この立場から見ると彼の『皇帝たち』についてのエッセイは単なる精神の遊びとしてではなく，むしろ帝国の徳についてのありうるさまざまな概要や理想として受け取られるべきである。このように考えると，人間の王たちの間でアレクサンドロスとカエサル，オクタビアヌス，トラヤヌス，およびコンスタンティヌスたちがみな理想に達していないのに，マルクス〔・アウレリウス〕だけが，その個人的な行為においても公共の活動においても，「神々を模倣すること」[71]をその目的としているがゆえに，必要条件を満たす資格があることに驚くべきではない。そのように行う責務は，その仲間たちを治める権利をもつと確信する人たちにもっとも重くのしかかっている。「君主はたとえ生まれつき人間であっても，その身体的な必要に仕えるべく求められているものを除いて，魂を滅ぼすような，かつ，獣のようなすべてのものを自分の魂から追放し，神と〔少なくとも〕半神半人となるように決心しなければならない」[72]。

このプラトン的な君主政体は王たちに対してモデルと警告の両者を規定する[73]。コンスタンティウスに関する二つの見せかけの讃辞の第二の讃辞で，ユリアヌスは支配者に求められる身体的，道徳的，知的な資質を扱っているが，彼の演説に耳を傾ける名ばかりの臣下に対し，彼の考えを型にはめて適用することのほかほとんど何も悩まない[74]。彼はプラトンの考えを次のような趣旨でもって言い換える。すなわち人間，とりわけ生きるために最善に備えができた王は，幸福に関わるすべてのことのために神に寄り頼

---

71) ユリアヌス，前掲書 333C.
72) ユリアヌス, Ad Themist. Philos. 259A-B.
73) ユリアヌス『演説集』2, 49-50。
74) ビデ『皇帝ユリアヌス』175頁。そつなく記している。「哲学者らしい王は述べている宗教的熱狂をもって」。

むものであって，その行動が善であれ悪であれ，彼を自分の目的から多分そらすであろう他人たちには頼らない，と。

　しかしプラトンが「自分自身に寄り頼む」というとき，彼は自分のからだつき，財産，生まれ，先祖に関係づけていない。確かにこのようなものは彼に属していても，それらは人間自身ではない。本当の自分自身は彼の精神であり，知性である。つまり内にいます神である[75]。

　真の統治が一般の専制君主の統治から区別される，そのような性質を示すことを可能にするのは，この（神によって植え付けられた）最初の徳である。それが彼を国家の救い主と擁護者，現存する法律の断固たる守護者となしている。彼は市民の間にある意見の相違，邪悪な道徳，奢侈と悪徳を抑えることができる政治的な建築家として優っている。彼は行政に協力させるために上流階級を選んで訓練するであろう。平民に関して彼は小作農にその奉仕にふさわしく報酬を支払うであろう。都市の貧困階級の身体的な必要を世話しながら彼は同時に彼らの厚かましさと怠惰とを抑制するであろう[76]。

コンスタンティウスの治下ではさまざまな分野ごとに集会があって秘密で禁止されていた異教主義を表明する適切な媒体を提供していたことは，若い〔異教主義の〕称賛者にとっては幸運であった。というのも「第一頌徳文」においてユリアヌスが王に対する教育問題を扱ったのはまった

---

75) ユリアヌス『著作集』68C andD.
76) ユリアヌス，前掲書，88ff., 91-92。

第 7 章　背教と反動　　　　　　　　　　469

く異教的な精神においてであったから。そのさい彼は皇帝のキリスト教的な訓練に関してはほんの僅かな言及さえも省いてしまって，自分をよい家系と訓育，——理想主義的な学問の承認された式文にしたがって課せられた——との結合によって生み出された世俗的な徳のモデルとして描写した。

ユリアヌスの改革計画

この分析の結果を心に留めるならば，ユリアヌスの背教の精神をいっそう正確に評価することができるし，同時に彼の浄化と改革の計画に近づくことができるであろう。コンスタンティウス・クロルスの自由主義に帰るのだと宣伝したユリアヌスの計画は，国家をプラトン主義化する慎重な試みとして具体化されたかぎりでは，事実上，革命的であった。この観点からわたしたちは皇帝の昔の共和国主義に向かう高尚な意思表示を，適切に査定すれば，評価することができよう。たとえば支配者（dominus）の称号と一緒に王冠を熟慮のすえ退けたことがある[77]。あるいは因習的な新年の挨拶を礼儀（civilitas）のポーズをとったわざとらしさでもって——それは状況によってはほとんどばかげたことと同然であった——彼に急いで提供しようとした執政官たちに対する叱責〔の事例〕がある[78]。もしできれば，もっと取るに足りない場合を挙げれば，ユリアヌスが歴史的社会——その承認を得ることは 4 世紀では政治的な情勢と同じく無意味であった——に語りかけた一連の声明において，公共の意見——それをもってユリアヌスがその統治に就任した——に訴えたことが〔事例として〕挙げられる。というのも，これまで見てきたように，ユリアヌ

---

77) ユリアヌス，前掲書，343C and D.
78) アンミアヌス『三一巻史』22,7,1-2。

スは心の広い人ではなかった。また彼の学者ぶった行動は，その基礎にあったキケロ主義がそうでないのと同様に，アウグストゥスの「自由」を回復することなど夢想もしていなかった真相を隠すのに役立たなかった。だがもし彼が昔の自由を信じていなかったとしたら，ましてや彼が新しい自由を支持していたと，わたしたちは言うことができない。それゆえに寛容の勅令を復活させるにあたって，コンスタンティヌスがそれをもともと導入したとき意図していたよりも，ユリアヌスのほうが教会と国家を有効に分離するように強いる意図をもっていたと想定してはならない。コンスタンティヌスにとってと同じくユリアヌスにとっても，このことは彼自身の宗教的な原則の支配を確保するための必要な一段階に過ぎなかった[79]。ユリアヌスが異教の儀式や式典に対するいかなる干渉をも中止させるように法でもって規制したことは，国家が支持した異教の司祭職のために寄付金を与えたことと同様に，確かにこの精神によっていた。こうして彼はまたカッパドキアのグレゴリオスを任命したことで，アタナシオス派のルサンティマンによって起こったアレクサンドリアにおける暴動を鎮圧した。それはコンスタンティヌスがアフリカの放浪修道士団（circumcelliones）に反対して雇い入れた人たちに類似した方法によって行われた。それによってユリアヌスは自分自身を宗教戦争の恐ろしさへと直ぐにも発展させたかもしれないものに巻き込んだのである[80]。終わりにユリアヌスがエルサレムに神殿の再興を計画したことは，コンスタンティヌスの聖墓教会の建設に対する猛反対として意図されたし，厳密に同じ精神でもって思い付いたことをそれと

---

79) ユリアヌス，前掲書，5.2。
80) ユリアヌス，前掲書，11.11; ユリアヌス『書簡集』10。

第 7 章　背教と反動　　　　　　　　471

なく示している[81]。確かにユリアヌスの政策は前任者の政策を基にして作られていた。彼は前任者の諸行動を独創性のない模倣の精神でもってひっくり返すように努めたのである。

　しかしながら，このことをそのままに主張することは，ユリアヌスの平和（Pax Iuliana）の積極的で救済をもたらす要素を無視することになろう。この要素の中で恐らくもっとも意義深いものは「共和主義的な」正義に帰ったことであった。言うまでもないが，このことは帝国の官僚制度の排除――それはプラトン主義そのものの論理に優るとも劣らないほどディオクレティアヌスとコンスタンティヌス以来の出来事の論理によっては考慮されていた事業計画である――を含んではいなかった。ユリアヌスは，よいプラトン主義者として政治団体の内部にある諸機能の専門分化を考えていたに相違ない。したがって彼の努力は現存する組織を合理化することに向けられていたし，とりわけ政治団体の内部における寄生状態を滅ぼすことに向けられていた。このことを考えて彼はその時代に慣例となった，またプラトン自身によっていわば正当と認められた重い制裁を実施した。このようにして彼は属州の政治家たちが部下たちにとってはあまり重要でない訴訟を討論するのを許すことにより法的な手続きを簡素化したが[82]，同時に彼は原告や弁護士の時間かせぎの方法を禁じることによって訴訟の迅速な判決を容易にしようと試みた[83]。他方において彼は詐欺罪を宣告された税の査定者に対し加えられる拷問を

---

　81)　アンミアヌス，前掲書，23,1,2.「彼は自分の統治の記録をその仕事の偉大さで熱心に拡大して伝える」。
　82)　テオドシウス法典 16,8 (362)。
　83)　同上，2,5,2 (362)。「判決を引き延ばそうとする熱意によって」。

公認した[84]。また運送業における濫用を阻止するために属州の長官や教皇代理から通過を許可する特権を取り消した。そのさい彼はこの権利を総督――総督には同時にその権利を行使するに当たって厳しい制限を課した――に制限した[85]。彼はまた個人的な荷物を運ぶために公共の荷馬車を使うことを禁止した。ある地域では公共の役人たちによって運送するように田舎の住民(plebs rustica)を徴発することを全面的に禁止した[86]。

自治都市の再建と税制の改革

しかしながら官僚制度における腐敗した慣行を抑制することは、ローマの自治都市の再建をめざした広大な計画の一つの側面であった。東ローマ帝国の意気消沈した諸都市の評議会員(クーリアレス)のように理想とした共和国の原型には似ていないように思われても、それでもユリアヌスにとって彼らはロマニタスの頼みの綱であった。それゆえ彼は、主として彼らがそれを背負ってよろめいた財政上の重荷を均等化し、かつ、緩和することによって、彼らの運命を改善しようとした。どんな新しい賦課金も特別な許可なしには彼らに課されることはなかった[87]。金持ちは税金の公平な持ち分を払うように強制された。金持ちと帝国の徴税人との間の〔不正行為の〕黙認は禁じられた。そしてすべての人がその所有する土地のゆえに公共の義務に服するように布告された。そのさい非課税の基準による財産譲渡を含んだ、取引によって取得したものは〔税金を納めないなら〕違法であると宣告された[88]。他方、いっそう小

---

84) 同上、1,6 (362)。
85) 同上、8,5,12 and 13 (362)。
86) 同上、8,5,15 and 16 (363)。
87) 同上、11,16,10 (362)。
88) 同上、11,3,3 (363)。

さな所有者を不当な取り立てから保護することが試みられた[89]。わたしたちは初期のフラウィウス朝皇帝たちのもとで，主としてキリスト教徒のおかげで，広範にわたる基本的人権が増大したことを指摘した。ユリアヌスはこの物騒な原理を廃棄するどころか，キリスト教徒から取り上げたすべてのものを異教の聖職者に進んで授けようとしたのである[90]。彼は帝国の司令部付きの勤務において公共の財源から授与されたものを受け取る権利が与えられた取り巻き（domestici）と護衛（protectores）の数を制限した[91]。だが彼は，帝国の外交員や秘書のメンバーが伝統的な行政区の義務から免除されるように，その条件を修正した[92]。その間に自由都市の市民に子どもを多くもたせる奨励として彼は奇妙なことに 13 人の子供をもつ父たちに行政区の義務からの「名誉ある免除」を容認した[93]。文芸の教師たちや教授たちに認められたこの免除は医者を含むまでに拡大された[94]。このようにユリアヌスは共同体の内部の一つの恵まれた階級を他の階級と入れ替えた。それでも彼は属州のために正義を確保しようと最善を尽くした。そしてできるかぎり課税の耐え難い重荷を和らげた[95]。だが彼はこのように行うことによって，保護する原則を主張し，またそれを拡大さえもした。そうすることで彼は自分自身をプラトンの弟子にしてその時代の子供であることを示したのである[96]。したがって彼の活動の結果として社会関係において自由や柔軟性が増大した何らかの徴候をさがしても無益で

---

89) 同上，12,1,50; 13,1,4 (362).
90) ユリアヌス，前掲書，430C; cf. テオドシウス法典 12, 1, 50。
91) テオドシウス法典 24,1. (362)。
92) 同上，6,26,1 (362)。
93) 同上，12,1,53 (363)。
94) 同上，13,3,4 (362)。
95) Eutrop. x. 16。
96) テオドシウス法典 3,1,3.(362); 13.2; 14,4,3 (363)。

474　　　　　　　第Ⅱ部　修　　築

ある。

ユリアヌスの宗教政策と「ユリアヌスの平和」

　ユリアヌスにとっては，その直接の前任者と同じく，経済と社会の問題は教会に対する政策ほどには主な重要問題ではなかった。よきプラトン主義者として「政治的な」生命の最後の頼みの綱が宗教であったことは，彼の確信するところであった。そして彼はコンスタンティヌスの帝国の中で普及した人間関係の間違った理想の責任をキリスト教の受容の責任にした。彼は宣言する，「わたしはすべてに優って，とりわけ神々に関することで，革新を嫌悪する。そしてわたしたちは過去から相続した法律を，それらが神から与えられたことが明白であるがゆえに，無傷のままに維持すべきであると主張する」[97]と。このような精神でもって彼はコンスタンティヌスが造った教会を解体し，できることなら滅ぼそうと企てた。しかし個々のキリスト教徒と同様に団体としての教会を扱うに当たって，彼の従兄弟の残酷で乱雑な方法を野蛮であると拒絶することによって，彼がキリスト教と古典主義の間の世俗的な衝突という新しい局面を導入したと主張することは，決して言いすぎではない。この段階において主たる攻撃は教会としての組織体に向けられたほどには個々の信者に向けられていなかった。この組織体は知的にして道徳的な壊敗をもたらした主たる機関として見なされ，社会的正義と社会的平和を再び主張するためには主たる障害と考えられた。

　この問題は「政治的なもの」と考えられたので，本質的には政治的方法によって解決されるべきであった。このことはもちろん先の皇帝たちが教会に惜しみなく授けた免除と例外的な処置をすぐにも撤回することを含んでいた。そ

---

97)　ユリアヌス，前掲書，453B.

第 7 章　背教と反動　　　　　　　　　　　475

こには（神殿などの）公共の所有物を地方自治体へと返還させることが伴っていた。こういった所有物は「最近の騒ぎで個人的な所有に移っていたが，そのような財は正しい評価によって賃貸にすべきである」[98]。それはまた寛容の一般的な勅令——それが「彼らの紛争の原因を助長することになる自由として政府はもはやキリスト教的な全住民の合意による行動を恐るべきではない」という希望によって活気を与えられていようといまいと——をも含んでいた。このような対策は「ユリアヌスの平和」（pax Iuliana）に属する党員たちを強化するための補助となるものであった。それは彼らの敵の手になる妨害からの自由を彼らに保証したのであるが，同時に党員の間に認められる暴力と不和（ἀκοσμία）を和らげるためにも企てられたのである。ユリアヌスは言う，

> わたしは必ずやガリラヤ人が一人も法律に反して殺されたり，むち打たれたり，その他の方法で害されたりしないように願っている[99]。
> わたしたちは人々を拳骨や侮辱や肉体的な暴力でもって説得したり教えたりすべきではないと理性によって定めている。それゆえ，わたしはすべての真実な信徒に対しわたしの指図を繰り返し言う，ガリラヤの団体に対して悪事をなしたり，手を挙げたり，彼らを直接に侮辱してはならない，と。きわめて重大なことで誤る人たちは憐れむに値するが，憎悪には値しない。というのも宗教の信仰があらゆる善いことの最大なものであるように，無信仰は最悪なものであるから。これが神々から顔を背け，死骸や聖遺物を礼拝し

---

98)　テオドシウス法典 10,3,1. (362).

99)　ユリアヌス，前掲書，376C.

ている人たちに対処すべき立場である[100]。

　他方においてユリアヌスはエデッサの裕福なアレイオス派の団体を、〔ローマ皇帝〕ワレンティニアヌス家を攻撃したかどで、その財産を没収することによって罰した。それは「貧困が彼らに自己を抑制して振舞うように教えるため、また彼らから貧者に約束された天国を奪わないためであった」[101]。

　この政策を見て〔ローマの歴史家〕アンミアヌス〔・マルケリヌス〕は「宗教」そのものを政治のためにもちつづける皇帝の試みを理解した[102]。それは彼の意見では行政の主な栄光となる厳密な公平の道を歩まんとする努力であった[103]。そのようなものとして、皇帝の試みは、コンスタンティウスのもとで最近まで経験した扱い方と対比すると、人々の元気を回復させることを意図していた。それでもユリアヌスにとって寛容は政治的な破壊活動を容認するものではなかった。したがって彼がアタナシオスに対する自らの態度を正当化したのはその破壊的な要素のためであった。ユリアヌスが反抗的な人たちの側での暴徒としての行動を「専制君主として君臨することを許さないがために荒れ狂った」[104]と言い、抑圧するように企てたのは、キリス

---

100) ユリアヌス、前掲書、376C and D.
101) ユリアヌス、前掲書、424D.
102) アンミアヌス、前掲書、22,10,2.「そして彼は裁定に際してときどき時宜を得ていなかったし、不適切なときに原告がそれぞれどのように礼拝しているかと質問したが、それにもかかわらず彼の訴訟の判決は真理に外れているとは見られなかったし、宗教やその他のゆえに正義の真っ直ぐな道から逸脱したと、かつて論じられることもなかった」。
103) ユリアヌス自身はそれを彼の博愛を示す表現であることを要求した。ユリアヌス 436A; cf. 424C.：「柔和に、かつ、親切に」。
104) ユリアヌス、前掲書、436 B.

第 7 章　背教と反動　　　　　　　　477

ト教徒たちの無秩序（ἀκοσμία）のゆえであった。しかし平和に対する何らかの妨害が強制的な干渉の機会を皇帝に与えたかも知れないし，また現に与えたのであるが，それでもユリアヌスは通常の目的のためにも，法の保護は無法者から取り消されるべきであるという原則にもとづいて行動してもよいと考えた。このことは総じて「殺すこと」はあってはならないということを意味した。つまり罰は個人の権利の取り消しに制限された。とりわけ法律で認められた行動と検証可能なことを認めさせる権利，遺産を与えたり受けたりする権利に制限された。この政策を採用することによってユリアヌスは，文明化された支配者として自分の名声を高めたばかりか，ある程度であるがテオドシウス時代に続いた類似の政治的行為の前例となった。

寛容の原理

　ユリアヌスは，コンスタンティヌスと同じく，寛容の原理が彼の信念を共有する人たちに特権と恩恵を広げるのに適しているのを見出した。「わたしは信心深い人々が勇気づけられ，言うべきことを率直に主張するように願っています。このガリラヤ人の愚劣さはほとんどすべてをめちゃくちゃにしてしまった。そして天の憐れみのほか何ものもわたしたちを救ってくれない。だからわたしたちは神々と信心深い人たちと都市に敬意を表さなければならない」[105]。そのような「激励」はロマニタスの伝統的な宗教的儀式と結びつけて考えることによって，良心的なキリスト教徒を，帝国の省庁からしぼり出す形を取った。このことはとくに軍隊に当てはまることであった。そこでは異教的な紋章がもう一度〔コンスタンティヌスが用いた〕ローマ帝国軍旗と置き換えられ，同時にあらゆる軍事行動が，

---

105)　ユリアヌス，前掲書，376C and D.

皇帝が個人的に執り行った占いや犠牲といった巧妙な儀式ではじめられたのである。ここにわたしたちは聖ヒエロニュムスが「犠牲を捧げるように強要するよりも，むしろおびき寄せるように機嫌をとった迫害」(blanda persecutio illiciens magis quam impellens ad sacrificandum)[106]として描いていることを理解できる。

そこには次の事実がそれとなく示されていた。つまり「〔キリスト教のもっている〕豊かな教会生活を異教主義が蓄積してきたものに移植するという〔ユリアヌスの〕考えの中には，ユリアヌスの偉大さに対する要求ではないとしても，その独創性に対する最善の要求」が示されていた。またさらにその見解は「〔かつてプラトン主義を自らに移植した〕キリスト教から借用された」[107]ことに示されていた。わたしたちは国家宗教が必要であるという考えをユリアヌスがコンスタンティヌスと共有していたことに同意してもよかろう。そのさいユリアヌスはその考えのためにコンスタンティヌスに近づいていたことは一瞬たりとも認めなかった。〔マルクス・〕アウレリウスの時代まではそのような観念〔国家宗教の必要〕は取りざたされていた。第二の四頭政治のもとでその観念は現実的な政策となっていた[108]。しかし，その事業はこれよりももっと古く，かつ，名誉ある系譜をもっていた。というのもプラトンによって提出された多くの有力な考えの中で公的な制度的な宗教の計画にもまして注目すべきものはなかったからである[109]。

---

106) エウセビオス『年代記』第 2 巻（366 年）からの引用。

107) レンダル『皇帝ユリアヌス』144 頁。Duchesne, 第 2 巻 328 頁参照。「ユリアヌスは発掘された異教主義の屍の中にキリスト教精神をそっと挿入することを探し求めた」。

108) ラクタンティウス『迫害者の死』36:「個々の国家のためにもっとも優れた人々の間から任命された高位の祭司たち」：エウセビオス『教会史』8,14,9ff. と 9,4,2. 参照。

109) プラトン『法律』x.

国家宗教として何を採用するかという問題

したがってユリアヌスとコンスタンティヌスの間には，もし国家宗教ならば，どうして悪い市民の身分に属する宗教よりも良い市民の身分に属する宗教であるヘレニズムではいけないのかという問題があった[110]。問題なのはプラトン的な太陽一神教をロマニタスと統合し活性化しうる，同時にもっと広範な全体における地方的で国民的な忠誠心に認可を提供する，文明の祭儀のための基礎として提供することであった。失敗する運命であったとしても，その計画は多くの点で興味深いものである。それは他のもろもろの特徴の中でも神殿と彫像の一般的な復興を含んでおり，それらを物的に表示することでユリアヌスは最高神へ接近する大衆向きの道を描いていた[111]。これとともに異教の壮大で印象的な犠牲——その中では牛百頭の生け贄から出た煙が祭壇から天に昇っていった——を捧げる儀式の復興が行われた。この方式を支持するためユリアヌス自身はその職への適性にもとづいて職業的な聖職を選出し，かつ，訓練することに着手した。最高神官（Pontifex Maximus）として彼は帝国の祭儀を組織したり指導したり，同時にその大臣たちに忠告するか叱責する権威を獲得するために，往古のローマの遺産を頼りにした。

自由学芸の再建

宗教の修復とともにユリアヌスは古典の学習を再建すべく計画した。わたしたちはすでに帝国における文芸と生活の間の生き残った親しい関係を指摘してきた。この関係

---

110) ビデ，前掲書，261 頁。ヘレニズムを神政政治に改造しようとする取り組みにおけるユリアヌスの政策の悪化を見よ。このことを彼は魔術師の影響に帰しており，362 年の春にはじまったと記している。

111) アンミアヌス，前掲書，22, 5。

は,コンスタンティウスのようなキリスト教の君主たちによってさえ承認されていた。コンスタンティウスは彼自身公の異教主義からの改宗者であったが,それでも自由学芸を市民的な業務における昇進のためには不可欠の資格として見なしていた[112]。だがユリアヌスにとっては古典の学習は単なる有用性の問題よりも多くのものを含んでいた。それは古典的なイデオロギーを形成するために本質的なものであった。そのようなものとして古典の学習は国家の諸活動の中で戦争に次いで二番目に重要なものであった[113]。したがって彼が,帝国の教育の仕組みに対する公の統制を主張することによって,ローマの教育史における意義深い実験に乗り出すべきであると考えたことは,驚くべきことではない。私的な学校をはじめることは禁止された。それゆえ,すべての教師は皇帝の個人的な承認に服している市当局によって認可されなければならなかった[114]。

〔次に採り上げる〕長い勅裁書の中で[115]ユリアヌスは同時にこのプログラムを正当化することを求めながら,その要点を説明している。この現代にも興味がなくはない議論は,学問の自由という一般的な問題を立ち上げており,とりわけキリスト教徒に対する挑戦を投げつけている。

---

112) テオドシウス法典 14,1,1 (357).「だがすべての美徳の中でも最高である文芸の報酬が否定されないために,研究と雄弁のゆえに第1位に値すると思われる人にわたしたちの準備金がきちんと提供されますように」。

113) 同上, 6,26,1 (362).

114) 同上, 13,3,5 (362).「教師たちや博士たちの研究が第一に道徳において,第二に雄弁において卓越していなければならない。だがわたしは個々の国に出席することができないので,教える資格を得ようとする人は誰でもこの務めに就こうと急いだり,わけもなく突進したりしないように命じる。慣行の判断によって承認された人は,最善の市民の一致した同意によって審議会の判決を獲得しなければならない」。

115) ユリアヌス, 前掲書, 422-24.

第7章　背教と反動

　わたしたちは，適切な教育というものは言葉を厳密にかつ強力に用いる能力にあるのではなく，善と悪，適切さと不適切さに関する精神と健全な意見に由来する健康な態度を獲得することにあると考える。したがってあることを考えながら別のことを教える人はだれでも，公正から遠ざかっていると同じくらい，知識から遠ざかっている。また，彼の陳述と信念の間の食い違いは取るに足りないことであるが，彼の犯罪の程度は大きくなくても，それでも彼は非難に値する。しかし彼が致命的に重要な問題に関してある考えを抱いていながら，それとは反対の案を出すならば，それは確かに〔金目当ての〕行商人や悪党のやり方である。というのも彼はまさしく悪いと考えていることを教えているから。……

　したがって教育者となることを引き受ける人は，すべて健全な道徳的な性格の人でなければならないし，新奇で一般に容認された信念と食い違っている意見を導き出してはならない。このことは，とりわけ言語のみならず慣習と思想の教師であると称し，公共の事柄に属する行動について教えを授けると公言する，修辞学者であれ，文法学者であれ，（ほとんどすべての）哲学者であれ，いにしえの文芸において青年を訓練する人たちにあてはまる。この人たちの主張が正しいと認められるかどうかは，さしあたり未解決のままにしておく。そのように著しく重要な研究を追求する人たちをわたしは尊敬する。もしも彼らがあることを考えていながら他のことを教えて，欺いたり，恥をさらしたりしなかったなら，わたしは彼らをもっと称賛しなければならない。ホメロス，ヘシオドス，デモステネス，ヘロドトス，ツキディデス，イソクラテス，リシアスは神々を彼らの知恵の創造者や授与者と見なし

た。彼らがヘルメスに献身しており，他の者たちはミューズ女神たちに献身していると考えることは当然ではなかったのか。それゆえ自分の作品を詳細に説明する人たちは，彼らが〔ミューズの神を〕信じる宗教を軽蔑すべきだと言うのは愚かである。このことを愚かであるとわたしは思うのであるが，そうは言っても，わたしはその理由で暮らして行くために彼らの意見を変えるように命じたりしない。しかし，わたしは彼らが真理であると信じていないことを教えるのを抑制すべきであると主張する。だが，それでも彼らが教えたいならば，……彼らが不敬虔・愚かさ・神学的な誤りのかどで断罪した著者たちのだれも，その語ったことに責任をもっていないことを，彼らの生徒たちに教えることからはじめさせよう。さもなければ，彼らの作品から生じる生活のための報酬を受け取ることによって，彼らは自分たちが貪欲でむさ苦しい雇われ人だと自分らの価値を下げている。……

　今日まで多くの事情で彼らは真の宗教を奉じることを妨げられてきた。至るところに拡がっている恐怖が，宗教に関して正確な意見がどうして表明されなかったかの言い訳として仕えて来た。しかし今や天の恵みと憐れみによってわたしたちは自由を獲得したので，真理であると思わないことを人々が教えるのは愚かであるとわたしには思われる。だが，もし彼らが教えたり解釈したりすることに何らかの知恵があると考えるなら，何よりもまずそれらの著者たちの敬虔さを真似るように彼らに努力させよう。だが，もし彼らが問題になっている著者たちが聖なる神々についての見解で誤っていると確信するなら，ガリラヤ人の教会に行かせて，そこでマタイやルカの福音書を学ばせよう。……

第7章　背教と反動

　教授たちや教師たちの行動を取り締まるために次のような規制が敷かれている。出席したいと願っているどんな学生でも学校に入ることを許すべきである。どの道に方向を変えるかを知るにはあまりにも無知である子どもたちを最善の道から排除することは同様に不合理であろう。また彼らを脅してその意志に反してその先祖たちの信仰に向けることは不合理であろう。確かに彼らの意に反して，人が精神異常者を扱うように，彼らを扱うことに対しては，何かが言われなければならないとしても，それは不合理である。わたしたちはそのように苦しめられた人に同情すべきであるという事実がなければよいのだが。また，痴呆症に罹った人たちを懲らしめるよりも教育すべきであるとわたしは思う。……[116]。

　ユリアヌスは学校教育をこのように「呼び出す」ことによって文芸が現存する秩序の支柱として見なされるべきか，それとも人類の共通の伝統として見なされるべきかという質問を立ち上げた。この伝統というのは，機能的社会の主要な道具であって万人に通用する啓蒙の手段としてよりも，支配階級が，内的なもしくは精神的な一致をある程度確保することによって，その義務を果たすため身につけるようにもくろまれている。そして注目に値することには，このような教育の考えでもって皇帝は気高い異教徒たちの支持さえ保つことに失敗したのである。〔当代の歴史家〕アンミアヌスは断言する，「キリスト教会の信奉者たちが文法家や修辞学者として教えることを阻止しようと彼が試みた，残酷な法令をわたしたちは絶えず沈黙して手短

---

[116]　この問題についてのキリスト教的な意見としてアウグスティヌス『神の国』18.52を参照。

に述べなければならない」[117]と。この問題はリベラルな異教主義にとって根本的に重要な問題点であった。ユリアヌスの共和国主義を重要視することはできるが，わたしたちは文化を独占しようとして彼がその国民に，そこから彼が国民を解放すると公言した奴隷の境遇に優るとも劣らない隷従を課そうとした事実を無視することはできない。他の局面と同じくこのことでもユリアヌスの政策は，4世紀のローマ帝国が全体主義に向かう一定の傾向を示している。キリスト教徒たちに関して言うと，彼らは自由な学業の禁止から起こってくる致命的な結果を認めるのに手間取ったりしなかった。彼らは帝国の政策の中に，〔キリスト教徒らの〕信仰とは要するにガリラヤの狭い範囲によって縛られていた半ば野蛮な祭儀を単に継続することだ，とユリアヌスが執拗に主張していたことに，目下のところ信仰を変えさせようとする或る動きを捉えていた。つまり，このようにしてユリアヌスは福音が人類の精神的経験の全体を抱擁する準備（praepaaratio）の頂点としてもつ意義を壊滅させている，と。したがってユリアヌスの死とともにのみ閉じられることになる政策に抗議する激しい戦いにおいてキリスト教徒たちは問題の核心を〔ユリアヌスの〕背教と結びつけた。

ユリアヌスの死とその評価

ユリアヌスの立場のもつ論理が，予測していた時間内に，彼の敵たちが希望していた終りとなったのは，恐らく彼らにとって幸運であったであろう。わたしたちがすでに述べておいたように，ユリアヌスが叔父の野蛮人を愛好する政策を退けねばならなかったことは，コンスタンティヌス主義に対する彼の拒絶の本質的な部分であった。この拒

---

117) アンミアヌス，前掲書，22,10,7; cf. 25,4,20.

第 7 章　背教と反動

絶は北方の国境地帯では屈辱的な補助金の停止を意味した。この助成金は地方政府の財源を潤していたが，単にその受領者の傲慢と強欲を増長させるのに役立っただけである。東方においてはそれはペルシア王を懲らしめることによるロマニタスの伝統的な軍事的栄光の復活を意味した[118]。だが共和国を回復しようと企てた計画は結局はその身の破滅であることが明らかとなった。その頃起こったコンスタンティウスがマグネティウスを滅ぼしたムルサの戦闘について言うなら，〔内紛にかかった〕総計が莫大な額に達する軍事力を消耗してしまった。もしそうでなければ，どんなに多くの外国との戦争でも帝国の安全と栄光を守るのに役立ったであろうに，とエウトロピウス〔4世紀ローマの歴史家〕は言明する[119]。そのような軍事力はユリアヌス自身の努力によって西方ではやっとのことで再び創造された。しかし今や遠征軍を立ち上げるために，皇帝はガリアをその国境地帯の警護の任務から外し，彼の従兄弟から引き継いでいた軍隊と統合させた。それは（古代の基準で）高度に機甲化され，かつ，有機的に繋がった6万5千人の野戦軍を形成するためであった。この軍事力を彼自身の命と一緒に彼はメソポタミアの砂地の荒野でふいにしてしまう運命にあった。こうして彼は統治の最後の10年間を特徴づけた軍隊の無力化に寄与した。

　ユリアヌスの反動的なプログラムは，自分自身の旗をかかげて航海する，ギリシア-ローマの異教主義の最終的な取り組みとして全面的に同情をもって考察するに値する。こうして彼が死の床で語ったこと――それはユリアヌス自身が示している明らかに高貴で寛大な精神によるばかりか，それと同じくわざとらしい故意の手管による信仰告白

118）アンミアヌス，前掲書，22,12. と 24,1。
119）エウトロピウス『ローマ史略』22,12. と 24,1。

であった——の意義は、ユリアヌスがカトーやソクラテスの最後に生き残った精神的な相続人であることを示している。古典的な理想を述べた最後の声明の中で背教者は、この避けられない生命の法則として死を捉える、伝統的な哲学を想起することから語り始める。そして彼はそれを支払えば現世の偶然——そこでは幸運と付帯事情が人間の運命の支配を神々と分け合っている——から自分を除外してくれる償いである負債を快く支払うことを表明する。しかしそのような危険は弱者を滅ぼすとしても、単に強者の根性を試すのに役立つに過ぎない。強者は男らしい精神をもって危険に直面しながら自分の生涯に価値と意義とを与える。この基準によってユリアヌスは、臣下や支配者としてその義務を果たしてきたことを全面的に意識して、自分自身が死ぬ準備ができていると言い切る。神的なものとの密接な関係のゆえに彼に譲り渡された信頼を汚れなく保ちながら、彼は「独裁制の腐敗した行動原理」を拒絶しており、平和なときも戦争のときも同様に、理性と有用性の要求を考慮することで、共和国の威厳に満ちた声に自分が従順であることを示していた。彼は陰謀による死、長引く病や罪人の末期から守られたことに対して、同様にその繁栄と名声の高みにまだある間にこの世を去らせてくれたことに対して永遠なる神に感謝したのであった。そして共和国の忠実な息子として、国が彼を引き継ぐ良い君主を見出すようにという希望を表明した[120]。

　プラトン的な学問の殉教者ユリアヌスはこのようにかつて生きたように死んだのであった。当時の資料の中に保存されていた次のような断片には、彼の悲劇的な終わりに彼

---

120)　アンミアヌス，前掲書，25, 3, 15-20。わたしはこの節ではギボンの要約にしたがって述べている。ギボン，前掲書，第24章，515頁。

第 7 章　背教と反動

の信奉者たちの間で生じた損失の感情が，証拠として残されている。

> 庶民でさえも直ぐに別の指導者が見出されるであろうと思ったが，彼らは人間の形をした神であっても，ユリアヌスのような指導者を，決して見出さなかったであろう。神に等しい精神をもっていたユリアヌスは，人間本性の悪い傾向に打ち勝った。……彼は肉体をもっていた間に霊的なもろもろの存在と意見を交換していた。……そして支配する者が人類の福祉には必要であったがゆえに，へりくだって治めた[121]。

彼の信奉者たちの意見に対してプルーデンティウス〔348-410, ローマの宗教詩人〕も有名な詩をもって次のように署名している。

> ……彼は軍隊のもっとも勇敢な指揮官であり，
> また法律の制定者，発言と武力でとりわけ有名な人，
> 祖国の顧問である。……
> 彼は神を裏切ったが，世界を裏切らなかった。[122]

もしもユリアヌスの献身した運動が失敗する運命にあるなら，その失敗は彼の側の何らかの知性や忍耐の欠如の所為にすることはできない。〔アテネの政治家〕ニキアスに対するツキディデスの判断を想起させる言葉でもって，アンミアヌスは確かに「無理のない占いの限度を超えてはなはだしい迷信に彼を運び込んだ，諸々の前兆の知識（praesagiorum sciscitatio 前兆の探究）に対する過度の

---

121) エウナピウス『断片』ギボンによる引用。
122) ユリアヌス『背教者』450 以下。

関心」のことで皇帝を非難する。この迷信の多くの事例の中で「恐ろしい火の玉が地面からしばしば爆発音とともに炸裂して職人にその場所に近づけなくさせた」とき,彼が神殿の再建を思いとどまった事実が引証されよう。このような爆発は,その真の原因は恐らく地下に閉じ込められたガスの放出であったが,皇帝は超自然的な作用のせいにした[123]。

　この関連でわたしたちは次のようなギボンの観察を多分思い起こすことができるであろう。「皇帝の才能と力は,神学的原理,道徳的戒め,教会的訓練が欠けていた宗教を回復する企てには適していなかった」。つまり彼は〔太陽神〕ヘリオス王のもとで熱のない太陽を提唱し,経験に対して観念論的に接近することから生じる固有な曖昧さを解決することができなかった。またこの立場からは同時代の唯物論の浅薄さをも彼は自分の間違った熱心さに対する非難と見なさなければならなかった。しかしながら彼の失敗は,単に唯物論者たちが彼の指針に耳を傾けなかった事実にのみその責任を帰することはできない。というのもそれはアンミアヌスのような古風なヒューマニストに訴える真実な内容をもっていなかったからである。またキリスト教徒の中にはユリアヌスを信仰からそそのかして堕落させようと願った真剣な思想家もいなかった。したがってユリアヌスは新プラトン派の知識人——彼らは「詭弁家」であって,そのアカデミックな忠告と援助は確かにブーメランの性質のようであることが判明した——からなる狭い群れの支持を得るように駆られた。さもなければ皇帝はひとりさびしく畑を耕したことであろう。まったくびっくりしたことには,彼の使命が少しも確信を生み出さなかったのと同じように,人々の精神に情熱の火花を少しも呼び起こさな

---

123) アンミアヌス,前掲書,23, 1, 3。

かったことを彼は直ぐに見出したのである。彼は自分自身を〔偉大な人間と〕誤解したため，確かに他の人たちの精神と心を理解しようと望むことができなかった。したがって彼の取り組みの結果は，3世紀の判断が間違っていないことをはっきりさせたに過ぎなかった。とはいえユリアヌスは，その失敗において，カトーのように失われた大義のためにそのエネルギーと機会をその世代につぎ込んだことで，英雄的な人物ではないとしても，少なくとも悲劇的な人物であるとの分け前を身に帯びている。

第 8 章
新しい共和国における国家と教会

はじめに

　ウァレンティニアヌス〔ローマ皇帝, 在位 364-75〕の即位とともに, ロマニタスは設立された生活組織として見れば, その存在の最後から二番目の段階に入った。この期間に宗教的・哲学的論争の嵐——それはコンスタンティヌス朝の支配権のもとで飽くことのない暴力でもって吹き荒れていた——はついにおさまった。そして帝国を取り巻いていた増大する危険から考えると, 新しい世界を実現する努力のためにローマ人たちは古い世界の最善のものをすべて失う危険があるかどうかという疑問が生じた。この雰囲気のなかで生え抜きの精神は, もう一度統合という特有の努力を通しみずからの権利を主張した。キリスト教的秩序の要求との名ばかりの一致に守られて, 古代文化はみずからの地位を固めた。そして世俗的な生活の諸形式が確定され固められると, ローマ世界はテオドシウスのもとで最終段階の準備を始めたのである。

　ウァレンティニアヌスとウァレンスの治世

　ユリアヌスの敗北はメソポタミア平原での死によってばかりか, 彼の後継者の選出においてもあざやかに強調されていた。それは因習的な異教の儀式をもって行われた

が[1]，軍隊は信仰に対する周知の帰依という理由で「もっともキリスト教的な皇帝陛下」として，歴史で知られるようになる人物を選ぶことになった。この世に知られていない平凡な人物であるヨウィアヌス〔ローマ皇帝，在位363-64〕は，彼の短い支配の大部分を前任者の名前によって治めていたように思われる。とはいえ，彼の公務上の仕事はわずかではあったが，ユリアヌスの原則と政策に対する鋭い反動であることを示すには十分である。残されているローマの大軍を，不可能ではないにしても困難な状況から逃れさせるもっとも手早い手段としてヨウィアヌスは宿敵に，チグリス川を越えた五つの属州——それは東方のメソポタミアと一緒に297年にディオクレティアヌスによって併合されたものであり，そこにはニシビスとシンガラの大きな砦が含まれていた——を割譲することで説得し，軍隊を無事に退却させた。そのさい，彼は同時にアルメニアに対する保護領の伝統的なローマの要求を放棄した。急いで取り決められたドゥラの平和協定に対して，キリスト教の歴史家が宣告した「不名誉であるが不可避的な」判断は，巻き添えにされた政治的・軍事的な要因に対する何か真剣な考慮よりも，おそらく宗教的偏見によって吹き込まれたものであろう。それにもかかわらず，その決定はヨウィアヌスの後継者たちが「アジア的なローマ帝国」に対して示された危険を意識していたものの，その条約に敬意を表した事実によって支持された。このようにユリアヌスの海外活動による損害を断ち切ることによってヨウィアヌスは，同時にみずからの国内政策を，背教者によって剥奪されていた地位と特権をキリスト教会に回復させることによって逆転させた。そうすることで彼は，一般に知られた

---

1) アンミアヌス『三一巻史』25.6.1：「（殺された）いけにえはその内臓までもヨウィアヌスのために調べられた」。

異教主義に対して明確で最終的な絶縁をしたことをはっきりと際立たせたのである。

　厳密に「政治的な」土台に基づく再建の希望を永久に追い出すことによって、〔ユリアヌスの〕反動政策の失敗は、ある程度は4世紀の問題をはっきりさせた。ユリアヌスの後の時代になると、古い宗教は闘志をほとんど示さないか、まったく失ってしまった。そして一世代も経ないうちに、ほとんど抵抗もしないで死の宣告を受けることになったのである。これに対してキリスト教を滅ぼそうとするユリアヌスの試みは、興味深くはあるが皮肉にも〔キリスト教の〕信仰を活性化することに役立った。帝国の好意を剥奪されたことで教会はコンスタンティヌスの時代の多くのスキャンダルから清められたのだが、その間に3世紀の迫害に抵抗していた生気をいくらか回復してきた。同時にカトリック教会とセミ・アレイオス派は共通の危険に直面して、それまで強く主張してきた党派心をともに引っ込め、ついに相互の敵意が克服され、合意に至る広い基準を達成した一つの解決策（三つのヒュポスタシスにおける唯一の実体（ウーシア））を見出した。このような進展の結果としてローマ世界は、ふたたびキリスト教の、あるいは名目上のキリスト教の路線に沿った前進へと委ねられたのである。

　とはいえ、このような観点から見れば、「もっともキリスト教的な皇帝陛下」の役割は未来への道をたやすく示すことができた。〔だが〕出来事の実際の過程は、他の人々の手によってその計画が立てられたのであった。背教者に関していえば、帝国への忠誠は神への背信をともなっていた。彼の後継者にとっては、神への献身は帝国への背信を暗示していたように思えた。またローマがキリスト教の復興を受け入れたかもしれないのに、キリスト教的な皇帝陛下の敗北主義的な行動をローマは耐えることができなかった。それゆえ、ヨウィアヌスが突然亡くなり、帝位を幼い

息子に委ねたとき，少し前に行われた叙任を無視していた軍隊は一人の軍人をふたたび皇帝（imperator）として選抜することでみずからの歴史的役割を果たした。問題の緊急性を意識した新しいアウグストゥスには，信頼に足る同僚を選出する時間がまったくなかった[2]。そして11年の間，兄弟のように目的の一致を宣言したウァレンティニアヌスとウァレンスは[3]，ともに施政の重荷を担ったのである。

ウァレンティニアヌスの宗教政策

アレイオス派へと逸脱したことをウァレンスは統治の終わりに非難されてしまったけれども，ヨウィアヌスと同様に，「神の兄弟」である二人は正統信仰を告白した。しかし，彼らの性格において，強力で有能なキリスト教体制の再確立はコンスタンティヌス時代の壮大な期待の復活を何ら刺激することはなかった。コンスタンティヌス主義の基礎は地上の千年王国論といういくぶん異教的な兆候だったし，それは3世紀の護教家たちが相いれないと声高に宣言した原則の融合を通して成し遂げられたのであった。しかし，普遍的平和，すなわち隣人との団結の絆のなかで統合された帝国のビジョンは，かなり昔に幻想の監獄のなかへと追放されてしまった。それと同じように，帝国の遺産の要素をもち続ける一方で，それでもなお「キリスト教的理想」の受容を通して活性化された社会の夢も消滅してしまった。半世紀に渡る厳しい論争と対立は，ユリアヌスのもとで反動の危機に達し，最初のキリスト教皇帝の希望を消滅させ，ロマニタス内部の不足を補うどころか，新しい信仰は平和ではなく剣をもたらしたという真実を明らかに

---

2) アンミアヌス，前掲書，26.4.3：「切迫した仕事が多かったので」。

3) Dessau, I.L.S 762：「最も心の一致した兄弟たち」。

するには十分であった。

　新しい政権としては，雰囲気の変化はもともと 313 年にコンスタンティヌスとリキニウスが担った立場への復帰によって知らされた。ミラノ勅令の言い回しを思い出させる言葉のなかで，ウァレンティニアヌスはふたたび新しい共和国にとって根本的なものである寛容の原則を宣言した[4]。「心にいだいたものを礼拝する自由な機会が各人に授与される法律が，わたしの統治の初めから与えられていることは明らかである」。この宣言のなかにわたしたちが理解するのは，すぐにコンスタンティヌス的なキリスト教の精神と方法に対する明確な嫌悪と同時に，同時代の世界のなかで湧き上がっている力を受け入れようとする活き活きとした試みであろう。理論的には，それは相争う諸宗教の主張に対する中立性の宣言を具現化していたのであり，それゆえ自由な国家における自由な教会という 19 世紀的理想の前兆となっていた。実際のところ，この宣言は異教徒と同様にキリスト教徒のもっともな切望を満たそうとした，慎重で持続的な努力を指し示したのであり，それはここ 50 年の論点を混乱させていた一つの問題に決着をつけたのであった。

　このような意図は，ウァレンティニアヌスが寛容の原則を実施しようとした手段のなかで明白になる。それゆえ，キリスト教徒の免除と免責を承認する一方で[5]，彼は国家の名において教会の特権の乱用を防ぐために介入した。下級聖職者の一員に入る人々に対して，彼らが民衆の要求に応じて，また国内の権力者の合意を得ながら民衆の要求に応じたときには，コンスタンティヌス皇帝は，彼らの財産を維持する権利，すなわち公衆の利益にならなくなった収

---

[4] テオドシウス法典 9. 16. 9 (371)。
[5] 同上，16. 1. 1 (365) と 2. 18 と 19 (370)。

益を与えた。この特権を取り消すことで、ウァレンティニアヌスが命令したところでは、このような人々の財産は最近親者へと移されるか、あるいは彼らが取り消すことを提案した行政区当局へと譲渡されるべきであり、またそれらの支配を免れようとするあらゆる試みの廉で有罪が確定した個人は強制的に彼らの出身地（patria）の奉仕へと委ねられるべきだった[6]。そうすることで、皇帝は修正された仕方であるが、みずからをユリアヌスによって制定された原則「参事会員はキリスト教徒が免れているように義務が取り消される」と結びつけた[7]。同様に、彼はそこへと加えられた義務を回避するための手段として、帝国の粉屋団体のメンバーが教会的身分へ就任することを禁止した[8]。さらに未亡人や被後見人が自分たちの精神的助言者への遺産贈与を取り消すさい、ウァレンティニアヌスは古代の寄生状態の最後にしてもっとも恥ずべき局面で──その必要性が聖ヒエロニュムスの見解によって示されたが、──彼は法に対して腹を立てるのではなくむしろ、その立法を促した条件を非難する処置に反対した[9]。最後に、ウァレンティニアヌスが亡くなったあとではあるが、残存する彼の影響力を反映した376年に公布された勅令によって、教会法廷の権限は再評価されたが、とくにこれは民事訴訟の判決へと制限されていたのであり、犯罪訴訟（actio criminalis）は国家によってみずから自身の手のなかに保持されていたのである[10]。

同様の精神において、ウァレンティニアヌスは異教を寛

---

[6] 同上、12. 1. 59 (364)。
[7] 同上、13. 1. 4 (362)。
[8] 同上、14. 3. 11 (365)。
[9] 同上、16. 2. 20 (370)；ギボン、前掲書、第25章、29頁、注80。
[10] テオドシウス法典 16. 2. 23。

大に扱ったけれども，伝統的なギリシア・ローマの祭儀にだけ恩恵を拡大した。それゆえ，夜中に行われた生贄や魔術的儀式は一般的に極刑を科すという条件で禁止されたのに対して，ヘレニズム的な秘儀には例外があることが示された[11]。また占いは，土着のラテン的な形式を除いて法律で禁止された[12]。だが一方で「占星術師らの審議は止めるべきだ」という勅令のなかで，占星術はふたたび極刑に相当する罪だと宣言された[13]。最終的にマニ教の集会は禁止された。また世俗的教育機関（profana institutio）の教師たちには忌まわしき者という汚名が着せられた。新興宗教に捧げられた土地や建物は，没収されなければならないと宣言された。これに続く立法は，法を守らなかったすべての政務官を罰金によって脅かした[14]。

こうした処置のなかに，ウァレンティニアヌスの精神や目的を指し示すものが見られるかもしれない。コンスタンティヌスや彼の後継者のもとで表明された伝道事業とは対照的に，この方策は帝国内部での多様な宗教的潮流に対して，慎重に考えられた節度をもった政策——アンミアヌス・マルケリヌスの証言に基づけば，統治の最高の栄誉を構成した政策を具体化している[15]。いままでこれは，ウァレンティニアヌスによるコンスタンティヌス革命の受容と同時に，コンスタンティヌス一族の過ちを避けるための決定を示していた。しかし，皇帝を司教へ，司教を政治家へ

---

11) 同上，9. 16. 7 (364); cf. Zosim. iv. iv. 3。
12) 同上，9. 16. 9 (371):「臓卜術」。
13) 同上，9. 16. 8 (370/3)。
14) 同上，16. 5. 3 (372) と 5. 4 (376)。
15) アンミアヌス，前掲書 30. 9. 5：「彼の統治を有名したのは次の運営による。すなわち，多様な宗教の間で中立の立場に立ち，これやあれを礼拝するように命じた誰をも動揺させなかったし，自分が礼拝するものにその臣下が頭を下げるように脅迫をもって命じなかった。むしろ彼が見出したままに損なうことなく残した」。

と変えた宗教と政治の間の同盟を解消する一方で，結果的に彼は「内なる」あるいは「高次の」生の自律性を認めることはなかった。なぜなら，精神においてどれほど寛大で自由であったとしても，徹頭徹尾，彼の方策は公的秩序への関心によって，そしてその秩序を守るために命令されていたからである。それは単に活動ではなく，信仰の形式を統制する権利を前提としていたのである。それゆえ，政治的利己主義の観点から信仰と道徳の問題を判断することに取り掛かることで，ウァレンティニアヌスは実質的に古典的共和国という古代の主張がもっている価値を再確認した。さらに，異質なあるいは混乱をもたらす影響力に対する敵対心，伝統的なギリシア・ローマ的祭儀に対する柔軟さ，この両方において彼はキリスト教への名ばかりの支持にもかかわらず，その精神的な起源は実際には教会によって約束された未来というよりもむしろ，ローマの過去とともにあったという事実を暴露したのである。

好戦的な皇帝

このような観点から見れば，皇帝の第一の関心事は，3世紀の恐るべき時代以来，それに類似したものが経験されてこなかった軍事的危険に対して共同体を防護することであった。というのも，ユリアヌスの不運な出来事のために粉砕されてしまった野戦軍，堕ちた名声，そして減少した資金とともにローマ帝国は突然，野蛮民族のなかでの前例のない運動に直面した。それは何世紀もの間，北の国境の平和を苦しめてきた人々と一緒に，新しく，これまで知られていなかった襲撃者の名前が現れた運動であった。ブリタニアにおいて，ピクト人とスコットランド人は壁を越えて，あるいは西岸に上陸して，みずから身を投じるために現れた。これに対して，ゲルマンの海岸から影響を与えていた略奪者たちはすでにザクセンの海岸として知られてい

たものに対して破壊的な襲撃を始めた。大陸では圧力は実に激しかった。アレマン族，すなわち軍事目的のために組織され，ライン川を渡ったチュートン族の連合はモングンティアクムの都市を略奪して荒らし，北方ゲルマンをしっかりわが物としたローマ人を脅かした。その間に，アジアの中心から外部へと押しやられた大多数のフン族やアラン人によってスキタイ人の生地から追い出されたゴート族は，すでにドナウ川に沿って集団で移動しながら，弱体化した国境の防御に進出しようとし，右岸の安定を得ようとした。

このような環境のなかで，好戦的な皇帝の就任はつかの間ではあるが重要な間奏曲をロマニタスの運命のなかに導入するのに役立った。帝国を助けることが彼の課題であったので，ウァレンティニアヌスは疲れを知らない力とともに西方の防衛を引き受けた[16]。366年と368年にライン川を横断した同国人の生き残りだった彼はアレマン族を敗走させた。2年後，この民族の一部であるブルグンド人は征服され，ポー平原という誰もいない農業地帯に接した入植者（coloni）として定住させられたのであった。征服の成果は国境の新たな要塞化を伴っていた。また彼が亡くなった年である375年には，皇帝はライン川にローマの監視所を再建したとどうやらいわれていた。その間に，差し迫った状況が要求したように，彼の同僚はアンティオキアとシルミウムの間で彼の実動時期を分割した。そして，激しくなったゴート族の脅威によって彼はドナウ川に彼の関心を集中せざるをえなかったとき，プロコピウスのもとで異教の反動を抑えつけたあと，彼はドゥラの植民地に挑戦する準備をしていた。

とはいえ，こうして巻き込まれた緊張状態は恐ろしいも

---

16) アンミアヌス，前掲書，26.5.9-14。

第 8 章　新しい共和国における国家と教会　　499

のだったし，この瞬間から消耗した帝国内部の条件が永続的な包囲攻撃のそれへと近づいたといっても過言ではない。だとすれば当然，すべてのものが防護を優先するという必然性を余儀なくされたのであった。好戦的な男性の動員や彼らを戦場に引き留めておくために必要とされたお金と必需品の増加によって，法典はローマ軍を再建するために要求された努力を雄弁に物語っている。それゆえ，浪費的な支出がどこでも抑えられたのに対して，課税は戦争の基礎資金に充てられ，また地方の徴収代理人として，惨めな都市参事会員（curiales）はもっとも厳格な要求に服従した。こうした人々は要求された総額を取り立てたが，彼らの無慈悲さは疑いなく彼らが一つの階級として（都市参事会員の数だけ暴君がある）受けた悪評を定着させるのに役立った。その間に，調達された最後の人手も兵役を強いられた。わたしたちはすでに，それによってウァレンティニアヌスがすべての健康な体をした修道士を市民と軍隊の義務に召喚させようとした法の制定に注目した[17]。軍隊に新兵を供給するために，身体的不能という理由を除いて兵士の子どもたちは自分たちの父の職業に従うことを要求された。身体的不能の場合には，彼らは別の種類の公的奉仕へと招集された[18]。戦闘部隊において戦地勤務をするための徴兵制は，塹壕の背後で非戦闘従軍者としてみずからをかくまおうとした健康な体をした自由民に適用された[19]。新兵のための基準となる身長は5フィート7インチ〔約170cm〕というローマの測定単位で固定された[20]。367 年の勅令は，それによって兵役を避けようとするためにみずからを不具にした人々は強制的に単調な軍役に格下

---

17)　本書第 7 章，494-95 頁。
18)　テオドシウス法典 7.1.5 (364)。
19)　同上，7.1.10 (367)。
20)　同上，7.13.3 (367)。

げされるべきだというコンスタンティヌスの条項を復活させた。二番目の勅令はこのような類の違反のために火刑（concrematio）（生きたまま焼く）の罰を規定したと同時に，地主を重い罰で脅かしたが，それは地主への寄宿者がそれを理由として有罪判決を下された場合であった[21]。さらに個人に押し付けられた法の締め付けは脱走兵をかくまうことを罪とした。また，たとえ平民だとしても，違反者は鉱山で刑法上の苦役を課されたし，たとえ要職の人（honoratus）だとしても，財産の半分が没収される責任を負うべきとされた[22]。これに続いて脱走兵を免責の約束のもとで軍隊に戻させようとそそのかしたが[23]，この努力もすぐに強制的処置の不適切さや男性たちを緊急に必要としたことを説明するためになされたのかもしれない。

　このような4世紀の一般的傾向に続いて，新兵の供給は資産にともなう義務とみなされた（「新兵の対策は人を強制して負担させるよりも世襲財産の資源に求めるべきである」）。これを基に，帝政ロシアのそれに似たような仕方で，地主は彼らの財産から入隊のために指定された員数（corpora）を供給する義務があった。それは注意深く調整された順番の仕組みにしたがっており，そこから逃れることはできなかった。これに対して，新兵の代わりにお金が要求されたとき，彼らは誰であっても人頭税の程度に応じて（pro modo capitationis suae），このことに法的な責任があった[24]。グラティアヌス，ウァレンティニアヌス2世〔371-392, 在位375-392〕，テオドシウスの立法行為によって，すぐ後に続く年には，戦地勤務のために奴隷や男娼，パン屋や粉屋，肢体の不自由さによって兵役につけな

---

21) 同上，7. 13. 4 と 5。
22) 同上，7. 18. 1 (365)。
23) アンミアヌス，前掲書，27. 8. 10 (368)。
24) テオドシウス法典 7. 13. 7 (375)。

第 8 章　新しい共和国における国家と教会　　　501

くなった者あるいは救貧院出身の者たちを服従させることは誰にも認められなかった[25]。不具になった二人の人間は，身体的に一つに見える新兵と同等の者として規定された[26]。

こうして採用された強制手段に対して，軍隊でのキャリアの魅力を高めようと考えられた特別な動機が加わった。初期の二つの立法は関税（portoria）あるいは関税義務をもたずに商業に従事しようとする古参兵の権利を承認し，兵士として 5 年の有能な軍務を遂行した男性たちに対して，世襲的クリアの義務からの免責さえ与えた。それゆえ，その軍務は帝国軍隊の他の部門における 25 年間と同等のものだと考えられた[27]。320 年の法によって，古参兵は世襲的に法的責任があるかもしれないあらゆる個人的・市民的義務から解放され，また彼らを配備し，とどめるために決まった額を公的資金から引き出すだけでなく，課税をされない空閑地を占有し，それを耕す権利が付与された[28]。いまや新しい条項が彼らの兵役期間に基づいて，彼らが望んだ帝国のどんな部分にも移り住むことができる権利を与えた。このことは彼らの出自と関連するもののなかでも，もっとも厳格なものによって一般市民を配属しようとする優勢的な気質とは鋭い対照をなしていた[29]。

世俗的な方法への傾倒

軍事の成功を確実にするために採用された方法だけでなく軍事的な事業においても，ウァレンティニアヌスは帝国（imperium）の伝統的資源を最大限に活用した。みず

---

25)　同上，6. 13. 8 (380)。
26)　同上，7. 13. 10 (381)。
27)　同上，7. 20. 9 (366) と 1. 6 (368)。
28)　同上，7. 20. 3。
29)　同上，7. 20. 8 (364)。

からの高い政治手腕の基礎として，皇帝ユリアヌスはプラトンの権威に訴えていた。信仰を告白したキリスト教徒であるウァレンティニアヌスにとって，そのような行動は不可能であった。しかし，福音に対する彼の個人的信仰を確認しながらも，それにもかかわらず彼は先達者が行なったように，みずからの体制を理論的に正当化するために，その信仰を利用しようとはしなかった。ましてやそのために組織的教会の積極的支援を得ようともしなかった。反対に，彼はこの世の君主として[30]，本質的に世俗的な方法によって世俗的な目標を追求するための独立した権利を主張することで納得した。ウァレンティニアヌスのような単純にして現実的な活動人の場合，帝国権力の源泉と本質に関する彼の見方のどんな積極的な主張も期待することは無駄であろう。しかし，彼が説明する用途とはまったく別に，彼の権限に対する感覚は公式に用いられた述語において明白である。「神的にしてもっとも調和した兄弟」であるウァレンティニアヌスとウァレンスは，「この世の主人」(domini orbis)，「永続する皇帝にして輝かしい勝利を誇り無敵な君主，永遠の支配者」(perupetui and perennes Augusti, victoriosissimi and invictissimi principes, aeterni imperatores) であった[31]。金や絹の刺繡を施した衣服の民間製造業，君主であることを示す装身具が初めて公式に禁止されたのは，この法の制定のおかげであることははっきりしている[32]。また，第一に兄弟を，それから二人の息子を相次いで帝位へと継承させたことは，王朝統治のなかで表明されている[33]。

こうして帝国権力は独立し自足したものとして理解され

---

30) アンミアヌス，前掲書，29.5.46。
31) Dessau, *I.L.S.* 5910, 5535, 5555 など。
32) テオドシウス法典 10.21.1 (369)。
33) アンミアヌス，前掲書，27.6。

第 8 章　新しい共和国における国家と教会　　　503

たがゆえに，ウァレンティニアヌスの立法が一般的にコンスタンティヌス主義的なキリスト教と結びつけられた積極的影響力の痕跡をほとんど，あるいはまったく示さなかったのは当然である。それどころか，嬰児殺しがふたたび死刑に相当する罪だと宣言され，それは経済的動機よりもむしろ宗教的動機の影響を示唆するような根拠に基づいていた[34]。とはいえ強姦に関するコンスタンティヌスの法は，この分類のもとでの起訴は犯罪容疑の5年以内になされなければならないという条項によって制限された[35]。また，刑事司法の施策を分担し合おうとする教会の主張を拒絶する一方で，ウァレンティニアヌスと彼の弟は弱まった形ではあるけれども，とはいえ重大な犯罪の場合には公権力の介入があるかもしれない家庭教育という古代の権利を再主張することで彼らの保守的傾向を明らかにした[36]。

　それゆえ，キリスト教の原則を法へ読み込もうとするどんな試みも断念する一方で，新しい施策は正義の施策のための一連の健全で公平な原則を表明し，ローマ法体系の最善の伝統と調和することでユリアヌスが着手した改革計画を継続した。こうして民事と刑事のあらゆる事件が公開の法廷で審理されなければならなかったし，政務官は訴訟当事者との秘密の取り決めを行うことを禁じられたがゆえに，「こうして法律と真理の要求に従って判定されたことは誰にも隠されることはなかった」[37]。彼らは，さらに法廷外でどちらか一方の当事者によって提起されたどんな異議も拒絶するように指示された[38]。一連の処置が，刑事事件

---

34)　テオドシウス法典 9. 14. 1 (374)：「もし誰かが幼児を殺す犯罪をなすなら，男であれ女であれ，その悪行は死罪となる」。

35)　同上，9. 24. 3 (374)。

36)　同上，9. 13. 1 (365 と 373)。

37)　同上，1. 16. 9 (364)。

38)　同上，1. 16. 10 (365)。

において採用されるべき手続きを規制した。諸々の告訴は，犯罪容疑がなされた属州でのみ審理されなければならなかった[39]。告訴人は文書において必要な手続きを完了し，それから彼の事件を立証することに取り掛からなければならなかった。また，このことがなされるまで，誰も拘置所に収容されることはなかった[40]。他の当事者に関わる自白は，以前にみずから自身の無実を証明した人々を除いて受け入れられなかった[41]。州の総督はどんな高官であっても疑わしい犯人を逮捕し，拘留する権利を与えられ，個人的に皇帝に対して，あるいは（上手くいかなかったときは）属州の総督府長官（praefectus praetorio）に対して，あるいは（被疑者が兵士であるならば）軍隊の指揮官（magister militiae）に対して彼らの事件を問い合わせることができた[42]。首府の諸経費について元老院議員を裁判にかけるさい，首都長官（praefectus urbi）は籤（くじ）によって選ばれた「信頼できる性格」をした5人を相談役として仲間に加えることができた[43]。

4世紀の国家管理システムと法体系

同様の精神は，現行の行政機関を改良しようとするウァレンティニアヌスやウァレンスの試みにおいて明確である。ユリアヌスが着手した合理化の努力は一連の勅令のなかで継続され，それによって改良点が州の政務官と腐敗した総督の職の間の仲介者として，司教代理の公職へと導入された[44]。同じ仕方で，追加の規制が公的輸送の使用を管

---

39) 同上，9.1.10 (373)。
40) 同上，9.3.4 (365)。
41) 同上，9.1.12 (374)。
42) 同上，9.2.2 (365)。
43) 同上，9.1.13 (376)。
44) 同上，1.15.5 (365); 6 (372); 7 (377); 8 (377)。

理するためになされた[45]。しかし，この関係において，おそらくもっとも重要な発展が官僚制に特徴的な乱用を検査するために精巧に作られた仕組みであった。これはいわゆる市民の弁護（defensio civitatum）あるいは平民の弁護（defensio plebis），すなわち初期の平民護民官に対する4世紀の対応物によって説明された。この制度の起源はコンスタンティウス2世によって確立された元老院の弁護（defensio senatus）のうちにあり，それは帝国の元老院議員が各州において税務官による不当な取り立てに対して，「すべての世襲財産を守るために」彼らの一，二の仲間を選ぶ権利を与えられた工夫だった。このような合意を受け入れることで，ウァレンティニアヌスとウァレンスはこれを公有地の利害に役立てるために企図することにより自治都市へと拡大した[46]。しかし，みずからこの新制度を誇る一方で，皇帝たちはすぐに追加の規制をつくる必要を感じた。それはパトロンあるいは弁護人たち（defensores）の選択において収賄や腐敗を検査するためであった。彼らは簡単に自分たちの職務のなかに汚職と圧制の手段をどうやら発見したのである[47]。それにもかかわらず，この制度は行政組織を妨害し，そうすることで「誰が監視人自身を監視するだろうか」（quis custodiet ipsos custodies ?）という文章に対する奇妙で皮肉な注解を提示するまで存続したのである。一世代後には，弁護人たち（defensores）の側の違法行為に向けられたテオドシウスの対策は彼らの犯罪の本質とその犯罪を防ぐために必要な道筋を示している[48]。

---

45) 同上，7.4.10-17 (364-77)。
46) 同上，1.29.1 (364)。
47) 同上，1.29.3, 4 と 5 (368 以下)。
48) 同上，1.29.7 (392)：「弁護人たちは横暴になって自分自身のために何も要求しないで，何も不当に私物化せず，その名にふさわしい義務だけを果たすべきである。彼らは何ら罰金を課さず，何ら尋

ウァレンティニアヌスの軍事活動，彼の司法・行政改革は重要であるけれども，正確な視点から見れば支配に特有の統合というヘラクレス的努力の一部としてのみ理解されている。この関係において，おそらくもっとも著しい展開は団体生活の進化に影響力を与えたそれであった。こうした展開とともに，ガリエヌスとアウレリアヌスの困難な時代に始まり，4世紀の間に力を集めた国家統制の進化は，最終的に完全なものとなった。また，労働者階級や専門職が組織化された団体，組織体（corpora）あるいは同業組合（collegia）は国家の所産にして道具として現れた。

　これらの団体のなかで，もっとも重要なものは本質的な公務の遂行と関わった団体であり，たとえば首府に食糧を提供するような団体であった。また，これらの団体は厳しい規制と管理に服していた。このような規制の精神は失業手当のためにパンを供給する義務を負わされた合同運営（consortium）あるいは粉屋の組織体（corpus pistorum），つまり粉屋とパン屋の団体を治める同時代の立法に言及することで説明できるかもしれない。このような義務は世襲制であり，粉屋たち（pistores）によって保持された財産に伴っていたので，結果的にあらゆる場合において，義務は彼らの遺産に基づいて譲渡された[49]。それゆえ，このような財産を手に入れることを許されていたのは帝国の元老院議員あるいは公の支配層の成員ではなかった[50]。他方で，もしパン屋が元老院議員になるとしたら，彼はみずから相

問で苦しめず，ただ平民と地方議員をあらゆる悪人どもの侮辱と無謀から保護すべきである。こうして悪人どもは，そのようだと言われていたことをやめるであろう」。同上，1.29. 8 (392)：「犯罪者たちに恵みを与えることで犯罪に拍車をかけ，極悪人を助けていた庇護は取り除かれるべきである」。

　49）　同上，14. 3. 3 (364)：「相続権によって彼らはパン作りの強制的義務を引き受けるように強いられる」。

　50）　同上，14. 3. 3 (364)。

第8章 新しい共和国における国家と教会 507

続した義務を引き継ぐために代役を準備しなければならない[51]。また，団体全体は20歳未満のメンバーの義務を負うことを強制された[52]。他の団体と同様に，このような場合，解放奴隷もしくは自由人から，すなわち必要な財産資格を持った自由人階層から要求されたとき，新しいメンバーは招集されなければならなかった[53]。一般的な法律は，仮に教会の一員になったとしても誰もパン屋（pistrinum）の義務を逃れられないと定め，そうすることを試みた個人は彼らが相続した身分に格下げされるのを免れることはできなかった[54]。

類似した規則が，国家によって要求された穀物，木材，他の日用品の輸送をしなければならなかった帝国の輸送団体である海運業団体を管理した。ローマの長官宛に出された369年の勅令は，現在の欠員を埋めるためにふさわしい人間を徴兵することで，彼にローマ兵団の全人員を60人招集せよと指示した[55]。2年後，オリエントの長官は，同様の仕方で東方の属州の兵団を再編成することを命令した[56]。このような目的のために，造船の原材料はあらゆる地域から徴発されなければならなかったのに対して，船主たち（navicularii）自身は彼らの地に与えられた免責によって修理や修復の年間経費を負担することができた。兵団の身分は貴族たち（honorati）（帝国の宮殿内部の奉仕に関わった人々を除いて），都市参事会員（curiales），そしてみずから同意し，手の空いていたような船主たち（navicularii）という既存の集団と一緒に，帝国の元老院議

---

51) 同上，14.3.4 (364)。
52) 同上，14.3.5 (364)。
53) 同上，14.3.9と10 (368)。
54) 同上，14.3.11 (365)。
55) 同上，13.5.13。
56) 同上，13.5.14。

員から構成されていた。また，古かろうが新しかろうが，メンバーのリストは帝国の記録事務所（正副二通！）に提出しなければならなかった。こうして認められたように，オリエントの兵団はアフリカのそれと同じ身分と権利を享受することができたのである。

　粉屋やパン屋のそれと同様に，国家に対する海運業の義務（navicularia functio）は資産によって決まっており，船主たちの資産（naviculariae facultates）を購入する個人は比較できる手段に従って（pro modo portionis comparatae），その資産に結びついた義務に服すべきであった[57]。精緻な規則が，海外輸送に関わった人々による欺瞞を防ぐために作成された。船荷主は属州当局から出港許可証を得たあとでのみ，港を出ることが認められた。彼らは船内で政府の検査官を手伝うことを要求され，積み荷を降ろすとき，港湾委員会の前で積載されていた全商品の説明をしなければならなかった。海のせいで損失や損害を被ったと主張した人々は，調査委員会のためにもっとも近い属州の支配者に問い合わせる義務があったし，同時に拷問下での調査のために乗組員の「理にかなった数」を提示しようとした（彼らを拷問にかけることによって一層完全な真実を調査できる）。このような裁判所の認定は，遅延なく法務官の県に対して報告されなければならなかった。もし申告された損失の日付から1年以内に，より長い航海であれば，2年以内に示されなかったならば，主張はまったく考慮されなかった[58]。

　このようなことが，4世紀の典型的な国家管理システム——少なくとも一例としてあげれば，古典的法学のなかで神聖だと宣言された原則を露骨に公然と無視するなかで，

---

57)　同上，13. 6. 4-7 (367 と 375)。
58)　同上，13. 9. 1 と 2 (372)。

第 8 章　新しい共和国における国家と教会　　509

そのメンバーによる不正流用に対して犯罪的だとして責任をとらされた団体をただちに形成したシステム——に対するウァレンティニアヌスの貢献だった[59]。

こうして偉大な帝国の活動を行き渡らせた規制の精神が，小規模な団体活動を管理する法体系のなかにも表現されていた。何世紀もの間継続し施政によって精巧に作り上げられた，このような法体系はウァレンティニアヌスのもとで，荷車の卸者（catabolenses）すなわち明らかに粉屋のギルドに伴っていた運搬人の組合に対して課された[60]。豚商人，牧畜業者（Suarii, pecuarii）とブドウ酒の収税吏（vini susceptores），首府の市場に対する豚肉，牛肉，ワインの提供者は，ユリアヌスによって固定された価格基準のもとで[61]，番頭や薪の販売業者[62]，建築者や紳士服店[63]，ローマやコンスタンティノーポリスの石灰製造業者[64]，テベレ川の貨物船を操縦する人々[65]，そして入港する材を扱う独占権を与えられたオスティアの港湾労働者[66]を管理した。

こうして労働者に押しつけられた国家管理は，専門家階級も含めるためにウァレンティニアヌスによって拡大された。重要な法律の制定において，皇帝は首府の14の各地域に対して1人の主たる治療者の任命を公認した。彼

---

59) 同上，14.3.16 (380)：「もし何かがあつかましくも倉庫から処罰に値する不法所得によってもち去られたら，それはすべての犯罪の悪評がその責任に帰せられる粉屋を通して速やかに取り立てるべきである」。

60) 同上，14.3。
61) 同上，14.4。
62) 同上，14.5。
63) 同上，14.8。
64) 同上，14.6。
65) 同上，14.21。
66) 同上，14.22。

は同業者の指導的メンバーのなかから〔帝国の同意を必要として〕選ばれなければならず，公的給料を考慮して，自分の区域の内部でまず貧しい病人の世話を請け負うことができた。このような発展とともに，4世紀のローマはある種の国家的治療を達成したし，その理論は〔注で引用された〕テクストのなかで示されている[67]。同じ精神でウァレンティニアヌスは認可された画家，すなわち絵画の専門家（picturae professores）のギルドを作った。そのメンバーは，自由人だとしても，国内の広場における地代のかからない事務所と一緒に，当局の接待というひどく恐れられた義務からの免除など，他の専門家に与えられた免除を享受することができた。これらの画家は公共建築物を飾ったり，適切な支払いなしに皇帝の肖像画（sacros vultus efficiendos）を作成することを地方の政務官によって強制されることはなかった。自治都市当局は，違反すると冒瀆の刑に処すという条件で，彼らに対して拡大された特権を認めることを余儀なくされた[68]。

奉仕の原則

これらの発展とともに，ウァレンティニアヌスは実質的に彼が与えた形式において，テオドシウスの時代に対する彼の遺産となりえた機能本位の社会の輪郭を完成させた。この社会を治める原則は奉仕の原則であった。「誰も納税を免除されて何かを所有すべきではない」（nemo aliquid immune possideat）[69]。このような理念が支配的になるにつ

---

67) 同上，13. 3. 8 (370)：「……穀物支給の報酬が民の恩恵から提供されているのを知る人たちは，富める人たちに恥ずべき仕方で奉仕するよりも，むしろもっと貧しい人たちに誠実に対応すべきである」。
68) 同上，13. 4. 4 (374)。
69) 同上，13. 10. 8。

れて，豊かで変化に富んだ専門用語が国家によってそのメンバーに課された多様な義務を示すために考案された。用いられた言語は深い意味で示唆的であり，負担（munera），負荷（onera），奉仕（ministerial），服従（servitia），〔債務の〕奴隷（nexus），やむをえない行為（necessitates），別の面では租税納付への恭順（functionum obsequie），国民の租税負担への恭順（obsequie publicorum munerum），あるいは市民の租税負担の威儀（solemnitates civilium munerum）として異なる仕方で示された義務であった。このような義務を強いられた個人あるいは法人集団は強制的奉仕に服する人たち（obnoxii functioni）として類型化され，また国家が関わる限りにおいて，彼らの仕事は最高権威によって命じられた終わりのない一連の奉仕を免れることができた（軍務に服する代わりに租税納付を担う（functiones tolerare, implore militiam））。それゆえ，歴史の最終局面において，ロマニタスは理論的にはすべての者が労働者であったが，誰も自分のために働いているということができなかった共同体に変化してみずからの役割を解体した。そして，帝国の奉仕の活動的な構成員を除いたすべての者にとって，このような仕事は純粋に財政に関わり，彼らの支援に対する貢献という形をとった。

　これらの貢献を評価するさい[70]，その原則は能力にもとづく奉仕の原則であった[71]。それゆえ，そこには金や財だけでなく労働が含まれていた。そのようなものとして，これらの貢献は「個人的」あるいは「市民的」なものとして類型化された。個人としての租税負担（Munera personalia），別の表現をすれば人頭税（corporalia）あるいは賦役（sordida）は貧者に課された身体的労役のさま

70）　同上，1.28.3：「税金の規則」。
71）　同上，12.1.109：「出征の特質に応じた納付」。

ざまな形式を受け入れた。他方で市民税（Civilia munera）は，4世紀の貴族階級の義務（noblesse oblige）と同等物であった配慮と名誉（sollicitudo ac honor）の原則にしたがって，所有権にともない，そして所有者の立場とともに変化した義務を代表した。それどころか，たとえば公道の維持のように，あらゆる財産所有者が道理として責任を負うべき一定の避けられない役割が存在した[72]。そして，これらの役割のために帝国の領土でさえ最終的には責任があった[73]。別言すれば，負担の範囲はこの役割を果たすことができる能力と一致するように調整された。また，特別な負担の賦課はあらゆる場合において同等の特権と免除を担っていた。

　空間的広がりを考慮すると，これら諸原則の適用を広げることは不可能であり，それは法典のなかに散りばめられたもっとも詳細な規定によって説明されている。しかしながら，制度に含まれているある意味が注目されるかもしれない。出生の特質に応じた納付（functio pro qualitate generis）という原則によって治められた社会において，たしかに個々の計画の動機づけは大きく取り除かれたが，それにもかかわらず財産（あるいは，その欠如でさえ）は権利と義務，父と私の基礎であった「人間関係の不動の土台」のままであった。また，財産の理念への自然的拡大やそこに付随している義務をもっとも強化するための手段として，先祖代々の原則が登場し，それによって奉仕は通常，祖国に対する租税義務（patriae functiones）あるいは本源的なきずな（originalia vincula）として指定された。官僚制に関して，コンスタンティヌスはすでに331年に

　72）　同上，15.3.3：「道路を建設することによって誰も租税を免れることはない」。
　73）　同上，15.3.4。

第8章　新しい共和国における国家と教会　　513

「最初の義務」[74]の原則を断言した。すでに提示された証言は，ウァレンティニアヌスのもとでいかにして団体構成員（corporati）あるいはギルドの構成員（collegiati）は同じ支配に服していたことを示している。ウァレンスによって，このことは男であろうと女であろうと，元老院議員の子どもたちに適用された[75]。テオドシウスの勅令は目下のところ，こうした原則を国内の貴族のメンバーをも拘束するものとして肯定しなければならなかった[76]。

それゆえ，職能本位の社会において財産の概念は契約の自由の概念から完全に分離された。パン職人と運送人の組合メンバーに属する土地の売り買いに課された制限がすでに注目されていた。同様の制限が，すぐに十人隊長のそれに付随しなければならなかった。386年の法によって十人隊長は，絶対的に必要であり，それゆえ合法的権威の許可だけによらない限り，実際の財産あるいは動産を処分することは禁止されていた[77]。このような方策に対する許可として，政府の承認なしに十人隊長の土地を危険を冒してでも購入しようとする者は，問題となっている土地だけでなく購入金額を没収されるべきだと目下のところ規定されなければならなかった[78]。

このようなことがその歴史の最終段階において，財産をもったローマ人に襲いかかった天罰であった。キケロによ

74）　同上，7. 22. 3：「どんな官職の役人から生まれた息子たちも，その両親がいまなお誓約に拘束されていても，あるいはすでに放免されていても，両親の地位を継続すべきである」。

75）　同上，6. 2. 12。

76）　同上，12. 1. 101 (383)：「元老院の地位の流儀にしたがって各人は父の出生地の市民として歩むのである」。

77）　同上，12. 3. 1 (386)：「要するに，その後売り手は計略によってだまされたとか，買い手の力によって圧倒されたと不平をいうべきことは起こらないのである」。

78）　同上，12. 3. 2 (423)。

れば，財産権の保護のために考案された国家が，最終的に文明化された人間の歴史のなかで，財産権を比類なき奴隷制度の基礎に変えてしまったことこそ，ロマニタスの推移に対する厳しい論評だった。

　こうした理論が帝国社会の内部で勝利したとき，世俗的発展の推移は完結し，その長く変化に富んだ歴史の只中で，相次いで活気にあふれ攻撃的な農民共同体，それから帝国主義化し，植民地を作り，そして同化する世界権力のモデルを提示した永遠の都は，最終的に世界に対して不動のイメージを，すなわち十分に成熟した文明の不動性を示したのである。開拓者あるいは民主的精神にとって，4世紀の社会制度は異質で不自然なものであり，それはテオドシウス法典の詳細な研究からのみ理解できるようになった。しかしながら，わたしたちは，この制度が入念にまとめられた公共の計画――その「経済的」重要性，すなわち社会組織全体の内部で演じた役割にしたがってきわめて注意深く定義されたそれぞれの状態――のなかでさまざまな秩序をもった固い地層を含んでいたことを観察するかもしれない。このような公共の計画において，ありとあらゆる集団の構成員は彼らの定款（codicilli）あるいは特許を所有しており，それによって彼らは，必要とあれば，自分たちの主張が本物であることを証明できた。また，社会の質素な構成員でさえ，その名前は彼らの集団の登録簿（matricula）に刻み込まれていた[79]。階級は服装と記章の違いによっても区別された。また，都市の内部の服装規定は注意深く指示され，その実施は監察官の任務（censuale officium）へと委託された[80]。既存の秩序は，テオドシウスの時代のなかで絶えず拡大していた一連の規定における

---

79)　たとえば同上，16. 2. 15：「商人たちの公の登録簿」。
80)　同上，14. 10. 1 (382)。

第 8 章　新しい共和国における国家と教会　　　515

継続的な改良にしたがっていた。それゆえ，397 年の勅令で，ズボンをはくことはあらゆる財産の没収とともに，都市の内部では永久追放の脅威にさらされながら禁止されていた[81]。数年後，長い髪で公の場所に現れることは禁止され，奴隷によってさえ，なめし皮の使用は首都やその郊外において禁止された[82]。

　社会内部のさまざまな集団や階級に対して名誉ある称号が与えられた。それは，帝国貴族の内部の三つの階級である有名人，模範人，もっとも高貴な人（illustres, spectabiles, clarissimi）から，公務員の野心を満たしたもっとも卓越した人（egregiatus）かもっとも完全な人（perfectissimatus），あるいはある特殊な義務を果たすために生きていた自由都市の人（municipales）にまで及んだ。またその公共の計画には歴史的な元老院の栄職（senatoria dignitas）だけでなく，裁判所のような新たな特質も含まれていた。前者の内部では，コンスタンティヌスによって設けられ，執政官の古の威厳をともなった名誉と結びつけられた新しい貴族階級の名誉は，大総督の位あるいは総督の職の保持者と等しい社会的対等性へと所有者を昇らせた特質をもっていた。このような称号は，彼ら固有の価値ではないにしても，少なくとも彼らの保有権が与えた特権と免除のために熱心に求められた。身分の重要性はさらに複雑な序列のなかで強調され，その一般的原則はテオドシウスの立法によって制定され[83]，そして彼の後継者によって細部を明確にされた。それは儀式作法の厳かな法典のなかでも強調され，その法典には市民や軍隊の階層のさまざまな階級に関して用いられるべき接近方法や演説の形式

81）　同上，14. 10. 2。
82）　同上，14. 10. 4 (416)。
83）　同上，6. 22. 7 (383)。

の詳細（法に訴える権利（ius adeundi），接吻する権利（ius osculandi）など）が含まれていた。

　これがアウグストゥスやアントニヌス朝によって設立され，3世紀と4世紀の間の継続的統治によって展開されたものに端を発しながら，最終的にテオドシウスの時代へと投影されるべき組織だった。ただ増大という目的だけだったとしても，この各々の統治に対してはこの組織は何かを原因としている。このような増大のなかで，平伏のようなものは，疑いなくオリエントからの影響へと跡づけられるかもしれない。それにもかかわらず，この秩序の要素はいまなおローマ的であったし，それ自体として，この要素はアウグストゥスあるいはハドリアヌスによって理解されていたかもしれない。ギボンの言葉によれば[84]，「形式，壮麗さ，民政の労力は兵士の不規則な認可を抑えることに貢献した。また，法は権力によって侵害されるか巧妙さによって貶められたけれども，ローマ法学の賢い諸原則は，東方の独裁的政府には知られていなかった秩序や平等の感覚を保持していた」。すなわち，それに新しい外観を与えたさまざまな皇帝の努力にもかかわらず，ロマニタスはいまなお中心にエウノミア（正道）つまりよき秩序という古典的理想を具現化していた。このような立場から，体制内部の個人や集団の役割はみずから自身を建築術的全体の要求へと適合させなければならなかったことを思い出すべきである。そして，単なる「自由」はどんな時でも余計なものにとどまるわけではほとんどなかった。

　このような調停を可能にするとき，教育の機能よりも本質的なのは社会の機能ということではけっしてなかった。わたしたちはすでにロマニタスの経済における教育の位置を議論し，公教育の計画の増加に注目したし，それはカ

---

84) ギボン，前掲書，第17章，200頁。

第 8 章　新しい共和国における国家と教会　　517

トーやキケロから始まり，初期の帝政期のどこでも後者によって制定された線上で発展した[85]。帝国内部で国家管理が発展するにつれて，教育の理論と実践は重要さを減少させたのではなく，より重要になったのである。またそれに対して，ウァレンティニアヌスは最高の意義をもった貢献を行った。

ウァレンティニアヌスと国家的な教育制度

ユリアヌスは反動勢力をまとめようとするさい，教育機関を独占しようとしたし，それを政治的管理の道具に変えようとしたことは他の箇所でも観察された。あらゆる教職の任命に対する指名権を主張することで，彼はキリスト教徒の激しい対立を呼び起こしたし，彼の統治の帰結を特徴づけることになった文化闘争を刺激した。しかしここで，他の箇所と同様に，ユリアヌスが無益にもプラトンの権威によって達成しようとしたことを，ウァレンティニアヌスはキリストの名において達成することができた。後者のもとで教育の国家管理は，独立した私的な教師，すなわちその精神史がペリクレスのアテネ時代に向かって上昇し，その活動はアントニウスの世界における生活の人目をひく特徴を形成した「哲学の伝道者」の抑圧とともに始まった[86]。369 年の勅令が要求したのは，権威のない哲学的習慣を守ったために発見された放浪するソフィスト，すなわち「下級階層の人」が集められ，そこで彼らの相続した義務を免れるために彼らの出生地へと追放しなければならなかった[87]。376 年に公布された次の勅令によって，ガリアのさまざまな地域のいたるところで国家教育の入念な組織

---

85)　本書第 4 章参照。
86)　ディル『ネロからマルクス・アウレリウスに至るローマ社会』334-83 頁。
87)　テオドシウス法典 13.3.7:「この暴力団」。

を確立するための規定が作られた。それぞれの大きな町において，権威は身分によって固定され，国内資金から支払われるべき十分な給料で文法学者と修辞家（ギリシア語とラテン語の両方）を任命するよう指示された。大都市は最適の教師を選ぶことができたし，自分たちの優れた能力と当該都市の状況に沿うとき，より自由な基準で，その教師たちに報酬が支払われなければならなかった[88]。このような仕方で，教職は閉じたカースト制度に変わってしまったのである。

　教育の国家的独占へと向かう同時代の傾向は，古いローマと新しいローマの両方における帝国の専門学校の確立のなかでも表現されていた[89]。このような専門学校の設立によって，都市の長官は代理権力を与えられた。そして，入学を希望する学生たちは彼らの出生地について当局が発行した証明書を示すことが求められ，それによって学生たちは世話をするのに適切きちんとした人物だということが認定された。彼らは長官の認可を得るために，研究方針について要点を述べることも求められた。監察官の職務（censuale officium）は都市における居住地を記録することができた。それは学生たちに，とりわけ頻繁に見世物へ通い過ぎることで，時をわきまえず度を越した放縦に陥る危険を警告した。また，違反者には，公のむち打ちや停学処分といった処罰を加えることができた。他方で，勤勉で行儀のよい学生たちは20歳まで自分たちの研究を続けることが認められた。また良い成績を収めた学生の名前は毎年，公務員の新入候補として帝国の記録職に報告されなければならなかった。こうした国家の専門学校の創設に合わせて，国立図書館の復旧は書物を修理し，復元するために

　88）　同上，13. 3. 11。
　89）　同上，14. 9. 1 (370)。

常設された委員会を指定することで進められた[90]。

国家的な教育制度の栄冠または頂点として，こうしてウァレンティニアヌスによって確立された帝国の専門学校は彼が設けたきわめて多くの制度と同様に，テオドシウスの時代まで存続することができた。テオドシウス2世の制定法は文法と修辞（ギリシア語とラテン語）における従来の講座に対して，哲学に一講座を法学に二講座を加えることによって彼らの組織を完成させた。同時に，それは無認可の人物が公教育を提供することを禁止し，彼らにはカピトリウム神殿の職員に与えられた免除を認めないことで，国家的独占をふたたび主張した[91]。カピトリウム神殿，すなわち古代においてテルトゥリアヌスによって「あらゆる悪魔の神殿」の烙印を押されたユピテル，ユノ，ミネルウァの座，かつて聖なるガチョウが鳴いた場所では，いまや古典的ギリシアとローマの言語，文学，制度について詳細に述べる教授たちの声が響いていた。

アンミアヌスと古典古代の精神

ウァレンティニアヌスの計画は，統治に特徴的な統合の英雄的努力として描かれたものの十分な証拠を提供している。同時に彼の計画は，このような努力が，いかなる犠牲を払っても，世俗的社会の従来の構造を維持することへと向けられたという真実を強調している。こうした目的のために，時代が要求したように，皇帝はもっとも劇的な手段に訴える準備をしていた。もしさらなる説明がこの真実について必要ならば，それは付随的義務とともに一つの処罰として，あらゆる人間に対する元老院的立場の過大な要

---

90) 同上，14. 9. 2 (372)。
91) 同上，14. 9. 3 (425)。

求を禁止したような立法のなかに見出される[92]。あるいはそれに続く法律において，十人隊長の特権を追認しながらも，政権は裏切りあるいは冒瀆以外の犯罪に対して彼らに拷問を課した政務官は誰であれ極刑でもって脅かした[93]。同時にクリア（地方元老院）の指導的メンバーはとくに「鉛の付いたむち打ちの刑」の適用から免除された。しかし，このような意図のもっとも際立った証拠は疑いなく次のような勅令のうちに見出された。その勅令は死罪として，男性であろうと女性であろうと，いかなる身分や地域であろうと，ローマの地方出身者と外国人の結婚を禁止した[94]。増大する異邦人の動きに対してみずからを維持しようとするロマニタスの努力が重要であるがゆえに，このような手段の十分な意味は次の世代の内部で生じた革命的変化との対照によってのみ評価することができる。そのとき，テオドシウスのもとでの連合主義の復活に基づいて，二人の王子——一人はフランク族の女性と，もう一人はバンダル族系統の女性と結婚した——は帝国の王座を占めることができた。これに対して，皇帝の娘にして母であった彼らの姉妹は何年もの間，異邦人の王の配偶者でなければならなかった。

　ローマ的秩序の本質的構成要素を保護することを決めたとき，ウァレンティニアヌスは共同体内部の少なくとも二つの階級に共通する態度を示した。第一の階級は伝統主義者あるいは哲学的異教徒から成っていた。彼らはユリアヌスの反動的計画に対する熱狂〔的支持〕をほとんどあるいはまったく明らかにしなかったけれども，キリスト教が提

---

[92] 同上，12.1.66 (365)。
[93] 同上，9.35.2 (376)。
[94] 同上，3.14.1 (370)：「もし属州の人や外国人の間でこの種の結婚から姻戚関係が存在し，何かの疑惑か犯罪が彼らの間に発覚するなら，死刑でもって償われる」。

示した代案を拒絶した。第二の階級は新しい信仰に対する忠誠を告白しつつ、異教徒の目を通して現実のうちに新しい信仰を見た者たちから成っており、彼らのメンバーは増えていた。

前者のうちでは、アンミアヌス・マルケリヌスがその代表人物として取り上げられるかもしれない。すでにわたしたちは、ウァレンティニアヌスの宗教政策を支持するアンミアヌスの証言を引用した。別の箇所で彼は、このような体制のもとで、裏切りという単独の事例を除いて（「その場合にのみ罰の条件はすべての人に同じである」(in qua sola omnibus aequa conditio est))、あらゆる人間は彼らの階層や地位に起因する保護を受け取ったという事実について称賛するとともに説明している。そうすることで、彼はみずからを利するように政府が行った主張を支持している[95]。また、一般的に、彼は政府の優秀さを証言し、強力な陸軍士官と厳格で誠実なウァレンスへの態度のなかでのみウァレンティニアヌスの弱みを公にしている[96]。こうして表現された感情はすぐ後に続く年のなかで繰り返されなければならなかった。そのとき、彼らの長である古代文化の熱心な支持者の周りに集まった迫害されたキリスト教徒の大群は、ウァレンティニアヌスの対策を彼らの時代に存在することをやめてしまった自由の誓約にして保証として思い出した[97]。

しかしながら、彼の作品が示しているように、アンミアヌスは旧態依然であった。彼の精神的資質は古典古代の神

---

95) アンミアヌス、前掲書、28.1; テオドシウス法典 9.35.1 (369)。

96) アンミアヌス、前掲書、27.9.4; 31.14.2 以下。

97) アンブロシウス『書簡集』101, 1, 17 シンマックス関連 3：「それゆえ、わたしたちは長い間国家にとって有利であった宗教の地位の回復を要求する」。

学者やソフィストから引き出されたのであり，彼らの名前を崇敬し，自然学，倫理学，論理学における彼らの思索を個人的な人生哲学の土台とした。この哲学のなかには，キケロやリウィウスの時代における教養ある人間のなかで伝えられている見解に基づいて評価できる進歩は存在しない。同じ取組みは，通俗的な神話のなかで暗示されている概念を合理化するためになされた。神々は脱人格化され，何かある物へと還元された。とはいえ，このある物は復讐を果たした。なぜなら，物はこの経過によって，積極的な特徴を獲得し，人類に対して積極的な影響力を行使し，人間活動に対して課された条件あるいは管理を形成したからである。「わたしたちを不意に襲うのはわたしたちによってではなく，外からであり，わたしたちの外部にいる軍勢である」（ea quae accident nobis non per nos sed aliunde et vires eae quae extra nos sunt）。こうした状況の集合名は幸運の女神（Fortuna）であり，それはふたたび美徳の女神（Virtus）の相関物として登場し，美徳の女神と幸運の女神の相互作用のなかに，自然的な法則（lex naturalis），運命づけられた道筋（fatalis ordo）あるいは人間の運命が見出されなければならなかった[98]。

キケロとリウィウスの時代からの逞しい遺物として，おそらくアンミアヌスの思想は彼の時代の精神とまったく調和しないものとしてみなされるかもしれない。ますます重要になると同時に姉妹のようなこの現象は，これら4世紀の代表的人物の心性のうちに見出されなければならない。彼らは，キリスト教への名ばかりの忠誠を提示しながら，彼らの態度と見解によってキリスト教をまったく理解できなかったことを示した。このような関係において，困難が生じる原因は彼らの思想の要素が単に慣習に帰されな

---

98) 本書第3章と第4章参照。

ければならないことや，他方で公式には異教の過去からの純粋な「遺物」を代表しているものを確定できないことである。この難しさは，次のような称賛者たちとともに現れる。わたしたちが若きユリアヌスの努力について語ったときに注目したように，彼らはプリニウスの時代以来の継続的な習慣によって神聖なものとされた陳腐な異教の賛辞を決まって繰り返していた。同じ問題が，異教徒に劣らずキリスト教徒にも，古代芸術にとっては伝統的だったイデオロギー装置を享受した詩人との関係において定期的に生じている。とはいえ，大したものではないが，どうやら曖昧さはアウソニウス〔309頃—392年頃，ガリア生まれのラテン詩人〕とともに消えたといわれたのかもしれない。彼に比べて，さらにその時代特有の性質はほとんど存在しなかった。ボルドーの法律家にして修辞家であったアウソニウスはグラティアヌスに対する個人教師として活動するためにウァレンティニアヌスによって宮廷へと呼び出され，彼が寛大にも奉仕を承認したので，グラティアヌスはのちに彼を執政官職へと昇進させることができた。彼の有名なイースター賛歌のなかで[99]，アウソニウスは父・子・聖霊（Pater, Natus, Spiritus）という三一神について語ったのち，次のように締めくくった。

　そのような父なるアウグストゥスの立像が大地の果てにおいても見られる。彼は双子の皇帝たちの生みの親にして，聖なる神性において／その兄弟と息子の双方を抱擁しながら一つの王国を分かつことなく，／ひとりすべてを所有しながらも，すべてを気前よく与えて下さる。／それゆえにキリストよ，三重の敬虔において力を発揮し，／地の優しい支配者にして天に仕え

---

99) アウソニウス『作品集』第3巻，2, 24-31。

るわたしたちのために，／永遠の父なる神のもとでとりなして下さい。

　この〔詩が物語る〕直喩を詳細に論じることに含まれる難しさはけっして些細なことではない。あらゆる点において明確であるかもしれないように，年長のアウグストゥス〔皇帝の尊称〕であったウァレンティニアヌスはグラティアヌスだけでなくウァレンスに対する「父」として，それゆえいくつかの構成員を通して一にして不可分の帝国の運命を管理する威厳ある三位一体の「第一位格」として代表されなければならない。とはいえ，このような相違とは別に詩人は，彼の異教の前任者によって達成されたものと同程度の飛躍のなかで，キリスト教正統派の中心的ドグマを独特な神話論的想像の一部へと変えることに成功した。これに対して，同時に彼は帝国権力をこの世の摂理のようなものへと変える。そうすることで彼は，三一神の本質とはいわないまでも，とにかくキリスト教的な思考方法に対する異教の勝利を適切に説明している。また，こうして新しい思考方法に対する古い思考方法の勝利を証言するさい，実際のところ彼はローマの世俗的体制のなかで聖なるものとされた感情や憧れとしていまなお生き残ったものと結びついているのである。

　アンミアヌスの批判
　このような状況のなかで，同時代の世俗主義が帝国の立場と展望に対して立てた評価を考察することは有益である。この目的のために，わたしたちは，生き残ったすべてのもののなかでも，おそらく従来の背景の分析と解釈に着手するにはもっともよく配置された権威にふたたび言及するだろう。同時に文字と事件を扱った人としてアンミアヌスは彼の人格のなかに，古代が理想的歴史家に要求した特

第8章　新しい共和国における国家と教会　　525

質を兼ね備えていた。兵士として，彼はコンスタンティヌスと彼の後継者の配下で働いた。彼はユリアヌスの致命的なペルシャ遠征とその余波のようなものを証言し，ウァレンスと一緒に，北東の辺境地域での戦いに参加した。さらに彼は帝国の統治システムの仕組みを熟知し，それゆえその強みと弱みの両方を区別する立場にあった。最終的に，彼の経験には属州だけでなく，ローマとイタリアの社会に関する直接手にした知識が含まれていた。歴史家としての彼の仕事に対して，アンミアヌスは気質と訓練の両方の結果であった判断の独立性をもたらした。とくに，彼は新しい天と新しい地をもたらすために第二のフラウィウス朝皇帝によってとられた方法を深く疑っていた。しかし，キリスト教的社会秩序の計画に対する態度においては距離を取り，それに批判的だったが，それにもかかわらず彼は反動には程遠かった。また，彼の保守主義はウァレンティニアヌスが教会と国家の関係を対立させようとした仕組みに満足していた。この点において，彼は時代の人として決定的にみずからを明らかにした。そのようなものとして，彼の観察は従来の国家体制をいわば内部から見た者という権威を担っていた。

　このような国家体制に関して，アンミアヌスは提示すべきわずか二つの概評しかもっていない。そのなかでの第一の批判はローマの貴族制に関するものである。同時代の帝国社会の見事な描写の基礎として，ギボンが用いた多くの人目を惹く節において，アンミアヌスはこの階級に対する痛烈な非難に自制心を失って加わっている[100]。ユウェナリス的冷笑でもって，彼は人生に目的をもたない軽率さを非難した。その軽率さは地方出身者の搾取に由来し，富と誇

　100）　アンミアヌス前掲書，14, 6; 28, 4; ギボン，前掲書，第31章，295頁以下。

りの仰々しい誇示ほどにも価値のない目的に捧げられた，膨れ上がった所得を通してのみ可能となった。彼は水浴び，運転，狩り，ヨット遊びといった一連のひっきりなしに続く娯楽や，接待のやり取りを描写し，それによって当時のつまらない貴族たちは彼らの存在が無用であることを隠そうとした。反感をもって彼は，貴族たちの道徳的・精神的欠点，すなわちその臆病さと優柔不断，強欲と浪費，借入は早いくせに返金は遅いこと，とりわけもっとも取るに足りない言い訳に基づいて，彼らの恐怖を食い物にする占い師や予言者に頼ろうとしている子どもじみた迷信を指摘している。このような迷信を彼はあらゆる真剣な行動原理の欠如，彼らがみずから批判しなければならない欠点に帰している。その理由は，彼らは精神の陶冶を断念し，単なるセンセーショナリズムに没頭するために，独力でそのような原則が獲得されるかもしれない哲学の遺産を拒絶したからである。その結果，彼らの家来のなかでは，ささやき声で感傷的に歌う歌手が哲学者にとって代わり，俳優の教師は雄弁術の教師にとって代わった。彼らは自分たちの図書館を墓地のように封印したが，みずから水力のオルガンを組み立てている[101]。

　こうしてつまらないものの崇拝を受け入れることで，ローマの貴族は疑いなくつねに有閑階級に浴びせられていたような批判に身をさらした。さらに古代の生活を治めた条件を考慮すれば，彼らの愚かさと浪費の影響は相対的に制限されなければならず，彼らのくだらなさを見て，それを評価するために，かつてイタリアだった帝国の遊び場を訪れることが必要だった。それゆえ，彼らが重要だとしたものは何であれ，それは主に象徴的なものだった。つまり，それは所有者階級の側では属州のどこでも広がってい

　　101）　アンミアヌス，前掲書，14.6.18。

た困難や苦難に対する冷淡な無関心を指していた。さもなければ，彼らの生活はほんの少しの社会的意義も持っていなかったのである。

　第二のより一層鋭い批判は，共同体内部のすべての限定された階級ではなく帝国社会全体に向けられ，また具体化された限りにおいて，ローマ的秩序の側では，その本質的な主張を成し遂げることができないことを示したものだった。永遠の都は法の支配の確立と維持を通して社会正義の理想を実現したこと，またこうして世俗的使命を果たさい，ロマニタスが世界の目から見れば正当化されていたことは，ウェルギリウスの時代以来，一般的に受け入れられてきた。しかし，アンミアヌスが指摘しているように，この貴重な恩恵が提供された臣下は，かつて考案されたもっとも念入りな法体系の一つに，それゆえその悪意ある活動によって正義の理想が体系的にゆがめられ，悪用された法律家の陰謀に対する潜在的な犠牲者のうちに，巻き込まれていると分かったので，それを受け入れたようなものだった。このような危険は，4世紀の間に官僚制と社会的体制の発展とともにますます大きくなった。というのも，これらの条件のもとで，帝国社会はかつてないほどに法律家たちの社会になっていった。法律家は市民階層の順位に圧力をかけ，そこへと彼ら特有の観点を持ち込んだ。彼らは属州のどこでも法廷活動をしていた。それゆえ，かつて繁栄し，誇りに思い，価値ある表明だったものは同時代の社会の主要な災難の一つになっていた。質素で厳格な兵士としてのアンミアヌスにとって，法律家は暴力的で強欲な一団であり，町から町へと突進し，富者の玄関前の階段を取り囲み，毛並みのよい犬のように，裁判のために寝室のドアのにおいすら嗅いでいた。彼らは憎悪の体系を築き上げるために国内の不和を利用し，十分な報酬を目指して廃れた法律を掘り出しはじめることで，彼らはある人の無罪放免

を確実にすることを保証した。たとえその人が自分の母親を殺したとしてもである。彼らの手中に収まるとすぐに，犠牲者は逃亡できる見込みもなくなり，骨の髄までしゃぶられた[102]。

こうしてアンミアヌスによってはじめられた批判は，いかに鋭いものであっても，明らかに深みと洞察力を欠いている。彼は特権の乱用にケチをつけている。しかし，彼は特権がまさにギリシア・ローマの生活の構造へと向けて作られた価値だったことを認めるために登場したのではない。彼は，正義の古典的理想がそれ自体不完全であるのかどうかを一瞬の間も考察することなしに，法の曲解を激しく非難する。しかし，まさに彼の意見がとても浅薄であることにこそ，歴史的意義がある。すなわち，それはもっとも明確に考えられた仕方で，ギリシア・ローマ的世俗主義のイデオロギーにおける限界を明らかにしている。これらの限界は，彼が帝国について語らなければならないことのうちで強調されている。彼にはローマ的秩序に立ちはだかるより深い危機意識はまったくないし，また彼は完全にローマ的秩序に対してキリスト教が突きつけた告発の威力を評価していない。アンミアヌスにとって，彼がみずからの理念を負っている人々はどうかというと，ローマの偉大さとは「美徳（virtue）と幸運（fortune）の独特でほとんど信じられない結合」の帰結だったのである。その偉大さを脅かしたのは幸運のお気に入りの側にある悪徳（vice）であったし，その結果としてローマの資質は投げ捨てられてしまった。このように考えてみると，問題は過去において効果的だとわかったもの以外に解決策を認めなかったことである。ローマの運命における初期の危機において，元首政はロマニタスを救うために生まれたのであり，堕落へ

---

102) アンミアヌス，前掲書，30.4.8 以下。

と向かう同時代の傾向を克服することで，帝国に刷新された生活の約束を示した。詩人はこれを地上への摂理の介入として受け入れただろう。しかしアンミアヌスにとって，4世紀初頭のリウィウスに関していえば，その摂理の活動の仕方（modus operandi）は明白だった。すなわち，政府の悪に対する改善策は政府をもっと大きくするだけだったのである。

もし批判者の限界は彼がその仕事を支持した政治家の限界でもあるとただ仮定してみるならば，この事実はわたしたちがウァレンティニアヌスの実験として描くことができるものの意味を評価するための助けとなるかもしれない。ウァレンティニアヌスは二つの世界の間に立っているが，そのどちらの世界にも彼はまったく属していない。表向きの異教主義を拒絶することで，彼はみずからを新しい秩序を形成する勢力と同一化させる。しかし，その決然とした教会からの独立や世俗主義という武器を独占的に信頼することで，彼は古い秩序に対する根本的な依存を明らかにしている。まさに真に重要な意味において，あらゆるローマ人の最後の人であったウァレンティニアヌスはみずからの存在を負っていた衝動よりも長く続いた国家制度の維持にみずからを捧げたのである。また，伝統的方法の最後の擁護者として，恥をさらしはじめるところまで，彼は統治の構造を苦心して作り上げた。このように政府の資力を使い果たすことで，彼はもしロマニタスを救うことができるならば，それは外部にある拠り所から真新しい活力を何とかして引き出さなければならないことを明らかにした。そうすることで，彼はテオドシウスの時代を特徴づけることになった革命的変化の道を拓いたのである。

第 9 章
テオドシウスと国家宗教

―――――――――

はじめに

もともとはコンスタンティヌスが着手した復興計画は,テオドシウスによって達成された。ローマの秩序に新たな活力を授けた希望とともに,コンスタンティヌスはキリスト教の目標に訴え,それによって4世紀の問題を生み出した。テオドシウスはこれらの問題を解決したが,そのさい彼はロマニタスの土台を粉砕し,古代を中世世界から区別する分水嶺を越えた。これらの考察は,社会を救うための最終的で深刻な努力としてみなされるのかどうか,あるいはこれまで考察されなかった線にしたがって,キリスト教コモンウェルスの計画を促進する試みとしてみなされるのかどうかというテオドシウスの実験に対して,特別な関心と意義を与えている。

テオドシウスの政治

テオドシウスの就任は,ウァレンティニアヌスの死に続く帝国のなかで展開された危機の結果だった。彼の弟に代わって年長のアウグストゥスとして,ウァレンスはゴート族が国境の内部で連盟者(foederati)として認められた危険な政策を開始した。その政策の悲惨な結果に対する責任

第9章　テオドシウスと国家宗教　　531

は,彼とその家臣の間で共有されなければならない[1]。ゴート族の難民による反乱は,ローマ人の統一勢力にほとんど力がなかったという緊急事態を引き起こした。しかし,守備隊をガリアから撤退させる危険を考慮して,西方におけるウァレンスの新しい仲間だったグラティアヌスはわずかな支援をしようとしただけだった。このような理由で,あるいは彼は独力での勝利の栄誉を求めたがゆえに,ウァレンスは独りで下位の帝国であるカンナエ,すなわちハドリアノーポリスの致命的な闘い（378年8月9日）においてみずからの敗北と死に突き進んだ。このような惨事の帰結として,東方にはほぼ1年の間,統治者が存在せず,それはまさにコンスタンティノーポリスの門を破壊することでバルカン半島に広がった,勝利を得た異邦人の絶望的な餌食となった。その一方で,彼がテオドシウスの人格のなかに有能な仲間を発見するまで,皇帝の仲間でいまや年長になった若きグラティアヌスはむなしく国家の問題と格闘した。

　最終的に,帝国の統一を正当化することがテオドシウスの使命だった。このことを彼は外交関係と軍隊との賢明な混合によって達成した。ランゴバルド人,フランク族やほかの蛮族からの一連の相次ぐ侵略に脅かされたことで,その境界内部で武装した敵対的な民族の問題にいまだに直面しながら,皇帝の最初の課題はゴート族に対応することだった。これらのことに対して皇帝は,軍事支援の約束のお礼として,移住するための広大な領域の譲渡を通して不安定な平和を強いることができた。彼の新しい同盟の狙いとともに,続けて皇帝はランゴバルド人とフランク族を撃退することに成功したのに対して,グロティング族はルー

---

1)　アンミアヌス,前掲書,31.4.9と10:「ルピキヌス……とマクシムス……彼らの陰謀的な渇望はあらゆる悪の原因であった……」。

マニアにおける住民（coloni）として征服され落ち着くことになった。同時に，皇帝の増大する名声によって彼はペルシアとの平和を刷新することができた。そして，このような成果とともに，ますます切迫する外国との難事が解決されたのであった。

防衛問題は，無力な同胞の陣営を支援するという必要によってあらゆる場所で複雑になっていた。383年に，諸軍団の力を頼ってブリタニアでアウグストゥスを宣言したマクシムス〔古代ローマの帝位僭称者，没422年〕はグラティアヌスの領土を制圧したが，そのグラティアヌスは彼自身の軍隊によってルグトゥヌム〔フランスの都市リヨン〕の近くで殺害された。不吉にも以前の時代の停滞状態（stasis）を思い起こした強奪者による勝利・再建・国家の繁栄（reparatio, restitutio, felicitas rei publicae）という主張に対して，テオドシウスは彼の息子アルカディウスを帝位に関わらせることで答えた。目下のところ，これ以上のことを彼はなすことができず，4年の間，マクシムスはこれまでなかった支配者たちの和合（concordia imperatorum）を自慢した。とはいえ，マクシムスはウァレンティニアヌス2世を失脚させるためにポ・ウァレイを侵略し，テオドシウスは僭主を屈服させ，同時に若き王子をミラノでの司教座に復位させることで（388），彼の活動を変えさせた。それに続くウァレンティニアヌスの殺害と，蛮族の軍司令官にして，アルボガステスの密告者であるエウゲニウスによる帝位の引継ぎは，イタリアへの第二の遠征を必要とし，その結果，テオドシウスの第二子は西方における統治権を与えられた。彼の継承者にして後任者であるアルカディウスとホノリウスに対して，テオドシウスは帝国の平和裏な譲渡を達成することができたのである（395）。

しかし，こうしてもしテオドシウスがローマの秩序を復興することに成功したとしても，彼は歴史において前例の

ない規模での組織化という代償を払ってそれを行ったのである。軍事的な必須条件を満たす手段として、皇帝はウァレンティニアヌスとウァレンスの精神で法律を制定し続けたが、その対策は増大する彼の切迫した欲求とともに次第に厳しくなり、ますます残酷になっていった。379年の法令によって、外国に先祖がいた人々（Alienigenae）あるいは兵役から逃げた者だと明らかになった農園管理者はもはや罰金あるいは懲役ではなく、火刑によって脅された[2]。380年の法の制定は初期の立法の諸条項を確かなものとし、脱走兵の裏切りに対する報奨として、奴隷に対して自由を、自由人に対して免税を約束した[3]。続く10年の間に公布された一連の勅令は、改良されると同時に、すでに法令集に基づいていた対策をくり返した[4]。さらに新兵が軍隊に配置されたとき、彼らは奴隷あるいは囚人のような焼き印を押され、だれもそれを逃れることはなかった。398年の法（アルカディウスとホノリウス）は、この仕打ちを武具製造者たち（fabricenses）あるいは帝国の兵器係の部隊に拡大することになった。その時以来、部隊の成員は自分たちの腕に「新兵たち〔の手本〕をまねるために……少なくともこの方法で潜伏している者らを見分けることができる」（ad imitationem tironum…ut hoc modo saltem possint latitantes agnosci）ための公的しるしをつけた[5]。

ロマニタスを脅かした危機のなかで、金と奉仕は戦闘力そのものに劣らずほとんど同じくらい重要なものであった。したがって、男たちの徴兵と連携して、富者や貧者の徴兵すら行われたといえる。それゆえ、帝国は新兵を探し回ったが、それにもかかわらず新兵は自分たちの出生地や

---

2) テオドシウス法典 7.18.2。
3) 同上、7.18.4。
4) 同上、7.18.5,6,7,8 など (381-91)。
5) 同上、10.22.4。

社会的立場に関するあらゆる情報を提出するように義務づけられたのであり、それは「誰もクリア〔地方自治政体〕を逃れられなかった」ということである。前線でさえ、苛立った納税者への避難所としてはもはや役立たなかった[6]。彼らが元老院の身分あるいは官僚の身分へと「移動すること」に成功しようが、初期に行われた法の制定はすでにあらゆる参事会員（curiales）を先祖代々の職務へ呼び戻していた[7]。このような命令は翌年も一連の理由に基づいてくり返し行われたのであった[8]。383年、以前はユダヤ教のラビに与えられていた免除は撤回された。また、キリスト教の聖職者の一員となることを望んだ人々は、彼らが自分たちの身体的義務を代わりに引き受けてくれる者を見つけた場合にのみ、そうすることが許された[9]。後続の勅令は自分たちの義務を代わりの者に移転するための10人隊長の権利を取り消したし、また部隊と公務員の地位にある者は脱走者を徹底的に捜すべきだと命じた[10]。387年の法によって、収入額あるいはその徴収に関連して詐欺罪を犯していると思われた十人隊長は、近衛兵の長だけでなく直轄の政務官の手によってむち打ちに服させられた[11]。392年、公的債務者は庇護権を否定され、そして彼を保護した聖職者は彼の代理として裁判で脅かされた[12]。395年、

---

6) 同上，7. 2. 1 (383)。

7) 同上，12. 1. 82 (380)：「すべての人は地方自治政府の会議に召喚されるように命じる。生誕のきずなに由来する強制的な義務を避けるために、もっと上級の公職に嘆願しようと試みたり、もっとも卓越せる元老院議会に忖度しようと、軍務の地位を通そうと、その人は祖国に対する忠誠を拒否している」。

8) 同上，12. 1. 93 (382), 94 (383), 95 (383)。

9) 同上，12. 1. 99 (383) と 104 (383)。

10) 同上，12. 1. 111, 113, 114 (386)。

11) 同上，12. 1. 117：「鉛玉の付いたむち打ちでもって」。

12) 同上，9. 45. 1。

重い罰金が「権力側の影に隠れた」[13]滞納者の隠ぺいを阻止するために制度化された。このようなことが所得の徴収を確かにするためにテオドシウスが用いた手段であった。とはいえ、地主にみずからの義務を回避させないようにしたのでは満足せず、皇帝は免税を廃止し、帝国の領地にさえ地方の負担とされた義務に従属させようとする精力的な取り組みがなされた[14]。それにもかかわらず、絶え間ない戦争の圧力が新たな課税形式を考案することを必然的なものとしたが、その課税はアンティオキアに恐ろしい反乱を引き起こすほど重いものだった[15]。属州のさらなる細分化と結果的に生じた軍民両方における入念な行政的階層のために準備された帝国の新たな一般調査において、国庫の要求は統治の終わりころには頂点に達した。

神聖な統治権

それゆえ、帝位を受け入れるさい、テオドシウスは彼の前任者から引き継いだように、国境防衛の課題とともに、官僚的独裁制という明確な組織を受け取ったように思える。同時に、彼は神聖君主制の理論と実践を受け入れたが、たしかにその見せかけはこの統治者と彼の子孫のもとで転換期に達していた。帝国的人物の神聖さはもっとも神聖な指導者、わたしたちの神、不滅なる者（sacratissimus princeps, numen nostrum, nostra perennitas）のような称号の継続的使用のなかに暗示されていた。皇帝の住居は神聖な宮殿（sacrum palatium）であり、名目上の首都であったローマでさえもっとも神聖な都市（urbs sacratissima）になった。これに対して、国家の祝宴は公式には神の宴会

---

13) 同上、12. 1. 146。
14) 同上、13. 10. 8 (383)。
15) ケドレヌス、『歴史』320 A-B (386)。

(divinae equlae)[16]として表現された。一連の法の制定は「帝位を崇める」権利や「その皇帝を崇敬する」権利を特権的な少数者に制限した[17]。帝国の人間に近づきにくかった大衆についていえば，彼らは「聖像」のまえにひれ伏すことに甘んじなければならなかった。

　このような統治権の概念に関する法的帰結は道徳とほとんど同じくらい重要だった。というのも，皇帝の神聖さは彼の行為の神聖さに関わっていたがゆえに，帝国の構造は「帝国の神官の権威」から発し，「そのもっとも神聖な名前において聖別された」ような，天上的な (caelestia) あるいは神的な法規 (divalia statuta) になったからである[18]。そのようなものとして，帝国の構造は厳粛な「礼拝」とともにその構造が訴えかけた地方の高僧によって受け入れられた。それゆえ，法の順守は神的な警告として規定され[19]，それを無視あるいは否定することは冒瀆として扱われた。このような侮辱に対して，刑罰は生きている人間を野獣に委ねたり焼いたりしてしまう有罪宣告から，鉱山での懲役やあるいは単なる流刑にまで及んでいた[20]。こうした制裁は，たとえば次のような判断としてもっともよく目にする統治業務に適用された[21]。「何人たりとも神聖を汚す小刀をもってブドウの木を切り倒したならば，あるいは形はどうあれ査定人をだましたり，〔土地の〕不毛に関する不正な証拠を抜け目なく考え出すために，捜査のときに果樹の生産を制限するならば，その人は極刑になり，彼の財

---

16) テオドシウス法典 6.13.1 (413)。
17) 同上，6.24.3 (364); vi.24.4 (387)：「帝位を崇める，王の服に触れる」；6.23.1 (415)：「皇帝を崇敬するために」。
18) 同上，i.15.11。
19) 同上，16.5.7：「神的な警告」。
20) Dig. 48.13.7 と 11。
21) テオドシウス法典 13.11.1 (381)。

第9章　テオドシウスと国家宗教　　537

産は国庫に没収されるだろう」。この勅令において,「神聖を汚す」という言葉は根拠がないメタファーではけっしてない。それは,皇帝からだまし取ることは地上における神の代理としての支配者からだまし取ることだという恐ろしい主張を思い出させるものだった。

統治権の神聖さは彼の家臣の神聖さをも暗示すると取られたことで, この事実は統治全体を批判にさらさせないために役立った。385 年の勅令は皇帝に奉仕するために彼によって選ばれた者の実績を議論することを禁止し, 帝国の判断を疑うことは冒瀆行為と同じだと宣言した[22]。こうして公共組織への参加は一種の叙階式になった。そこから離れることは神聖なる信頼を捨て去ることだった[23]。こうした原則の確立とともに, 帝国の事業は本当に聖職者のような性格を引き受けた。

すべての人に対してその家系や家柄にふさわしい身分を保証した一方で, 統治を擁護するために用いられた制裁措置は現存する社会構造を維持するために, そしてある階級から別の階級への不規則な移動を防ぐためにも行使された。すなわち,「誉れ高き亡きウァレンティニアヌス」はグラティアヌスの勅令を実行し,「われらの神々しい父」であるウァレンティニアヌス 2 世とテオドシウスは「ありとあらゆる秩序と尊厳のために, あるふさわしい場所の基礎を築いた。それゆえ, 誰であってもその資格を与えられていない立場へと自分自身を押し込むならば, 知らなかったという言い訳で自己弁護させてはならず, 冒瀆行為, つ

---

22)　同上, 1. 6. 9:「皇帝の判断について討論してはならない。皇帝が選んだ人がふさわしいかどうかを疑うことは冒瀆と同じであるから」。
23)　同上, 1. 29. 1:「叙階された人々」; vi. 13. 1:「捨てられた誓約」。

まり皇帝の神的教えを否定した者として裁かれる」[24]。こうして共和主義的特徴を最終的に抹消するとともに，贈収賄 (ambitus)，つまりかつての悪事あるいは不品行は一つの罪としてみなされることになった。同時に，国家の神格化は不動性それ自体の神格化として明らかになった。

このように明確に述べられた原則はもっとも極端な結果をもたらし，それが及んだ全範囲はテオドシウスの息子のもとでのみ明らかになりえたのである。一方で，公務員の側での不正行為は冒瀆行為と規定され，それには適切な刑罰が与えられなければならなかった[25]。他方で，長官，将軍，元老院議員あるいは高級公務員の殺害をたくらむ兵士，民間人，あるいは異邦人による謀略は実際の殺人に等しいと宣言され，破壊活動へのさらなる抑止力として，この悪意ある罪を犯したと思われた者は誰であれ，法はその者の扶養家族と友人を猛烈に攻撃した。それゆえ，ありのままの彼らの生活を寛大にも認めた一方で，有罪判決を受けた陰謀者の息子は相続権を否定され，永遠に彼らの父親の犯罪に対する憎悪とともに汚名を着せられた（「彼らの親たちの破廉恥な行為は彼らにいつまでも付いて回るので，けっして高位の官職にも付けず官職の誓約に至らず……いつも困窮している者たちと貧者たちのままである」）。同様に厳しい刑罰が彼の妻，娘，そして仲間に命じられ，彼らは反論する証拠がない場合，彼の意図にはやましい罪悪感があるとみなされた[26]。「人類と正義のあらゆる原則を侵害するもの」[27]として非難された，この立法は宦官であるエウトロピウスの悪意ある影響力に帰せられたが，2年後には

---

24) 同上，6.5.2 (384).
25) 同上，6.29.9 (412)：「疑いの余地なく彼らには瀆神罪が帰せられている」。
26) 同上，9.14.3 (397).
27) ギボン，前掲書，第32章，365頁。

家臣の堕落によって廃棄されたことも付け加えられなければならない[28]。短命ではあったが，しかしこの法律は聖なる国家のなかにもともと備わっている傾向に鮮明な光を投げかけることに役立ったのである。

神聖化を求める方法

とはいえ，テオドシウス主義の新しさは国家に神聖さがあると考えたことではなく，むしろ神聖化に値することを求める方法のうちにある。この点において，皇帝の政策は疑いなくある程度は少し前の歴史的経験から影響を受けていた。わたしたちは，コンスタンティヌス主義への当然の嫌悪によって，いかにしてウァレンティニアヌスが力強く，第二のフラウィウス朝が入念に隠そうとした権力と機能の二元論を再評価したかを見た。しかし，こうして教会から独立したと宣言した国家は，特別に困難な状況にあることに気づいた。なぜなら，組織化されたキリスト教の支持を拒否する一方で，背教者によって提起されたようなあからさまな異教体制を主張することはできなかったからである。したがって，国家の存在は自分自身で蓄えた限られた活力に完全に依存していた。また，これはまさに自己を維持するために使い果たされたので，ウァレンティニアヌスの「国家主義」はほとんどその創造者の生命以上に長く続くことはなかった。アドリアノープルの戦いの前でさえ，体制の道徳的・物質的衰弱が拡大することはウァレンスとグラティアヌスの一時的前進において明白であり，前者はアレイオス派へ，後者は正統派へと向かった。こうし

---

28) テオドシウス法典 9. 40. 18 (399)：「わたしたちは悪行のあるところに罰があるように制裁の措置をとる。わたしたちは近親者，知人，家族の者たちを中傷から引き離すようにし，社会が彼らを犯罪の被告とはさせない。……したがって，罪はその実行者に有罪の宣告をなし，過失が発覚するとすぐ恐れが出てくる」。

た破局の衝撃はその破滅を決定的にした。しかし，75 年前と比較しても，政治的条件がいまや絶望的だったのに対して，教会は内部の不一致，また世俗主義という泥水の浸水にもかかわらず，その世紀の始まり以来，着実に〔目的を実現しようとする〕決意と団結を強化させていった。それゆえ，コンスタンティヌスによって新しい宗教へ向けて採用された支援体制はもはや想像すらできなかった。熟慮は重要だったが，しかしそれでは彼自身の個人的な傾向とは別に，テオドシウスによって担われた立場の説明をするには十分ではないだろう。皇帝の前任者は環境，養育，そしておそらく政策によってカトリック的であった。他方，テオドシウスはたとえば彼の治世の 3 年目である 380 年に洗礼を授かった確信的なカトリックであり，あらゆる場所での彼の行動は彼の告白の誠実さを示している。「キリスト教君主」[29]の歴史における真の原型として，彼はみずからの立場がもっている論理を実現しようと大いに努めた。そして，何よりもこのような事実こそ，この世の権力と霊的な権力の間にある現在の関係を根本的に見直そうとした彼の努力の範囲と性格を決定したのである。

　たしかに，このような見直しの兆しはすでにグラティアヌスによる大神祇官（pontifex maximus）という称号の放棄において明らかだったし，その称号はアウグストゥス・カエサルの時代以来，異教徒の皇帝と同様にキリスト教徒の皇帝によっても担われていた。またその兆しは，彼による「敬虔で信義に適った立法」の回復においても明白であり，それはたとえばコンスタンティヌスの時代において世界がよく理解したものであった。この立法はどんどんと増え続けながらテオドシウスの時代のどこでも継続し続けた

---

29) アウグスティヌス『神の国』v. 26：「テオドシウス帝の信仰と徳行」。

のであり，それは特権を教会に譲るか，あるいはおそらくキリスト教的原理の光に照らして法を改正するという形をとった。

教会の特権に関して，その時代を特徴づけた二つの展開が注目されるかもしれない。第一の展開は聖職者の身分を保護するために新しくより厳密に制裁措置を適用することだった。それゆえ，彼らの身体的免除を承認する一方で，いまや法は彼らが法的に免除されている義務を彼らに課そうとする者なら誰でも，冒瀆の罰によって脅かした[30]。同様に同じ制裁措置がカトリック教会にあえて侵入し，カトリックの司祭を攻撃し，あるいは別の方法で祭儀を妨害しようとした人々に対して行使された[31]。第二の展開もやはり重要だった。412年の法によって，主教から副助祭までのカトリックの聖職者たちは宗教裁判所以外の裁判から免除されていた。その一方で同時に，もしその容疑を証明しなかったならば，告発者はみずからの地位と身分を喪失する恐れがあると宣言された[32]。このような特権の許容は反教権主義の噴出を刺激したように思われ，それはラベンナでのヨハンネスの簒奪によって頂点に達すようになった新しい現象だった。それにもかかわらず，僭主が滅びて，後に彼の行為が覆されたようないっそう著しく目立った時期には，この特権の許容はくり返し行われた[33]。

キリスト教と秩序

法のなかにキリスト教的原理を読み込もうとする試み

---

30) テオドシウス法典 16.2.26 (381) と 40 (412)。
31) 同上，16.2.31 (398)。
32) 同上，16.2.41：「聖職者たちは司教の面前でのみ告発されるのが適切である」。
33) 同上，16.2.47 (425)：「神聖な務めに奉仕する者たちが現世的権力の判断に服従させられることは正しくない」。

は，新しい国家宗教を政府が尊重していることを明らかにする一連の対策のなかで表現された。それゆえ，レント〔四旬節〕の間の刑事裁判はありえなかった[34]。他方では，コンスタンティヌスによって設けられた先例に続いて，すべての受刑者は反逆，殺人，強姦，近親相姦，毒殺，そして明らかな冒瀆行為を除いて，イースターの祝祭のときには監獄から解放されたのであった[35]。さらに帝国の権力者によって下された死刑宣告は30日が経過するまで実行されえなかった[36]。こうした政権により無分別な行為を防ぐために速やかに採られた対策はテオドシウスに対するアンブロシウスの影響によるものであったし，テサロニカの大虐殺と結びつけられてきた。商業活動のために宗教的感情を利用することを防止しようとして，殉教者の骨と聖遺物の取引は禁止された[37]。コンスタンティヌス時代から始まった日曜日の順守法は復活し強化された。やがて取り除かれるべき例外だった皇帝の誕生日または記念日の行事を祝賀する場合は別として，主日には劇場，競馬，あるいは娯楽は禁じられた[38]。同時に，公私にかかわらず，通常の世俗的活動に従事したことで，主の日を冒瀆してしまうことを防止するための対策が講じられた[39]。

---

34) 同上，9. 35. 4 (380)。
35) 同上，9. 38. 6 (381); 8 (385):「復活祭の喜びの日」。
36) 同上，9. 40. 13 (382)。
37) 同上，9. 17. 6 (381) と 7 (386):「誰も殉教者をばらばらに分けて商売してはならない」。
38) 同上，2. 8. 20 (392), 23 (399), 25 (409); 15. 5. 2 (386)。
39) 同上，11. 7. 13 (386):「先祖たちが正しくも主の日と呼んだ日曜日には，すべての訴訟と仕事に専念することは休まねばならない。私的にも公的にも，どんな義務もしつこく求めてはならない。法廷に召喚されようと，自発的に選ばれた者であろうと，仲裁者のいるところでは，訴訟が承認されない。聖なる宗教への霊感と儀式からはずれる者は悪名が高い者とも冒瀆者とも判定されよう」。

このような関連において，疑いなくもっとも重要な展開はキリスト教の影響下での家族や家族の権利という古典的概念の分裂だった。これに関する証拠は，たとえ遺言を残さずに死んだ母親がいたとしても，子どもが〔その遺産を〕継承することを親族の男性の要求から守る立法のうちに見出されるかもしれない[40]。410年以降，それは異議のある相続債権を清算する手段として，もはや行使できなかった子どもの特権（ius liberorum）が最終的に消滅することにも見られるだろう[41]。同時に古代における祖国あるいは主人の権力は，自分たちの娘または女奴隷を売ったことで有罪とされた者はみずからの法的権利を剥奪されるという法の制定によってさらに弱められた[42]。刑法に関する同時代の展開は同じ方向を指し示した。388年，私的監禁を続けてきた古代の習慣は最終的に反逆行為としてやめさせられた[43]。420年，強姦に関する法の修正は修道女が被害者であった訴訟において強姦を通常の公的犯罪へと組み入れ，すべての人々が起訴することができる権限として与えられたのであった[44]。キリスト教の影響は結婚に関わる従来の法の改正のなかにも示された。コンスタンティウスはある男性と彼の姪の結婚が近親相姦的だと汚名を着せ，生きたまま焼いたり財産を没収して犯人を脅かした[45]。396年，こうした野蛮な刑罰は取り消されたが，上記のような結婚は違法だと宣言され，その子は完全に相続権から排除されてしまった[46]。415年，ある男性と亡妻の姉妹の間の

---

40) 同上，5. 1. 3 (383); cf. 8. 17. 2 (410)。
41) 同上，8. 17. 3。
42) 同上，15. 8. 2 (428)。
43) 同上，9. 11. 1。
44) 同上，9. 25. 3。
45) 同上，3. 12. 1 (342)。
46) 同上，3. 12. 3。

結婚,あるいはある女性と亡父の兄弟の間の結婚も同様に扱われた[47]。こうした法の制定において,法の諸条項が男性と同様に女性にも適用されたことは注目に値する。わたしたちはほかの箇所で性別に対する道徳の二重基準とともに,コンスタンティヌスの離婚法にふれた。421年,この法はほかの諸条項のなかでも,性格の不一致(dissensio animorum)という理由だけで彼の妻を否定した男性に,彼女の持参金だけでなく彼自身の結婚の贈り物も彼女に譲ることを強制し,同時に再婚することさえ禁じたさまざまな修正を必要とした。他方で,問題となった女性は一年が過ぎれば別の夫をもらうことを認められた[48]。

疑いなく,そのような展開はテオドシウスの時代の間に,キリスト教とフマニタスの影響によって刺激された社会的・経済的変化の流れを意味しているように,一定の関心を示している。しかし,5世紀の歴史の研究者にとって,その展開は新しいものあるいは驚くべきものもほとんど含んでいない。テオドシウス主義に対して,その際立った性格を与え,それどころかそれを世界史における重要な出発点としたものは,380年2月27日,テサロニカから公布された勅令のなかで皇帝自身によって始められた新しい宗教政策だった。

> わたしたちは願っている。わたしたちの帝国の寛大さの支配下にあるすべての人々が次のような信仰を告白すべきことを。すなわち,使徒ペテロによってローマ人へと伝えられ,現在にいたるまでその伝統的な形式において維持されてきたとわたしたちが信じた信仰を,教皇ダマススと同様に使徒的神聖さをともなった

---

47) 同上,3.12.4。
48) 同上,3.16.2(421)。

第9章　テオドシウスと国家宗教　　　545

人間, アレクサンドリアのペトロスによって守られているとわたしたちが信じた信仰を。また, それは使徒的規律や福音的教説にしたがえば, わたしたちは一なる神, 同一の尊厳において賛美されるべき父, 子, 聖霊の聖三位一体を信じるべきだと知ることである。わたしたちは望んでいる。このような信仰の規則にしたがう人々は公同的キリスト教徒の名を受け入れるべきであり, ほかの血迷った人々すべてを裁き, 異端者と名指しされ, そう非難されるべき者たちに, 第一に神の罰を, そしてそれとともにわたしたちが天の権威によって引き受けた権力の報復を受けることを命じた[49]。

　このような布告は, ローマの秩序に対する新たな基礎を発見しようとする4世紀の努力の最終的結果を示している。コンスタンティヌスとリキニウスの声明によって, 共和国という古典的理念の代わりに, 多かれ少なかれ二つのはっきりと異なる秩序, すなわち一つは政治的秩序, もう一つは教会的秩序の概念が用いられた。テオドシウスの声明とともに, これらの秩序の間の関係は最終的にこの世の権力を霊的権力に完全に従属させることによって確定された。それゆえ, ギリシア・ローマ的古代から移行するなかで, テサロニカの勅令はミラノの勅令によって記録されたものと同じくらい重要な段階を示している。なぜなら, もし一方が新しい共和国を開始することに役立ったならば, 他方は新しい共和国がキリスト教正統派の帝国へと変形させられてしまった過程を予告したからである。

　政体に関する初期の形式と比べることで, キリスト教正統派の帝国は根本的な意義をもった二つの展開によって特

---

49)　テオドシウス法典 16. 1. 2。

徴づけられていた。第一の展開は，カトリック信仰の実体を具体化するものとしてのニカイヤ的キリスト教の明確な受容であった。第二の展開は社会的統合の原理として，その信仰を熟慮のうえに選択したことであった。カトリシズムを受け入れるさい，国家は最終的に次のような見せかけを捨て去ったのである。すなわち，それはもともとアウグストゥス時代の帝国の利益のために異教の権威によって提示されたが，それにもかかわらずコンスタンティヌスからウァレンティニアヌスまでのキリスト教的統治権によって両義的な意味のまま保持されていたのである。このような関連において，教会がウェルギリウスの時代以来，永遠の都によって主張されてきた権限の正当性を証明し，ニカイヤ公会議によって初めて作成された教義上の定式がコンスタンティノープル公会議でほとんど同時に再確認されたのは単なる偶然ではない。しかし，最高位が世俗的権力から霊的権力へと渡った一方で，同時にカトリシズムにおける普遍的妥当性と有用性の原則の承認は新しい社会的秩序の基礎として，その応用可能性を示唆し，そこで国家は「教会の平和を守ること」においてみずからの存在を正当化しなければならなかった。このような理念のなかに，テオドシウス主義の精神と目的が見られるかもしれず，またそれはローマ体制の枠組みの内部でカトリック国家の形式を実現しようとする徹底的な努力のなかで表現されていた。このような仕上げとともに，コンスタンティヌスからテオドシウスへの合間を特徴づけ，移行の時代においておそらく不可避的だった両義性は最終的に消えてしまった。そして，力に溢れた帝国のハウス・クリーニングの時代が結果として起こり，そこで統治の最後のエネルギーが正統派の理論と実践を強化するために呼び覚まされたのである。

異教主義の抑圧

　テオドシウスと彼の後継者のもとでの異教主義の形式的清算は「おそらくすべての古代的・民衆的迷信を全体的に根絶した唯一の事例」として，それゆえ「人間精神の歴史における非凡な出来事」として考慮に値するものだと特徴づけられたのである[50]。このようなことのための基礎が初期の皇帝たち，とくにコンスタンティウス 2 世によって準備されていたのであり，この方向性に向かう彼の努力については別のところでふれた[51]。またウァレンティニアヌス 1 世の偽りの宗教的中立性は，ユリアヌスのもとでの反動において異教の祭壇の再寄贈へと向けられた莫大な金額の皇帝内帑金〔お手許金〕をふたたび彼に要求させないようにした[52]。しかし，テオドシウスとともに，政権は残存している祭儀の廃止，没収，禁止を通じてさまざまな仕方で生き残っていた異教主義の形式を撤廃しようとする組織的努力に着手した。この目的は一連の革命的対策のなかで実行され，そのおかげで諸世紀のうちで積み重なった瓦礫は軽蔑されながら押し流されたのである。

　異教主義に対抗する立法活動は 381 年の勅令とともに始まり，占いを目的として日中あるいは夜に禁じられた儀式に参加し，そのような目的のために既存のあらゆる神殿あるいは祭壇を用いることは冒瀆行為だという烙印が異教主義に押された[53]。それに続けて目の当たりにしたのは神殿の国有化であり，芸術的記念碑——もっぱら禁止されていた祭壇へと近づく手段——として市民に向けて公開された財宝（神々の像を含む）の国有化だった[54]。385 年，占い

---

50) ギボン，前掲書，第 28 章，188 頁。
51) 本書第 6 章，426-27 頁。
52) テオドシウス法典 10.1.8 (364)。
53) 同上，16.10.7。
54) 同上，16.10.8。

に対抗する運動はたとえ土着の儀式の力を借りても，卜占（auspicia）の禁止を含めるために拡大された[55]。392年，これらの類似した対策の後に，異教主義に対抗する最終的かつ包括的な法の制定と呼ばれたものが続いた[56]。

　どんな階級，立場，品格，それが高かろうが低かろうが，豊かであろうが貧しかろうが，いかなる都市においても，いかなる場所においても，何人たりとも無意味な像のために無実の犠牲者を生贄にしてはならない。また，罪の贖いというより深奥の試みにおいて，人は炎を照らし，香を用意し，あるいは花冠を下げたりすることで火とともに守護神ラールを，ワインとともに守護霊を，香りとともにペナーテース〔ローマ国家の守護神〕を崇拝してはならない……。
　あえて犠牲を捧げようとするか，あるいはその内臓を調べようとする人間は反逆の罪で告発された人々の立場と同じであり，あらゆる人間には彼らを告発するための権限が与えられている。また確実に彼らはたとえ君主による安全と相いれずに，あるいはそれと関連して取り調べがなかったとしても，法によって示された刑罰を受けねばならない。禁止された奥義を詮索し明らかにすることで，彼らが自然法自体を破ろうと願っていたに違いなかったということは，彼らに有罪判決を出すには十分である……。
　人間の手によって組み立てられた像を崇拝し，それゆえ愚かにもみずから作成した像に対する恐怖を明らかにし，木を肉の切り身で飾り，あるいは刈られた芝の祭壇を設置する者はだれでも，彼がそのような迷信

---

55) 同上，16.10.9。
56) 同上，16.10.12。

第9章　テオドシウスと国家宗教　　　　549

に熱中したことが示されたならば，財産の没収によって処罰されるだろう。

　公的神殿あるいは祭壇において，もしくは彼自身以外の私的財産に基づいて，異教の生贄に関するあらゆる行為を実行しようとするものはだれでも……金20ポンドの罰金を課される。

　396年，異教崇拝の禁止のあと，古代法によって異教の儀式の祭司や聖職者に与えられた特権と免責の最終的な解除が続き，彼らの団体はいまや公式に不法とされた[57]。
　異教の祭儀の廃止と同時に，異教の暦の廃止が行われた。テオドシウスの時代までに，この暦は正真正銘のごった煮となり，それは宗教的感情の層のうえに層を統合し，歴史の黄金期の間に実現された道徳的・精神的発展を表示した。すなわち，その期間を通して神々は世界を導き，文明化する活動力として想像されたのである。それゆえ，それは原始国家的で農業的宗教の祝祭から，国家によって権威を付与された最新の祭儀の祝祭にまで幅広く及ぶ莫大な数の祝祭を含んでいた。また，暦は幸運であろうと不運であろうと歴史的勝利あるいは敗北の記念日を祝賀する日々によってときどき中断された。さらに，イタリアや属州の多くの諸都市（civitates）はいまだに地方の暦（fasti）を所有していたし，それは彼ら自身の政治的・社会的生活の記録を祭った。ヨーロッパ世界がテオドシウスに負っているのは，普遍的社会の必要に対応し，キリスト教の時代に基づいた統一的な暦の存在である。そのような暦を制度化する立法は，法典の第二巻のうちに見出すことができる[58]。釈放と解放を除いて，コンスタンティヌスが日曜日

57）　同上，16. 10. 14。
58）　「祝日について」

は法律による祝日だと宣言したことが思い出されるだろう[59]。386年,テオドシウスは次のような重要な追加とともにこの対策をふたたび主張した。「聖なる宗教の霊感と儀式からはずれる者は悪名が高い者とも冒瀆者とも判定されよう」[60]。この特徴的な補遺において,彼は主日を冒瀆した人々に対するもっとも激しいと考えられる処罰を行使した。389年,ウァレンティニアヌス2世,テオドシウス,そしてアルカディウスは都市の高官へと宛てられた勅令のなかで,すべての日を法律に関わるものだと宣言した[61]。ただし次のような例外もあった。

(a) 夏の暑さと秋の収穫の必要という理由による長期休暇(6月24日から10月15日まで)
(b) 1月1日(従来から祝日となっている週を含む)
(c) ローマとコンスタンティノープルの記念日
(d) 復活の主日に先行する7日とそれに続く7日を含む2週間に渡るイースターの祝日
(e) 日曜日(主を礼拝する日)
(f) 君臨している皇帝の誕生と即位の記念日

400年には,クリスマスと公現祭もまた神聖なものとされ,こうして「西暦年」[62]を完成させた。412年,ユダヤ人に対する興味深く重要な譲歩によって,法廷は土曜日(安息日)は審理すべきではないと規定された[63]。新しい暦の施行は古い暦の抑圧によって確かなものとされた[64]。公

---

59) テオドシウス法典 2.8.1 (321)。
60) 同上,2.8.18。
61) 同上,2.8.10。
62) 同上,2.8.24。
63) 同上,2.8.26。
64) 同上,2.8.22 (395)。

的祝日の一覧表から異教の祝祭を消し去ることで，帝国は帝国とその歴史的過去を結びつけるもっとも親しまれていた関係の一つを切断した。

　これらの対策は，異教主義の痕跡をもみ消すさいにテオドシウスによって用いられた方法を説明するのに役立つだろう。それが明らかにしたのは，公式のギリシア・ローマの宗教は支配的な立場にあった時代にはみずからキリスト教に対抗して行使した武器の犠牲者になってしまったことである。神々を消え去らせるような法律を制定するさい，国家の役割は純粋に形式的なものであり，公式には勝利は痛ましいほどに簡単かつ即座にやってきたように思える。対立は主に古代の中心地にいた貴族の間で生じた。それは，元老院議事堂における有名な勝利像の一連の撤去と復活が一方では保守的な貴族層と他方ではミラノのアンブロシウスの主張によって支持され促された政府との間で起きた衝突における動揺を説明するのに役立つと考えられたかもしれない場合である[65]。ローマがその歴史的使命の象徴と具現化を廃止したとしても，このような対立は伝統的な宗教儀式（religio）の最後の復活によって特徴づけられ，その復活は切迫した惨事の予兆のなかで現れたのである。まさに800年前，ブレンヌスの襲撃以来初めて，アラリックとそのゴート族の軍隊が勝利を収めて聖なる首都の通りを行進したときに，これらの予兆は奇妙な一致によってすぐに実現されるはずだった。そうでなければ，政権はアレクサンドリアのような偉大な東の都市にいる興奮しやすい大衆によってのみ深刻な抵抗に直面し，そこでの異教徒とキリスト教徒の間の紛争は激しく，長期間に渡った。とはいえ，ユリアヌスがオリュンポス神の復興に失敗して以来，結果は実際のところ不確かではなかった。また，全体

　65）　ボワッシー『異教主義の終わり』第2巻，6，第1章。

的に見れば,古典主義の神々は当然,彼らが救済できなかった文明の廃墟の只中に埋められたと言われたかもしれない。

異端狩り

公式の異教主義の抑圧は全面的な計画の一側面にすぎなかったし,その目的はカトリシズムと市民権の間の多かれ少なかれ正確な一致を確立することだった。また,この計画を実現するために,帝国内部の異端の流れのさまざまな形式を破壊することが必要だった。このような観点から見れば,統治の考え方はすでに379年の勅令のなかに示されており,それは「神的な帝国の法律によって」[66]禁止されたあらゆる異端の永続的な消滅を命じた。2年後,フォティヌス派〔シルミウスムの司教となる。キリストの神性を否定した〕,アレイオス派,そしてエウノミオス派〔393年頃没,アレイオス派の過激派〕の異端は名指しで禁止された。また,「一なる最高神の名前はどこでも褒め称えられるべきであり」,「その熱狂に没頭するのを拒む者に対して機会は与えられるべきではない」とあるように,あらゆる教会の建造はカトリック信仰を告白した司教へ直ちに任せなければならないと規定された[67]。これらの対策はニカイヤ信条によって提示された規範から逸脱するとき,彼らの推定された「罪」の程度に応じて変化する法的無資格化のもとで,さまざまな異端信奉者たちにしかけられたそのほかの対策によって補われた。それゆえ,たとえばマニ教徒に関して,政府は彼らを冒瀆の罪として扱う権利を主張した(わたしたちは彼らを瀆神罪に値する人と見なす)。し

---

66) テオドシウス法典 16.5.5:「神的には帝国の法によって禁じられたすべての異端は永久に終わることになる」。

67) 同上,16.5.6。

かし，その目的が懲罰的というよりも治療的であったとき，市民からの除名のようなものを彼らに課すことで満足し，そのような理由で彼らは「ローマ法にしたがって意志決定し，生きるあらゆる権利」を否定されたのである（「わたしたちはローマ法に従って絶えず証言したり，生きる能力のすべてを奪い取る」）。このような刑罰の回避を防ぐために，マニ教徒によって彼らの実の継承者にさえ伝達された財産は没収刑に処されるべきだと決められ，さらなる予防策として，法には遡って効果があるとされ，免除が拡大されたのは「マニ教徒として育てられたけれども，みずから自身をその〈宗派〉から分離しようとする関心に対する分別と敬意をもっていた子どもたちの財産」だけだった[68]。同年の別の勅令によって，エウノミオス派，アレイオス派，そしてアエティオス派〔4世紀後半に栄えたアレイオス派の過激派〕は町であろうと田舎であろうと，没収刑のもとで教会を建てることを禁止された[69]。382年，マニ教徒には遺言状を作成する法的資格はないということが承認され，同時に一方ではほかのいくつかの種類の異端は死刑に処されるべきだと宣言された[70]。383年の二つの勅令によって，エウノミオス派，アレイオス派，マケドニウス派〔アレイオス派と類似した立場，聖霊の神性を否定した〕，プネウマトマキ派〔マケドニウスやセミ・アレイオス派と類似し，聖霊の神性を否定した。聖霊と闘う者〕，マニ教徒やほかの派の者たちは集会の権利を否定され，そして叙階式を開くことを禁じられた。他方で，彼らの財産は没収され，彼らの司祭や聖職者は出身地へ追いやられ，政務官はこの規則を執行することができなかった場合には罰金を科

---

68) 同上，16. 5. 7 (381)。
69) 同上，16. 5. 8。
70) 同上，16. 5. 9。

せられた[71]。5年後,こうした命令がくり返され,アポリナリオス派〔キリストにおける理性的部分を否定した〕の信奉者にも適用された。彼らはゲットーのような場所に追いやられ,帝国の法廷を利用し,申し立てをするすべての権利を拒まれたように思える[72]。ほかに感染しやすい異端の罪を犯していると思われた人々の道徳的で,おそらく身体的な孤独はエウノミオス派の去勢された男 (Eunomiani spadones) に関連する389年の立法のなかでも暗示されていた。その名前は彼らの祭儀の不名誉な性格を示唆している。しかし,それは同年にマニ教徒に対しても適用された[73]。

こうしてテオドシウスによって開始された異端狩りは彼の政策のほかの側面と同様に,彼の息子のもとで誇張された熱意とともに進められた。このような関連において,407年の立法のうちに含まれていた原理に関する明白な宣言が注目されるかもしれない。コスティニアヌス法典[74]のなかに対応するもの見出す,この立法によって異端は公的犯罪であり,「なぜならば,神の宗教に反して明言されたいかなる侮辱も万人に対する被害に関わっているからである」[75]と命じられた。有罪判決を受けた異端が所有する財産の没収を正当化するさい,同じ勅令が彼らの侮辱を大逆罪 (maiestas) のそれと一致させ,彼らの遺言は無効であると宣言した。それはまた,自分たちの主人を見捨て,みずからカトリック教会の礼拝に服した異端の奴隷に対して

---

71) 同上, 16.5.11 と 12。
72) 同上, 16.5.14:「彼ら〔異端者たち〕は何らかの壁によって人間の交わりからできるだけみずからを遮断する場所へ赴くのであろう」。
73) 同上, 16.5.17:「彼らは他の人たちと最高の共同体に属するものを何ももっていない」。
74) 同上, 1.5.4。
75) 同上, 16.5.40。

法的保護を与えた。アレイオス派だと疑われたスティリコ〔365-408, 西ローマ帝国の将軍, ホノリウス帝の義父〕が亡くなったあとで公布された別の勅令は, カトリック信仰に対する敵は誰であれ帝国の業務である公職に就くことができないと規定した（「こうして信仰と宗教においてわたしたちと一致しない人はわたしたちと何らかの理由で関係していない」）[76]。この原則は410年にふたたび主張された[77]。

ユダヤ人への対応

こうして信仰の統一性を強化するために講じられた対策がユダヤ人に適用されることは当然ほとんどありえなかった。彼らの宗教は, ある意味でキリスト教正統派の帝国の内部で彼らを永久に同化させることができなかった民族的・人種的特性の反映とみなされていた。それゆえ, すでに述べたように, 異端への対策は治療的であったし, 彼らの想定された罪悪性やそこから懸念されるべき道徳的・社会的危険に応じて変化した。ユダヤ人問題はいくらか異なる扱いを要求していると感じられた。結果的に, ユダヤ人はテオドシウス体制のなかで独特な身分を与えられた。こうして393年の勅令によって, 彼らの宗教は合法と認められたのであった[78]。これは彼らが集会の権利を保障され, 身体や財産においてキリスト教の民衆によるいじめから保護されたことを意味する。この原則は412年にふたたび主張された[79]。他方で, 憎むべき迷信（nefanda superstitio）で汚染された部分が社会的に孤立するのをできるだけ防ぐための対策が講じられた。このような目標に向けて, いか

---

76) 同上, 16. 5. 42 (408)。
77) 同上, 16. 5. 48。
78) 同上, 16. 8. 9：「ユダヤ人たちの宗派はどんな法によっても禁じられていないことは十分に確定している」。
79) 同上, 16. 8. 20。

なるユダヤ人もキリスト教徒の奴隷を購入したり，あるいはそうした後，彼の全ての奴隷は没収されるという刑罰に処されるという条件で，彼を改宗させることを考えてはいけないと規定された[80]。この法の厳しさはその後，次のような条項によって和らげられた。すなわち，キリスト教徒の奴隷を所有することは認められる一方で，ユダヤ人の所有者はキリスト教徒〔の奴隷〕に彼ら自身の宗教が要求していることを守ることができる完全な自由を与えるべきである[81]。しかし，できるだけそのような行為を抑えるために，彼らはキリスト教徒を奴隷として購入すること，あるいは彼らを贈り物として受け取ることが禁じられた。また，彼らを改宗させようとする何らかの罪を犯していることが発覚した者たちは死刑に処されると宣言された[82]。さらに，ユダヤ人とキリスト教徒の結婚は不貞と分類され，それゆえこのような侮辱のためにコンスタンティヌスによって科された残酷な刑罰を受け，このような結婚をした場合には，どんな人間も告発することができるという追加条項を伴っていた[83]。最終的に，ユダヤ教の拡大は中断されたと思われ，ユダヤ人は新しいシナゴーグを建設する権利を否定された[84]。また，ユダヤ人の社会的劣等意識は彼らが帝国の公的業務を希望することが認められなかったという事実によって強められた[85]。予想されるように，こうした最後の対策はテオドシウスではなく，彼の息子の統治と結びつけることができたのである。

それゆえ，異教徒，異端，ユダヤ人に対して講じられた

---

80) 同上，3. 1. 5 (384)。
81) 同上，16. 9. 3 (415)。
82) 同上，16. 9. 4 (417)。
83) 同上，3. 7. 2; 9. 7. 5 (388)。
84) 同上，16. 8. 25 (423)。
85) 同上，16. 8. 16 (404) と 24 (418)。

第9章　テオドシウスと国家宗教　　557

対策は, もっとも完全になしうる仕方で, テオドシウス的秩序の基本的原則としてみなされるかもしれないものを実行するのに役立った。380年の勅令において制定されたような, この原則は「無知によって神の法の神聖さを混乱させるか, あるいは不注意によってそれを侵害するものはだれでも, 冒瀆行為の罪を犯している」[86]というものだった。この原則の適用は, ある程度は政治的考慮によって決まっていた。たとえば386年, 女帝ユスティナはコンスタンティウスのアレイオス主義を支持した人々のために集会の限定的権利を手に入れてやろうと, ミラノから口を出したといわれている。とはいえ, この譲歩は次のような留保のもとにあった。すなわち, もし彼らが公式の教会政策に対して何らかの扇動を引き起こすためにその権利を使用したならば, 彼らは「暴動の張本人にして教会の平和の阻害者」[87]として死刑に服すべきである。続く勅令は, 宗教的論争点の公での議論を禁止し, その決着済みの政策に対するあらゆる批判あるいは疑義を防ぐための政府による一定の決断を示すものとして受け取られるかもしれない[88]。この決断はさらに背教に対する態度によって強められ, それは道徳的・精神的排他主義への堕落とみなされた。異教主義への復帰は遺言状を作成する権利をなしとすることで罰せられたが, 同じ父母から生まれた犯罪者の息子や兄弟は, (たとえカトリック信者だとしても) 相続することが認められた[89]。これらの法的資格の停止は同様にユダヤ教あるいはマニ教への背教者にも科された[90]。391年, どんな階級であっても, 背教者たちは特権や免責をはぎ取られ,

---

86)　同上, 16. 2. 25。
87)　同上, 16. 4. 1 (386)。
88)　同上, 16. 4. 2 (388)。
89)　同上, 16. 7. 1 (381) と 2 (383)。
90)　同上, 16. 7. 3 (383)。

永遠の汚名を着せられ,そして民衆のなかでももっとも卑しい構成員に分類された[91]。

キリスト教による帝国の聖別

 新しい宗教政策は,疑いなく次のような深まりつつある確信によって刺激された。すなわち,コンスタンティヌスの行為によってその伝統的拘束力を奪われた国家は,新しいもののうえにしっかりとみずからを打ち立てた場合にのみ存続することを望みうるのである。しかし,そのような拘束力を創り出そうとするとき,テオドシウスはその先任者によって熟慮されたものを越えていった。すでに示唆されたように,コンスタンティヌスはキリスト教を一つの強壮剤として考え,それは衰弱した政治体に対して慎重に調整された用量で投薬されるべきものだった。〔しかし〕テオドシウスが提起したものは,強壮剤というよりはむしろ輸血であり,それはコンスタンティヌス以降の合間に,そこから教会 (ecclesia) へと伝わった活力ある状態にポリス (polis) を復活させた唯一考えられる手段だった。そのとき彼は正統派あるいは三位一体論的キリスト教のうちに政治的団結の原則を見出しえたような確固とした信仰によって支えられたのであり,その受容は帝国の世俗的要求と調和することで,帝国を完成した状態へともたらすだろう。このような観点から見れば,異教徒,異端,ユダヤ人にとっては閉ざされていたが,それにもかかわらずテオドシウス的秩序はその生まれながらにもっている権利を教会の息子として認めるための準備ができているすべての人々

---

 91) 同上,16. 7. 5 (391):「自分の地位や身分から移された人々はいつまでも不名誉に苦しめられ,民衆の卑しい最低の部類にも数えられないであろう。というのも忌まわしい破滅的な精神によって聖餐の恵みを軽蔑して,人々から遠ざかっていた人々と共同して彼らは何をもつことができるのか」。

に対して「開かれていた」。

とはいえ，このように理解するならば，テオドシウス主義は理念の致命的混同を示している。というのも，信仰を政治的原理と考えることは，文明をキリスト教化することではなくてむしろ，キリスト教を「文明化すること」だからである。それは，神に奉仕するために人間の諸制度を聖別することではなくむしろ，神を人間の諸制度を維持すること，すなわち地の平和（pax terrena）を維持することと同一視することである。そして，この場合，地の平和は安っぽく粉飾された帝国によって代表され，それは人間的でこの世的な目的の追求に由来することで，まさにそれを生み出した価値を人間に与えないほどに堕落していた体制だったし，いまや完全で純然たる力によってのみまとめられていた。そのさい，テオドシウス主義は原理を純粋に形式的なものにした一方で，同時に実現のために従来の「政治的」方法の適用を示唆した。それゆえ，政府の圧力のもと，帝国は急速にキリスト教の衣装を身にまとうために世俗主義の衣装を脱ぎ捨てていった。他方で帝国は，本心においてはまったく異教的なままであり，その点では単なる白く塗りたる墓へと変わってしまったのである。それゆえ，テオドシウス革命の最終的帰結は古代的意味における政治の消滅を歓迎することではなく，単に国家が争った問題を変えることだった。すなわち，その革命は文明と野蛮の間の衝突を諸宗教の衝突に変えたのであって，そのなかにあらゆる種類の反抗者は帝国権力の要求と争うときの共通の行動計画を発見し，そこでもまた帝国における代々の敵，とくにアレイオス派の司教ウルフィラスによって福音を説かれていたゴート族との協力関係を見出した。こうしてテオドシウス主義は二つの方向を示している。ある意味で，それはビザンチウムのなかで生き残る運命にあった。そこでは正統派の名において，宗教政治と政治宗教の密接

な同盟は古典的遺産から離れたすべてを，さらなる千年の間，保存するために存在した。そうでなければロマニタスを回復させるどころか，結合の原理として，宗教を文化の代わりにする計画は最終的で決定的な要素を，ローマの秩序の解体に突き進む力に加えるために役立っただけである。

　このような観点から見れば，帝国の歴史においてテオドシウスによって演じられた役割の真の意義を判断することが可能になる。ギボンはローマ帝国の精神はテオドシウスとともに終了したと宣言した。また，わたしたちは次のことに同意してもよいだろう。すなわち，圧倒的な困難さに直面して，テオドシウスはウァレンスの敗北によって引き起こされた危機を克服し，最終的に「帝国を復興させた」のである。このような取り組みのなかで，彼は帝国が所有していた道徳的・物理的エネルギーの最後の蓄えを使い果たしたことも同様に明確である。それゆえ，彼とともに，「官僚制独裁主義の悲劇」は完全に明らかになっており，まさにそれは一つの悲劇であった。

　　そこでは不可避の運命によって，想像上の全能という
　　要求は統治の屈辱的停滞に終わった。また社会的悪を
　　治療しようとする確固たる努力は，耐えられないよう
　　になるまでその悪を一層重くするだけだった。中央権
　　力の最善の目的は……人間本性の抑えられない法則と
　　同時に，政府の使用人における絶望的な裏切りと汚職
　　によって嘲笑され，打ち負かされたのである[92]。

どんなに賢く正義に適った支配者を期待しても，そのよ

　92）　ディル『西ローマ帝国の最終世紀におけるローマ社会』234頁。

第9章　テオドシウスと国家宗教　　561

うな悪の解決策，あるいはそれに相当する緩和でさえ，おそらくこのような事情では無理であろう。しかし，その悪を見ながら，救済策が新しくきわめて論争的な問題の導入のうちに見出されうると想像した人間が，甚だしい過ちから放免されることはほとんどないだろう。そのような人間こそテオドシウスだったのであり，崩れ落ちそうな帝国に政治化されたカトリシズムの骨組みを強制することで，その帝国を聖別しようとする彼の試みは，それゆえ古い世界のあらゆる本質的な要素を犠牲にすることなしに新しい世界を完成させようとする，この世紀の最終的かつもっとも絶望的な試みという位置を占めている。こうして安定化の手段とみなされたがゆえに，新しい宗教政策は取り返しのつかない惨事を抑えるように運命づけられたことは驚くべきことではない。しかし，このような観点から見れば非生産的ではあるけれども，それにもかかわらずそれは間接的で偶発的な結果という理由で大いに重要なことだった。このことを強く主張することは，テオドシウスに本来備わっていた偉大さを損なうことかもしれないが，彼の歴史的意義を強調することに役立つ。その時代におけるユリウス・カエサルと同様に，混乱を切り抜けようとしながら，ユリウスのように彼は単に否定的な結果を越えるものを達成することはできなかった。それゆえ，彼の真の特質が存するのは保護する者（conservator）ではなく，破壊者としてである。しかし，カエサルやテオドシウスの両者とともに，破壊の作業は次に続く再建の作業のために必要な準備行為だった。また，第一に共和国の廃墟からアウグストゥスとアントニオスの帝国が生じたように，第二にその帝国は近代ヨーロッパの国民国家に道を譲るために最終的に廃棄されたのである。

　とはいえ，このような仕上げはテオドシウス主義がその作業をすべきだった一時の間は延期された。また，わたし

たちの関心はそれだけではなく，テオドシウス的政策の差し迫った帰結にも関わる。いうまでもなく，その政策の結果は単に帝国に対する形式的で外面的な調和を強化することだった。しかし，まったく名ばかりのカトリシズムの告白にすぎないものは，信仰に対するきわめて新しい態度を政府にも取らせたが，それにはもはや最高の結果をもたらす宗教的発展と対立する，あるいはそれを制限さえする立場にはなかったという結末が伴われていた。

アントニオスと修道院の意義

このような発展のなかでは修道院生活の発展は少しも重要ではなかった。わたしたちはすでに次のような運動を暗に示した。すなわち，その世紀の只中で，この運動は脅威を与える規模となり，「キリスト教の律法」に帰依しようと切望して，何千という市民が家族や国家の要求を拒否して，砂漠あるいはそこへの幹線道路に向かった。この観点から見れば，修道士たちを厳しく批判しながら，負担を共有することを拒んだ人々に対する組織的社会の敵意を反映したユリアヌスの態度を理解することは可能になる。カトリックの信者ではあったけれども，ウァレンティニアヌスは徴兵を逃れようとする修道士たちに最大限反発したことも思い起こされるだろう。ユリアヌスとウァレンティニアヌスの考え方が近代という時代に反響していると感じるのはおかしなことではない。それゆえ，修道士たちは次のような人間として汚名を着せられた。すなわち，彼らは「人間を犯罪者として，神を専制君主として表し……困窮した生活を永遠の幸福の代償として受け入れる残酷な熱狂によって鼓舞されていた」[93]。修道院生活という「伝染病」は，別の仕方では次のように描かれていた。

---

93) ギボン，前掲書，第37章，57頁。

第9章 テオドシウスと国家宗教   563

人類の道徳史において，このような禁欲主義的な運動以上に深く，痛みを伴った関心をもった局面はおそらく存在しない……気味が悪く，汚く，衰弱した狂人は，知識もなく，愛国心もなく，自然的愛情もなく，無用で残酷な苦行の長いくり返しのなかでみずからの人生を送り，またその狂乱状態の頭から出た不気味な幻覚に怖気（おじけ）づきながら，プラトンとキケロの著作やソクラテスとカトーの人生を知っていた諸民族の理想になった[94]。

 そのような見解は，それにもかかわらず，ならず者や狂人だけでなく聖人や才人が抗し難いほどに惹きつけられた過度な運動を特徴づけるのに役立つかもしれない。また，少なくとも真の精神的価値のいくつかの要素を含んでいなかったならば，こうしたことはほとんど起こりえなかった。これらの要素が何であったかは，おそらく『聖アントニオスの生涯』から推測されるかもしれない。この一つの作品はアタナシオスによるものとされ[95]，修道院生活に対する深い共感だけでなく，その重要性の鮮明な理解を明らかにしている。そのようなものとして，この作品は修道院の理想を形成し，その理想を同時代の精神に勧めることで少なからぬ影響力を行使したのである[96]。

 これらの理想に関していえば，「彼らの政治的」価値はまさに何もなかったことに最初の頃は気づくかもしれない。したがって，修道院生活はキリスト教の教えの有益な性格によって強い印象が与えられる一方で，形はどうあれそれを古典主義の使い古された理想と調和させようとした

 94） レッキー『ヨーロッパ道徳史』（第7版），ii. 107。
 95） それはデュシェーヌ，ii⁴, p. 488, n. 3 によって本物として受け入れられた。
 96） アウグスティヌス『告白』viii, vi, 15。

人々に対するメッセージを何も含んでいなかったのである。それどころか，修道院生活が提起したものは厳密に個人の救済へと捧げられた生にとって必要な前提であり，この世の完全にして最終的な拒否であった。そのさい，修道院生活は皇帝ユリアヌスの憤激を強く刺激したような「あなたのもっているすべてのものを売りなさい……」という福音の教えを文字通りに受容したことを示した[97]。また，これに対して完全に自由な意志にして自発的な最初の衝動のなかで，修道院生治は最高のキリスト教の徳である謙遜の表明として，教会の権威に対する服従にも注意を向けていた[98]。このようなことが自己規律によって特徴づけられた生活の基礎であり，その厳しさは肉欲を支配下におくのにもっとも必要なものによって決定された[99]。アントニオスの場合，これは長期に及んだだけでなく，厳しくもあった試練に関わった。20年の間，彼はナイル川付近の見捨てられた要塞の廃墟に囲まれた世捨て人という存在に耐えた。誘惑を避けるために，彼は荒野に向けてどんどん遠くに引きこもったが，たとえそうしても安心立命の境地に達しなかった。とはいえ，彼の不屈の粘り強さは敵に対する一連の勝利によって報いられた。たとえば，それはまるで彼が足下にある石の間でむき出しになり，目に見えていた黄金からまっしぐらに逃げるときのようなものであった[100]。そして，暗黒の権力に対する彼の最終的な勝利は，彼が生きて成熟し穏やかな老年を実現したという事実によって証明されたのである[101]。

著者の観点からすれば，アントニオスの生涯はとりわけ

---

97) 『聖アントニオスの生涯』2と3。
98) 前掲書，67と68。
99) 前掲書，5と6。
100) 前掲書，12と13。
101) 前掲書，89，90。

第 9 章　テオドシウスと国家宗教　　565

重要だった。なぜなら，それは修道士の禁欲（ascesis）という道徳的価値を身をもって例証したからである。そのような理由によって聖人は聖霊の働きだと理解されたもののさまざまな証を示すことができたのである。こうしたことが明らかになるなかで，彼は気づくのに苦労したが，あらゆる場合において「キリストを通してただ祈りによってのみ成し遂げられた」[102]信仰の癒しに関する数え切れないほどの事例を報告している。同じくらい重要なのが次のような事実であった。すなわち必要に応じて，アントニオスはアレクサンドリアにおいてキリスト教の原理を証言するために砂漠の隠居から出てきた。これらの出来事の最初のころ，彼は厳しい迫害の時代の間も不意に都市を訪れた。引き合いに出されているように，それは殉教を求めるという目的ではなく，苦しめられた「証聖者〔殉教者以外の聖人〕」に対して彼が道徳的支持を与えんがためであり，彼はそれを首尾よく人目を惹く仕方で行った[103]。二番目の出来事はアレイオス派の論争の激しさのなかで起きた。そのとき，まとまった教養をまったく欠いていたけれども，修道士は霊感の力によってのみ異端を論破したのである[104]。同じ精神でもって彼は異教の哲学者たちに打ち勝った。それは議論ではなく，悪魔に苦しめられた何人かの人々を癒し，科学に対して信仰の，思考の生活に対して活動の生活の優越性を示すことで勝利したのである[105]。勤勉で絶え間のない努力の報いとしてついに，アントニオスは最終的に預言を可能にする洞察という資質を得たのであった[106]。

修道院生活の精神は人間の独立と同じくらい神への依存

---

102)　前掲書，48, 57, 63, 70, 71, 83, 84。
103)　前掲書，46。
104)　前掲書，69。
105)　前掲書，80。
106)　前掲書，82 と 86。

によって特徴づけられていた。そこにキリスト教的民主主義の秘密が見出されるかもしれないし，たとえばそれは次のようなときにアントニオスによって説明された。すなわち，皇帝コンスタンティヌスと彼の息子によって彼に宛てられた手紙に対する返事のなかで，アントニオスは彼らがキリストを賛美した事実を称賛し，同時に現在について考えすぎるのではなく，来るべき審判を思い起こし，救世主を真にして永続的な王としてのみ認めることを彼らに説く手紙を書いた[107]。そこにもまた「エジプト〔の財産〕に対する神の医者」としての彼の強さと影響力の源泉を見出されるかもしれない。その結果，「多くの戦士と財産をもった人々は人生の重荷を捨て去り，彼らは残りの人生のために修道士となった」[108]。

バシレイオスによる二つの貢献

アントニオスとパコミウスとともに，その最初から修道院生活の発展を追いかけることをせずに，わたしたちは4世紀の運動の内部で生じたある重要な展開に注目するために少しだけ立ち止まろう。それらの発展は聖バシレイオス〔329頃-379，キリスト教古代の神学者〕の生涯や著作と広範囲にわたり結びつけられていた[109]。バシレイオスの貢献は二つあり，それは（1）神学者として，（2）ノモテテースつまり立法者としてであった。神学者として，彼は聖書的・教義的基礎に基づいて，この運動を「合理化する」ことに尽力し，事実上，とくにキリスト教的な道徳（moralia）の原則を苦労して作り上げた。立法者として，彼はその実現のために適切な手段を提供することを目的とした共同組

---

107) 前掲書，81。
108) 前掲書，87。
109) 『ケンブリッジ中世の歴史』第1巻，18章「修道院制度」；クラーク『聖大バシレイオス』。

織の筋書きを描いた――それはポリスの, といよりはむしろポリスの代わりのモデルとなった原則を具体化する一つの組織であった。こうした原則のうち第一の原則は, 内部管理の原則として表現されるであろう。その原則は共通の信仰, 定期的で頻繁な交流, そして観想, 自省, 告白といった毎日の実践を通して達成されるべきものである。第二の原則は, 性別の平等も含んだ経済的・道徳的相互依存の原則であった。これらの原則は共同体が自己充足するための基礎を提示し, その基礎はキリスト教の学問研究だけでなく, 組織労働, 農業, 産業, 美術工芸のなかでも表現されていた――それはすべての人がみずからの能力の限界まで参加した手仕事的かつ知的な活動であった。原則はキリスト教の社会奉仕のためにも基礎を提供した。生産物は利益よりも使用のために存在したがゆえに, それ以来, 余剰物はホスピタリティの目的, とくに子どもの育成や教育のために使われた。また, こうした多様な活動形式が協同的な努力によってのみ可能になったように, バシレイオスとともに, キリスト教的コミュニズムは隠者のような生き方に完全に勝ったといわれている。

アウグスティヌスの『カトリック教会の道徳』

修道院生活の第三の局面は聖アウグスティヌスの『カトリック教会の道徳』から説明できるかもしれない[110]。その著作は西方への浸透と, 西方の影響力のもとでその著作が被った修正との両方を明らかにしている。この第三の局面において, 運動の独創的な目的, すなわち個人の救済は忘れられていなかったということが理解されるであろう。この著作はマニ教的二元論と, それに基づいた倫理との鋭い対立のなかで書かれた。マニ教の倫理は, 迷信的な禁欲

---

110) 約390年。

のさまざまな形式や「言葉では表現できない神秘」のなかで表現されていた。これらの表明，すなわちマニ教的「学問」の所産に抗うように，アウグスティヌスは聖書のなかに見出されうる権威の原理に訴える[111]。聖書の権威の光のなかで，ちょうど基本的かつ本質的に悪であるような「自然本性」は存在しないように，彼は感覚の生活のなかに基本的かつ本質的な悪は存在しないと主張する。それゆえ，救済の問題は情念を破壊することでも，それを抑圧することでもない。むしろ，情念は最高善を見ることで方向づけをし直されるべきである。このような善は神のうちにあり，それゆえ神の探求（secutio）は至福の切望（appetitus beatitudinis）[112]として描かれ，そこから愛はダイナミズムを構成するのである[113]。このような観点から見れば，愛は古典主義の四つの枢要徳を包含すると同時に，愛はその徳を新たな意義で輝かせるのである[114]。このようにして，この世の目的の追求へと向けられるとき，道徳的混乱と荒廃を生み出す同一の原則は，アウグスティヌスによって神の国の内部で創造的な平和の実現に必要な原動力をもたらすために考え出されたのである。

このような平和を可能にするとき，同時に愛は他者を手段としてよりもむしろ目標として扱うことで達成されるべき社会的善を可能にする[115]。その結果，愛は相互的な

---

111) アウグスティヌス『カトリック教会の道徳』，i. 3。
112) 前掲書，i. 13。
113) 前掲書，i. 17. 31：「愛によって嘆願され，愛によって求められ，愛によってせかされ，愛によって啓発され，最後に愛によって啓示されたもののうちにいつまでもとどまる」。
114) 前掲書，i. 15. 25：節度 -「愛される者に自分の全体を与えた愛」；勇敢 -「愛される者のためにすべてをたやすく耐える愛」；正義 -「ただ愛する者に仕え，それゆえに正しく支配する愛」；知恵 -「助けられる者と妨げられる者とを賢明に選ぶ愛」。
115) 前掲書，i. 30. 62：「キリスト教徒には心を尽くし，魂を尽

愛（mutua caritas）あるいは兄弟愛（fraternitas）に基づいて，慈愛の義務（隣人に対する愛の義務 officia caritatis erga proximum）のなかでみずからを明らかにする，特殊キリスト教的な「秩序」のための基礎を提供する。このような観点から見れば，隠者の生活は疑いなく，彼が普通の人間の忍耐をしのぐ「神聖さの頂点」（fastigum sanctitatis）に達したことを意味するような価値を示し続ける[116]。しかし，相互的愛の法はこのような理想よりもむしろ，社会における相互生活の理想を示す。その社会のなかで，競争という通常のルールは捨て去られ，その社会からロマニタスの二重の悪である搾取と寄生は消滅する[117]。そのような社会の基礎は本来なら単純労働のなかにあるであろう。なぜなら，このことは精神を神から疎外することなしに，もっともたやすく身体的欲求の提供を許すからである。この社会のなかで人々は，食べるために生きるというよりも生きるために食べるだろう。また，飲食に関する不快な迷信をけっして受け入れない一方で，彼らはいままでのところ強い肉欲を抑制するために肉とワインを慎み，こうして彼らの禁欲主義に合理的な限界を設けるであろう。余剰が蓄積されるにつれて，それは外部世界における貧者に向けて助祭を通じて分配されるであろう。それと同時に，成員たちは彼らの先輩あるいは父親の指導のもとで，お互いに尊大さのない権威を行使し，奴隷状態のない服従を実践するあらゆる必然的関係のなかで，道徳的・精神的価値の育成に専念するであろう。約3000人の男性たちの集団で組織された社会は，女性たちによる同様の集団のうちに対応する

くし，精神を尽くして主なる神を愛し，隣人を自分自身のように愛することが生きる形として与えられている」。

116) 前掲書，i. 31. 66 と 67。

117) 前掲書，i. 31. 67：「誰も何かを自分のものとして所有しない，誰も誰かに重荷とならない」。

部分をもっている。また,男性と女性という両者の集団はキリスト教的生活の完成と有機的統一を例証している[118]。

修道院生活と世俗社会の対立

このように理解されることで,修道院生活はある意味でコンスタンティヌス以前の時代の精神への逆行を示している。しかし,その発展が主として4世紀に生じて以来,修道院生活は新しい共和国の諸条件に対する反抗として理解されなければならない。したがって,それはもっとも著しい仕方で教会と国家によってそれぞれ育まれた理想のような,相互にきわめて矛盾する理想の間に何か現実的融合体をもたらそうとしてコンスタンティヌスからテオドシウスまでの皇帝が失敗したことを強調するのに役立つ。

この過ちはさらにもう一つの,まさにその時代の人目を惹く現象を通して証明される。これはみずからの集中力を教会の奉仕に注いだのと同様に,卓越した能力と性格を持つきわめて多くの男性が世俗社会の階層から退場したということであった。何よりそこにはヒエロニュムスが含まれていた。彼はベツレヘムに引きこもり,とくにキリスト教的学識の基礎を築くように定められていた。また,アンブロシウスとアウグスティヌス——前者は間もなく教会政治の手腕をもった主導者として,後者は西方キリスト教の指導的哲学者の一人として有名になる。このような献身の移動は教会の側での「社会的勝利」と呼ばれたものの証拠としてとても取り上げることはできない。反対に,この移動はこの世の要求に対する道徳的勝利を示している。たとえば,それは,アウグスティヌスが「地上の事柄の苦役」と呼んだ世俗的秩序のなかで具体化された目的に対する増大する嫌悪感に帰されるかもしれない。また,アミアヌスが

---

118) 前掲書, i. 35. 79。

そのもう一つの選択肢の価値に対するキリスト教徒の信仰を少しも共有しなかったように，このような嫌悪感はアミアヌスのような異教徒によっても共有されたことを忘れてはならない。同時に，こうした献身者の移動はロマニタスに特徴的な病弊を扱うための政治的方法に効果がないという観念を強めていったことを明らかにする。もちろん，これらの移動は修道院生活に夢中になっているような，この世からのあらゆる離脱を示唆している。というのも，修道士のなかでは司祭的役割は支配的なままだったからである[119]。それにもかかわらず，あらゆる場合において，この移動は公的奉仕活動に対する直接的損失を意味している。

異国趣味の復活

人材と資材の一定の削減に付け加えられた，このような損失は政治的に見ても回復不可能だった。また，仮に可能であったとしても，この損失は国境地帯の向こう側の資源を利用することによってのみ補うことができた。これは，当初コンスタンティヌスが描いた異国趣味の復活を引き起こした。そしてテオドシウスが統治している間に生じたのはまさにこれだった。「（軍隊と官公庁にとっての）好材料に対する当然の偏愛はコンスタンティヌスとテオドシウスを新しい人種の意図的な擁護者へと向け」，さらに「これは帝国の理念全体の論理的帰結だった」という。初期の帝国に関する限りこのような主張は，ある程度の文化的同化が帝国社会の最低身分とは違う高い身分への参入許可を希望した人々からいつも要求されていたという事実を見過ごしている。このような観点から見れば，ユリウス・カエサルのラディカリズムにおいて，長髪でズボンをはいたゴー

119）　前掲書，i. 32. 69：「というのも彼らは癒されるべき人たちよりも癒された人たちの世話をしないから」。

ル人がローマの元老院に入ることを許可するよりも，深い憎しみを引き起こすことはなかった。このような関連において，「人種」というよりも「文化」の問題だったことが注目されるべきである。これはクラウディウスの治世において，まったく同じガリア人の子孫たちが惜しみなく国家の最高の栄誉を与えられたという事実によって示されている。コンスタンティヌスに関していえば，ゴート族に対する彼のもともとの偏愛は疑いなく彼らと第二のフラウィウス朝皇帝との間にある先祖代々の関係，すなわちおそらくクラウディウス・ゴティクスの時代を端緒とした関係から生じた。しかし，彼とともに，保護者と隷属平民の伝統的関係は道徳的・社会的平等の関係へと変わった。このような考え方の革命的変化に対して，一つの説明だけがありえた[120]。皇帝の改宗は見解の根本的な修正をともなっており，その結果として，文化的相違が市民とよそ者の関係を管理するための決定的要因であることをやめた。それゆえ，それは分裂を引き起こしていた伝統的な境界を明らかに越え，かなりの程度までその境界を無意味なものにした。このような観点から，コンスタンティヌスの異国趣味は彼の甥の嫌悪を呼び起こした異教的行為の本質的要素だった。しかし，その従来の土台に基づいてユリアヌスによってふたたび主張されたローマ人と異邦人の間の対立は，異教復興が成功するかどうかにかかっていた。そして，これが実を結ばなかったことが明らかになるにつれて，彼の後継者が維持できないとわかったものは，そのような瀕死の社会を支える要素にあったのである。

　テオドシウスの治世は，弱体化に抵抗しようとするあらゆる試みの最終的放棄を示している。彼の政策の他の局面と同様に，異邦人の扱いにおいて，皇帝は非常に広範囲に

---

[120] エウセビオス『教会史』iv. 7, とくに§11以下。

及ぶ特徴的政策の刷新に対して責任があった。テオドシウス的異国趣味は相互に排他的ではないけれども，二つの異なる方法のなかで表明された。その第一の方法は連合体を通してである。連合体（federatio）は帝国の内部での独立した諸民族が承認した限りにおいて，従来の活動からの根本的な撤退を表現した。これまで述べられてきたように，「この諸民族は法と政務官という下位の権限を甘受することなしに皇帝の統治権を認めた」。このような観点から見れば，その真の意義はゴート族がその古い王を否定し，新しい王を擁立し，「よりよい条件」[121]のための長い闘争に着手したときに明らかになった。その役割は一連の盟約や合意を通して皇帝が次第に西方に対する影響力のある統治権を手放していくことになった経緯を隠すことだった。それにもかかわらず，異邦人の王はみずからの諸国民と入り混じったローマ人の住民を含む領域を支配しながら，皇帝からの譲歩によってその立場を正当化し，権利の行使において，帝国権力の代理人にして仲介者として登場することで満足した。それゆえ，典型的にローマ的理念である「契約主義」はテオドシウスや彼の後継者によって中央集権化された帝国から国民国家への移行を容易にするために用いられたのであり，この意味においてそれは世界に対するロマニタスの最後の贈り物のなかにあるべきものだった。このような目的に役立つことで，それはテオドシウス的政策の少なからず注目された特徴，すなわちローマ人と異邦人との連立という政策によって補われ，強化された。テオドシウス的連合主義は王家の利害の管理とともに帝国の防衛を，疑わしいかあるいは分裂した忠誠心をもっ

---

121) イシドゥルス『大年代記』712（382年）：「ゴート族はローマとの連合の庇護を拒否してアラリクスを自分たちの王として立てた」。

た人間スティリコ〔365-408,西ローマ帝国の将軍〕のような偉大な異邦人の族長に対する配慮へと委ねた政策のなかで表現された。その特異な立場は彼らが帝国の執政官や元首のような役割を果たしたという事実において集約的に示された一方で，同時に彼らはみずからの民族の王にとどまっていた。このことは一連の同盟において示されている。その同盟によって族長たちは帝国議会の構成員との結婚を通して団結した。ロマニタスの最後の活動的な主唱者であるウァレンティニアヌスは，違反すると死刑に処すという条件でローマ人と異邦人の結婚を禁止したことが思い出されるであろう。一世代の期間のなかで，この法は廃れてしまい，君臨している王朝がいわば異邦人と運命をともにしたという事実ほど，彼の政策の挫折を効果的に説明できるものは何もない。

　カトリック国家の理想を実行しようとしたさい，テオドシウス一族の統治権が教会の承認と支持に値すると願ったことは疑いない。そうであるならば，どれほど教会が帝国の側に立って，帝国の計画と方法に同意したかを考察することが重要になる。この問いに対する一つの答えは，ある人間の経歴のなかに見出されるかもしれない。その人間は高潔な人格，階級における高い身分，そして世俗的権威のさまざまな代表者との優れた関係によって，教会政治の手腕をもった同時代の指導的主唱者とみなされるのが正しいだろう。この人こそ，ミラノの司教アンブロシウスであった[122]。

アンブロシウスの登場

　374年，司教に登用された瞬間から，アンブロシウスは

---

122) 彼に関する詳細な研究については次の研究を参照せよ。ドゥデン『聖アンブロシウスの生涯と時代』（2巻本）。

元気よく決然と教会の奉仕へと献身し，異端と異教の両方に対して，彼はアタナシウス自身に値する立派な精神でカトリック主義の要求を主張した。とりわけ異端への彼の態度は教会をアレイオス派の女帝ユスティナへと譲り渡すことを拒んだことによって明らかにされた。そのとき，忠実で熱心な会衆によって支持された司教は断固としてバシリカからの追放を拒否し，降伏よりもむしろ死ぬための準備をした[123]。異教に対して，彼は同様に譲歩しなかった。若き君主ウァレンティニアヌス 2 世の死にさいしてなされた説教のなかで，彼は大胆にも殺人の理由でアルボガストを告発した。同様にのちになって彼は，偶像崇拝に反対する帝国の法を緩和しようとしたという理由で，強奪者エウゲニウスを辛辣に非難した[124]。

これらの出来事は教会の自律を正当化しようとするアンブロシウスの関心を説明するのに役立つであろう。彼は(a) 自分で決定できる法人としての権利，(b) その代議員を通して聖職者たちが正しいと考えたことを語り，かつ行動する自由を受け入れるために，教会の独立を思い描いた。こうして彼は，司教の任命のような問題に干渉しようとする世俗的権力の要求を否定した。「わたしたちは，イエス・キリストの律法によって，そのような勅令を認める法を聞く耳をもたない」[125]。同時に，彼は「ちょうど国家が表現の自由を否定することは正しくないように，彼が感じているものを表現することは司祭の責任でもある」と主張した。なぜなら神聖な職務によって，「司祭はキリストの王国と永遠の生命を宣言する使者」だからである[126]。教

---

123) アンブロシウス『書簡集』1. 20；アウグスティヌス『告白』ix. vii. 15.
124) 『書簡集』i. 57。
125) 前掲書，i. 21。
126) 前掲書，i. 40。

会と聖職者の自律を保護するために，彼は公の基本財産といういくつもの意味にもとれる便宜を，すなわちキリスト教を物乞いする宗教集団（religio mendicans）とすることによって，キリスト教が異教の儀式と同じ程度の公式な施し物であるということを認めなかった。「教会の富とは貧者に捧げるものである」[127]と彼は宣言した。

このように教会のために主張された諸権利は人間生活の秩序にとって根本的に重要な感覚に基づいており，その権利は世俗社会の主張としても矛盾しない制約であることを示唆した。このような観点から見れば，教養ある人間の諸制度は「罪の癒し」として考えられたのであり，その起源は堕罪した人間の情熱的願望を満足させると同時に穏やかにするいくつかの手段を考案する必要にまでさかのぼった。それゆえ，たとえば「自然」は私的財産の存在根拠をけっして提供しないし，その起源は社会習慣の普及によるものとされる一方で，一つの制度としての私的財産の維持はそれが利用されることによって決まる[128]。財産と同様に，統治権力自体が同意する共通の有用性の基準を引きあげるときに最高の発展に到達しているのは国家もまた同じである[129]。

アンブロシウスと神政政治の始まり

このように考えられたことで，人間の諸制度はある相対性〔相互関係〕の支配下にある。その相対性からの脱出は，人間の諸制度がつねにそしてどこでも妥当する原則の要求にしたがうために作られたようなときにのみ可能となる。

---

127) 前掲書 i. 18. 16。
128) 『教役者の職務』i. 28. 132：「自然は共通の権利を創造するが，不法所得は個人的権利を造る」。
129) 前掲書『書簡集』i. 29. 9：「あなたが他人のために定めたことをあなたは自分のためにも定めている」。

第9章　テオドシウスと国家宗教

また，そのような原則はキリストと聖書の絶対的権威のうちでしか発見されえない[130]。このような観点から，アンブロシウスは政治権力の新しい起源を提示し，その起源は神の命令にまでさかのぼれるように，神の目的を実現するために用いられるときに正当化される[131]。それゆえ，彼にとって権利はもはや力に依存するのではなく，その権限を神の権威から受け取る。このような真理の承認を，彼は個人の幸福と同様に，社会的幸福の条件とみなす[132]。「政治的正義」がこの新しい態度をとるとき，キリスト教的奉仕への義務は臣民と同様に統治権を拘束することになる。なぜならもっとも謙虚な平民のように皇帝は「教会の子」だからである。「高ぶってはいけない。もしあなたがみずからの権威を維持したいならば，あなたは神に服従しなければならない」[133]。

アンブロシウスとともに，この理念がゆっくりと自然に拡大することによって，キリスト教的原理への服従は司祭の意志への服従と同一視される。このような観点から見れば，この世の権力は自律してはいるが，「独立」[134]してはいない。こうしてアンブロシウスはいわゆる「二次的な権力」の要求――つまり霊的なものが不可譲の権利をもつとみなされたことで，具体的統治権へ接近する世俗的事柄への介入権（罪びとに対する裁き ratio peccati）を要求するに至る。彼によれば，そのような介入は政治活動が人格性に

---

130) 『信仰について』
131) 『聖ルカ福音書の注解』iv. 29：「権力の配置は神から来る。権力を上手に用いる人が神の召使いである」。
132) 『書簡集』i. 17. 1：「というのも，各人が真の神を誠実に崇めるのでないなら，救いは確実ではないであろうから。これがキリスト教徒の神であって，この神によって万物は治められている」。
133) 前掲書 i. 20. 19。
134) 前掲書 i. 21. 4：「信仰の訴訟では司教たちはいつもキリスト教皇帝たちを裁いている」。

関わる権利を脅かすときはいつでも要求され，それは経済的・政治的動機が道徳的・精神的目的に従属することを求める。こうしてアンブロシウスに由来した理論は，近代のカトリック政治思想へと至る道を見つけることができた[135]。アンブロシス自身によって，それは一度ならず「神の目的に向かう教会的導き」を確かにする手段として行使された。そのような導きは説諭的であるか規律的であった。またそれは，少なくとも一つの有名な事例において，テオドシウス自身の破門を含んでいた[136]。

いわゆるテサロニケの虐殺に対する責任の結果として，テオドシウスの破門はある程度の人格的・道徳的罪を意味するものと理解されるかもしれない。しかし，アンブロシウスはこれよりもさらに広範囲に及ぶ介入権を主張した。彼にとって，組織社会には罪と義，過ちと真理の間というような真の中立性は存在しえない。それゆえ，首都長官シンマクスによって率いられた元老院の異教的党派が立派な勝利像を元老院議事堂の場所へと戻すことをウァレンティニアヌス2世に懇願したとき，アンブロシウスは，たとえ若き君主がその懇願にしたがうとしても，神と教会の不満という脅迫を携えて議論に加わった。「それは宗教に関わる事柄であり，わたしは司教としてみずから告訴する」[137]。次に起こった歴史的議論において[138]，古典哲学とキリスト教哲学はついに対決した。また，こうした側面と議論の評判が一致しなければならないことにほとんど疑いはなかった。ウァレンティニアヌスの時代のゆったりとした寛容を異教徒が懇願していることに対して，アンブロシウスはグ

---

135) たとえば，次の研究を参照されたい。J. マリタン『カエサルの所有してないもの』，12頁。
136) 『書簡集』i. 51。
137) 前掲書 i. 17. 13。
138) 前掲書 i. 17 と 18。

第 9 章　テオドシウスと国家宗教　　579

ラティアヌスに法の施行を厳格に要求することで答えている。異教徒が近年の飢餓を立腹した神々の敵意のせいにしたとき，自然法は悪魔の力の支配に服従していないと彼は答えている。彼らはもし「勝利」の像が屈辱を受けるならば，「勝利」はローマの軍隊を見捨てるかもしれないと示唆する。アンブロシウスはその歴史的勝利は動物の内臓あるいは無意味な像よりもむしろ彼らの戦士の強さに負っていたのだと反論する。「勝利は権力ではなく贈り物である」。彼らは，過去において効果的だとわかった祭儀を保存するために実利的根拠に訴える。「ある人間が真理を求める方法はどのような違いを生むのか。たしかに膨大な秘密への接近に関する一つではない手段があるに違いない」。教義的には彼は人類の身体的，道徳的，知的進歩は一なる真の摂理に帰されうると答える。このような進歩のなかで，キリストの任務は新しい出発点を形成し，神の本質の完全で最終的な啓示を構成することで，異教主義に対して死の宣告をする。

　このようなことがアンブロシウスの見解であり，その見解が断固として保持されていたのと同じくらい決然と主張されたのである。それゆえ，テオドシウスの名前と結びついた宗教改革の計画の背後にある優れた精神を彼のうちに見ることは不当ではない。それどころか，この観点から見れば，異教主義，ユダヤ教，異端の過ちとの関係を絶たないならば，帝国を救済する希望はありえないのである[139]。そのような努力において，もし帝国が強制力という武器を行使したならば，アンブロシウスはこれさえも支持する用意があったのである。アタナシオスは迫害を悪魔の武器だと言明した。しかし，アンブロシウスは神の国を実現する手段として悪魔の武器を用いることをいとわなかった。し

---

139)　『書簡集』i. 17. 2。

たがって，彼がある程度はその気高い成果の栄誉をあいまいにしながら，人類の大義と迫害の大義を同じ力と成功をもって主張したといわれているのは真実である。たとえば，破門で脅かしながら，彼が気が進まないテオドシウスに，ユダヤ教のシナゴーグを破壊したことでキリスト教の暴徒に補償を迫ろうとする彼の意図を思いとどまるようにさせたときに，あるいは皇帝グラティアヌスに対してゴート族との衝突が首尾よくいくように祈ることを約束することで，彼はアレイオス派との戦いは聖戦であったと信じるように彼に勧めたときに，彼の考え方に共鳴することは不可能である[140]。そのさい，アンブロシウスはおそらく二つの領域を混同しがちな傾向を明らかにし，その結果，歴史的経緯におけるキリスト教の真の役割に関する誤った考えを示している。それゆえ，もしそうだとしたら，その過ちは彼のきわめて多くの同時代人と同様に，彼は民政に長期間関わった経験で得た先入観の影響を教会にもたらしたという事実に帰されるかもしれない。また確実に，自由の擁護においてさえ，とくにローマ的である権威主義の兆候が見受けられる。なぜなら，彼が意味する自由は司祭のためだけの自由だからである。すなわち，平民（prebs）に対する彼の態度は総じて保護的である。それゆえ，アンブロシウスの立場において，その危険さは国家に代わるもう一つの制度を，教会のうちに打ち立てたことのなかにあった。また，瀕死の共和主義の代わりとして神政政治の開始を提示することで，彼は再生したロマニタスというよりもむしろ中世の教会的政体を示したのである。

140）『書簡集』i. 40;『信仰について』i. 10. 以下の研究を参照されたい。ギボン，前掲書，第 27 章，176 頁。

黄昏の時代

　もちろん,テオドシウス主義の究極的結果は新しいヨーロッパ秩序を基礎づけることだった。とはいえ,その目前にある帰結は古いヨーロッパ秩序の最終的破壊を引き起こすことだった。テオドシウスに続く時代は一般的に黄昏時の人間たちによる黄昏時の政府の時代として特徴づけられるかもしれない。その弱くまとまりのない努力は近づきつつある破滅を防ぐには完全に無力だとわかった。その破滅は都市の破壊,地方の荒廃,コミュニケーションの分裂のなかではっきりと示された。アルカディウスとホノリウスの〔統治の〕最初の年である396年にはすでに,同時代の観察者によって描写された状況は絶望も同然であった。

　　聖ヒエロニュムスが宣言するように[141],「精神はわたしたちの時代の廃墟をじっと見つめ震えている。ここ20年,ローマ人の血はコンスタンティノーポリスとユリアン・アルプスにまたがる土地をぬらしていた。そこで数知れない残忍な部族は荒廃と死を拡大した……自由で高貴な者の身体,既婚者と処女の身体は情欲の犠牲になった。司教たちは投獄された。教会は略奪された。キリストの祭壇は馬小屋になった。殉教者の骨は棺から放り出された……いたるところに悲しみが,いたるところに嘆きが,いたるところに死の影が満ちていた!」。

　さらに10年後,同じ物語がガリアでくり返されなければならなかった。新年を目前とした406年に,イタリアの防衛のために集結させられたいくつかの残軍,つまりヴァンダル族,スーヴィ族,アラン族が入り混じった軍勢

---

141) 『書簡集』60.16; cf. 123.16-17。

は西方の領域を永遠かつ無抵抗に占領するために，無防備なライン川の水面を横断した。この記憶すべき出来事は，「アルプスの向こうにある国々においてはローマ帝国の崩壊として理解されるかもしれない。長年にわたって異邦人と文明化された諸民族を分けてきた障壁は……その重大な瞬間から完全に跡形もなく壊された」[142]。4 年後，永遠の都であるローマ自体の略奪においてクライマックスに達した。他の点では取るに足りないことだが，この出来事は目を見張るほどの性質のために，ローマ世界を土台から揺るがした。「世界全体を魅了してきた都市は，それ自体囚われの身となった」。「宇宙の輝かしい光は失われた。帝国は頭を失ってしまった。世界全体がたった一つの都市のなかで滅びてしまった」[143]。ほかに何もなされなかったかのように，ロマニタスはその道の終わりに達したという恐ろしい真実を，首都の略奪は明らかにした。

　このような真実に関するそれほど華々しくはないが，それでもおそらく印象的な証言はテオドシウス法典の簡潔な記録のなかに見られるかもしれない。これらの記録は，異邦人の侵入や礼拝の異邦化と一致して，古典古代の社会構造はどこでも崩壊していたことを示している。1000 年にわたる活気あふれる市民生活は西洋文明に対するローマの真の貢献だと宣言されていた。もしそうであるならば，テオドシウスの時代における自治都市の運命に見られる以上にロマニタスの経緯に対する皮肉な説明はありえなかった。

　この運命について，前兆はすでにテオドシウスの治世にはじまった財政逼迫の激化において明白だった。それゆえ，380 年，政府は政務官が古い公共建築物の修理のため

---

　142) ギボン，前掲書，第 30 章，269 頁。
　143) ヒエロニュムス『書簡集』127. 12 と 128. 4。

に必要とされた資金を新しい公共建築物の建設に使うことを禁じた[144]。10年後，政府は政務官が無鉄砲にも建設しようとしたような建物の費用を，個人的に彼らに強いると脅かした[145]。さらに5年後，「地方都市の壮麗さが年月とともに崩壊してはいけないので」[146]，政府は帝国の資産から必要な修理に関わる費用の3分の2を負担することを引き受けることで，困窮した共同体の救済に向かわざるをえなかった。

こうした対策は，長年にわたって共和国の骨格と活力だった地方都市がついに恐るべき破綻に直面したという事実を示している。その結果が絶望と一つになった憤慨を生み出したのであった。この衝撃はまもなく服従の慣行を乗り越え，やがて国家からのとんでもない飛躍に変化させたものの兆しがあらゆる面に現れた。その結果，ローマの元老院の成員の3分の2を定足数——全体を法的に拘束する決定——とする立法行為のうちに，この証拠は見られるだろう[147]。すなわち，都市参事会員の逃亡者をかくまう習慣を阻止するために作られた罰金制度の設立[148]，また最終的には逃亡者の財産は5年を経たら没収されるとする法の制定に見られる[149]。396年の法は，とくに都市参事会員が地方へ逃げることで自分たちの義務からの避難所を探すことを禁じた[150]。これこそまさに4年後に政府が大規模に起こったことであると公に認めている[151]。地方の貴族層のように，地方のギルドの成員も同様であった。400年の勅

---

144) テオドシウス法典 15.1.21。
145) 同上，15.1.28 (390)。
146) 同上，15.1.32 (395)。
147) 同上，12.1.142 (395)。
148) 同上，12.1.146 (395)。
149) 同上，12.1.143 と 144 (395)。
150) 同上，12.18.2。
151) 同上，12.19.2 と 3。

令が宣言しているところでは[152]、みずからの業務を奪われた地方都市は汚れのない栄光を喪失し、ギルドの構成員の多数派は近づけない秘密の場所に引きこもるために都市の生活を見捨ててしまった。これに対して同時に、勅令は身分が発覚した者については、例外なくその本来の義務へと戻されなければならないと命じている。

弱体化する帝国と市民の不安

　地方都市の破綻は、その都市を基礎とした帝国の破綻でもあった。将来の社会が担うべきどんな形式であれ、それは明らかにアントニオスの時代あるいはコンスタンティヌスの時代の形式でさえありえなかった。その一方で、地方都市の生活にきわめて悪影響を与えた諸条件は帝国社会の内部でも他の階級の生活を変えるようになった。確かに5世紀の中ほどでも（シドニウス・アポリナリスのような）元老院の貴族層のメンバーが属州のあらゆる場所に、大部分は独立した膨大な私有地で従来のような豪華な生活を維持することはいまなお可能だった。とはいえ、このことをなしうるのは彼らがその伝統的関係を断ち、中央権力に対する義務を拒否することによってのみであった。ウァレンティニアヌス、テオドシウス、アルカディウスの勅令が宣言したことは[153]、土地に課せられる税（onera glebalia）をもはや支持できなかった元老院議員の不満を考慮して、元老院が決定したのは自分たちの法的負担を果たすことができない人々は〔コンスタンティヌスが初めて発行した〕ソリドゥス金貨7枚をそれぞれの取り分に応じて、年払いで国庫に利子をつけて払うべきだということだった。「彼らがむしろ元老院を辞職すべきかどうかを自由に選んでも

---

152) 同上、12. 19. 1。
153) 同上、6. 2. 15 (393)。

第9章 テオドシウスと国家宗教

よいという留保とともに，わたしたちはこのことを承認する」と皇帝はつけ加えている。

時代の騒動と混乱のなかで命を失った群衆は別として，ずっと以前から耐えられなくなった負担を放棄しようとする衝動に駆られた人々の消息を知ることは難しい。その中には疑いなく，聖職者の身分になる道を見つけた者もいた。あるいは彼らを十分に保護できる力をもっている人々の支配のもとにおかれた者もいた。さらに身も心も異邦人のもとへ向かった者もいた。彼らは，異邦人のなかで衰退する帝国の古臭い社会において，彼らに与えられなかった自由と幸福の機会を見出した。このような裏切り者の歴史は，文明の有益さと比べれば野蛮主義の有益さという伝統的テーマの興味深い変種を示した[154]。たとえ彼らが消滅しなかったとしても，圧倒的多数の人々は強奪や殺人による不安定な状態のなか何とか生きのびて，森や山に避難したにちがいない。

4世紀の終わりまでに，このように民衆の敵が急増したことは一般市民の間に高まった不安感，すなわち政府がほとんど静めることができなかった不安感を引き起こした。383年と391年の立法は盗賊に援助や励ましを与える者は誰しも罰金からむち打ちに及ぶ刑罰に処されなければならないと規定する一方で，経営者としての自覚をもたずに，そのような無頼漢を隠すか司法へと彼らを引き渡すことを拒否した，財産がある仲介人や親方は，生身のまま焼かれると脅かされた[155]。別の勅令によって，家長は昼，日中の攻撃だけでなく，夜中に密かに強盗が彼らの家に侵入した

---

154) このような個人の物語の一つがギボンによって詳しく話されている。ギボン，前掲書，第34章，429頁。次の著作も参照されたい。サリビアヌス『神の統治について』（455年頃）。

155) テオドシウス法典 9.29.2。

ときも，力による抵抗が認められた[156]。さらにもう一つの勅令は軍隊からのすべての脱走兵は集められ，皇帝の決定が下されるまで拘束されなければならないと命じた[157]。しかし，政府が最終的な麻痺状態になったことは次の法で明らかになった。それは互いに役立つ平和のために（pro quiete communi）犯罪者，盗賊，あるいは脱走兵を見つけたときはいつでも一掃することによって「共通の敵に対する公的復讐の権利を罰せられずに行使する」権限をあらゆる人間に与えた[158]。このような無力さの屈辱的な告白とともに，事実上ロマニタスはその世俗的課題を放棄した。ある敵の言葉と考えられるが，荒地を作りながらも，それを平和と呼んでいた帝国の権力はその最終的なネメシス（天罰）に遭遇していた。それは何世紀もの間，被害者の死体のうえに脂肪を厚く塗り，ついに過剰からではなく無気力のゆえに滅びてしまったローマの狼のようであった。また，大きな獣が最後に息を引き取ったとき，もう一度全員に対する各人の戦いが再開された。終わりのない対立のなかで，

> 人間たちは，自分たちの力と自分たちが作ったものが彼らに与えてくれるもの以外には何の保証もなしに生きている。このような条件のなかでは，その成果が不確実であるがゆえに，産業のための場所はない。結果的に土地の耕作も，航海もなく，また海路で輸入されるかもしれない産物の使用もない。広々とした建物もない。たくさんの力を必要とするような物を動かしたり取り除いたりする道具もない。世界全体についての

---

156) 同上，9.14.2 (391)。
157) 同上，7.1.16 (398)。
158) 同上，7.18.14 (403)。

第9章　テオドシウスと国家宗教　　587

知識もない。時間の計算もない。技術もない。文字もない。社会もない。そして，何よりも困るのは，絶えざる恐怖であり，暴力による死の恐怖である。そして，人間の生活は孤独で，貧しく，汚らしく，残忍で，しかも短い。

　ここで分析した用語を歴史の用語へ翻訳してみると，それはいまやヨーロッパが暗黒時代へと劇的に突進するために準備していたことを意味する。
　この点において，世界に対して政治的共同体がいかにして組織されうるかを示した都市は，ついにいかにしてその共同体が消滅したかに関する見事な説明を提示することができたのである。また，専制政治の締め付けが突然緩んだとき，死んだ理念の亡霊は問題を抱えた現在に出没するために遠い過去から現れ出てきたのである。皇帝ホノリウスは愛国主義の精神と地方都市の民兵の創設を通して達成されるべき地方の自立を喚起しようとしたが，それは無駄だった。ブリタニアとアルモリカ〔フランスのブルターニュ地方の古代ローマ時代の呼称〕において，軍団が最終的に撤退したあとで，その精神の残り火が少しの間，形式的な「独立宣言」のなかに一瞬生きて現れたように見える。その「独立宣言」は，諸都市の協同によって形成され，「それゆえ永続的に諸都市に対する統治権を放棄した」[159]ことが皇帝によって承認されたのである。その一方で，エジプトにおいて，好戦的な司教シネシウスは帝国という難破船を救出する唯一の考えられる希望として，「武装した国家」の夢にふけていた[160]。

159）ギボン，前掲書，第31章，351-56頁。
160）『王国について』21以下（398年頃）。

二人の皇帝における違いと類似

とはいえ，一般的にこのような自由と協同的取り組みのビジョンはあらかじめ無益な行為を余儀なくされた。それどころか，このビジョンはテオドシウスの時代の精神構造や状況とはまったく異なる考え方の不明瞭な省察にすぎなかった。この事実はわたしたちが別の箇所で主張し，実際には本書の基本的なテーマである一つの真実を強調することに役立つかもしれない。ローマの崩壊は理念の崩壊，あるいはむしろ大胆にも古典主義の理念として描かれるかもしれない複雑な理念に基づいた生活体系の崩壊だった。そして，すでに3世紀に顕在化した古典主義の欠陥は遅かれ早かれ荒廃した体制に影響を与えざるをえなかった。このような事実を認めることで，革新派の皇帝の目的はキリスト教を国家に生気を与えるのに適した力として甘受するにいたったのである。この点において，コンスタンティヌスとテオドシウスとの違いは各自がその要求にしたがうために用意していた距離感のなかにあった。この観点から見れば，コンスタンティヌスの意向は，わたしたちが見たように，キリスト教を「認める」という彼の行為がもたらした論理的な結果をもみ消すことだった。しかし，テオドシスはカトリック国家の形式と秩序を制度化することでローマ皇帝にとって最大限できる限りのことを行った。とはいえ，このような違いにもかかわらず，二人の皇帝は一つの根本的な点において類似していた。彼らがキリスト教に要求したものは明確に社会的・経済的機能に仕えるべきだということであり，つまり彼らはいつでも「政治的に」考えていたのである。おそらく，このような事実から見出せるのは，彼らの取り組みの過ちについての説明であり，その最終的な成果は単に目的を急き立てることだったのである。

第9章　テオドシウスと国家宗教　　589

古典主義とキリスト教の間

　もしそうであるならば，このことは重大な関心と意義に関する問題を提起する。その問題とは根本的には古典主義とキリスト教の間，すなわちこの世の平和の達成へと向けられた秩序の要求とこの世ではない平和の実現を目指した秩序の要求の間に和解をもたらす真の可能性があったかどうかということであった。この問題に対しておそらく最終的な答えは不可能である。とはいえ，キリスト教には既存の秩序を強化するために用いられるような要素が含まれていた一方で，同時にキリスト教は古典的理想に対するすでに弱体化した信仰を打ち砕き，それどころか古典的理想がいまなおもっていた意味が何であれ，その体制を無力にするのに十分なほどきわめて爆発的な性質をもった要素を含んでいたことが認められるべきである。その違いを解決するか，あるいは少なくともそれを隠そうとするとき，4世紀の皇帝と聖職者の両者に対して誠実さと善意の称賛を与えることを否定はしないが，わたしたちは彼らが二つの社会の問題の永続的解決策のようなものには到達しなかったと主張せざるをえない。それどころか，二つの社会の間の問題について考えを明確にすることで，彼らは古代世界の破綻を引き起こしたと断言できる。

　「没落」の観点から語ることはある意味でいかがわしい。それはみずからを誤った立場におくことであり，歴史的展望のあらゆる真の意味を捨て去ることである。ユリアヌスやシンマクスのような人には，4世紀の出来事は確実に文明の終焉だけでなく，人間生活に価値と意義を与えたすべてのことの終焉を予示するように見えたにちがいない。しかしながら，近代にとってその重大な発展は，新しく根本的に異なる将来のために必要とされた準備だった。そして，この将来が姿を現すために，永遠性を要求したにもかかわらず，ロマニタスが地上から消滅することは避けられ

なかった。

　要するに帝国を解体していく過程のなかで，キリスト教と野蛮な習俗は同盟した力というよりもむしろ結び合わされた力だったことに注目すべきである。異邦人が切望したものは陽のあたる場所だった。また，いくらかではあるが，彼らの野心はアラリック〔370-410，西ゴート族の王，410年にローマを攻略した〕からクローウィスまでの時代において西方の属州のいたるところで盛衰した短命のゴート族やウァンダル族の王国の形態のなかで実現された。他方で，キリスト教は二次的な意味においてのみ経済的・文化的生活の問題に関心をもった。その取り組みの不器用で不確かな性格にもかかわらず，依然としてキリスト教の真の目的は神の国を建てることだった。このような観点から見れば，帝国の失墜のあとに続く時代のなかで教会の役割を評価することが可能になる。それどころか，教会は異邦人を文明化することに役立った。それは一つには古典時代のどこでも，人間の精神的成長を含んだ学芸の後見を引き受けたことであり，さらには壊滅した帝国との関連から獲得した秩序と規律の精神をもった何かを侵略者に伝えることによってである[161]。とはいえ，これよりも大いに重要なのは，その問題がドイツの森からもたらされたものに比べると，人間の欲求にとって不適当ではない信仰を彼らに与えることになった点である。それゆえ，次のような問題が生じている。どの程度までこれを実行するための態勢が整っていたのか。この問いに答えるために，わたしたちの歩みをたどり直し，本書には当然限界があるものの，いくつかのより重要な側面において，ニカイア公会議のあとの時代におけるキリスト教的思考の発展を考察することが必

　161）　西ゴート族のスペインについては，ギボン，前掲書，第38章，142頁。

要になる。

第Ⅲ部

新　　生

第 10 章
教会と神の統治

はじめに

　これまでわたしたちは 400 年にわたる栄枯盛衰を通してロマニタスの衰亡の運命を辿ってきた。わたしたちは皇帝アウグストゥスによって正式に開始された〔古典文化を〕保存しようとするプログラムの中の，ある試みを考察してきた。それは古典的古代の〔人々が抱いた〕思想と志望にみられる永続的に価値あるもののすべてを回復し，永遠のローマの庇護のもとに効果的な表現をそれに与えようとする試みであった。しかしアウグストゥスのプログラムは第 2 世紀において皮相的な実現しかなされず，単に第 3 世紀におけるその挫折への前ぶれに過ぎなかった。そして古典的な共和国の崩壊と同時に君主たちは，改革の諸々のプロジェクトに献身した。その改革はコンスタンティヌスとその後継者たち，つまり第 4 世紀の皇帝たちによって着手された改革において頂点に達した。そのような改革の努力を調査して，ある程度であるが，明らかになったことは，改革が失敗に終わったことの原因であった。しかし，それらの諸原因をいっそう完全に理解するためには，わたしたちはニカイア信条がキリスト教信仰に与えた諸々の影響——それは当代の偉大な教会人らの特定の人たちによって展開されたものである——を考察しなければならない。

この研究はコンスタンティウスからテオドシウスに至る革新的な皇帝たちが心に懐いた希望が無益であることを, つまりキリスト教的な共和国の精神である新共和国の形態のうちでは〔彼らの希望の〕実現が不可能であることを, 強調するのに役立つであろう。同時にこの研究はキリスト教の伝統的な用語では「神の国」として知られていることに対する4世紀の教会の態度をいっそう理解しやすくするであろう。

4世紀の思想的取り組み

4世紀の教会にとって神の統治の光景は霊的な貴族政治の光景であった。それはキリスト教の真理を受容することによって新生した社会であった。そしてこの真理の心髄と中心はニカイアの信条に含まれていた。その信条に含意されていることを展開することは4世紀のキリスト教の代表的な人物たちの偉業となった。この「諸価値の啓示」は最近の著者の言葉では, 古代と現代との間の心理的な深淵を創造した道徳的で知的な大変革を完成させることに役立った[1]。その仕事に着手するに当たって4世紀の護教家たちはもちろん聖書的で使徒的な権威と同時に初期の教会の権威から指導を受ける特権をもっていた。しかし三位一体論の基礎が今や信条の中に厳密に示されているという事実のゆえに, 彼らは教会の権威を攻撃する新しい確信を獲得していた。したがってニカイア以前の時期の先輩たちとは相違して, 彼らは異教の「知識」から生じる恐れを何ももっていなかった。その結果, 彼らは「すべての真理はキリスト教的真理である」という仮説を提言するように勇気づけられた。そしてこの命題から簡単に推理して彼らは〔イスラエルがエジプト脱出に際して行った〕「エジプト人のも

---

1) ロー『古代世界の終焉』の「あとがき」。

第 10 章　教会と神の統治　　　　　　　　597

のを奪え」という実践的な行動原理を引き出した。エジプト人のものを奪い取るプロセスにおいて彼らは，信仰の本質を屈辱的に譲歩することなしに，キリスト教と古典文化との間の隔たりを閉ざすことに尽力した。

　このように考察すると，4世紀の聖職者たちは，プラトンのとき以来比較できるものがなかった人間経験の総合を企てたこと〔つまり文化総合〕を示している。確かに今のところ思想の歴史においてプラトンはこの観点からすると〔幅の広い〕「普遍的な」(Catholic) 哲学と呼ばれるかもしれないものを試みた，唯一の思想家であった。そして彼は，その体系を数世紀にわたって発展させてきたキリスト教に反対する，もっとも恐るべき要素を提供し続けることに成功すべく取り組んだと言ってもよかろう[2]。しかしプラトン主義の歴史が示しているように，プラトンはある本質的な局面において彼がねらった総合を実現するのに失敗したので，精神のために恒久的な故国を建てるに至ったのである。プラトン主義がキリスト教によって提供されたもう一つの体系と対照して見られるとき，彼の失敗の本質と結果が明らかになることをわたしたちは願っている。この点ではプラトンの失敗の原因が経験への古典的な取り組みがもつ根本的な欠陥を克服できなかった彼の無能力にあることに注意を向けるだけで十分であろう。この立場から見ると，4世紀のキリスト教の役割は，古典時代の人が自らに与えた傷を癒すことであった。また哲学的な異教主義に含まれている真理の要素がもつ長所を認めながらも，それを超越することによって，古典的な古代の息絶えんとする精神的な理想を復活させ，かつ，方向を与えることにあると確かに示唆されるであろう。このような展開を考察するに当たって，わたしたちが現在行っている仕事が決して教

────────

2)　アウグスティヌス『訂正録』1,1,4。

義史ではないことを想起すべきである。つまり，わたしたちの研究対象とすることは，古典的な背景との関係においてキリスト教的な思惟がもつ顕著な性質を，わたしたちが叙述しようとする歴史的な革命における中心的な特色として取り出すことだけである。この目的のためには，いわば明瞭に区別できる特性を明らかにするのに役立つ思想の諸々の横断面を吟味するだけで十分であろう。このことにわたしたちはこれから取りかかろう。

アタナシオスの思想と行動の意味

そのような横断面の中で最初の，かつ，少なからず重要なものは聖アタナシオスの作品の中に見出されるであろう。わたしたちはすでにアタナシオスを行動の人，皇帝の宮廷が後援した異端的な諸傾向に対する不動の敵対者，コンスタンティウスの陰謀に逆らってキリスト教の自由を勇敢に，かつ，頑なに弁護した人として出会っている。わたしたちはまた『聖アントニオスの生涯』という著作にそれとなく示されているかぎりで，彼の信仰のいくつかの徴候を受け取っている。この書物はキリストの贖罪的な力と贖われた魂の力を同時に例証するものとして考察されている。またこの関連でアタナシオスと彼の信仰を共有する仲間たちにとって，アントニオスの行動と苦難がただの「詩歌」だけではなく，霊的な真理の記録であることを指摘することは重要である。その記録はキリストの啓示に暗に含まれており，その信奉者たちによって明らかにされた照明の賜物と力のよい実例となっている。

しかしながらアタナシオスがその時代の歴史における主たる重要性を獲得したのは，三位一体の教義の主唱者と解説者としてであった。そのような者として彼の態度はニカ

第 10 章　教会と神の統治　　　　　　　　　599

イア信条と彼の名前が付けられている信条[3]との双方に完全に，かつ，決定的に表現されている。しかしこれらの記録は信仰の単なる宣言にすぎないが，キリスト教思想においては，他の関連において『共産党宣言』が『資本論』に対してもっているのと同じような関係より以上のものを理性的な討論に対してもっている。したがってそれらの記録を完全に理解するためには，それらが支持されている討論を想起する必要がある。この討論はアタナシオスの論争的な作品，とくに彼の『ニカイア公会議の決定に関する解説』，『アレイオス派駁論』の四つの論文，『異教徒駁論』の中に含まれている。そのすべてが三位一体の立場を説明し弁護する目的に捧げられた。

　このように言うことは総じてアタナシオスのキリスト教思想に対する貢献を示すことである。確かにアタナシオスは一つの考えをもったひとではあったが，それは深遠なものであり，広範囲にわたる影響を及ぼした。もしギリシア - ローマの空しい思弁が解決できないパズルに終わっていたなら，それは根拠がないか，欠陥のある出発点を受け入れた結果であったことが彼には明らかであった。そして三位一体論の中に彼はそれ〔三位一体論〕に由来する結論の重さに耐え，宗教と哲学の生活を窒息させるよりも，むしろ支えるのにたりる広範で包括的な基礎となる主役を見出した。この関連で注目しなければならないのは，三位一体に関係して彼がいつも採用する用語は，ギリシア人の間で遠い昔からのしきたりによって聖別された言葉，アルケー〔始原，初めであり原理であるもの〕であるということである。またアルケーを採用することによってアタナシオスは自分自身を〔万物のアルケーは水であると説いた〕タレス

---

[3]　いわゆるアタナシオス信条は一般には 6 世紀の作として考えられている。

と自然学者たちではじまるギリシア思想の精神とを結びつける。しかし彼がアルケーに生じたものと見なす，あるいはむしろアルケーに見出す性格において，アタナシオスはギリシアの哲学的伝統から根本的に離れている。というのもギリシア人たちがこのアルケーを「自然」の中に求めたのに，アタナシオスは物理的な世界の境界の「内部」にも「外部」にも見出されないことに気づいたからである。またギリシア人たちがアルケーを「原因」や「諸原因の原因」として考えたのに，アタナシオスは，時間と空間のうちにある諸々の出来事を結びつける手段として前提されているものを，不用意に諸々の出来事に関係づけることはできない，と主張した。したがって，そのような原理に関する知識は自然に関する知識とはまるっきり相違していた。また原理に関する知識は自然的な原因の連鎖をその限界まで追求することによっては獲得されるはずがなかった。換言すれば，その知識は「それの作用と力」によって認識されるべき直接的で無媒介な理解の問題であった。そういうものとして，それを意識することは人類の独創的な精神的遺産に属するものであった。しかし，この意識がさまざまな理由によって不明瞭になったとき，新たに啓示される必要がある。そしてこの啓示を授けることがキリストと聖書の役割であった。しかしながら，この見地からこの啓示は，数学的で物理的な学問の第一原理によって獲得されたものに優るとも劣らないほど絶対的で無限に包括的な合法性を要求した。

三位一体の神についての理解
　三位一体について言うと，その考えは「知的には理解しがたい」ものであると言われていた。「三位一体という言葉は単なる抽象を示すか，それとも統一体（Unity）とい

う言葉を意味する」[4]。その著者〔ニューマン〕は付け加えて言う，三位一体という言葉は「わたしたちのある種の思考の原理と相容れないし，それ自身議論の余地がないが，わたしたちが何ら経験していない実在の領域とは異質であり，それには適用できない」と。こうして彼は「そのような高度の真理は献身するためにわたしたちに啓示されている（とわたしたちは想像してもよい）。また献身するために三位一体の神秘は何の困難をも引き起こさない」との結論に駆り立てられる。

　しかしながら神秘が宇宙の心髄にあることを肯定することと，人間がその神秘をそれだけで，かつ，独力で抱擁することとは別である。ニューマンが行っていることは実質的にはアタナシオスの精神と思想とは異質であった（とわたしたちには思われる）不可解なことの祭儀を設置することである。アタナシオス自身が呼びかけた聴衆は，古典的な思考方法から彼ら自身を解放するのが困難か不可能である人々から成り立っていた。彼はこういう人たちに向かって究極的な実在についての一つの見方を強力に推し進めていた。その見方とは彼が主張していたように蒙昧主義を支持することから遠く懸け離れており，叡知的理解なら何であれそのすべてではないとしても，いっそう広範な叡知的理解への必要な前提であった。換言すれば，アタナシオスが彼らに提供したものは道徳的で霊的な解放と同様に知的な解放であった。この解放は異教の知識（scientia）に巻き込まれた困難な状態からの，また異教の蒙昧主義が不可避的に導いたその余波からの救出であった。このことは「真理はあなたがたを自由にする」（ヨハネ 8.32）という約束の4世紀版を象徴した。

　だが，この真理を知らせようと試みるさいに，アタナシ

---

4) J. H. ニューマン『聖アタナシオス』第2巻，317頁。

オスは一つの困難に直面した。それは厳密には「自然的な」人間の困難であったので，異常なものではなかった。新しいアルケー〔始原〕もしくは出発点において彼は，そのユニークな性格のゆえに通常の理解のプロセスを超えている，ある原理に対する承認を要求した。したがってそれを把握するために思想と想像力の旺盛な取り組みが求められた。また，とりわけ精神から異教的な学問の擬人観を追放しなければならなかった。この立場から学問的な見解にとって基礎となる区別が完全に消えていった。というのも存在の源泉としてこの原理は「客観的に」理解され得なかったからである。つまり，それは実体・量・質・関係および要するに現象界の知識をつくり出すあらゆる範疇の言葉での分析を避けたのである。しかし対象としては認識できなかったけれども，単なる主観的な感情の言葉遣いにも還元できなかった。というのもその実在は，意識的な生活の，実践的な活動と同様に思弁的な活動の，さまざまな現れのすべてに前提されていたからである。

そのような原理の要求を弁護するにあたって，わたしたちはアタナシオスが主として第一と第二「位格」における三位一体の啓示に関心をもったことを想起すべきである。西方の神学者たちにとって第三の位格（hypostasis）が含意しているものを聖霊の教えにおいて発展させることが主として残された。このことの意味は恐らく当代の歴史的状況において見出されるであろう。アタナシオスが書いていた時代ではニカイアのキリスト教に対する主たる反対はコンスタンティヌスの宮廷の権力と威光によって支援されたアレイオス派から起こっていた。そして三位一体論に対するアレイオス派の反対者たちには三位一体論が提示した諸々の困難は道徳的なものよりも知的なものであった。もちろんこの問題の二つの側面は究極的には分離され得ないものではあるが。アタナシオスはこれらの知的な困難を強

力にしてかつ巧妙な弁証法のあらゆる力を尽くして探究した。そして彼はその反対者たちを論駁しようと奮闘して彼らが理解できる用語を使って，また当時の特有な言語によって語った。だが，それにもかかわらず彼の意図は，彼自身の言葉から知られるように，明瞭であった。彼は言明する，「神はその構成要素が相互に依存しあっている自然ではない。神はまた自然の部分の総体でもない。というのも神は自分が依存する諸部分からなる混合物ではなくて，神自身はすべてのものが現に在ることの源泉であるから」[5]。「質料から宇宙を構成し，組み立てるものとして神を考えることは，ギリシア人の見解である。またそれは神を創造者（ποιητής）としてよりもむしろ職人（τεχνίτης）として表現することである」[6]。

アレイオス主義の思想的ルーツと三位一体の思想との相違

このような，またそれに類似した箇所でアタナシオスはアレイオス主義の系譜を古典的科学知の中にそのルーツをたどる。このような箇所はニカイア神学の真髄を積極的に打ち立てようとする彼の努力に付随して現われる。このことを実行するために彼は，一方において存在や現実存在の源泉として理解され，他方において御言や宇宙の秩序における出現として理解された，神の原理（divine principle）の意味を伝えようとする。つまり宗教の言葉で言うと「父なる神」と「御子なる神」において伝えようとする。彼が伝えようとする問題の性質のゆえに，叙述は大分部において否定の用語を使ってなされなければならない。その原理は何でないかを示そうとすることによって，彼はその原理

---

5) アタナシオス『異邦人に対する駁論』28章。
6) アタナシオス『演説集』2,22。

が何であるかを暗示することで明らかにする。

> わたしたちは聖書から「御子」が（比喩的にと字義的にという）二つの意味で用いられていることを学んでいる。…… もし彼ら（〔アレイオス派を擁護したシリアの主教ニコメディアの〕エウセビオス派）が第一の意味で——その意味では〔御子という〕名前はその性格を改善したがゆえにそれを獲得した人たちにも属しており，彼らは神の子どもたちとなる力を受け取っている——御言に〔御子という〕名前を適用するなら，もし彼らがこのようにその名前をもつならば，御言はどこから見てもわたしたちと変わらないし，御言を独り子として叙述する必要は，御言がまたその〔本性上有する〕性質のゆえに（εξ ἀρετῆς）御子の名前を獲得していたかぎりでは，なくなるであろう。……[7]。彼らは困ってしまうと，顔を赤らめ答えるであろう，わたしたちは御子がその他すべての被造物に優っており，他のすべてのものが神の代理人もしくは補佐官としての御子を通して神によって創造されたので，独り子と呼ばれると理解している」[8]。

しかし，この発言は冒瀆であるとアタナシオスは論駁する。その理由はこうである。

> 「御言は字義的意味で御子であって，恩恵や養子縁組によるのではない。というのも自然本性（ピュシス）と瑕疵のない自然が子たる身分・出産・派生の観念に含まれているから。ところが類似性は同一性を含意し

---

7) アタナシオス『諸教令について』6。
8) アタナシオス，前掲書，7。

ない。……[9]

　確かに神は創造する。そして創造という言葉（τὸ κτίζειν）は人間に関して用いられる。また神は現に在るものの原理（ὤν ἐστι）である。人間も，その存在を神から得ながら，現に在ると言われる。そうするとわたしたちは神は人間が創造するように創造するとか，神の現に在ることは人間のそれと似ているとか主張できるであろうか。そんな考えは完全に破壊されてしまえ。このような用語をわたしたちはある意味で神に適用するが，人間に適用するときにはまったく別の意味で理解する。というのも神は存在していないものを存在に呼び出すことによって創造するからである。そのとき神はさらに加えて何も要求しない。しかし人間は先在する素材（ὑποκειμένη ὕλη 基礎をなす素材）に働きかける。そのさい人間はどうしたらよいかという知識を，神自身の御言を通して万物を創始させた神から引き出すのである。さらに自分自身を存在へと呼び出すことができない人間は，自分自身が空間に閉じ込められ，神の御言において現に在るのを見出す。ところが神は自身で現に在ることの原理であって，そのうちに万物を含んでいるが，何ものによっても含まれない。神はその善性と力のおかげで万物のうちにあるが，神にふさわしい存在のおかげで万物の外にある。人間の成長は放出と吸収によって起こるが，人間の誕生は動物のそれのように時間において生じる。ところが神は，諸部分がないので，不一致や愛着なしに御父は御子に対向する。というのも〔神には〕非形態的なものからの放出はないし，人間の場合のように，何かを自分自身へと吸収する要求もない。純粋に本性に

---

9) アタナシオス，前掲書，10。

よって神は独りの御子にとってのみ御父である。御子はこのゆえに独り子として叙述され，おひとりで御父のふところに安らっている[10]。

またこの意味で御子の誕生は人間の受胎を凌駕し超越する。というのもわたしたちは自らを時間の中で非存在から存在に現れ出るように，時間において引き継いでいる子どもたちの父となっているから。しかし永遠に存在する神は御子には永遠の御父である[11]。

このように神の本性の完全性と恒常不変性から考えて，また再び擬人論的な観念と対比させて，御子の「永久な誕生」を語ることは正しい。アタナシオスは次のように論じる。

というのも御父の本質は決して〈不完全〉ではなかったから。こうしてそれに属しているものはその後現われることができたし，御子の誕生は御父の存在に続いて起こるので，人間の誕生に似ていない。しかし彼は御父の子であり，永遠に存在する神の独り子として御子は永遠に生まれている。人々が，その本性の不完全性のゆえに，時間の中に出てくるものを生まなければならないのは，彼らにとって固有なことである。だが神から生まれた者は神の本性の永遠的な完全性のゆえに時間を超越する[12]。

このように学問的な擬人論に対処することによってアタナシオスは宇宙における「神の活動」についての革命的な

---

10) アタナシオス，前掲書，11。
11) アタナシオス，前掲書，12。
12) アタナシオス『演説』1, 15。

第10章　教会と神の統治　　　　　　　　　　607

見解を表明する道を開いている。

> 創造された宇宙は原因にしたがってか，あるいは自発的にか，いずれかによって存在していると考えることはできない。またアトム論者の見解にしたがって偶然によって生じたとも考えることはできない。またある異端者たちが主張するように，第二の〔世界制作神〕デミウルゴスのような神が作成したのでもないし，他の人たちが言明するように，ある天使たちによって作られたものでもない。だが万物がその存在を神に由来するかぎり，現存在の原理がご自身によって御言を通して創ったのである。それゆえ御言は神であると言明され，神のものである。……しかし御言は何か造られたものではないので，たった一人で在ると言われ，本当に神に属している。またこのことが御子が御父の実体に属すると主張されるとき意味されていることである[13]。

この議論はさらに次のように進む。

> そのときもし誰かが，神は神の存在における偶有的なもの——それでもって神がいわば着物のように覆われる——を所有している複数の要素で構成されている，と考えるなら，あるいは神の存在を完成すべく神のまわりに何かがある——こうしてわたしたちが神について語るか，あるいは父として呼びかけるとき，わたしたちは神の見えなく理解しがたい本質に関係しないで，神のまわりにあるものに関わっていることを暗示するのであるが——と想定するならば，そのような人

---

13)　アタナシオス『諸教令について』19。

たちは公会議を御子が神の実体をもっていると書いたことで非難するであろう。だが彼らはそのような意見を抱くことによって次の冒瀆を犯していることを，つまり (a) 形態的な〔肉体をもった〕神性を導入していること，(b) 御子が御父自身に属するのではなく神のまわりにあるものに属しているということを，よくわきまえるべきである[14]。

　アレイオス派が愚の骨頂であるのは，御父の子を彼ら自身に類似したものとして間違って描写する点にある[15]。…… 御子の本性は御父の本性と一つである。というのは生まれたものは産んだ者と似ているから。というのも御子は御父の像であり，御父の属性はすべて御子に属しているから。したがって御子は（擬人的に言うと）御父の外に考えられうる，もう一つの神ではない[16]。

　これらの引用文においてアタナシオスはアレイオス派の誤謬の根源を暴露しようとする。そして，それに代えて究極的実在の純粋に霊的な性格の認識を促進させようとする。また彼がこの問題を扱う方法から明らかなことは，彼とともにキリスト教的な原理の叙述がその特徴的な逆説的な性格を何も失っていないと言うことである。こうして宇宙とその創造者との関係を表現するのにもっとも適したものとして伝統的な宗教的な比喩的表現を保持しながらも，彼はそれでも「創造の行為」と呼ばれているものは人類がよく知っている自然のどのようなプロセスとも何らの類似性をもたないということを徹底的に明らかにする。確かに

---

14) アタナシオス，前掲書, 22。
15) アタナシオス『演説』1,15。
16) アタナシオス，前掲書, 3,4。

第 10 章　教会と神の統治

「それによって万物が造られた」御言はそのようであるから御父の実体・生命・力の全部を具現する。つまり全世界は自然必然性に服するモナド〔単一実体〕からの「流出」としてよりも，自由で創造的な神の活動によって創り出されたものとして理解されるべきである。彼はそれを他の箇所で次のように語っている。

> さらに，もしも御子が以前には存在しなかったならば，そのときには〔三位一体の〕三肢は永遠（つまり本当に〈絶対的なもの〉）から在るのではなく，モナドが最初にあって，その後に三肢が在ることになる。……そうすると再び，もし御子が無から到来したなら，三肢の全体はまた無から到来したとわたしには思われる。あるいは，もっと重大なことには，神の存在はその本質において創造された事物を包含していたことになってしまう[17]。

このことを否定することは，神を「自然法則」[18]と同様に時間に服させることによって，神の主権を損なうことになる[19]。あるいは別様に述べれば，それは新プラトン主義的な汎神論に自らを巻き込むことになる。終わりに「諸々の本質は互いに混合しない」（ἀνεπίμικτοι εαυταῖς αἱ υποστάσεις）というアレイオス派の教説を反駁してアタナシオスの立場は，三位一体の「位格」の間の〔相互に内属し合う〕共内属（περιώρησις）という教説をいっそう強調するようになった。だが御言が御子として述べられると，神の子たる身分の観念はとりわけ身体的な誕生の観念

---

17) アタナシオス『演説』1,17。
18) アタナシオス，前掲書，5 と 13。
19) アタナシオス，前掲書，14; 22; 27。

を排除し，同時に時間における開始の観念をも排除する。こうして時間は自然のヒュポスターシスもしくは実体的原理の性格を否定することになった。

新しい出発点とその意義
ちょうど今提示されたような出発点を受け取ることにより，わたしたちが生活している時間と空間の世界という自然に「先だって」おりながら，それでもその中で活動的である神の原理が，超越的にしてかつ内在的であることを考察することが可能となる。物質の特性としては二つの物体が同時に同じ空間を占めることができないようなものであるのに，精神（霊）が有する特別な性質はその透過性に求めることができる。そしてこの点にこそ，やや誇張して言うと，新しい出発点の意義があると示唆されうるであろう。というのもこの観点から人間の歴史の広大な眺めは，最初の自覚せる人間の創造から受肉せる御言の完全にして最後の啓示に至るまで，人類を通して，かつ，人類における聖霊のわざである，神の経綸の記録として考えられるに相違ないから。

しかしもしこれが歴史であるとしたら，ある意味で世俗の文学にはまったく類似したものがない歴史である。というのもそれは経済的でも，文化的でも，政治的でも，地域的でも，党派的でも，あるいは一般的でも，全世界的でもないから。それは戦争と平和の問題を扱わないし，競走と協力の問題も扱わない。またそれは「諸原因の探求」にも関心を少しも示さない。それが提供するのは，人間の自由と第一のアダムによる自由の最初の喪失，および第二のアダムによる自由の最後的な回復の報告である。それはこのことを宇宙的なドラマの形式で提出する。だがそのドラマはプロメテウス的ではないし，「偶然」や「必然」と闘う「徳」の物語を告げたりしない。なぜなら「人間」と「環

境」との間の古典的な対立という思想がキリスト教徒から消えていくと同時に，そのような葛藤の可能性も消えているから。確かに人間の運命は決まっているが，それは魂が欠けたメカニズムによるのでもないし，彼自身にとっては外的な任意の気まぐれな権力の専断的な命令によるのでもない。というのも身体の自然本性を支配する法則は，人間の自然本性を支配する法則と同様に，等しく神の法則であるから。

自由と幸福を求める人間の歴史

このような観点から見ると，人間の歴史は意識的な生命の歴史，つまり自由かつ幸福への可能性——この自由とこの幸福は慎重な選択の能力に依存している——をもって創造された存在の生命として考えることができるであろう[20]。この考えを表明するためにプロアイレシス〔προαίρεσις 慎重な選択〕という言葉が使われた。そしてこの関連においてその言葉を使用することはアタナシオスを再び古典主義の思弁的な伝統と連結させる。このことはアリストテレスが政治的な解放の計画を提案するにあたって，幸福に与らないか，もしくは選択にもとづく生活に与らないかのゆえに，奴隷やその他の動物のために国家はあるのではないと言明したことが想起されるであろう[21]。しかしながらアタナシオスにとって幸運は市民の固有の特権ではないし，自由は文明化した人に限られていない。だが

---

20) アタナシオス『御言の受肉』3。
21) アリストテレス『政治学』3,9,1280a,33-4。「しかし，もしただ単に生きることのためでなく，むしろ善く生きることのために共同したのだとしたら（というのは，もしそうでなかったなら，また奴隷やその他の動物の国も在ることになろう），しかし実は幸福にも選択意志による生活にもそれらは与ることがないために，そのようなものは存しえない」山本光雄訳，岩波文庫，143頁。

これらの祝福は選択の力に依存しており、今度はこの力が自覚的な生活の機能であるように、選択の力は人類に生まれつきの資質として本来備わっている。そのようなものとして選択の力は奪うことのできないものである。この意味で少なくともそれは外からの力によっては損なわれ得ないのであって、ただそれ自身の誤用や悪用によってのみ損なわれる。とはいえこのことは厳密には最初の人の堕落によって起こったことである[22]。

　この教えのもっと深い道徳的な意味に関して言えば、アタナシオスはほとんど語らないか、何も語っていない。これらは後になってアウグスティヌスによって彼が原罪について語らねばならなかったとき展開されることになった。アタナシオス自身は堕罪を間違ったイデオロギーを受容したことと同一視することで満足する。そのようなイデオロギーはさまざまな相違した形の何か一つを採用するであろう。たとえば物質と運動に換算して宇宙を説明する問題を引き受けるエピクロス主義に表現を見出すであろう。またエピクロス主義は身体的な快と苦の区別を超えて自然に何らかの区別の原理があることを否定する。あるいはそれは質料が先在するとの許可を得て、神を単なる手仕事職人として地位を低くすることによって神の不完全な観念をもたらす、プラトン主義として現れるであろう。あるいは再びそれは、根底にある二元論のゆえにコスモスの統一を否定する、さまざまなグノーシス主義の一つとして現れるであろう。しかし、どのような形をとろうとも、御言から離れていく結果は知的にも道徳的にも同じく悲惨である。知的には人々は理解の原理を失い、知覚が次第に失われるようになる。道徳的には人々は生命の原理を失い、精神的な消

---

22)　アタナシオス『御言の受肉』4。

耗性疾患や体力の消耗をこうむる[23]。

確かに創造者は，その全能によって，そのような堕落を妨げるために介入することができる。だが，そのような介入は人間本性——それは滅ぼされるよりも，むしろ癒され，更新され，再創造されることを求める——の完全に対する任意の干渉を含んでいたことであろう。したがって神の目的を実現するためには，人間はその能力を悪用することによって罪と誤謬に転落した後に，その能力の正しい使用を取り戻すことによって回復しなければならないということが不可欠なことであった。しかしながら，そのような回復の試みは自分の力で転落した人によっては成し遂げられ得なかったが，それは御言の受肉によってのみ実現した[24]。

御言による罪の贖いと神の経綸

このようにしてアタナシオスは御言によって人類が贖われるという観念である神の経綸の中心的な考えに達する。彼にとってこの出来事の目的は見えないものが見えるものを通して啓示されることに役立つことになった。こうしてそれは生と死の間の真なる関係，前者の後者に対する支配を示すのに役立った[25]。その実質は受肉した御言の本性自身に含意されているばかりか，経験によって照明され，それに続く歴史的展開によって確認された[26]。そのようなものとして，神の経綸はユダヤ人の根深い頑なさと同じくギリシア人の軽薄な皮肉な性格に対する挑戦として提供された。アタナシオスはユダヤ人から彼ら自身が認めた諸原理と実現された諸預言という二重の根拠に対する信仰を求め

---

23) アタナシオス，前掲書，4-10。
24) アタナシオス，前掲書，17-20。
25) アタナシオス，前掲書，31。
26) アタナシオス，前掲書，29-32。

た。ギリシア人に対して彼は人気のある哲学的な異教主義の凋落をその不毛さの証拠として指摘した。この両者に対して〔キリスト教の〕信仰を受容するための理由として個人の生活と社会への健全な影響の事実をあげて力説し，信仰が創造的な平和に対する唯一の希望を実現すると主張した。なぜならこの信仰だけが人間に本当の平和的な態度を吹き込み，自然と仲間に対する人間の争いを悪に反対する闘争に変えることによって，「彼らは剣を打ち直して鋤とし，もはや戦争のことを学ばない」（イザヤ 2.4）という約束の実現を可能にしたからである[27]。

　これらの要求の妥当性はもちろん歴史的なキリストを宇宙論的な秩序のまさに化身として認識することに依存していた。そしてアタナシオスは福音書がこのことの全責任を負担すると主張する。彼は言明する，「救い主について次の二つのことを明らかにすることが聖書に特有な目的と特徴である。第一に救い主はつねに神にして御子，御言，父なる神の輝きにして知恵であった。第二に救い主はわたしたちのために神の母である処女マリアから肉体を摂取し，人となった」[28]。そのような者としてメシアは，神と人との二つの本性をその完全な姿において示した。それらはメシアにおいて結合されていたが混同されてはいなかった。メシアは全く人であり，全く神であった。「このようにしてメシアは一方において神であったが，御自身の身体をもち，人となり，この身体をわたしたちのために道具として用いられた。したがって，また，身体にあった間に，たとえば飢えや渇きや受難……死さえも受けた，この身体の特別な状態は彼のものであった」。……またメシアはそうす

---

[27]　アタナシオス，前掲書，52。
[28]　アタナシオス『演説』3, 29。「神の母なる聖処女マリアから」。

第 10 章　教会と神の統治　　　　615

るように欲せられたので，これらを自発的に受けたのである。だがメシアは肉の状態に服している間に同時に御言にふさわしい行動をも遂行された。たとえば死人を甦らせたり，盲人が見えるようにさせたり，出血が止まなかった婦人を癒したりしたようなことである。身体が神のものであったがゆえに，御言はその身体の弱さのため身体の弱点を耐え忍ばれた。それにもかかわらず，神が身体の中にいたので，身体は神の仕事に役立った。というのもそれが神の身体であったからである[29]。

　ここから「セアンドリケー・エネルゲイア」（θεανδρική ἐνέργεια）つまりまったく異なっていても分離できない二つの勢力が，キリストにおいて明らかになった。「身体が苦しみを受けたとき御言が身体の外になかったので，苦難は御言のものであると言われる。また神の力でもって御言が父なる神のわざを実現したとき，身体が神の外になかったのであって，神が身体の中にいる間にそれらのことをなさったのである」[30]。それゆえ救い主の位格に関する限り，受肉の意味は「彼は身体のうちに閉じ込められていることから制限を受けることがなかった。だが，それとは反対に，身体は神化され，不滅にされた」[31]という叙述に要約されるであろう。こうして彼は神の力の十全にして完全な実例を提供し，「わたしを見た者は父をも見たのである」（ヨハネ 14.7）という要求を正しいものとしたのである[32]。

神の啓示としての受肉の意義

　人類に関して言えばこの啓示の諸結果はもちろんその性

---

29) アタナシオス，前掲書，31。
30) アタナシオス，前掲書，32。
31) アタナシオス，『諸教令について』14。
32) アタナシオス『演説』1,16。

格よりも仰天させるものであった。それは次の主張に示されている。「信じがたく、かつ、奇跡を働く神の御言は光と命をもたらし、……あらゆるものに神自身のエネルギーを与える」[33]。このことから結果として起こってくるのは、まさにすべての人に対する神化の期待にほかならない。アタナシオスは「あなたがたは神の性質を分かちもつようになるであろう」と述べ、また「自分を受け入れた者にはみな御言は神の子となる資格を授けた」と聖ペトロや聖ヨハネによって記録された約束を想起する[34]。アタナシオスはまた「あなたがたは生ける神の神殿であることを知らないのか」（Ⅰコリント 3.16）という使徒の質問を想起する。アタナシオスがこの確信に言及する箇所を列挙するには多すぎるほどである[35]。彼にとってこの確信は受肉の真なる意義を組み立てる。そのようなものとしてそれが含意するものは次のように短く叙述できるであろう。（1）罪を犯すことは本性の必然からではない。（2）精神は自由である。これらの命題を受容することにはわたしたちの人間性が動物性から贖われうる可能性が認められる。「それはわたしたちは単に粘土であるのではなくて、粘土に戻らないためである。そうではなく天からの御言と結びつけられることによって、御言を通して天に連れて行かれるためである」。あるいは別言すれば、「わたしたちが人間性を内なる神に生かされて照明するための道具として用いることによって、人間性を超越し、神化するためである」[36]。こうしてわたしたちは自分自身をもはや機械装置や有機体とは考えないで、神の本性を共有するために内住する御言を通して活

---

33) アタナシオス『異教徒駁論』44。
34) アタナシオス『演説』i. 16 と 43。
35) とくにアタナシオス，前掲書，1,51; 2,10,47,55; 3,19,25,33,34,40,53。
36) アタナシオス，前掲書，3,33 と 53。

第 10 章　教会と神の統治　　　　　　　　　　617

性化されるようにと潜在する霊的な力を授けられた人格として考えるようになる。このようにしてわたしたちは不滅なものとされる。あるいはアタナシオスが好んで語るように，わたしたちは自然的人間の滅び，つまり知的にして道徳的な瘍（消耗性疾患）から免れている。

　この短くて不完全なスケッチによってわたしたちは，嵐のような論争からなる多くの年月の間にとても詳細にわたって展開された情勢の諸要素を，把握しようと求めてきた。しかし，あらゆる本質的局面において，このスケッチが古典的な思惟方法からの根本的な逸脱を表わし示している点は十分に語られた。「あなた自身を単なる人と考えるように憶えよ」（ἀνθρώπινα ψρονεῖν）という古典的な〔汝自身を知れとの〕戒めに対して，このスケッチは反対に人間性のために神化を約束する。そして古典主義が英雄や超人の他には背教の可能性を退けたのに，この可能性は今やキリストを信じるすべての人に広げられたのである。ある人にとってそのような背教は生得的な徳の所有に依存していた。他の人にとって背教はずば抜けた卓越性の内在的な性質の発展によるのではなく，自然法則に優る法に服従することを通して実現される運命にあった。これらの激突する要求によって表現される相違がどれほど巨大であったかは，恐らくよく知られた発言——それは紀元4世紀においてもなお「いにしえの神学者たち」のなかでもっとも尊敬すべき者として位置づけられる人の発言であるが——を引用することによって説明されるであろう。

　　人間たちと神々の種族は一つであって，唯一の母なる
　　大地からわたしたち双方は生命の息を得ている。だが
　　全く隔てられた力がわたしたちを分割し，一つは無で
　　あるのに，他にとって真鍮のような天が永遠に安全な
　　住まいどころとして持続する。それでもわたしたち死

すべき者どもは，精神においてか，それとも本性において，不死なる神々との類似性をもっている。それにもかかわらずわたしたちはどんな目標に運命が，昼か夜に，わたしたちの進路を決めたか知らない[37]。

しかしながらアタナシオスの思想を古典主義の思想から，あるいは古典的な精神と妥協しようとしたキリスト教のさまざまなタイプのどれからも，分離させた割れ目は深淵のように深かった。それでもキリスト教信仰が，とりわけ著しく西ローマ帝国において，最終の勝利を収めるように定められていたのは，彼が擁護した形においてであった。

アンブロシウスと正統信仰

このように言うことは西ローマ帝国自身がキリスト教神学に何も付け加えなかったわけではない。というのも，すでに示唆されているように，御霊の教えを深め，かつ，豊かにすることによって三位一体の第三位格に関して特色ある貢献をするように西方教会は定められていたからである。それにもかかわらずその思想が発展していくようになる路線はアタナシオスの意味で厳格にカトリック的であった。またこのように述べることが真理である証拠としてミラノのアンブロシウス〔339頃-397，ミラノの司教〕の著作を調べてみるだけで十分である。これらの著作の中にアタナシオス自身によって成し遂げられた正統的な教義の仕上げと同じく，ニカイアにおける正統信仰のために獲得した勝利の成果が見られるであろう。

アンブロシウスを代表的な教会人として考えるにあたって，彼はその資格において欠陥をもっていたことを想起す

---

37) ピンダロス, Nem. vi. 1-7.

る必要がある。世俗的な社会体制の影響を受けた人として彼はロマニタスの古代的な学習法で教育されたのであるが，中年になってから国家の行政の務めから，急遽にしてかつ気が進まないのに，司教に改造されるように連れ去られたのであった。したがって帝国の上流階級の人と公共の政府高官に特有な態度と見解のいくつかを新しい職業に携えてきたことは驚くべきことではない。さらに彼は司教として，諸々の状況の力によって，その心が主としてテオドシウスの時代に提案された教会と国家の緊急な問題に占められていた。またこの事実が，普通の司教職の重圧と結びついて，彼のうちに深淵にして独創的な思想家の習慣よりも，行動の人の習慣を確立するのに役立った。したがって彼の奉仕は恐らく公共の制度的な教会生活に対するほどには知的な教会生活には多く向けられていなかったであろう。この教会の生活に彼は讃美歌の発展を通して二重の貢献をした。その讃美歌ではラテン詩の荘重さが上流階級の人（ordo）と平民（plebs）とが一緒になって創造者を讃美するように呼びかけられた[38]。また彼はいつもではなくとも，とにかく大胆で，効果的で，明らかに立派な指導性を発揮した。

　学説の分野においてアンブロシウスがキリスト教倫理の主唱者として身につけておくべき主たる特徴は，そのような気質と厳密に一致していた。彼はキリスト教倫理という主題について，単に『教役者の職務』のみならず，また多くの『書簡』におけると同じく，『処女性について』のような短い論考でも注目していた。これらの著作について詳細に吟味する余地は残念ながらない。しかしそれらに関して一つ二つの一般的な観察をすることは適切なことであろう。『教役者の職務』はストア派とキリスト教の原則と

38）　アウグスティヌス『告白録』9,7,15。

が不思議に入り混じって書かれている。もちろん，たとえば地代とか利子に対する態度のような，いくつかの局面ではその精神は古典的な学問よりもヘブライの知恵を連想させており，その採用されているすべてでなくとも，たいていの例証は聖書の源泉から引き出されている。しかし，このレベルでは著作の特徴は健全な常識──そこでは実現されるように説かれた善の見解が気まぐれな感情や情緒を抑制している──と同じく熱烈なピューリタニズムによって特徴づけられる。この観点から見るとそれはラクタンティウスやコンスタンティヌスの倫理説の傾向からの著しい逸脱を表明している。形式において『教役者の職務』は意識的にかつ巧妙にキケロ的であるが，二つの本質的な局面でヒューマニズムの倫理とは相違している。第一にそれはカトリックの原理（アルケー：始原）の中に確固として明瞭な出発点をもっている。そのため自己実現や社会的要求への適応よりも敬虔・神への献身・神への崇敬が行動の原動力と義務の源泉となる。第二に，それは信仰者の意志を決定するにあたって神によって演じられる部分の認識を含んでいる。この事実こそ，どんな世俗主義と妥協する傾向よりも，アンブロシウスの倫理には道徳性のいわゆる「二重の基準」があることの原因を説明している。この関連において二重の基準は決して決定的なものではないことが気づかれるかもしれない。というのも全体を通して恩恵は自然本性を否定するものではなくて，それを完成させるものであることが生き生きと描写されているからである。この点に関してアンブロシウスの態度は恐らく『処女性について』を参照することによって例証されるであろう。この著作では純潔が身体的な欲望からすっかり解放されることであるとはっきり指摘され，それは肉の欲に対する勝利として描かれる。そのようなものとして，それはほんの僅かな者しかめざさない「恩恵の賜物」である。しかし，このこ

とは彼が続けて言明するように，結婚を見くびることを意味しない。（異端者たちがするように）結婚を非難することは一連の継続的な世代を通して続けてきた子どもの誕生と人の交友を非難することである。さらに純潔よりも熱狂させる程度ではないけれども，結婚生活はそれ自身訓練を伴っている。彼は言う，「結婚しなさい，そして嘆き悲しみなさい」と[39]。

　アンブロシウスはモラリストとして背教から理解されうる害悪によってとても深い影響を受けた[40]。そして彼は，信仰深い人たちが世界と接触することで受ける危険のゆえに，彼らを保護する必要があると確信した。この保護を彼は組織化された教会における指導者の地位にある者の主たる義務の一つであるとみなした。司教職にちょうど選ばれたウィギリウスに宛てた手紙はこの人から忠告を求められたことに対する返事であるが，司教としての彼自身の深慮を定めた原則を具体化したものとして受け取ってもよかろう。この手紙で彼はウィギリウスに親切にもてなす義務を強く主張するが，同時に信者が不信者と結婚するのを許さないように，また欺瞞と高利貸しから人々をできるかぎり守るように警告する。この種の警告のもっとも深刻なのは，異教徒との結婚に関する警告である。彼はサムスンとデリラの物語を引用して，信仰の交わりがないところで結婚について語ることがどうして可能なのかと尋ねる。このようにアンブロシウスが表明した態度にはローマ教会で伝統となっていた何か保護的な精神のようなものが見られるであろう。

　しかしながら信仰者の群れに対するアンブロシウスの態

---

[39]　アンブロシウス『処女性について』6．『書簡』63,107 をも参照。

[40]　アンブロシウス『書簡』63。これはヴェルケラ教会に宛てた手紙である。

度を単に保護的として表現することは不当であろう。というのも彼は倫理的な教えの至るところで主体の側での適切な意図がなければならないと主張しているからである。彼は言明する,「幸福を願うだけでは十分ではない。わたしたちはまた正しく行わなければならない」[41]。換言すれば最終的には行動が称賛される基準はただ一つしかない。そしてそれは行動の霊的な価値である。

　アンブロシウスを教会の政治家や宗教的な指導者として奮起させたのは,この事実を強烈に自覚したからであった。というのも彼は組織化された教会を少なくとも二つの意味で霊的な秩序の独特な統合体と見ていたからである。つまり教会は〔一〕「神のお告げ」の受託者であったし,〔二〕サクラメントの管理人であった。この立場から彼は『信仰について』というエッセイにおいて教会の要求をグラティアヌス皇帝に押しつけた。そのエッセイは神の位格の統一に関する資料と一緒にニカイア信条にしたがって信仰を定義することからはじまっている[42]。これに続くのが三位一体の第二位格に関するさまざまなアレイオス派の異端についての長い叙述である[43]。これらの異端は,アンブロシウスによると,議論や討論によってではなく,聖書・使徒たち・預言者たち・キリストを典拠とすることによって解決されうる諸問題を立ち上げている[44]。このように前置きしてから著者はニカイアの立場を積極的に叙述することに向かう。その立場について彼は,慣例となった議論によって支持されて,今や慣習となったカトリックの教義を,彼自身のものと同定されるような解説や批判を加えないで,反復する。しかしこのことが三位一体の第一位格と

---

41) アンブロシウス『教役者の職務』1,30。
42) アンブロシウス,前掲書,1,1-4。
43) アンブロシウス,前掲書,1,5。
44) アンブロシウス,前掲書,1,6。

第二位格に関しては真実であったとしても、同じことは第三位格の論じ方についてはとても言うことができない。なぜなら『聖霊について』という短いエッセイにおいてアンブロシウスは聖霊の理論を、それによって人間の生活が聖化される原理として発展させているから。その理論はたとえばテルトリアヌスの聖霊についての見解と比較すると、明らかに区別できるほどカトリック的である。そのようなものとしてこのエッセイは第三のエッセイである『秘儀について』と密接な関係にある。ここで彼は組織化された教会と聖職者の機能を強調し、サクラメント——それはこの人たちを通して人々の霊的な必要のために執行される——を恩恵の手段として論じる。こうすることによって彼は再度アタナシオスを振り返っている。だが、それもいっそう重大な意味において彼は前向きにアウグスティヌスを指し示している。

アウグスティヌスの仕事

アンブロシウス〔の信仰の中〕に新しい目的に再び聖別されたロマニタスの社会的な理想をわたしたちが見ることができると言うことが正しいとしたら、アウグスティヌスの仕事はロマニタスの哲学を再び聖別することであった、と同等の真理性をもって主張されるであろう。アウグスティヌスは一般にはキリスト教の名前を使って、通俗化され大衆が摂取できるように水で薄めた、プロティノスの教説の形態を擁護した新プラトン主義者であると考えられている。この見解はあらゆる意図と目的において W. R. イング（Inge）の見解であるが[45]、それはアウグスティヌスにとってキリストは大衆のためのプラトンであったと主張し、もしプラトンがプロティノスと一緒に生き返ったな

---

45) アンブロシウス，前掲書，同上。

ら，今度はプロティノスがアウグスティヌスにおいて生き返ったのだとの結論を下したアルファリック〔の説〕によって念入りに作られたものであった[46]。アルファリックによるとこのことはアウグスティヌスの知的な発展の第二の時期にとくにいっそう当てはまることが指摘されねばならない。第三の時期にアウグスティヌスはただアウグスティヌス主義としてのみ表現できるカトリック主義の固有な形態に到達した[47]。

　この意見の基礎にはキリスト教とプラトン主義との疑い得ない親近性が認められる。その親近性についてアウグスティヌス自身は十分気づいていた。この関連で彼がプラトンについて語った度量の広い言葉に注目したほうがよかろう。もちろんこのことは彼が昔の学校の教師に報いた単なるお世辞であるかも知れないが。『告白録』とその他の箇所で彼は真理の探究に当たってプラトン派の源泉から受けた援助を注意深く認めている。たとえば神の非‐質料性の発見をプラトンに帰しているところなどである[48]。さらに『真の宗教』という小論文でアウグスティヌスはプラトン主義者たちを回心させるためには僅かな言葉と教義を修正するだけで十分であったと述べている[49]。

　しかしながらキリスト教とプラトン主義の間の問題点は僅かであったとしても，それは根本的なものであった。もしそうでないとしたら，それらは一方のプロティノス的なプラトン国家やユリアヌスのヘレニズム化した共和国と他方のアウグスティヌス的な「神の国」との間にある区別

　46）　アルファリック『聖アウグスティヌスの知的発展』第 1 巻，525 頁。
　47）　アルファリック，前掲書，「序文」8 頁。
　48）　アウグスティヌス『告白録』7,20,26；『神の国』8,6：「神は身体的でない」。
　49）　アウグスティヌス『真の宗教』4,7。

を，創り出すのにほとんど役立つことができなかったであろう。しかし，この相違の理由を理解するためには，たとえ不十分であるとしても，アウグスティヌスの著作を検討しなければならない。そうするためにはキリスト教をプラトン主義でもって無効にするどころか，アウグスティヌスがこのプラトン主義やその他現存する諸々の哲学を彼の名前のついた体系の中に組み入れるという目的に適ったものとして評価していたことが明らかになっていなければならない。

アウグスティヌスに対する現代の学者の評価

アウグスティヌスの「偉大さ」を叙述しようとするにあたってヘイスティウング編『宗教と倫理学の百科事典』に掲載された伝記の著者は，とくに優れた意味で「恩恵の博士」(doctor of grace) として，カトリック神学に対する重要な貢献をアウグスティヌスに帰している。それと同時に，その著者はアウグスティヌスをプロテスタンティズムの霊的な先祖と見なしている。そのさい著者は教義学的な側面で，恩恵が「無償で」与えられるという教義に対する勝利としてプロテスタンティズムを考えている。彼はまたプラトン的なキリスト教の起源がアウグスティヌスにあると考える。それはプラトン的なキリスト教がアリストテレス的な合理主義に反対するものとしてプラトンに由来する神秘主義を具現しているからである。それに加えてアウグスティヌスは『神の国』(De civitate Dei) を通して中世の教会と帝国の基礎をなす諸々の着想を人々に吹き込んだと信じられている。それを確証させるものとしてシャルルマーニュ〔フランク国の王，別名カール大帝 (742-814)〕がこの作品の写しを枕元においていつも寝ていたと記録されている。これでも十分でなかったかのように，アウグスティヌスが「明晰にして判明な観念」にその基礎をおく，

デカルト主義の発展に影響を及ぼしたと考えられる。と同時に、アウグスティヌスの「ロマン主義」、「自信のある主観性」、「鋭い心理学的な洞察」を通して彼は近代主義と呼ばれるものの或る特徴的な側面を先取りしていたとも考えられている。最後に彼は歴史哲学に着手した最初の思想家であったと言われる。

このように後代の人たちがアウグスティヌスの中に見出したものを明らかにすることによって、この叙述はそのような驚くべき影響の源泉について注意を喚起する。この問題への関心はもちろんイギリスやアメリカよりも大陸で計り知れないほど大きかった。しかしアウグスティヌスに対するイギリス人の論及の中で次のものが代表的なものとして受け取られてもよかろう。古代の転覆に貢献した典型的な力としてアウグスティヌスを考えているギボンは、独特な注において[50]、彼の学問はあまりにもしばしば借り物であったし、彼の議論はあまりにもしばしば彼自身のものであったと断言している。そして彼の著作を不完全にしか知っていないのを認めながら次のように評価する。

> もっとも偏らない批評家の判断によると、アウグスティヌスの皮相な学問はラテン語に限られていた。そして彼の文体は情熱的な雄弁によって時折活気づけられていたが、いつも間違ったきざな修辞学によって曇らされていた。しかし彼は強く、かつ、幅の広い論争的な精神の持ち主であった。彼は大胆にも恩恵、予定、自由意志、原罪の暗い深淵を知らせた。そして彼が立案したり回復させたりしたキリスト教の厳格な体系は、民衆の拍手喝采と密かな嫌気をもってラテン教

---

50) ギボン『ローマ帝国衰亡史』28章, 211頁, 注86。

会に受入れられた[51]。

それに続けて彼は次のように付言する,「ローマ教会はアウグスティヌスを正式に認めたが,カルヴァンを拒絶した。だが彼らの間の本当の区別は神学的顕微鏡でさえも見ることができない」[52]と。このこと〔ギボンの発言〕はそのオリジナルな形態での自然主義のヒュドラ〔九頭をもつウミヘビ〕を殺すのに最善を尽くした人〔アウグスティヌス〕に対する,〔19世紀〕新 - 古典派の自然主義の意見として見なされるであろう。他方においてワルデ・フォウラーはローマの異教主義の研究者として語って,アウグスティヌスのうちにラテン精神によるキリスト教徒の勝利を捉えるウエストコットの意見を支持して次のように引用する。

> 彼は自由の側面からではなく,法の側面から,愛する奉仕者としての人間の側面からではなく,責任を負わない主権者としての神の側面から,すべてのことを捉えていた。彼はプラトンを称賛していたにもかかわらず,体系への情熱(このことは昔のローマの宗教的な法律家を何とわたしたちに想起させることか)によってすべての観念を厳密な形態に固定し,具体化し,凍結させるように駆り立てられていた。彼の才能をもってしても,論争が積極的に行使するように招き入れる,法律に関するまた修辞学に関する訓練を払いのけることができなかった[53]。

---

51) ギボン,前掲書,33章,407頁と注33。
52) ギボン,前掲書,註31。
53) ウエストコット『ローマ人の宗教的経験』483頁。

アメリカにおいては現代の自由主義神学は見たところではアウグスティヌスはほぼまったく理解できないと判断している。

> 彼の神，人間，罪，恩恵の教義にある神秘的敬虔との奇妙な結合，新プラトン主義，マニ教の二元論，キリスト教の伝統，わざとらしい釈義，宗教的な本能と道徳的必要から生まれた厳格な論理と紛れもない矛盾は，人間の思想の歴史に類似したものを見つけるのはほとんど不可能である[54]。

他方においてアメリカのヒューマニズムはきわめて明瞭な理由のゆえに彼を公然と非難することに躊躇しない。

> 知性はその固有な従属した位置に置かれていないばかりか，積極的に嫌疑をかけられている。この道は蒙昧主義に開かれていた。人間は謙虚にされ，その意志は再生されたが，実際は批判的な精神を犠牲にしている[55]。

終わりに実用主義的で実証主義的な現代アメリカの思想傾向からの反動として理性の要求を再度主張する人たちは，歴史的プロセスのアウグスティヌス的なビジョンは認めがたいと評決している。

> 神学的で倫理学的な価値を歴史から引き出す試みはアウグスティヌスをもってはじまる。……だが，彼の強

---

54) マックギッフェルト『キリスト教思想史』第2巻，98-99頁。

55) ラビット『デモクラシーとリーダーシップ』177頁。

力な知性に不正を加えなくとも,歴史の諸事実をしてキリスト教倫理の真理や妥当性を証明する試みは,予め納得するように決められている人たちにとってのみ信じられると,わたしたちは間違いなく言うことができよう[56]。

これらの意見の多様性は恐らくアウグスティヌス主義の多方面にしてとらえどころのない性格を強調するのに役立つであろう。だがそれはまた理解するという問題を示唆する。この問題に対して現代の心理学は,特有な解決を進んで申し出ている。こうしてウイリアム・ジェイムズにとってアウグスティヌスは矛盾をかかえた人物の古典的な実例の見本となる。彼は次のように言明する。

> 諸君はみな,彼がカルタゴで半ば異教徒的な,半ばキリスト教徒的な教育をうけて成長したことを,彼がローマとミラノに移住したことを,マニ教を受け入れ,したがって懐疑論に傾いたことを,真理と純潔な生活とを休みなく追求したことを,記憶しておられる。そして最後に,彼が直接また間接に知っている多くの人々が官能の絆をたち切って,純粋とより高い生活とに献身しているのに,みずからは自己の胸中に住む二つの魂の闘争に心をとり乱し,自己自身の意志の弱さに恥ずかしい思いをしていた彼が,庭で「取りて読め」(sume, lege) という声を聞いたことを,そして手当たりしだいに聖書を開いて「淫欲と好色に歩むべきにあらず」云々の聖句を見,それが直接彼に向かって語られた言葉であるように思われて,彼の内心の嵐を永久に鎮めてしまったことを,諸君は記憶しておら

---

56) M. コーヘン『理性と自然本性』377 頁。

れるであろう。さすがに人間の心理に通じる天才だけに，アウグスティヌスが分裂せる自己をもつ苦しみを叙述した描写は，いまだこれをしのぐものを見ない。……「私がもち始めた新しい意志は」云々，……高尚な願望をそれを阻んでいる被殻を破壊させて効果的に生活に侵入させ，それによってもろもろの低い性向を永久に鎮めることのできる，(心理学者の俗語を用いると) 運動発生的な性質のもつあの最後の鋭さ，あの爆発的な強烈さが，高尚な願望に欠けている場合の，分裂した意志の叙述として，これ以上に完全なものは見出せないであろう[57]。

このような解釈の仕方はますます主観的で秘儀的なものとなる傾向をとっていき，最近の解釈ではアウグスティヌスが病める魂の犠牲として描写されるまでになった。この病める魂は，母なる教会への献身の中に，その母モニカの記憶に病的に定着された感情に対する埋め合わせを見出している。だが，もっと仰々しくない形で，アウグスティヌスが有する二つのキウィタスのビジョン——それは以前には当時の政治的で教会的な問題の投影として理解されていた——は，彼自身の魂の内部における決着のついていない緊張——その内面の歩みは絶えざる混乱と争いの歩みとして表現される——が反映したものと事実なっている。

今や，アウグスティヌス自身がこのような主張に含まれている真理の要素を否定する最後の者となるであろう。そのような主張の起こりは確かに彼自身の思想の方法にまで遠く辿りうるであろう。というのも彼自身人々の態度や見解を決定するにあたって経験の決定的な重要性を主張した

---

57) ウイリアム・ジェイムズ『宗教的経験の諸相』桝田啓三郎訳，岩波文庫，259-62 頁。

最初の人に属していたからである。また彼は経験を組織化するにあたって荒れ狂う人間精神の本能的で，無意識的な，不合理的な動き（irrationabiles motus）によって演じられる役割を力説した[58]。したがって困難なのは，〔彼が用いた〕方法にあるよりも，むしろその誤用にある。それは恣意的で非学問的なやり方で適用されていた。そのためにアウグスティヌスの生涯のある出来事が誇張して言われ，ねじ曲げられて，もっと明瞭な意味をもっている他のことが排除され無視されることになった。アウグスティヌスの生涯を全体として学ぶためには，その飽くことを知らない情熱の一つが，真理に対する熱情であったことを認めなければならない。このことがそうあるべきだったし，それが究極的には彼の生涯における決定的な要素とならねばならなかったことは，明らかにわたしたちが彼をその生きた危機の時代との関連で考察する契機となっている。

アウグスティヌスの思想的境位

アウグスティヌスは，人類の歴史で，それ以前にもそれ以後にも，どんな時代よりもその紛糾の程度が恐らく優っていた世界に生まれた。彼の背後には，共和国の古典的な理念を実現するため人々が尽力してきた，千年にわたって持続してきた努力に勝るものが，横たわっていた。問題は遂にローマの守護神によって解決されたとウィリギリウスが宣言してからほぼ4世紀が経過していた。しかしアウグスティヌスが誕生する1世紀よりももっと前にロマニタスは慢性的な脆弱さに苦しんでいた。そして政治的活動が達成できたことは何んら，その始原の活力を回復させることができなかったように思われる。こうしてセルウィウス・スルピキウス〔4世紀のローマの文法家〕によってキケロ

---

58) アウグスティヌス『神の国』2, 1。

に宛てて書かれた手紙を基にして作られた弔文の手紙の中でアンブロシウスは，ヘラスの滅亡を描写するさいにセルウィウスが使った表現法を書き写して送ることが，しかも地方の場所の名前を置き換えただけでそれをウィリギリウスのイタリアに文字通り適用することが，できるほどであった。その間に内政の衰退の証拠として一連の帝国を転覆させる軍事的な大惨事は，ロードスの巨像〔アポロンの巨大なブロンズ像〕の力が徐々に蝕まれ，その抵抗力がほとんど消滅させられたという事実がはっきり示していた。

　このような環境の中でアウグスティヌスはその青年時代と初期の壮年期を過ごした。彼はコンスタンティウスの治世の354年に，マグネティウスに多大の損失を与えたムルサでの勝利の2，3か月後に，またユリアヌスがガリアで皇帝として任命される前に生まれたが，ユリアヌスがメソポタミアで敗退し，死んだときには10歳であった。またアドリアノブルの致命的な戦闘が起こったのは彼が21歳のときであった。遠隔の比較的安全なアフリカの属州で育った少年にはこのような北方と東方の国境地帯で起こった遠方の出来事は，疑いの余地なくそれらの出来事が帝国の至るところで生じた激しい財政上の圧迫の他にはほとんど意味はなかった。しかしこのことをアウグスティヌスの家族は感じていたに違いなかった。なぜなら彼の父はその肩の上に経済的な負担が主としてのしかかっており，その息子の養育に必要なお金を調達できたのは裕福な隣人〔ロマニアス〕の惜しみない援助によってのみ可能であった，貧乏な都市参事会員（curiales）の一人であったから。とはいえグラティアヌス，ワレンティニアヌス2世，テオドシウスの統治の初期の382年にはアウグスティヌスはタガステ，マダウラ，カルタゴの学校を首尾よく卒業して属州の主要都市にある修辞学の教師の仕事に就いたが，そのときには自分のよりすぐれた能力に気づき，地方の雰囲

気に嫌気がさして，イタリアに移住する冒険を冒した。その地で古代の主都〔ローマ〕で数か月を過ごしてから，帝国の都市ミラノで修辞学の地位に任命された（383年）。

アウグスティヌスの精神的な発展

このような学問的な栄誉は骨の折れる努力なしに獲得されうることはなかった。19歳の少年のときすでにアウグスティヌスはキケロの哲学的対話編に没頭していた。キケロのことを彼は後年単なる似非哲学者（philosophaster）として物語っている[59]。しかし思索的な能力がひとたびめざめると，真理・美・善に対する探究の熱意は消えることはなかった。こうして彼は近づくことができた著作家たちを広く渉猟し，その原典を批判的に検討することによってラテン語の完全な知識を獲得した。それと同時に主として翻訳を通して学んだギリシア文学にもある程度の知識を得るようになった[60]。この関連でアウグスティヌスの探究が単なる学問的な好奇心（curiositas）ではなく，個人的生活のための規則が緊急に必要であると感じられたことで吹き込まれたことが指摘されねばならない。そのような必要を彼が深く自覚していたことは，カルタゴにいた間にマニ教に引きつけられ，その教えを31歳に至るまで最終的に放棄しなかったという事実が示唆している。ちょうどローマとミラノにいた間に彼は，アンブロシウスによって代表されるカトリック主義の影響を最後に受けるに至るまで，当時のプラトン主義のさまざまな形態を探究した。次第に増してくる鋭い精神的で霊的な活動は，彼の回心の危機を迎

---

59) アウグスティヌス，前掲書，2,27。ウエルドン〔『神の国』原典の編集者〕はこの箇所を「疑いの余地なく正しい読み」と受けとっている。
60) アルファリック，前掲書；コンベ『聖アウグスティヌスと古代文化』参照。

えた386年に頂点に達していた，これら〔プラトン主義〕の影響力によって明らかである。この回心の出来事は彼の経歴のすべての方向を逆転させるのに役立った。アウグスティヌスは宗教の生活に献身しながら，学園の地位を自分の生地の属州に帰還するために辞職した。それによって彼の運命はそれからは修道士（386年），司祭（390年），司教（395年）と結びつけて考えられることになった。ヒッポの司教座への昇進はテオドシウスの死，アルカディウスとホノリウスの帝位継承と同時に起こった。このようにアウグスティヌスは西方帝国に降ってきたまさしく微光として自分のライフワークを開始したのである。

　アウグスティヌスの回心の年は，その生涯の間に途絶えることなく続けられた多大な著作の生産活動の開始を表わしている。その活動は，多数の文通と500もの（現存している）説教の他に，主として哲学的な研究と諸々の論争から成っている。前者は彼がたとえばマニ教，アカデミア派の懐疑論，新プラトン主義によって提示されたような諸困難を克服した精神的なプロセスを示し，またこうして彼は彼自身の立場を明確にすることに成功した。後者においてキリスト教的な真理の視界が広がるに応じて，流行している諸々の異端を反駁することによって，彼はその立場を弁護するために不屈のエネルギーをもってスタートの位置につく。このような記録はこうして彼の知的な歴史にとって可能な最善の証拠となる。そのような記録は彼の死の数か月前に書かれた作品である『訂正録』において適切なる結論に到達している。

　アウグスティヌスの自伝でも『訂正録』は，彼の初期の形成時代の記録に続く，成人した彼の思想と活動の記録として，『告白録』を補うものであると受け取られねばならない。人生を激しい抑圧と苦い神学的な闘争の生活と考える人たちにとって，この作品の調子は驚きとして映るに違

いない。というのもこの作品を読むと発見の興奮、論争の猛威と情熱の後に続くのが穏やかな静穏であったからである。ほとんど無私にまで達した自己との距離感から生まれたと言うべき、怒りを静めた不思議な率直さでもって、アウグスティヌスは42年間にわたる著作の中に映し出された彼の精神の発展を眺めるようにそれを吟味する。そして彼がその発展のなかで気づいたものは、彼がその中で成長を遂げてきた思想と表現の最悪の習わし（pessima consuetudo）である、異教のイデオロギーから漸進的に解放されたことであった[61]。そのような解放の過程は徐々に進まざるをえなかったし、それはとりわけあまり成熟していない〔初期の〕作品には時折、古典主義への転落があったことで示された。しかしアウグスティヌスはそのような転落を隠そうとしたり、後に身につけた立場と初期の立場とを「和解」させようとするどころか、真理に対する厳格な忠誠心でもって転落を暴露すべく最善を尽くしている。まさしく非常な注意深さをもって絶対的な摂理の否定を含意する「幸運、不運、自然の必然性」（fortuna, casus, naturae necessitas）といった用語を使った自作の評論を認めたことを後悔する。同様に「吉凶」（omen）のような言葉を冗談にも使用するのを拒否するにあたって、新しい思想方法を適切に表現するために清められ純化された言語の必要性を彼は強力に推し進めている。

古典主義の欠陥の認識

だがアウグスティヌスは、彼自身が認めるようにその回心がさらに遠くに影響するのを躊躇していたのに、それにもかかわらずカッシキアクムにおける経験が彼の生涯における真の転換点となっていることは明らかである。この経

---

61) アウグスティヌス『訂正録』序文。

験が彼に与えたものは古典主義の欠陥を認めるに必要な光であった。とはいえ同じ光によって古典主義がもっている真理の契機を彼は認めることができた。こうして彼はプラトンの精神において，だが新しい立場から，かつ，新しい供給源でもって経験の総合として永らく無視されてきた試みを再び続けることができた。また，その最終的な完全性の問題はまったくの論外としても，彼の仕事が，人間と宇宙に関する古典主義ができたと立証したどんなものよりも完全にして十全な知識として，結実したことに疑いの余地はない。この見地から彼の思考の前進はアルファリックの次の言葉によく述べられているであろう。「彼の知的な生涯は，絶えず姿をくらます頂上をめざす，まるで一つの緩慢な上昇のような姿を呈している」。そんなわけでアウグスティヌスが発見したものは硬直した融通のきかない体系の性格を帯びていたとしても，この関連で彼は独創的なすべての思想家に共通な運命，つまり彼のわずかな影響力が，〔外的な〕文字が彼の教えのもつ〔内的な〕精神〔霊〕の代理となることになってしまう，運命をこうむってきた。しかしながら，彼の場合にはこの運命はいっそう残酷であった。なぜなら他の体系とは相違して，思想の成長と発展を可能にしたのはまさしくその新しい原理（アルケー：始原）の特性であったからである。

新しい始原と行動原理

有名な「理解を求める信仰」（fides quaerens intellectum）が彼の生活の主導的な行動原理として理解されなければならないのは，どんなに厳密な「神学的な」センスよりもこのこと〔新しい始原〕にある。道徳的にして知的な基礎が粉砕されてしまったように思われた世界において，彼はどんなに原理的に「邪悪である」あるいは欠陥があるとしても，人類の世俗的な営為がまったくは空しくなかったとの

第10章　教会と神の統治　　637

信仰に頑迷なまでに寄りすがった。そして彼はとても多くの彼の同時代の人々のように，くだらない新興宗教に身を任さないように決断した。だが，そのような無益さは古典主義の論理的な結果であるように思われたとき，この事実は反乱を生じさせた。それは単にアカデミア派の虚無主義からではなく，全体として見られたギリシア・ローマの知識（scientia）の精神から起こってきた。だがアウグスティヌスの場合には反乱は懐疑主義から，恣意的に「信じようとする意志」よって支えられた原始の状態という，動物的な信仰に向かったのではない。うわべだけ〔の表題〕は似ていても『信仰の効用』は決して現代のプラグマティズム〔実用主義〕を予想させるものではない。というのも三位一体の中で彼は意志と同じく理性を救い，こうして人間の人格性を全体として救い出しうる原理を見出したからである。その原理が理性を救ったのは，理性が全能にして無謬であるのを否定しながらも，それにもかかわらず世界の中にあると同時に世界を超えているため，人間の理解力のうちにあった，真理と価値の秩序の存在を肯定したからである。そして理性を救うと同時にその原理が，それがないと単なる主観的なわがままに堕落する，合理性の要素を意志に与えることによって意志をも救ったのである。そうすることによってその原理は，必死になって求めていた新たな自信の根拠を個性（selfhood）の感覚に提供した。この個性は古典的な人々の理想と志望を新たに弁護することでもってソクラテス的な挑戦に立ち向かうことに失敗して敗北していたのである。しかしこのことは信仰を，ユリアヌスがキリスト教と野蛮主義とを同一視したことから判断すると，4世紀にはどちらかというとあまり親しまれていなかったに相違ない光〔キリスト教〕に向けることになった。それはパウロの手紙が教える姿勢を再び主張し，それを単純な人たちと同様に賢い人たちに向けられた福音として提

供することによって，教化された人の必要に役立つ特効薬として推薦することになった。

　この点にアウグスティヌスと古典的な精神，およびとりわけラテン精神との提携をわたしたちは認めてもよいであろう。というのも不完全な始原（アルケー）を受容するに至ったロマニタスの不備な点を辿っていって，そのシステムを再建するのに必要なことは第一原理の根本的な改訂であるということを彼がほのめかしているからである。そして彼はこのことを同国人たちにローマ帝国が約束したことを真に実現するものとして提案したのである。この観点から判断すると，彼は老練なカトー自身と同じく古代ローマ人であった。また彼の作品は疑いなく同時代の人々に対する政治的な小冊子として意図されていた。彼は次のように言明している。

　　称賛に値する国家の安全が与えられているのはここである。というのも信仰の絆と強い和合の基礎に立ち，かつ，それによるのでないなら，社会は申し分なく建設することはできないし，維持することもできないから。そのときには愛の目的はその最高にしてもっとも真実なる性格において神ご自身であるような普遍的な善であり，またそのときには人々は神における完全な誠実さをもって互いに愛し合い，また彼らの相互的な愛の根拠がその目から彼らがその愛の精神を隠すことができないお方の愛である[62]。

　このようにキリスト教的な諸原理を新しい政治学の唯一真実なる基礎として認識するように強力に推し進めること

---

62) アウグスティヌス『書簡集』137,17，ウォルシアヌス宛の手紙。

第 10 章　教会と神の統治　　　　　　　　　　639

によって，アウグスティヌスは，あらゆる外見にもかかわらず，それらの諸原理が現実の世界では最高のものであるとの信仰を明らかにした。

　しかしキリスト教的な法の至上権を主張することは，「歴史から神学的価値を引き出す試み」としては適切に表現され得るものではない。なぜなら，このことはそのような法を単なる学問的な帰納推理の水準に，つまり捨てられたイデオロギーの用語に単純化することになったであろうから。また信仰と道徳の基礎に関して言うと，キリスト教へと導く通路が帰納推理的ではなかったことは，いくら力を込めて主張しても主張しすぎることはないであろう。このことをアウグスティヌスはよく認識していた。そういうわけで天上の国の栄光を讃美するべく着手するにあたって，彼は主として〔自分の考えに〕共感し理解する読者たちに向けて書くと断言する。その他の人たちに対してはどんなに多く議論を重ねても確信を得させるには不十分であろう。というのもこのことは根底においては知識よりも洞察の問題であるし，そのような洞察は真理に対してまったく盲目にとどまっている人たちには拒否されているからである[63]。確かにキリスト教徒の眼差しをもってするか，それともそれなしにするか，という二つの方法のいずれかで宇宙を考察することは可能である。だがその結果はそれぞれの場合に明らかである[64]。しかしキリスト教的な神秘主義者にとってはそのような選択は存在しない。彼にとって自分自身の現実存在と本性が疑わしくないのと同様に神の存在と本性は疑わしくない。こうして彼の霊的な知覚が鋭くなるとき，彼が神の活動（operatio Dei）を彼自身の生

---

　63)　アウグスティヌス『神の国』2,1：「余りにひどい盲目と執拗な頑迷さ」。

　64)　アウグスティヌス，前掲書，22,22：24。

活のあらゆる面で知覚するようになることは不可避となる。同様に彼が世界を熟考するとき，最後の勝利に至るように定められていても，未だ信仰によって，また不信者との交わりにあってはいわば異分子のように，生きながらえている，神の国の光景をその中に見出すことも避けられなくなる[65]。これがアウグスティヌスの経験したものであって，それは『告白録』（397年頃）と『神の国』（413-26年）という二つのもっとも偉大な作品に表現されるようになった。

『告白録』の意義，『自省録』との相違

これまで『告白録』は個人的な経験の中で誤って表明されたアウグスティヌス的な原罪の教えからの帰結にほかならないと主張されてきた[66]。しかしアウグスティヌスが自分の過去を人間本性の完全に成熟した理論の光によって見たと言うことと，そうすることで，意識的にせよ無意識にせよ，記録を偽造したと示唆することとはまったく別である。これ〔記録の偽造〕が真相であったと想定することは，すでにアウグスティヌスがその著作において著しい程度にデタッチメント（距離を置いて見る）の見方，つまり『訂正録』がもっている特徴として注目されてきた厳密で正確な性質を示している事実を看過することである。それはまた，その欠陥がなんであれ，次々に展開する経験を提示する絵画が自叙伝におけるまったく新しい基準となっていることを無視することになる。

確かにそれは，千年以上にわたる文学史において，ギリシア・ローマ世界が正しく個人的な記録と呼ばれうるもの

---

65) アウグスティヌス，前掲書，1，序文：「栄光に満ちあふれる神の国は，この移り行くときの中にあって信仰によって生きながら不信の子らの間に寄留する」。

66) アルファリック，前掲書，57頁。

第 10 章　教会と神の統治

を創り出すのに失敗したという真相を示唆する。この意味で恐らくアウグスティヌスは皇帝マルクス・アウレリウスによってのみ先んじられていたであろう[67]。しかし『告白録』と『自省録』の間にある相違は両者の間の類似に優るとも劣らない。その相違はアウグスティヌスの著作が神に話しかけているのに、アウレリウスの著作は自分自身に話しかけている事実に要約される。『自省録』には偉大な人の面影がどの頁にも絶えることなく見出される。遺伝と環境のすべての状況に恵まれた皇帝の家族の御曹司として彼は、ストア的な徳を絶えず訓練することによって文民君主の役割に彼を適合させる節制、勇気、賢慮、正義の性質を実現すべく学んでいる。また彼はそのような能力を使って、ヘラクレスのような活動力——それはその義務が自分にかけられた信頼を見張るような人から期待された——を発揮し、荒れ狂う変化の力に抗して古典的な理性によって規定された秩序を維持すべく励んでいる。他方で『告白録』は純真な単純さで際立っている。それは微かな自負心や自惚れの微かなほのめかしさえ漏らさない。それが告げる物語は皇帝の身分ではなく、どちらかというと暮らしの低い身分に生まれた少年の物語、つまりアフリカの地方都市の勤勉な市民と多分もっと優れた階級の婦人との不釣り合いな結婚から生まれた子どもの物語である。この婦人のよかれと思っての、だが不首尾に終わった母としての指導の奮闘は、その息子に対する彼女の優しい配慮によって補われた[68]。再び、皇帝とは相違して、この聖徒〔アウグスティヌス〕は何ら一定の明らかに決められた役割をわりあ

---

[67]　また彼の時代では背教者ユリアヌスによって先んじられていた。ビデ『皇帝ユリアヌス』序文と 60 頁。もちろんキケロはその書簡において行ったように馬脚を現わすことを決して意図しなかった。

[68]　『告白録』3,12,21。

てられていなかった。因習的な読み書きの教育を授けられた後，動揺する人生行路に乗り出すことになり，「神の憐れみ，慈悲，助けによって」最終的には宗教に投錨するまで，あらゆる方向感覚を喪失してしまった。アウレリウス〔皇帝〕もアウグスティヌスと同様に，叙述と分析の経過を〔宗教への〕献身のそれと結びつける。前者は受けた恵みを気前よく認める精神でもってややおざなりではあっても義務に適った感謝を，彼の両親と一緒に彼が現在あるように成ることを助けてくれた神々に申し出る。後者は自己吟味の過程において何度も間隔を置いて立ち止まっては，神ご自身を彼自身に啓示した力〔なる神に〕に心からの感謝を捧げるか，あるいは連続した指導と支持に対する熱烈なる祈りを捧げる。そのような相違は非本質的であるどころではない。それは古典的なヒューマニストの精神性をキリスト教的なヒューマニストの精神性から分離させる深淵を指し示す。前者は英雄的な理想として祭られている伝統的な卓越性の模範をできるかぎり例証するのが自分の仕事であることを想起しながら，決して自分の弱さをさらけだそうとはしない。後者は単に真理を証言するために古典主義のすべての規範に公然と抵抗することで満足する。したがって前者は〔背教者〕ユリアヌスに称賛され模倣されるために徳の教科書を造り出しているのに，後者はウイリアム・ジェイムズをして彼を「最初の近代人」(first modern man) として描くように揺り動かしたほど新鮮で生き生きとした記録を首尾よく達成する。その姿は，その人がいるところでは時間と空間の障壁がなくなって彼をあらゆる点でわたしたち自身と同類の人として示す，実在する人の絵である。その存在は歴史においてとてもユニークであるが，それでも人類に共通な優雅さと恥辱でもって適切に表現されている。

内的な意識の発展段階の記録

『告白録』を書いただけでアウグスティヌスの中に生命を取り戻したのはプラトンでもプロティノスでもなくて，アウグスティヌスその人なのである。彼の哲学は彼が経験した他の何らかの光景であるけれども，あの自己の表現でもある，と言うことが示唆されうるであろう。彼が物語る諸々の出来事は恐らく十分に知られているであろう。だが，それらの出来事を記録することで著者は根本的に重要なことを見出す，つまりその経験が継続しており，かつ，増大していることに気づくかもしれない。それはもっとも原始的で初歩的な意識の指摘からその最高にして完全な現れに至るまで，それがいわば飛躍も短い中断もない精神機能の前進的な展開を含んでいるという意味で継続的なのである。それは新生児に見られる光に対する反応のような初歩的な運動でもってはじまり，それに続くのが空間に場所を次第に占めることや身近な環境との接触である。そして幼児はこのことを自分自身に独自な仕方で成し遂げる。「わたしはからだと声，同じようなしるしを気の向くままに投げつけていた」(iactabam et membra et voces, signa similia voluntatibus meis)[69]。このように開始しながらも彼は間もなく人間の自我のあまり一般化されていない，もっと特別な性格を発展させる。とりわけ「秩序ある一貫した語りにおいて」外界との効果的な交渉が可能になるという意味が彼にわかり始める。「わたしはものを語る子どもになっていました」(puer loquens eram)[70]。この自己表現の手段の発見と完成をもって子どもは「人間生活の荒波さわぐ交流に次第に深く乗り出していった」(同上)。しかしそのような発展が連続して起こると，それはまた累積的

---

69) 前掲書，1,7,11〔出典箇所不詳〕；『神の国』11,2。
70) 前掲書，1,8,13。

となる。なぜなら単なる生活の過程が想像力・記憶・想起のもつ神秘的な力を活動させる間に，それが過去から現在への印象や感情の絶えざる影響によって際立たせられるからである[71]。このようにして，たとえ一時的で束の間であっても，経験の「契機」の各々は全体の構成の内部に何らかの仕方でそれとなく入ってきてとどまるということが起こる。同様に注目されるべきことは，これらの契機の個々のものはすべて，快とか苦とか，満足とか困窮とかといった一種の情緒的な内容をもっていることである。またアウグスティヌスが呼んでいるように，これらの「心の情態」(affectiones animi) は「記憶の広々とした宮殿」の内部に保存されていて，「心がそれを経験する瞬間に感じられるのではなくて，他の仕方で，それ自身の力にしたがってときどき呼び起こされる」。というのも「今嬉しがらずに，かつて嬉しかったことを想起するからである。わたしは今悲しがらずに，過ぎ去った悲しみを想起する。かつて恐れていたことを，今は恐れないで想起する。かつての欲望を今は欲しないで想起する」[72]。それでも，「すべての人が欲するものが幸福であって，幸福をまったく欲しない人はいない」[73]がゆえに，このように確立された価値〔幸福〕が，特徴的な流儀とか振る舞いのパターンを組み立てるようになる，欲求と反感の規範を定めるに当たってそれを定める役目を果たす。

人間としての主体の自覚と自然的な欲求の満足

このようにアウグスティヌスによって個別的な人間存在は光を放つエネルギーの中心として考察される。人々が触

---

71) 前掲書，10,12 以下参照。
72) 前掲書，10,14,21。
73) 前掲書，10,20,29。

第 10 章　教会と神の統治　　645

れ合う世界に生まれてきて，人間は間もなく外的な関係からなるすべての組織を発展させるが，だからといって，その「主体」(subject) はそのようにして確立されたどんな関係にも，その関係のすべてにも還元することはできない。そうではなくその主体は，自分の経験が成熟するにしたがって発達する基準の光を受けて記録したり，分けたり，評価したりして，さまざまなチャンネルを通して流れ込む感覚知覚の生の素材を受け取る。このようにしてのみこの素材は，満足を与えるのに役に立つ源泉であるように思われるものへの更なる要求の基礎となる。この立場から見ると，さまざまないわゆる能力はすべて意志の機能として考えられるであろう。このように考えると，自分をたたきつけたり，支離滅裂な音を吐露したりする，明らかに幼児の発作的で機械的な反応は，恐らく初期の意欲のしるしとして受け取られるであろう。このしるし自身はやがて成人した人の統合された態度と理解力にその表現が見出されるように定められている。彼は別の箇所でそれを「わたしたちは意志以外の何であるのか」(quid sumus nisi voluntates) と表現している。

　このようにして人間の獣性に関する限り，生命の問題は意識の問題であることが明らかとなる。だがそうであっても意識は満足のもっとも完全な基準をどこに見出すのであろうかという問いが起こってくる。この問いは不当なものではない。だが人生に提供された種々の可能性を考えると，またそれを識別するための一貫した必要性を考えると，この問いは不可避的なものとして起こってくる。確かに人間の精神が，いっそう低い次元と呼ばれるであろうもので，ある程度の満足を見出すことは真実である。アウグスティヌスがアリストテレスに同意して観察しているように，生命そのものは自然の甘美さをもっている。また，たとえば食べたり，眠ったりするような生命の機能の単なる

行使でも,邪魔されないならば,どう見ても刺激的ではないとしても,相対的に無害な喜びが伴われている。だが,それにもかかわらず普通の体質の人にとって自己を意識した人の要求は獣と共有する生活のレベルでは完全に満たされないことも明らかである。またそのような要求が永久に否定され得ないことも,それと等しく確実である。こういうわけで,とどのつまりそれらの要求はどのようにうまく処理されるべきかという緊急な問題が残ることになる。この問題に対してアウグスティヌスは可能な三つの解決を提案し,その長所を同様に検討する。

青年時代の放縦な生活,恋愛と観劇

これらの解決のうちで最初にして恐らくもっとも明らかなのは,生命そのものがそれ自身の問題の答えであるということである。またこの意見にアウグスティヌスは青春期と初期の壮年期には同意していたように思われる。現代の基準から判断すると,彼の生涯のこの部分はどうみても途方もない青年として表現されるべきではない。それでもローマ化されたアフリカの生活で与えられた放縦な生活の可能性を過小評価することは誤りであろう。『告白録』によるとその時期は,表面的な指導と抑制に対して軽薄で挑戦的な態度でもって試してみたいという情熱によって特徴づけられていた。その欲望は,彼が述べているように,感覚的対象に触れることによって引っ掻かれたいというものであった[74]。彼はこの欲望にひたり,カルタゴの学生生活でのありきたりの非行にふけっていた。そのとき彼は「バビロンの街を闊歩し,その泥の中を転げ回っていた」[75]。それは主に劇場で催される演劇に対する「あわれむべき狂

---

74) 『告白録』3,1,1。
75) 前掲書,2,3,8。

気」[76]という表現に見出せたし，同時に一連の気まぐれな束の間の恋愛にも見出せるものであった。こういう恋愛を追求して彼は子ども時代の抑制を投げ捨て，危険な生き方の原則を巧みに受け入れた。「わたしは安全を嫌い，また誘惑の罠のない道も嫌った」。

アウグスティヌスがそれに続いて行ったこの原則に対する拒否は完全であったし，明らかであったことは言うまでもない。しかし，それを退けるに当たって，彼が感覚的な生活を全面的に退けたと考えるべきではない。というのも彼は，マニ教徒を反駁したときのように，「物質」と呼ばれるものには悪は本来備わっていないという教えを，断固として主張したからである。また同等な激しさでもって物質的な存在が必然的に曖昧さと矛盾に巻き込まれており，そこから遁れることは純粋な「形相」の生活においてのみ可能であるという観念論者の主張を否定した。確かに彼は哲学的な原理として受け入れられた唯物論が「汚れた肉の情欲から霧が立ち上ってきて心を曇らせ暗くする」[77]ように，価値の破滅的な混乱に至らせると論じている。しかし，三位一体論的な立場からは，その理由としてこの唯物論が「異説」，つまりある経験の単なる強度や持続をその価値の唯一の尺度として受け入れるという異説を含意することが挙げられる。このことはこれらの要因を尺度として決して退けることではない。確かにアウグスティヌスは，それ〔らの要因〕によって測ってみて，神に対する愛が，それは真理・美・善に対する愛であるが，その他可能な何らかの満足を与える源泉に対する愛よりもはるかに優っていることを発見するに至った。だが，それはそれらの要因が，それ自体としては，またその性質のことを考えない

---

76) 前掲書，3,2,2。
77) 前掲書，3,2,2（出典箇所不詳）。

と，識別するためにはまったく不十分な基礎しか提供しないことを示唆する。こうしてそれらの要因は，現代のロマンティシズムによってそれに帰せられている自発性や魅力を実現するどころか，単なる人為的なものであって結局は貴重な人間の精力をまったく消耗させることを意味する，行動のプログラムを促進させている[78]。それが与える自由は同様に不完全にして疑わしい。それは「逃亡する自由」(fugitia libertas) つまり逃亡する奴隷の自由である。というのも英知的で価値ある目標を除いてしまった，単なる運動には何の満足も見出されえないからである。有名となったリンゴを盗むような少年時代の事件をアウグスティヌスが想起したとき，彼の深い悔恨を支えているのは，何らかの病的に誇張された罪責感よりも，この真理の確信であった。彼が関心を寄せていたのは，道を踏み外した行為よりも，むしろその行為のまったくの向こう見ずさと無意味さであった。

　この立場からわたしたちは彼の若いときの経験の特定な局面に対して向けられた批判を理解しなければならない。それはたとえばカルタゴ時代に彼をすっかり虜にした演劇の鑑賞について彼が言わねばならなかったことである[79]。彼が指摘しているように，古典的な理性はそれまでギリシア‐ローマ的な舞台によって刺激された興奮の特有な形態を合理化しようと努めてきた。それと同時に公共生活における実用的な意義を，演劇が精神を浄化すると宣言することによって，演劇に与えようと努めてきていた。しかし，そのようなカタルシスはたとえ確かにあるとしても，疑わしい価値どころではないと，彼は論じる。「憐れみは取り去られるべきでしょうか」と彼は尋ねる。そのようにする

---

78)　前掲書，2,1,1。
79)　前掲書，3,2,2。

ことはもっと必要な浄化の蒸気を去らせることになる[80]。しかしながら彼の経験では舞台の演劇は精神を浄化するよりも刺激するものとして作用していた。その結果は，傷をひっかくことから起こってくるように，有害な感染であった。同じことは，だがもっとひどい仕方で，帝国の全住民にそのような影響力を及ぼした「剣闘士の見せ物」(spectacula gladiatoria) についても真実であった。この見せ物では残忍な群衆の手に負えない怒号が血の光景を見ることで突然呼び起こされ，一種の嫌々ながらも魅了される状態が未経験な人たちにさえ吹き込まれていた。こうして彼は獰猛にして陶酔した喜びをもって血だらけの娯楽が呼び起こすおぞましいさまをじっと見つめたのである[81]。「剣闘士の見せ物」では悲劇の要素があまりにもリアルであり過ぎた。だが舞台演劇に関して言うならアウグスティヌスを嘆かせたのはそれに本来備わっている虚偽であった。この虚偽は〔本物らしく見せる描写である〕ミメーシスもしくは模倣としてのその性格にもとづいている。模倣の基礎は思想と情緒が行動から不自然に分離していることにある。そのため「観客は救われるためにではなく，ただ悲しむために招かれている」。そして「観客の喜びは悲しみの度合いによって高められる」[82]。このようにして演劇は悲劇的な感動を刺激することによって巧妙な仕方でもって士気を阻喪させる力を助長しても，そのためただ感動を無活動という不毛の砂に排出させることになる。同じことが無責任な恋愛の冒険についても真実である。それは揺れ動く情熱に不毛な見通しを，つまり「思慮を欠く気まぐれな情熱」(vagus ardor inops prudentiae) を起こしただけであって[83]，

---

80) 前掲書，3,2,3。
81) 前掲書，6,8,13。
82) 前掲書，3,2,2。
83) 前掲書，4,2,2。

このようにして自然の機能を恥ずべき目的のために身売りしたのである。そして総じてこのレベルにおいて獲得されるはずの満足に関して言うなら,永続的な価値や意義をそれらの満足に授けることができる何らかの調和のとれた行動の原理を開発することに失敗することになる。したがって,そのような耽溺は,秩序のある生活に見られる目的に対する手段の関係という「健全性」に対する人々の根深かくて強烈な要求を傷つける。それゆえ耽溺があるかぎり手に負えない自我の気まぐれに制限を課するために,ある種の外的な「法律」が必要となるであろう[84]。

自由学芸の意義について

しかし,もしもこのようであるなら,そのときには生きる意味と可能性が,社会的な統制——それは学校で作られるものであり,そのもっとも高くもっとも高貴な現れにおいては全世界的な帝国の精神を具現する——において完全に示されると主張することは正しいであろうか。確かにそのような統制は遠大なものであり,普及力のあるものであった。このことはすでに「いわば全民族に共通な自然な言語である身体の運動」が示す自分の回りの人々と交渉しようとする幼児の自発的な努力でもって始まる[85]。このことから同じく自然的な発展によって子供は自分の母国語を学ぶように進んでいく。子供はこのことを両親や友人の親切な励ましに劣らず自己表現の生まれつきの衝動を通して比較的容易に実現していくものである。というのも学習においては「自由な好奇心が恐ろしい強制よりも効果的である」[86]から。しかし学校に行く年齢に達すると,教育は読

---

84) 前掲書,2,2,3。
85) 前掲書,1,8,13。
86) 前掲書,1,14,23。

み・書き・算数の「あの 2 × 2 は 4 という」基本からはじまって，いわゆる自由学芸——それを修得することが文化共同体に入るのに必要な許可を表わす——で頂点に達する一定の形式的な性格をとるようになる。それは，アウグスティヌスが言っているように，「アダムの子らの労苦と苦痛とが幾重にも倍加されるために」[87] 考案された伝統的な題目と技術の全体系である。またロマニタスが，前に他のところで述べたことがあるように，二言語を併用していたので，このような問題はほぼ本質的な特色として古典的な姉妹言語の知識〔の修得〕を内包していた。「そこでは外国語の困難さが甘美なギリシアの寓話に苦みを混ぜ合わせた」。

数世紀にわたる慣習によって崇められてこの学問は，「この世でときめく人になるように」(ut in hoc saeculo florerem)[88] 人生で成功する一つの確かな道としてアウグスティヌスに奨励されたのであった。そのようなものとしてその学問は多くのものを意味するはずであったのに，実際はほんの僅かな意味しかもたなかったように彼には思われた。教育の初歩的な段階において彼は子供らしい勉強嫌いと教師のむちの恐ろしさとに引き裂かれた[89]。また知識の修得に当たって自発的な好奇心の働きに高い評価が置かれたのに，彼は理解を助けるものとしての身体的な罰に対する疑惑を決して捨てなかった。だが強制の必要について彼は完全に気づいていた。彼はこのことを主として，少年が「アエネアスに対する恋ゆえにディドの死を悼むように求められた」学業の虚栄と退屈との感覚の所為にした。そして彼はそのような学業の絵空事を強調しながら，彼に反対

---

87) 前掲書，1,9,14。
88) 前掲書，1,9,14。
89) 前掲書，1,9,15；12,19。

して「文法学習の鷹匠〔行商人〕たちが抗議しないように」警告する[90]。この絵空事を彼は「ほとんど逆らえない激流」である習慣と伝統の力の所為にした[91]。それは教育上の実践においては死んだ主題と死んだ観念に寄りすがる習性を意味した。その結果，ウェルギリウスの書物は暗唱・朗読・弁論のための主題を供給するために余すことなく探索された。そのような訓練は修辞学的な能力を発展させるのに不可欠であると考えられた。修辞学は法廷やその他で申し立てられた価値のために大声で弁護されていたが，本当は「誤謬のぶどう酒でもって人々が酩酊する」ためにそれに従事する人たちにもてはやされた。そこにおいては熟練が，ある意味で，うぬぼれの象徴であり，悔い改めない人の虚栄でもあった。だが，そうは言っても学校での訓練は無駄ではなかった。というのも生徒は次第に文明の間違った観念，つまり「〈人〉という単語を〔息を抜いて〈いと〉と発言してその意味を〕殺すことは，人間自身を殺すことよりももっとひどい犯罪となる」と説く発声法の厳しいしきたり，を吸収したからである。このような言葉への凝りすぎは，今度は聖書への軽蔑へと導いていった。その理由は聖書が世界の文明化された市民の思想と表現をだめにする文法違反に満たされていたからである。しかしこのように表現を正しく適応する理想を上手に促進しながらも，その訓練は高慢・虚栄心・欺瞞——これらのことで少年は大人に対して父のように自分自身を示している——といった初期の悪徳を根絶することを少しだけしたか，あるいはまったくしなかった[92]。アウグスティヌス自身の場合には，この訓練は彼をミラノにおける修辞学の教授職に就かせる

---

90) 前掲書，1,12,21,22。
91) 前掲書，1,16,25。
92) 前掲書，1,18,28-30。

第10章　教会と神の統治

ためであった。彼が言っているように，その職を獲得するために「わたしは多くの嘘をついたが，嘘をつきながら，わたしが嘘をついていることを承知している人たちによって称賛されるためにした」[93]。この考えは他の箇所では恐らく少しだけ強調され，「自分自身を満足させ，人々の目に気に入る者となろうとする欲望」[94]として語られている。

こうして世俗的な教育は，解放の手段として考えられる場合には，無益であるよりも有害であることをアウグスティヌスが見出したと推測できよう。それはそれ自体として渇望を和らげるどころかさらに悪化させる塩水のようなものであった。しかし彼の成熟した判断では，世俗的な教育はそうだからといってまったく価値のないものではなかった。この価値の一部は道徳的なものである。その価値は，彼が言う「教師の笞から殉教者の試練まで」の教育課程の間に教え込まれた従順と勤勉の習慣にある。そうは言ってもその価値は主として知的なものであったし，それも二重の意味でそうであった。まず第一に教育はその時代のもったいぶった無意味な風潮の多くのものに対する批判的な態度を採用するように彼を助けた。また，とりわけ欺されやすい人たちの間で知恵として認められたマニ教の学問の虚偽を論破するように助けた。だが，もっと重要なことには教育は真理を知的に探究するのに不可欠の強固な言語的根拠――それによってこのことが現実に見出されうる――を彼に提供した。こうして不随意的で間接的ではあったとしても，世俗的な教育は神についての知識を促進させるのに役立ったのである。

---

93)　前掲書，6,6,9。
94)　前掲書，2,1,1。

三位一体の教義の受容と大変革

このように言うことは，アウグスティヌスにとって，経験の究極的な意味が宗教の次元で開示されることになったことを示唆する。とどのつまり彼は自己自身をキリスト教的な真理の言葉でのみ理解するようになった。だが，もしそうであるなら，もっとも重要な問題が起こってくる。というのも，この真理を把握するためには，キリスト教的な洞察もしくは知恵が必須条件となったからである。そしてそのような洞察をえようと努めるとき，探求者は明らかに克服しがたい障害に直面した。つまり彼はその本性に本来備わっている欠陥である「原罪」(originale vitium) によってキリスト教的な知恵から締め出されたのである。この欠陥はすでに幼児において，その妬みとか恨みでもって明らかであった。それは子供時代にも，勉強や遊びが競争心とうぬぼれた称賛に対する愛という悪を彼に起こさせたときに，確証された。終わりに成熟した年齢に達したとき悪の被害者が，目には見えないが陶酔させる，わがままというぶどう酒に染まるとき，悪は彼に根付くようになる[95]。

アウグスティヌスにとってそのような徴候は，エゴイズムが拡大した証拠であって，経験的で偶有的な自我を独立していると受け取り，それを他の一切を排除してもてはやしている。そのとき精神は，彼が説いているように，「それが寄りすがるべきものを捨てて，いわば自分が始原となり，始原であることを求めている」[96]。この徴候はこのようなものとしてまったくの道徳的な荒廃を意味し，そこからの救出は人間の心に生き残っている「神の痕跡」(vestigia Dei) を通してのみ可能である[97]。これらの痕跡は，彼自身

---

95) 前掲書, 1,7,11 と 10,16：2,3,6 と 7。
96) 『神の国』14,13,1。
97) 『告白録』1,20,31。

第 10 章 教会と神の統治

の場合には，主として真理に対する愛，いくつかの表現能力，強力な記憶，同等性についての子供らしい感覚，友人の愛から成り立っていた。というのも，そのような能力をもっていることを彼は信じていなかったから。なぜならそのような能力の悪用とか誤用を悪として非難しようと彼は考えていたからである。そのような能力は生まれつきの資質の要素として神の恩恵によって人々の間に配分されていた。その濫用は悪事に対する何らかの生まれつきの愛というよりもむしろ，それによって善の究極の源泉を捉えたり欲求したりするようになる，受領者の知的で道徳的な限界に帰せられるべきであった。この観点から見ると〔ローマの打倒を企てた政治家〕カティリナ自身は「生まれつきの殺し屋」ではなかった。なぜなら僅かでも健全さを保っている人は，だれであれ殺害することのみを欲しないからである。こうして彼の犯罪行為は極端な形をとった世俗主義が懐く負の価値の単なる例証であった[98]。だがアウグスティヌスは，このような限界を考慮して，自分の生活の純潔と無垢を厚かましくも彼自身の力の強さに帰するのか，と尋ねている[99]。

そのような限界をアウグスティヌスは，とりわけ彼自身の場合には，深くかつ鋭く感じていた。個人として彼は彼の存在そのものが時間と空間の特定の限界によって制限されていることに気づいていた。また知的で道徳的な業績の双方に対する能力が彼の生まれと育ちの環境によって少なからず厳格に条件づけられていることに気が付いていた。また彼はギリシア‐ローマの経験がもつ長い記録を見てもこれらの限界が克服されうると信じる何か強固な根拠を見出すことができなかった。世俗の哲学は瀕死の状態にあっ

---

98) 前掲書，2,5,11。
99) 前掲書，2,7,15。

た。それは人々に可能な善を提示することに繰り返し失敗して信用を失っていた。宗教として認められていたものは恥辱と詐欺行為とを織り交ぜたものであった[100]。この袋小路から救出されることは確かに可能であったが，それは彼自身の何らかの努力によるよりも，むしろ受容する作用によって実現されることになった。遂に彼はアタナシオスとアンブロシウスの神を認めることでそれを見出すことになった。

しかしなからアウグスティヌスではこの〔救済の〕完成は，〔しばらく経ってから〕回想することによって示そうと試みたために，長く引き延ばされた。宗教的な経験の発展を辿りながら彼は（自分の力によって）神のことを，わたしたちの感覚から隠されていても，それでもわたしたちの願いを聞き入れ，助けてくださる，偉大なるお方として考えはじめたことを示している。こうして神は学校で笞で打たれることを免れさせてくださるように子供らしく嘆願する対象となった。だがその祈りは彼の両親にとって物笑いの種となる楽しみを刺激するのに役立ったにすぎない[101]。しかし成熟したとき彼はこの幼稚さを捨てたが，世俗主義の泡立つ渦に飛び込むことになった。だが，そこでは「一なる真実の善なるあなたから背いて，多のうちに自己を喪失して，ばらばらに引き裂かれる」[102]ようになった。こうして彼が言っているように，「19歳から28歳に至る9年間，わたしたちはさまざまな快楽を追求して，迷わされながら迷わし，だまされながらだまして，生きてきた。表だっては自由学芸と呼ばれる学問によって，隠れては宗教の虚名のもとに，ここでは高慢に，そこでは迷信深く，

---

100) 前掲書，とくに 1,18,31。
101) 前掲書，1,9,14。
102) 前掲書，2,1,1。

だが全く空しかった」[103]。この時期の初めから終わりまでアウグスティヌスは手に負えなかったが，それでも神はなぞめいた沈黙を保っておられた[104]。だが，このような生活の罠と惑わしのさなかにあって，彼はそれでも自ら神の摂理に気づかなかったが，その徴候を感じ取っていた。こうして彼の歩みはローマとミラノへと導かれていった[105]。そこでもなお彼は，お化けを恐れたり，そのご機嫌をとったり，錯覚を抱きがらも，延期しようと決めないで，根気強く確実性の問題を探究するように求めていたが，彼の探究は遂にキリスト教的な三位一体のビジョンによって報われることになった[106]。しかし当惑させる審美的，道徳的，知的な諸問題と格闘していたときには，しばらくの間そのビジョンは与えられなかった。この諸問題とは美とその適合性[107]，自由と必然性[108]，一と多，善なる一者，不合理性と悪の源泉としての分裂（division）の問題であった[109]。そのさい彼は中でもアリストテレスの範疇論よって引き起こされた実体・質・量・関係の問題を，「おおよそ存在するものはすべてあの10の範疇のうちに包含される」と暗黙に想定して，あれこれと考えていた[110]。このような問題を論難するに当たって，彼は実体を霊的なものと考えることの困難さに直面したが，これが可能であることを見出すことによって，彼の知的に最大の問題が解決された[111]。それ

---

103) 前掲書, 4,1,1。
104) 前掲書, 2,2,2；3,12,21。
105) 前掲書, 5,8,14；13,23。
106) 前掲書, 7巻以後，とくに13,5,6；11,12；16,19。
107) 前掲書, 4,13,20。
108) 前掲書, 7,3,4以下。
109) 前掲書, 4,15,24-7。このタイプの議論の特徴的な例としてプルタルコスの『神託の欠陥』34と37章を参照。
110) 『告白録』4,16,28-29。
111) 前掲書, 5,14,25。

に続いて唯物論と観念論の妄想からの解放がもちろんのこと起こり，これをもって大変革の過程は終了した。

大変革の歴史的意義と大作『神の国』

アウグスティヌスに個人的にとても大きな結果をもたらしたこの変革は，教会の歴史にとってもほとんどそれに等しい意義をもっていた。というのも三位一体のキリスト教を彼が受容することによって彼はアタナシオスによって創始された思想の成果を自分自身と結びつけて考えたからである。その成果に対して彼は一つの貢献をなしたのであるが，その貢献の程度は，一方の量的に小規模でスケッチ風の『受肉について』と他方の量的に厖大な『神の国』との間の相違によって示されている。

おそらく『告白録』を別にすると，アウグスティヌスの著作のなかでももっとも親しまれたものとして『神の国』が位置づけられるが，この作品をあげる根拠と目的を考える必要はほとんどないであろう。それが書かれた目的は，著者自身が示しているように，二重であった[112]。〔ゴート族を率いた〕アラリックによって永遠の都市ローマが略奪されてから 3 年経った 413 年に書き始めたのであるが，この著作は最初「ローマが打倒されたことにはキリスト教に責任があると主張して，常習的な恨みと憎悪よりもっとひどく，真の神を冒瀆しはじめた者どもを論駁するために」計画された。この観点からしてそれはロマニタスの哲学的な土台に対して，換言すればウェルギリウスが描いた人間の都市の要求に対して，一般的な激しい攻撃にまで拡大された。だが世俗主義に反対する論争から，第二の，そしてもっと根本的な目的が浮上してきた。それは信仰が動揺を

---

112) 『訂正録』 2,43,1. ウエルドン訳で引用する。それは『神の国』序文 7-8 頁である。

第10章　教会と神の統治　　　659

来し,時代の迷信的な恐怖に屈していた人たちに勇気を与えるという目的である。この人たちに彼は新たに自信を与えることができる道徳的・社会的・哲学的な教えを表明したのである。アタナシオスと同じくアウグスティヌスの場合も,このことは創造・堕罪・人間の贖いと一緒に世界における教会の興隆・進歩・運命にとくに言及する,聖書の叙述を概観する論評の形式を採っている。またその中へと彼は宇宙・自然・人間に関する成熟した思想がぎっしりと詰まった資源を注ぎ込んでいる。こうして『神の国』は人類史における御霊のわざである,神の活動 (operatio Dei) の叙述的な解明へと変化している。

　そのようなものとしてギボンによると「神の国」は「大胆に作成された不細工ではない壮大なる設計図」の真価を要求する。細部にわたる大いなる入念さでもって〔『神の国』の〕著者はアウグスティヌス主義の特徴ある形と見なされるようになったものを詳細に説明する。そこには原罪とその結果についての教義が含まれている。その中には〔生存中に〕洗礼を受けなかった幼児の断罪も入っている。ある人々を永遠の救いに予定するように,他の人々を永遠の苦痛に予定する,法則にもとづく恩恵による贖いの教義も入っている。原因としてではなく実現され,かつ,到来する諸々の預言の説明としての歴史も含まれている。こうして (a) 受肉と (b) キリストの贖罪とその結果,とくに教会の制度と権威に現れているようなものに対する神の準備も含まれている。言うまでもなく終末論も含まれており,それはその他の要素の中でも,現世の成り行き (Saeculum) の終わり,死者の肉体の復活,キリストの再臨,神の正義と愛の最終的な現れとしての最後の審判から成っている。またアウグスティヌスはこれらの教義を布告しながら,聖書の権威に対する暗黙の信仰を確約する機会を捉えて,セプトゥアギンタ〔70人訳ギリシア語旧約聖書〕

の逐語霊感説さえも主張する。その権威の力にもとづいて地球の裏側に住んでいる人々がいる可能性を退けるが，ノアの大洪水以前の人の巨人像と極端な長寿に関する伝説を肯定する。彼は天使と悪霊の存在を絶対に信じ，とりわけ贖い主の姿のまわりに群れをなす奇跡に対する信仰を次のように宣言する。彼は言う，「聖書の奇跡のもつ信憑性を否定する者はだれであっても，神の摂理を否定している」と。さらに彼はとくにミラノとヒッポ・レギウスにおける同時代の奇跡的な現象を，聖書に書かれた神の活動に類似したものが彼自身の時代にも続いている証拠として受け入れる。それでも彼は，逆説的であるが，寓話ではなく，言葉のもっとも深くかつもっとも真実な意味で，事実を書いていると至るところで主張する。こうして次のような疑問がおのずと立ち上がってくる，彼は本当のところ何を言おうとしているのか。わたしたちはこの著作の終わりの二つの章でこの疑問に応えるべく試みるであろう。

第 11 章
わたしたちの哲学　人格性の発見

　はじめに

　キリスト教の三位一体について提供された考えの概略を述べてみたが，わたしたちは何かを抜かしてしまった気がする。たとえばバシレイオスには何ら言及していない。彼はよく言われているように，「アタナシオスを引き継いで三位一体の大義名分を取り扱ってきた」[1]。そのため彼は思慮深く，かつ，政治家のような指導力を発揮して，それが普遍的ではないとしても一般的に受け入れられるようにしてきた[2]。だが，もしわたしたちがアウグスティヌスとその先行者たち，つまり4世紀のキリスト教の思想家たちとの関係を指摘することに成功すれば，わたしたちの目的に役立つであろう。この関係においてアウグスティヌスを捉えることは，彼の霊的な友好関係がプロティノスやポルフェリオスよりもアタナシオスとアンブロシウスにあった

---

1) ギボン，前掲書，25 章 26 頁。
2) バシレイオスの著作については Duchesne，前掲書，第 2 巻，11 章，387 頁以下を参照。ポアチエのヒラリウスの著作については前掲書，523 頁参照。Duchesne はヒラリウスを西方のすべての司教の中でアレイオス主義との最後の戦いに至るまで，ガリアのみならず，東方においてもイタリアにおいても，もっとも活動的役割を果たした人として描いている。

ことが認識されるであろう。それはまた彼の著作を正しく理解するための正しい展望を得ることになる。この観点から見ると，彼の著作は恐らくその友好関係が実現されたものとして叙述されるであろう。というのも新しい出発点がもつ意義を論理的な結論にまでしぼり込むことによって，彼は教父たちがはじめた思想の成果を完成させ，「わたしたちの唯一の真なる哲学」[3]となるように求めたことの土台を据えたからである。こうしてわたしたちは福音が4世紀の精神に自らを示したような完全な意味，および，それとともにキリスト教がギリシア-ローマ世界に与えた衝撃から生じた革命的な態度と見解の大きさを知るようになるであろう。

　このように予想すると，アウグスティヌスの仕事は二重の意義をもっている。まず初めに，それは古典主義のときがたい謎から逃れる道，と同時に，純粋な古典的な精神の消滅に続いた傍流の思想体系のときがたい謎から逃れる道を提供する。新しい始原，原理，もしくは第一原理に照らして見るならば，見捨てられたイデオロギーに生まれつき存在する諸問題は背景に退くか，他の文脈においてまったく新しい様相をとっている。それと同時にアウグスティヌス主義は，〔ギボンが批判したような〕乱雑な借り物から成るまとまりのないものとしてではなく，経験のあらゆる側面を公平に評価しようとする，またとりわけ秩序の要求とプロセスの要求との間の，つまり人生におけるいわゆるアポロン的なものとディオニュソス的なものとの間の，明白な相違を克服しようとする[4]，成熟した哲学として浮か

---

　　3)　本書第6章，390頁。
　　4)　『告白録』1,6,9。「御許には，恒常でないすべてのものの原因が恒存し，変動するすべてのものの不変の根源が常在し，非理性的時間的なすべてのものの永遠の理念が生きている」。古典的古代においてディオニュソス的なものとして分類される心理的な現象の分析のた

び上がってくる。こうしてアウグスティヌス主義は，最終的なものへの要求がどのように考えられていようとも，少なくとも秩序の原理に対する古典主義の合法的な大望に立ち向かって戦うのに役立つ，総合（synthesis）の基礎を提供する。それと同時にそれは，それが動かすプロセスと目標の洞察力において，古典主義がその展望の限界から不可避的に見る力がなかった世界を開示するのである。

アウグスティヌスの人格性の哲学

この観点から見ると古典主義の限界は「理性」の限界であった。したがって古典主義の主張する権利を退けるにあたって，アウグスティヌスは，わたしたちが他の箇所でキリスト教の典型として注目した，「理性」に対する反乱の仲間に加わる。「わたしたちは信仰によって生き，信仰を通して歩む」（Ex fide vivimus, ambulamus per fidem）と彼はほかならぬテルトリアヌス自身とともに繰り返し主張する。しかし彼にとって「理性」に対する反乱は，本能的なものに帰ることを意味しないし，知性が根本的に腐敗していることも含意しない。反対にそれは，もし信仰が理解に先行するなら，今度はそこから理解が信仰の報いとなる見解への道に向かわせるのである[5]。このように理解して彼は確実性の探究と理性的な動物としての生得権の回復に対する答えを直ちに見出す。というのもそれ〔反乱〕は「信仰」と「理性」が対立しているどころか，本当は経験の相関的で相補的な側面であることをアウグスティヌスに認めさせることを可能にするからである。こうしてそれ〔反乱〕は個性の原初的で独創的な諸価値，生存の感覚，自意

めには，ローデ前掲書，第9章と10章を参照。キリスト教にはそれがそのような現象に与えた新鮮な解釈よりも教訓的なものはない。

5）『ヨハネ福音書講解説教』29,6：「理解は信仰の報いである」。

識の感覚，そして自発的でありながらも秩序を保った活動の感覚——それは人類の生まれつきの所与となっている——と呼ばれうるものに対する弁護を提供する。同時にそれは，それらの価値に新しい意義を付与する。そのさいそれらの価値が或る原理に依存していることが示されるのであるが，その原理はそれらの価値を超えており，それらの中にもあって，宇宙的にして人格的でもあることで，純粋に「創造的」なものとして提唱される。つまりその原理はアリストテレスによって熱望された「不動の運動者」（τὸ κινοῦν ἀκίνητον）の要求を満たすものとして提唱される。この原理を受け入れることによってアウグスティヌスは，（a）主体と客体の間の，また（b）感覚の生活と思想の生活の間の，古典的な対比から起こってくる諸問題に対する解答を見出す。それによって彼はダイナミックな人格性の哲学を可能にしている。

理性と信仰の問題

その要点は次のように強調されよう。それ〔人格性の哲学〕は確かに古典的な世界と古典期以後の世界の欠陥（vitium）から救済する教義として三位一体論を理解するためには不可欠である。アウグスティヌスは言明する，「神がそれによってわたしたちを他の動物よりも卓越したものにお造りになった当のものを憎んでおられるなどということは絶対にない。理性的な根拠を受け付けないとか，探求しないという仕方で，わたしたちが信じることなど断じてない，とわたしは主張する」と[6]。したがってアウグスティヌスにとって思想を破棄することは，つまり一種の知的な夢遊病に転落することは，思考の欠陥を癒すことに

---

6) 『書簡集』120,3「コンセンティウスへの手紙〈三位一体について〉」。

第 11 章　わたしたちの哲学　人格性の発見　　665

ならなかった。その夢遊病にかかると意志は「見ることも理解することもなく闇の中で」うごめいており，こうして意志は「生命の暗い源泉――それは創造的な生命であるが――から直接外に向かって活動するようになる」[7]。彼はまた，信仰が盲目にとどまることに満足する，つまりテルトリアヌスの「不合理なるがゆえにわれ信ず」(credo quia absurdum) で立ち止まることに満足するような，受容の仕方では満足できなかった。彼は信仰と軽信の間では世界が相違すると主張する。またそうなるのは人々が信仰を，恥ずべき仕方で，もしくは軽率に，次のような意見に，つまり多くの人々によれば，わたしたちが確実に知ることができないものは何も信じるべきではないとの意見に，同意することと混同するからである[8]。というのも，もし知識が「もっとも確実な根拠によって」(certissima ratione) 理解されるものとして定義されると，ただちに可能的な経験の全体の中でわずかに或る要素だけが知られると考えられるであろうから。あるいは確かにこの意味で知ることができるものとして明らかとなるから。ところがそのときには人々が真理として受け入れる大部分は或る種の権威に依存することになる[9]。さらにこの権威に対する信頼が傷つけられると，人間関係の構造全体が不可避的に崩壊せざるをえない[10]。この事実を認識するのは単純な誠実さであるが，

---

7) このように指摘する見方は現代でも共通している。それは J.A. ステワート『プラトンの神話』45 頁の言葉「思想よりも感情の方が根本的な自我や人格――それは同時に宇宙の生ける問題であって，生ける解決である――にいっそう近くに立っている」にも反映している。

8) 『信仰の効用』22：「信仰することと軽信との間には大きな相違がある」；23：「信仰と軽信とは別である」。

9) 前掲書, 25。

10) 前掲書, 27。『見えないものに対する信仰』2, 4：「人事におけるこの信頼がなくなると，どれほど大きな人事の混乱とどんなに

それは宗教的な反啓蒙主義者〔マニ教徒〕には何ら慰めを与えない[11]。というのも，もし権威が信仰を求めるならば，権威はまた理性のために人間を準備するが，同時に理性は今度は自分で人間を理解と知識へ導くからである[12]。したがって権威は時間的には理性に先行するが，事実においては理性が権威に先行する[13]。このように人間性の構造ができているので，わたしたちは何かを学び始めるとき，権威が理性に先行しなければならない[14]。しかしこの権威は理解に至る手段としてのみ受容される。彼は言う，「あなたは理解するために信じなさい」と。

「あなたは理解するために信じなさい」という命題の意義

このように理解の代わりにではなく，理解するための条件として信仰を推薦することによって，アウグスティヌスはアタナシオスの言葉を思い出させ，かつ，強化する言葉を使って，古典文化とキリスト教の間の真の問題を明確に表現する。信仰の敵どもにとってその問題は，知識（science）と迷信の間の衝突として現れていた。そこでは異質で信じがたい伝統を盲目的に受容することが，自然本性と理性の中に人間生活の行動のための規則を見出そうとするロマニタスの世俗的な取り組みにとって，選択すべきものとして提案されていた。この観点から見るとキリスト教は，自然的秩序——その秩序が古典的な学問の目に啓示

恐ろしい無秩序がそれに続くであろうかをだれが気づかないであろうか」。

11) 『告白録』6,5,7。
12) 『真の宗教』24,45：「権威は信仰を要求し，人間を理性に向けて準備する。理性は知性と認識に向けて導く」。
13) 『秩序』2,9,26：「時間においては権威が，事柄においては理性が先行する」。
14) 『カトリック教会の道徳』1,2,3。

第 11 章　わたしたちの哲学　人格性の発見　　　　667

されたものとして——の厳しい要求から逃避するようにと自分が創った想像の世界のなかに備える，逃避 - 宗教の性格を帯びていた。「理解するために信じなさい」（crede ut intellegas）という命題[15]はこの粗雑で誤った観念にきっぱりと立ち向かい，かつ，それに対処する。異端者たちの要求は，理性にとって明晰にして判明なものだけを教え，もっともわかりにくいことを理性でもって説明することによって，信仰なしに済ますことができるというものであった[16]。この要求の中に，アウグスティヌスが認めているように，古典主義の大きな幻想，古典的な精神に由来する異端者たちのすべてに共通した幻想が隠されていた。それは（おおざっぱに言うと「信仰」と同義な）憶測的な見解が主観的であるのに，理性はそれ自身のうちに単なる主観性の制限を超越し，「客観的な」真理を把握する力を含んでいるという想定である。このようにして古典的な理性は，科学的な客観性の理想に捧げられていたし，同時に超越の弁証法や技法——それによって理想が実現されるかも知れない——を見出すように義務づけられていた。また，この観点から，懐疑論者の中でももっともラディカルなピュロン〔紀元前 360-270 頃，ギリシア哲学者〕は，彼がその誤りを告発した独断論者たちによって要請されていた妥当性に優るとも劣らないものを自分の言論（ロゴス）のために主張した[17]。この要求に対してアウグスティヌスは理性自身が信任状——それによって理性が確信をもって活動する——

---

15)　この有名な言い回しはセプトゥアギンタ（70 人訳）のイザヤ書 7.9 に淵源する。

16)　『信仰の効用』1,2：「彼らは恐ろしい権威から離れて純粋にして単純な理性でもって……あらゆる誤謬から解放されるために彼らに聞こうとする人たちに語ろうとしていた」。同 9, 21：「異端者たちは皆もっともわかりにくいものについて理性で説明すると約束する」。

17)　ディオゲネス・ラエルティウス『哲学者列伝』9,76 以下：「ピュロンの言論とその適用の 10 様態」を参照。

を提出するようにとの挑戦をもって応える。換言すれば彼は人間の思想と活動を本当に理解するための予備学として人間精神の現象学を声を大にして要求する。このようにして彼が直面した問題というのは，その認識が理性的な動物としてのわたしの実在の不可避的な必然性としてわたしに課されている，意識の根本的要素として，何をわたしは受け入れなければならないのか，ということである。

意識・認識における三位一体の痕跡

この問題に対してアウグスティヌスは，意識が，その最低の限界にまで引き戻されるなら，ある意味で (1) 存在，(2) 知，(3) 意志を内包している，と答える。

> わたしは，人々がこの三つのものを，自分自身のうちに考察してみたらどうかと想う。……というのも，わたしは存在し，知り，意志するから。わたしは知りかつ意志する者として存在し，わたしは存在しかつ意志することを知り，また，存在しかつ知ることを意志する。それゆえこの三つにおいて，生命がいかに不可分であり，一なる生命，一なる精神，一なる存在であるか，つまりいかに不可分な分離であってもやはり分離であるかを見分けることができる者は見分けるがよい[18]。

自我がもっているこの三一的な性格の主張に対し彼は他の箇所でふたたび語っている。

> わたしたちは存在し，存在していることを知り，こ

---

18) 『告白録』13,11,12。ラテン文の引用があるが，その訳は本文中にある。

第 11 章　わたしたちの哲学　人格性の発見

の存在と知識において喜ぶ[19]。精神が自己自身を知り，かつ，愛するとき，これらの三つにおいて精神・愛・知の三位一体が見出されるであろう。その各々がそれ自身において存在し，そのすべてがすべてにおいて相互に存在し，あるいは各々が他の二つにおいて，他の二つがそれぞれにおいて存在しようとも，どんな混合物によっても混同されてはならない[20]。

　アウグスティヌスは絶対に誤ることがない知識の性格をこの存在・知性・目的の三肢として自我の意識に求める。知識がこのような性格をもっているのは，それが彼自身の経験による知識であるからである。彼は論じていく，そのようなものとして何らかの身体的な感覚によって獲得されるのではないがゆえに，それは誤りではありえないと。そうではなく，それは感覚や想像力を通してのあらゆる媒介から独立に，意識が直接的に表明するものとして獲得される。こうしてそれは自然や環境世界の知識のうちに暗に含まれている誤謬の可能性から除外される。

　　わたしが存在し，わたしがその存在を知り愛するということは，疑問の余地がない。これらの真理に関してわたしはアカデミア派の議論を少しも恐れない。彼らは言う，「もしきみが欺かれていたらどうするか」と。だが，もしわたしが欺かれるとしても，わたしは存在する。存在しない者が欺かれることは，まったくありえないのだから。それゆえ，もしわたしが欺かれるとすれば，まさしくこの事実がわたしは存在することを

---

19) 『神の国』11,26。ラテン文の引用があるが，その訳は本文中にある。

20) 『三位一体』9,5,8。

証明する。それゆえ，わたしが欺かれたとすれば，わたしは存在するのであるから，どうしてわたしが存在するというそのことについて欺かれるだろうか。というのも，わたしが欺かれるとき，わたしが存在するのは確実なのであるから。したがって，欺かれるわたしが，たとえ欺かれるとしても存在するのであるから，わたしが存在することをわたしが知っているというそのことで，わたしが欺かれていないことは疑われない。ここからしてまた，わたしが知ることをわたしが知っているそのことにおいて，わたしは欺かれないのである。なぜならわたしが存在することを知っているが，同様にまた，わたしが知るというそのこと自体をも，わたしは知っているのである。そこでわたしは〔存在と知識の〕両方を愛するとき，わたしは愛を等しい価値をもつ第三の要素としてわたしが知っている両方に加える[21]。

ほぼ同じ議論が他の箇所でも繰り返される。

それゆえ，身体の感覚から精神の中に入ってくるものは除外するとして，わたしたちの中にある知識のうち，自分が生きていることを知っているのと同じように確実なものは，どれほどあるだろうか。さらにそのことに関し，真実らしく見えるものによって欺かれはしないかとわたしたちは恐れたりしない。なぜなら，欺かれる人でも生きていることは確実であるから。この知識は外側からわたしたちに現れてくる見えるものに依存していない。この場合，たとえば目が誤って水中の櫂を折れたものと見たり，航海している者に城が

---

21) 『神の国』11, 26。

第11章　わたしたちの哲学　人格性の発見　　671

動いて見えたりするように，あるいは無数のものが見えるのとは違って現れるということはない。わたしが語っている真理は肉眼で見られるものではない限りそうである。わたしたちが生きているのを知るのは内的な知識によってである。……それゆえ，自分が生きていることを知っていると主張する人は間違ったり欺かれたりすることはありえない。無数の誤った視覚像が現れたとしても，彼はその一つをも恐れないであろう。欺かれる人も欺かれるためには生きていなければならないから[22]。

　それからアウグスティヌスはこの自我の「内実」を主張するように進んでいく。このことによって彼が言おうとするのは，それ自身とは別な用語に，とりわけ生理学の用語に言い換えても，少しも分かり易くすることができない，ということである。そんなことをしても実際一つの謎に他の謎を加えるに過ぎない。

　　問題は精神の本性についてなのであるから，身体の感覚を通して外側から獲られる観念のすべてについての考察をしないことにすべきである。そしてすべての精神が自己について確実に知っているとわたしたちが語ったし，また疑いの余地のない，事実に注意を向けねばならない。人々は，生命力，記憶，理解力，意志力，思考力，知識，判断力が空気であるか，それとも火，脳，血液，原子であるのか，さらにふつう四元素と言われるものとは別の知られていない物体であるのか，またわたしたちの肉の凝固体や混合物がこれらの力を生み出しうるのかを疑ったのである。そこである

---

[22] 『三位一体』15,12,21。

人はこれ，他の人はあれを主張しようと努めたが，それにもかかわらず，自分が生きており，記憶し，知解し，意志し，思考し，知り，判断することを疑う人はひとりもいない。なぜなら，そのように疑うならば彼は生きており，疑うならば，彼は考えているから。それゆえ他のことを疑うとしても，精神のこれらの働きを疑ってはならないのである。というのも，もし彼が存在していないなら，彼は何ものについても疑うことができなかったからである[23]。

彼は続けてこの自己 - 知識を外的世界の知識と比較するように進んでいく。

あるものを知っていると言いながらその実体を知らないままでいるのはまったく正しくない。したがって精神は自己を知るとき，自己自身をその実体として知っており，自己について確実であれば，その実体についても確実である。精神が空気であるとか火であるとかその他の何らかの物体あるいは物体の要素であるかは，まったく確実ではない。したがって精神はそれらのもののいずれでもない。確実でありうるもののすべては精神は確実でないものには属さず，また精神が存在することだけは確実である，という確実な帰結が生じる。……精神はこれらすべてのものを，火であれ空気であれ，これやあれやの物体であれ，あるいは物体の要素であれ，凝固体や調和であれ，確かに目に見える表象によって考える。だが精神は自分が生き，記憶し，知り，意志することを感知するように……直接的

---

[23] 前掲書, 10,10,14。『神の国』8,5 唯物論的な認識理論に対する一般的な批判として。

で無媒介な意識によって感知する[24]。

　最後に彼はこれらの機能において実体的な統一——この統一が持ちうるかも知れないどんな関係からも独立し，かつ，それと区別できる——が見出されうると主張する。

> それゆえ記憶（つまり存在もしくは人格的な存在証明）と知性と意志は，三つの生命ではなく一つの生命であり，三つの精神ではなく一つの精神であり，したがって三つの実体ではなく一つの実体を構成しなくてはならない。というのも記憶という用語が生命・精神・実体と関連して用いられるように，自己自身だけを意味するからである。それは何か他のものと関連して用いられるときには，それは関係を意味する。同じことが知性と意志についても言えよう。……したがって，この三つは一つの生命，一つの精神，一つの本質であるから，一つのものである[25]。

　したがって，このように述べられている実体の統一は，外的な諸関係の連続に変えられるべきではなく，そこでそれが自己自身を発見したり，彼が言うように，「肉の目」を通して把握する，時間と空間の世界を超越すると言うことができるであろう[26]。

人間の不完全性の自覚と創造的な神の認識へ

　しかし自我の存在を実体的で超越的な統一として主張することは，同時にその限界を主張することになる。自我は

---

24) 『三位一体』10,10,15-6。
25) 前掲書，10,11,18。
26) 『創世記逐語解』7,21,28。

その存在におけるのと同時に知識と運動に対する能力においても制限されている。したがって，それが存在するとか自己自身に対して法則となりうるという意味で，自我は「独立している」と見なされるべきではない。それとは反対に，それは，その活動のそれぞれの，かつ，すべての表現を事実上条件づけている，制限に服している。そのような制限は，たとえば生命自身の運動に類似した秩序ある運動の原理を示す，詩的な創作の取り組みにおいて明らかである。こうして絶対的に自由な韻文の理想は，すぐにも知的には愚かなものとなり，美学的見地からすると非難すべきものとなる[27]。そういう制限は構造の新事実を暴露するものとして考えられた数学の学問においても明らかである。というのも構造はプロセスと同様に「事物の本性にしたがって」（ex rerum natura）事物のまさに本性に必然的に含まれているからである。このような制限においてわたしたちはその存在の真の原理（arché, principium）を理解することができよう。このことを無視したり，回避したりするどんな試みも単にアダムの罪を繰り返すことになる。しかし人がこのように指摘し続けていくとき，自我のそのような主張には致命的な誤解の危険が必然的に含まれてくる。人類の厚かましさは，確かに人を，彼が自分の存在と活動に気づくことで神的な本質の火花を実現している形跡があると想定するように，導いていく。それを単に所有することは，人がその一部分を形成している自然的な秩序を超えて彼を高め，一見したところでは，神性に対する権利を定めている。他方において人類の愚かしさは，人が感じている限界が実際は経験している者にとって物理的，つまり「外的」であることを，示唆しているかもしれない。こ

---

27) 『音楽』6,14,48。「法則を愛さない人は，それによって法則に拘束される」。

第 11 章　わたしたちの哲学　人格性の発見

のことは独立の理想が物質的な財源の蓄積と搾取を通して実現されることを示している。しかしながら，そのような特別な空想にふけることに罪と誤りの原因があって，人がそれを楽しんでいるかぎり，そこから逃れる可能性はないのである。それに代わる方法は，自分自身を「創造された者」として認識することである。つまり，ある神秘的な意味で，その「像」として創られた神の存在・知恵・愛の尽きることがない，かつ，無条件的な源泉にいつまでも寄り頼む者として自我を意識することである。このことは理性的に説明できないか，もしくは理性的な説明の必要がない神秘だと表明することである，とアウグスティヌスは感じる。それについての反省は彼の哲学にとって意義をもつ二つの結論を引き出すことに役立つだけである。「わたしは人類の創造以前にどれだけの時代が経過したかを知らないと告白する。けれども，どんな被造物も創造者と等しく永遠ではないことを，わたしは決して疑わない」[28]。さらに創世記の問題には「神は新しいものを創造するとしても，その永遠性のゆえに，何か新しい意志をもって行うのではないという，きわめて困難な問題」[29]と述べたようなものが含まれている。それはわたしたちが解決すべき問題としてではなく，受容すべき事実として見なされなければならない。したがって創造者と被造物との間の相違はラディカルなものとして浮上してくる。それゆえ，その相違は，理性や想像力の単なる人間的な進展によって，あるいは単なる人間的な意志によって橋渡しされてはならない。ここから

---

28)　『神の国』12,17。
29)　前掲書，12,22。「神は新しいものを創造するとしても，その永遠性のゆえに，あたらしい意志をもって行うのではないという，このきわめて困難な問題によって」前掲書，12,21：「それに先だって創られなかったし，だが事物の秩序に異質でもなかった新しいものが創られることができる」を参照。

帰結することは，至福を実現するためには，人は自己の神格化に向かうか，そこから逃走するかの自分の憧れを奇想天外なものとして放棄すべきであって，彼はむしろ彼の創造者の法則——それは同時に具現された魂としての彼自身の存在の法則である——を実現するように学ぶべきであるということである。

　このようにしてアウグスティヌスは自己の依存性と不完全性を自覚して，神を自己の存在・思想・目的の始原，もしくは原理として認める理由を見出す。そして神に対する信仰が自己への信仰に類似した一種の「内的な知識」である「もっとも深遠な知識」(intima scientia) という性格を帯びてくる。それは自分の存在と活動との意識の中に確信をもって仮定され，前提されている。この確信は「外面的な」立証を求めないし，それを許容もしない。学問的に言うなら，それは論証されないし，論証できない。それにもかかわらず，神の存在についての知識をもたらす。それは「わたし自身の次にわたしは神を知っている」と言うことを十分に可能にする明らかで厳密なる「叡智的な神のビジョン」(intellectualis visio Dei) なのである。こうしてそれが逆説的な「あなたは理解するために信じなさい」(crede ut intellegas) の根拠となっている。しかし，そのような理解に到達するためには物体的なイメージを使って人が考える生まれつきの傾向を克服することが不可欠である。この傾向は「ロードスの巨像である神」「赤毛の神」といった巨大な姿としての神性の粗野で子供っぽい図像から学問的な叡智の優雅なもの——それによって神性は一種の世界霊魂として再現される——にまでさまざまに広がっている神人同型説を引き起こしている。というのもアウグスティヌスにとって人間の形によって規定された存在としての神の観念を退けるのはとても容易であったから。「空間を通して世界に注がれているにせよ，世界の外にも無限

第 11 章　わたしたちの哲学　人格性の発見　677

に広がっているにせよ」[30]，神が「何か身体的なもの」であるとの感覚を断ち切ることはもっと困難であった。概念化する想像力の誤謬に対するもう一つの手段は純粋な霊としての創造的な原理の認識である。ひとたびこのことが実現すると次のように宣言することが彼にとって可能となった。

> わたしたちが礼拝しているのは神であって，この宇宙を構成する二つの部分である天と地ではない。またわたしたちが礼拝しているのは，一個の魂でもなければ，生ける被造物を通してどんなに広がってる諸々の魂ではなく，天と地，ならびにそこにあるすべてのものの創造者である神なのである。わたしたちが礼拝しているのは，あらゆる霊魂，つまり感覚と理性を欠きながら，ともかくも生命をもっているもの，さらに生きている上に感覚をもっているもの，さらにそれらに加えて知性を働かせている者，これらすべての魂の創造者なのである[31]。

このことは，厳密に言うならば，創造的な原理が感覚的知覚の「対象」であるのをやめているように，思想の「対象」であることをやめているような観点を示唆するものである。モーセは確かに伝承によれば燃えている茂みの中に神を見たことがあった。しかしアウグスティヌスにとってこのビジョンにおいて預言者は単に「神の痕跡」（vestigia Dei）あるいは神的な存在の形跡を知覚していたに過ぎなかったことは明白である。また彼にとってこの事実はだれも神を面と向かって見ることができないという真

---

30)　『告白録』7, 1, 1。
31)　『神の国』7, 29。

理を強調するのに役立っている。この観点から「知らないことによって神はよりよく知られる」(scitur Deus melius nesciendo)[32]という逆説を理解することが可能となる。あるいは彼が続けて付言しているように,「いかに精神が神を知らないかという知識のほかには,精神の中には神の知識はない」[33]。これによって彼が言おうとするのは,自覚的な生命の原理として神が推論的な理性の何らかのカテゴリーによっては理解されないということである。「それゆえ明らかに実体のカテゴリーでさえ神に適用されるときには不適切に用いられているから,もっとよく使われている言葉によって,わたしたちは真にあり,かつ正確には〈本質〉あるいは〈存在〉として叙述されるものを〔神と〕理解することができよう。したがって,わたしたちは〈本質〉という言葉を神のみに関して使用すべきである」[34]。それゆえ「もし可能なら,また,できるかぎり,次のように考察するのがわたしたちの義務である。神は性質なき〔絶対の〕善,量のない偉大,必然性のない創造者,関係をもたない第一人者,万物を包含しながら存在の仕方をもっておらず,遍在しながら場所をもたず,永遠であるが時間に服さず,可変的な事物と情念のない感情との変化に服さないで行動することができる。このように神について考える人は,まだどうしても神を見出すことができないとしても,神について間違った観念を懐くことなく可能なかぎり警戒することができる」[35]。

---

32) 『秩序』2,16,44。
33) 前掲書, 18,47。
34) 『三位一体』7,5,10。
35) 前掲書, 5,1,2(訳者注:注の出典箇所が誤っているので,訂正する)。同, 5,2,3:「実に神以外で本質ないし実体と呼ばれるものは,大小さまざまな変化を生じさせる偶有性を受け取るが,神にはそのようなものは全く付属せず,神たる実体あるいは本質のみが不変なのである」。『書簡』187,4,14:「同様に神があらゆるものを通して拡

第 11 章　わたしたちの哲学　人格性の発見　　679

　この一連の際立った逆説においてアウグスティヌスは，創造的な原理はすべてを範疇に分類することを避けるという論点を強調するように努めている。だが，この事実において彼は，それが人類の意識には受けつけられないと考える理由とは捉えてはいない。それとは反対に彼は次のように主張する。「あなたがたは今は神を兄弟よりももっと鮮明に理解するようになるであろう。もっと鮮明にと言うのはもっと明らかに，もっと直接的に，かつ，もっと確実に理解できるからである」[36]。しかし，そうするためには「あなた自身の外に出て行ってはならず，あなた自身に立ち帰りなさい。内的な人間に真理は宿っている。もしあなたがたの本性が可変的であるのがわかったなら，その本性を超越しなさい。しかしあなたが超越するとき，あなたが超越するのは理性的な魂であることを覚えておきなさい。だから，そこから理性の光が灯されている源泉に向かって前進しなさい」[37]。

創造的な原理と三位一体の認識

　このように把握されると創造的な原理は，自らを永遠的で，恒常不変的にして自己充足的なもの，あらゆる存在，あらゆる知恵，あらゆる完成の源泉として呈示する。このようなものとしてその原理の作用は，肉の目にとって明らかであるような痕跡においては疑わしく，かつ，間接的な

がっているのは，神が世界の性質であるという仕方においてではなく，神が世界を創造した実体であって，労することなく治め，重荷を負うことなく世界を保持するという仕方においてです。あたかも塊のように場所の空間を通しては神は拡がっているのではありません。……そうではなく神は天だけにおいて全体であり，また地だけにおいても全体であり，さらに天と地においても全体です。また神は何ら場所によって縛られず，ご自身においては至る処で全体なのです」参照。

36)　『ソリロクィヤ』1,6,12-13。
37)　『真の宗教』39,72。

仕方で明らかであり，内的な人間には自己の存在の土台として，自己の知性の光として，自己の活動の主源泉として直接的な仕方でもって，かつ，疑わしくなく明白である[38]。こうして創造的な原理は次のような善として認識される。すなわち「それによってすべての善いものや価値は創造された善として……わたしは言う，創造されたのであって，生まれたのではない。なぜならそれらの価値は複合的であって，そのため可変的であるから。……しかし，純一な善から生まれたものは，それと等しく純一であり，誕生の始原である，かの善と同じ本性のものである」[39]。さらに創造的もしくは運動する原理は，その本性がその秩序と活動において完全に表現される，純一な本質として理解される。それは宗教の言語で言えば，三つの「ヒュポスタシス」（位格）か「ペルソナ」（役割）における唯一の神，創造されたのでない御父・創造されたのでない御子・創造されたのではない御霊である。この定式における第一のヒュポスタシスである「存在」つまり理解力の原理は，厳密に言うとそれが第二と第三の〔ペルソナ〕においてご自身を啓示なさる以外には，知られないし知られえないと適切にも呼ばれる。第二のヒュポスタシスである理解力の原理は，自らをロゴスやラティオまた宇宙の秩序として啓示する。他方，第三の霊のヒュポスタシスは宇宙における運動の原理である。これらのヒュポスタシスが創造されたのではないと主張することは，ただその存在を原理として主張するにすぎない。それらは，そうであっても，ペルソナにおいては「混同」されてはならない。つまり存在は秩序に，秩序は過程に変えられてはならない。それと同時に実

---

38) 『神の国』8,4：「存在の原因・知性認識の根拠・生活の秩序」。

39) 前掲書，11,10。

第 11 章　わたしたちの哲学　人格性の発見　　681

体的な統一（unity）もしくは実体の一性としてはそれら〔三つのペルソナ〕は「分離」を容認しない。つまりそれらは相互的に排他的でも，対立的でもない。換言すればそれらの間の対立は，純粋に，かつ，単純に内的にして必然的なる関係の一つである。したがってそれらは三位一体として自己を呈示する。この三位一体は不変的に存在するものとして，不変的に知るものとして，不変的に意志するものとして叙述されるであろう。

　　また，あなたの存在は不変的に知り，かつ，意志し，あなたの知識は不変的に存在し，かつ，意志し，あなたの意志は不変的に存在し，かつ，知る[40]。
　　わたしは神の名前でもってこれらのものを造った御父を捉え，始原の名の下に神がこれらのものを一緒に造った御子を捉え，わが神が三位一体であることを信じていたように信じて，彼の聖なる言葉のうちに探したところ，ご覧ください，あなたの御霊が水の上を動いていました。見よ，そのとき，わが神なる父・子・聖霊にしてすべての被造物の創造者なる三位一体がいますことを[41]。

このようにしてアウグスティヌスはわたしたちが人格性の価値と呼んでいるものに対する新しい基礎を見出す。そしてここに古典主義との割れ目は決定的となった。それが必然的に含んでいたものは，まさに第一原理の問題にほかならない。しかしこの関連で注目すべきことは，アウグスティヌスの反乱は自然からではなく，古典的な科学によって提示された自然の映像から起こったことである。つまり

40）　『告白録』13,11,12 と 16,19。
41）　前掲書 13,5,6。

「形式」的な倫理と「形式」論理のためにその土台として形相と質料の用語で構成された宇宙論と人間学から起こったのである。これがユピテルの王国を粉砕し、プロメテウスを解放することになった。こうしてプロメテウスこそ他でもない自分自身の虚妄の執念、「科学的な」(cientific) 理解という虚妄の執念の犠牲であることが明らかにされた。それはまたそれ自身の排他的な法則によって決定された閉じた体系としての自然の観念に含まれていた悪夢を、またそれとともに人類を自分自身の家族に中でよそ者とする、人間の自由と自然必然性との間の対立の観念に含まれていた悪夢を、追い払うことになった。

古典的なイデオロギーの崩壊と新しい哲学

アウグスティヌスがこのように伝統的な諸問題に対して自分の位置を再び確認するにあたって、古典的なイデオロギーの衰微によって疑いなく助けられていた。彼の時代までにこのイデオロギーは明らかに崩壊の状態にあった。しかしそれに加えて、そのことは彼がニカイアで形成されたキリスト教原理の組織的な記述を権威あるものとして承認していたことを意味する。というのも彼は新しい出発点が「理性の推論によって」(ratiocinando) 与えられるのではなく、もっとも鋭い理解力によってでも接近できず、それゆえ「信仰」にもとづいて受容されなければならない、と言明するからである。そのような出発点が欠如している責任を彼は自然の問題を考察する取り組みにおける古典的な思弁〔的見解〕の欠陥に帰している[42]。この叙述の中にわたしたちは、そのような出発点がアウグスティヌスにとってどんな意味と価値とをもっていたかを、理解する手がかりを見出すことができる。彼にとって、アタナシオス

---

42) 『神の国』2,7。

第 11 章　わたしたちの哲学　人格性の発見　　683

にとってと同じく,それは新しい根拠をもつ確かな哲学への発端を設定することになった。この関連においてその哲学の性格は,未分化にしてすべてを包括するプロティノスの一者の性格と対照することによって引き立たせることができる。プロティノスでは一者のビジョンは〔自己を超える〕脱自においてのみ起こり,その内容はまったく伝達不可能である。だがアウグスティヌスは,三位一体を熟考するとき,自分自身を決して〔脱自のように〕超えてはいない (never more himself)。またこの経験が彼を刺激してもっとも深い感動を引き起こすとき,同時にその経験は彼の理解力を高め,思想を刺激し,かつ,引き起こすのに役立っている[43]。このようにして,それは,そのおかげで彼が自分自身をその宇宙との関係で洞察する,光として認識される。彼はマニ教徒のファウストゥスに尋ねる。

> あなたは,それ自身と他のものとの間の区別を,と同時にそれらのもの自身の間の区別を,明瞭に見るようにさせる,この叡智的な光の特徴を述べることができますか。そうはいっても,このことでさえ神は光であると言われうることの意味ではありません。というのも,この〔今照っている〕光は創造されているが,神は創造者ですから。この光は造られたものですが,神は製造者なのですから。この光は可変的です——なぜなら知性は嫌いなものから好きなものへ,無知から知へ,忘れやすさから想起へと変化するから——が,神は意志・真理・永遠性において同じものとしてとどまっていますから。神からわたしたちは存在の始原・知識の原理・愛情の法則を引き出します。神からすべての動物は,理性的なものも,非理性的なものも,彼

---

43)　『告白録』10-13 巻を参照。

らの生命の本性・感覚の能力・情緒の力を引き出します。すべてのからだは神から延長する存続・数におけるその美・重さにおけるその秩序を引き出します[44]。

このようなことを心に思い浮かべると，三位一体論的な原理は，科学知的な理解力の精緻な形態――それは神学者の想像力のなか以外には存在しないような形而上学的な抽象の織物である――ではなく，むしろ科学知の前提条件としての理解力に課されたものを公式化する試みとして現れてくる。そしてその原理をそのようなものとして受容することは，推論的な理性が推定の根拠――その「作業と力」という言葉におけるのとは異なってその活動と本性と範囲を決定する――を証明できるという要求に対する拒否を表している。したがってアウグスティヌスが洞察していたように，人間にとって選択の余地は，一方は救いに役立ち，他方は破滅的な，一方は実現に役立ち，他方は失望に至るような，二種類の信仰の間ほどには科学と迷信の間には，存在していない。これら二者択一的な信仰のなかで，前者は，経験を明るくし，真理・美・善の絶対的な尺度の観点から価値を付与することによって救済する。この信仰に忠誠を誓うことは，限界の感じを経験させることなく，ただ自由と力の高揚感だけを経験させることになる。だが，後者はプロメテウスのようなものとして考えると，うまく描写されるであろう。それは究極的な実在のゆがめられた，もしくは部分的な理解にもとづいているので，その性格は必然的に耐え難いと感じられる。そして圧迫感が，混乱・挫折・絶望に続いて起こってくる挑戦と反乱において，不可避的な実りをもたらす。

---

44) 『ファウストゥス駁論』20,7。

理性的な推論を超える創造的三位一体の働き

このように言うことは三位一体論的な定式の中に含意されている諸要求の遠大さを指し示すことになる。まず初めに，それは，そこから離れると経験がその意味の多くを失うような経験の根底や土台をなしているという意味で，純粋に「創造的」である真理を必ず具体化することになる。この目的に仕えるためには，それはある種の明確な特性をもっているはずである。たとえばそれは「独立的で」なければならない。というのも，そうしてのみそれは，事柄の性質上，人間の精神が同意するように拘束される規範や基準である「人間のための法律」を生むであろうから。だが，このように経験する者の思想と想像力を超えてはいても，それは「天に貯えられた原型」のように到達しがたいものとして立証されてはならないし，道徳的にも知的にも超人にのみ理解できる秘義のようなものであってもならない。換言すれば，それは〔人間に〕内在的でなければならない，あるいはアウグスティヌスが述べているように，人間としての人間に現臨し，役立つものでなければならない。というのも，もしそうでなければ，それは救済のわざをとても実現することができないからである。そのとき，それはまた包括的でなければならない。しかもこれは二つの観点からそうでなければならない。第一に「人間全体」の，つまり心と同様に頭の，要求をかなえ，こうしてまた「総体」の正当な要求を満たすものでなければならない。しかし「総体」の要求は，感覚の要求ではなく，理性の要求であるがゆえに，その要求の実現は感覚の生命と理性の生命との知的な関係に入ってもらわねばならないことを含んでいる。こうしてそれは，プラトン主義の結論「わたしたちはすべての身体を避けるべきである」(omne corpus fugiendum est) に代わるものとして，肉に対する贖いを効果的に実現する技法を指し示す。最後にそれは，都市国家

としてあるいは世界帝国として考えられていようと, ポリスの哲学者たちによって提供されたものよりももろくなく, かつ, 不安定でないような共同体の基礎を供給することによって, すべての人の要求を満たすものでなければならない[45]。

単にこれらの条件を述べるだけでは,「知識」(scientia) の手段によってそのような定式に達するという, 古典主義による取り組みの空しさを認めるだけである。なぜなら知識は創造しない, つまり知識はこの目的のために感覚知覚の素材を使用しながら構成する〔にすぎない〕からである, とアウグスティヌスは論じる。こうして彼がそれを「知識の方法」と呼んでいるように, 精神がこの素材を組織化する仕事に取り組みながら, その注意作用を「外へ」向けるときにのみ, 知識の方法は働き始める[46]。したがってその作用は, 問題の素材が精神によって把握可能な「原型」(patterns = 鋳型) において自分自身を提示するという想定に依存している。またこの想定はそのことを決して立証できない。さらにその原型はそれが現れるとき, あらゆる場合に〔それを捉える〕観察者の能力と相関的である。この条件は, その認識に含まれている諸可能性を妨げるものとして受容されなければならない。というのもこの点において観察者の限界は単に彼の能力の限界であるばかりでなく,〔彼に感覚を通して伝達される〕情報がどんなに微弱で疑わしいとしても, それでも彼は感覚知覚の器官を危

---

45)　『神の国』10,32：「魂の救済のための普遍の道を含む宗教は, ……王者らしい道……特定の国民に固有なものではなく, むしろすべての国民に共有財として神によって賦与されたのであり, ……これが人間の全体を清め, そのあらゆる部分で死ぬべきものを死なないもののために備える道である」。

46)　『三位一体』11,1：「わたしたちの注意作用を外に向ける」。

険を覚悟で拒否するからである[47]。彼の諸限界はまた時間と空間の流れに深く巻き込まれている被造物の限界であって、彼がその速度と方向を定めるように努める潮流によっても運び去られる。これらの限界からは逃れうるかすかな可能性さえもない。確かにプラトンはその限界を乗り越えようと奮闘して頑張ったが、そうすることで「哲学的な思索をはじめるに先立って、彼は自分が死ぬまで待っていなければならなかった」(nondum mortuus philosophabatur)というテルトリアヌスの嘲笑に身をさらしただけであった。〔知識に立つ〕科学者は、科学者として不可避的に〔人間に火を与えた罰として日々鷲に肝を食われる〕プロメテウスの運命に直面する。科学者は、その忠誠を暴君のゼウスからその奉仕が完全な自由を授けることにある神に移すことによってのみ、その運命を避けることができる。

知識の方法と知恵の方法

論理の術語に翻訳するなら、アウグスティヌスの訴えは「知識の方法」(ratio scientiae) から「知恵の方法」(ratio sapientiae) に、つまり彼が知識の方法と呼んでいるものから洞察や知恵の方法に、移るということである。というのも知識の仕事である「時間的なものの合理的な理解」から区別して「永遠的なものの知的な理解は〈知恵〉に属する」と彼が言明するからである[48]。したがって「知恵の方法」はまったく正当にも理性の働き (actio rationalis) として描かれる。確かにそれは知恵の方法が与える奉仕の観点からはそのような機能のもっとも高尚なものである。なぜなら、それが提供するものは、まさに理性的な推論の可

---

47) 『神の国』19, 4 と 18。
48) 『三位一体』12, 15, 25：「永遠的事物の知的な認識は知恵に属し、時間的なものの合理的な認識は確かに知識に属する」。

能性そのものが依存する，創造的な原理の理解にほかならないからである。したがってこの原理を理解することは，「知恵の規則」を捉えることであると彼は感じている。それは彼にとっても，アタナシオスと同じく，厳密には数学の規則と同一の仕方で真実であり不変的なのである[49]。この意味で知恵の規則はわたしたちが「人間のための法則」と呼んでいたものを作成する。それは現代的な意味で実証科学を可能にする，識別する原理を人間の身につけさせる[50]。しかし，この関連において強調される次のような警告は有益であるに違いない。数学的な原理の体系がただあるだけでは，諸問題が起こってくるたびにその問題に解答する必要から数学者を解放しないし，そのように試みることで誤る危険から彼を守ってくれない。したがってまたその真の奉仕が単に正確に思惟するための道具である「知恵の規則」をもってしては，正しい思想の代用にはどう見てもならない。

そうはいっても，そのような道具は絶対に必要である。そこでアウグスティヌスはそれを供給する洞察や知恵に期待する。この立場から「信仰が求めるならば，理解を見出す」。これでもってそれは成功する。なぜなら信仰が探している真理は，前に言ったように，すべての人が尋ね求めるように役立てられるからである。あるいは彼が他の箇所で言っているように，「真理はわたしのものでも，だれか他の個人のものでもなく，それは〔神である〕あなたが公にそれに与るように召したもう，わたしたちすべてに属するから」[51]。したがって異教の賢人と対照してキリスト教の

---

49) 『自由意志』2,10,29：「それゆえ数の真実で恒常不変的な規則と同じように知恵の規則も真実で恒常不変的である」。
50) 前掲書，2,12,34：「それによってわたしたちが物体について判断する……内的な知恵の規則」。
51) 『告白録』12,25,34。

哲学者は「才能や天才の人としてではなく,人の中にありうるかぎりで,人間自身と神についてのもっとも明瞭な認識,それと同時にそのような知識と一致する生活の仕方をもつ人として」[52]定義されうるであろう。

「霊的な」人間がもつキリスト教的知識

この定義の中にわたしたちは,想起されるように,テルトリアヌスがかつて懇願した「本性的にキリスト教的な魂」(anima naturaliter Christiana)[53]のアウグスティヌス的なバージョン(表現)を認めうるであろう。しかしアウグスティヌスではその懇願はもはや知識から愚かさへ,経験から無経験へ向かうのではない。むしろそれは高慢にする知識から服従させる知識へ,曖昧にする知識から精神を明るくする知識へ向かわせる。問題になっているこの知識は,他の箇所では「霊的な」(spiritual)人間の知識として叙述される[54]。つまり世界を「肉の目によって」ではなく,「自分自身はだれにも裁かれず,すべてを裁くこと」ができる原理の光によって見る人の知識として叙述される。そのような知識は「抽象的で理論的なものから具体的で実践的なものへ」の出発を表現すると言われうるであろう。「それは,あなたがそれを洞察・知恵・理解と呼ぶことを欲すれば,そうなのであるが,理論的な賜物ではなく実践的な賜物であって,技術的な研究に距離を置く〔冷静な〕態度よりも生ける共感的な接触によって生まれ,かつ,発展する」。このためにそれ〔霊的人間の知識〕は科学的な理解力の陥穽に陥らないようにうまく手配してくれる。科

---

52) 『信仰の効用』12,27。
53) 本書,第 6 章,376 頁。
54) 『神の国』20,14,その他の箇所が挙げられる。アウグスティヌスは聖パウロがコリント信徒への第 1 の手紙第 2 章 14 節で行った区別のことを明らかに考えている。

学的な理解力は分析の方法によって前進し，経験の具体的な全体性を，それがオリジナルな要素と考えるものにばらばら分けて，ただ自分自身が，ばらばらに分けられた断片を再び集め，電流を流して俄に生かすという問題に直面するに過ぎない。だが，もしキリスト教的な知恵がこれらの困難を回避するなら，単にもっと重大な他の問題に転落しないであろうか。〔それは〕キリスト教的な賢人は，科学的な客観性の理想を捨てて自分の個人的な直観によって，単にそれを置き換えたに過ぎないのではなかろうか〔と言う問題である〕。「外的な」光に対するこの「内的な」光の代用は，実際には，キリスト教的な知恵の働きがまったく誤りであることを意味していないのか。つまり，そのことの原因をテルトリアヌスと一緒になってソクラテスのダイモンに相当する，神秘的なパラクテイトス〔援助者なる聖霊〕に帰することを意味していないのか。そのような結論を提示することは，アウグスティヌスの態度を偽って伝えることになるであろう。それは彼が自分のことをちょっと違った思弁的な体系の創始者としてではなく，教会の一員として，またそれゆえに決して「私的な」意味ではない真理を所有するものとして，考えていたことを忘れていることになろう。彼に課されていた仕事は，キリストの軍隊（militia）に貢献する者として単に説明し，かつ，弁護することであった。

客観性の新しい基準としての歴史的な啓示

したがってアウグスティヌスの訴えは，テルトリアヌスでもそうであったように，御霊の「独立した」器として考えられた個人に純粋に，かつ，単純に向けられていたのではない。それはむしろ一つの種類の権威からもう一つのそれへ向けられていたのである。このようにしてそれが関与していたのは，古典的な科学的知識（scientia）が提案し

ていた基準に代わって，客観性の新しい基準を置換することであった。この客観性は，創造的で運動する原理の前進的な開示として考察された，歴史の客観性であった。この基準を受け入れることは，もちろん，聖パウロの言葉を使って言うなら，神がどんな国民にもご自身を〔思い起こすように〕証人なしに見捨てたりはしなかったと考えることである。しかしながら，それはとりわけヘブライ人の証言をある特有な意味で意義あるものとして承認することであった。つまり聖書の中に御言葉の信頼できる伝達手段を捉えることであった。この立場から経験の真実な意味は，律法と預言者〔つまり旧約聖書〕のうちに予示されていると考えられた。こうして律法と預言者の発言は，ある神秘的で神聖なる霊感から生まれた，神に酔った忘我の状態（afflatus）から流れ出たものではなく，御霊の訓育に服した人の思慮深い正気の判断と見なされたのである。とはいえキリストのペルソナにおいて神の本性と活動の完全にして最後的な啓示を具体的に表現することは，究極的には歴史的なキリストの要求を承認することにかかっていたのである。したがって御霊（pneuma プネウマ）の約束は「新しい」真理を創造する力を与える約束としてではなく，むしろ実際は，創造そのものと同じくらい古い真理を洞察する賜物として，理解されなければならなかった。この意味でそれ〔御霊の約束〕は人類にとっての「実現」(fulfilment)のプログラムとして描かれたものを指示していた。

仲保者キリストによる新しい学問の成立

このように語ったからといって，わたしたちはアウグスティヌスが，他の人たちと一緒に，キリストの役割と犠牲に関する彼の信念を組織的に述べるさいに，その試みが困難であったことに気づいている。彼はこのことを根本的には仲介のわざ（'mediator Dei et hominum, homo Christus

Jesus'「神と人との仲介者，人なるキリスト・イエス」）として語る。この用語はキリスト教徒たちが信仰を示すために採用された多くの用語のように，単に異教の迷信のもっとも原始的で堕落したレベルに由来する関係の悪臭を放っていた。しかし，それは彼らの目的にとって不適切なものとされたのではまったくなく，この事情はただ贖罪者に適用されたものとしてその価値と意義とを高めるのに役立ったのである。このことはホスチア（生け贄），犠牲，贖罪の山羊の祭日がその時から終わったという事実を強調することによって行われた。これによって将来の救いをもたらす真理が過去の致命的な誤りに反対するものとして宣言されたのである[55]。同時にキリストの仲介は，少なからず必要なものとして，等しく致命的な誤りに，とはいえ決して原始的でも下品でもない，つまり哲学者たちの誤りにも適用された。この関連ではその奉仕は，すべて可視的なものも不可視的なものも下にあって支えている一つの最高実体（summa substantia）としての神の啓示を通して，ロゴスに対する世俗的な要求に答えを提供することであった。したがってこの神は活動・真理・価値の源泉であり，前に言わ

---

[55]　『神の国』10,20：「僕の姿においては犠牲を受け入れるよりも，ご自身が犠牲となられるほうを望まれた。それはだれかが，それをきっかけにでもして，何か被造物に対してであっても，犠牲を捧げてもよいなどという了見を起こすことのないようにとの配慮によるのである。……この至上にして真なる犠牲を前にしては，偽りの犠牲など，ことごとく消失したのである」。前掲書，19,23：「犠牲を捧げる者は全滅させられるであろう」参照。異教徒の説に関してはロード『プシュケー』第9章，296頁：「有名な贖罪の山羊は目に見えない者の怒りを和らげるために捧げられた犠牲に過ぎなかった。またそれによって都市の全体が〈汚染〉から免れた。……人間を取り巻き，人間の手を伸ばして殺す不可解な力に対する迷信的な恐怖，暗闇の無数の脅かす手。それは彼ら自身の想像力の巨大な幻影であって，必要とされた助けと保護を求め，それを浄化し消し去るために人々に祭司を呼ばせた」参照。

れたように，意志を変えないで，また簡単には枯渇しない可能性をもって新しい経験を造り出すことができる[56]。神性のこのビジョンは多くの誤った哲学的な幻像を処理するのに役立った。それはまず第一に独立した，反対の原理の可能性を追放した[57]。またこの見地からは悪魔自身は独立した存在ではなかった。その残忍さは確かに〔悪魔が〕そうでなければならないという間違った要求にある[58]。第二にそれ〔神性のビジョン〕は身体と魂の関係の新しい理論の基礎となっている。その関係は動かされないで動かす者としての御霊の教義にもとづいている[59]。この観点からは悪の責任はもはや「肉の実体や本性」に帰せられなかった[60]。終わりにキリストを受肉した御言として受容する場合，そこには知識の理論にとって重要な影響が含まれていた。というのも，もしそれがプラトン主義者たちが夢見ていたような超越の技術をえる希望を否定していたとしても，他方において，それは人間的な科学の観念が歪曲された宇宙の秩序を決して表しているのではないのであって，科学の観念があることさえそれに依存しているという確信を，供給したからである。ここからキリストを新しい自然学，新しい倫理学，新しい論理学のための「岩」や「基礎」として記述することがしばしば繰り返されたのである。

時代のイデオロギーの実体とその「幻想との密通」

この見地からすると，三位一体的な原理を「実際は胃の

---

56) 『神の国』11,10 また 24 以下。
57) 前掲書，12,2。
58) 前掲書，19,13。
59) 前掲書，10,12：「〔神は〕時間的には動かされないが，時間的なものを動かしている」。
60) 前掲書，10,24。

くぼみでの単なる感覚の実体化」として説明することはどう見ても不可能である。そのような考えはひどくゆがめられた「神‐仮説」の表現である。それは，自然の中の有害にして邪悪なもろもろの力に対する恐怖によって引き起こされており，魔術や宥和のテクニックによってそれらの力に「働きかける」か，怒りを鎮めようとする。他方において三位一体の原理は単に新しい哲学的な「提案」として理解されることもできない。この観点からその仮説は「消滅した時期のイデオロギー（観念形態）」や「物質的な現実の強迫観念を霊的な価値の言葉に反映させたもの」として公然と非難された。これらの規定は今日ではローマ帝国そのものと同じく完全に消滅している。というのもイデオロギーというものは，この意味では，自分自身の活動で創造した深い裂け目を橋渡しするために推論的な理性によって考案された単なる合理化に過ぎなかったからである。この目的を実現するためのイデオロギーの価値は，自分の内に宿る真理に決して依存しないで，むしろ「行動」を刺激するその能力に全面的に依存している。イデオロギーはこのことを「希望と恐れ，愛と憎しみ，願望，情熱，エゴイズムの駆り立てる力，自我を呼び起こすことによって」行うのである。また，「この過程において想像力はこれらの原動力となる力に対して衝撃を与える以外に他の役割を演じておらず，それに続いてその原動力を刺激するのに十分に有力な〈諸対象〉を提示する」[61]。

　そのような知的活動のもろもろの悪用に対してアウグスティヌスは名前を付けており，しかも強力な名称を賦与する。彼はそれらを「幻想との密通」（phantastica fornicatio），つまり「精神が自分自身の幻想に身を売る売

　　61）　ジョージ・ソレル『暴力についての反省』（1920）45頁の註。

春」と呼ぶ。したがって彼にとって知的活動の悪用は，そのもっともひどく，かつ，もっとも醜い局面では，知性的理解（understanding）を裏切る行為を表していた。そのようなものとして知的活動の悪用は抑制する道具となろうと努める点では科学的な知性の誤謬であった。つまり，この誤謬は〔楽園における〕生命の木よりも知識の実を食べようとする誘惑から発現している。しかし，この事実の承認はアウグスティヌスをして科学に背を向けるように動かしたのである。というのもアダムの子らがそのエデンの園を回復するようになるのは，原始的なものへと逆戻りすること，自分たちの人間性をはっきりと構成しているものを否定することによってではないからである。その反対に，もし彼らの理性的な推論からの結論がそのようなものであるならば，それらは，そこからすべての正しい演繹と推理とが開始する第一原理の理解に関して，何か根本的な欠陥や欠点を指し示していないかどうかと，アウグスティヌスに尋ねるように促すのであった。この観点から彼は三位一体の原理を次の二つの視点から有益であると考えたのである。それは〔1〕消極的には古典〔主義〕的な誤謬に対する根底的な批判のための土台として，〔2〕積極的には古い問題に対して新たに攻撃を加えるための出発点として役立つことになった[62]。

古典主義の文化の誤謬

　古典的な誤謬は，古典主義者たち自身が完全に評価していたように，ヒュドラの〔九つの〕頭をもっていた。それ

---

[62] 『神の国』7，序文：「わたしはこれまでにも増して熱心に，真の信仰に敵対する積年のしかも有害な種々の憶見——長年にわたって人類の犯してきた誤謬が，こうした憶見を蒙昧な人々の心のうちに深くかつ強固に刻み込んだのである——を掃き清めかつ根絶しようと考えている。……」。

を完全に打ち負かすことはただ超人にとっておかれた仕事であると，したがってヘラクレス自身の労役にふさわしい，と彼らには思われた。しかしながらアウグスティヌスにはこの問題はいかなる意味でも絶望的だとは思われなかった。というのも，この誤謬の細分化が拡がっており，それが生み出した果実はさまざまであったが，それらはすべて一つの根っこから発現しており，根っこを切断することは，繁茂しているもつれの全体を，力を得ている栄養分を否定することによって，滅ぼすことになったからである。この観点から彼は古典主義に対する告発を一つの包括的な公式（解決策）において引き出した。そのさい彼は古典主義がもたらす諸問題の源泉を次の事実の中に見出した。すなわち，古典主義が科学に対して知識を体系的に組み立てる建築家となる要求を認めた，したがって科学が人間生活を導くために最高の権威をもって法律を制定する資格があると認めたことに見出したのである[63]。

この点で古典主義の誤謬は独特なものであった。それはホメロスや詩人たちによって示された素朴な経験の世界にまで遡ることができるであろう[64]。ホメロスがその読者に伝えた世界は，運動の世界であって，そこでは諸々の印象が稲妻のような速度でもって相互に続いて起こる。この背景に逆らって人間の姿が立ち上がってくるが，人間は悪魔的な力で溢れんばかりの想像力が住みついている神秘的な宇宙に直面する。ところが同時に人間の理性はこれらの諸勢力をある種の秩序の中に精力的に変えるように格闘する。彼がこの試みに駆り立てられるのは，自分の運命と定めに，またそれとともに英雄的な理想を実現する可能性

63）　プラトンは『パイドン』（Phaedo）でもちろんこの要求を批判していた。彼の問題点はアウグスティヌスも理解していたように，別な解答が可能であることを示唆できなかったところにあった。

64）　『神の国』4,26,30；5,8；9,1。

に，つまり与えられた機会や必然性による克服が，直面している障害を乗り越える自分の力に，かかっているとの確信にもとづいている。人間の困難さはけたはずれに大きい。というのも彼が接している力は気まぐれであるにまして強力であるから。さらにその困難は成長すると多くの実りをもたらし，そのあるものは人格を備えたものとして考えられ，善意に富んでいるか悪意に満ちており，他のものは非人格的にしてその働きはとても無慈悲で情け容赦がないので，両者の間に明瞭な区別の線を引くことができない。これらの状況においては，危険と冒険の可能性で余すところなく苦しめられて，生活は著しく不安定なものと感じられる。それにもかかわらず成功は，少なくとも必要不可欠な男性的な卓越性（$\alpha\varrho\varepsilon\tau\acute{\eta}$）と確信や信念（$\theta\acute{\alpha}\varrho\sigma\sigma\varsigma$〔大胆さ〕，勇士の信念）でもって幸運に恵まれた人たちには，および危険に生きることへの挑戦に備えており，進んでそれを受け入れる人たちには，まったく不可能なのではない。そのような例外的で傑出した精神，「神のような」英雄たちにとってはイリアスとオデュッセイアの世界は概して輝かしい世界と生活であって，その誇らしい冒険と栄光と活気は，ただいつも付きまとう死の恐れと予想——それはアキレウスのような人物にも物陰に潜んで待ち構えている——によってのみ抑制されている。

ホメロスとその後継者たち

ホメロスの詩人としての仕事は神学者としての任務を指示している。詩人としては「組み立てる」ことが彼の務めであり，神学者としては説明することが彼の務めである。組み立てる仕事を彼は完全な熟練さをもって遂行し，通常の生活の流れから彼の宇宙論の要素を引き出し，後に起こった抽象的な科学と哲学よりもいっそう現実に密着して源泉から引き出している。このようにして抽出された要素

は彼の神話（エポスとミュートス）の素材として役立っている。こうして神話はただちに聴衆を喜ばすために語られた物語として，また詩人とその聴衆が目にしたもっともらしい，あるいは「説得させる」事実の説明として提示される。そしてホメロス時代のギリシア人にとって，その後のギリシア人にとっても同様に「すべては神々に満ちている」がゆえに，この場合のもっともらしさは，詩人が同時に英雄たちが住むに適した世界を「創造すること」によって彼の任務の第二部を遂行するのに成功したことを意味する。このように行うことによってホメロスは初期の，だからといって少しも明瞭でない，古典的な精神を，その多くの側面の中でもっとも重要な表現において提供する。しかし英雄たちの世界は，英雄の鋳型に自分を投げ入れ，こうしてある程度は英雄の精神を共有する人々によって現実的な世界として認識されるようにとどまり続けている。その他の人たちにはその世界が提供する勝利と満足は単にソドムのリンゴ〔つまり外見は美しいが，手にとると灰になるもの〕にすぎない。すでにオデュッセイアにおいてイリアスが正しいとしたように思われる楽天主義が幾分か遠ざかったようになる。そして徳を主として構成している要素である，機知と忍耐でもって実現される勝利の光景が舞台から消えていき，そこにはさらに精力的に，かつ，同時にもっと意識的で巧妙な理解の原理をさがす探求が立ち上がってくる。これこそホメロスが詩的な創作技術によってその後継者たちに残した遺産である。そのようなものとしてホメロスの遺産はヘシオドス，ピンダロス，アテネの劇作家たちの作品に豊かな実りをもたらすことになった。

　わたしたちはホメロスがしくじったところを受け継ぐように努めたこれらの人たちのことをいつまでも考えている

余裕はない[65]。彼らの使った道具と方法はホメロスと同じく劇的なものであった。つまりそれはロゴスもしくは説明であって、彼らはそれを、設定した行動の動機となる類型にとって不可欠な要素として、立案したはずである。このようにして手配された「舞台」が彼らに小型での世界を構成する要素である資料（data）を生み出した[66]。また彼らはホメロスと同様に知的な満足よりも美的な満足の線に沿って解決を模索した。もちろんこの二つの間には絶対的な絶縁などあり得なかったのであるが。こうして彼らが提出したものはホメロス的な考えに対するいっそう高度な批判であった。そうはいっても、それはその本質においてホメロス自身のものであったイデオロギーの限界内で行われていた[67]。そのように試みられた取り組みはアテネの劇作家の作品において頂点に達することになった。彼らはエウリピデスとともに必然性の力が衰えていって、悲劇が涙の洪水に解消するに至るまで、必然性と真剣に取り組んで、人間では解決できない問題と勇敢に格闘する運命にあった。しかし哲学が独自のものとして他と区別できる線に沿って同じ問題を追究するように立ち上がってくるまでは長くはかからなかった。

ギリシアにおける哲学の興隆と特質

哲学の霊感は詩歌のそれと同じであった。現世における行動と反動、また行為と苦難に関する真のロゴスや説明を

---

[65] ホメロスの神学者としての「失敗」は、言うまでもなく彼が詩人として成功したことを少しも損なわない。

[66] アリストテレス『詩学』第6章「悲劇の六つの要素」参照：三つの外的な、すなわち見応えのある演出、熱情的な歌、発声法、それとともにさまざまな要素の相対的な重要性の諸観察である。

[67] アリストテレス、前掲書、26章、「叙事詩や悲劇的な模倣様式がいっそう良いか否か」の問題について。

具体化するはずの理解の原理の発見によって，哲学はただちに古典的な好奇心を満足させることをめざした。また同時に周囲の状況を抑制する道具を所有しようともくろんだ。だが，そのような原理を探求するにあたってある種の自律に対する所有権を主張した。この要求の論拠は二重であった。それは哲学には (a) 資料に対する新鮮でオリジナルな態度と，(b) 資料を正しく解釈できる，新しい適切な感覚があることにかかっていた。この資料に関して哲学は詩歌が進んで開発するように示してきた特権，つまり宇宙を自由に，かつ，邪魔や妨害なく構成するという特権を自ら否定した。それどころか哲学は「観察された事実」という現象に最大限に関与することを表明した。そしてこの観点から哲学の主たる関心は，たとえその仕事の困難さが均衡を破って拡大されることになっても，「諸現象を救済する」ことになった。それからロゴスや説明に関して哲学は，最終の上訴の法廷を心から頭に大胆にも移し，そのさい美的な満足を追求するよりも知的に理解できる関連を追究することを決心した。これらの自分で課した礼儀作法が哲学の特徴を組み立てたのである。それを受け入れることによって哲学は，スフィンクスの謎を説き明かすという古典主義の最高の取り組みとしての意義を獲得することになった。

　それでもって哲学がその使命を開始した，先入観から逃れることができない結果として，哲学のプロセスは歴史的に発展した。こうしてそれは，自然が秩序をもって結びつけられた閉じた組織である，と描くことによって，自然の未開拓の分野を「決定する」試みからはじまった。それからこの試みはこの組織の「構成要素」（ストイケイア，世界の諸要素）から自然の未開拓の分野をはずすように進んでいった。まず第一に，いわゆる物活論者たちでもって〔その分野での〕火・空気・水・地がはずされた。あるい

第 11 章　わたしたちの哲学　人格性の発見　701

はその後に考察の方法が洗練されてきたときには「限定されたものと限定されないもの」として，さらに「アトムと〔それが運動するための〕空虚」として，あるいは終わりに「形相と質料」としてはずされた[68]。このように行った目的は現象の背後にある原理をあらわにすることであった。そして哲学はこの原理と究極の存在や実在とを同一視した。この存在は，たとえ水（タレス），空気（アナクシメネス），火（ヘラクレイトス）あるいは幾つかの限定されないもの（アナクシマンドロス），あるいは反対に限定されたもの，つまり形相（ピュタゴラス）と考えられようと，第一原理や創造者（causa subsistendi〔存在する原因〕あるいは causa principiumque rerum〔事物の原因と原理〕である実質的な原因）として認められた。だが，そのような原理の承認とともに，純粋な「存在」を「生成」の世界に関係させるために第二の原因も必要であることが明らかとなった。こうして哲学は運動の原理（ordo vivendi〔生きる秩序〕や finis omnium actionum〔全行動の目的〕）と呼ばれる第二の原理や創造者を承認することを約束するようになった。この「原因の探求」はさらに存在と運動の原理の間の関連を説明するために意図された第三原理の承認によって完成された。そのようなものとしてそれは知性によってのみ理解可能な原理（ordo or ratio intellegendi, lumen omnium rationum〔理解する秩序や方法，あらゆる方法を導く光〕）として説明されうる，第三原理や創造者として位置づけられた[69]。このようにして論理的でもあり，同時に年代順に

68）バーネット『初期ギリシア哲学』第 3 版 1920，287，333 頁，および『タレスからプラトンに至るギリシア哲学』第 1 部，1920，44-46 頁参照。
69）ローデ，前掲書の 383 頁は哲学が「知的に考える原理を物質的な実体——これと知的に考える原理は混同されたのでもなく，ましてや同一視されたのではなく，主権と独立において対比されていた

配列したプロセスによって哲学は、目が覚めたとき三つの多くの独立した原理や第一原因——その各々は実際は独立した問題を意味していた——を世話しなければならないことになった。哲学は存在・運動・それらの間の秩序や関係について説明しなければならなかった。このような事情にあって哲学がその前進する歩みで何か口ごもってしまったことは驚くべきことではない[70]。

　克服すべき困難が増大してきているとの感覚は、〔紀元前〕6世紀の後半と5世紀の至る処で思想と行動の両面においてその刻印を残した。それらの世紀の間には広く多様化された諸々の哲学的異端の群れにそれが表現されているのが見られる。これらの異端の中でイオニアの哲学的な一元論の土台の上にヘラクレイトスが〔マルクスの〕弁証法的な唯物論の完全に成熟した体系を錬成したが、それは少なからず重要なものであった[71]。これに直面してわたした

――――――――――
——から最初に明らかに分離すること」に到達したのはアナクサゴラスをもってしてだけであったことを認めている。アナクサゴラスの言葉「自然について——すべてのものは見分けがつかない。そのときヌース（精神）がやってきて、それらを配列した」。

70) ギリシア的思索の発展を要約して説明するためにはアウグスティヌス『神の国』8,1-8 と 10 を参照。三位一体といわゆる哲学を三部に分ける区分との関係についての彼の見解には前掲書 11,24 と 25 を参照。この区分には三位一体的な原理にはっきりと公式化されるべき真理の「模倣」が含まれている。

71) これは単なる小説的な出来事と思われてはならないとして、ヘーゲルが自分自身の論理に採用しなかったヘラクレイトスの一つの命題もなかったという〔ヘーゲル〕の発言（ヘーゲル『哲学史』第1巻、328頁）にわたしたちは注目すべきである。それはバーネット（『初期ギリシア哲学』144頁の注）によって引用された。マルクスの業績は「ヘーゲルを逆立ちさせること」であったと一般に考えられている。本当のことは彼は単にヘーゲルを通してその源泉であるヘラクレイトスに目を向けているのである。このことがもっている意味はわたしたちが結論の章で言わねばならないことから明らかになるであろう。

ちはイタリア南部にあった古代ギリシアの植民都市におけるピュタゴラス派の神秘的な観念論として開花することになるものの出現を設定することができよう。第三の重要な発展はパルメニデスとゼノンが立てた批判的な見解であった。それによって運動の可能性か、それとも理解しがたさか、のいずれかが論証されることになった。それは疑いもなく、この問題とその類似の問題によって造られた、袋小路の認識であった。これらの問題は人間的な思想の新しい女主人の専制的な指図を回避する可能性を現在のところ示唆している。このことは次の二つの方法、つまり (1)「実証的な」科学の要求を主張すること、(2) 主観主義と詭弁術に逸脱すること、のいずれか一つでもって効果をあげた。その要求がヒポクラテスの論文『古代の医術』によって強力に促進された「実証主義」は、第一原因と第二原因との区別を受容することに依存していた。また真の科学の義務として前者〔第一原因〕を排除して後者〔第二原因〕に集中することにかかっていた。他方において主観主義は、有名な格言「人間が万物の尺度である。存在するものにとってその存在の、存在しないものにとってその非存在の」からプロタゴラスの手になる指令を受け取っている。これらの発展と一致して反啓蒙主義の再発が広範囲にわたって起こった。反啓蒙主義はその直接の霊感を通俗的な神秘的な祭儀から得ていたが、同時に一種の支持と勇気づけとをピュタゴラス主義から受けていた。これらの要素の結合においてわたしたちはプラトンが不安を抱きながら関与すべく駆り立てられることになった状況を悟るであろう。

プラトンのイデア論の誤り

プラトンの仕事は、彼が行った哲学の病に関する診断と彼が提案した治癒との両方において、人間の思想の未来に

対し決定的な意義をもつものとなった。プラトンは前任者たちから引き継いだ三つの伝統的な問題を受け入れることから始めた。すなわち存在の問題，運動の問題，秩序の問題である。しかし，これらの問題に関して彼の鋭い知性は最高に重要な次の二つの事実を認めることを可能にしたのである。

（a）いかなる諸原理も単なる憶見（δόζα = 思いなし）の限界を超えてまで前進してはならない。したがって諸原理は単に「仮定的」なものであり，立派なものであっても，それでも少なからず科学的に単純化する経験的にして任意的な取り組みであったということ。

（b）知性によって理解できる，つまり必然的な関係は，存在の原理と運動の原理の間には未だ立てられていなかったということ。このことに対する責任は第三の原理，つまり秩序の原理に対する理解の中にある欠陥にもとづいているのに相違ないとプラトンは考えた。このような理由によって彼の知性は不可避的に哲学の究極的な問題として第三の問題に集中するように向けたのである。キリスト教徒によるとプラトンがその生涯で重大な誤りをおかしたのは，この関連においてなのである。この重大な誤りは彼が真理につまずく危機一髪のところにまで来ていたがゆえに，いっそう危機的であった[72]。確かに，もしこうした結

---

72) アウグスティヌス『神の国』8,5。ここで彼はプラトン主義の評価を提供する箇所，つまり「プラトン派の人々に優ってわたしたちに近いものはない」と言っているところを参照。『真の宗教』4,7「あの人たちがわたしたちと再び出発することができたならば，わずかの言葉と文章を変えれば，彼らはキリスト教徒となったであろう」。説教集 141,1 彼らは真理をモーセのように遠くから見ている。だが，誤りから自分自身を救う有効な計画を実現していなかった。「その道によって到達されるのであって，発見するのではないほど大いなる，言葉に言い表せない，至福なる所有にまで」有効な計画を実現していなかった。アウグスティヌスのプラトン主義に対する最終的で経綸的

論に達したことがこんなにまで落胆させたのなら、その理由がもともと提供されたものとしては、問題の何か根本的な思い違いにあるかも知れないと、少し休んで自分自身に尋ねる代わりに、プラトンは正反対の方向をとった。彼は憶見〔ドクサ〕の欠陥が感覚知覚の不完全さにあったと想定して、実在を原型や「イデア」と同一視し、幻想や誤謬を感覚がくだす判断と同一視したのである。ここから出てくる結論は、「諸々のイデア」が「独立して」おり、自分自身の権利のもとに現に存在をたもっていて、感覚的なデータへのイデアの適応可能性とは関係がないということであった。こうしてイデアの妥当性は、絶対的なものとして受容される理想的な原理によってのみ、検証されることになった。したがって当代の哲学の三つの問題に関して言うなら、必要とされたのは、統合と検証の原理、諸々のイデアのイデア、一者なる善の形相であった。そのような原理を発見するという空しい努力に向かって彼はその〔思索〕活動の大部分をささげたのであるが、そうすることによって彼は自分自身の洞穴の中で自らを囚人としていたという事実にまったく気づかなかった。

プラトンの宇宙論に対する批判

この間違った論理をプラトンが受け入れたことは、アウグスティヌスの意見では自然学や倫理学においてプラトン

な反論について『再考録』第1巻を参照。そうはいってもここで指摘しておかなければならないのは、彼がプラトン主義者たちを哲学の三分野のすべてにおいて遥かに優っていると見なした点である。こうして彼のプラトン批判は次のように要約される。彼は真理を「わたしたちの基礎、わたしたちの光、わたしたちの善」(全世界の構成因、真理を知覚させる光、幸福を吸収する源泉)として発見していたけれども、この神は厳密には超越論的である。したがってプラトンは神の内在〔内住〕を表示することができない。他方、同時に物質的世界の「欠陥」を公平に評価していない。

が誤りに陥った理由であった。アウグスティヌスが論じているように、プラトンがそのようにしたのは「恒常不変的に必然的な法則」またそれとともに機械論的な「因果関係」よりもむしろ目的論的「因果関係」の体系という術語でもって自然現象を唯物論的に説明する代わりに「人間のモデルにあわせて造られた根拠を導き出した」のではない[73]。というのも確かに明瞭とすべきであるように、また事実、唯物論の初期の歴史がはっきりと示しているように、これらの方法のいずれかによって「自然」の境界を定める試みは、コスモスの辺境を閉ざすというよりもむしろ自分自身の目を閉ざすことになったからである。本当の障害は唯物論が精神の問題を正しく扱うのに失敗していたように、観念論も物質——それを「無いも同然である」と定義しようと試みて——の問題を正しく扱うのに失敗したことであった。このことは実在を純粋に構造の用語に還元することによって動かなくするようになった。そのため時間は「永遠の運動する像」[74]として描かれるようになり、そのような性質のプロセスは「非合理性」や「悪」と同一視された。人間の本性においてこれに対応するものは、闘争において相互に対決する個別的な要素の複合体という、複合的な魂の像であった。その闘争では、最終的に精神が物質というその牢獄から解放されることによってのみ、またそれが純粋な形相の「生命」である、その存在の源泉に帰ることによって、結末がつけられる。そのような人間本性の理論に含まれている誤謬は数えきれなかったが、その理論が肉体における人間の存在である、個人を人格性を言い表すための伝達手段としてではなく、人格性の実現にとっ

---

73) ランゲ『唯物論の歴史』第1巻, 52頁。
74) プラトン『ティマイオス』37D：本文に該当するギリシア語：εὐκων κινητό ς τις αιωνος.

第 11 章 わたしたちの哲学 人格性の発見

て障害であるとして説明する事実に要約されている。この障害は感覚の生活をまったく否認することによってのみ克服されるのである。しかしながら，このような理想を懐くことは自滅的であった。それは単に感覚の経験の意義を誤解するだけでなく，魂からその活動的な力を奪うことになった。これらの欠陥はプラトン主義が歴史の流れに入っていくときに次第に明らかとなった。そのとき，それはポルフェリオス〔223-305 新プラトン主義の哲学者〕とユリアヌスの教えのような教説となって現れることになった。そして，どんなに野蛮で空想的であっても，そのような教説は，プラトン的な科学の嫡出と認められる子孫であった。

これらの人たちの教えを，知性と生活の要求を弁護し，また同時にそれらの要求を互いに和解させるために，古典的な観念論の最後の重要な取り組みを代表するものとして考察することは教育的にも有益である。というのも彼らがそのように試みてみて，しくじったことによって「知識の理性」（ratio scientiae）をまったく麻痺させたことが暴露されたからである。こうして彼らはアウグスティヌスと他のプラトン主義者たちをキリスト教に回心させるようになった状況を造り出すのを助長したのである。彼らが自分自身をプラトン主義者と呼んだように，プラトン主義者たちによって実在の総体と実体とは，ピュタゴラス主義者たちと真正なアカデミア派の要素との融合を示す仕方で，モナドとか一者として叙述された。こうして彼らは，まず第一に，創造的な原理を数的連続のはじまりとして一性（ト・ヘン）――そこから後続するすべての数が「引き出される」――と同一視することから開始した。ところが分割のはじまりが二価の原子（ダイアッド）にあると見なされた。こうして二元性が「第二」として考察された。もちろん，それは従属する原理であって，そのようなものと

して多数性を同様に「生み出す」ことができる更なる分化の源泉なのであるが。しかしもしこれが意図するところであったとしても、生み出すのに役立った創造的な原理がまったく非現実的で解きがたい問題の複合体——そこには事実何も現に存在していなかった——であったがゆえに、成功するはずがなかった[75]。しかし、その活動の後に続いて起こった結果として、それは知識の神話の実り多い増加を引き起こした。こうしてその神話は隙間を埋めることによって大建造物の裂け目を隠すように設計された。まず第一にプラトン主義者たちは、まったくわざとらしい構想によって二元性を主体 - 客体関係の起源と結びつけて考えたのである。それから彼らは、この関係に含まれている邪魔になる可能性に気づいて、また新しい自信を与える手段としてデミウルゴス（the subject〔最高神の〕臣下）が一者から最初に生まれたものである神的な知性として「自分自身のうちに」永遠の形相や存在の原型を含んでいる、と言明した。次の問題はこの第二の創造者〔デミウルゴス〕が目に見え、手で触ることができる世界とどのように関係するかということであった。この質問に答えるためにプラトン主義者たちは第三の実体もしくは存在の秩序である普遍的な魂を想定した。その機能はイデアの世界と感覚の世界との間に有効な接点を確立することであった。この目的のためにこの魂は、それがいわば双方の世界の外部に住まいをもっていると考えられた。魂は永遠の原型を観照するために「上の方を見上げ」たし、その原型を物質に押しつける

---

[75] この始原の分化についてプロティノス『エネアデス』6,9,5参照。そこでは「知性的な原理」は「自分自身を一者から自己主張の行為によって分けられた」と叙述されている。このことは原罪が神性に帰せられうると示唆することになる。そうはいっても『エネアデス』の 2,9,4 でプロティノスは魂が身体の世界を創造するために「堕落したのではなかった」と言明している。

第 11 章　わたしたちの哲学　人格性の発見

ためには「下方を」見たのである。こうして物質は「形作られ」たし，あるいは身体が与えられた。このことを魂はその「生産的な」力を通して実現したのである。こうした考えからプラトン主義者たちにとって身体はその性格そのものを，どこかにあるとしたら，イデアの世界から引き出す，という推論が導き出されるであろう。こうして物質は〔本来のものから他のものへの〕置き換えを含んでいるものとして定義されるかもしれないがゆえに，空間が絵の中に非合法的にひそかに持ち込まれるか，それともイデアの世界そのものが空間的であるか，のいずれかが帰結する。その場合，空間は究極的な実在のうちに公認された地位を獲得する。この観点からするとプラトン的な観念論はありのままに見ると唯物論の秘密党員〔シンパ〕に過ぎないことが暴露される。そこではイデアが物質に対してホメロス的な死者の霊の役割を演じている。同時にその観念論は神人同型説や神話でもって腐敗したものとして暴露される。その神人同型説的な性格は「産む」・「由来する」・「上方へ」・「下方へ」・「流出」・「出現」・宇宙的なプロセスを叙述する手段として呼び出される「一者」および「多くのもの」のような術語が絶えず使われることによって暴露される。この目的のために実際は人間の活動に属するそのような術語がこっそりと借用されている。人間の活動を叙述するためにそれらの言葉は元来創り出されたものであり，宇宙創世の問題はまったくのメタファー（隠喩）である。一方においてプラトン主義の神話を作成する傾向は，すべてを包括する一者として創造的な原理を考察する試みでもってはじまる。それはさらに二の数字を実体として措定し，それに第二の神の生産する力を帰するときに示された。最後に第三の創造者として生き生きと描写された宇宙的な魂は，実際は感覚の世界（コスモス・アイステートス）と知的な世界（コスモス・ノエートス）という二つの世界をつ

なぐ連結を提供しようと意図された，純粋な仮説に過ぎなかった。そのようなものであるからプラトン主義の神話を作成する傾向は人間の精神が有する典型的な合理化の所産なのである[76]。したがって，そのような宇宙論のすぐ近くには一軍のダイモンたちが生命に対して飛びかかろうと備え，かつ，待ち構え，待ち伏せしていることに驚いてはならない。

プロティノスの哲学とポルフェリオスの試み

プラトン主義者たちによってもくろまれた「宇宙」の叙述に関してはここまでにしておきたい。これからはその用語を使ってプラトン主義の体系が理解できるものとされたロゴス（logos），ラティオ（ratio）あるいは理性（reason）について考えてみたい。プラトン主義の問題は師匠〔であるプラトン〕自身によって指摘されているように，「多」(the Many) から「一者」(the One) への架橋を建設することである。つまりそれによって「統合すること」が可能であり，経験して見出したものを「立証」できる原理を手に入れることである。この目的を実現するために提供された方法は「弁証法」〔対話法〕のそれであった。弁証法は理性が感覚の架空な世界から「実在の原型」である形相や鋳型の世界へ，さらにそこからそれらの背後に，かつ，それらの上にある「絶対者」へ高める道具として考案されたのである[77]。したがってプラトン主義の問題は超越の問題であった。それは何らかの方法で，推論的な理性（ディ

---

76) アウグスティヌスは新プラトン主義的な三一構造について説明し，第三の創造者（御霊）の性格と機能が必然的にあいまいであると語っている（『神の国』10,24）。

77) プラトン『ティマイオス』28 A「推論する思考でもって理解できる」；『パエドロス』79 A「恒に同一のものを保持する事物は推論の力によってのみ把握することができる」。

アノイア）の作用に備わっている主観 - 客観関係が純粋思惟（ヌース）の活動を苦しめるためになおとどまっている地点を越えて，「天上的なところ」に到達する手段を見出さねばならなかった。新アカデメイアにおけるプラトンの後継者たちにとってその問題は究極的には解くことができないものと考えられた。こうして彼らは通常の生活に対し十分に役立つ道しるべとしていわゆる「蓋然性の法則」のなかに逃避した。しかし新プラトン主義者たちは，この純粋に実用的な解決に甘んじるのを拒否した。彼らが行ったように，アカデメイアの「判断中止」の規則を受け入れることは，事実上自分たちに極端な懐疑主義に判決が下されたことと認めたので，もともとはプラトンによって提供された線に沿って問題の解決に至る試みを再びはじめた。だがその結果は単にプラトン的なプログラムの本質的な不毛性をさらけ出すことになったし，それとともにそれが含んでいた反啓蒙主義の要素も暴露された。この関連でわたしたちは，プロティノスの著作の有する特に重要な意義を指摘することができよう。プロティノスの使命は他の何よりも諸々の対象が主観に対してのみ存在することを証明することであった，そうすることによって彼は知識の客観性という古典的な理想を「不合理なものへと引き戻すこと」(reductio ad absurdum) に到達した。こうして彼は厳密に古典的な思索のプロセスを不名誉な終わりに至らせたのである。というのも，この結論には，科学的な理解力と超科学的な理解力（古典的なディアノイア〔間接知〕と古典的なヌース〔直観知〕）との間と同じく，乗り越えることができない深淵が大きく口を開けるという了承事項が含まれていたからである。

　しかし，たとえプロティノスがこれを行ったとしても，彼は明らかにそれを躊躇していた。というのも主観 - 客観関係が科学的な理解の〔むなしく繰り返す〕回転かごを設

定していることを示すことと，そのような場合に「ほんとうの現実」が理性的な理解の範囲を超えていることを認めることとは別であるから。こうしてその方法が彼の手中において通用しなくなった後でもプロティノスは知識の憧れに粘り強くしがみついたのである。また一者が思惟できる対象であるのをやめてしまったときには，彼はそれに崇拝の対象として帰依した。このように考えてプロティノスは，彼が想定したように，それでもなお「彼方に離れている」最高の実在を捉えるために，道徳的にして精神的な知的鍛錬によって自己自身を鍛えることに着手した[78]。このことはアスケーシス（禁欲）の厳しいプログラムを含んでおり，それは錯綜しているあらゆる要素から，つまり感覚的な知覚と独断的な知識から，魂が前進的に撤退することとして，もしそうでなければ，「等しいもの同士」の交わりに至る必要な前段階として着手された，統合と単一化（エンノーシス）のプロセスとして，多様に描かれている[79]。しかしながら，このような苦行の特別なかたちは哀れにもその目的を実現することに失敗するはめとなり，プロティノスはその結果，単にみずから泥沼に飛び込むことになった。その泥沼の中で彼の後継者ポルフェリオスは，確かな地盤に達するための努力も空しく，どうしようもなくのたうち回ることになった。自己自身を救済しようとす

---

78) そのような「純化」の基礎はもちろんプラトンにすでに見出される。『パイドロス』67 C：「清めることは次のようにして成り立つ。できるかぎり魂を身体から切り離して，一か所に集めたり，一緒に引き寄せたりする習慣を教えたりして身体を手枷足枷から自由にさせる」参照。わたしたちはこのことを肉の「再生」というキリスト教的な理想と対比すべきである。

79) 魂のこの帰還についてはプロティノス『エネアデス』6,8,3を参照。「わたしたちは身体の情念から自由にされて，知性によってのみ決められた行動を遂行する人だけに自由意志を帰している。すなわち〈悪しき意志〉は自由ではない」。

第 11 章　わたしたちの哲学　人格性の発見　　713

るポルフェリオスの努力は絶望的なものであった。彼は自分の精神（anima intellectualis 知的魂）を清める手段として入念な浄化の計画を考案した。と同時にアウグスティヌスが軽蔑して「空想の虚偽と空しい幻覚の惑わす演技」と呼んでいることから彼の霊（anima spiritalis 霊的魂）を清めるために，彼は疑わしい魔術のわざに頼ることさえあった。したがってこの魔術は，その方法においてではなくその目的において，現代の精神分析療法と同等であるような古代の試みとして姿を現す。それらがどんなに努力を要したとしても，ポルフェリオスの努力がもたらした結果は「キリストにある真の知恵を認識することを曇らせる」に過ぎなかった[80]。一方ではアウグスティヌスにとってポルフェリオスが失敗したことの説明は明白であった。それは単に，彼が考えたように，真理を理解するためにポルフェリオスが「間違った場所に置かれた」からであった。もしポルフェリオスが彼の苦境を克服しようとさえしていたなら，彼は根本的に相違した観点から苦境に対処しなければならない。つまり知性的に理解可能な原理を探求するに当たってキリストのロゴスを選んでプラトンのロゴスを放棄しなければならない。

古典的な理性の全面的な破綻とアウグスティヌス

アウグスティヌスにとってプラトン主義の失敗は，彼が

---

80)　アウグスティヌス『神の国』10,9 以下，23,27,28,32。この連関においてキリスト教の聖餐についてアウグスティヌスが語っていることにある種の意味がある。「実際，原理であるのは，肉でもなければ人間の魂でもなく，それによって万物が造られた御言なのである。したがって肉はそれだけではわたしたちを清めるものではなく，肉をとった御言なのである。というのはキリストがご自身の肉を食べるように神秘的に語ったとき，それを理解できなかった人たちは躓いて退出したが……キリストは〈生かすのは霊であって，肉は何の役にも立たない〉と答えられた」（同上 24）。

飛び抜けてもっとも力のある，かつ，頑強な哲学的な異端として気前よく承認したものの失敗であった。したがって彼の目にはその失敗は，古典的な理性の全面的な破綻の印として悲劇的なものであった。しかもその悲劇はそれが何か本来備わっている道具の欠陥からではなくて，その乱用から生じたという事実によって高められた。とはいえ，破綻はそのようなものとして初めから古典主義に暗に含まれていたものであって，（a）古典主義が自己の問題に近づいた精神と目的，および（b）知識の方法（ratio scientiae）によって問題を解決する試みに由来する不可避的な結果であった。この観点からアウグスティヌスは哲学の見せかけの独立がまったく架空のものであったと説き始めた。つまり古典的な哲学は確かに愚かにも角帽とガウンを身にまとった古典的な詩歌であった。というのも哲学は詩歌と同じく「主観」をある意味で「客観」の世界に「対立するもの」として考察するからである[81]。それから哲学はさらに自分自身を一つの物語として語るようになる。その物語の目的は〔主観・客観の〕二つの間の理解可能な関係を樹立することであった。しかしこの場合の性質そのものからして，こうして樹立された関係はもっともらしさのレベルを何とか越えて高まり，なくてはならない真理の性格に達することもできなかった。換言すれば，それは不可避的に神話的か仮説的かにとどまった。そしてこの観点から見ると，ピンダロスやアイスキュロスの作品とプラトンやアリストテレスのそれとの間に〔相違するものとして〕選ぶことができるものは，少ししかないか，それとも何もなかっ

81）この対立は，ヘラクレイトスがロゴスと心をわたしたちを取り巻くものの属性であると断定するときに，現れてくると論じられることができたであろう。ディールス『ソクラテス以前の哲学者』第1巻，148頁，第2巻37-38頁。

た[82]。このような脈絡で使われるときには神話と仮説は融合する目的に役立つと言えるかも知れない。この融合は，〔考えの枠である〕システムが耐えるには負荷が過重になるときはいつでも，爆発する危機にあるしかない理解力の回路を完成させるためには，電気回路を〔正電気と負電気を一直線に〕直列に連結するように導かれる。それをこういう方法で用いることによって古典主義は，根本的には類似している方法でもって本質的には同じ問題を解こうとする，ある種の現代的な試みを予示する。しかしながら，そのような場合には，ロゴスやデミウルゴスは当代の支配的なファッションにしたがって一般的には第二の洗礼に服している。だが，このように偽装させる変幻自在な〔さまざまな姿に変貌する能力がある海神〕プロテウスの能力にもかかわらず，それは実際には「信じようとする意志」によっておそらくは知らないままに強力に支えられた論証的な理性の昏迷にほかならない。

このような事情にあるため古典主義はそのロゴスの探求に当たって，初めから（ab initio）懐疑主義と独断主義との間の果てしない葛藤に至るように運命づけられていたので，失敗するように前もって決められていたのである[83]。この袋小路から，上に向かって超越の道をとっても，下に向かって実証主義に至っても，逃れることはできない。前者のプラトンの方法はプロティノスやポルフェリオスの主観主義において不満足な結末を見出した。後者に関して言うなら，それは「第一原因」と「第二原因」との間のまったく恣意的な区別を受容することに依存していた。またそ

---

82) この関連でアリストテレスは，神話と仮説は相違していてもそれでもそれらの間にはまったく明確な関係があるということを認識している。『形而上学』982b18:「神話を愛する人と哲学者とは別である」。

83) 本書の第4章275-76頁参照。

の後で既存の事実の全体性から,「原因」の名称でもって権威づけるように選ばれるかも知れないような要因を,等しく恣意的に選抜する可能性に依存していた。

アウグスティヌスの認識論

アウグスティヌスは完全な確信をもって懐疑論を拒絶した。彼は「アカデミア派の懐疑はアカデミックな無分別である」[84]と言う。この確信の根拠は知的であると同時に道徳的でもある。したがってそれは,いくぶん現に存在する知識による確信にもとづかなければ,意味ある懐疑はあり得ないという信念に依存している。しかし彼の場合には,この信念は,生活の規則として〔真理らしいという〕蓋然説を受容すると,何らかの真理が見出されることに多くの人たちが絶望するようになるとの恐れによって強化された。この考察はそれ自身のレベルにおいて最初のものに優るとも劣らないほど妥当なものか,それとも説得力があるものであった[85]。

だがたとえアウグスティヌスが懐疑派の解決を断固として拒絶したとしても,それは独断論という反対の落とし穴に転落することにはならなかった。確かに哲学的な背景との関係で考えるとき,三位一体的なキリスト教は教義よりも,むしろ教義の拒絶として,神人同型説と神話の主張よりもその否定として現れる。そしてキリスト教はこれらの要素〔つまり神人同型説と神話〕を,まったく現実的な自然と人間とを説明するための前段階として究極的な実在を叙述することから,最終的かつ決定的に排除するように要求する。このようにすることでもって,それは「ただ神話がないように」(μόνον ὁ μῦθος ἀπέστω)——これは古

---

84) 『神の国』19,18。
85) 『再考録』1,1。

第 11 章　わたしたちの哲学　人格性の発見　　717

典的な思索の長い歴史における各々の意味のある形態で作られた約束であった——という古典主義の渇望するものの実現を指し示した。しかしキリスト教はこの企てを実現するためには，知識（scientia）よりも知恵（sapientia）を見出すことでもって，つまり「詩的」もしくは「科学的な」真理よりも「創造的な」真理でもって，開始しなければならないということを主張した。この新しい方向に向かう態度とともにもっとも重要な結果がただちに表に現れてきた。消極的にいうと，それは古典主義の評価に対する思い切った改正を可能にした。積極的にいうと，それは自我を本質的に構成しているものの意識の中に或る啓示を提供した。それと同時にそれら〔自我の構成〕が創造的な原理——「神における人格性」という宗教の言語において——に依存していることの認識をも提供した。それへの手がかりは，すでに指摘されているように[86]，「わたしは本当に何を知っているのか」という質問を尋ねたり答えたりすることによって見出されるであろう。

　アウグスティヌスの認識論は，今や完全に認められているように，プラトン主義の源泉から，とりわけプロティノスから引き出されている。そして使用されている用語に関するかぎり二人の間にほとんど正確な一致を確立することができる[87]。しかしながら，本当の問題は，言葉の類似性を見出すことよりも，むしろアウグスティヌスが，もしできるならば，どんな斬新さをもっているかを発見しようと考えて，プロティノスの術語に当てた使い方を吟味することにある。この関連でアウグスティヌスにとって意識作用が連続的で中断されない経過——ここではどこにも中断が

---

86)　本書 669 頁以下参照。

87)　アルファリック，前掲書；ジルソン『アウグスティヌス哲学への序論』。

起こらない——をなしている点を観察することは重要である[88]。このことが真理であることは，彼が「外的な」人間と呼んでいることの知識に関して言わねばならなかったことによって明らかにされるであろう。この知識は感覚知覚でもってはじまり知識において頂点に達する。前者のレベルに関してその芽生えは人類が高等動物と共有する感覚的生命（sensualis vita）にすでに現れている。そこには記憶・想記・欲望・反感が含まれており，身体的な満足の追究と身体的な苦痛の回避を導いている。さらに代償の法則によってある種の動物たちは，それらのあるものたちが身体的な力とスタミナにおいて人間を凌駕するように，人間における類似の感覚よりも鋭い感覚を授けられている。他方において犬のような人に飼育されている動物たちは，自分たちを人間とぴったり同一視する特徴を示す。彼らはふざけたり笑うこと（iocari et ridere）ができる[89]。だが整然とした知識に適した能力として予想される科学は人類に特有な，他の動物と明瞭に区別できる，知的なプロセスである「理性の運動」（actio rationalis）を含んでいる。したがってそれは推論する精神が現に存在することを前提する[90]。しかし，この事実は神性に対しては何の権利ともならない。それは単に人間としての本性の完成を表現するにすぎない[91]。したがって，理性の運動は創造的原理になお依存したままである。人間は実に神の「像」へと「造られた」がゆえに，その運動をもっている。同じような関連は

---

88) 本書10章643頁参照。

89) 『自由意志論』1,8,18以下；『真の宗教』29,53；『三位一体』12,2。

90) 『三位一体』12,3,3：「わたしたちの精神が有するあの理性的な実体」（illa rationalis nostrae mentis substantia）。

91) 『自由意志論』2,6,13：「わたしたちの本性がそれによって人間としてあるように完成される……理性……理性的精神」。

アウグスティヌスが外的人間の知識と内的人間の知識と呼んでいることの間の，つまり対象の意識と気づいていることの意識〔自覚〕との間の関係においても明瞭である。というのも，すでに考察したように一方は他方との関係がなければ，考えられないからである。事実，まさしく人間にその特性を賦与し，人間としての宿命の実現を可能にするのは，この事実なのである。こうしてアウグスティヌスにとって意識的な生命の低い顕現と高い顕現との間にはいかなる裂け目もないのである。初めから終わりまで区別があっても，それは単に記述的な分析における区別に過ぎない。区別をすることは，連続しているものに何か現実的な非連続があることを意味するものではない。

そのような非連続などないことは，精神が「真空状態では」(in vacuo) 働かないという事実によっても強調される。その活動のさまざまな局面のすべてにおいて精神は欲求によって動かされる。したがってこの欲求はダイナミックな人格性を刺激する拍車として特徴づけられるであろう。この観点からは感覚知覚は，その要素が思考においてさえほとんど切り離されない錯綜した過程として浮かび上がってくる。それは「三一性における一性」であって，そこに含まれているのは (a) 目に見える「身体」としての corpus，つまりそれ自身を「見えるもの，身体の形や感覚に刻印された像」(res visibilis, species corporis, impressa imago sensui)，(b) 知覚する魂の視像 (ipsa visio) である anima，(c)「意志や精神の注意力」(voluntas, intentio animi)，つまりこれら二つのものをとても激しい仕方でつなぐので「欲求，情熱，性欲」(amor, cupiditas, libido) としてのみ叙述されうる，理解する働きの意識的で細心な取り組みである[92]。これとの関連でアウグスティヌスは

---

92) 『三位一体』11,2 以下。

ちょっと止まって、諸々の感覚が伝える伝達事項が正しく理解されるならば、感覚に関して何ら不平を覚えないことに注意を向ける。それを正しく理解することが科学的な理性の仕事である[93]。

科学的な理性の働き

科学的な理性は、感覚知覚を通して示される対象を、そのデータとして、対象が実際に現存しているか、それとも精神に想起されるべきかのいずれかに依存する、「想像力の表現」(phantasiae imaginationis) や「象徴的な形像」(imaginalia figmenta) として受け取る[94]。それから理性は感覚の明証性を調べることによって、またそこから象徴的に (imaginaliter) 示された対象の真の「性質」を推論することによって、事実と空想とを識別することに着手する[95]。こうして理性はこの明証性に対し同等性や類似性その他のような「規範」を適用する。それら〔同等性や類似性その他〕は感覚-与件と関係していないならば無意味であるが、それでも感覚-与件によっては与えられていない[96]。この事実は科学的な理解力が創造的な原理に依存していることを明らかにする[97]。しかしここでまた精神的な活動とその実践的な結果 (intellectus et actio vel consilium et exsecutio 知性と活動あるいは思慮と実行) との間にもっとも親密なる関係があることになる。そういうわけで理性

---

93) 『アカデミア派批判』3,11,26；『創世記逐語解』3,5。
94) 『三位一体』10,6。(この箇所にはこのような表現は見出せない。(訳者注))
95) 前掲書、10。
96) 『真の宗教』30。
97) 『三位一体』12,2,2：「これら物体的なものについて非形態的で永遠的な理性(理拠)にしたがって判断することはいっそう崇高な理性の務めである。そのような理性は人間の精神を超えて存在するのでなければ、確かに恒常不変的ではない」。

第 11 章　わたしたちの哲学　人格性の発見　　721

の手順は別な仕方でもって合理的な欲求や欲望（ratio et appetitus rationalis）として表現されるであろう。あるいはアウグスティヌスが他の場所で述べているように，「欲求は科学的な理性の隣人である」また「精神的な出産は例外なくきまって欲求によって付き添われている」。ここで問題になっている欲求は，まさに好奇心（curiositas）の名称のもとにそれ自身目的として古典主義によって聖別されていた，知ることの欲求にほかならないのである。だがアウグスティヌスにとって好奇心の性格はたんに実利的であるか，もしくは機能的なものに過ぎない。人間の生活ではそれは人間と動物に共通の理解力のレベルでの感覚知覚の役割に正確に類似する役割を実現する。それはこのことを，人間の仕事を行うに適した「時間的で可変的な事物の知識」という組織的な知識を提供することによって行う[98]。

このようにまとめた公式の中には「原因の探求」としての科学の古典的な見解からの根本的な逸脱および自然を「記述する」という，その真の性格の認識が含まれている。そうしたものとして認識の理想は，たとえば 7+3 = 10 という命題のように，数学の「必然的な」真理において実現される。この命題は理性の確かさによって立証されているように，いつもまたどこでも妥当なものとして受け入れられるかもしれない[99]。だが科学と呼ばれるものの膨大な容積はこのレベルの普遍性に決して到達しない。それは単に実験的な真理，つまり経験の総合に依存する真理の性格をもつに過ぎない[100]。そのような総合は，たとえば「安く買って高く売る」規則のように，必然的に「為された後か

---

98)　前掲書，12,17：「この世の生活を営むのに必要な時間的で可変的な事物の認識」。

99)　『自由意志』2,8,21。

100)　『三位一体』13,1,2：「歴史的な認識によって縛られた知識に属する」。

ら」(ex post facto) なされるのであって，例外に服している。またその効力は売買に加わったすべての仲間たちが同じ価値の基準をもち続けるか否かに懸かっている[101]。

この分析はただちに科学的もしくは「人造の」真理の範囲と限界を明らかにする。というのも経験的事実の研究と組織化として科学が，人類を動物のレベルを超えさせ，整然とした生活設計において諸々の手段を諸々の目的に関係づけることによって，他と区別して人間的な仕方で振る舞うのを可能にすることが明らかになるからである。そのようなものとして科学は疑いの余地なく「それ自身の善」をもっている[102]。しかしながら科学の善は「わたしたちがこの世に適合させられるための」(ut conformemur huic saeculo) 単なる調停の善とは異なる，目的を明らかにすることで失敗する事実によって制限を受ける。こうして科学は人類がまさしくその存在の条件によって必然的に切望する，至福への欲求を満足させることができない。したがって科学は，評価の基準としての知恵 (sapientia) ——その光によってのみ最高善が実現できる——に依存していることを明らかにする。

アウグスティヌス的な知恵の特質

価値を判断する基礎としてのこの知恵，もしくはキリスト教的な知恵の見解は，プラトン的な科学の精神と方法から離れる反乱を示す。文字通りアウグスティヌス的なサピエンティアはプロティノス的なヌースにぴったり当てはまる相当語である。だがプロティノスにとってヌースの機能は知識と存在を超越する一者を伝達することになった。そ

---

101) 前掲書，3,6：「安く買って高く売る」(vili emere, caro vendere.)。
102) 『自由意志論』2,8,21。

第11章 わたしたちの哲学 人格性の発見

して一者はこうして、すでに気づかれたように、ただ〔神秘的〕忘我の状態でのみ啓示されるのである。これに対してアウグスティヌス的なサピエンティアは絶対的に忘我の状態ではなく、この物質的世界からそんなに遠ざかることを含意していない。サピエンティアは価値判断としては確かに科学と科学的統制から「独立して」いる。しかしその独立は宇宙と宇宙における人間についての新しい考えを提供することによって、ただ科学の欠陥を補う権利を確立するのに役立つだけである。サピエンティアの光に照らされると人間はもはや自分自身を、「思想」であろうと「体系」であろうと、神人同型的に考えて、「自然」と対照して把握することはない。それどころか人間は、自分自身と一緒にその宇宙を、情け深い活動、創造的で動的な原理の表現として捉える。——宗教の言語でもって言えば、その起源・本性・運命が神の意志によって決定される「被造物」として捉える。

それに応じて創造的な原理は最高実体 (summa substantia) として認識される。その実体は、整然とした宇宙の運動と真・善・美が人類の意識に前進的に開示されるとき、これらの源泉となって現れる。このようにしてキリスト教徒にとって〔こうした〕経験の妥当性や意義に関して何ら問題はありえない。キリスト教徒が自分自身を見出す世界は、確かにかつて古典主義が想定していたように、自然（ピュシス）の世界であるが、キリスト教徒が神の活動の劇場として見ている事実によって変貌された「自然」なのである[103]。そして彼がこのことをなし得るのは、ひとえに彼が神意によって授けられている力のおかげなのである。そういうわけでアウグスティヌスは次のように語る。

---

[103] 『神の国』22,22 と 24。

わたしはこれらすべてのものの間を遍歴し，区別し，それぞれの価値に応じて評価しようと試み，あるものは感覚の告知を受け入れてたずね，あるものを自分自身と混合しているのを感知し，それを告知する諸感覚を識別して枚挙し，それから記憶の膨大な貯蔵物に目をつけ，あるものは手にとってよく調べ，あるものはもとにおさめ，あるものは引き出した。……あなたはとこしえにとどまりたもう光である。この光に向かってわたしは，すべてのものについて，それらは存在するか，何か，どの程度に評価すべきかとたずねた。……[104]。

　これは言うまでもなくこのことは「生得的な観念」の理論を主張しようとするものではない。この理論は想記説とともにプラトン的な科学に本来属する。それはただ知識の可能性がいつまでも説明できない神秘——それはキリストによって啓示されたように創造的にして，かつ，運動する原理の活動に帰せられる——にとどまらざるをえないことを宣言しているに過ぎない。この意味で「御言」であるキリストがすべての理解力の内的な教師として存在すると言うことが正しいことになる[105]。

　キリストの啓示は三位一体としての神の本性の啓示である。したがって三位一体においてキリスト教的な知恵は，古典主義がそのためにとても長い時間をかけて無益にも探求してきたもの，つまりロゴスもしくは存在と運動の説明，換言すれば秩序のある〔宇宙生成の〕経過を説明する形而上学を見出す。こうすることでキリスト教的な知恵は古典的な唯物論と古典的な観念論の要求に等しく含まれて

---

104)　『告白録』10,40,65。
105)　『教師論』12：「キリストが真理を内的に教える」。

第 11 章　わたしたちの哲学　人格性の発見

いた真理の要素を公正に扱うのである。同時にキリスト教的な知恵は両者〔唯物論と観念論〕の誤謬とばかげた考えを回避する。こうしてたとえば存在に関して規則正しい運動の意識には，懐疑論者が主張するように，それがまったくの架空のものでなければ，確かに実在を当然伴っていることが必然的に含まれている。どんな種類の実在かという問いに対しては，「身体」の実在という回答がすでに示唆されている。

しかしこの回答の中には重大な誤解が横たわっている。というのも一方においてこの身体を究極的なもの，つまり人間としてのわたしたちの現実存在の真正の原理と見なすことが可能である。確かにこのことは身体が素朴な理解力に自らを提示する方法であり，それをそのまま受容することは，こうして意識を一種の付帯現象として釈明するように駆られたテルトリアヌスの誤りであった[106]。他方において身体はプラトン主義者によって変えられたように単なる「仮象」に変えられるかもしれない。そして自分を超えて自立する形相の世界から所有するような現実性を引き出す。この見解がもし受け入れられたならプロティノスやポルフェリオスの誤った理想を示唆するであろう。しかしながらアウグスティヌスにとってこれらの二者択一は等しく満足のいくものではなかった。つまり身体は絶対的な実在でないし，絶対的な仮象でもない。それは人類が客観的な世界との接触を確立する器官である。逆もまた同様に身体は，そこにおいて世界が「客観的に」つまり肉体の目でもって，考えられたとき，自らを開示する様式である。そのようなものとして身体は，その分析によって真の性格が啓示される感覚知覚に全面的に依存する。

---

106)　『カトリック教会の習俗』1,21,38；『創世記逐語解』10,25と 26,「魂についてのテルトリアヌスの誤り」。

こうしてアウグスティヌスは〔水の〕「流れ」に対するヘラクレイトス的な感覚を再び主張する。だが，それもただ感覚に新鮮な解釈を授けるためである。この観点からすると「身体的な感覚が触れており，したがって感覚的と呼ばれる万物は，間断なく変化に服しており，少しの間も休むことなく絶えずかつ連続的に進み続ける」と彼は言明する。自分自身を意識に押しつける無数の刺激の中の不特定多数のものは，いやしくも物体〔もの〕として記録するには，あまりにも「軽微」にして，かつ，あまりにも「つかの間」のものである。したがって物体〔もの〕であるためには，それらのものはある程度の永続性をもっていなければならない[107]。したがって物体は「延長」として自己自身を明らかにする。物体は単純にわたしたちには空間を「占めており」，時間を「とっている」もののように思われるものである。したがって物体は延長として定義されるかもしれない[108]。このようなものとして考えると物体〔もの〕は，精神がいわば認識の割符として役立つように自分のためにこしらえた，象徴的な虚構（imaginale figmentum）の形式〔つまり，しるし〕を引き受けている。このプロセスは肉の目に見える運動する模型の世界を生み出している[109]。

この分析は物体の理解が単なる受動的なプロセスではなくて，物体は知覚する人の側での注意作用を含んでいることを示している。それは恐らく「心の広がり」（distentio

---

[107] 『諸問題』87,9 問：「とどまっていないものを知覚することはできない」。

[108] 『魂の本性と起源』4, 21, 35：「物体は……つまり場所の長さ・広さ・高さの隔たりを通して空間を占めているものである」。

[109] 『神の国』8,6：「天から地に至るまで整然と配分された諸元素，さらにそれらの中に存在するすべての物体」；11, 4：「世界自身はかぎりなく整えられた運動変化と，また見られる限りのもっとも美しい形姿とをもって〔自分は造られたものであると叫んでいる〕」。

第 11 章　わたしたちの哲学　人格性の発見　727

animi), 緊張もしくは「精神の伸張」として描写されるであろう[110]。この営為の本性は文章を読んでいるときでさえも, ピリオドに至るまでは, 意味が保留されているという事実によって明らかとなるであろう。

　こうして絶対的な本体（body）のようなものはないが,「大きさ」(size) と呼ばれるものが観察者としてのわたしたち自身と関係していることが推論されるであろう。つまり「世界そのものは偉大であるが, 絶対的にではなく, 世界にいっぱいいる動物の一つとしてのわたしたち自身の極微さと比較すると偉大である」[111]。同じことはわたしたちが時間と呼んでいることでも真理である。時間の間隔は, たとえば音楽の場合のように聴覚を与えられているすべての動物にとって相違する[112]。換言すると, もし宇宙のすべての部分が同一の瞬間に一定の比率で小さくなったり, 一定に比率で大きくなるとしたら, 認識できる違いはなくなるであろう。「場所と時間の広がりにおいて何ものもそれ自身で偉大なものはなく, 何か〔他のもの〕に対して短いのである。さらに何ものも時空それ自体において短いのではなく, 何か〔他のもの〕に対していっそう大きいのである」。

　この「大きさ」は一般的に相対的であるという主張でもってアウグスティヌスは大変興味のある結論に到達する。まず第一に, 時間は物体の運動なしには考えられないということを示唆する[113]。第二に時間と特定の物体の運動

---

110)　『告白録』11,26,33.
111)　『真の宗教』43,80:「世界そのもは量のゆえにではなく, わたしたちの短さ〔との比較〕のゆえに偉大である」。
112)　『音楽論』6,7.
113)　『神の国』12,16:「どんな被造物も存在せず, それの運動変化によって時間が経過することがないならば, 時間はまったく存在することができない」。『創世記逐語解』5,5:「霊的あるいは物体的被造物において, それによって現在・過去・将来が継起する運動がないな

とを同一視する試みは、すべてまったく恣意的である。彼は言う、「わたしはかつてある学識ある人が、太陽、月、星辰の運行が時間そのものである、と言っているのを聞いたことがある。だが、わたしはそれに同意しない。むしろ、どうしてすべての物体の運動が時間ではないのだろうか」[114]。その結論がこう続く。「わたしはおまえ〔精神〕において時間を測る。過ぎ去っていくものがおまえのうちに作る印象は、それが過ぎ去ってもまだ残っている。わたしはその現存する印象を測るのであって、その印象を生じさせて過ぎ去ったものを測るのではない」[115]。このことから、各々のものとすべてのものは、それ自身の時間、過去・現在・未来をもっており、これらは他の人にとっては同じではない、という推論が引き出されるかもしれない。「三つの時がある。過去についての現在、現在についての現在、未来についての現在がある。これらの三つはある意味で魂のうちにある。そこ以外には見出すことができない。過去についての現在とは記憶であり、現在についての現在とは直覚であり、未来についての現在とは期待である」[116]。こうしてわたしたちが漠然と「長い未来」として描いているものは、事実は「未来の長い期待」であり、長い過去とは「過去の長い記憶」である[117]。

しかしアウグスティヌスがわたしたちの脳裏に広がる天空を揺るがすように思われても、哲学的な懐疑に何らかの支持を提供する意図はない。彼が確立しようと欲するのは、単に時間が原理（principium）ではないことである。

らば、時間はまったく存在することができない」。
114）『告白録』11,23,29。
115）前掲書、26,36。
116）前掲書、20,26。
117）前掲書、28,37。この時間論の応用については本書第12章を参照。

したがってわたしたち自身を時間における被造物として認識することは，他の被造物との関係の中でわたしたち自身を認識することである。こういう関係がわたしたちの「自然本性」を造りあげる。わたしたちの「身体」はこうして言葉のラテン的な意味でわたしたちの「本性」である。このような場合には「個別化の原理」を外部から援用するのは余計なことになる。というのもこれら自然本性は，それ自身の存在の法則である内的な原理のおかげで，その本質であるから。宗教の言語で言うと彼らは「造られる」か「創造される」のであって，「生まれる」のでも，「由来する」のでもない。この観点からわたしたちは自己自身をあたかも三位一体の「分離できない区別」（inseparabilis distinctio）と「区別された結合」（distincta coniunctio）をもっているかのように考えるかもしれない。この場合，三位一体というのは存在・本性・意識のことである。本性というものはわたしたちの存在の本質と混同されてはならない。というのも問題になっている関係はわたしたちが主張するようにわたしたちに対してだけ意味があるから。他方において本質は，それを通して，かつ，それにおいて本質が表現を見出す本性から離れては，無意味である。本質が啓示されるかぎり，それはただその活動においてのみ啓示される。おわりに「本質」（essence）も「本性」（nature）もそれらの意識とは同一視されないのに，他方において本質と本性は意識との関係なしには無意味な抽象である。したがって，わたしたち自身を存在から離れた身体として「客観的に」考えることと同じく，身体（関係性）から離れた存在（実在するもの）として「主観的に」考えることもばかげている。そのどちら〔が正しい〕かを求めることは不可能なことを要求することである。これに対して実在（reality）が，存在の実在であれ，本性の実在であれ，正当性の立証を少しも必要としていないことを，わたしたち

は追加することができよう。どちらかが真実と違っているとしたら何が起こるのかという質問に関して言えば、この質問は純粋に根拠のないものとして退けられるであろう。というのも、だれも考えただけでは、あるいはその他の仕方で、自分の身長に一キュビット〔古代の尺度〕も加えたりしないから。また人は取り替えることができる部分をもった機械装置ではないから。換言すれば、わたしたちはわたしたち自身の存在の内的な法則のおかげで自分自身なのである。そのようなものとして、わたしたちは生きていく上で必要なものとして知覚と識別力を授けられている。これらの力は習慣（consuetudo）でもって発展するし、絶えざる訓練を要求する。訓練しないとそれらは衰退する危険にある[118]。このことは根本的に重要な真理である。というのもこの真理にわたしたちの恵まれた立場がかかっているから。

時間的に有限な被造物としての自己認識

このような考察においてアウグスティヌスは人間の思想と活動を支配する「法則」を見出す。人がこの法則を認識することは、知識や想像力をもってどんなに努力しても、自分の本性の限界から逃れることができず、また事物を「あるがままに」（really）永遠の相のもとに（sub specie aeternitatis）展望することができないのを認めるためである。こうしてその認識は全知に対する願望を捨てることであるが、そのとき人は自分の認識力が時間と空間の中の被造物としての自分の現実存在の条件によって決定されていることを認め、そのようなものとしてアウグスティヌスが「時間的な広がりの有為転変」（vicissitudo spatiorum temporalium）と呼んでいるものに変更できなく服してい

---

118) 『音楽論』6,7；『創世記逐語解』5, 12。

第 11 章　わたしたちの哲学　人格性の発見　　731

ることを認めるのである[119]。そういうわけでアウグスティヌスの問題は話し言葉で言う「定刻以前に仕事を終える」ことであって，この事実の中に彼にとって時間の真の意味が横たわっている。この視点から明らかになるのは，時間は少しも余計なものではないということである[120]。しかし時間が不思議なわざを行うというのは，人々が時間において不思議なわざを行うということである。人々が（a）創造の君主として直接的にかつ実際に，また（b）不死の相続人として間接的にかつ潜在的に自己自身を見ることができるのは，確かに時間的‐空間的な意識を通してである。

この観点から自然は，その各々とすべてがそれ自身の特別な原理にしたがって運動する，具体的な現実存在や存在の階層秩序として自らを啓示する。観察者としての人間にはその原理は知られないままである。人間が知覚するのは単に運動だけである[121]。こうして，わたしたちが言うように，石は「重力の力によって」下に向かって運動するが，それは単に一つの科学的な神話である。さらにそのような運動の理論的根拠（ratio）は，問題になっている存在の外側に，あるいはその上に課せられているのでは決してなく，アウグスティヌスの著作ではそれらに〔人間に〕「本来備わっている」（intrinsic）[122]。したがって「木は種の中に隠されている」と言われるかも知れない。しかしそういうのはその存在の原理なのであって，「木が介在しなけれ

---

119)　『神の国』11,5-6 とりわけ：「なぜなら時間の中で起こる出来事は，ある時間のあとの，ある時間の前に生じる，すなわち過ぎ去った時間のあとに，ある時間の前に生じるからである」。

120)　『告白録』4,8,13：「時間は空しく休んでいるのではなく，なす事もなく過ぎ去るのでもない。それはわたしたちの感覚を通して心の内に何か不思議なわざをなす」。

121)　『創世記逐語解』5, 20：「彼〔神〕は隠された力でもって全宇宙を動かす」。

122)　前掲書，7,16。

ば種から種に伝わらない」[123]。

それゆえ自然のプロセスは全体として次のように描かれるであろう。

> わたしたちが適応させられている自然のプロセスの全体は，それ自身の自然法則を含んでおり，それにしたがって被造物である生命の精神は，それ自身の明白な衝動に表現を与える。それはある種の方法で決定されているため，悪い意志によってさえも破られることがあり得ない。またこの物体的な世界の構成要素はそれぞれその特別な力と性質をもっており，各自が行うであろう，もしくは行わないであろうこと，および各自がなるであろう，もしくはならないであろうことを決定する。これらの根源的な原理から存在するようになる万物は，各々それ自身の時期においてその根源とプロセスを見出す。またその原理にさまざまな種類のものの終わりと消滅とは依存している。こうして豆のたぐいは小麦の種からは生じないし，人間は動物から，動物は人間から生じない。[124]。

アウグスティヌスがここで言おうとすることは，蟻はそれ自体では象を生まないということである。わたしたちが見ているように自然は秩序をもった運動として自らを現すということである。この運動は今問題にしている諸々の自然を「創造し」かつ「支える」ように直接働く法則によって決定される。自然はその間断のない活動のゆえに現在あるところのものなのである。つまり「すべては秩序によって絡み合わされている」（omnia ordine complectitur）；「自

---

123) 前掲書，5,23。
124) 前掲書，9,17。

然には偶発的なものは決してない」(temeraria nequaquam natura)。

自然の創造的な秩序とギリシア観念論の幻想

そのような法則を主張することは，ギリシア人に特有なある種の問題を処分することになった。たとえば「思いがけない好機」や「偶有性」あるいは「偶然」は，「創造」の原理か，それとも「制限」の原理かいずれかであるどころか，それは単なる古典的な観念論の幻想に過ぎないことを認めることである。それは実は理解できないものを神格化したに過ぎない。同時にそれは物体の運動と運動の原理との間に必要な連関を建てることの不可能性を認識することであった。というのも，そのような原理は，ただ物体的な運動における現れにおいて，また現れを通してのみ，知られるからである。つまり「〔神は〕目に見えるものを目に見えない仕方で生じさせる」(invisibiliter visibilia operatur)。最後に，その原理の活動が直接的で仲介物を置かないで，それは働いていた自然に「本来備わっている」かぎり，創造者と創造の間には何らアンチノミー〔二律背反〕は起こりえなかった。こうして魔術師が帽子からウサギを創り出すように多様なものを生産する，デミウルゴスの観念，もしくは〔神と世界との〕連絡係の原理は，科学の理解が創作した根拠のない想定として暴露されたのである。宗教の言語においては神の意志が事物の必然性であった。つまり Dei voluntas rerum necessitas（神の意志は事物の必然性である）[125]。

神の主権とそれに対する人間の依存

それに応じてアウグスティヌスは，進化を展開する自然

---

125) 『創世記逐語解』6,15,26。

の光景を眺めて，神の普遍的な統治権と摂理を認識する根拠を見出す。だがそうしながらも彼は，科学が作品を見ていても作者を見ていないがゆえに，科学が何かを告げうる地点を超えて通過していることによく気づいている。こうして神の活動（operatio Dei）を描くどんな試みも，厳密に言うと隠喩的である象徴の使用を含んでいる。そのような象徴を使うさいに，それらが隠喩に過ぎないことをよく知っていてそうするのである[126]。さらに彼は自然を「神の生ける外套」として考えることに含まれているような紛らわしい言外の意味を避けようと努める。なぜならこの言葉はプラトン的な汎神論を暗示するであろうから。この関係を表すキリスト教的な観念を示唆しようとして彼が強調しようとする第一の点は，依存という関係である。このことを彼は統治権という観念を使って説明する。しかし問題となっている統治権は皇帝の統治権とは二つの本質的な側面で相違する。(1) それは（目に見える，触ることができる）物理的なものではない，(2) 何かねたみ深い物質的な力の独占に基礎を置いていない[127]。

　第二に，そして真のローマ人の態度でもってアウグスティヌスは神の主権を恣意的なものよりも立憲的なものとして表現する。つまり〔トルコ皇帝〕サルタンの権力に優る至上権として表現する。この点を明らかにするために彼

---

126) たとえば『神の国』12,24：「神の手は神の力である。……」。

127) 前掲書，26章：「このようにそれぞれの種類にしたがってさまざまに働く自然本性そのものは，至高の神の外の何ものによっても造られなかったのである。神の隠れた力はすべてのものに浸透し，その何ものにも汚されない現前をもって，神と異なる仕方でそれぞれの程度においてあるものに，その存在を造るのである」。前掲書 7,30：「神は死人たちの世界に対してすらも，その支配と権威とを容赦されてはいない。……神は自らが創造された万物を，それらが固有の運動を自由に発動し発揮しうるようにすら，統御しておられる」。

第 11 章　わたしたちの哲学　人格性の発見　　735

はストア的で新プラトン主義的な「種的な理念」（ロゴイ　スペルマティコイ，seminales rationes）を自然の整然としたプロセスを説明する適切な手段として援用する。この関連で彼は奇跡の問題に直面し，特徴ある仕方でもってそれを扱っている。異教徒の間では奇跡や重大な前兆は，もしそうでなければ通常の秩序であったものが突然に，かつ，不自然に中断されたものとして理解されていた。それは楽しいことや頭痛の種となっていることをはっきり指摘するように切望される超自然的な力の介入によって引き起こされた。他方，アウグスティヌスにとって奇跡は自然の侵害をあらわすようなものでは決してなく，単純に自然における（人間的に言うなら）不明瞭で，かつ，理解しがたいものである。「自然はことごとく秩序であり，ことごとく奇跡であるが，奇跡は秩序であって，人間によってなされるどんな奇跡よりも人間自身のほうが偉大である」[128]。

古典的な世界像の否定と創造的原理にもとづく世界と人間の理解

このように言うことは古典主義が人間と自然との間に立てた対立を，それとともに人間的な徳の力による偶然や必然性の征服という英雄的な理想を，否定することになる。それは自然を最低の形から最高の形まで絶対的に何らの飛躍や破れのない全体として捉えることである。というのも例外なくすべてが等しく創造的な原理に依存しているからである。これらの形は無機的・有機的・意識的なものという次第に上昇する段階として分類されるであろう。その区別の基礎はそれぞれ，石のような単なる存在（esse）・動物のような生命（vivere）・人間のような理解力

128）　前掲書，10,12；『創世記逐語解』9,17。

(intellegere) である[129]。これらの中で理解力は有機的な生命のもっとも豊かでもっとも完全な表現として地上に存在するものの最高の発展を表すと見なされるであろう。この観点から人間の出現は「死すべき理性的な動物」(animal rationale mortale)[130]もしくはもっと厳密に言うと、「死すべき理性的な魂にして土でできた身体を用いる魂」(anima rationalis mortali atque terreno utens corpore)[131]、換言すれば身体をもつ魂の出現である。このことは人間が限定された時間・空間に生まれ、有機的生命の一般的な条件、とりわけ死の運命に服する個人として存在することを意味する[132]。それはまた人間の知覚が個人的であり、かつ、「私的」であったことを意味した。「わたしたちはそれぞれ感覚をもっている。あなたの感覚〔的知覚〕はただあなたのものであり、わたしの感覚〔的知覚〕はただわたしのものである」。そして感覚に関して真なるものであったものは、言うまでもなく精神に関しても真なるものであった。「わたしたち各人が個人として個々の理性的な精神を個人的にもっていることもまた明らかである」。そうすると精神は、感覚の生活とは異質の不滅性を享受する、神の本質の火花(scintilla)ではない。だが、そうであっても精神はそれにもかかわらず人間的な経綸においてきわめて重要な役割を演じていた。というのも、それが他の被造物にはない本性と能力の洞察力を発揮して、自覚的にしてかつ思慮ある活動の計画を人間に対する法則として指し示したからである。

しかしアウグスティヌスが認めるように、この光に照ら

---

129) 『自由意志』2,17,46。
130) 『神の国』16,8。
131) 『カトリック教会の道徳』1,27,52。
132) つまり人間の歴史の出発点である「堕落」以来、適切にもそのように呼ばれる。

して人類を考察するためには厳密に科学の態度を超越しなければならなかった。こうして彼は言明する,「動物のものであれ,人間のものであれ,生きている身体が自らを運動する対象として示すとき,人々がその精神を見分ける道はわたしたちの目には開かれていない。というのも実際わたしたちの目には精神は見えないからである。それでもわたしたちはこの塊の中に(illi moli)わたしたち自身の塊(our own mass)にあるものと類似なもの,つまり生命と魂を感得する」[133]。人間の生命における活動する原理としての魂のこの認識は,デモクリトスとエピクロスの権威からヒポクラテス,アリストテレス,ガレンの権威に至る,つまりわたしたちが機械論的と呼ぶべきものから生気論的「科学」に至る権威に訴えることを表明していない。その反対にこの認識は科学的な方法から完全に離れることを特徴づけている。なぜなら,事実,それは宇宙的な運動の原理として三位一体の第三位格を承認することにかかっているからである[134]。

身体-魂の複合体としての人間存在

この観点からアウグスティヌスは人間存在の生命過程を身体-魂の複合体という言葉で捉える。この複合体において身体は器官や器具の要求を魂に満たし,また彼はこれをもちろん意識的で思慮深い活動の最高の現れよりも基本的な生命機能に適用する。このようにしてアウグスティヌスが言うように「魂はわたしがわたしの肉体を生かすもので

---

133) 『三位一体』8,6,9。この引用文はこの箇所の要約である(訳者注)。

134) アリストテレスは疑いなく身体の完全実現体としての魂の教えにおいてこれに近似している。それにもかかわらず彼はヌース(いっそう高度な理解力)を有機的なプシュケーからまったく異なったものと見なす。

あり」,「身体を統合し, 崩壊に抵抗し, 栄養分の配分を調整し, そして出産と成長を管理する」[135]のはこの神秘的な実体である。そのような過程は彼が認識しているように無意識的である。だが意識の縁内に入ってくるものを描こうとする試みで, 彼は彼にとって〔意識内に入って来るもの〕の性格がはっきり類似することを示す言語を使用する。こうして「それによってわたしが自分の肉体に感覚を付与する」(qua sensifico carnem meum) 感覚知覚を可能にするのは魂である。したがって感覚作用は「魂が自らによって気づいている身体の受動作用」(passio corporis per se ipsam non latens animam),「意識に記憶させるのに十分強力な感覚器官の刺激」と定義されよう。そのようなものとして感覚作用はただちに感動 (perturbatio animi 心の動揺) と訳される。その形式で感覚作用は欲求や回避, いわゆる感覚的な魂の運動 (sensuales animae motus) を立ち上げる[136]。そのような運動は欲望・快楽・恐れ・苦痛の運動として分類されるであろう。しかしそれらはすべて「それによってわたしが自分自身の存在を愛する愛」と彼が言うように, 愛のカテゴリーに組み込まれる。

この分析から根本的に重要な二つの点が出てくる。第一の点は「魂の運動はわたしたちにとってなじみがないものではない」ということである[137]。掌中にある全力をもってアウグスティヌスは経験の連続性を主張し, 感覚の生と思想の生との間にいかなる割れ目 (hiatus) の存在をも否定する[138]。「人間の部分である魂と身体からわたしたちは人間という全体性に到達する。したがって魂の生と身体の生

---

135) 『魂の偉大さ』33,70。
136) 『三位一体』12,17。
137) 『神の国』14,19,23-24。
138) 『再考録』1,4,2。彼が『ソリロクィヤ』で叙述した不注意な表現と考えたことへの重要な修正である。

第 11 章　わたしたちの哲学　人格性の発見

とは別ではない。そうではなく同一である，つまり人間としての人間の生である」[139]。したがって人間としてのわたしたちの自然本性の根源は身体的な世界に深く突き刺さっているが，その根源はそのために何か精神的に劣っているのではない。またその根源が立ち上げる諸表明が違ったものとならないのは，心理学者たちがそれに違った名称を与えるのを単に選ぶからに過ぎない。確かに「理性的な状態」[140]のように〔魂の〕生来の傾向に再洗礼を施すことには，わずかしか，もしくは何らの効果もない。換言すれば自然本性の根源は厳密には神的なホルメ（hormé）〔つまり人を行動に駆り立てる生得的な生きる力〕と同じであって，これは本能的な生活の最低のレベルで動物を生存のための剥きだしの闘争に駆り立てるし，最高のレベルでは，神の知識と愛による至福の実現でもって干渉できるような障害に勝利する力を聖徒に与える。

　第二の点は第一の点の補遺として続くものであって，それは，愛が精神に対してあるのは，重さが身体に対してあるのと同じである，ということである。

　　身体は自分の重さによって自分の場所に赴く。重さは必ずしもつねに下に向かうとは限らない。いつも自分があるべき場所に向かう。火は上に，石は下に向かう。それぞれの重さによって動かされ，それぞれの場所を求める。水の下に注がれた油は水の上に浮かび上がり，地の上に注がれた水は油の下に沈む。それぞれ

---

139)　『神の国』14, 4：「魂も肉体も人間の一部であるが，これによって人間の全体が表示されるのであるから，魂的な人間も肉的な人間も別のものではなく，両者とも同じ人間自身を指し，人間にしたがって歩む人を指すのである」。
140)　前掲書，8：ストア的な「エウパテイアイ」は健康な感情としての快さを意味する。

の重さによって動かされ,それぞれの場所を求めている。定められた場所にないかぎり,不安である。定められた場所に置かれると,落ち着く。わたしの重さはわたしの愛である。わたしは愛によってどこにでも愛が運ぶところに運ばれていく[141]。

そういうわけでわたしたちが自分をもっとも多く喜ばせる行動の道筋を追究するのは不可避的である。つまり「わたしたちをより多く喜ばせるものにしたがってわたしたちは行動せざるをえない」。この事実の中に,善に対してであれ悪に対してであれ,人間的な愛情の計り知れない重要性が存在している。愛情はいわば魂の足である。「それは足のようである」(quasi pedes sunt.)。したがってわたしたちの愛が悪いと愛情はきわめて確実にわたしたちを破滅に導くし,善いと同じ確実さをもってわたしたちを破滅から救う。「肉はわたしたちがそれに乗ってエルサレムへの旅をする荷役獣である」[142]。

理性的な魂と意志の自由

この運動やホルメの分析から,人類が服している宿命は人類がさらされている宿命である,ということが帰結する。アウグスティヌスは言明する,「単に理性的な,あるいは人間的な魂だけでなく,家畜・鳥・魚もすべて生ける魂は,表象〔見られたもの〕によって動かされる(visis movetur)。しかし非理性的な存在ではこれらの表象は,た

---

141) 『告白録』13,9,10:「わたしの重さはわたしの愛である。わたしは愛によってどこにでも愛が運ぶところに運ばれていく」。『神の国』11,28:『書簡集』157,2,9,その他を参照。
142) 『新しい歌(おそらく聖書外典の)についての説教』3:「わたしたちの肉はわたしたちの駄馬です。わたしたちはそれでもってエルサレムへの旅をします」。

第11章 わたしたちの哲学 人格性の発見

だちに運動——被造物は各々その特殊な本性でもってこの運動と一致するように駆り立てられる——を引き起こすが，理性的魂はこれらの表象に同意するか，それとも同意を控えるかは自由である」[143]と。こうして理性的な魂の動機は次のように分析されるであろう。

(1) 示唆（suggesio）つまり考えや感覚知覚に由来する提案。
(2) 欲求（cupiditas）つまり提案された動機を満足させるように促進する本性的な衝動。
(3) 理性の同意（consensio rationis）つまり目的と手段を考慮して指示された理性の同意（もしくは拒絶）。

したがって理性的な魂の自由は，その合理性の部分にしてその一片である。アウグスティヌスは断言する，「石はその下に落ちる運動をやめさせる力をもっていないが，精神はそれが動かされるように欲するまでは動かされない」[144]と。それゆえ意志は「ある対象を獲得するのに役立つ，あるいはその損失を防止するのに役立つ，精神の強制されない運動」[145]と定義されるであろう。そのようなものとして意志は人間の資質の根源的な要素をなしており，意志を所有することが人間の振る舞いを他の動物のそれから識別させ，意志を行動に移す。

アウグスティヌスは，自己の全体をかけて行う自律的な決断としての意志についてのこの考えを，その生涯のすべての段階において粘り強く固守する。

---

143) 『創世記逐語解』9,14,25。
144) 『自由意志論』3,1,2。（訳者注）引用はこの箇所の要約である。
145) 『二つの魂』10,14。

> わたしが意志をもち，かつ意志によってあるものを楽しむべく動かされると言うことほど，信頼でき確実と思われるものはありません。もし欲したり欲しなかったりする意志がわたしのものでないとしたら，それ以外にわたしのものといえるものは何もないでしょう[146]。

> 確かに意志はあらゆる動きの中に見られる。いやむしろ，あらゆる動きは意志の働きにほかならない。なぜなら欲望や喜びは，わたしたちが欲するものに同意する意志の働きにほかならないからである。また恐れや悲しみは，わたしたちの欲しないものを拒む意志の働きにほかならない[147]。

> わたしたちが行うように欲するとき実行することほどわたしたちの権能のうちにあるものを，あなたは想像することができないでしょう。したがって意志自身にまさって何ものも，わたしたちの権能の中にあるものはありません[148]。

このことは「わたしたちの意志は有効な原因に数えられる」と主張したり，「努力は効果的である」と論じるよりもさらに先へ行くことである。それは人間の活動の一つの有効な原因として意志を革命的にみる見解を要求するために，このような主張やその他の科学の曖昧な言葉の使い方を払いのけることである。アウグスティヌスにとってこれを思いとどまることは意識的な生の統一と完全性を損なうことであった。したがって彼は，どんな観点からであろうと，「意志の原因」が意志する主体から独立していること

---

146) 『自由意志論』3,1,3（389年頃）。
147) 『神の国』14,6（400-13年頃）。
148) 『再考録』1,8,3（427年頃）。

第 11 章 わたしたちの哲学 人格性の発見

を認める人たちに対し,自分をそれと正反対の立場に置いている。そのような人たちの中で顕著なのはマニ教徒たちであった。彼らは「悪の原理」を認めることによってそのような悪い意志の「自然的な」あるいは「本質的な」原因の存在を率直に認めたのである[149]。だがアウグスティヌスはプラトン主義者たちの誤謬を暴露しようとしたことは言うまでもない。その誤謬は彼が主張したように身体と魂の間の間違った対立関係にかかっていた。彼は次のように言明する。

> プラトン派の人たちは,目で見,手で触れうるこの世界の構成要素を製作者なる神に帰すことによって,マニ教徒たちの宇宙論的な二元論を愚かにも避けようとする。それにもかかわらずプラトン主義者たちは,魂は土でできた関節と死ぬべき肢体の影響を受けて,病的な欲望や恐怖,喜びや悲しみに追い立てられると想定する。この四つの心の乱れや情念は人間の道徳のすべての悪を含んでいる[150]。

しかし意志が強制されていないと言うことは,まだ決心がついていないことを示唆するものではない。そのことは意志の決定が,アタナシオスが「外的なもの」(τα ἔξωθεν) と呼んでいたものによってではなく,むしろ内的な抑制の原理によって支配されていることを,ただ主張するものである。このように主張することによってそれは古典的な自然主義が「原因」という言葉に付け加えていた曖昧さを取り去っている。したがって古典主義が「自然の」諸原因として表現していたものを,アウグスティヌス

---

[149] 『神の国』12,9。
[150] 前掲書, 14,5。(訳者注引用文は要約されている。)

は，条件づけているかもしれないが，決して意志の決定を押しつけない諸要因として理解する。彼は断言する，「物体的あるいは形態的な諸原因は積極的であるよりもむしろ消極的なものであって，起動因の中に数えられるべきではない」[151]と。そのようなものとして効果を発するためには，まずもって物体的諸原因は意欲や反感という言葉に翻訳されなければならない。そしてそのことは，ただ人々の意志を動かすように諸原因が役立つことが起こるときだけである[152]。したがって「善い意志」と呼ばれているものは「善い愛」に過ぎないし，逆もまた同様である[153]。

罪や誤謬の原因としての悪い意志＝高慢

このように検討してみてわたしたちは，罪や誤謬についての古典的な問題への新しい手引きを知ることができよう。同時にわたしたちは自制心のなさの問題についても手引きを知ることができる[154]。その起源をアウグスティヌスは，悪しき愛に根付いている悪しき意志に帰している。彼が言うように「魂は自分の力を愛するとき，普遍である共通のものを離れて個別的にして私的な世界へ転落する」[155]とき，彼は悪しき意志を「力への意志」と定義する。そ

---

151) 前掲書, 5,9：「……というのは物体的諸原因はもろもろの霊的存在者の意志がそれら物体的な諸原因をもって創造するものを，なしうるに過ぎないからである」。
152) 前掲書, 14,6：「そして一般に，わたしたちが求めたり避けたりするものの種々の性質に応じて人の意志が引きつけられたり反発したりするように，意志の働きは種々の傾向性の中で変化したり方向を変えたりするのである」。
153) 前掲書, 14,7。
154) ハマルティア（罪）は古典的なアクラシア（自制心のないこと）と一緒に悲劇では現れている。アリストテレス『ニコマコス倫理学』7,1-4。
155) 『三位一体』12,9,14。

うしたものとして悪しき意志は,自然の秘密(ファウスト的な好奇心),あるいは仲間の人たちに対する支配欲(思い上がった尊大),あるいは単に感覚的快楽の汚れた渦巻(caenosus gurges carnalis voluptatis)を探索する情熱のような現象を生じさせる。しかしその特殊な現れがどんなものであろうと,それは精神的な善が物質的善つまり俗世の貪欲(cupiditas mundi)に従属する関係を必然的に含んでいる[156]。こうして悪い意志は第一に高慢(superbia),「自分自身の力を試してみる」欲望,またこうして「神々のようになる」欲望に,さもなければ,うぬぼれた理想を追求する欲望に,その足跡が辿れるであろう。そのさい人間の本性は,その生命と存在の原理に依存していることを認めないでは,至福を実現する力を受け取っていない,という事実がまったく無視されている[157]。

理論的に言うなら,この悪い意志は「自分自身が真実であることを得ようとする」,つまり自分の行為を合理化すること——それは白日の下に立てないという理由で向こう見ずに,かつ,頑なに固執される——によって弁明する努力にその表現を見出すであろう。そのような合理化は悪徳が徳に支払う不本意な貢ぎ物である。それは,もっとはっきり言うと,真理の要素をいつも組み入れているがゆえに,ひどく有害なものである。というのも絶対的な欺瞞

---

156) 前掲書 11,3,6;『忍耐』14。
157) 『三位一体』12,11,16;『マニ教を論駁する創世記』2,21-22。この原罪の教義はアウグスティヌス主義およびキリスト教の難点と考えられているかも知れない。それは第一に古典的な自然主義の格言 lex est perire「滅びるのは法則である」に反対して向けられていた。これに反対してキリスト教徒たちは人間の魂が本性的に不滅であっても,罪のゆえに死に服していると主張した(『神の国』13,2:「人間の魂は真実に不滅である」)。彼らは死によって身体的な死,「身体と魂の分離」を意味していた。前掲書,13,3:「それどころか魂と身体を分ける死」。この逆説にキリスト教神学の全体はかけられていた。

は，絶対的に無意味であり，したがってまったくの間抜けしか騙すことができないからである。この観点からは高慢は悪魔自身の罪であって，悪魔自身はイデオローグとして真っ先に戦場に出ている。

ここからアウグスティヌスは，罪というのは本来的には身体の堕落ではなく魂の堕落によるものである，との結論をくだす[158]。そのようなものとして罪は意志の悪い決断で始まり，それに由来する身体的な満足の成り行きとして発展していって，習慣の絆によって最終的には確認されるに至る[159]。こうして罪の結果は欺瞞に満ちており，広範囲にわたっており，累積的である。その終局的な天罰は真正な自由と力の損失による挫折や自滅である。生まれつきの能力の衰退は精神と性格の双方が次第に弱まり衰弱していくこと（infirmitas, imbecillitas）に現れる。その表現は（a）無知や盲目（ignorantia, caecitas）つまり自分の影が自分の視覚像の妨げとなるのを許す「誤り」と（b）困難さや必然性（difficultas or necessitas）つまり感覚がもたらす誘惑に抵抗することがますますできなくなっていくことに見出される。したがって彼は言う，「正しいことを知りながら，それを行うことに失敗する人は正しいことを知る力を失い，正しく行う力をもちながら行おうとしない人は，その人が欲することを行う力を失う」[160]と。こうして厳密に言うと「強制されない精神の運動」（an uncoerced movement of the mind）としての意志の定義は，堕落以前のアダムの意志にのみ当てはまる。つまりアダムが神の命令を故意に犯す以前に当てはまる。自然的な人間の意志に関して言うと，それが自由であると言うのは適切ではない。というの

---

158) 『神の国』14,2-3。
159) 『忍耐』14；『自由意志論』3,19,53。
160) 『自由意志論』3,19,53；『真の宗教』20；『再考録』1,15,3。

も人間が下す決定は，意志が創造的で動的な原理に対する依存〔帰依〕を認めるのを拒絶することによって至るところで損傷されているからである。こうして人間は罪への奴隷，つまり彼自身の精神と心の倒錯への奴隷として描写されうるであろう。

罪からの救いと恩恵の賜物

このような状態からの救済は確かに可能であるが，幻想のうちに逃避したり，〔格言にあるように〕とげを蹴り上げたりすることでは（by kieking against the pricks）達成され得ない。こうして救済はまず第一に状況の正確な診断にかかっている。このことは人間の短所には「本質的な」原因がないという事実，つまり人間をエデンの園からの追放者となしたのは，彼自身の高慢と我意によるという事実についての人間による承認を含んでいる[161]。この真理を理解することは次のことを認めることである。すなわち「人間の精神が魂（プラトン的な世界霊魂）か身体（自然学者の言う質料）か，それとも人間自身が造った幻影（phantasmata sua）かを，一つずつであろうと，連結してであろうと，自らの神として選んでいなかったならば，宗教には何らの誤りもありえなかった」[162]。こうしてアウグスティヌスはアニマ〔魂〕という言葉が聖書では「それによって人間を含む死ぬ運命にある動物が，死に至るまで長く生きること」[163]を示す以外には決して使われなかったことに気づく。それと同じことがストア主義やその他の人た

---

161) 『真の宗教』36,66：「誤りは事物からではなく罪から来る」。『再考録』1,15,4：「情欲は外から本性に追加されたものではなく，わたしたちの本性の欠陥である」。

162) 『真の宗教』10。

163) 『再考録』1,15。

ちが抱いた「世界霊魂」の観念にも当てはまる[164]。他方において彼は，自然がもっぱら「物体」とか「物体に由来するイメージ」から構成されているという想定を，同様に当てにならないものとしてさっさと片付けてしまう[165]。しかしもっと大きな救いの可能性と希望とが次のような確信にかかっている。すなわち，その心のもっとも深いところで真の至福だけを切望するがゆえに，人間はまがいの偽造品には永遠に満足しようとしないで，至福の切望が実現されるかも知れない諸条件に結局は服従すべく備えるであろうという確信にかかっている。

　こうして三位一体主義は救済の新しい，かつ，効果的な手法を指し示す。この救済はまず第一に「無知」(ignorantia) と「盲目」(caecitas) からの解放によって成り立つ。この無知とか盲目とかは理解する手段に含まれた可能性の誤解から結果する。そのような解放を経験することは，「形相」と同様に「質料」においても，人類は自分自身の空想の洗練された抽象物に過ぎないものを拝んでいるのを，認めることを意味する。いっそう大胆に言うと，それは人間の問題が超越でも沈没でもないことを認識することである。人間は自分自身を具体性のない，非人格的な，したがってまったく偽りの一者と結びつけて考えるように求められていないし，純粋に量的なものとして考えられた世界の中に没入することも求められておらず，ただその目を自分自身の胸中にあるロゴスの実在と活動に開くことが求められる。このようになすことは科学的なイデオロギーに特有な誤り，つまり実在に対する歪曲された，もしくは，偏った見解を受容することからくる，物象化 (reification) と言葉の物心崇拝 (word-fetishism) とを除

---

164) ウェルギリウス『農耕詩』4, 221-22。
165) 『カトリック教会の道徳』1, 21, 38。

第 11 章　わたしたちの哲学　人格性の発見　　749

去することである。科学の頑固な妄想に取り憑かれた状況から精神を解放させることは困難であるに違いないので，今述べたことだけでは十分ではない。というのも，前に述べたように，これらの誤りはその根拠を独立と自給自足に対する情熱の中にもっているからである。このことは，知恵を成り立たせている条件がその根底において道徳的であるよりも理論的であることを意味する。したがって知恵を獲得するために必要なのは，情愛のラディカルな新しい方向づけなのである。それによって自己愛（amor sui）は神に対する愛（amor Dei）に従属しうるようになる。これが「再生」（regeneration）であって，これによってのみ〔原罪の〕「困難さ」は遂に克服されうる。

しかし，そのような再生のためには，アウグスティヌスが神の恩恵の贈り物と呼んでいるものがなければならない。彼はこの必要を，救いの可能性と救いに向かう意志の双方にとって本質的なものとして，もっとも包括的で曖昧でない用語でもって主張する[166]。というのも彼がそつなく観察しているように，多くの禁止でもって思いとどまることは単に罪への欲望を募らせるに過ぎないからである。ところが真の正義が勝利するためには激しく，かつ，圧倒的な情熱をもって神の恩恵を受け入れなければならない[167]。だが他方において人間の心の実際の条件は何であるのか。「〔人間の心〕それ自身に光が欠けており，それ自身に力が欠けている。美しいものは皆，徳も知恵も，心にその住まいをもっている。だが心はそれ自身では賢明ではなく，力もない。それはそれ自身の光でも力でもない」[168]。

罪と恩恵の教義はもっとも鋭い形において古典主義とキ

---

166)　『キリストの恩恵』その他。
167)　『神の国』13,5。
168)　『詩編注解』58,18。

リスト教との間の不和を示す。「徳と悪徳はともに同じくわたしたち自身の権能のうちにある」というのはアリストテレスが熟考した上で下した判断であった。彼は次のように言う。

> というのも実行することがわたしたちの力のうちにあるとき，その行為をやめることもわたしたちの力のうちにあるから。また行為をやめることができる場合には，またそれを行うこともできる。……同様に高尚なことや恥ずべきことをしたり，しなかったりすることができるならば，すでに考察したようにそのように行うことが善でありうるか，それとも悪でありうるかするなら，有徳であることも悪徳であることもわたしたちの権能のうちにある[169]。

しかしながらアウグスティヌスにとって人類が，自分自身に本来備わっている何らかの能力によって，被造物としての人類に内在していたものから独立している善を発見する力をもっていたと想定することほど，いわんや自分自身のうちにそれを実現するのに必要な推進力を生み出す能力があると想定するほどひどく愚劣なことは，哲学の多くのばかげたことの中にもなかった。こうして彼にとって知識や啓蒙による完全性という古典的な理想は全面的に人を誤らせるものであった。そして彼は人間性の倒錯に対しては，知的な訓練として，あるいは道徳的な習慣化として，あるいはその両者として考案されたものであっても，その光に照らされてのみこれらのプロセスが正しく理解されうる，創造的な真理の認識を除いては，教育による救済を見

---

[169] アリストテレス『ニコマコス倫理学』3,5,2（ウエルドン訳）。

第 11 章　わたしたちの哲学　人格性の発見　　751

出さなかった。それはまさしく彼がペラギウスと論争した問題点であった。

ペラギウス論争，古典的な観念論との対決

　ペラギウスの意図は明らかにキリスト教徒の単なる受動的な態度への諸傾向と戦うことであった。この目的のために彼は救いのために各自が熱心に努めねばならないと主張した。しかし彼は個人的な責任の教えを弁護するにあたって，創造的な原理の，またそれとともに彼が救おうと望んでいた人間性の，性格と働きに関して極めて重大な誤解であるとアウグスティヌスに思われたものを，さらけ出すような仕方で自分の立場を述べた。ペラギウスにとって罪の必然性（necessitas peccandi）は〔知的な〕光を見るのに失敗した結果であった。だから誤謬は習慣（consuetudo, usus）の束縛に単に帰せられたに過ぎなかった。他方，キリストの啓示は〔彼には〕本質的には「教え」（doctrine）の啓示であった。こうしてその意義は，愛の贈り物（donum caritatis）と言うよりも，知識の贈り物（donum scientiae）としてであった。したがって啓示が与えたものは，救いを求める意志よりも，救いに対する可能性であった。と同時に善を達成する欲求の意味での完全性は「その功績にしたがって授けられる」[170] 人にかかっていた。この意味で人類は自分自身の運命を設計する者にとどまっていた。

　こういう仕方でもって問題点を述べることは，ペラギウスが行っていたことが実質的には古典的タイプの観念論を再び宣言することであった[171]。こうすることによって彼は

---

170)　『再考録』1,9,3：「功績にもとづいて」；『書簡集』168,11,37：「幸福な生活を意志に固有な徳によって実現する」参照。
171)　ペラギウス主義の顕著な点に関しては Duchesne 前掲書，第 3 巻，211 頁を参照。

「精神」を「関心」と「愛情」から絶縁させてしまった。このようにして彼はアウグスティヌス的な意志の教えをむしばんでいき、ダイナミックな人格性の土台自体を破壊したのである。同時に彼は運動を開始する仕事を人間にとっておきながら、照明の働きを神に帰することによって、新たに被造物と創造者の間に二元論を導入していたのである。アウグスティヌスが彼に自分の回答を与えるのを引き受けたのは、これらの事実をはっきりと察知していたからである。

その回答はアウグスティヌス主義と呼ばれているものに特有の、かつ、明確に区別できるすべてを縮図的に示すのに役立つであろう。アウグスティヌスはペラギウスに反対して次のように言明する。

> ところで、わたしたちは人間の意志が義を実現するように神から次のように援助されていると主張する。すなわち人間の意志は自由決定の力をもつものとして造られている。さらにいかに生きるべきかを命じる戒めに加えて、聖霊を受けている。この聖霊によって最高にして不変の善なる神に対する歓喜と愛とが人間の心の中に生じ、現在のところなお今に至るまで、いまだ観照によらず、信仰によって歩んでいる。この愛は無償の賜物のいわば手付け金として人間に与えられており、これによって創造主に寄りすがろうとする熱望が燃えあがり、あの真の光に関与するために接近しようと点火される[172]。

---

172) 『霊と文字』3,5。『創世記逐語解』5,20 参照。〔この箇所では〕次のように彼はペラギウス主義者たちを非難する、「彼らは世界そのものが神によって造られ、その他のことは世界自身によって造られ、神自身は何も働かないと考えている。それに反対して〈わたしの御父はいまに至るまで働きたもう〉等々という主の言葉が引用される」

換言すれば人類は自己自身の「価値」を経験から創造することができない。それとは反対に人類は創造者から真・美・善の基準ばかりか、それらを生ける事実に改造する力をも引き出している。この意味で「善い意志」（bona voluntas）は神の人間に対する最大の贈り物であり、恩恵が善い意志にエネルギーを供給することによって、善い意志に「先行する」（prevenient）と宣言される[173]。アウグスティヌスが「神は自らを助ける者を助ける」という格言を異教主義として公然と非難するのは、この真理に対する確信から来ている。この事実は、神がまた自らを助けない人たちを、この人たちが自らを助けるために、助けることを意味する[174]。

心理学の術語に翻訳すると、恩恵の教義は「わたしの愛はわたしの重さである」、また最大の愛は結局のところ抵抗できないという教えに変わる。そのようなものとして御霊の働きは魔術としてではなく、言葉のもっとも深く、かつ、もっとも真実な意味で、「自然な法則」として現れる[175]。したがってそれは「愛の情熱」（ardor caritatis）や「意志の燃えるような思い」（ignis voluntatis）として描写されよう。救済の手段としてのその効果は、神の像、つまり創造的にして動的な原理の像が、不信仰者の心からさえも完全に消去されていないという推定に依存している[176]。そのようであるなら、救済のプロセスは、同じ人間の愛が新

と。

173) 『再考録』1,9-10。
174) 前掲書、1,13,4-5。
175) 前掲書、同箇所；『自然と恩恵』についての注記：「恩恵は自然と対立しておらず、自然は恩恵によって解放され、導かれる」参照。
176) 『霊と文字』16,28。

しく定着する中心を見出す昇華（sublimation）の一つとして理解されるかもしれない。そこでは自己愛である欲情が神の愛である愛情に変えられる[177]。この立場からアウグスティヌスは自由意志と恩恵の観念の間には何か矛盾があるどころではなく，恩恵の完成は自由の完成であると論じる[178]。同時に彼は，〔このことに関する〕理解の困難さが，神の働き（operatio Dei）が単に外的で機械のようであり，人間が操り人形であったかのように，「恩恵」を「運命」と混同している科学的なイデオロギーからの遺物に帰すべきであると強く主張する[179]。

信仰による義認と人格の完成

このような分析からわたしたちは「信仰による義認」の意味を理解できよう。それは知的で道徳的な欠点を根絶するための条件として，と同時に，人類が切望する積極的な価値を実現するための条件として，三位一体的なキリスト教を受容することを意味する[180]。このことを消極的に表現すると，それは，それ〔三位一体的キリスト教の受容〕がないと貞潔自体が古い侍女の精神的なプライドも同然に台頭する，禁欲主義に得点と価値を与えてしまう[181]。そのことを積極的に表現すると，それはただちに理解でき，かつ，最高度に価値がある，目標の開示によって，弱さを克服し，創造的なエネルギーを供給するのに役立つのである。

その目標というのは人格の完成である。人格の完成をめ

---

177) 『自然と恩恵』57以下：『信仰と行為』参照。
178) 『霊と文字』17, 30。
179) 『ペラギウス派の二書簡駁論』2, 9と12。
180) この教義がはっきりと古典主義のそれ，すなわち「徳」による完全性の教えと矛盾することに注意せよ。
181) 『聖なる処女性』33。

第 11 章　わたしたちの哲学　人格性の発見　　755

ざす試みは，まず第一に，欠陥のある出発点を採用することから不可避的に起こって来ざるを得ないような間違った，かつ，混乱した断定から解放することを意味する。こうしてこの接近の試みは，それが存続するかぎり真理に対する克服できない障害を作り出す，観念論的な城壁を破壊する。同時にこの試みは，当然成長と誤解されるような，はったりを生み出す誤謬から遠く隔たった知識が有する可能性の新しいビジョンを提供する[182]。つまり，それは古典的な自由と超越（detachment）の理想を可能にするが，それもまったく新しい意味においてなのである[183]。第二にこの試みは，悪魔を追い払うのに必要な技術——それは建設的な活動を単に妨げるのに役立つような生まれつきで習慣となった固定観念を抹殺する——を提供する[184]。こうすることによって，この試みは肉体を苦行で抑えることによってではなく，肉体の再生によって古典的な平和の理想の実現を指し示す。そして最後には自由と平和の実現によってこの試みは，少なくとも死ぬ運命の条件の下で達成されるかぎり，最高善である真の至福の意味を見出すに至る。それは真の至福の意味を，どの部分をも切り捨てないで，また自意識が生きる妨げであるのを遂にやめている，人格のビジョンを啓示することによって行うのである。

---

182)「知識は高慢にする」(scientia inflat) というメタファーはアウグスティヌスの『三位一体論』12,11,16 で使われている。
183)『自由意志』2,13,37；『神の国』22,30；『再考録』1,2。とりわけ幸運への依存の幻影からの自由と超脱。
184)『神の国』13,20；14,15-16（リビドー）。

第 12 章
神の必然性と人間の歴史

はじめに

　人格性の発見は，同時に，歴史の発見であった。というのも，それは個々人の経験に意義を与えることによって，種族の経験にも意義を授け，それによって歴史的なプロセスの意味と方向を解く手がかりを与えたからである。しかしながらキリスト教徒たちにとってこの手がかりは人間の精神が作った何らかの作り事にではなく，キリストの啓示に見出されることになった。この啓示は御霊の働きの完全にして最後の啓示，また，宇宙における存在と運動の真のロゴス，もしくは説明として受け取られた。こうして三位一体的なキリスト教は，純粋にかつ単純に，神の意志の観点から歴史の解釈に向かった。そのような解釈は，すでにアタナシオスの『受肉について』の中に予示されていたが，アウグスティヌスの『神の国』によって実現されたのである。

　このように言うことは，アタナシオスとアウグスティヌスが協力して歴史哲学を「創造した」ことを，示唆するものではない。この歴史哲学では，他の理論的な活動の部門と同じく，彼らの功績は，キリスト教の諸原理の観点から，古典的な古代の思想で遥かに前から考察されてきた諸問題に対する一つの解決を単に提供するものに過ぎなかっ

た。とはいえキリスト教と古典主義との間の相違が,歴史よりも著しく,あるいはいっそう強調して表明されたものはなかった。確かにきわめて真に迫った意味で,歴史は両者間の問題の核心を表していた。このためキリスト教的な史料編纂の特質と要求を,それに対応するギリシア-ローマの史料編纂と比較して,吟味することは,教訓的となるであろう。この目的を遂行するためにわたしたちはヘロドトスの作品からはじめたい。

ヘロドトスにおける史料編纂の特徴

ヘロドトスは,生き残っている諸権威の中でもっとも古いばかりか,彼の本質的な重要性のゆえにも,「歴史の父」と呼ばれるにふさわしい。このことはある程度ヘレニズムの危機という彼の主題的な関心に帰せられるかも知れない。その危機はペルシア帝国の出現と拡大によって引き起こされ,自由なギリシア諸国の手によって敗北することで終焉した。しかしながら歴史の父と呼ばれるのは,最終的には,彼がその仕事を開始した精神にもとづいており,著者自身が次のような冒頭の言葉でもってその精神の証人となっている。「これはハリカルナッソス出身のヘロドトスによって着手された調査（ヒストリア）の記録であって,人間界の出来事が時の経過とともに忘れさられ,ギリシア人や異邦人の果たした偉大な驚嘆すべき事蹟の数々——とりわけて両者がいかなる原因から戦いを交えるに至ったかの事情——も,やがて世の人に知られなくなるのを恐れて,自ら研究調査したところを書き述べたものである」[1]。

この叙述の中でヒストリア（historia）という言葉はとても深い意義をもっている。それはすでにピュタゴラスとの関連でヘラクレイトスが哲学的な探求の実践を示す

---

1) ヘロドトス『歴史』1,1,松平千秋訳,岩波文庫,上,9頁。

ために使用していた[2]。この連関でヒストリアをヘロドトスが使っていることは特別な注意を促している。確かにヒストリアは文学上の革命と正当にも呼ばれたものを指し示す[3]。ヘロドトスは自分の作品の本質を指摘するためにその言葉を採用することによって一般に分担して連続的に記録する方法〔筆記による記録法〕から，とりわけヘカタエウスのそれから，自己自身を切り離している[4]。同時に彼は，用語の語源学および言外の意味――それはプラトン，アリストテレス，テオフラストゥスにとっても当てはまる――の両者に一致する意味で，同時代の調査の取り組みに結びつけて考える[5]。こうしてヘロドトスのロゴスは自らが詩のロゴスではなく，哲学のロゴスであると言い切る。ペルシア大戦争から起こってくる諸問題にロゴスを適用するに当たって，その調査を単なる物語形式や年代記の水準から向上させ，著者の叙述を古典的な歴史家のなかで「もっとも哲学的なもの」として正当化する。

　とりわけヘロドトスの目的は，彼が言明しているように，三重のものであった。それは（a）事実（τὰ γενόμενα）の研究，（b）価値（ἔργα μεγάλα καὶ θωμαστά 偉大ですばらしい行為）の研究，そして（c）原因（ἡ αἰτίη）の研究を採用していた。このように考えてみると彼の「計画」はその興味の最大の範囲と多様性のために機会を提供している。彼の計画は全世界（orbis terrarum）の形態・大きさ・限界，ユニークで異常な自然

---

2) ディールス，前掲書，「ヘラクレイトスの断片」129。
3) クロワセト『ギリシア文学の歴史』第2巻，623頁。
4) ヘロドトス，前掲書，2,45（ヘラクレス論）「ギリシアの伝承には，随分と浅慮軽率な内容のものが多いが，ヘラクレスに関する説話など愚かしいものである」。ヘカタエウスはその著作『大地の巡行』を「ミレトスのヘカタエウスはこの話を告げねばならない」との言葉で開始する。
5) リドルとスコットのギリシア語辞典を見よ。

第12章　神の必然性と人間の歴史

の現象，大地の表面の植物の種類や動物の種類の配分のような問題を討論するのを許している。それは人類学・民俗学・社会学・政治学の諸問題，原始的な習慣や地方の慣習の問題，家系図・移民・種族の定住の問題，住むに適した世界の広範囲に分けられた部分でまったく違った条件の下に住んでいる人々に特徴的な経済のかたちの問題，政治体制の起源・性格・目的の問題を立ち上げる。一言でいうとそれは著者がそのために書いている時代が熱望する強烈な好奇心の他にはなしえないものを例証する，思想と行動の生き生きとした光景を示す。しかし「放浪者のような，かつ，おしゃべりな好奇心」と呼ばれているものに仕えながらも，ヘロドトスは決して，読者の暇な時に娯楽を提供するようにもくろまれた多方面にわたる情報量をただ集めることに興味を抱いた，単なるゴシップ作家として片付けられてはならない。その反対に彼の目的はその観点からペルシアと古代ギリシアとの間にある対立を解明する宇宙論のエレメントを築くことであった。こうして集められた素材はこの観点から最初見ただけでは恐らく明らかではない関連を獲得する。というのもその素材は，全体として考察されると，その細部がつまらなく，かつ，きわめて無意味であっても，宇宙的な法則の特別な理論を等しく明らかにし，かつ，支持するのに役立つ，生命の動的な類型を組み立てるからである。こうしてヘロドトスの作品は，自然と人間における行動と反動の中に彼が見ているような，アルケーや原理といった諸原因の研究にまっすぐに向かう。彼の作品はその永続的な意義をこの探求の究極的目標に負うところが大きい。

　このように歴史を「諸原因の探求」として考察することによってヘロドトスはイオニアの自然学の精神と伝統との協力関係を明らかに示す。「彼のギリシア文化における特別な地位」は「彼が小アジア‐ギリシアの海岸地帯の知的

な偉大さの頂点である」という事実から起こっていることが当然のことながら認められている[6]。したがって彼のうちにわたしたちは、もちろんのことであるが、ヨーロッパとアジアとの間の国境地方の生活を特色づける思想と関心事の記録を見出すのを期待できるであろう。しかしヘロドトスはこれよりもっと先まで歩んでいった。知性的な理解可能性の原則を追究して、彼は自分自身をタレスによって創始され、途切れない熱意をもってヘラクレイトスの作品で頂点に達する哲学的連続（diadoché）の継承者たちによって追究された営為に加わった。とくにヘラクレイトスには歴史家の霊感が豊かに備わっていたと言ってもよかろう。

ヘラクレイトスのロゴス

5世紀の古代ギリシアの意見と見解に対してヘラクレイトスが与えた広範囲な影響まで詳しく述べる必要はない。ヘロドトスに関するかぎりヘラクレイトスの影響はロゴスの要求において明らかである。このロゴスを理解することは、哲学者の言葉で言うと、万物を支配する永遠の知恵を理解することである[7]。しかしながらヘラクレイトスにとって問題のロゴスは不滅で普遍的なものである。しかし、ロゴスにとって知識は百科全書的であり、その代わりになる有能なものが考えられない[8]。したがって、ロゴスは「自然的な正義」として叙述され、それにしたがって「太陽でさえも、その境界を踏み超えない。なぜなら、さもなければ正義に仕える〔復讐の女神たち〕フリアエが見

---

6) J. ウエルズ『ヘロドトス研究』第10巻, 184頁。
7) ディールス, 前掲書, ヘラクレイトス断片41。
8) ディールス, 前掲書, ヘラクレイトス断片1「だが彼が心に懐いているこの理由について」：断片40,「すべてのことはこの理由と一致して起こる」：ピタゴラス的な「博識」の無益さについて。

第 12 章　神の必然性と人間の歴史

つけ出すから」[9]。そのように,ロゴスは美・善・真理について人間的な因習から全く独立しており,人間の単なる主観的な空想や希望から独立している[10]。その真なる性格の認識は神学的な詩人,とりわけホメロスを信用しないように導く。ホメロスの想像力は宇宙を神人同形説的な神々でもって満たしており,その神々は発作的に人事に介入し,祈りと嘆願を受け入れる余地があって,憎むと同じく愛することができる[11]。同様にそれは同時代の神秘主義を無視するように吹き込み,禁欲や浄めによって運命の車輪から「逃亡する」という伝言を伴っている[12]。そのような幻想の犠牲者たちにヘラクレイトスは冷ややかな気持ちしか示さない。つまり彼が説く「神性」は自然的で物理的な必然性という非人格的な法則なのであって,知恵の仕事は単にどのようにその法則が働いているかを捉えることである[13]。

　この知識を促進するように努力してヘラクレイトスは,確かに詩的な言い回しをときおり用いる。たとえば彼が万物を「統治している」永遠の知恵について,あるいは太陽をその軌道に「保っている」フリアエ〔三人姉妹の復讐の女神〕について語るときである。そのような言葉を使っていても彼にとって,イオニアの伝統の先駆者たちと同じく,自然の「プロセス」はその「成分」によって決められる。この成分について彼は四つの構成要素,火・空気・水・地を区別する。その中でも火はある意味で究極的なものであり,他の存在は「火と交換できるもの」である[14]。そうしたものとして,それらの要素は一方の「死」が他方

---

9)　ディールス,前掲書,ヘラクレイトス断片 94。
10)　ディールス,前掲書,ヘラクレイトス断片 23,28,102。
11)　ディールス,前掲書,ヘラクレイトス断片 42。
12)　ディールス,前掲書,ヘラクレイトス断片 14, 15。
13)　ディールス,前掲書,ヘラクレイトス断片 67。
14)　ディールス,前掲書,ヘラクレイトス断片 90。

の「生命」となるという法則にしたがって「上り道と下り道」(つまり時間と空間における運動)に従うように定められている[15]。この観点からコスモスは，造られたのではない永遠の流れとして，つまり「きまっただけ燃え，きまっただけ出て行く永遠に生きる火」として自らを提示する[16]。したがって自然における主要部は単純ではなく，複合体，一つの「調和」，「一体をなすもの」あるいは相違した要素の「バランス」である。その要素には「もっとも相違しているものにもっとも調和しているもの」[17]を加えることができよう。そのような「相違」はあらゆるところで明白である。それは昼と夜，短と長，広いと狭い，鋭さと単調，黒と白，寒と暖，湿気と乾燥，の対立に明らかである。これらが高められる「調和」は衝突の結果なのである。そこから「万物は戦いによって生まれる」，「戦いは正義である」，「戦いは父にして万物の主である」と語られうるかも知れない。さらに形を与えられた生命は闘争で成り立っている。というのもすべての相違を通して究極の決定に生命は運命づけられており，これらの相違は生命ではなく，死なのであるから[18]。

ヘロドトスの宇宙論の特質

ヘラクレイトスの原理の光に照らしてみると，ヘロドトスの宇宙論に典型的な特質は新しい意義を帯びてくる。ま

---

15) ディールス，前掲書，ヘラクレイトス断片 60, 62, 76。
16) ディールス，前掲書，ヘラクレイトス断片 30。「この世界は神にせよ，人にせよ，これは誰が作ったものではない，むしろそれは永遠に生きる火として，きまっただけ燃え，きまっただけ消えながら，つねにあったし，あるし，またあるだろう」。
17) ディールス，前掲書，ヘラクレイトス断片 8。引用は本文に該当する。
18) ディールス，前掲書，ヘラクレイトス断片 65。宇宙の最後の大火災について。

第 12 章　神の必然性と人間の歴史

ず第一に，彼の宇宙は空間的であると指摘されうるであろう。したがって，彼の宇宙は居住できる世界の全範囲を包含し，それとともにその世界の自然的な区分をも含んでいる。この区分というのは相互の関係と，方向づけの一般的な計画の関係との双方から考察される。というのも討論されるべき問題が，単に「東」と「西」の間の絶えざる闘争の頂点に達する局面として，考察されているからである。第二に，それ〔宇宙論〕は時間的であって，現在の衝撃インパルスはその起源を過去の衝撃インパルスにもっている。というのもヘロドトスにとって，ヘラクレイトスと同じく，時間は空間と同様に一つのものであって，このようにしてそれ自体が運動の原因であるから。最後に，彼の宇宙は「物質的」である。そのような物質的なものとして，それはそれ自身の運動の力を生んでいる。すなわち，その下げ潮と上げ潮は自然のバランスや釣り合いを維持するために機械的に働く法則にしたがって生じる。この法則は，相殺の法則の一つとして叙述できるかもしれないが，ヘロドトスにとっては真のロゴスや宇宙的運動の法則を組み立てる。その作用を叙述するにあたって，彼はときおり神学的詩人たちの言語を用いる点で，ヘラクレイトスに従っている。それは「天罰」（ネメシス）とか「神のネメシス」である。とはいえ元来，彼は神の力に関係させて中性の形（τὸ θεῖον）を使うが，それはさらに正確にその自発的で自動的な性格を指し示すのに役立つ。そしてこの観点から，たとえばテンペ谷〔ギリシア東部テサリーに位置し，オリンポス山とオサ山の間にあるピノス川の渓谷〕は「ポセイドンかそれとも地震にその原因が帰せられるべきか」否かといった小さな相違をなしている[19]。

　ヘロドトスにとってバランスや相殺の法則は，すべての

---

19)　ヘロドトス『歴史』7, 129。

物理的なプロセスが究極的には従う法則であって，その天分は規範を超えがちなものの成長を制限するか抑止することである[20]。こうして周期的に生じるナイルの洪水のような現象を法則によって説明されるように嘆願されるであろう。彼は言う，「これについてはどのエジプト人たちからも情報を入手することができなかった。なおわたしが好奇心をもってエジプト人たちに訊ねたのは，どの河でも起こる微風がナイル河だけにはどうして起こらないのか，ということであった」[21]と。この現象についての従来のギリシア人の説明は三つあった。第一は夏になると毎年北から吹く風であって，それがその後，谷が〔水で〕溢れるように解き放たれる，つまり水を「氾濫させる」。これに対してヘロドトスは理にかなった反対を次のように提示する。(1) 風はいつも吹くわけではない，(2) 同じような影響を受けた他の川は同じように反応しない。第二に，それは何らかの方法で，詩人たちによると居住できる世界を取り巻いている「大洋の潮流」に依存している。ヘロドトスは言う，これはいっそう不思議なことだが，ばかげている。それは「ホメロスの単なる作り話」である。第三に，ナイルの流れは溶けた雪に由来する。これに対する当意即妙な返答は，それは暑い国から冷たい国に流れているである。したがって彼は自分自身の答えを提出するために三つの説のすべてを退ける[22]。ヘロドトスの説というのはすべての川が普通には洪水になる冬に，太陽がリビアの上にあってナイル川から水を「引き」，それによって流れの大きさを減少させ，夏の間は他の川が衰えると，この水が「排出されて」〔流れ込み〕ナイルに洪水を引き起こすというので

---

20) ヘロドトス，前掲書，7,10e：「神は彼らの思い上がりを許したまわぬのでございます」。

21) ヘロドトス，前掲書，2,19-27，前掲邦訳，上，173 頁。

22) ヘロドトス，前掲書，2,24 以下。

第 12 章　神の必然性と人間の歴史　　　765

ある。

　物理学のロゴスは同時に生理学のロゴスである。ヘラクレイトスは有機体の生命の起源（genesis）と消滅（phthora）が神の定めに一致して発生すると観察していた[23]。ヘロドトスは，臆病であり食用に適している動物が供給不足とならないために多産であり，どう猛で有害な動物がその反対であるように「神の摂理」は命じたと言明するとき，この説を承認している。こうしてウサギは多産であり，ライオンは生涯に一度しか子を産まない。毒蛇やアラビヤの翼をもつ蛇は同じような力学的制限に服している。というのもそれらの本性が許すほど迅速にその数を増やすならば，人間のために地上での生活の可能性がなくなるであろうから[24]。

　わたしたちは宇宙の運動を支配する法則が永遠であり，包括的であるということ，したがって，そのことから人類そのものも例外でないことに注目してきた。歴史家としてヘロドトスの課題はこの法則を人間の行動,「その目的を追求する人間の活動性」の解明に適用することである。これに対する基礎はすでにイオニアの自然学者たちの仕事によって心理学において準備されていた。心理学の問題を彼らは唯物論的な立場から，とりわけ感覚知覚の説に関して興味深い結果をもって攻撃していた[25]。イオニアの自然学者たちにとって「魂」は，全体としての自然のために命じられた上り道と下り道に従うように定められた，宇宙的な物質の組み合わせにすぎなかった。この観点からそれらの「運動」は神的な衝動（δαιμονίη ὁρμή）とヘロドトスが

23）　ディールス，前掲書，ヘラクレイトス断片 11。
24）　ヘロドトス，前掲書，3,108-9。
25）　いわゆるヒッポクラテスの論文『食物について』一を参照。それはヘラクレイトスの断片への補遺としてディールスによって出版された。

呼んでいるものの結果として説明されえよう。この衝動を彼は熱望（θυμός, ἐπιθυμία）と同一視する。こうして魂は物理的な「引力」に対する人間の側の対応物として考えられると，生命の動態となる。熱望は実現することを要求し，このことはエウダイモニア（εὐδαιμονία）や幸福という言葉でもってとても適切に呼ばれる。しかしエウダイモニアへの衝動を命じる同一の法則は，また衝動に制限を与える。神学の用語を使って言うと，神は人間どもに幸福の「味わい」にまさるものを稀にしか授けないし，人間が捉えたものを直ぐに強奪する。歴史の全過程はこの法則の妥当性を証言するように推移すると彼は論じる。その証拠はトロイの絶滅やペルシアの滅亡に同じく見出されるかもしれない[26]。

運命の処罰は悪の結果である

これに関連してヘロドトスは「倫理的関心」と適切には呼ばれうるものを避けているし，彼が読者に提供するものは「何らかの道徳的な欠陥とはまったく異なる人間の偉大さそのものを妬んでいる，神の嫉妬といういっそう古くかつ俗悪な観念」であると論じられてきた[27]。わたしたちにはこの観念は古くも俗悪でもない。それは人間の生活と行動をイオニアの哲学的唯物論の土台の上に建てた世界観の言葉でもって解釈する試みから起こっている。ここから二つの問題が起こってくる。その最初は心理学の問題である。一方に，宇宙的な衝動があり，他方には意識的で慎重な選択の現象があって，その間にはどのような関係があるのか，と尋ねられるかもしれない。ヘロドトスはその後者を完全な正確さでもってさまざまな語句を用いて理解して

---

26) ヘロドトス，前掲書，2,120 と 7-9。
27) J. ウエルズ，前掲書，194 頁。

いるし，また叙述もしている。彼にとって困難であったのは，選択の現象と実際起こった結果や出来事との間の関連を説明することである。そしてこの観点から単なる心理学的な問題は，またもや道徳的な問題を立ち上げる。というのも，この関連が理解されないならば，人間的な自由と責任の感覚は単なる意識の幻想に変化してしまうからである。この問題に気づいてヘロドトスはそれを（主観的な）価値の秩序と（客観的な）物質的事実の秩序の間に或る類似点を打ち立てることによって解決しようと着手する。これを彼は「人々が蒙る運命にある処罰はすべての場合において彼ら自身の悪行の結果である」という一般的な命題で主張する[28]。そしてこの命題を彼は多くの個別的な事例を挙げて例証する[29]。こうして彼は彼の同時代人であるアテネの劇作家たちと論じ，神の罰を説明し正当化するためには，その責めを負うに十分能力がある行為者である，人間のうちに罪や欠陥（ハマルティア）がなければならないと言う。だが，この罪を確認しようとするとき，ヘロドトスはただ部分的にしか成功していない。というのも彼が提出する問題は，「この人が目が見えないままに生まれたのは，彼が罪を犯したからか，それともその先祖が罪を犯したからか」〔という質問〕とは異なる連関で記録されているようであるから[30]。またこの問題に対して彼が提供できるすべては，問題となっている正当性についてすでに起こった

---

28) ヘロドトス，前掲書，5,56：「およそ人間にして罪を犯し，その咎を蒙らざる者なし」。

29) ヘロドトス，前掲書，6,72, レオティキデス：6, 84, クレオメネス；3,126,128, ポリクラテス；8,109, クセルクセス。ここでは王が神殿を焼き，海を打ったため，不敬虔であるからして，神の妬みに服するものとして描かれる。わたしはこの点と適切な例証をJ.L. マイヤー教授の好意に負っている。

30) ヨハネ福音書 9.1-5, 質問とそれに与えられている返事は問題に対するまったく違った取り組みを示す。

ことからの一連の理由づけなのである。その問題の困難さ
は，徳と悪徳との質と（主観的には）思われることを客観
的秩序における量の言葉によって翻訳しなければならない
必然性のため増加する。なぜなら自然現象で稲妻で打たれ
るのはもっとも高い木であるように，人間の幸運もその
「転落」がその「出世」と正比例する仕方で決定されるか
らである。またこの観点からは人間が蒙る罰が単なる処罰
の意義を超えた何らかの倫理的な意義を与えることができ
るか否かが疑わしくなるかもしれない。つまり，釣り合い
とか賠償の原理として考えられたティシス（償い，罰）は
懲らしめるが清めたりしない。

歴史における賠償の原理

　ヘロドトスにはギリシアとペルシアの間の戦闘はこの
ティシスの原理が働いている最高の事例として現れる。し
たがって人間の歴史における出来事としてそれはユニーク
でもアブノーマルでもない。それは単に時間・空間・事件
の永遠の論理を例証するように扱われうる出来事の終わり
のない継続の一つに過ぎない。この視点から『歴史』の
最初の6巻は，無用の長物であるどころか，合意に達す
る〔時間・空間・事件の〕三肢のための本質的な準備を構
成する。それはロゴスの働きを開示するに役立つ。このロ
ゴスの構成要素（ストイケイア）は『歴史』第一巻の最初
の数章で明記される。自分の作品の特質と目的を提示する
叙述にただちに続けてヘロドトスは，「闘争の始まり」が
エーゲ海を横断してあちこちで起こった，一連の報復的
な侵略まで追跡調査すべきである，という主張に向かう。
これらの侵略を彼は（1）アルゴスから自国や（あるいは）
エジプトに至るフェニキヤ人たちによるイオの侵略，（2）
テュロスからクレタ島人たちによるヨーロッパの侵略，
（3）ギリシア人によるコルキスからメディアの侵略，（4）

第 12 章　神の必然性と人間の歴史　　　769

スパルタからイリウムに至るアレクサンドロスによるヘレンの侵略——この出来事は最初ヨーロッパとアジアとが風の強いトロイの鳴り響く平原で面と向かって戦ったものである——として指摘する。この連関でわたしたちは空間と時間が演じている役割に注目すべきである。一般的に言うと侵略の動きは東から西へと西から東へと起こり，両者の間の対立はこうして状況にとって根本的であると設定される。時間は要因として空間の要因と同じく重要な役割を発揮する。たとえばヘレンの強奪はメディアの強奪後の「第二世代」に起こっている。しかし時間と空間がこのようにその重要性をもちながらも，それらは運動の原因としてはただ身体的な「欲望」との関連でのみ作用するにすぎない。この欲望はペルシアの伝統によれば婦人の形において人格化されているが，活動へのもっとも重要な衝動を構成する[31]。それに対して第二の動機として（等しいものには等しいものをという）報復への渇望が追加されねばならない。たとえばその渇望はメディアの強奪に対して償いをするのをギリシア人が拒んだことによって刺激された。そのように行ったのはギリシア人の不本意からであった。この不本意が再度その土地の言い伝えによればペルシア人たちを，アジア人として，けんかするように連れだし，トロイから強奪されたヘレンを力ずくで連れ戻すという続いて起こった試みに対する非難をヨーロッパ人たちが抱くように導いたのである。

　ヘロドトスにとってこれらの初期の闘争が絶えざる栄枯

---

31)　ヘロドトス自身はこのような擬人化の妥当性について疑いを抱いている。ヘロドトス，前掲書，2,120 で彼はエジプト人の祭司による説明に固執しているが，後ではそれを拒絶し，それはヘレンに対する何らかの感傷ではなくて，むしろトロイの陥落によって現に起こった神の天罰であったと力説している。わたしはこの点をマイヤー教授の示唆によっている。

盛衰によって表された事実は，ティシス（償い，罰）の法則が「上へ」と「下へ」の法則であることを明らかにするのに役立っている[32]。そのような栄枯盛衰の中でリディア王クロイソス〔没年546, 王位560-546BC〕の生涯が与える例証よりも見応えのあるものはないであろう。この明らかに突然の移り変わりによってヘロドトスは先史時代から多かれ少なかれ事実を検証できる堅実な領域に移っている。だが突然性のほうが現実よりも明白である。というのも（a）アジアとヨーロッパとの，東と西との間の闘争ではその間に位置する緩衝国リディアは不可避的にきわめて重要になるから。また（b）クロイソスに関して言うと，ロゴスあるいは理解の原理が原始時代の運動を解明するのに役立つものと一致するからである。このような理由のためにリディアの歴史は先史時代の記述と同時代の出来事との間の自然の繋がりを設定している。

世界支配への過度の情念に対する応報：天罰

この視点から吟味すると，クロイソスの物語はヘロドトス的な手法の顕著な特徴を申し分なく明らかにする。歴史家にとってその家系の第五代にして最後の代表者であるクロイソスは，その先祖ギゲスの罪によって自分に刻印された運命を身をもって実現する。このギゲスは王権を獲得するためにヘラクリッド王朝の最後の人物カンダウレスを滅ぼしたのであった。このカンダウレスは節度を欠いた情念のゆえに自ら「悪しき運命に予定されていた」。この情念の対象はこの場合には女王として描かれている。同時にはっきり類似した方法で償いの法則が家庭的にして政治的

---

32) ヘロドトス，前掲書，1, 5.「されば人間の幸運が決して不動安定したものではない理りを知る私は，大国も小国もひとしく取り上げて述べてゆきたい」『歴史』上 12 頁。そのプロセスは普通には弱さから強さへ，およびその逆である。

第 12 章　神の必然性と人間の歴史　　　771

な責任をとるために発動される[33]。

　クロイソスの〔哀れな〕見せ物は，自分の番になって逃れることができない〔応報天罰の女神〕ネメシスに直面すると，自ずから人間の幸福という一般的な問題を引き起こす。この問題は王とソロンとの間に交わされる劇的な対話によって徹底的に討論される。だがクロイソスのように運命づけられた人にとってこの種の討論は無益であるように思われる。そして在り来りの仕方で回避しようとして王国は突然その宿命の犠牲となって転落する。このように行うことによってヘロドトスは，人間生活のプロセスが不可避的に循環的であって「同じ人間がいつまでも幸福を享受することができない」という真理の証明である，「神学的な原理」をいっそう弁護するようになる[34]。

　わたしたちは，ここで一休みして，クロイソスの運命の説明が〔サモス島の僭主〕ポリクラテスのそれでもあることを述べてみたい。この人がネメシスの教えの最善の実例の一つとしてヘロドトスは言及している[35]。古代ギリシアの至るところで「ポリクラテスの幸運」はよく知られていた。しかしその後に彼の殺害者にふりかかることになるように，ついに彼にふりかかった災難から彼を救うだけでは十分ではない[36]。また一般的に言ってペルシア大戦役におけるさまざまな指導者たちのなかで，だれ一人として最終の災害から逃れることに成功した人がいなかったことに気づくことは大切である。このことはギリシア人にとっても，同時に外国人にとっても，真理であり，だれも彼もその没落は「際限のない」欲望の結果なのである。

　情熱や欲望（θυμός, ἐπιθυμία）は純粋に量的にとどま

---
33)　ヘロドトス，前掲書，1,8 以下。
34)　ヘロドトス，前掲書，1,207,2。
35)　ヘロドトス，前掲書，3,39 以下と 120 以下。
36)　ヘロドトス，前掲書，3,126。

る場合には，膨張のうちにその論理的な表現を見出すと言ってもよい。したがって「最初の帝国主義」であるリュディア王国によってある程度明らかに示されているように，それはペルシアという世界帝国でもってのみその最終的な発展に到達する。その帝国の起源は遥か遠くまで遡ってメディアの住民デイオケスにまで辿ることができるかもしれない。この人は同国人のなかで「支配欲」(libido dominandi) に駆られたよい実例となる最初の人である[37]。しかしながらその本当の始まりは〔ペルシア王〕キュロスに帰すことができる。この人は〔古代王国〕メディアから統治権を手に入れてから，カスピ海を超えた地域のよく知られていない部族との戦闘で死ぬまで，あらゆる方面にわたって征服と領土の獲得の侵略的な計画に乗り出していた[38]。このようにして始められた領土を拡大する悪戦苦闘は彼の後継者カンビュセスによって継続された。この人はその理性と生活を犠牲にしてシリアとエジプトをその支配下に加えた[39]。帝国の第二の創設者にしていわゆるアウグストゥス・カエサルであるダリウス〔前550頃-486，ペルシア王（在位522-483）〕には，ペルシア軍隊を北西に向けてボスポラス海峡を突っ切ってドナウ川の国境地帯にまで連れて行った〔偉業に対する〕栄誉が与えられた。ヘロドトスは「征服の競技は進展していって逆転〔の敗北〕に出会うまできっと前進する」という言葉でもって帝国主義のロゴスの公式化を彼に帰している。この関連でダリウスのスキタイ侵攻に対する著者〔ヘロドトス〕が提出した説明に注目することは興味深いことである。「アジアは人力に満ちており，巨大な物質的な資源が積み上げられていたの

---

37) ヘロドトス，前掲書，1,96：「独裁的君主を夢見て」
38) ヘロドトス，前掲書，1の終わりまで。
39) ヘロドトス，前掲書，3,63以下。

第 12 章 神の必然性と人間の歴史

で,ダリウスはスキタイ人たちに,……彼らの悪行に対して報復する衝動によって突き動かされた」[40]。問題になっている悪行というのは,ほぼ 2 世紀前のいわゆるキンメリア人〔紀元前 7 世紀に小アジアを侵略した遊牧民〕の襲撃のことである。この事件は伝承によればアジアに重大な混乱を生じさせていた。

わたしたちはこのような見解に照らして,著者〔ヘロドトス〕がクセルクセスの企てを分析し説明しはじめる一節[41]を理解しなければならない。はじめにヘロドトスはマルドニウスを君主の熱情を積極的に刺激するものとして述べる。ヘロドトスは言う,マルドニウスの考えはギリシアの自由国家から彼の父である大王が蒙った不当な扱いに対する報復である,と[42]。同時にマルドニウスは攻撃的であり,かつ,欲深いものであった。というのも世界支配を完成するのに必要なのは,古代ギリシアの征服であったからである。これらの理由にもとづいて闘争は不可避なものとして述べられる。この不可避性の感情は (a)〔戦争の〕引き止め役となるべきアルタバヌスの演説に見られる思慮深い考察の欠乏によって,および, (b) 領土拡張論者の帝国主義のロゴス〔言葉〕であるダリウスの公式を想起させる言葉を使って王が提出するのを,亡霊の出現によって躊躇させられるとき,強調される[43]。亡霊の出現によって問題は討論すべき事柄ではなくなり,アジアの力がギリシアに投げつけられる最後的な命令が発せられる。

続いて起こった激突は,もっとも充実し,かつ,もっとも完全な意味で,イオニアの唯物論〔物活論〕にとっては生命の法則である「対立物の衝突」を例証するのに役立つ

---

40) ヘロドトス,前掲書,4,1;4 の終わり参照。
41) ヘロドトス,前掲書,7,1 以下。
42) ギリシア語「その目的は処罰である」。
43) ヘロドトス,前掲書,7,18,3。

かもしれない。この観点から激突は少なくとも四つの仕方で考察される。(1) 空間的にはそこから「極端な物が出会う」[44]観点である，東方と西方の間の争いとして，(2) 時間的には記録された歴史の歩みの全体を通して活動していた力の絶えざる下げ潮と上げ潮における転換点として，(3) 人種的には「ヨーロッパ人」と「アジア人」との争いとして，(4) イデオロギー的に言えば「自由」と「専制」との論争として考察される。この〔考察の〕枠内においてヘロドトスは少なくとも〔古代ギリシアの戦勝都市〕サラミスとプラタイアイにおける「栄光に輝く救い」の部分的な理由づけを提供することができる。とはいえ，この問題は人間的に言うと非合理的であり，もしくは超合理的であると言うべきであるがゆえに，その解決は究極的にはそれに類似した用語でなされねばならない。したがって以前にクロイソスとポリクラテスの運命で例証された「神学的原理」がクセルクセスを転覆させた災難を説明するために，もう一度援用されるのである。ヘロドトスにとって偉大なる王に突然ふりかかったネメシス〔天罰〕は，一人の人間の手中にそんなにも膨大な人間的にして物質的な資源の蓄積によってかつてないほどに脅かされた，平静〔平衡〕を取り戻すのに役立っている。

受動的な観察者の役割とペシミズム

このほかに歴史家には指摘できる道徳も，説得できる原因もないことをわたしたちは観察できるであろう。同じ類の進歩的な人がもっている論理的な支離滅裂さに比べると，古典的な唯物論は厳しく，かつ，情け容赦なく「科学的」である。こうしてこの唯物論は地上の黄金時代が人間

---

44) ヘロドトス，前掲書，7,61-99 にあるペルシア軍のリストを参照。

第 12 章　神の必然性と人間の歴史

生活の「進歩的な」改善によって，あるいは「革命」による突然の大変動によって，実現される見込みを排除する。それとともにそれは現代の共産主義のもつ福音的な動機をも排除する。これらの要素を追い出してしまうと，コスモスの絵は運動している物質の一つに引き戻される。この運動は永続的で，かつ，絶え間がない。また運動の中で認められる唯一の秩序は，単調な上昇と下降のカーブであって，各々の場合に先行する立ち上がりに対応する指標が欠落している。このことは人間の行動の言語に翻訳されるならば，プシケー〔魂〕は火のごとく「上昇する」ように考えられている。ときどき，こことそこで，それが意気消沈を生み出すもろもろの要素の克服に成功する。そしてそうするとき，それは通常の尺度に優って蓄積と獲得の現象を示す。だがそこにはどこにも本当に「有機的な」成長の証拠はない。さらに膨張の原理は同時に限界の原理としてはたらく。というのもその活動の不可避的な結果として，それは行使された圧力に釣り合った対立，強度，継続を生み出すからである。そしてこの対立から，潜在的な繁栄（eudaemonia）の集塊状態が粉砕され滅ぼされる，闘争が起こってくる。したがって人類が服しているプロセスは自滅的である。それは振り子の振動に似ている。ヘロドトスが歴史的なプロセスにおける精神の役割に関して言わねばならなかったことは，この真理を指し示しており，また強調している。この役割は単に受動的な観察者の役割に過ぎず，もろもろの出来事の歩みに影響を与える力がまったく欠如している。こうして自己意識は物質的必然性のとりことなって自らを無力の意識に変える。現代の言葉で言うなら，「人生は短く，かつ，無力である。彼とその種族のすべてに緩慢ではあるが確実な運命が，無慈悲に，かつ，秘密のうちに襲いかかる」。

　この結論を受け入れるならば，必然的に深遠にして根深

いペシミズムを引き起こすにちがいない。ヘロドトスでは
そのようなペシミズムが至るところで明らかであるが，プ
ラタイアイ〔ギリシア軍がペルシア軍に勝利した地〕の前
夜祭に催されたテーベの晩餐会でペルシアの高官に言わ
せた言葉に優って劇的で適切な表現は見出されない。「神
意によって起こるべき運命にあることは，人間の手でその
進路をそらせる方策はない。しかしわたしたちはみな〈必
然〉の力に金縛りにされ，成行きに従っているにすぎぬの
だ。この世でなにが悲しいといって，自分がいろいろのこ
とを知りながら，無力のためにそれをどうにもできぬこと
ほど悲しいことはない」[45]。

ツキディデスの史料編纂の取り組み

続く古典的な史料編纂の取り組みはヘロドトスが到達し
た結論を避ける試みとして考えられるであろう。その中で
も疑いの余地なくもっとも重要なのはツキディデスの試み
である[46]。ここではほんのわずか要約するだけで十分とす
べきである。ツキディデスにとってその先行者の作品の弱
点は，それが哲学的な客観性を主張していても，それでも
神話をしみ込ませているということである。この弱点の原
因を彼はヘロドトスが「一般的な仮説」——それは，ツキ
ディデスの意見では，まったく偽りであった存在と運動の
宇宙的な原理である——を認めていることに帰した。した
がってツキディデスにとって解放の道は「第一の」原因と
「第二の」原因とを区別することであり，彼は前者を退け，
後者だけを観察し，かつ，立証できるものとして認めた。

---

45) ヘロドトス，前掲書，9,16，邦訳『歴史』下，246-5頁。続
くギリシア語の引用は本文の訳文と同じ。

46) この観点からのツキディデスについての詳細な討論として
わたしたちは初期の〔わたしの〕研究『ツキディデスと歴史の科学』
オックスフォード，1929を指示することができよう。

第 12 章　神の必然性と人間の歴史

つまり同時代のヒポクラテスの論文『古代の医学』によって与えられた意味で「科学的なもの」として認めた。この観点から歴史は，明らかな外形をとって実行され，また，特別な方法の基準に適切に配慮した，真理に対する探求という性格を引き受けるために，妙技の実習，傾聴に値する「懸賞論文」であることをやめ，有益な総合の集積を生み出すことによって「世々の遺産」となるような，個人としてのまた集団における人々の振る舞いを探求することである。

したがってツキディデスでは，単なる哲学的な産物である神話的なロゴスによって注意がそらされるということはもはや起こらない。それは人々が相互の関係において実際に発言し，かつ，実行する事柄（λόγοι καὶ ἔργα 言葉と行動）に集中している。こうして認識は哲学的にして歴史的な一元論が要請する単一な原理よりも，むしろ諸原因の複数性にぴったりと一致する。この視点から複雑な諸要因は少なくとも二重であって，「人々×状況」として表現されるであろう。

ツキディデスは人間をある意味で自己の行動の「原因」として容認することによって，イオニアの学問によって断固として拒絶された詩的な伝統に復帰しているように思われる。しかし，たとえそうであっても，彼の態度は同時代の医学のもろもろの発見によって確証され強化されている。こうしてそれはヒポクラテス，アリストテレス，ガレノス〔129 頃 -199 頃，ギリシアの医学者〕によって共有されている諸前提に依存していた。わたしたちは，これらの諸前提が何であり，何を意味するかについてのもっとも明瞭にしてもっとも強調された叙述を，ガレノスに負っている[47]。彼は次のように言う。

---

47)　ガレン『自然的な能力』1,12,27-30（ロエブ古典叢書）

大雑把にいうと，自然に関して何かを明瞭に語っていた医学と哲学において次に挙げる二つの学派がそこに興ってきた。もちろんわたしが参照するのはただ何について語っているかを知っている人たちと，彼らの仮説の論理的な結果を認め，それを弁護する人たちだけである。……ある人は，発生と破滅に服しているすべての実体が継続的でもあり，かつ，変化することもできるということを想定する。他の人は，すべての実体が不変であり，変えることができず，〔運動を可能にする〕空虚な空間によって相互に分けられた小さな部分に分割されていると憶測している。

　今やある仮説の暗示するものを評価できるすべての人は，後者の学派に従って「有機的な」本性や魂に固有の実体も能力もないが，これらはその発展を，変化によって影響を受けない，最初の微粒子が一カ所のまとまる方法に負っていることを認めている。同時に前者によれば，「自然」はこれら最初の微粒子に依存しておらず，これらよりも断然先立っている。したがってこの学派によると植物や動物の双方の本体を構成するのは「自然」なのである。そのさい自然は植物や動物に自分にふさわしいものを引き寄せ消化し，自分と異質なものを追い出す力を授けた。さらに自然はそれらを萌芽（ほうが）として巧みに形造る。同時に誕生の後に自然はなお他の能力を使って彼らにその子孫に対する愛や世話のようなもの，あるいは同類との交際や友情を与える。他の学派によるとそれらの特質の一つも彼らに生まれつき属さないし，魂には同意か，相違か，分離か，それとも総合か，正義かそれとも不正か，美かそれとも醜かについてのいかなる先天的にしてオリジナ

42-49 頁。

第12章　神の必然性と人間の歴史

ルな考えもない。しかしこの人たちは，これらすべてがわたしたちのうちに感覚から，かつ，感覚を通して生じ，動物はある種のイメージと記憶によって導かれると言明している。

　これらの人たちのある者は，本当に，魂が理性に代わる能力をもっていないということ，だが，わたしたちが家畜のように感覚の印象によって突き動かされていること，またわたしたちが何かを退けたり，何かに同意しないような力をもっていないこと，を主張するほどまでに至っている。彼らには明らかに勇気・知恵・節制・自制はひどくナンセンスであり，わたしたちは互いに愛しておらず，子孫をも愛さず，神々もわたしたちを何ら配慮していない[48]。

　からだが物質的な力によってのみ導かれるということを認めるなら，……精神の力については語らないで，身体の力やほんとうに全体としての生命を論じるなら，わたしたちは自分自身を愚かな者となしている[49]。

　もし誰かがアリストテレスとテオフラストゥスの著作に習熟する労を惜しまないならば，その人は彼らがヒポクラテスの生理学に関する注釈から自説を作っていることを知るであろう[50]。

人間の本性を有機体として見るヒポクラテスの見解を受け入れることは，人間の本性が創造的な思想と活動の力を，たとえ制限されていても，真実な力をもっていると認めることを意味する。こうして，それは本性的な徳

---

48)　ガレン，前掲書，§§27-29 以下。
49)　ガレン，前掲書，2,3,81。
50)　ガレン，前掲書，2,4,89。

性（ἀρετή）という往昔の詩的な観念に新しい妥当性を付与する。ツキディデスにおいてはこの観念は新しい分析のもとに置かれており，それによってこの観念は二つの側面を，つまり知性的な側面（σύνεσις や γνώμη）と道徳的な側面（ἀνδρεία）とを明らかにする。同様にそれは一つは先天的な局面と他は獲得された局面（φύσις と τέχνη や μελέτη）との二つの局面に現れている。生得的であろうと，それとも訓練の結果であろうと，人類が生きるために装備されているのは知性と雄々しさの徳によるのである。

歴史は連続する闘争の歴史である

　歴史家にとってこの生命は連続的にして終わることがない闘争として現れる。というのも人が原因となっていつも状況や環境（ヘラクレイトス的な取り囲むもの）に直面しているからである。この環境は部分的には身体的であり，部分的には精神的で道徳的である。こうして環境は，歴史家が利用するのを学ばなければならない変化する可能性である，陸地とか海のような地理的な要素を含意する。しかし環境は，また慣習的で制度的なものでもあって，たとえば，めいめいの生活の仕方によって作られ維持されているアテネとかスパルタの「雰囲気」であり，平和か戦争かのいずれかによって生み出された「条件」である。この関連でわたしたちは「戦争が日々の必要に対する単純な対策をやめさせることによって，人々の傾向を戦争の必要に向けて同一なものにする，残酷な主人である」という観察を思い出すことができよう。したがって人間生活の運動（κίνησις）は，活動することと危害を受けること（ποιεῖν καὶ πάσχειν）から，つまり人間が理解したり抑制することを求める，刺激に対する反応から，成り立っている。また人々が同じ刺激に同じ仕方で反応するという蓋

第12章 神の必然性と人間の歴史

然性が（当然なことに）あるのだから，個人においてと同様にグループにも見分けられうる行動の均一性と結果が起こる。

そのような均一性の存在に対する信念は，人間性の構造が総じて安定しており，人類の特徴的な反応が，普通は，過去に経験したことが人類には今も存在していると示され続けるという想定に依存している[51]。そのような反応のもっとも根本的なものとしてツキディデスは恐怖の反応・貧困の心配・弱さ・嘆き——そこにはそれに対応する平和・安全・よい暮らしや繁栄の欲求が含まれている——を認めている。こうして人間は，〔何かを〕獲得しようとして権力者の手中に奴隷となってでも服従するような，欲の深い動物として表現された。同時にさらに強力な人たち（人間と社会集団）は劣った人たちを屈服した状態にするために自分らの富を利用する[52]。しかし，その考えにおいて経済的な動機が大きくなると，それをかなえるために他の要因，つまり政治的権力の要因に頼るようになり，この観点からその仕事は権力政治（Machtpolitik）のイデオロギーにおける注目すべき事件をつくり出す。その人にとって国家は機能の分割と資本の賢明な使用にもとづいており，権力と結びついた知恵が造りだすものである[53]。このようなものとして，国家はよい秩序の構成要素としてある

---

51) ツキディデス『戦史』1,22,4。「しかしながら，やがて今後展開する歴史も，人間性の導くところ再びかつてのごとき，つまりそれと相似た過去を辿るものではないか……」久保正彰訳，岩波文庫，上，75頁）。

52) ツキディデス，前掲書，1,8,3。「もっと永続的な居住地は利益の願望に負っており，弱者が強者に仕えるべくすすんで服従するようになった」。

53) ツキディデス，前掲書，1,1,18，ここには古代ギリシアの政治の発展が述べられ，また2,15,2 ではテセウスの仕事について「天賦の知と実力をもった人であることがわかった」とある。

種の慣習に頼っている。この慣習は宗教によって，さまざまな社会的訓練の形式によって，また必要とあれば暴力によって支持される。終わりに挙げた〔暴力の〕許可に関して言うなら，わたしたちはここで一休みして秘密な儀式の冒瀆——それは紀元前 415 年のいわゆる「陰謀」であるが——に続いて起こった「大殺戮」の記事について書き留めておこう。この事件に関するツキディデスの批評は重要である。彼は言う，「犠牲者たちが正しく罰せられたかどうかは疑わしいが，町の残余の人たちはいずれにしても当分の間明らかに助けられた」[54]と。このようにして大殺戮はアリストテレスが悲劇的なカタルシス〔精神の浄化作用〕による救済を申し出る状況を明らかにする。悲劇はこのような方法で政治的秩序をもたらす重要な目的に役立つことができた。

　このように考えてみると組織された社会は，政治的な方法によって人間の幸福のために経済的にして道徳的な土台を確保する営みを持続させるものとして姿をあらわしてくる。だがそのようなものとして社会は，バランスを崩すのに役立つショックをいつも与える傾向がある。究極の心理学的な影響が何であれ，一般的に言ってこのショックは「外から」起こってくることに注目すべきである。一つの優れた事例がアテネの疫病で示される[55]。それは警告なしに町に降りかかっており，それが起こらなければ健康的であった年に，さもなければまったく健康であった人々を突如として襲った。この伝染病は，その症状を簡単に見つけることができたのに，当時の薬品として知られるどんな種類の薬でも効き目がなかった。こうして伝染病は，宗教によく知られている魔除けのやり方は言うまでもなく，当時

---

54)　ツキディデス，前掲書，6, 60。
55)　ツキディデス，前掲書，2, 47-54，とくに 50 と 51。

第 12 章　神の必然性と人間の歴史　　　783

あった医学の治療法の技術に刃向かった。換言すれば，それは理性と予測をまったく超えており，まったくの偶然とチャンスあるいは運（τύχη）の問題であった。その結果，公の秩序を維持する諸集会は台無しにされてしまった。神々に対する畏れと法律に対する尊敬はその抑制力を喪失し，アテネの人たちは道徳的にして社会的な無政府状態に転落する最初の段階を経験したのである[56]。

疫病は一つの都市では決して孤立した事件ではなかった。その反対にそれは一連の激しいショックの一つにほかならず，それに対し古代ギリシア人の世界は 27 年間にわたってそれに服さねばならなかった。また平和な時代にもまれに戦争の趨勢はそのようなショックを生み出したものであった。それはこのことを，もっとも著しい洞察力だけが予測し抑制できる先例のない異常な状況を起こすことによって，行うのである。これらのショックの影響力は次第に増加する。というのも，あらゆる過失や誤算を伴って，社会がストレスを受け，終には破滅するに至るまで弱体化するからである。

非合理性の力に負けた人間の理性の物語

この視点からすると，ツキディデスの「調査研究」はヘロドトスのそれとほとんど等しく当惑させられる性格を帯びている。というのも彼が告げねばならない物語は，非合理性の力によって負け，かつ，粉砕された人間の理性の物語であるからである。これらの力はアテネの戦争時代に明らかとなる。その時代にはデモクラシーは，国家的な指導者たちによるコントロールから逃がれ，悲惨と恐怖，憎し

---

56)　ツキディデス，前掲書，2,53,1：「そしてついにこの疫病は，ポリスの生活全体にかつてなき無秩序を広めていく最初の契機となった」。

みと貪欲というもっとも野蛮な衝動によって動揺し、希望を過度にまで失って、同じく真っ暗な過度の絶望に飛び込んでいる。そのような力は〔ギリシアの島〕コルキラのような国家においても明白であって、そこでは公共の精神の消滅によって階級闘争と内輪もめでもって人々は憂さを晴らすのである。階級闘争と内輪もめのどちらの場合でも、人々は主に個人——自己拡大と貪欲および野心といった動機よりも高くない動機によって鼓舞されて死の舞踏に自らを導くような個人——において、そのような力を実現した。こうしてそのような力は戦争によって起こる精神病を引き起こそうとし、群衆のもっともさもしい感情に訴えることを躊躇しない〔アテネの軍人〕クレオンのような人物の扇動政治に明白である。あるいはアルクマイオン家と関連した伝統的な自由主義を背教者の恨みでもって否定したアルキビアデスの悪魔主義にも明らかである[57]。この場合にも他の場合と同じく分裂させる力は、ツキディデスにとって全く予想できないことを示す、戦争の「危険」がなくなることによって起こることに留意すべきである。

ポリュビオスの歴史観

だがもし幸運が予想できない代物であって、破滅するように人事に介入して来るとしても、それはまた創造することにも役立つのである。実証主義者としてのツキディデスにとって現世にかかわる意味は厳密に彼の科学的な信念によって限られていたし、それは単純に「偶有的」か「予期しない」ものにとどまる。彼の後継者〔ローマ史の著者〕ポリュビオスにはそのような制限はなかった。自らを「実用主義的な」歴史家と宣言し、こうして予め考えたこととは無関係に観察した通りに事実を認識することができたの

---

57) ツキディデス,前掲書,6,89,92。

で，ポリュビオスはよい着想を「摂理」と同一視し，摂理をそれがないと因果の不完全な鎖になる「紛失した連結」として扱う用意のあることを示した。その連結は「自然な」説明に失敗したとき，嘆願される歴史の「機械仕掛けの神」(deus ex machina) なのである[58]。これがもう一度大衆向きにして詩的な観念論に復帰することになり，この観念論は自分に一致する精神と心の態度を前提したのである。ポリュビオスの「幸運」は，不幸なミロス島の人たちがアテネ人たちの手で滅亡するように脅かされていたとき，空しく援軍を捜していたのとまったく同一の「幸運」であった[59]。その幸運は神学者ピンダロスによって説教された「神的な出来事」と同じであって，それに対する適切なる応答は聖なる畏怖の感覚であった[60]。その幸運は「幸運」の礼拝から「幸運の寵児」の礼拝への短いステップにすぎなかった。そしてこの両者の同一視は観念の連合を当てにする単なる経験判断の問題に過ぎなかった。人事における積極的な力としてひとたび再建されると，その着想はローマが世界を治める力にまで繁栄するというもっとも驚嘆すべき世紀の発展を説明するのに役立ったのである。このように永遠の都市の「明らかな運命」と同一視されたので，その着想は簡単なプロセスによって皇帝たちの運命に移され，その惨憺たる結論をもって，歴史的に理解する原理の探求は，不名誉な終わりに到達したのである[61]。

アウグスティヌスによる聖書の真理の解明

キリスト教徒にとってこのような古典的な史料編纂の失敗は，人間存在とその動機の真なる「原因」を見出すこと

---

[58] ポリュビオス『ローマ史』37,4 と 38,8。
[59] ツキディデス，前掲書，5,104：「神から来る幸運」。
[60] 「敬虔・畏敬の念・荘厳」。
[61] 本書第 3 章を参照。

ができなかったことの結果であった。したがって，そのことはキリストのロゴスが，理解の原理として，古典主義のロゴスに取って代わることを指示した。換言すれば歴史的真理の宝庫として聖書のほうを選んで世俗的な文学を放棄することを指示したのである。しかし聖書の歴史的な史実性を宣言することは，アウグスティヌス自身が認めていたように，それだけでは，あらゆる起こりうる困難に対する既製の解決を提供するものではなかった。というのも聖書の権威は，一般に認められているように絶対的ではあったが，聖書の意味するところは必ずしも明瞭ではなかったからである。その反対にそれはいつも謎に包まれていた。この謎の性質は二重のものであった。困難の第一にしてもっとも明白な源泉は言葉に関するものであった。というのも言葉が，意味の象徴やしるしとして，ときおり二重の意味を帯びており，またその場合ただ一つに混じり合った記号となる危険がつねにあったからである。だが，言葉に関するものに実質的な曖昧さが加えられた。それはまことに根本原理に関してさえも，異なった書物では教えが異なっている，とりわけ旧約聖書と新約聖書では異なっている，と思われたという事実から起こった。そしていくつかの点では不一致が教義の絶対的な相対性を示唆するほどにひどかった。それは確かにすでに2世紀においてマルキオンの異端を引き起こしていたのである。この人が指摘した〔旧約聖書の〕正義の神と〔新約聖書の〕愛の神との相違は，神の意志の連続的な啓示としての聖書の価値をほとんど無効にするほど鋭いものであった。アウグスティヌスの時代には〔聖書の〕解釈問題は，「創造以前に神は何をしていたのか」といったマニ教の合理主義によって提出された難問のようにパズルのかたちで言い表されていた。それにはふざけて「神はその神秘を穿鑿(せんさく)するものに地獄を用意して

第 12 章　神の必然性と人間の歴史

いた」と簡単に応えるだけで事足りた[62]。それでも、とげのある言葉は刺さり、アウグスティヌスはそのような質問に真剣に応える道を見出すまでは満足できなかった。

このように行うことによって彼は解釈のための新しい、かつ、明瞭に区別できる基礎を展開させたのである。最初、彼は表現の道具として言葉が真理を心に秘蔵するよりも記憶にとどめるのに効果的にはたらくことを認めた。こうして明白となったことは彼が聖書のすべての叙述を字義的な意味で受け入れたり、弁護することはできないということであった。字義的な解釈を拒否するためにアウグスティヌスは「文字は殺す」（IIコリント 3-6）という聖パウロの権威を引き合いに出した。またそれを主張するにあたって疑いの余地なくアンブロシウスの先例のおかげをこうむっていた。だが彼は陳腐な風諭（アレゴリー）で道に迷わないために字義的解釈の陥穽から逃げだしたりしなかった[63]。というのも彼は理解するのにどんなに不明瞭にしてまた困難であっても、それでも言葉の目的は意味を伝えることであるのに気づいていたからである。またこの意味に到達するためには聖書本文の真の意義を理解しなければならなかった。このことは聖書がもともと編集された言語であるギリシア語とヘブライ語の知識を前提していたことにあった。その場合、単なる言葉上の問題を解決するためには、世俗の学問の異なる分野から援助を引き出すことは可能であった。そんなわけで彼は数学・天文学を含んだ自然科学・技術・歴史・制度・修辞学・論理学における成果を「エジプト人から奪い取った」（出エジプト記 12・36）[64]。これらの中で修辞学と論理学は、言葉の二重の

---

62)　アウグスティヌス『告白録』11,12,14。
63)　アウグスティヌス『訂正録』2,24,1。
64)　『キリスト教の教え』2, 7-25。聖書と世俗文学に関する重要な発言として『創世記逐語解』1,18,37 参照。「また明瞭でない事柄や

意味から生じてくる，解釈の多義性を，文脈との関連において，あるいは語りのさまざまな形態の一つ或いはその他によって，解決するために使うことが可能であった[65]。このことは宗教のために学問を売春させるというより，むしろ聖書がドグマの要素を含んでいても，聖書は文学として自由学芸の授業で一般に知られている本文批評の規則に服しているのを認識することであった。それでも聖書を完全に理解するためには自由学芸の知識（liberales disciplinae）はその価値に限界があった。まず第一にものすごい学識は道徳的な不誠実と完全に両立できることは言うまでもないことであった[66]。第二に〔旧約聖書の冒頭にある〕「初めに」（In Principio）というきわめて重要な問題でもって，単なる言い回しが実質的な困難さに変わることがしばしば起こった。それを解決するために聖書の本文批評に応用できる方法はまったく不十分であった。アウグスティヌスにとってそのような質問はいやしくも答えられうるとしたら，それはただ霊的に（spiritaliter），つまり御霊に照らしてのみ可能であることは明らかであった。

われわれの眼からかけ離れている事柄に関わる箇所に出合い，それについては，われわれの心にしみ透った健全な信仰に従ってもさまざまな見解を取り得るような場合，われわれがせっかちにあれやこれやの見解にくみして，さらに詳細な検討の結果，その見解の誤りが明らかになった場合，われわれは聖書自体の見解のためにではなく，われわれ自身の見解のために戦って倒れることになろう。そこではわれわれは，われわれの見解が聖書の見解として通用することを望んでいるのであるが，本当はむしろ聖書に含まれた見解がわれわれのものになることを望むべきである」。前掲書 1,19,39，およびトマス・アクィナス『神学大全』1部・68問・1項参照。

65）『キリスト教の教え』3,1 以下。
66）『再考録』1,3,2：「自由学芸の知識を多くの聖人たちは〔それほど〕多くは知っていない。またそれを知っている或る人たちはいても，彼らは聖人たちではない」。

聖書の霊的解釈の意味

しかしながら、この時点で語気を強めて警告すべきことがある。それは御霊の照明〔という言葉〕によってアウグスティヌスは、聖霊なる弁護人（パラクレートス）に関するモンタヌス主義者の観念にもとづいてテルトリアヌスによって表明された脱自的な照明を指し示していない点である[67]。彼はまたコンモドゥス〔3世紀のキリスト教ラテン詩人〕に例証される種類の千年王国説に対しほんのわずかな認可をも与えていない。こうして霊感についてのアウグスティヌスの見解は、聖書を、霊感に助けられてたとえばローマ帝国の滅亡のような特別な歴史的な発展を預言する、宇宙暦と見なすような何らかの根拠を与えていない。このように見なすことは聖書を預言の精神によってではなく、人間的な目をもって読むことになる、とアウグスティヌスは言明し[68]、そしてそれを立ち上げている諸々の推測は異教徒の迷信にほかならない〔と説いた〕。異教徒は〔キリスト教徒の迫害が365年続くと考えて〕激昂して言った、キリスト教は正確に365年の間耐えねばならなかった、と。「しかしわたしはこれらの意見の大胆な推測に驚くばかりである」[69]と彼は言う。

アウグスティヌスにとって聖書の真なる目的は、それによってわたしたちが正しくかつ幸福に生きるような（quo recte beateque vivamus）手段を明らかにすることである。この意味でそれは疑いの余地なく黙示的である。こうして聖書は誤ることなく未来を指し示す。その未来には「ユダヤ人の回心、アンチィキリストの支配、キリストの再臨、

---

67) 本書第11章参照。
68) 『神の国』18,52,54：「それは預言の霊によるものではなく、人間精神の推測によるものである」。
69) 前掲書 20,19。（訳者注）365年間という想定に関しては前掲書 18・54を参照。

最後の審判，善人と悪人の分離，大火災と世界の更新が含まれる[70]。「これらすべてが確実に起こると信じなければならない」と彼は断言する。「しかしいかなる仕方で，いかなる順序で起こるかは，現時点で人間の認識によって完全に捉えることができるというより，むしろその時に経験することによって教えられる」[71]と付言する。確かにこれらはどんな種類の科学的な予知によっても予想できる出来事ではない。それらを正しく認識するために必要なのは，詩人に対する適切な解釈が求められる権威によく似た，一種の権威を前提とする価値判断である[72]。聖書はそのような価値判断に満ちている。その本質は「初めに言があった。神から遣わされた一人の人がいた。その名はヨハネであった」とのヨハネ福音書 1.1-14 のようなテキストを参照することによって例証されるであろう。また「その名がヨハネであった一人の人がいた」という後の発言によって時間的な事実（temporaliter gestum）の陳述がなされている。そのようなものとして彼らは科学で慣例となっている証明方法に服している。しかし科学は事実を立証するのに役立っていても，決して価値を確立することができない。「それを受け取る者は信仰によってのみそうする。信仰によって受け取らない者は懐疑によって動揺し，不信仰によって嘲笑する」[73]。こうしていまも問題となっている価値

---

70) 元来はヘラクレイトス主義である「火災」の考えは，このようにして遂にキリスト教とともに再浮上する。その間にそれは〔古代ペルシアの〕ミトラ信仰に現れていたが，そこではクモントによればミトラが天から地に帰還することや死者の復活，また最後の審判と結びついていた。そこでは善人たちへの不滅性の贈り物と悪の原理〔ゾロアスター教の悪の神〕アフリマンと一緒に悪人どもの絶滅が含まれていた。クモントの R. O. 第 4 版 147-8 頁参照。

71) 『神の国』20,30,6。

72) 『信仰の効用』6,13。

73) 『三位一体』13,1,2。

がキリスト教的な洞察や知恵（sapientia）なのであるから，アウグスティヌスにとって預言として歴史は価値の解明であることが明瞭となる[74]。

歴史的解釈の道具としての知恵の認識

歴史的解釈の道具としての〔キリスト教的な〕知恵の認識はもっとも重要な意味を含んでいる。まず初めにそれは，芸術としての歴史の観念であれ，科学としてのそれであれ，この両者に等しく対立する。こうしてキリスト教的な史料編纂は，「自然」が「必然的な」物体的な法則の閉じた体系からなるという巧妙な〔占星術的な〕想定と哲学的な想定を，まったく偽りであるとして否定する。こうすることによってその編纂は占星術が要請する決定論の粗野なかたちを拒絶する[75]。それは「天体の星辰はキリストの運命ではなく，キリストが天体の星辰の運命である」，したがって「わたしたちの魂は本性上いかなる自然の創造のどのような部分にも，天体のそれにさえも服さない」[76]と主張する。しかしまたそれは運命の決定である「状況」に深く関わっているという，ヒューマニストの妥協案と言われうるものを拒絶する。またこの観点から運命に対する拒絶は，同時に，幸運に対する拒絶なのである。

幸運概念とその「想像上の密通」

この〔『神の国』という〕作品の至るところで，異教思想における幸運の概念が演じる役割が数多く指摘されている。この概念の重要さは，幸福や至福に当てられた言葉がエウダイモニアやエウトゥキア（あなたの神から獲たもの）

---

74) 本書11章，718-19頁参照。
75) 『神の国』5,1：「天体の必然性」；『告白』4,3,4 参照。
76) 『創世記逐語解』2, 17, 35。

であるという事実に優ってよく示唆されることはありえない。この意味で幸運の概念は詩人たちによって初めて合意に達した認識なのである。それは詩歌からはじまって科学に移っていき，科学では歴史家たちや哲学者たちには同様に躓きの石となっている。わたしたちはすでにこの観念を合理化しようとするツキディデスの努力を簡潔に述べておいた。その努力はアリストテレスが継続することになった[77]。わたしたちはまたそのような努力の失敗がポリビオスの作品に指摘されていたことに以前に注目したのであった。この失敗の結果は不幸をもたらした。というのもこのように裏切られた叡知的理解の理想は，「原理」の性格を引き受けたトゥケー〔幸運の女神〕やフォルトゥナ〔古代ローマの幸運の女神〕としての裏切り者の上にただちに復讐することになったからである。その原理は単なる観察者の主観的な気まぐれな思いつきにもとづいて，もしそうでないなら説明できないような「説明」として懇望されたのである。そうしたものとして，その原理はもっとも不吉なかたちで「想像上の密通」(fantastica fornicatio) という芸術的にして哲学的な悪徳を例証している。

ローマにおいては幸運の着想は，最初セルウィウス・トゥッリウス〔ローマ第6代の王，在位前672-641〕の「幸運の女神」(Fors Fortuna) において初めて現れる[78]。そして「彼女は暦には現れていないが，神官をもたず，外部から紹介されなければならなかった」けれども，このように初

---

77) 『政治学』1323b27:「というのは魂の外にある善きものの原因は，偶然的なものや運である」。1295a28:「幸運によって提供されて」。『弁論術』1361b39「成功はその原因が幸運である善いものから来る」。『形而上学』E 2, 1027a13「こうして規則的にあるのとはべつにありうる物質は偶然的な事物の原因でなければならない」。邦訳を参照せよ。

78) ワルデ・フォウラー『ローマ人の宗教的経験』235 頁。

期の段階で巷に現れたことは，幸運に対するまったく架空の信仰をもつローマ人たちによって認められていたことを表明する。しかし初期の考えがどんなに意義があっても，幸運の概念は後の共和国において次のような観念によって装飾を施された。その観念というのは，起源をポリビオスに負っているにしても[79)]，初期の帝国においては運命の女神として通常の祭儀で表現されるまでに，その重要性が絶えず増大するようになった[80)]。この関連においてわたしたちは，偶然自身の神格化ほど明瞭に古典的な科学の崩壊を表現するものはないことに，気づくことができよう。そのような原理にもとづいて歴史の経過を変更させることは，知的な誠実さと道徳的な責任性にとって同様に致命的である。

幸運，偶然の否定と神の摂理

このような考察にもとづいてアウグスティヌスの幸運に対する拒絶が生じてくるが，それは恣意的な神学的好みとしてではなく，まったく知的にして道徳的な必然性の問題として浮上してくる。その拒絶は明確にして同時に包括的である。彼は言う，「すべては神の予知の力〔つまり摂理〕にもとづいて更新されなければならない」(omnia revocanda ad divinam prudentiam)[81)]。それゆえ幸運の拒絶には，単なる偶然の出来事として考えられたものであれ，詩人や歴史家の言う「機械仕掛けの神」である異教的な摂理として考えられたものであれ，偶然の観念も入っている。この後者〔異教的な摂理〕と対決して彼の「神的な必

---

79) 本書 785 頁参照。
80) Cl. Rev. xvii, 153, 445,「カエサルとポリビオスの著作における幸運」。プリニウス『博物誌』2, 7, 22 とプルタルコス『ローマの運命の女神』参照。
81) 『神の国』5, 9, 10-11。

然性」の主張は，キリスト教は逃避 - 宗教であるという異教徒の非難にただちに反撃し，その非難を異教主義そのものに向けるのに役立った[82]。前者〔偶然の出来事〕に関して彼は言う，いわゆる偶然の出来事や不確かな出来事を外見的に独立したものと考えることは，それを取り巻く諸連関をわたしたちが認識することができないことを表明している，と。だが，このことが学問的な認識力の欠陥に帰せられるかも知れないから，その場合の事実に関しては決して確実なことではない。「偶然の出来事とわたしたちが呼んでいるものは，その理由と原因がわたしたちの視野から隠されていることにほかならない」[83]。この偶然の出来事の新しい分析はトゥケー〔僥倖〕やフォルトゥナ〔幸運〕の異教的な概念に含まれている真理の要素を評価するを可能にした。それは個別的な歴史的な出来事がまさにその事実によってユニークにして予測できないということである。傍観者としてのわたしたちにとっては，その関連を，それが起こってしまった後からでなければ，しかもただ不完全にしか，認識することができない。しかしながら，このことは，任意にして誤りやすい宇宙力の介入を表している，と想定する根拠の確かな理由を提供しないのである。確かにそれ〔不完全な認識〕は神の摂理の現れとして物事の必然性（necessitas rerum）の本質的な部分を構成する。したがって古典主義が歴史における非合理的な要因として指摘するものは，キリスト教には単にパラドキシカルなもの〔人々の意見に逆らうもの〕――その要因はそれにもかかわらず実在するものである――に過ぎないものとなる。そしてこの観点からアウグスティヌスは，多様な出来事における一つ一つの事件とすべての事件が神の活動を証言してい

---

82) 本書第 7 章 442 頁参照。
83) 『再考録』1, 1 と 2。

る，と主張するのである。

創造的にして動的な原理としての三位一体

こうして古典主義の精神性がもっている偏見を捨てることによってアウグスティヌスはキリストのロゴスという言葉，つまり創造的にして動的な原理として認識された三位一体によって，歴史の哲学への道を切り開くのである。このことが何を意味するかを完全に理解するためには「わたしたちの哲学」での詳細な議論を想起する必要がある[84]。この点に関しては現実離れしたロゴスの代わりに具現したロゴスを立てるにあたって，キリスト教的な史料編纂が，不毛な古典主義のイデオロギーの代わりに，解釈の明確な原理を確立するのを要求している点を認めるだけで十分であろう。したがってこの〔創造的な〕原理を「世界の外にある任意の意志」[85]として叙述することは，その本性と活動に対する完全な思い違いを暴露することになる。次にあげるものから何かを，あるいはそのすべてを，二者択一的に選ぶことができると考えることも等しく人を惑わすものである。すなわち「道徳法則・気候・権力をもつ人たちの気まぐれと生理学的な癖・経済闘争・人種・満足を与えるものについて賢明な選択をなす純粋理性・分別を欠いた動物の本能といった部類の戦い」[86]。というのもこのように考えることは，〔創造的な〕原理を〔とりとめもなく〕推論する理性——これを反駁するのにアウグスティヌスはとても苦労していた——のカテゴリーによって考察することであるから。こうしてこの考察はあの原理に内在する動的な性格を，アウグスティヌスが普及させたように思われる言

---

84) 本書第 11 章参照。
85) ビュリー『小論文集』24 頁。
86) オルダス・ハクスレー『すてきな研究』第 15 番。

葉を使うならば,「発展的な」性格を奪ってしまう。

人格性のことばで表明される歴史

具現したロゴスのことばで捉えられる歴史は, 人格性のことばでもって表明される歴史を意味する。そのようなものとして歴史は古典主義の懐いていた偉大なる憧れ (desideratum) すなわちヒューマニズムに適した哲学的な基礎を実現させることができる。しかしヒューマニズムの古典的な原型からまったく異なったものとして, キリスト教ヒューマニズムは, 断固として, 人間中心的でもないし, 神人同形説的でもない。その反対にキリスト教ヒューマニズムはまさしく, そのような悪徳を有する古典主義を告発する。アウグスティヌスは言う。

> もしも無学な人が工芸家の作業所に入っていくなら, その人は何に使われるのか分からない多くの道具に出会うであろう。そして彼がもし愚か者であるとしたら, その道具は余計な物であると宣言するであろう。同様にその人が鍛冶場に歩みいったとき, あるいは鋭い道具を不器用に扱って傷ついてしまったとき, 彼は多くの致命的で有害な物に取り囲まれていると想像するであろう。人間というものはそのようにとても愚かであるので, 熟練工がいるところでは彼らが理解しないものをあえて乱用しないとしても, その創始者と支配者が神であるこの宇宙にある多くのものを, その理由を認めることができないので, けなす厚かましさをもっている[87]。本当のことを告白すると, わたしにはネズミと蛙, 蠅と蛆虫がどうして造られたのか分からない。それでもわたしは各々のものはそれ自身の仕方

---

[87] 前掲書, 26。

第 12 章　神の必然性と人間の歴史

で美しいことを認める。というのも，わたしが何らかの生き物の身体と四肢を考察するとき，わたしはそこに調和の統一を示す尺度・数・秩序を見出すであろうから。あなたは尺度・数・秩序を見るところではどこでも，それを造った人を捜している[88]。

　この観点からキリスト教徒にとっての難問は，自然の中に真理・美・善を読み込むというよりはむしろ，それらの価値を自然の中で発見することである。ましてや魂のない宇宙を前にして純粋に人間的な理想としてそれらを「保存する」ように試みる，道化芝居を演じることではない。アウグスティヌスがここから救い出されたのはキリストのロゴスのおかげである。

人間は神の摂理の操り人形か

　この点において，はたしてキリスト教のロゴスは人類を単に神の操り人形とするためにのみ自然の暴虐から救い出すのではなかろうか，という疑問が起こってくる。換言すれば，予定が「歴史からすべての意味を取り去る」のではなかろうかという疑問である。この問題はアウグスティヌスが多くの機会に，またとても長々と扱っているが，すっかり明瞭になるまで解明することに実際は成功しなかったものの一つである。わたしたちは論争の細部にまで立ち入っても，その困難さの由来が人類が生まれつき具えている〔神に類似したものと考える〕擬人観に見出されるかも知れないと示唆するよりも先に行くことができない[89]。神を「対象化する」つまり神を身体の言葉で考察する傾向は，この擬人観に帰せられるかもしれない。それは予定

---

88)　『マニ教を論駁するための創世記の注解』1,16,25。
89)　『神の国』11,21。

を哲学的決定論の神学的対応物に変化させる見解であるが、同時に他方において霊的な自由の観念は哲学な不確定性の原理と同一視される。しかしながらキリスト教的な知恵（sapientia）にとっては、この科学的理解力がもつ理解力のジレンマは存在しない。したがってキケロのような古典主義者と対立してアウグスティヌスは、全能者の予知が自律的な自己決定〔自由意志〕と両立しがたいどころか、唯一にして完全なる保証であると強く主張する[90]。「それゆえ宗教心は両方の立場〔自由意志と予知〕を選び取り、両方の立場を認め、また〔宗教的な〕敬虔がもたらす確信によって両方の立場を確立するのである」[91]。この発言は哲学の取り組みに慣れていない人たちにとってのみパラドックスと感じられる。だがこの人たちは哲学が人間の自由と責任の可能性を、そのとき同時に賢明でも善でもある創造者の全能を擁護しながら、弁護しようと試みたときに出会った困難さを知らない[92]。

創造的原理としての三位一体、時間とともに創造された世界

秩序と運動の原理として三位一体を受容することは、「わたしたちの条件の秩序」（ordo conditionis nostrae）つまり人間の思想と活動の避けることができない状態を、人間に対する法を、受け入れることである。これらの条件のなかには時間・空間・物質、つまりいわばあらゆる可変的な自然の諸要素が入っている。しかし、このような概念に関してキリストのロゴスは、再度、古典的な精神を苦しめ

---

90) 『自由意志』3,3-4。
91) 『神の国』5,9,2。
92) これらの困難とプラトンは『ティマイオス』その他で格闘したが無駄であった。『国家』で彼は神話に逃げることによって解決している。『国家』617E:「非難は洗い去られる。神は非難されない」。

第12章　神の必然性と人間の歴史

ていた誤解を防ぐために，またそうすることによって歴史的必然性に新しい光を投げかけるために，介入してくる。キリスト教にとって時間はある「もの」でもないし，幻影でもない。それは「生成の秩序」として確かに人間の生活と同じように実在するものであり，厳密には同じ進路であり，まったく取り消し得ないものである。時間について真実なことは，空間においても真実であることは言うまでもない。というのも時間が連続であるならば，空間は出来事が意識に自らを現す様式であるから。すなわち時間と空間はわたしたちの身体の知覚に内在するものである。しかし，この事実を認識するためには，時間・空間・物質・あるいは身体が独立している，つまり何か真の意味で運動の「原理」であることを決して認めてはならない。なぜなら運動というものは，創造された宇宙における他のすべてと同じく，創造者の意志に全面的に依存しているからである。宗教の言語で言えば，神が物質世界を「時間において」ではなく，「時間とともに」創造されたのである。

　これらの考察においてわたしたちは，哲学が何もなさなかったか，それとも疑念を一掃しなかった，ある種の通俗的な謬見に対する警告を見出すであろう。そのような謬見の一つが「真理は時が生んだ娘である」(veritas filia temporis) という格言に含まれている。だが，どんな誤りなのか。真理は自らに授けられた配慮に劣らない熱心で持続的な配慮でもって大事に育てられた，時間の所産の一つと同じではないのか〔という誤りである〕。他の類似した謬見は，ドン＝キホーテ的なまぬけだけが軽はずみにも戦いを挑むような，時代精神（Zeitgeist）の誤りである。このような観念の背後には，人間の歴史のリズムは，友好的であれ，敵対的であれ，いずれにしても人類とは無縁な勢力によって決まるという一つの感覚が潜んでいる。現代におけるこれらの勢力は一般的に「進歩的」として考えられ

ている。もちろん最近の出来事はこの素朴な信念を粉砕する傾向となった。古代の人たちはそれらの勢力について全体として循環するものとして考えていた。したがってそれらを「上り道と下り道」あるいは「車輪に似たもの」として表していた。

循環的時間に対する批判

これと関連してわたしたちはアウグスティヌスが「諸時間の循環」（circuitus temporum）と呼んでいる円環理論に対決して激しい攻撃を開始したことに注目すべきである。「これらの議論は，不敬虔な者らの単純な信仰を正しい道からそれせ，彼らと一緒に巡り歩かせようとしてもちだされたものである。これらに対しては，たとえ理性でもって反駁できないとしても，信仰によって嘲笑すべきである」[93]。彼によると円環理論の本当の基礎は「無限」の観念を把握する科学的な理解力の無力さと，「円環を閉じる」ようにこの理論を一貫して強く主張することまで辿られるであろう。しかし，さらに彼が続けて指摘しているように，これは人間の胃と同じように，消化できないものを吐き出す傾向にある人間的な理性の要求である。したがってこの理論は「どんな無限なものをも受け入れることができ，無数のものをすべて思考の変化なしに数えることができる，まったく恒常不変な神の心を，可変的な人間の精神の狭小な尺度によって測ろうとする試みとして非難される」[94]。

---

93) 『神の国』12, 18。ポルフェリオスの「車輪」については前掲書 12, 21 参照。円環説に対する初期キリスト教徒の批判については本書第 6 章 411-12 頁参照。

94) 前掲書，「その議論の中でもっとも強固な哲学者たちの議論は，無限のものは知識によっては捉ええないと彼らが主張すると考えられている。そこで彼らは言う，神は自ら造った有限なものすべてに

第12章　神の必然性と人間の歴史

もちろんキリスト教徒にとって円環理論よりも嫌悪すべきものはあり得ないであろう。というのもそれは，明らかに初めから終わりまで，創造的で運動する原理の連続的で前進的な開示としての聖書的な世代（saeculum 世界時代）の見解と矛盾しているからである。同じようにこの理論は人類に対するキリスト教の福音を暗々裏に否定する。それが古典的な唯物論でもって想定された形式においては，それは抑制できない力に依存する運動を表す。現代の著作家は「それは歴史を非合理的に導く」と解釈する。古典的な観念論にとってはこの理論は「典型的な状況」の無限の反復に対する信仰の中で具体化する。その信仰は個々の歴史的な出来事の独自な性格と意義に対し甚だしい不正をはたらくものである。円環（circuitus）に対するアウグスティヌスの嫌悪は憤激的な爆発でもって次のように表現される。

> しかしそうだとしても，ソロモンのこの言葉を，同じ世代と同じ時間的出来事が循環的に起こるということで，あの連中の主張する周期説を指しているとみなすことは，正しい信仰には許されていないのである。この説によると，たとえば哲学者プラトンはその時代にアテネのアカデメイアと呼ばれる学園で弟子たちを教えたが，過去の無数の世紀にわたり，無限の広さと無限の長さの中で，同じプラトン，同じ国，同じ学園，同じ弟子が次々に現れ，未来の無数の世紀においても次々に現れるということになる。もう一度言うが，わたしたちはこんなことを信じてはならないのである。なぜならキリストはわたしたちの罪のためにひとたび

ついて有限な観念をもっている，と」。

死なれたからである[95]。

　この大胆な主張でもって彼は，あらゆる外見にもかかわらず，人間の歴史が一連の反復するパターンから成立しているのではなく，ぐらつきやすくとも，究極の目標に向かう確かな前進を表しているとのキリスト教徒の信仰を証ししている。そのようなものとして，歴史は出発・経過・終末（exertus, processus et finis）をもっている。このように確信して彼はいわばキリストの軍隊（militia）の行軍の諸秩序を見出す。

　したがってアウグスティヌスにとって人間生活の秩序は，それ自身の経過の「論理」を盲目的に，かつ，無目的につくり出す「物体」の秩序ではないし，人間の精神によってアプリオリに理解されうるような原型や理念の単なる再生産ではない。それ〔人間生活の秩序〕をその〔原型や理念の〕いずれかであると考えることは，自分自身の空想と密通する科学が陥る罪を犯すことである。換言すれば，そのように考えることは，そういう仕方でロゴスを世代からあらゆる可能な意義を奪うためにその具体性から切り離すという罪を犯すことである。キリスト教徒にとって時間・空間・質料・形相はすべて同じであり，聖アンブロシウスのことばで言えば，それらは「神ではなく，贈り物である」。こうしてそれらは原因としてではなく，機会として現れる。そのようなものとしてそれらは「結合する」し「分かれ」もすると言われる。それら〔時間・空間・資料・形相〕はわたしたちに世代における個人としての身分を授けることによって個人を更新する。しかしこの身分にはその特別な制限が含まれており，その制限の最小なのはわたしたちの仲間と交際する困難さではない。この困難さ

---

95)　前掲書，12,14。

第 12 章　神の必然性と人間の歴史　　803

は言語の混乱（diversitas linguarum）によって強化される。これは人々が自分の周りに自分が造り出した経済的で文化的なバリアーを張りめぐらす取り組みから起こってくる。またその困難さから聖人といえども例外であり得ない。アウグスティヌスは言う「モーセはこう言って通過した。彼は本当は何を意味したのか」と。問題となっている困難さは精神と感覚では限界があるので「空気中に音を出す」〔音声の〕手段を採用するように強いられている被造物の困難さである[96]。しかしアウグスティヌスはこれらの制限を不可避なものとして受け取り，ある個人と他の個人の間に，あるいは悪魔が主唱するものとして諸世代の間に，神秘的な橋を架けるすべての試みを鋭く公然として非難する。

人間の歴史は「誕生と死の織物」である

この観点から人間の歴史は「誕生と死の織物」として現れ，そこでは諸世代が一定の秩序のもとに次々に経過する[97]。この諸世代という文脈の中で各々の，またすべての個人は自分自身の時間と空間とをもち，「その年齢をもっていない」人間の観念は根拠のない，見当違いの抽象なのである。「彼の起源について言うと，人が生ける魂となったとき，最初に創造された一人の人間からであれ，あるいは一人の人が他の人に似て生まれるにせよ，（わたしがアカデミア派について書いていた）そのとき，わたしは知らなかったし，今でも知らない」[98]。換言すればわたしたちがもっている個人としての意識は，科学的説明もなければ，出現することもありえない，一つの事実としてそれほ

---

96)　『三位一体』13,1,4．本書第 10 章，643 頁参照．

97)　『神の国』16,10；「諸世代の連鎖もしくは繋がり」；15,1：「死者たちが去り，新たに生まれる者たちが続く世代」．

98)　『再考録』1,1,3．

ど大きな問題なのではない[99]。この事実を受け入れることは，ここでもこれから先でも，わたしたちの本性と宿命が個人としてのそれであることを認識することである。身体の復活に対するキリスト教の信仰は，亡霊の世界のどのような異教的な空想にもとづくよりも，この確信にもとづいている。しかしながら復活した身体についての特性に関して言うなら，アウグスティヌスの立場はもう一度「わたしは知らない」と語る。つまり，それは彼にとって一つの問題として残っており，知識の問題ではなく，信仰の問題なのである[100]。しかしながら，そのようなものとして身体の復活は最高に重要な信念である。なぜなら質料には本来的に「破滅的なもの」は何もないからである。個々人の身体という質料であれ，わたしたちが「物質的な」文明と呼んでいるものであれ，そうである。真実にして悲劇的な宿命は，宿命があると考える幻想の中に横たわっている。というのも，それは「肉を支配する」ことができないということを含意しているから。しかしこのように想定することは，摂理が人類に割り当てた自然における地位を無視することである。

　自然的な秩序の一部分や極微なものとして人類は確かに，すべての有機的と無機的な被造物と同じく，根本的な欲求（appetitus）や事物が駆り立てる行為に服している。したがって人間の好みは，魂の重さや引力として描かれるであろう。「身体の愛は抑圧するか，引き上げるかする重さのようである。身体としてはその重さによって動かされるように，魂は引き寄せられるところへはどこでもその愛によって引き寄せられる」[101]。このように人間の魂の中に

---

99) 『魂とその起源』4,7,8。
100) 『神の国』20,20-22。
101) 『告白』13,9,1，『音楽』6,11,29：「確かに好みは魂の重さのようである」。

第 12 章　神の必然性と人間の歴史

見られる動的な衝動は盲目ではない。その反対にそれは理解力によって照明されている。したがって衝動は自分の置かれた「場所」を見出すときにのみ満足を覚える（requies adpetitionum）。つまり，その存在の真の秩序に一致するようになる。この事実においてわたしたちは野蛮なものに対する人間の優位を認めることができる。アウグスティヌスは言う，「どうしてわたしは燕や蜂に優っているのであろうか。彼らもまたその存在の秩序を知り，確かに意識しないし，教えられもしないが，それでも自然の作用によってそれを行っている」と。人間と同じくこれらの被造物をみても，彼らが，生きている秩序を「造った」のではないことは，認められねばならない。だが彼らは秩序を生きていることで創造者の栄光を明らかす。「わたしは数と比例を造るのではなく，単にそれらを認めるだけで，彼ら〔燕や蜂〕に優っている」。つまり人間の仕事は，そのような存在として，知と愛によって，神を讃美することである。

人間の歴史への理解の手がかり，幸福・秩序・理性活動

このようにアウグスティヌスは人間の歴史への手がかりを何らかの美しく紡がれた哲学的な抽象（絶えず集合したり，再集合する物質の微粒子；無数の個体のなかに単調に反復する類型）の中にではなく，純粋に，かつ，単純に，幸福を獲得しようとする人類が有する同じ性質の衝動の中に見出す。そしてこの幸福を彼らは秩序において見出す。つまり「等しいものと等しくないものとの配置や配列を各々にそれ自身の場所を配分する仕方で与えられる」[102]ことに見出す。この秩序から離れると，そこから「混乱」（perturbatio）と「悲惨」（miseria）が結果する。こうして

---

102) 『神の国』19,13（14 参照）：「そして秩序とは等しいものと等しくないものとに各々のその場を割り当てる配置である」。

生命は本来的に，かつ，内在的に秩序として考えられた。知性的でない被造物ではこの秩序が可能となる「配列」が有機的であるに過ぎない。それが「身体の平和」(pax corporis)，つまり「欲望の停止によって起こってくる身体の秩序づけられた措置」である。しかし理性的精神では秩序の要求はさらに前進する。その要求は「理性的な平和」つまり「知識と活動の間の一致」(cognitionis actionisque consentio) においてのみ完成されるであろう。また人間は身体をもつ魂であるから，真に人間的な秩序は有機的にして同時に精神的でなければならない。つまり「秩序ある生活と生ける存在の健康」(pax corporis et animae ordinata vita et salus animantis 身体と魂の平和は秩序のある生活と生けるものの健康である) でなければならない。

このような秩序を実現する取り組みにおいて成功するか失敗するかは，(a) 真の至福がその中に見出される事物に対する正確な評価と (b) 究極なものとして見出される価値に他のすべての価値が従属することにかかっている。換言すれば，それは知性的な洞察と道徳的な力にかかっている。この意味で「正しく考えることが正しく行動する条件である」と言うことは正しくなる。しかし正確に考えるように勧告することがどんなに救いとなっても，それを守ることは決して容易ではない。なぜなら先ず第一に，その勧告は，それが欠けていると不可避的に思想が粗野になってしまう，諸々の第一原理の理解を前提しているからである。そして第二に，それは精神的なものに劣らず道徳的な過程，思索する人が自分自身の影を彼自身と真理との間に落とすのを許すことから直面する，もっとも重大な危険に巻き込むからである。「精神が自分自身か，身体か，それとも自分自身が空しく想像したものを拝むことを選ばなかったとしたら，宗教に誤謬は決して起こらなかったであ

第 12 章　神の必然性と人間の歴史　　807

ろうことは明らかである」[103]ということにアウグスティヌスは気づいている。精神がこの誘惑に屈したことはもちろん傲慢（superbia）に帰せられるべきである。こうしてこの傲慢はテルトリアヌスにとってと同じく彼にとっても悪魔自身の罪，とりわけ哲学者たちの罪である。そのようなものとして傲慢は根深い「悪徳」，「自分自身の力を試してみようということ」[104]への情熱の現れである。この情熱は「自分自身の真理を形成する」努力において表明される。このようにして詐欺師の君主である悪魔は同時に嘘つきとペテン師の君主である[105]。

キリストのロゴスは新しい統合原理を歴史に導入する

こうしてキリストのロゴスは統合と分割の新しい原理を人間生活と人間の歴史に導入するのに役立っている。問題になっている統合は，単に身体的なものではない。それはわたしたちの組織の中に入ってきた「質料」として考えられようと，その質料が有機的な生命と呼ばれているものに服している「過程」として考えられようと，「肉」の統合なのではない。また他方において，統合は無時間の世界と非形態的な類型に依存する，単なる精神的なものでもない。それは実際には「自然」の統合であって，神の像に創造され，神の意志を実現するように予定された存在である自然の統合である。したがって人間の価値はギリシア人，ローマ人やユダヤ人，ゲルマン人やケルト人にとっての価値ではなく，人間としての人間にとっての価値である。この結論においてキリスト教は古典的なストア派が説いた人類愛の通告を強化し，かつ，それに新しい意味を与える。

---

103) 『再考録』1,13,2。
104) 本書第 11 章 745 頁参照。
105) Mendacii pater；「虚言の父」ヨハネ福音書 8.44 参照。

同時にキリスト教はキリストのロゴスにおいてそれを新たに承認している。

　新しい統合の原理は同時に人間の間の区分の原理として役立っている[106]。というのも統合の真の基礎がもし自然本性，つまり堕罪以前の古いアダムの自然本性か，それとも新しいアダムの自然本性――新しいアダムにおいて肉の欲求は霊のそれに従属している――のうちに横たわっているなら，そこから帰結することは，〔人間の間の〕区分は自然本性の幾つかの欠陥か，それともその逸脱に帰せられなければならないということである。統合は人類にとって一つの世界，一つの自然本性，一つの宿命があるという想定にもとづいている。その想定を否定することは，神の恩恵のほかには逃れ〔て救われ〕る可能性がなくなる，致命的な裂け目や異端を人間生活に導入することを意味する。しかしながら，このことは，彼〔アウグスティヌス〕が語っているように「意志が私的であるか外的であるかそれともいっそう劣った善を追求するかして，そのために恒常不変的で共通である善からそれる」[107]ときまったくその通りに起こるのである。換言すれば，そのこと〔致命的裂け目の導入〕は，実現されるべき自己が神とその宇宙に反対して心に描かれる場合に，自己実現の努力と呼ばれているものの結果として起こってくる[108]。

106）『神の国』19,17。
107）『自由意志』2,19,53。
108）「ハマルティア」〔的外れとしての罪〕や人間性に見られる悪徳という古典的な教えに対してキリスト教は（実行罪と対立するものとして）原罪の教えを対立させる。原罪は傲慢や独立することへの願望に帰せられる。その結果として道徳的にして身体的な不完全や「死」を引き起こす四肢間の戦争状態を導入することになる。この教えを洗礼を受けなかった幼児たちが「罪に定められるのか否か」という問題に適応することに関しては，とりわけアウグスティヌスの『神の国』21,16 を参照せよ。

第12章　神の必然性と人間の歴史

歴史における二つの社会

人間の歴史において統合と分割の新しい原理は二つの社会において表現されている。この二つの社会はことによると神秘的に (mystice) は二つの国として描かれるであろう[109]。これらの社会はあらゆる点において鋭く対立する。「一つはキリストの国，他は悪魔の国，一つは善人からなる国，他は悪人からなる国，両者とも人間とともに天使から成り立っている」[110]。この広大な一般化は全人類を把握するのに役立つ。全人類とは「この世界に散らばっている多数の偉大な諸民族であり，彼らはさまざまな儀式と習慣をもち，変化に富む言語や武器や衣装によって区別される」[111]。それはまた全人類の歴史をも包含する。二つの社会の生活は「人類の初めから，その間に身体的に混交したり，道徳的に分かれたりしているが，最後の審判の日には身体的にも分けられる，世代の終わりまで」[112]拡がっている。それは世俗的な社会と神の社会である。

このような結びつきの二つの形式の間の相違点はそれぞれの願望に見出される。

> 神を軽蔑するに至る自己愛が地的な国を造り，他方，自分を軽蔑するに至る神への愛が天的な国を造ったのである。要するに，前者は自分を誇り，後者は主を誇る。なぜなら前者は人間からの栄光を求めるが，後者にとっては神が良心の証人であり，最大に栄光だから

---

109) 『神の国』15,1。
110) 『エンキリディオン』29。
111) 『神の国』14,1。
112) 『初歩の教え』19,31；『創世記逐語解』11,15,20；『神の国』18,54：「二つの国，つまり天の国と地の国とが混ざり合いながら，初めから終わりに至るまでこの地でどのような旅をしてきたかを〔論じてきた〕」。

である[113]。

したがってこれらの願望は各々貪欲（avaritas）と愛（caritas）として叙述されるであろう。「一方は聖なるものであり，他方は汚れたものであり，一方は共同的であるが，他方は私的であり，一方は至高の共同体のゆえに共同の利益を熟慮するが，他方は傲慢な支配のゆえに公共の事物をも自らの権力の下に置き，一方は神に信従するが，他方は神に対抗し，一方は静謐であるが，他方は不安に渦巻いており，一方は平静であるが，他方は惑乱的であり，一方は愚か者らの称賛よりも真理を尊しとするが，他方は何が何でも称賛を渇望しており，一方は友愛的であるが，他方は嫉妬心に駆られており，一方は自らに望むものを隣人にも望むが，他方は隣人を自らに服させようとし，一方は隣人の益のために隣人を治めるが，他方は自らの益のためにそうする」[114]。

この観点から見ると地の国（civitas terrena）はその根源を自己主張のエゴイズム（amor sui）にもつ諸価値の反映として現れる。そのようなものとして，その起源は相互の対立が自殺的である事実に依存している。個人的な生活におけると同じく，人々の間の関係にとってもある程度の秩序が不可欠である。したがって自己愛は，秩序の原理として受容されると，動物的な生存権の主張をもってはじまる。そしてそれは実のところ食欲と性欲の要求を満たすことに変わる。この意味で自己愛はたとえば，共同的な取り組みの最低限を代表すると見なされるかもしれない，海賊仲間によって示される，一種の協定にまで昇っていく。しかし，このことは凝集力の基礎としてその諸可能性を使い

113）『神の国』14,28。
114）『創世記逐語解』11,15,20。

第 12 章 神の必然性と人間の歴史　　811

果たしたことには決してならない。というのも，それはものすごく広範囲にずらりと並んだ世俗価値の全体を抱擁するのに確かに役立つからである。このような価値には先ず第一に次のものが含まれる。

> 身体およびその善と呼ばれるもので，良好な健康状態，鋭敏な五感，四肢の力，美，その他よく生きるために必要なものである。その多くは必要の価値であるが，中には比較的つまらぬものもある。第二に，自由である。真の自由は永遠の法に寄りすがる幸福な人のもつ自由であるが，わたしがここにあげるのは，人を主人とすることのない者が自分を自由人だと思うときの自由，あるいは支配する人々からの解放を願っている者の欲する自由である。第三に，両親・兄弟・妻・子・親戚・隣人・下僕，その他何らかの必然の絆で結ばれた人々である。第四に，親のいた場所という意味での祖国である。名誉・報酬・その他の国民の誉れと呼ばれるものも，これに加えられる。最後に，金銭であるが，わたしたちの正当な所有物として売却・譲渡の権限をもつと見なされるものもみな，その中に含まれる[115]。

世俗主義の価値は，そこでは形式と機能とが多かれ少なかれ完全に調和している，特徴的な仕組みにおいて表現されており，これらの仕組みは世俗的な秩序を構成する。「地の平和」(pax terrena) であるこの秩序は，少なくとも三つの局面で現れる。第一の局面は「家の平和」(pax domestica) のそれであって，家族全員の生活を決定する

---

115) 『自由意志』1,15,32。

秩序である[116]。この平和は究極的には男性と女性との結合（copulatio maris et feminae）にかかっている。しかし，この結合は「肉にしたがって」子孫を残す源泉として同時に「国家の苗床」（seminarium civitatis）と考えられるであろう[117]。したがって家の秩序は「市民の平和」（pax civica）という第二のもっと包括的な秩序を興す。人間的な結びつきの第三の局面は家や町から世界大の尺度に（a domo et ab urbe ad orbem）拡がった帝国の状態として開花したものとして起こってくる[118]。構造や目標は違っていても，これら世俗社会の三つの局面は少なくとも，その存在が意志に依存しているという程度までは共通性をもっている[119]。しかし問題となっている意志は，〔霊魂の根源なる〕神の意志ではなく，またそれが「死すべき生に属するような事物に関して個々の人間の意志の組織やそれにふさわしい結合」の印となるほかには「一般的」なものとは叙述されないであろう[120]。そういうわけで世俗社会に含まれているような秩序は，どう見ても不完全なものに過ぎない。

> 死すべきもの〔人間〕の社会は，地上の至るところに拡がったが，地理的な相違にもかかわらず同一の本性を共有することによって結ばれている。だがそれぞれ自分たちの利益と欲望を追求し，その求めるところは同じでないため，だれも，あるいはほとんどのものを満足させず，しばしば対立しあって分裂し，力のある

---

116) 『神の国』19,14：「それゆえ家の平和，つまり家族の中で支配するものと服従する者との秩序ある和合がある」。
117) 前掲書，15,16,3。
118) 前掲書，19,7：「帝国のような国家」。
119) 『自由意志』1,12-13。
120) 『神の国』19,17：「死すべき生に属する事物に関してある種の人間の意志の結合が彼らに成り立つためには，市民たちの和合……」。

部分が他の〔弱い〕部分を圧迫している。被征服者は征服者に服従して，なにがしかの平和と安全とを願い，したがって，生きながらえるよりもむしろ滅びることを選ぶ者がいれば，とても不思議に思われるほどである[121]。

キケロの国家観の偽装と国家の正しい定義

このようにアウグスティヌスは，少なからず現実的な精神をもってツキディデスを書き換えることによって，キケロ主義者のスキピオによって表明された哲学的な観念論の偽装を拒絶する。スキピオはキケロの『国家論』のなかで，共和政治を「法への同意によって（iuris consensu）と利益の共同によって（utilitatis communione）結合された多くの人々の集団（coetus multitudinis）」として定義していた。ところがアウグスティヌスは「というのも正義なしに国家が生ずることは不可能であるから」と言う[122]。彼が他の箇所で語っているように「正義が欠けていれば，国家は大盗賊団以外の何であろうか。というのも盗賊団も小さな王国以外の何であろうか」[123]。この観点からするとアレクサンドロスの帝国と彼が検挙していた海賊のそれとの間には本質的な相違はない。「前者は海を，後者は全世界を荒らし回っている」。したがって彼は国家を「その愛する対象への共通の心によって結合された理性的な多くの人々の集団である」と定義するために，観念論的な議論を拒絶する[124]。この観点から何らかの共同体の性質はその欲望する諸対象によっておそらく測られるであろう。

わたしたちはここでしばらく中断して，アウグスティヌ

---

121) 前掲書，12,2。
122) 前掲書，19,17-19。
123) 前掲書，4,4。
124) 前掲書，19,24。

スによると問題になっている諸対象が，物質的にも観念的にも分類されえない，換言すれば境界設定の線が測りうるものと測りえないものとの間にはない，と主張することにしたい。これらの対象は正確には時間的なものとして表現される。そして地上の平和（pax terrena）は現世的な善を強化することであると言う[125]。アウグスティヌスは，神の摂理が死すべき生活にふさわしい善を人に供給することによって，適切な人間的な秩序のための身体的な基礎を備えた，と言う。これらの善はある種の理想的な価値を含んでいる。たとえば「この種の安全と社会であって，この秩序を維持し回復するのに必要なものは何でも──光，音声，呼吸に適する空気，飲用に適する水，身体を養い，覆い，元気づけ，飾るにふさわしい一切のものである」[126]。

アウグスティヌスにとって真に重要な点は，世俗生活の善よりもむしろ世俗主義がその善に対してとっていた態度である。彼はこの態度を「所有欲」の態度として指摘する。そして，この観点から地の国に特有な印が貪欲や所有欲（libido dominandi ＝ 支配欲）である〔と考える〕。換言すれば，所有欲はこれらの善を「個人のもの」（privatum）とみなし，それをグループの各人に配分する（sua cuique distribuere）「自分自身のもの」とする権利を要求する。その要求は同時に搾取の権利（ローマ法の表現では uti abutique ＝ 使用と悪用）と考えられている。世俗の秩序においてはその要求は「所有権」において表現されるのが見られる。こうしてこの所有権は，どんな形態をとろうとも，「人間関係の不動の基礎」となっており，それはそうしたものとして人柄，結婚，家族のような観念を誤らせたり，ゆがめたりするように運命づけられた。しかし「自分

---

125) 前掲書，19,14。
126) 前掲書，19,13。

のものにする」ことは，この意味でまた「分割する」ことであり，その独立の理想は同時に孤立，経済的で道徳的な自足の孤立の理想である。さらに現世的な善のなかでも資産に対する貪欲は，不可避的に排他的で独占的となる。「というのも所有の栄光を願う人は，もしも彼が生ける仲間とそれを分け合うように強いられると，自分の力が減少したと感じるであろうから」。このように世俗社会は自分の原型を，自ら課した制限のゆえに克服できない，分派と紛争によって絶望的に分裂した「混乱の町」バビロンのなかに見出すであろう[127]。また「カインは所有を意味する」がゆえに，世俗社会は兄弟殺しをその創立者と最初の市民として期待するであろう[128]。

支配欲は闘争する劇場となる

そのような制限は，その和合の理想が現世の生活の要求と関連する個々人の利益の組み合わせの理想を決して越えたりしないような社会の制限である[129]。したがって支配欲が「その君主たちにおいて，あるいはそれに服従する諸国民において」委任されたかたちで実現されるようになるが，「前者〔君主たち〕は自分の権能のうちにある自分の力を愛する（in suis potentibus diligit virtutem suam）」[130]。その結果は，「肉が肉を食う」ような支配欲が生存のために闘争する劇場となる。アウグスティヌスは言う，「世界は人々が魚のように互いにむさぼり食う海となる」と。このように世俗の生活を純粋な生物学的な言葉に還元すること

---

127) 前掲書，16,11：「言語の多様化と変化とは罰の結果である」；19,7：「言語の多様化は人間を人間から疎遠にする」。
128) 前掲書，5,7,17.
129) 前掲書，19,14：「それゆえ時間的な事物の使用はすべて地の国においては，地上的な平和の享受に関係する」。
130) 前掲書，14,28.

によって,彼は社会における闘争というヘロドトス的な着想を十分に評価する。そのような闘争は,それ自身の原理にもとづくと,逃げ道が考えられない世俗主義に本来備わっている根絶しがたい特徴である。「それゆえ,この悪しき世における人類の共通の避難所である家庭がもしも安全でないとしたら,国家はどうであろうか。国家はいっそう規模が大きいだけに,それだけその法廷は民事や刑事の訴訟で満ちてはいないが,騒々しいばかりか頻繁に生じる血なまぐさい暴動や内乱は鎮まっており,国家はこのような事件から時として免れているとしても,その危険からは断じて免れてはいないのである」[131]。この観点からすると「市民の平和」の維持は,とどのつまり恐怖に,つまり反抗する人たちを強制する力（metus quo coerceat）に依存している。あるいは,ある現代人の言葉で言うと,「武力は国家の起源のもっとも明らかな,もっとも明白な,またその起源に固く結びついた表れである」[132]。

このように考えるとポリスは〔定説に反対する〕異端を配慮するどころか,それ自身が最大にしてもっとも恥ずべき異端である。それは,たとえ王国や共和国,民主国や連邦（regnum vel civitas, res publica）の形をとろうととるまいと,等しく真実である。この真理は先ず第一に政治的な手腕によって達成された東洋風の原型であるアッシリアに妥当する。それは残忍な征服と搾取の典型であって,「大規模な盗賊行為としてのみ記述されるべきもの」[133]である。しかし,そのことはヨーロッパの場合にアジア的な政治的試みに劣らず明白である。つまり「自由学芸およびかくも多くの偉大な哲学者たちの母にして乳母であり,ギリ

---

131) 前掲書,14,5。
132) ソレル『暴力についての考察』162頁。
133) 『神の国』4,6:「大規模な盗賊行為以外の何と呼ばれるべきであろうか」。

第12章　神の必然性と人間の歴史　817

シアの栄光と誇りである」[134]アテネの場合に明白である。このことは「よい生活」という市民の要求を帝国の安全の要望と和解させることによって，安定・繁栄・軍事的栄光・煩いのない平和という世俗的な理想を意気揚々と実現しながら，西方の政治的な努力を縮図的に示し，かつ，完成させているローマの場合にも明白である[135]。

王国や共和国に対する評価

したがってアウグスティヌスの忠告は，君主や国民，王国や共和国のいずれも信頼してはならない，と言うことである。王国や国王について彼は，彼らが自分の偉業を正義という言葉ではなくて，その臣民の奴隷状態という言葉でもって評価していると述べている[136]。他方，共和国の欠陥は，単に経済的で政治的な（実用主義的な）正義——この正義と，従順やいわば社会的調整という等しく邪悪な理想と，が結びついている——の理想にある。彼は「あなたはアテネの婦人のように少しずつ薬を服用して毒に慣れてしまっている」[137]と言う。それでもそうしたことは，不従順とは社会的な陶片追放の意味にほかならないし，また「彼はこの幸福の理想を求めない公の敵である」[138]ことに順応させる圧力である。だが原始の状態に帰還することによって組織された社会から逃れることができると想定するのは幻想である。なぜなら，この幻想には「自然本性」は生まれつき有徳であり，「法律」は退化の徴候であるという虚

134）　前掲書，18,9。
135）　前掲書，18,2：2,20：「彼らは言っている，国家は健全で富み栄え，勝利の栄光に輝いている。さらにいっそう幸いなことに，平和で安定している，と」参照。この言及は多分キケロであろう。『アッティクス書簡集』8,11,1-2。
136）　『神の国』2,20。
137）　『マニ教の道徳』8,12。
138）　『神の国』2,20。

偽が含まれているからである。しかしながら、この考えは一つの異端である。というのもその考えが、政治的な組織を創造しかつ維持する意志とは無関係に、腐敗は何らかの方法でその組織に本来備わっている、と推定するからである。初期のローマではこの〔ばかげた〕考えが王たちに敵対する革命を引き起こした。だが「共和主義の自由」は弱者たちを「強者らの侮辱」——それが過剰であったので間もなく平民の脱退という結果となった——に曝すことによってすぐに圧制を引き起こすようになった[139]。このような過剰に対しては有効な抑制手段は外国からの危険の恐れという一つのことしかなかった。それはもしローマ人たちが一緒になって首を吊さなかったら〔つまり、一致団結しなかったなら〕、彼らは別個に首を吊る〔つまり自滅する〕ことになるというのが彼らの本心であった。この恐れが一種の結束を誘発したが、単に消極的な結束に過ぎなかった。したがってローマ人たちは創造的な平和を実現するための健全な基盤に到達していなかった。

経済的な繁栄と所有欲

これに続くローマ史の出来事は世俗的な理想がもともと欠けていたことを単に強調するのに役だったに過ぎなかった。経済的な動機が支配的であったが、それは貪欲な土地の独占化と利益と借金に関係する法律の野蛮な管理を通して「パトリキ〔古代ローマの血統貴族〕による搾取が平民が奴隷であるかのように行われた」という表現に見出された。それでも彼らの短所を是正する試みからはほど遠く、ローマ人たちは征服と獲得の大規模なプログラムに乗り出すことによってその短所をさらに悪化させたのである。その場合彼らは、「われわれは安全と自由を守るために必要

---

139) 前掲書, 2,18。

第 12 章 神の必然性と人間の歴史

であったと訴え,決して人々の称賛を得ようともくろんだのではない」[140]と言う。だが名声を求める国家的な情熱には価値がなかったのではない。「彼らがあらゆる他の悪徳を鎮圧するための一つの悪徳」[141]としてそのプログラムは彼らに前例にないほどの物質的な繁栄 (res prosperae) をもたらすのに役立った。だが物質的な繁栄は競い合った国家を悩ませた病弊から救済をもたらす真の見込みを伴っていなかった。そしてローマのイタリアと海外での成功は単に「金を造り,かつ,費やすため」増大した好機をローマ人たちに提供したに過ぎなかった。このような仕方でもって彼らは諸々の王朝の経済的な成長を「弱者たちを彼らの支配に服従させるためにその富をいっそう強力に費やすものとして」[142]促進したのである。同時に彼らは社会的な悪徳のとんでもない洪水を引き起こした。それは個人的な財産という原理を脅かした富の奪い合いであって,「自分の財産を維持することも他人に維持させることもできなかった世代として成長した」[143]。これと結びついているのが次のような寄生状態の新奇なかたちであった。そこでは貧者たちが「自力では獲得できない太平」をむさぼるために富者たちに寄食している間に,富者たちはその傲慢な本心に仕える手段として貧者たちを食い物にした[144]。その結末は「相互の和合が初めに激しい流血を伴った反乱によって崩壊し,次いで間もなく諸悪の原因が互いに結びついて,内乱によるひどい虐殺が生じた」。したがって「すべての

---

140) 前掲書, 3,10。
141) 前掲書, 5,13。
142) 前掲書, 2,20。
143) 前掲書 2, 18 ; 3, 10 : アウグスティヌスは『アエネーイス』8,326-27「徐々に堕落し,時代の色香はあせ,戦争熱と所有欲とがあいついだ」を引用している。
144) 『神の国』2,20。

ローマ人がとくに強くもっていたあの所有欲は，少数の権勢家において勝利した後，踏みつけられ疲れ切った他の者たちをも，最終的には奴隷の軛の下に押さえつけたのである」[145]。だが，そのような発展に対する責任を負わせようと試みるさいには，「野心は貪欲と贅沢によって腐敗した市民においてのみ強かった」[146]ことを，わたしたちは留意すべきである。このような状況においては，ローマが真の共和国であったとか，かつてはそうであったという，スキピオの見解はなんと薄弱であることか[147]。

終わりに，帝国が獲得したものは，競争好きな政治家たちが曝されていた危険が単に増大するのに役立ったに過ぎない。彼らが獲得した「幸福は突然こわれはしないかという恐れに怯えている，ガラスでできたはかない輝きに等しいのである」[148]。というのも水分から成る身体の危険は，その〔図体の〕大きさに比例しているから。これらの危険を意識すると勢力ある国家は，

> その支配する国民に対して単に束縛だけではなく，またその文化（lingua＝言語）を社会の平和を口実として課そうと努めた。だがそれは，どれほど多くの人間の流血によってもたらされたことであろうか。だがそれでも敵対するよその国々は欠けてはいなかったのだ。なお帝国の広大さそのものが，外国との戦争よりもいっそう悪質な戦争，つまり同盟者間の争いやら内乱を引き起こした。それでも人々は言う，知者は正しい戦争をなすであろう，と。もし知者が自分は人間であることを思い起こすならばなおさらのこと，正しい

---

145) 前掲書，1,30。
146) 前掲書，1,31。
147) 前掲書，19,21。
148) 前掲書，4,3。

第12章　神の必然性と人間の歴史　　　821

戦争の必要性が生じるのを嘆かないかのようにである。けだし，もし戦争が正しくないならば，人はそれをなしはしないであろう。したがって知者にとっていかなる戦争も起こらないであろう[149]。

このようにして争いは，アウグスティヌスにとって，組織化された世俗社会では避けがたい結果であるように思われる。この事実に対する責任を彼は世俗的な事業の幻想的な性格に帰している。というのも世俗主義が係わる争いにおいては，「その勝利はまさに致命的か，少なくとも死に瀕している」[150]からである。こうして世俗主義が直面する究極的な運命は，アッシリアとローマの運命である。これらの言葉を使ってアウグスティヌスは，ヘロドトス的な「衰微の原理」によってであれ，あるいは優秀さ（virtù）の堕落というヒューマニストの堕落神話によってであれ，古典主義が理解を示そうと努めても空しかった社会史の事実を公正に評価する。同時に彼は「現世の事物に献身しながらもローマ人たちはその報酬を得ることなしには引き受けなかった」と言明するとき，ヘブライの預言者たち以外のだれもまだ認めていなかったようなモラルを世俗の歴史に与えている。

　　幸福の創始者にして授与者なる神は，ご自身が唯一の真の神であるがゆえに，善人にも悪人にも地上のもろもろの国を授けたもうたのであるが，神はこのことを理由もなく，また偶然のようになしたもうたのではない。というのは，ご自身は神であり，幸運の女神フォルトゥーナではないから。神はわたしたちには隠され

---

149)　前掲書，19,7。
150)　前掲書，15,4。

ていてもご自身にはまったく明瞭な事物と時間の秩序にしたがってそれをなしたもう。しかし神はこのような時間の秩序に奴隷として奉仕するのではなくて,主人のようにそれを支配し,統治者としてそれを実現したもう。だが神は善人のほかには幸福を与えたまわない[151]。

したがってローマ帝国が大きくなった原因は,偶然や運命のいずれかに帰すべきではない。諸々の人間的な帝国は神の摂理によって造られる[152]。

このように神は戦争に適した性質をもつ人たちに戦争をさせ勝利を許しながら「戦争の期間と問題を処理したもう」[153]。しかしながら戦争に適した性質がそのことのために必然的に称賛されたということは誤りである。なぜならエゴイズムを崇める風習はどこにもないし,物理的であれ,道徳的であれ,武力から愛が抜き取られるなら,それは「悪徳」であって,それを行使することは有害な結果を招かざるをえないからである。この法則の中にアウグスティヌスはヘロドトス的な天罰(nemesis)の働きではなくて,祖先の罪をその子孫に世代から世代にわたって報いるように働く神の業を認める。これらの天罰を人々は逃れることができても,一つの条件が必要である。つまり人々が幻想でもって自分らを興奮させるのをやめ,その精神をして諸々の事実に直面させるという条件が必要である。だが,このことこそ厳密には古典主義が断固として,かつ,頑固に実行するのを拒絶してきたことなのであった。

---

151) 前掲書,4,33。
152) 前掲書,5,1。
153) 前掲書,5,22。

第 12 章 神の必然性と人間の歴史

世俗主義のイデオロギーとその起源，神々の誕生

わたしたちはこれまで真に人間であるためにある秩序を理解しなければならないことを考察してきた。すなわち実践と理論，行動と思想とをある程度は和解させることに成功しなければならないということを考察してきた[154]。こうして世俗主義は (a) 合理化する試みとして，また (b) その活動を正当化する試みとして，適切には力のイデオロギーとして表現される，特徴ある理解を立ち上げようと努めている。そのようなものとして世俗主義の起源は，人間の歴史の始まりを不明瞭にする霧のなかに消え去った。だが原始的なイデオロギーは数多くの多様な物神崇拝やタブーの形態に中に，贖いや犠牲の巧妙なテクニックのことはいわないとしても，空想・恐れ・希望の物象化のなかに生き続ける。そのような現象が現に存在するということは，不明瞭にして神秘的な状況のさなかにあって自己保存の有効な手段に対する人間的な欲望である，自己愛 (amor sui) の力を，もっとも明確な仕方で告げている。この衝動が持続していたことからギリシア‐ローマ時代に神々が誕生している。これらの神々は伝統的なワァロ〔前 116-27, 古代ローマの学者，『故事来歴』〕的な図式によると (1) 詩人たちの神々（劇場に付属する），(2) 哲学者たちの神々（世界に広がる），(3) 人々（市民たち，多くの神官たち）の神々に分類される。あるいはアウグスティヌスによって提案された修正を受け入れるなら，(1) 市民的で詩人的な神々と，(2)「自然本性的」か哲学的な神々として分類される[155]。

そのような神々として最初に考察されるのは，市民的な，あるいはよく言われるように「公認の」神性たち，つ

---

154) 本書 806 頁参照。
155) 『神の国』4,27 および 6-8 巻の至るところ。

まり家族と国家の神々である。その生成と歴史は社会そのものの生成と歴史に一致する。というのも英雄時代の社会構造の崩壊と都市国家ポリスの興隆とともにこれらの神々は，アウグスティヌスが指摘しているように，経済的か政治的な理由で，つまり市民的な徳を促進する考えで，選ばれるようになったからである。こうして行われた選択はキケロによると「諸宗教の制度」と彼が呼ぶものを形成するようになる[156]。このことは純粋に経験的か実用的な基礎にもとづいて発展するが，ひとたび設立されると著しく保守的で安全な pax deorum（神々の平和）と感じられる因習的な性格を獲得する。しかしながら安全だというこの感覚は幻想的である。なぜなら諸宗教の制度（constitutio religionum）は政治生活の進展とともに発展するからである。こうして今日の「迷信」は明日には認可された儀式となる。この意味でキケロが「諸宗教の混乱」と呼んでいたことよりも重大な脅威は政治的な安定にとってありえない[157]。司祭職が市民的な秩序のうちでとても重要視されるのはこの理由である。また祭司職を抑制することがしばしば政治的な野心の最高の対象となるのも，また個人的には神々を疑ったり，否定したりする人たちによってさえそのように切望されるのも，この理由なのである。というのも神々の平和（pax deorum）を維持する権利と義務は執政官が究極的には責任を負う公共の利益の部門として正当にも見なされても，それでも祭司的な団体は包括的な性格の特別な機能を任せられているからである。その機能とは（a）「神々の意志」を見出し解釈する伝統的な方法にしたがって働く，卜占官（占い師）と腸卜術（haruspicina），（b）認可された国家の祭儀に関連した儀式的な行事の履行，（c）

---

156) 前掲書，7,2：「選ばれた神々」（諸宗教の制度）。
157) De Legg. 2,10,25.

その爆発が既存の秩序に悲惨な結果を引き起こす重大な時点で起こりやすい，宗教儀式（religio）の調整と抑制を含んでいる。幾世紀にもわたってローマの司教職は，転覆を狙う宗教的な衝動を無力化したり，必要ならばミイラにして保つことに成功した熟練さでもって際立っていた。しかしバッカス祭の陰謀の場合に政治的な介入が必要であったことは，そうする力が欠け始めていたことを確かに示していた。換言すれば，社会的な統制のための手段（人々に対する麻酔薬や興奮剤）としての宗教儀式の効力は，少なくとも伝統的な形式の点では，過去のものとなっていた。これが過去のものになっていたことは，アウグスティヌスが認めているように，不可避的であった。というのも徳を経済的な，もしくは政治的な実用性と同一視することは，徳の土台そのものを蝕むことであるから。こうしてそれは，Magna Mater〔自然と生命を司るフリギアの女神〕に結びつけられたもののように，卑猥なものを認めることになった。この理由で異教の神々が正しく生きるためにかつて認可を与えたし，かつて与えることができたと想像することはばかげていた[158]。テルトリアヌスがすでに言っていたように，「ローマ人たちは信心深いがゆえに偉大であるのではなく，偉大であるがゆえに信心深いのである」。これとは違ったように考えることは，馬の〔後ろにではなく〕前に車両を置くようなことであった。

イデオロギーをねつ造する詩人の役割

ギリシア-ローマ的なイデオロギーの第二の側面は，ねつ造の局面である[159]。つまり詩人たちの果たした取り組みである。彼らは権力と正義について納得する説明をするた

---

158) 『神の国』2, とくに 4-5。
159) 前掲書, 2, と 14「作り話，詩人たちの作り事，詩作」。

めに民衆の想像力の広大な蓄えから引き出された神話的な観念を使った。そのような社会的な活動の意義が永きにわたって注意を惹かずにいることは不可能であった。それはその他の伝承の中にあって〔古代ギリシアの地方であった〕メッセニア戦争で同国人を勝利するように励ましたチュルタイオス〔紀元前7世紀の詩人〕のそれ〔伝統，活動〕によって讃美されている。それはもちろん，それぞれが我が儘に振る舞うようにとの教えを宣伝することによって，イオニア人の生活を周知のように悪化させることにとても貢献したイオニアの叙情詩人たちにおいても明白である。したがって「詩歌」は，最初は自発的で束縛されていなくとも，国家の下では間もなく指揮されたり抑制されたりする。ローマにおいてはアウグスティヌスも注目しているように，この抑制は「ごくわずかな犯罪に限って死刑を定めているが，その中には名誉を毀損したり中傷したりする詩も含まれており，」[160]12表法〔紀元前451年に制定されたローマの最初の成文法〕と同じくらい初期に表現されているのがわかる。この成文法は後に芝居の検閲制度の確立によっても強化されることになった[161]。このようにして実践的なローマ人が採用した態度は，言論の自由に対する国家の厳格な統制を提案したプラトンでは，理論的に正当化されているのが見出される。アウグスティヌスはこの統制を少なくとも世俗的な詩歌に責任がある諸悪を鎮静するものとして支持する。同時に彼はその統制を道徳的にして社会的な悪徳を表示するものと考える。この悪徳を単に禁止しただけでは決して真の癒しをもたらさない[162]。だが詩歌に対するプラトンの態度は一般にはとても受け入れられな

---

160) 前掲書，2, 9。
161) 前掲書，2, 13.
162) 前掲書，2, 14；13, 5 参照。

かった。というのも他方において「模倣」として適切に理解されれば、詩歌はポリスにおける精神を浄化する積極的な作用を実現できると、たとえばアリストテレスによって要求されていたからである。この浄化の作用は〔毒をもって毒を制する〕同種療法である。それが過度になると政治生活を不可能にする、哀れみや恐怖の情念を刺激したり和らげたりすることによって詩歌は、過酷な血による粛正に代わるもう一つの手段を提供したのである。この理論についてアウグスティヌスが考えたことをわたしたちはすでに提示しようと試みた[163]。

哲学的イデオロギーへの変貌

通俗的なイデオロギーは、市民生活に具体化されたものであれ、芸術的な生活に具体化されたものであれ（fabulosa vel civilia, theatrica vel urbana 作り話のようなものや市民的なもの、演劇的なもの、都会的なもの）、簡単な変形作用によって哲学のイデオロギーへと変わる。宇宙的なエネルギーや世界霊魂と見なされた神の力が、自然を通して散発的に働く超‐人間的な力の観念の代わりに用いられるとき、このことは起こる[164]。この考えを考慮しながら哲学は一般民衆の混乱と当惑を解決する取り組みにしくじることを最初から厳しく非難する。同時に哲学は平凡な敵対者ではなく、その要求を吟味したり暴露することを引き受けるには、これまでよりも遥かに優る注意を払わねばならない[165]。それでも哲学が発展させ、その地位を支えているす

---

163) 本書第10章 648-49頁参照。

164) 『神の国』6,8；7,6：「自分の考えるところでは、神とはギリシア人がコスモスと呼ぶ宇宙の魂である。またこの世界そのものが神なのである」。

165) 前掲書、8,1：「わたしたちにはこれまでに優る精神的注意力を必要とする」。

べての策略にもかかわらず，世俗的なイデオロギーのいっそう人気のある形態のように，哲学の地位は自己本位を神聖化したもの，したがってまた大地から生まれた国（civitas terrigenarum）を神聖化したものにほかならないという事実を隠しておくことはできない。

> これがまさに地上の国の特質であって，神あるいは神々を崇めるのは，その助けによって勝利と地上的な平和の内に人々を支配するためであるが，その支配は愛をもって人々の益をはかるものではなく，支配欲によるものである。というのも善人は神を享受するためにこの世を用いるが，悪人はそれとは逆に，この世を享受するために神を利用するのである[166]。

わたしたちは人気のあるイデオロギーに具現しているさまざまな幻想のかたちを根絶するためにアウグスティヌスが永く根気よく取り組んだことに，ついて行くことはできない。それは民衆・詩人たち・哲学者たちの幻想である。この仕事に彼はまさしくルクレティウス〔前1世紀のローマの詩人哲学者〕の精神をもって乗り出すが，エピクロス主義者よりも無限に重い大砲でもってそれを行う。それらの幻想はみんな神々ではなく単なる言葉なのだ，と彼は主張する。そしてその言葉が，真理を開示する知恵（sapientia）の計画ではなく，むしろ無知を隠す知識（scientia）の策略であると暴く。したがってその幻想の言葉が神々と考えられるなら，それらは詐欺行為なのである。ここで必要なことはそれらの正体を暴くことであって，そうするとそれらは雲散霧消するであろう。それにもかかわらず言葉としてそれらの幻想は，その姿がどんなに

---

[166] 前掲書, 15,7。

第 12 章　神の必然性と人間の歴史

ぼんやりとし，ゆがんでおり，曲解されていても，ある種のリアリティを指し示す。こうして実際は誤った思い込みであっても，それを信じる人たちにとって，それらは恐ろしくも，かつ，破滅をもたらすほどに，リアルなのである。この観点から見ると，ダイモンどもの本体は，どんなに根拠が薄弱であっても，燃えるだけの実体をもっていることが示唆されうるであろう[167]。

---

167) 前掲書, 21,10。この段落でわたしはアウグスティヌスの悪魔論の実質を示そうと試みた。空気の力（aëriae potestates）の存在を信じることはヘブライの伝統の中においても，また古代ギリシア-ローマの伝統の中においても深く根を下ろしていた。そういうものが人類に善や悪をなしうるという観念は，通俗的な思想の中に拡がっていた。こうしてユリアヌスはダイモンを固く信じてキリスト教徒について彼らの神学は詰まるところ次の二つになると言う。すなわち (1) ダイモンを避けるために口笛を吹くことと (2) 額に十字架の徴を付けることとなる（本書 450 頁注 30 参照）。

アウグスティヌスはダイモンの存在をすべて受け入れたが，ダイモンらに独立して行動する力を否定している。そのような可能性は，世界に対する神の活動が〔ダイモンによらず〕直接的に無媒介になされるという，キリスト教の教えによって，排除される。したがってダイモンたちは許されている行動だけをする力をもっている。また彼らが害しても欺いてもよいと神が判断された人たちだけを彼らが支配し，かつ，害することが許される。この意味で（真正の）スピリチュアリズムの現象はダイモンらの活動で追跡されうるであろう（『神の国』7,35）。しかし彼らがアウグスティヌスによると罪深い精神のほかには影響しないことを覚えておくことは重要である（前掲書 10,21）。「というのは，こうした空気の力（aëriae potestates）が虜とし屈服させるのは，だれかその罪に加担した者だけだからである」（同上 10,22）。つまりあらゆる場合に主体性の要素がある。この立場から彼は，何らかの意味でダイモンらが純粋なる神と物質によって汚染した世界との間の「仲介者」であるという，異教徒の論点を強力に否定する。

その結果はサタンとその仲間を根絶させるというよりも移動を不可能にする。こうして通俗的な悪魔論が，上述の悪魔払いの機械的な方法とともに，中世を通して現代まで生き残っている。

古典主義の誤謬とキリスト教的な神への依存

この意味で古典主義の誤謬は，力の真の源泉と，それとともにその真の性格と条件とを確認することに失敗したと要約して述べることができる。このように提示された誤謬はオリジナルのものであり，人々の世俗的な向上心を挫折させた誤謬の全組織はその責任に帰せられる。キリスト教はこれらの誤謬を「すべて力は上から来る」という命題でもって論破する。そのように論駁するときキリスト教は，アリストテレスがその『政治学』の有名な章でもっとも鋭く批判する[168]，役立たない感傷主義者のやり方で，「慈悲心」(benevolence) と対立して「力」(power) を設定するような反定立に同意しない。両者の間に不完全な和解をもたらそうとする空しい努力を試みて，アリストテレス自身と一緒に取り組むことはとがめられない。というのもキリスト教は，原則的にどんなに悪いものであっても，人間が力を握ろうとしたり，自ら力を所有しようとする世俗的な願望が，危険と破滅から自分を救いたいというまったく自然的で適切な衝動のゆがめられたものに過ぎないということを，認めるからである。またキリスト教は，力への願望が自分の最高善と最大善を認識することができないことから起こっていると説明されることを認める。したがってキリスト教徒にとって反定立は「善意」と「力」の間にはなく，それはむしろ力に対する愛（the love of power）と愛のもつ力 (the power of love) との間にある。この観点から神的な社会の秩序である天上的な平和（pax caeletis）は同時に愛の秩序を設立する[169]。愛の秩序はおそらく神秘的ではあるにしても，神話的でも，仮説的でもない。なぜ

---

168) 本書第3章126頁参照。
169) 『神の国』15,22：「愛の秩序，愛好の秩序，聖なる愛の秩序」。

なら愛の秩序は，まったく同一な人間的な意志が自分自身を，超越的な対象（人々はこれをプラトン主義に任せている）に対してではなく，「対象」(object)の世界に対しまったく新しい相貌を授け，こうして「万物をまったく新しくする」原理に対して帰依することを単に意味するからである[170]。換言すれば，愛の秩序が指示するのは真理・美・善・最高実在の源泉である「神に寄りすがること」(adhaerere deo)なのである。このことは各人の新生と社会的改革のための根本的な原理として妥当する。それは人間関係における新しい実験のための出発点であって，それを受容することに世俗的な生活の期待を実現する唯一の希望がかかっている。これがキリスト教的な方法なのであって，正しい行動は正しい思考を前提するという異教徒の立場に代わるものである。そしてそれは正確には「信仰による義認」として表現されうるであろう。

回心の意義とプラトン的な回心説の批判

それゆえキリスト教の要求は，何よりもまず，これまで考察してきた個々の人に向けられているのであって，その個人も「流星のように空間を突っ切って発射し，暗闇が再度辺りを暗くする前に一瞬だけ上空を明るくする」宇宙的な物体の小片として考察するのではない。また個人は生物学的，人種的，職業的，文化的か政治的なグループの単なる見本である「何か人間のようなもの」ではなくて，テルトリアヌスの言葉で言うと，「霊の器」(vas spiritus)，意欲の真なる主体(voluntarius motus 自発的な運動)つまり知的で思慮深い活動の主体である。この要求に対して個人は「愛の牽引や引力への魂の反応」である意志の活動によって応答する。換言すれば回心によって応答する。こう

---

170) 前掲書，22,22-24 の壮大な章を参照。

して回心は，キリスト教的な救済の図式において，古典的な世界ではまったく思いも寄らない自然の衝動の間にあって，一つの意義を獲得する。この回心の現象はアリストテレスには無視されていた。彼の訓練法は「思索的な能力を集中的に開発すること」に依存していたプロティノスと同じく，習慣化に基礎を置いていた。回心があることは確かにプラトンによって，とくに『国家』と『饗宴』で認められていた。そこでは回心が「光に向かう魂の方向転換」として叙述され，エロースや愛として示された衝動のわざと同一視されている[171]。しかし，よく調べてみると，プラトン的な愛とキリスト教の愛との間の類比は，皮相的なものにすぎないことが明らかとなる。というのもプラトンが言う「情熱」は超越への情熱であって，その背後にはこの〔回心という〕観念が橋渡ししようと意図された，感覚的世界と叡智的世界の間に亀裂や非連続を想定していることが潜んでいるからである。またこの目的のために回心の観念を用いることは，わざとらしい構想をもっともらしく見せるために，科学が神話的なものか仮説的なものに頼っている方法の優れた実例を提供している。それはキリスト教の現実主義が精力的に抗議し，除去すべきであると要求したものである。この場合に虚偽は最初に立てた想定にある。またこの観点からプラトンの作り話がまったく根拠がないことが判明する。というのも彼が建設しようと熱心に苦心した連結はすでに現存しているからである。したがってそれは単に，真に必要なもの，つまり感覚と知性との間の連結ではなく，全体としての人間と，「人が生き，動き，その存在をもっている」客体-世界，つまり自発的な運動（voluntarius motus）の主体との間の連結が必要であることに，じかに注意するよう役立っているにすぎない。しかし

---

171) プラトン『国家』518B ff.;『饗宴』202。

第 12 章　神の必然性と人間の歴史　　　833

ながら，この連結はもはやその他に「設立される」べきものではない。それはただ認められることが必要であるにすぎない。なぜならそれは，それが最初からもっており，この世の終わりまで続くものとしても，すでに存在しているからである。その存在を認めることは神の恩恵の存在を認めることである[172]。

恩恵を必要とする経験，無償の恩恵

恩恵の必要性というのはある関係を認識する必要性であって，その関係の実在は，人間の意図的で転倒した盲目を除けば，自明的であるか，それともむしろ自明となろう。この認識は，あれこれと推論する理性によって立てられたねつ造的な「諸連結」とは対照的に，あらゆる仮説や神話の要素を全く欠いている。それは直接無媒介の経験（intima scientia）の問題として厳密には万人が最初感覚知覚と識別の能力——それを享受することは万人の義務であり特権でもある——を授けられている自分自身に気づくとき，その人が証しする事実と同じ心理学的な事実に属している。確かにその認識は単純にあの子供時代と全く同じ経験がとても強化された形で更新されたものと考えられるかも知れない[173]。なぜならこの種の経験は「説明」できないし，そうする必要もないからである。それに直接注目することは単に注意を意識的な生活の疑いえない事実に向けることである。この事実の存在は古典主義によってその意義がひどく誤解されていたが，ほんやりと捉えられていた。

このように考えると「恩恵」は，完全に正常にして合法的な人間的な要求，つまり照明と力の要求に対する応答と

---

172)　「とくに優れた恩恵の博士」としてのアウグスティヌスに関しては本書第 10 章参照。恩恵についての彼の説明と弁護はとりわけ（ブライト編集の）ペラギウス駁論集に展開している。

173)　本書第 10 章 654 頁参照。

して立ち上がってくる。それは精神的あるいは霊的なたわごとの理想ではなく[174]，キリスト教的な知恵あるいは洞察（sapientia）の理想に向かわせる。というのもアウグスティヌスが決して主張するのをやめなかったように，信仰の要求は理解することに対する要求であるから。何らかの種類の知的あるいは道徳的な秘密によっては満足しないで，ただ人間の資質とそれがもっとも有益に享受される方法の真の特質に関する，もっとも明瞭にしてもっとも確実な知識によってのみ満足に達する要求である[175]。この知識は「内的な光」の何か魔術的な，突然起こる，説明できない，最後の賜物として理解すべきではなく，この知識によって自然的なものが次第に霊的な人間に改造される，自己訓練の永くかつ険しいプロセスの最高点として理解すべきである[176]。このようなものとしてこの知識は自然本性の超越としてではなく，その実現として，再建としてではなく，新生と更新として，周到に描かれている。このように言うと，どのように恩恵が働くのかという疑問を立ち上げることになる。

　科学的な分析を許さない神秘として恩恵は比喩的に表現することができる。アウグスティヌスは言う「魂の医薬は内的に医薬として働くから，外的に身体に効く」[177]と。そのようなものとして恩恵は，身体的組織に対する訓練の関

　174）　それは再びプラトン主義に任される。プロティノスについては本書第 4 章 288 頁参照。第 11 章 712 頁には「エンノーシス」，つまり「空にする」プロセスによって到達される魂の「単一化」を参照。

　175）　祈りとサクラメントの使用と悪用については『神の国』21, 19 以下を参照。

　176）　『真の宗教』26 は霊的な人間の発展における継続的諸段階を指示する。『キリスト教の教え』2.7 では，知恵への段階がイザヤ書にもとづき (1) 畏れ，(2) 敬虔，(3) 知識，(4) 勇敢，(5) 判断力，(6) 心の浄めによって概観されている。

　177）　『神の国』15, 6。

第 12 章　神の必然性と人間の歴史

係とよく似ていて,霊的な組織への関係を含んでいる。それは精神的にして道徳的な体操〔霊操〕なのである。骨や筋肉をもっていることは,身体的な賜物の部分であって,ある人たちはそれをより多く享受し,他の人たちはより少なく享受する。しかしサムソン〔古代ヘブライの怪力の士師〕でさえ,練習していなかったり,誤用すると,自分の力を失うであろう。同じ真理は別の仕方でタラントの譬えにおいて明らかにされる。このように考えてみると,恩恵は無償であるかそれとも条件付きであるか否かという質問に対するアウグスティヌスの回答が見出されるであろう。物事を構成している本質的な部分として恩恵は,大気や陽光と同じく無償でかつ無条件的である。しかし人がその身体から空気や光を追放することは,そのような愚かさのゆえに払う罰が身体的な死であるにしても,理論的には可能である。それと同じく人が恩恵を否定し,拒絶するように選んでも自由であるが,霊にとって少なからず破滅を招くような結果が伴われている。他方においてものすごく多くの人たちは,無意識ではあるが,少なくとも用心深く自殺を冒すことを抑える程度には,恩恵の贈り物を受け入れている。しかしながら恩恵をそのように受け入れている人たちの中には,人間としての真なる諸可能性を実現する手段として恩恵の完全なる意義を理解している人はわずかしかいない。この関連でアウグスティヌスは「神は自らを助ける者を助けたもう」という意見をまったくの異教主義として否定する。彼は「神は人々が自分自身を助けるために自分自身を助けていない人たちを助けたもう」[178]と言明する。神は善い意志を達成するのに必要な要素を提供することによってこのことをなしたもう。つまり神はこのように

---

178)『訂正録』1,9;『書簡』217（a）5 章;『堅忍の賜物』24,60。

「人々の心に愛を注ぎ入れたもう。こうして魂は癒された後に罰に対する恐れからではなく，義を愛するために善を行うに至る」[179]。そういうわけで恩恵がその救いのわざを実現する諸段階を考察することは有意義である。

恩恵が救いを実現する諸段階

古典的な（ピンダロス的な）神学は，自然的もしくは生得的な徳から出発し，滅びに至った飽満と尊大さによって魂が繁栄から転落する徴候を示す機構を造り出していた。救済のプロセスと技術を知性に理解できるような説明を提供することは，もともとの前提が厳密には〔古典的な神学とは〕正反対であるキリスト教にとっても残されていた。キリスト教はこのことをある程度実行するのを次の仕方で引き受けている。恩恵の働きは魂の中に「罪」の確信を造り出すことで開始する，つまりそれは，魂が害を受ける不快感（perturbatio et miseria 混乱と悲惨）が，魂自身に何か外的なものではなくて，自分自身に生まれつきで，獲得された欠陥に支払われるべきであるという真理の確信である。しかしながら，それと同時に起こることは，これらの欠陥が癒しがたいものではなく，救いの原理と病んだ精神を配慮するその力とを承認することによって克服されうるという感触が現れてくる。これが赦し（forgiveness）を，つまりキリスト教的な出発点を，受け入れることから起こってくる結果として自律的に従おうとする新しい〔改悛者の着る〕白衣と新しい契約の可能性の実現を意味する[180]。しかし赦しがキリスト教の原理の受容にかかっていると言うことは，それが謙虚を指示していることを意味す

---

179) 『譴責と恩恵』2 と 3。

180) 本書第 7 章 442-43 頁参照。ユリアヌスが赦しの意味を理解できなかった失敗は，コンスタンティヌスについて語った言葉と「報復的な正義の鉄の法則」を再確認したことで明らかである。

第12章　神の必然性と人間の歴史　　　　　　　　　837

る。つまり赦しは更新の条件としての「神に寄りすがること」(adhaerere Deo) を指し示している。だがキリスト教的な謙虚は世界の前で卑下することから遠くかけ離れており，世界からの独立という確信の一つなのである。すなわち，謙虚は弱さよりも強さをもって始まり，ヘラクレスの空しい夢や超人の力ではなく，照明と力の真の源泉に依存することから流れてくる実質的な力をもたらす。こうしてそれは内部の不和と紛争を克服するように，そして究極的には「神の平和」として描かれる肉と霊の調和を確立するように求められる，取り組みを可能にする。換言すれば，謙虚は至福に至る方法として明確なキリスト教的な規律を指し示す。

そのように指し示された規律は確かに困難なものであり，骨の折れるものである。アウグスティヌスが観察しているように，そこには生きているかぎり霊に対する肉の抵抗 (reluctationes) があるであろう。したがって規律は堅忍の賜物のような，さらなる「恩恵の贈り物」を前提とする[181]。それは，どのような道徳的にして精神的な体力を人がもっていようとも，その発達のために必要とされる堅忍 (perseverance) なのである。したがって規律には厳格な自己点検がしばしばなされることが含まれる。その自己点検の規則は思想と行動の疑わしくかつ困難なすべての問題において何ら疑わしくないこと，あるいはだれも自分自身について同じように疑惑を起こさせないことである。規律はまた節制と憐れみのような徳の実践を含んでいる[182]。最後

---

181) 『堅忍の賜物』1,1：「それゆえわたしたちは，神の賜物は終わりまでキリストにあって堅持される堅忍であると主張する」。
182) 『カトリック教会の道徳』19, 35：「神の律法と善の実りからわたしたちを離反させるものにわたしたちが渇望する諸々の貪欲を抑制したり和らげたりして」；『再考録』2, 33 には「われらに罪を犯すものをわれらが赦すごとく，われらの罪を赦したまえ」との祈りを

に，それは忍耐（patientia）および苦難と犠牲の途上で忍耐に当然伴われるすべてのものを一緒に含んでいる。これら後者に関して言うと，それらが従属する目的を考慮に入れないでは，その価値は単に〔量的な〕強度と〔時間的な〕持続の用語で測れないことに気づくであろう。アウグスティヌスが提案するように，「殉教者を造るのは，人が苦難を受けている事実よりも，むしろ人がそのために苦難を受ける理由である」。すなわち苦難が道徳的価値をもつためには人に理解できるものでなければならない。このことはただ苦難が指示する目的が最高度に価値があるときだけである。アウグスティヌスにとってその目的は混乱した熱情（turbidus cador）を抑制するものであり，自発的な能力（spontanea potestas）の発展である。それは自己修練のキリスト教的な取り組みを説明し是認するものであり，同時に異教世界に流通する禁欲主義のさまざまな形式のすべてからそれを区別するものである。この訓練は肉の克服・至高善・永遠の生命であると言われる[183]。

キリスト教的知恵による古典主義的な理想に対する批判
　この生命に到達することは，キリスト教的な洞察の知恵という，異教主義が切望しても空しかった知恵の理想の実現である。キリスト教的な洞察は（a）（「形式的」よりもむしろ）実質的な真理，（b）（「形式的」よりもむしろ）実質的な道徳，という二つの様式と呼ばれるものに表現されている。それは真理としては愛によって啓発された理性に，道徳としては理性によって啓発された愛に，それぞれ表現されるであろう。こうしてキリスト教的知恵はまったく同時に真理の価値および価値の真理なのである。価値 -

---

覚えることの重要性が説かれている。
　183）『神の国』19,4「永遠の生命」（aeterna vita）。

第 12 章　神の必然性と人間の歴史

真理として考察されるとキリスト教の真理は、古典的な科学によって要請された真理の理想からは飛躍したような出発を示す。そのような理想はユリウス・カエサルによって憎しみや愛、怒りや憐れみ、精神を暗くする情熱から解放された、理性の冷たい光によって捉えられた真理として正確に叙述されるかも知れない[184]。しかしながらキリスト教的な知恵の光に照らしてみると、真理の古典主義的な理想は、古典主義の本質であるもの、つまり異教的なものとして示される。このことは二つの観点から等しく重要である。というのも、まず第一に、それ〔真理の古典主義的な理想〕は、異教（αἵρεσις）という単語そのものが含意してるように、恣意的な選びや選択の結果であって、そのためキリスト教の用語では「人工的なもの」（man-made）であるから。そのような事実は、それ〔古典主義の理想〕が役に立たないということではない。その反対に、それはある種の制限された妥当性に対する権利を正当化する。しかしながら、それはこの権利を、首尾一貫性、高い耐久性などの観点だけから、つまり人間の精神によって人間の目的のためだけに考案されるので、それに相応して人工的か、虚構的である、思想の「体系」との関連において、擁護できるのである。したがって真理としての価値は、オリジナルなものであっても、決して免れることができないある相対性によって汚染されているので、単に実利的なものか、もしくは実用的なものであるにすぎない。そして第二に、古典的な真理が人工的な真理であると主張することは、それを制作した人とそれが造られた条件にただちに注目するように導く。しかし不幸なことに、このことはその性格に関して新たな自信を少しも与えないか、その根拠を何も与えてくれない。というのも、わたしたちがすでに考察し

---

[184]　サルスティウス、『カティリナ戦記』51.1-2．

たように，古典的な知識（scientia）の理想は，空虚の内に（in vacuo）働いている「純粋な」理性の理想であるから。このことは知識の理想として〔考えると〕，人間的に語ることはできず，ばかげたことである。なぜならアウグスティヌスが主張するように，感覚なしには知識はあり得ないし，知識なしには感覚はあり得ないから。だが議論のためにそのような理想が実現できるとしても，知る主体を驚くほどに不具にする犠牲を払ってのみ可能であろう。したがって主体と客体，知る者と知られるものとの両者の観点から見ると，古典的な「知識」（scientia）は異端である。そのようなものとしてそれは伝統的な価値は獲得できても，本質的にして創造的な，つまり神的な真理の価値を要求することはできない。

古典主義の倫理に対する批判と愛の法則

古典的な真理に対する批判は，同時に古典的な倫理に対する批判である。古典主義にとって道徳性は情緒か理性かのどちらかの問題である。古典主義は前者を主観的で，異常で，野蛮であるとみなし，後者を客観的で，不変的で，文明開花した人の道徳性とみなす[185]。しかしながらキリスト教的な「知恵」（sapientia）は，道徳的判断を「善い意志」（bona voluntas）にもとづかせるために，科学的な知性がもつこれらの異端と相容れない。そのさい善き意志はキリスト教的知恵に妥当性を与えるが，形式的な倫理学の体系は当然のことにその妥当性を主張できない[186]。というのも善い意志が下す判断は，一方において盲目の本能的な情緒にもとづく判断でもないし，他方において打算的な個

---

185) 本書第7章453頁参照。キリスト教倫理に対するユリアヌスの非難は（a）コンスタンティヌスにおいて，（b）アンティオキアの人たちの間で示されものに向けられた。

186) 『自由意志』1,13,27。

第 12 章　神の必然性と人間の歴史

人的もしくは社会的な功利性にもとづく判断でもないからである。その判断は全体としての人間が下す判断である。したがって善い意志が下す判断は「諸々の激情が正義に奉仕すべく転換されるように支配され，かつ，制御されるべきである」と主張するために，(血統で考える) 野蛮な風習の理想や，文明 (古典的な ataraxia ＝ 平静な感情, apatheia ＝ 無感動) の理想を放棄する。アウグスティヌスは「わたしたちにとって問題なのは精神が怒っているかどうかではなく，どうして怒るのかであり，悲しんでいるかどうかではなく，なぜ悲しむのかであり，恐れているかどうかではなく，なぜ恐れるのかである」と断言する[187]。この新しい態度でもってアウグスティヌスは形式的ではなく実質的な倫理の基礎を見出す。その総体は愛の法則 (lex caritatis) によって理解される。彼は次のように断言する。

> 愛の法則はすべての哲学者たちの議論と著作およびすべての国家の法律を包含する。それはキリストの言葉によるとすべての律法と預言者たちがかかわっている，二つの戒めのうちに具現される。すなわち「あなたはあなたの神である主を心を尽くし，魂と精神を尽くして愛しなさい。そして隣人をあなた自身のように愛しなさい」。――こうして彼は結論をくだす，――ここにあなたの自然学があり，ここにあなたの倫理学があり，ここにあなたの論理学がある。ここにはまた国家のための救いがあって，それは称賛に値する[188]。

なぜなら愛の法則が提供するのは，精神と感覚，思想と活動の新しい対等関係の基礎であって，それらが結びつい

---

187)　『神の国』9,4-5。
188)　『書簡集』137,5,17。

て,しかもいわば全精力を傾けて,前進するからである。そのようなものとして愛の法則は個人のための救いの教え,また個人を通して「病み衰えていく世」のための救いの教えとして提供される[189]。

世俗主義の神話の解体

このように考えると,愛の法則の最初の奉仕は市場と学びの場の偶像,つまり世俗主義の神話を引きずり降ろすことである。わたしたちがすでに考察したように,この神話は(1)古典的な唯物論の神話と,(2)古典的な観念論との二つの一般的な区別に分類される。前者はコスモスを一つの大きな機械と考え,後者は一つの大きな魂と考える。(1)アウグスティヌスにとって機械―神話はとてもグロテスクなので,まじめな思想家が注目するに値しない[190]。宇宙を描かれた絵図として考えると,それは可能な限りの抽象をもって捉えたきわめて粗野なものである。同時にそれが含んでいる精神と運動の哲学は,どうみても自らを自動装置――その役割を人間は事柄の本性において一貫して,もしくは永きにわたって支持できない――としてしか想像できない人たちだから発明できたようなものである。(2)一つの大きな魂である後者は,古典的古代においては広く認められていたし,同時に人類の根本的にしてもっとも深く根ざした本能の一つである,献身と自己犠牲の精神にとって,それが訴えられるかぎり,とても魅力があり,かつ,危険なものでもあった。それでも古典的な観念論はこの精神をただ堕落させ,ゆがめ,究極的には破壊するためにのみ呼び起こしたのである。というのも,それが統合を

---

189) 『神の国』2,18:「病み衰えていく世のためのこの上なく救いに満ちた教え」。
190) 前掲書 8,5 と 7:11,5。

不可能にする観念を含んでいたように，それはまた一体感と没入による統合への取り組みを指し示していたからである。その結果は，それに着手したすべての人に道徳的にも身体的にも破滅を招くだけとなった。古典的な観念論が求めていたものは，実際には，個人が自分自身を，実在ではなく，自分自身の空想が生み出したもの，つまり家族・階級・国家において例証されているような，いわゆる「集団‐精神」の前に屈服するために，神から授けられた身分を放棄することになった。そのような化身のなかでもっとも明瞭なのは，「家族の精神＝家霊」として表現されているものである。それが想定する「不滅性」は，法学の言語においてこの仮説的な実在の「人格を担っている」人たちという一時的な「代表する人たち」の束の間の性格と考えられたものと著しく相違した状態であった。ここでの誤謬は知的なものであると同時に道徳的なものであった。というのも家霊が「類型」（type）だけが現実のものであるという論理的な誤謬を含んでいるように，それはまた死んだ先祖の役割において自分自身をドラマ化する空しい取り組みを呼び起こしたからである。それは生きている個人の側の真正な倫理的発展の可能性のすべてを不可能にする取り組みであった。そして家族において真理であったものは，もちろん他のどんな集団においても真理であった。その包括性と終局性に対する要求が永遠のローマのそれであったとしても，そうであった。

国家の本質と脱イデオロギー化

世俗主義のイデオロギーを打倒することは世俗社会の実際の構造を滅ぼすことではなかった。それは単にその構造を新しい光の下に考察することであった。だが，このことは計り知れないほど重要なことであった。というのもそれは国家をもはや共同社会の究極の形としてではなく，単に

アウグスティヌスが「外的な」人間（exterior homo）と呼んでいるものの諸関係を規制するための道具として見ることであったから。この機能は，ある方法を適用することによって実現される。つまり，その方法の価値が「悪人たちを脅えさせ，善人たちをもっと平穏に生きるようにさせる手段」の有効性に依存している，そんな方法である。またこの観点から世俗的秩序の制度が「設計されても空しかった」のではなく，「確実な根拠と有益さ」を正当とする根拠を要求できたのである[191]。しかしながら，こうして実現された有利な点は，全く消極的なものであった。なぜなら「法律の効果は悪しき傾向を取り去らないままに行為を有罪とすることになるからである」。さらに法律の効果は，その爆発しやすさが国家の行使すべき抑圧と釣り合っている，心理的な諸力を堰き止めることによって実現された。「というのも人が義を愛し，その愛によって罪への欲望が征服されるのでないならば，律法の禁止はかえって不正なわざへの願望を増大させるからである」[192]。換言すれば，国家の役割は全く形式的である。国家はそうしたものとして「再建」や「修復」ができても，とても「新生」することはできない。これらの言葉によってアウグスティヌスは政治的な行動の限界を感じていることを表明する。それは単に古典的な観念論の要求からだけでなく，また名ばかりのキリスト教的帝国によってはじめられた間違った構想にもとづく立法府の活動の多くから彼を引き離している[193]。

---

191) 『書簡集』153,16：「王の力，支配者の剣の特権，死刑執行人の責め道具，兵士の武器，支配者が授ける規律，良い父の厳しさは無益に制定されているのではない。これらすべてはその限界・原因・根拠・便益をもっている。これらが恐れられるならば，悪人どもは抑制され，善人たちは悪人どもの中にあっていっそう平穏に生きる」。

192) 『神の国』13,5。

193) 本書第5-9章参照。

第 12 章　神の必然性と人間の歴史

　しかし，たとえアウグスティヌスがこのように創造的な政治学の主張を拒否していても，それは古典的世界とその後の世界に流布した反政治的な異端のなにかと比較される，新しい異端を掲げようとする考えをもっていたのではない。彼は身体的にか，道徳的にか，それとも知的にかのどれかでもって自分と同類の社会から自分を孤立させる権利を求める，キリスト教的なシニック（cynic 犬儒派，冷笑家）ではない。そしてもし彼が自由の権利を主張するならば，それは「あなたが考えることを言い，あなたの好きなことを考える」自由ではなくて，真理への服従からなる自由なのである。それは自由・平等・博愛（liberté, égalité, fraternité）がもつ経験的な価値を無視することではない。だがそれは，これらの価値がもっている真正な意味なら何であれ，霊的で「人格的な」自由の主張に依存していることを認めることである。人の精神を虜にしようとする悪意をもっている人たちを許容することは，人の身体を虜にしうる最高の機会をその人に提供することである。しかし，もしもアウグスティヌスが孤立主義者でないならば，彼はテルトリアヌスによって代表されるタイプの分離主義者ではない[194]。彼にとって〔ローマ皇帝〕カエサルの要求とキリストの要求との間には妥協などあり得ないということは明白である。したがってカエサルは独立への偽装を捨て去り，キリスト教の原理に従うべきである。あるいは正義と真理とをめぐる世俗的な紛争で罪と誤謬を冒す運命のために備えをすべきである。というのもキリストは自ら指摘しているように「わたしの国は唯一の世界（THE world）のものではない」と言わず，「わたしの国はこの世（THIS world）のものではない」と言ったからである。キリストが言っている意味は，「あなたの王国が来ますよう

194）　本書第 6 章参照。

に」という祈りにもっともよく言い表されている[195]。したがって〔ラインホルド・ニーバーの著作名にあるような〕「道徳的人間」と「不道徳的社会」の二元論を最後的なものとして認めることは，もっとも敵意のある異端を犯すことになる。それはキリスト教的な約束を否定し，キリスト教的な希望の土台を転覆させることなのである。

政治的な異端と連帯責任

　他方においてあの〔キリスト教的な〕約束を正当なものとして受容することは，それによってさまざまな形の世俗的な異端が少なくとも克服される，人間的な生活の新しい統合の可能性を認めることである。この統合はその基礎が世俗主義の善とは違って，共通で，包括的で，尽きることがない，決して没収されたり，独り占めされたりする嫌疑のかからない善，まさしく神ご自身であるがゆえに可能なのである。したがって統合を個人に適用するにあたって，新しい統合は自分を（一つの地域的な，種族的で，文化的な「統合」である）ポリスという狭い限界内に閉じ込めたりはしないし，等しく恣意的であり，かつ，人工的でもある選択肢，つまり「活動」の生活かそれとも「理性」の生活か，「社会」の生活かそれとも「観想」の生活か，或る異端の内部における諸々の異端かといった，選択肢の間での選びという必然性と対決したりしない。そうではなくその反対に，その統合はこれらすべてが組み込まれている「善い意志」の生命という，ある種の「生命」を個人に提供する。そして，それはこういう仕方で個々人の生活が有する諸々の異端と分派を克服しながら，社会の生活を損なっている異端と分派をも克服する。というのもその統合は個々人の意志という点から説明できない個人的な経

---

[195] 『再考録』1,3,2。

験の要素を認めないように，それはまた社会の「生活」において個々人が善であると考えるような目的を追求することによる慎重な提携という，提携の言葉によって決着が付けられないような，何か知られないものがあることを否定する。このように行うことによってそれはダイモンどもを追い出す力を明らかにし，政治的な精神につきまとう悪霊（悪しき神々や亡霊）をきっぱりと追い払う。同時にその統合は遠い未来の抱負としてではなく，その光の下に人間的な兄弟愛に対するすべての障害が単なる人為的なものとして暴露される，現在の生き生きとした事実として人類の連帯責任を要求する。わたしたちがすでに注目してきたように[196]，この連帯責任は自然の統一性にもとづいている。換言すれば感じたり考えたりする能力を賦与されている存在の統一性である[197]。そうしたものとしてそれは人種・階級・文化・性のすべての区別を超越する[198]。こうして「すべての人はアダムである」。しかしながら「タイプ」としてではなく，その個人的な経験においてそのすべての子孫の経験を「前もって示すもの」としてそうなのである。また同じ理由で「すべての人はわたしの隣人である」。

キリスト教的な人格社会と聖徒の交わり

これらの命題の真理を認めることは，人間が隣人同士であるという，この事実を実行に移すために本当に必要なことは，善い意志が一斉に協調して実行される点に気づくことである。換言すると，それは「信仰の一致と協調の絆」にもとづく社会という新しいビジョンを指し示す。こ

---

196) 本書 807-08 頁。
197) 『創世記逐語解』3,20;『マニ教に対決する創世記』1,17,27。
198) 『三位一体』12,7,12:「ここで人間は神の像に向けて造られた，そこには性の区別はない，つまり自の精神の霊の中にある」。『神の国』22,17:「女は男と同じく神の被造物である」参照。

の統合は絶対的である。つまりそのように構成された社会は「キリストにおける一つのからだ」である。同時にその社会はいわゆる全世界的な帝国によってさえ思いも寄らない意味で普遍的である。それは潜在的には人間の種族そのものと同じくらい広範囲であり、かつ、包括的である。さらにそれは諸々の社会の中でもユニークである。なぜなら諸部分を犠牲にしてその社会の中でだけで「全体の生命」は確保されないから。だがその社会は暴力を行使することにはほど遠く、個人的な人格性をできるだけもっとも完全に発展すべく促進するために存在する。このことはその社会が全体主義の世俗的な理想を、どんな装った外観をとろうとも、拒絶することを意味する。その理想は共産主義やファッシズムの理想ではなく、「聖徒の交わり」(communion of saints) という共同体の理想なのである。したがってその社会は、心底からデモクラティックであり、それも幾つかの観点からそうなのである。というのもその社会は (1) アウグスティヌスが言うように、「それはあらゆる民族から、またあらゆる文化からその市民を召しだし、習慣や法律や制度の相違には何ら意を用いない」[199]。そして (2) それはすべての人に同じく責務と義務を課す。責務と義務は愛の律法に定められている。終わりに (3) その社会はすべての人が同様に罪人であると考えるがゆえに、その優秀さと幸運 (virtù and fortuna) に人類がその運命をゆだねるように招かれている地上的な摂理である、超人の救済者を求めることを絶対に拒絶する。したがって、それは目的と技術の双方において世俗世界に通用するさまざまな種類の指導力のどれとも相違する、根本的に新しい種類の指導力を要請する。これは監督〔司教〕の職であって、それはア

---

199)『神の国』19,17。

第 12 章　神の必然性と人間の歴史

ウグスティヌスが言うように「名誉ではなく仕事」[200]の名称である。これらの理由のためキリスト教社会は「完全な社会」（societas perfecta）であることを求める。世俗主義によって根拠が怪しく保証された「平和の見せかけと影」の代わりに，キリスト教社会は人間に可能な秩序と一致のもっとも完全な尺度を示す平和の実体を実現する。それはその構成員たちが「神を享受し，神において相互に享受する」[201]交わりの平和である。彼らは新しい誓いやサクラメント（sacramentum, sacrum signum）でこの平和を〔守るように〕誓う。ここでのサクラメントというのは，この世界の市民が一時的な統治者を維持するように自分の意志を彼に譲り渡すような，自己放棄の行為としてではなく，むしろこうして自分自身が世俗主義とは異なることを表明する人々（peregrini= 流浪する民）によって互いに企てられた，〔一時的な〕世俗的所有物からの解放として考えられたものである。それはカエサルの神性に服従する契約ではなく，カエサルの神性から救い出される契約であって，父と子と聖霊の名前によって施される洗礼を通して神秘的に宣言されたものである[202]。同時にそれは福音の要求を否定するか，退けるすべての人に対する頑固な反対の誓約でもある。この反対の中にキリスト教は人間の歴史における神の手という世代（saeculum）の真なる論理を見出す。

---

200)　前掲書，19, 19。
201)　前掲書，19, 13。
202)　マタイ福音書 28.19 にあるいわゆる洗礼の定式を指す。〔古代ペルシャの〕ミトラ教はサクラメントゥム〔誓約＝秘蹟〕という用語をローマの軍隊から借用したのであった。クモン，*R. O.* 4, 序文 10 頁と 207 頁注 5 参照。市民の人々によって行われたカエサルへのサクラメントゥムに関してはデッサウ *I.L.S.* 8781（属州パゴニア，3 B.C.）参照。

歴史は真の価値を意識的に有形化する闘争史である

　このように考察すると人間の歴史は確かに「反対するものの闘争」として浮上してくる。だが反対の構成要素はかつて古典主義が想定していたようなものではない。なぜならその構成要素は自然の諸勢力——それらが衝突するとき人類は「客観的なプロセスに対する主観的な要素」として疑わしくかつ不確かな役割を演じる——が争っていることについて何ら説明していないからである。またそれらは人間の自然への，主体のその客体への反発を表していない。この反発は，永遠に把握することから遠ざかっていく物質的な善や理想的な善，つまり単に人間的で主観的な善を実現することをめぐる衝突なのである。適切に理解されると歴史は一つの闘争の記録であるが，それは物質的価値や理想的な価値の実現をめぐる闘争ではなく，生命と存在のまさしく条件としてそれにいわば手を伸ばす真・美・善の価値という真の価値を意識的に有形化すること，実現すること，登録することをめぐる闘争なのである。わたしたちはこのような言葉において，またこのような言葉でのみ，人間精神の世俗的な取り組みを説明し，正当なものとすることができる。というのも，こうしてのみその取り組みは理解されるようになるからである。

　これらの諸価値を真のものとして表すことは，それらの諸価値が本質的であり，実体的であって，宇宙の構成そのものに本来備わっていると主張することである。そのようなものとしてそれらはつねに存在している。つまり，「初めに言葉があった」。したがって本質的に，あるいは実体的に悪であるようなものはあり得ない。悪と呼ばれるものは，事柄の本性上，善の欠如体もしくは善の歪曲でなければならない。だが，善の腐敗がその最後の痕跡をも滅ぼす

ほどその自然本性を損なうものは何も存在しない[203]。換言すれば悪魔の本性といえども，それが本性であるかぎり，善である。彼がつく嘘でも嘘としての目的に役立つためにはいかにも本当らしくなければならない。つまり真理の要素が散りばめられていなければならない。さらに，このように自然において始原的である善と真理は，自然にとって終局的なものである。罪と誤謬との世俗的な衝突において善と真理は，影に対決する実体，分割に対決する統一，ゆがめられ，かつ，不完全な像，単にへたな模倣に対決する完全なる像である。このような衝突にさいしてどちら側に最後の勝利が属するかをだれが疑うことができようか。したがって自然の中の至る所に現れている明らかに調停しがたい対立物は，究極的なものとして受けとるべきではない。確かに対立物の命運は，世界の刷新を象徴的に示すことになる，罪と誤謬を焼き尽くす最後の大火によって，完全に消滅されるようにはならない。

> 真に重要なことは，キリストの肉における到来，キリストの中に実現し，かつその名において行われた，あのような輝かしい奇跡，人間の悔い改めと神へ向かう意志の回心，罪の赦し，義とされることの恩恵，敬虔な人々の信仰……偶像崇拝やダイモン崇拝の拒否，試練によって鍛えられること，信じ続ける者たちの聖化とあらゆる悪からの解放，審きの日，死人の復活，不義なる者の社会に対する永遠の刑罰，そして神を見ても死ぬことなくこれを喜ぶ者の中にある，栄光に満ち溢れた神の国の永遠の支配である。これらの〔魂の救済の普遍の〕道は，みな聖書によって預言され約束されたものである。わたしたちはすでにこれらの多くが

---

[203] 『神の国』19, 12。

成就したのを見ているのだから,正しい信仰をもって,残りのものもやがて成ることを確信しなければならない[204]。

　そのような未来を予想することは,形而上学的にも自然法則上でも真実である諸価値が同時に歴史的にも真実である,と信じることである。創造的な原理に本来備わっているので,それらの価値は創造的な経験の価値として歴史に自らを啓示し,そのようなものとしてやがては人類の意識に次第に具現されるようになる。したがってそのような経験は,人間にとっての適切な善についての知識と愛に向かって人間を訓育するものとして表現されるであろう。このプロセスでは神が教師であり,人間は生徒である。勝利の褒美は永遠の生命であり,失敗に対する罰は死,第二の死か身体ではなく魂の死である。換言すれば世界は学校のような家であり,〔鎖に繋がれた奴隷が働かされる〕収監所（ergastulum）ではない。そしてもし人類が服している試練と艱難が残酷であると思われるとしても,その残酷さは,根深い罪と誤りの深淵から人を救い出すためにのみ課されており,こうして用意された将来に対し備えているという事実によって和らげられる[205]。このように指摘された将来は,まったく完成された意志による生活という豊かな

---

204) 前掲書,10,32,3。
205) 前掲書,21,15。この連関においてキリスト教は物理的な悪と道徳的な悪とを区別する。物理的な悪について『エンキリディオン』3:「全能の神は,悪から善を創造するほどに全能であり,善でなかったとしたら,何らかの悪がそのわざの中にあることを決して許されないのである」を参照。他方においてキリスト教徒の義務はヨハネ福音書 9.1-6 にある戒めに従うことである。道徳的な悪について『三位一体』13,16,20:これらの悪は罪の矯正のためであれ,義の修練と点検のためであれ,真の至福がこの地上の生活では実現できないことを示すためであれ,有益である。

第 12 章　神の必然性と人間の歴史　　853

生活からなる将来である。その保証はよりよい「来るべき世界」の約束の中に含まれている。

至福千年のビジョン

したがって至福千年のビジョンは，その根底において空想を概念化した異端にほかならないことを表す，安易と怠惰からなる桃源郷という実体のない黄金時代の夢のような神話ではない。そのビジョンの達成は，推定される悪魔的勢力の活動，つまりプロメテウス的な知性やヘラクレスのような強壮さといった超人的な力に依存しているのではない。その反対にそれは人間に提供された一つの可能性であって，それが人間性の完成を構成しているがゆえに，働き，かつ，戦うように人間が召されている可能性なのである。

その約束の妥当性に関して言えば，それはほとんど問題となりえない。わたしたちが見てきたように宇宙的にはそれは創造的で運動する原理の本性に含意されている。歴史的にはそれは（1）「罪のない人」，神と人との仲保者であるキリストの生涯において，（2）キリストの仲裁によって救いの道を理解した人々の生き方において論証されている。これとの関連で注目すべきことは，キリスト教的な仲裁の教義がそれと関係がある異教の観念とは鋭く対立して展開したことである。異教の仲裁観念は御言の真正な受肉と関係しているのではなく，その光によって救済の可能性が仮説的なものとなる〔プラトンのダイモニオンのように〕「〔神と人との〕中間にある存在」の実在と関係している。それは〔ダイモニオンという〕中間にある存在に依存するように造られた諸々の存在の在り方と同じである[206]。

---

206)　プラトン『饗宴』202D：「ダイモニオンと名のつくものはすべて神と死すべきものとの中間にある」。

わたしたちがすでに観察したように，これらの観念の背後には異端の中でもっとも危険なものが潜んでいる。それは二つの世界という異端であり，その間にある非連続性を異教主義はこの毀れやすい手段によって架橋しようとするのである。だがキリスト教徒にとって真正な実在から成るただ一つの世界の存在に対する信仰，また原型的な世界ではなく，具体的な経験からなる現実的な世界に対する信仰を懐いて，もしキリスト教徒らが王国を見たいという機知と欲求をもつだけで，それはすでに人々の間に存在すると主張することは真実となる。この王国は信徒の集いである神聖なる社会，つまり世界における教会（「それゆえ今や教会はキリストの王国，聖徒らの王国である」ergo et nunc ecclesia regnum Christi regnumque sanctorum）にほかならない。したがって人間の歴史では神の手は神の力であり，神の力は善人たちの，つまりまったく完成された意志の力である。

歴史は二つの社会の分岐点を把握する

歴史がこのことを知らせる光であることを洞察するためには，二つの社会の分岐点を捉えなければならない。「信仰と希望と愛において異なりながら，両者は同じようにこの世の善を用い，同じように悪を蒙り，最後の審判に至って初めて分けられる」[207]。この洞察は両者の間の「相違と矛盾対立」が自然本性の対立ではなく，意志の対立であるということを理解することである[208]。さらに，その洞察は悪い意志に対する善い意志の最終的にして完全なる支配において，今の世（saeculum）の真の決着が見出されることを認識することである。この事態は，争っている勢力が一

---

207) 『神の国』18,54。
208) 前掲書，11,33。

第 12 章　神の必然性と人間の歴史

般大衆の運動にほかならないかのように，一撃でもって収まるような争いではない。それはまたアカデミーの洗練された雰囲気でもって行われる，単なる抽象的な意見の対立でもない。それが求めているものは，世俗的な評価がねつ造した特徴を暴いて，キリスト教的な要求の実質を擁護するために，手と心と頭とが一緒になって取り組むことである。他方においてそれは誤謬と間違った信念との闘争であるから，恨みや敵意をもって遂行されるべきではなく，ただ憐憫と愛をもってなされるべきである。この仕事にキリスト教的な民兵は，キリスト教的な真理だけが本当に救いをもたらし，その真理を直ちに受容することが人類の福祉にとって最高に可能なモーメント〔契機〕であるとの確信によって駆り立てられる。したがって彼にとって歴史は預言である。つまり歴史の真の意味は過去になく，現在にもなく，「来るべき世界」の生活という，未来に見出される。この未来が今のところ遅らされているのは，神聖なる学校経営者の側に責任があるのではなく，ただ人類の盲目で頑迷な反抗にのみ責任がある。

解　説

　本書はチャールズ・ノーリス・コックレン（C.H. Cochrane）の『キリスト教と古典文化』（Christianity and Classical Culture, 1st ed.1939）の全訳である。今日に至るまでキリスト教と西洋古典文化とに関する研究はさまざまな観点から行われているが，厳密な歴史学の立場に立ちながら，しかも思想史の源泉から直接内容を詳細に汲み上げて論じている研究は実際のところあまり多くない*1)。それは問題があまりに大きく，簡単には解明できないからである。その中にあって本書は，出版以来版を重ねながら今日

---

　1)　この分野の研究では古くは有名なギボン『ローマ帝国衰亡史』（1776-88）の大作がある（邦訳は四種類ある）が，最近ではチャドイック『初期キリスト教とギリシア思想』中村担・井谷嘉男訳，日本基督教団出版局，1983年，ドッズ『不安の時代における異教とキリスト教』井谷嘉男訳，日本基督教団出版局，1981年，ブラウン『古代末期の世界——ローマ帝国はなぜキリスト教化したか』1978年，スターク『キリスト教とローマ帝国』亀田信子訳，新教出版社，2014年，さらに本書と同名の著作 Javoslav Pelikan, Christianity and Classical Culture. The Metamorphosis of Natural Theology in the Christian Encounter with Hellenism, Yale Univ. Press, 1993 などが代表的な研究である。ペリカンの研究は，高名な教義史家の「ギッフォード講義」であって優れているが，コックレンの思想史的な研究とは性格が基本的に相違する。邦人の著作では新田一郎『キリスト教とローマ皇帝』教育社，1980年，弓削達『地中海世界とローマ帝国』岩波書店，1980年，南川高志『新・ローマ帝国衰亡史』岩波書店，2013年，などがある。

に至るまでその充実した成果のゆえに燦然と輝き，多くの研究者に導きの星となっている。コックレンはこの書物のほかに『ツキディデスと歴史の科学』（Thucydides and the Science of History）を書き，以前にオックスフォード大学で著名な歴史家コリングウッドらと一緒に活躍し，その後カナダのトロント大学に転じた。

　彼の歴史観は独創的とも言うべき構想にもとづいているが，この構想は彼の方法にしたがって導き出される。わたしたちは彼の立てた構想と方法をここでは問題としながら，その歴史観を紹介しておきたい。

　学問的研究において方法はそれぞれの学問が研究の対象とする事柄に即して立てられるが，そのさい事柄もしくは内容自体が自らわたしたちの思考をとおして，一定の理解にまで達するとき，その事柄の初めにあってしかも全過程を支配するものが原理的なるものとして取り出される。こうした理性の営みが方法であるといえよう。わたしたちはコックレンにおける方法の特徴をこの原理的なものの捉え方に見出すことができる。しかし彼はこの著作において自己の方法については何も言及していない。したがって彼は一般史学の方法にしたがっているにすぎない。とはいえ，彼が立てた独創的な構想には独自な方法があることが察知される。なぜなら構想とは，原理的なるものを把握せんとする方法と現実の素材との間に成立する中間形式，もしくは構想力による思惟の生産形式であるといえるからである。それゆえ，わたしたちは彼が立てた構想から方法へと推論して行って，彼の方法の特徴を解明することができる。

解説 859

1 ローマ史 400 年の構想

　キリスト教と古典文化とを歴史の歩みにもとづいて考察しながら，コックレンは非常に明瞭な構想を立てた。まず，この時期の歴史的考察の全体は「再建」(Reconstraction)，「修築」(Renovation)，「新生」(Regeneration) の三概念にしたがって三つの部分に分けられている。この三概念には殆んど同義語に近い親近性が認められるが，内容において截然たる区別が立てられている。かりにそれらを訳して「再建」「修築」「新生」としてみても，三概念がともにもっている親近性と統一的意義が失われてしまう。この三概念はアウグストゥス皇帝よりアウグスティヌスにいたるローマ史の展開にもとづいて区別されながらも統一的な意義をもっている。そこには古典文化による皇帝アウグストゥスの治世とその崩壊，ローマ帝国におけるキリスト教の受容，キリスト教による古典文化の更新とその歴史における実現を内容としており，これら三概念の歴史的展開が認められることからローマ史とそれに続くキリスト教古代の研究構想が立てられた。

　この構想の特質はエドワード・ギボンの名著，『ローマ帝国衰亡史』(The History of the Decline and Fall of the Roman Empire, 1776-88) の構想と比較することによっていっそう明らかになる。コックレンもギボンもともに皇帝アウグストゥスの治世から出発しているが，両者の構想はまったく異なっている。ギボンにとって全ローマ史（東・西ローマ史）は，アウグストゥス皇帝と五賢帝の時代を最盛期とし，ここで確立された広汎な領土，法律による社会秩序から生じた政治・経済・文化の諸価値の体系から観察され，かつ判断されることによってそれは衰亡の一途をた

どった，とみなされる。したがって古典文化の価値の諸体系が歴史を判断し，価値づける規範となり，この規範にもとづいて歴史の統一的把握が行われ，歴史哲学が確立された。この構想は彼がローマのカピトールの廃虚に立って夢見たローマの偉人たちの群像から発した霊感にもとづいていた*[2]。

これに反しコックレンにとって皇帝アウグストゥスの治世は内部に矛盾を含んでおり，いわゆる Pax Augusta（ローマの平和）は古典文化の最後的表現であって，古典文化のもつ問題性を同じく古典文化の精神にそって復興しようとした試みであったがゆえに，このような内在する矛盾のゆえに没落の運命にあった。またギボンとコックレンの構想の相違はキリスト教に対する見方に顕著にあらわれる。ギボンはキリスト教に対し否定的であり，そのユダヤ教的排他主義のゆえにローマの滅亡を促進したものと見るが，コックレンによれば，ローマ帝国は自らの危急存亡に直面したとき，キリスト教を採用し，帝国の回復を計ったが，根本から更新されなかったがゆえに，自らのうちの内的論理によって滅亡した，と説かれる。

2 歴史に内在する道筋としての「状況の論理」

キリスト教に対するコックレンの態度は著しく肯定的であるが，彼はキリスト教の弁明 apology を意図しているのではなく，歴史の流れの中に存在し，歴史を決定している論理（the logic of the situation）を把握しようとする。この状況に内在する「状況の論理」，または歴史の内的論理こそ彼の歴史観と歴史研究の方法にとってもっとも意義

---

2) 『ギボン自叙伝』村上至考訳，岩波文庫，184 頁参照。

解説　861

深い洞察である。この「状況」(場合, 場面) は古典文化とキリスト教という二原理の関係から生じている。本書の「序文」によるとこの古典文化とキリスト教という原理的に異なった二領域を分離して, 古典学とキリスト教学とに分ける態度はまったくの恣意であり, 出来事の事実の歩みによっても否定される。キリスト教はギリシア・ローマ世界に影響を及ぼし, 思想と行動とに大きな革命を生じさせたのである。皇帝アウグストゥスの治世と業績はギリシア文明のために安全な世界を築こうとする努力の頂点をなし, 「古典的秩序の最後的にして決定的表現なる永遠性」を要求するものであるが, ローマ時代のキリスト教の歴史はそのような事業と理念にたいする批判であった。ここでは国家という迷信は批判され, その迷信の根底にある思想やイデオロギーは「古典的自然主義の論理」であると批判された。さらに古代の学問によって作られた自然像に対する反抗と論駁がなされ, 「第一原理の根本的改訂」(a dadical revision of first principles) が要求され, その改訂の基礎として「キリストのロゴス」が据えられ, この上に自然学・倫理学・とくに新しい論理である人類発展の論理が説かれた。このようにしてローマ史にはキリスト教の影響によって思想と行動との革命がもたらされ, 激変しつつある地盤から生じる状況が歴史を決定する論理を創りだす。これによって「状況の論理」が成立すると説かれた。

この状況の論理は政治史においてもっとも明瞭に見出される。とくにキリスト教徒の皇帝たちによる統治政策が失敗する原因がこの論理によって見事に捉えられる。それゆえコックレンはアウグストゥスからアウグスティヌスにいたるローマ史, したがってローマの最盛期から西ローマ帝国の滅亡までの400年の政治史を単に客観的に叙述しようとするのではなく, 外的な政治史の流れの唯中にあって, これを動かす生ける歴史の論理を追究した。書名の

『キリスト教と古典文化』という表題は文化史に属するように思われるが，むしろ激変する政治史，それにイデオロギーを提供する文化史，さらにこの両者を支える哲学・宗教史という，政治・文化・宗教の三重的構成がたえず探求される。彼はこの三重的構成を考慮しつつ，ローマ史を解明しようとしている。

さて，彼のローマ史研究を通し，次第に明瞭にされて来るものにロマニタス（Romanitas）という概念がある。これこそさきの三重的構成全体にわたる包括的概念である。元来，ロマニタスとはローマ的性格，教養，習俗を示す広汎な意味をもっているが，歴史の中でそれは政治的・文化的・宗教的な内容と色彩を帯びて来て，歴史学上重要な概念になっている。それゆえロマニタスは「ローマ文化の特質」を意味する。わたしたちはこのロマニタスの展開からコックレンの構想を具体的に解明し，彼独自の方法を明らかにしてみたい。

3 『キリスト教と古典文化』の解説

本書の全体は目次を見ても明らかなように，第Ⅰ部は復興，第Ⅱ部は修築，第Ⅲ部は新生からなる三部構成となっており，各部はいくつかの章に分かれ，全体は 12 章構成となっている。各章はそれぞれ題目が与えられているが，それ以外には相当長い叙述となっていても節に分ける区分がなされていない。そこでわたしは「小見出し」を付けて，その内容を要約しておいた。この「小見出し」によって何が具体的に書かれているかを容易に知ることができる。それゆえ，この解説では全体を詳しく紹介することはやめて，各章の優れた考察と理解を指摘することに留めたい。

「序文」

ここでは前節で説明したように本書の主題が明瞭に示されている。「本書のテーマは、キリスト教の影響力を通してギリシア・ローマ世界にもたらされた思想と活動における革命である」*[3] とまず語られている。しかしギリシア・ローマ世界とキリスト教という二つの世界がこれまでわけて考察されてきたので、両者の関係という深遠なテーマが避けられて、十分な研究成果が挙がらなかった。だがアウグストゥスからアウグスティヌスに至る歴史の研究には重大な意味があって、思想的に解明することが困難であっても、コックレンは歴史家としてこれを遂行せざるを得ないと考えた。実際、アウグストゥスの仕事は古典的秩序の最終的表現で永遠性の要求をもったものであった。キリスト教はこの古典的な理念を批判し、大変革をもたらした。両者には国家観がまったく相違していた。政治的指導者の「徳と運命」への服従によって国家の平和を達成するという古典主義の理念は、迷信に過ぎず、それは古典的「自然主義」の不完全な論理から起こった欠陥に過ぎないとみなされた。問題なのは古典的な知識、つまり古代の科学知に由来する生き方なのである。こうして生まれた宇宙論と人間論への第一原理をキリスト教徒は攻撃し、その根本的な改訂を要求したのである。そして改訂の土台をキリストのロゴスに求め、ここに古典的世界に優る知性原理を求めたが、こうした主張が最終的に妥当するか否かを見極めることは歴史家の課題ではない。彼は言う、「古典主義と対立するようなキリスト教の主張が最終的妥当性をもっていると断言することは、歴史家としてのわたしの課題のうちにはまったくない。わたしの課題は、単にその主張をわたしが描こうとした歴史的運動の本質的部分として記録するこ

---

3) 本書「序文」v頁。

とにすぎない。わたしは，可能な限り各々の側の主張者に自分自身で語らせることによってこの課題のために最善を尽くした」*[4]。確かにこの書の難解さは歴史の資料に基づきながらも，それを批判的に検討して歴史の認識に至ろうとする努力にあると言えよう。

第1章 「アウグストゥスの平和——復興した共和制」

コックレンは「アンキュラ碑文」に表れたアウグストゥスの野望の記述から始め，彼の元首政において古代ローマの共和制が復興したことの意義を全体的に叙述している。元首政は彼自身の個人的な偉業であったが，後に神権政治的な専制君主制に転落する運命にあって，その評価に関しても，公言された通りか，それともカモフラージュされた独裁支配の陰謀なのかと論じられた。この時代にはギリシア・ローマ文化の古典的な遺産の本質的要素に対する信仰が失われていたわけではなく，アウグストゥスはまさしくその回復を狙っていた。「彼の仕事は，古典古代の思想や抱負と合致した観点からみれば，その時代の諸問題を解決するためのヘラクレスのような英雄的な努力を示している。この立場に立つと，彼の問題は権力の観念と奉仕の観念を結びつけることであると同時に，地中海におけるローマの支配とローマにおける皇帝の支配を正当化することであった」*[5]。したがって彼の狙いは善い生活の基礎として古典主義の可能性を発見することであった。

コックレンはさらにユリウス・カエサルの生涯と業績を共和国の歴史の最終的な局面から評価する。しかし最終的には彼は共和制の理念を断念し，それを転覆すべく決断したのであった。それに対比するとコックレンは政治家のカ

---

4) 本書「序文」vii 頁。
5) 本書9頁。

トーを高く評価し，プラトンの理想に従ったものとみなした。カエサルの業績を受け継いだアウグストゥスは国家をおそらくローマ的精神のもっとも特徴的な側面であった法治国家に変えることに成功した。こうして「法とは世界に対する皇帝たちの贈り物であった」。なぜなら民会（comitia）よりもむしろ統治権が実際に法を創造する源泉であったからである。こうして皇帝たちによる統治権の復権は法を利害関心の支配から解放することを可能にし，それを科学的で哲学的な統治原理の表現たらしめた。

第2章 「ロマニタス　帝国と共和国」

ここではアウグストゥスの治世が「アウグストゥスの平和」と呼ばれ，その内実がどのようにウェルギリウスの『アエネーイス』やカトーの精神，ルクレティウス，キケロによって具体的に表明されているかが検討される。これらの人物や思想家に対するコックレンの解釈は実に優れており，刮目に値すると言えよう。事実，このロマニタスこそギリシア・ローマ文明のための安寧と秩序とを確立し，法律によって新しい共和制体を復興したアウグストゥスの治世を内部から支えるイデオロギーを提供しており，ロマニタスの本質は古典的理想の実現を目指す永遠の都ローマの歴史と運命とに結びつくことによって自らの姿を明らかにする。そして古典的理想をローマ世界に結実させ，ロマニタスに明瞭な表現を与えたのは詩人ウェルギリウスであった。彼によってヘレニズム的見方からイタリヤ的見方への転向がなされ，古典的理想のローマ的実現様式であるロマニタスの内実が明らかとなる。ロマニタスは休息や観照よりも活動と行為のうちに自己の成果を見る。したがって歴史は隠れた意味の行為的展開であり，古典的理想は永遠の都ローマが発展し，世俗的過程を経ることによって究極的に，かつ，全面的に開示される。だからウェルギリ

ウス主義は特別な意味で「この世の宗教」(the religion of this world) と言われ，世界観の特質を帯び，「人間の都」(City of man) の精神的基盤ともなった。そしてロマニタスこそ精神的に人々を結合させるローマ的統合の媒体であって，暴君と詐取によって帝国が破局に陥らんとする危機にも世界＝共同体の目論みとして存在し，またその意味で純粋に「政治的」であり，民族・人種・宗教すら超越する。このようにロマニタスは民族的拘束の一切を超越しているように見えるが，実は諸民族の精神的一致が欠如している限り，そのような超越の働きをするのであって，それは結局のところ自然的理性の地平での社会的結合に他ならず，そのかぎりロマニタスはローマ的秩序として他の可能性を否定し，普遍性と究極性とを要求したのである。

　このようにロマニタスはすぐれた意味で政治的含蓄をもち，アウグストゥスにその体現者を見，かつウェルギリウスにより文学的表現を得，しかも『アエネーイス』に見られるような宇宙的規模にまで拡大され，ローマ的世界観と化し，実に宗教にまで至っている。「その結果，ウェルギリウス的な啓示の燦然と輝く光の中でキケロの陳腐な思想が宇宙的真理の広がりを帯びるようになる力と効果を産み出すことになる。というのもこのことが詩人に古典的なヒューマニズムの諸原理に自らを奉献することを可能にしているからである。こうしてヒューマニズムが宗教への一つの段階としてではなく，宗教そのものとして啓示される」*[6]。それは同時に古典文化のローマ的実現様式であって，自然的理性による普遍的思想体系と国家形態実現とのイデオロギーの源泉をなし，法律の設定と維持を通して社会的正義を実現させたため，広く人々から是認されたのである。

---

6) 本書，106頁。

第3章 「永遠のローマ,権力の神格化」

しかし,個人の法的権利を保証するということから発したロマニタスの本来の姿はやがて法律による個人の法的拘束となる。それは政治が法的統治の本来のあり方から脱落し,政治権力の担い手である皇帝が神格化され,権力の神化(the apotheosis of power)が行われ,権力がそこにおいて具体的社会生活を外から強制的に規制する極端な形式主義をともなっているからである。このようにしてロマニタスは,権力の担い手である皇帝の神化と,合法的統治の名目にかくれた法律による極端な外的形式主義とにより,没落の運命にあった。コックレンは先ずそのような神化(deifcation)が生じる根拠を,人間が人間としてもっている卓越性(アレテー),またこれの実現を人間に自然にそなわっている能力により計るという思想,すなわちプラトンやアリストテレスに見られるギリシアの観念論(理想主義)に見出している。だが,ここでの神化は,ギリシアにおけるごとき異常な潜在的能力の持主たる超人のゆえに,生じるのではなく,社会に奉仕するがゆえに神化が行われる。それゆえ統治者のアレテーとテュケー(徳と運)に帝国の命運のすべてが賭けられることになる。ポリビウスやリヴィウスのごとき歴史家の文章に共和政治の腐敗に対する嘆きと,それを再建せんとする神のごとくすぐれた統治者への讃美・希望・期待が見られることからもこの事は明らかである。次に,法律による外的形式主義,特に権力が法律において外側から形式的に立てられて先の神化の手段となっていることの根源は,ヘレニズムの一特質である思考法すなわち事物を対象的にみて自然の中に事物の本質を把えんとし(たとえば秩序の思想),事物を形相(form)と質料(matter)とに二分して考える慣習的思考法にある。これこそ事態の本質を見謬る古典主義の根本的誤謬であり,このような慣習に見られる事態を形式と質料とに二分

する見方，したがって世界を感性的世界と超感性的世界とに二分する二世界説は単なる仮説にすぎず，人間的思惟の産物にすぎない。だが，この二世界説から古典的観念論の特質である形式主義が生じ，これによって法律が神化される手段が与えられる。

　また法律の立法者たる皇帝の徳の神化は必然的に皇帝の幸運の神化，および皇帝自身の神化を導くがゆえに，テルトリアヌスなどのごときキリスト教徒たちがアウグストゥスの平和に疑念をもち，その多くの利点にも拘らず，「カエサルの国は悪魔の国である」と宣告した理由が理解される。

第 4 章　「カエサルの国は悪魔の国である」

　アウグストゥスの社会体制がこのように言われるのは 3 世紀の間に重要な局面の変化が起こったからである。第一の局面はアウグストゥスの社会体制の諸要求に適合する時期であり，第二の局面は「ローマ人たちはその報いを獲た」と言われるように，その社会体制の約束が実現された時期であったが，第三の局面は崩壊と再建というさまざまな局面によって特徴づけられた時期であった。この崩壊と再建は社会統合の根源的に新しい原理を結果的には公に採用するようになった。この新しい原理の名前によっていわゆるキリスト教皇帝たちは，ロマニタスの刷新に取りかかることができたのである。

　こうしてコックレンによれば第 1 世紀を大まかに調整の世紀，第 2 世紀を達成の世紀，第 3 世紀を崩壊と衰退の世紀と呼ぶことができる。この時代の研究にはギボンの有名な『ローマ帝国衰亡史』（ブュリー編，1896 年）が基礎研究として不可欠であって，それは古代の学術上の伝統を忠実に解釈する点で優れている。しかし現代の歴史家は主に碑文や古銭などの新しい情報の史料に助けられてその

解説　　　869

像を補足したり，経済的・社会的な理解に現れた欠陥を修正している。

　コックレンはこのもっとも長い章でアウグストゥスの治世の検討からはじめて，後継者であるティベリウス帝の問題点と悲劇を叙述し，その時代の哲学を批判的に検討する。さらに歴史家タキトゥスのイデオロギーにおける欠陥を指摘してから，ギボンが称賛した五賢帝の時代を批判的に検討する。そして皇帝の神格化の中に悪魔化する実体を捉え，それに対するテルトリアヌスの批判の意義を強調する。また公共の学問として古典的観念論が勝利する過程が詳しく紹介され，哲学者キケロが果たした政治的な役割のもつ意義が解明される。さらに，これらが3世紀にわたる危機と革命を生み出した点が詳細に検討される。なかでも3世紀に起こった大不況が三段階に分けてどのように侵攻したかが解明される。この荒廃がテルトリアヌスやキプリアヌスの証言から検討され，古代文明の衰亡と破滅の究極の原因が多角的に究明される。なかでも哲学者セネカとローマ時代の哲学としてストア派とエピクロス派が検討され，最後にプルタルコスの哲学の意味が詳細に検討される。こうしてこの時代はディオクレティアヌス帝のキリスト教の迫害の転換を迎えることになり，コンスタンティヌスによるキリスト教の公認が続くようになる。

第5章　「新しい共和国　コンスタンティヌスと十字架の勝利」

　この章から第二部の「修築」に入り，コンスタンティヌスによる新しい共和国について検討がはじまる。この共和国についてこれまでも多くの研究が重ねられてきたが，コックレンの優れている点はエウセビオスの著作を批判的に検討するだけではなく，コンスタンティヌスが発令した法令が集められている『テオドシウス法典』にもとづき，

それを詳細に引用しながらこの時代を考察しているところに求められるであろう。そこで彼はミラノの勅令の意義から説き起こし、ローマ史におけるスキピオ・エミリアヌス（小スキピオ）と同じ役割を果たしたと言う。事実313年という年はヨーロッパの歴史における大きな転換点であった。これまでは教会と世界との間の対立が主流であったが、キリスト教がローマを転覆させると主張したことはなかった。ところがキリスト教は、ローマ世界がその内在する理由によって消滅する運命にあると考えていたし、その崩壊の時期がキリストの地上における支配の確立への序曲であると大胆に予想し、世界に対する配慮と悲しみからの避難所を教会の内部に準備していた。この精神でもってキリスト教は皇帝たちによる迫害に抵抗して勝利を収めた。それに対してコンスタンティヌスのミラノの勅令はキリスト教を「認可された宗教」として特権を与えたのである。その結果、世紀の傾向が逆転することになり教会の指導の下にローマ世界は生き延びることになっていった。この時代にはキリスト教と古典主義とがその差異にもかかわらず、人格性の権利要求では一致していた。皇帝も神性に対する霊感をもっており、十字架のビジョンを経験し、キリスト教に改宗するも、教会の擁護者から改宗者に改造されていく。これを援助し、宣伝したのはカエサリアのエウセビオスであり、神学者のラクタンティウスであった。コックレンはこの二人を批判的に検討し、思想的な脆弱さと、古典主義との妥協を鋭く批判する。こうしてニカイアの公会議の開催などの歴史的な変革を果たしたコンスタンティヌスの功績を認識した上で、彼が自ら行ったことの意義を知らなかったという根本的欠陥を指摘する。これまでの研究、たとえばブルクハルトのそれと比べても真に優れた解釈であるといえよう。

解　説　　　　　　　　　871

第6章　「アテネはエルサレムと何の関係があるのか。コンスタンティヌス主義の袋小路」

　古典文化とキリスト教との関係はテルトリアヌスによって「アテネはエルサレムと何の関係があるのか」という言葉によって先鋭化されて問われた。コックレンによると「キリスト教皇帝」という観念は形容矛盾であって、絶対にあり得ぬものである。両者の統合や総合を試みたコンスタンティヌスの政策は袋小路に追い詰められることになった。そうした統合の新しい原理を手に入れるように彼は試みたが、キリスト教をローマの物質的繁栄の「お守り」とみなしたに過ぎなかった。福音の約束は帝国と彼自身の繁栄を約束するものに過ぎなかった。古典文化とキリスト教との相違点をラクタンティウスもエウセビオスも捉えることに失敗した。それに対比すると殉教者ユスティノスとテルトリアヌスの古典文化に対する敵視と拒絶は両者の対立を正しく捉えていた。この人たちは古典文化にたったグノーシス主義と対決したが、クレメンスやオリゲネスのキリスト教的なグノーシス主義は物質と運動の意味を誤解したがゆえに徹底的に批判された。さらにコンスタンティヌスによって招集されたニカイア公会議の召集と問題点が詳細に検討されている。とりわけアレイオス主義がキリスト教の形式の下に古典主義を存続させた点が指摘され、これにコンスタンティヌスが最後にこの主義に加担して洗礼を受けた点が指摘される。そこに彼の「袋小路」があって、「自然を通して神に至るのではなく、神を通して自然に至る」キリスト教の姿が明らかとなる。ここからプラトン主義の二世界説が徹底的に排斥され、古典主義の根本的誤謬が暴かれ、ロマニタスの因習が根絶されることになる。これに対しキリスト教はまったく新しい観点を歴史に導入したのであって、またこの時期の皇帝たちと格闘したアタナシウスの意義がギボンと同様に高く評価される。ここから

起こった出来事は文化の破壊であり，古代の生活を支配していた「徳と幸運」の観念と経済力による至福が根底から転覆される。このことは現代日本の状況と変わらないため，刮目に値する歴史の歩みであろう。

第7章 「背教と反動」

まず初めに背教者として名高い皇帝ユリアヌスの生い立ちが説明され，これまでの歴史の方向を逆転させる「キリストからプラトンへ」の合い言葉が生まれるようになった。背教者としての歩みはコンスタンティヌスのアレイオス派への変身に示された萌芽の展開であって，その祖父コンスタンティウス・クロルスの事業を想起させるのみならず，そこに注ぎ込まれた情熱はよく似ていた。だがそれはコックレンの主題である「キリスト教と古典文化」の重要な反動と反転の出来事であった。彼はこの歩みをユリアヌスのギリシア語著作にもとづいて忠実に再現しようとする。その意味で本章は読み応えがあるが，ユリアヌスの行動は歴史の展開に対する単なる反動にすぎず，当時の歴史家からも批判される試みに過ぎなかった。

だが彼のキリスト教に対する批判は，歴史的にはきわめて興味深い内容であって，とりわけ太陽神ヘリオスの一神教とキリスト教との対決は無視することができない。そこにはグノーシス主義者ケルソスと同じ異端思想が認められ，古典的な生活と性格とが首尾一貫して展開する。ここからユリアヌスとアタナシオスとの対決が見物であって，ユリアヌスの過激な性格が描かれる。これまでのキリスト教の教父たちはプラトン主義との一致によってキリスト教を弁護してきたが，それが他ならぬこのユリアヌスのプラトン主義によって徹底的に批判され，攻撃を受けるようになった。だがユリアヌスはメソポタミヤ平原における外敵との戦いによって敗北を喫し，短い生涯を閉ざすことに

なった。

第8章 「新しい共和国における国家と教会」

　ユリアヌスの時代に起きた宗教的・哲学的論争の嵐がおさまり，キリスト教的秩序との名ばかりの再度の統合がなされてたウァレンティニアヌスの時代の考察がこの章の主題である。ユリアヌスの死後，ヨウィアヌス帝が一年間統治の任についたがユリアヌスの原則と政策に対する反動となり，背教者によって剥奪された地位と特権とがキリスト教会に回復され，異教主義との絶縁が際立つようになった。だがこの皇帝の突然の死の後にウァレンティニアヌスとヴァレンスが支配するようになり，キリスト教信仰は告白され維持されたが，コンスタンティヌス時代の熱意はなく，むしろ宗教においては寛容の原則が貫かれ，自由な国家における自由な教会という 19 世紀のヨーロッパ的な理想の先駆となった。その本質において名ばかりのキリスト教指示に終始し，政治的な利己主義の視点から信仰と道徳が導かれることになって，実質的には古典主義の共和国の再建がめざされることになった。そのため皇帝たちは帝国の防衛に，とりわけ西方の防衛に尽力した。そこには本質的に世俗的な方法で世俗的な目的が追求されるようになり，帝国の権力は独立・自足的なものとして行使され，粉屋の団体とか海運業の団体の管理と運営に見られるような法的措置が強行されるようになった。こうしてキリスト教に対する批判は収まったが，それは名目上受容されたのにすぎず，本質において従来と変わらない政策が実行されるようになった。そこには古典主義に立っていながらもユリアヌスの反動に共感しなかったが，キリスト教の代案を拒否した保守的なグループと，キリスト教に信仰を告白しながらも，異教を脱却できなかったグループがおり。この時代の歴史家アンミアンヌがこの第一のグループに属するこ

とが最後に批判的に考察される。これこそ新しい原理の内実を欠いた「形式的適用」であって，コックレンの言う「実質はそのままで形式的に社会を修築（RenovationI）しようとする試み」に他ならない。だが，第二のグループに属する人たちがつぎのテオドシウスの革命的変化の道を拓くことになる。

第9章 「テオドシウスと国家宗教」

コンスタンティヌスがはじめてキリスト教を採用することでローマを復興させる試みは4世紀の問題を産み出したが，テオドシウスがこれらの問題を一応解決すべく努めた。しかしそこにはどのような問題が残されたのか，これが本章の探究課題である。

コンスタンティヌスよりテオドシウスに至るキリスト教皇帝によるキリスト教を採用してのロマニタス回復の試みは失敗に帰した。それはコックレンが強調するように形式的適用 formal adoption にもとづく失敗である。彼らのキリスト教受容の性格は共通して政治的 political であり，実質はそのままで形式的に社会を修築 Renovation しようとする試みあって，ここでのキリスト教受容の形式主義こそ古典主義の根本的誤謬にもとづいており，この試みが失敗するのは論理的に言っても必然である。それゆえロマニタスを修築しようとする試みも挫折せざるを得ない。ゴート族の反乱はローマの無力さをさらけ出し，ウァレンティアヌスの弟ウァレンスの死をもたらした。その結果東方の統治者がなくなり，勝利を得た異邦人の餌食となった。このときテオドシウスが皇帝となるが，彼はランゴバルト人とフランク族に脅かされ，ゴート族に対応しなければならなかった。ゴート族には移住のために広大な土地を譲渡し，その見返りとして軍事的支援を得て，ランゴバルト人とフランク族を撃退することに成功した。その他の異邦人との

対応によって彼は名声を得ることになった。こうした侵入者に対する処置を彼は法律を制定することによって対処し，前任者からは神聖君主制の理論による官僚的独裁制を受け継ぎ，帝国の事業を聖職者のように実行した。そのさいテオドシウスはカトリックの洗礼を受け，キリスト教君主の原型となるような行動をとるようになった。とくにミラノの司教アンブロシウスの影響を受け，その協力によってキリスト教の国教化に努めた。これによって古代的な迷信は一掃され，残存した異教主義は撤廃された。だが，新しい秩序は長続きせず，彼に続く時代は文明のたそがれをむかえ，西ゴート族による首都ローマの包囲と攻略はロマニタスがその歩みの終極に達した厳しい真実な姿を明らかにした。だがこのことは，キリスト教の社会的意義とは何か，また「腐敗し堕落した世界にたいする救済の教説」（アウグスティヌス）としてのキリスト教の価値は何か，という問いを惹き起こした。

第10章 「教会と神の統治」

これより第三部「新生」に入る。ニカイア公会議以後の教父の中でアンブロシウスは西方教会を代表する人物であり，その生い立ちにおいてロマニタスの古典的教育をうけ，行政職にたずさわる間，突然強いられて司教になり，彼の本領はキリスト教倫理の代弁者たることにあった。彼はロマニタスの社会的理想を新しい目標のために聖別（reconsecrate）したと言えるが，彼の弟子アウグスティヌスはロマニタスの哲学を聖別する仕事を行った。ここで初めてロマニタスの徹底的な新生 Regeneration が遂行されるに至った。

これに対する回答はニカイア公会議以後の教父たち，とくにアウグスティヌスの著作に見出される。キリスト教古代の教父たちが追究していたのは，自然と人間とに関する

正しい哲学への前提として意義をもつ第一原理の徹底的な改訂の試みであり，その改訂の基礎を彼らは「キリストのロゴス」に見出そうとしたのである。

終わりの二つの章，つまり第 11 章「わたしたちの哲学 人格性の発見」と第 12 章「神の必然性と人間の歴史」については続く（4）で重点的に考察する。

4　アウグスティヌス哲学の新解釈

本書の第 11 章ではアウグスティヌスがキリスト教の三位一体の信仰によって神を人格的に把握し，新しい哲学を完成させたことが論じられる。この哲学が古典主義の思想といかに対立していたかを理解しないと，ギボンなどのアウグスティヌスに対する誤解が起こってくる。そこからアウグスティヌスと古典主義のイデオロギーとの決定的な相違点が示される。終わりの第 12 章ではヘロドトスとツキディデスとの歴史記述の方法がギリシア思想に依拠していることが指摘され，それと対比してアウグスティヌスの歴史理解が詳論される。

ところでロマニタスの聖別とそれによる Regeneration にもとづくアウグスティヌスの哲学についてのコックレンの解釈は次の三つの特徴点において要約できよう。

（1）まず，アウグスティヌスのキリスト教をアタナシオスやバシレイオスの系譜に属する三位一体的キリスト教の線にそって解釈し，アウグスティヌスがロマニタスの教育をうけ，弁論術の教師としてこれに習熟していたが，これとキリスト教との総合を三位一体的キリスト教による古典文化の Regeneration という形で把握している点である*[7]。

7）　この見解は自明の感はあるが，やはり独自の洞察をもってい

この観点からして初めて「理解するために信じる」（Credo ut intelligam）の思想的背景とその意義とが見事に把握されている。

（2）次は「具現したロゴス」（the embodied logos）の主張である。アウグスティヌスの哲学的思索の出発点は「存在・知・意志」（esse, nosse, velle）の三一的な構造の理解に見られる生命の連続的把握にあり，ここで世界を感性的世界と超感性的世界とに二分する古典主義の誤謬とその仮説的性格が暴露される。それゆえロゴスといっても「世界から遊離したロゴス」（the disembodied logos）ではなく，具現したものが主張される。このロゴス理解は神の言葉の受肉，つまり三位一体の信仰と思想上密接に関連し，救いもプラトン的超感性的世界への脱出によるのではなく，生活の全体的転換，意志の方向転換としての回心による。これこそ「神に寄りすがること」（Adhaerere Deo）の意味であり，ここに「更新の根本原理」（the fundamental principle for regeneration）が立てられる。ここに人格性の発見が捉えられる

（3）さらに「キリストのロゴス」（the logos of Christ）にもとづくまったく新しい論理，発展の論理（logic of progress）と「新生」（Regeneration）を原理とする歴史理解が説かれる*[8]。キリストのロゴスとはヘロドトスやツキ

る。たとえばディンクラーのごとき学者でもアウグスティヌスに流入したキリスト教は使徒パウロのそれとまったく変らないとみなし，彼に影響を与えたプラトン主義こそ時代とともに変貌したものと見ている（E. Dinkler, Die Anthropologie Augustins, S.9）。これはハルナックがアウグスティヌスをパウロ復興の代表者となした見方に支配されているからであろう。

8) アウグスティヌスの歴史観についてこの解釈は非常に価値あるものとして評価すべきである。たとえば『神の国』の注解を書いた H. ショルツはアウグスティヌスに明瞭なるキリスト論が欠如しているため，歴史哲学が成立するには重大な欠陥があったと批判する。

ディデスのロゴスとも，総じて古典主義のロゴス理解とは異り，具現したロゴスであり，これは「創造的な動的原理として認められた三位一体」による歴史哲学を形成する原理であるとされる。なぜならこのロゴスが時間，空間，物質という現実の諸条件を受け入れることにより，この諸条件は神の支配下におかれ，歴史は単に同じ出来事が回帰するのではなく，一定の目的に向かって進展するがゆえに，ここに発展の論理が成立するからである。またキリストのロゴスにより「人間の生活と歴史にたいする統一と分割の新しい原理」が与えられ，「神の国」と「地の国」との真の概念的意義と対立の意味が明らかに説かれる。

このようにアウグスティヌスの哲学はキリストのロゴスによるロマニタスの再聖別（Reconsecration）と新生（Regeneration）であるとされる。ロマニタスが権力の合法的神化において没落の危機にあったとき，権力の源泉を見分けるのに失敗したことこそ古典主義の誤謬にほかならなかった。この誤謬と虚偽に対しキリスト教徒は「すべての力は神に由来する」と主張したが，問題はアウグスティヌスが説くごとく「権力にたいする愛」（the love of power）と「愛の力」（the power of love）の対立であり，愛の力こそ「天上の平和」と同時に「愛の秩序」をもたらす。この愛の秩序は神秘的であるが，神話的でも，仮説的でもない。この秩序のもと神に対して徹底的に寄り縋る信仰に個人の更新と社会改革との根本原理があり，

つまりキリストを世界史の転回点として捉える見方がアウグスティヌスには出て来ないという（H. Scholz, Glaube und Unglaube in der Weltgeschichite .Ein Kommentar zur Auguṣtins De Civitate Dei,S.174)。ところがコックレンの古代史の広大な視野からの研究と，とくにアタナシオスに結びつけてアウグスティヌスを位置づけようとする学的態度とはキリストのロゴスを強調することになり，このロゴスを歴史哲学の原理にまで高めている。

ここに人間関係の新しい出発点があって，自然的人間が次第に変えられ，霊的人間と社会が形成されて，「キリスト教的知恵」(sapientia) の理想が達成される。このことはいわゆる超越ではなく，自然の成就であり，したがって Reconstruction ではなく，Regeneration と Renewal である。この新生によって法律を愛するのでないなら，法律は形式的となり，外的なものとなって，社会共同体の Reconstruction や Renovation は可能であっても，その Regeneration は不可能となる。

5　歴史叙述あるいは思想史の方法

先に理解されたロマニタス概念の変遷と推移とがローマ史の真の内実であり，ここから彼の構想が意味をもって現われて来る。まず彼は，ユリウス・カエサルの業績を滅亡に瀕した国家に対する「新生」(Regeneration) の試みであるとする歴史家モムゼンの解釈は不当であり，「再生」(rebirth) の概念は妥当せず，旧来の理想に従っての「再建」(Reconstruction) の試みである，と言う。それゆえアウグストゥスの治世もユリウス・カエサルを継承し，完成した意義をもち，彼の業績も共和制の復興にあった。それに続く3世紀はアウグストゥスが与えた秩序とその要求を適用した時期と，秩序の成就と享受の時期と，さらに秩序の崩壊と再建の時期との三つの時期に分かれる。そしてこの時期の終局はいわゆるキリスト教徒の皇帝たちによるロマニタスの「修築」(Renovation) の時代に接続し，「永遠のローマ」(Roma aeterna) という偽りの主張は適応・享受・崩壊の三世紀を経てまったく崩れ去った。

わたしたちは政治・文化・宗教（哲学）の広汎な領域にわたり，かつそれらを包括するロマニタス概念を中心

としてコックレンの構想を考察してきた。彼の構想はReconstruction, Renovation, Regenerationに端的に示されているが、わたしたちはここでローマ史400年の流れを批判的に解明しようとして彼が立てた構想の設定方法から彼の方法論を明らかにし、そのことから彼の歴史観を把握してみたい。

(1) まず、政治史上の出来事という客観的事実によって明瞭に枠取られた古代ローマ史の最盛期からその没落にいたるまでの時代を限定することによって構想を措定するための客観的な枠づけがなされる。

(2) 政治史の背後には人びとをその目的に結集するために、イデオロギーがその精神的支柱として造られる。このイデオロギーは文字により保存されているがゆえに、原典研究によって解明される。こうして思想史的な研究が行われ、原典という客観化された素材が土台となっている。だが、問題はイデオロギーの解釈にある。

(3) このイデオロギーの解釈は再び政治史上の出来事とその体験から遂行される。それは既述の「状況の論理」(the logic of the situation) から妥当性をもって解釈される。

(4) 解釈の操作が繰り返されていって原理的なるものが摘出される。すなわち外的政治史とイデオロギーとの連関、および歴史の流れの中で繰り返す類似現象、否その蓄積により破局にいたる共通的な要素、もしくは共通の前提が、または通底する根源が、原理的なるものとして抽出される。

(5) そのさい次の三つの状況、もしくは場面・場合が分析されて考察される。

 Ⅰ 原理的なものが自らの土台（原理自体）に立ち返り、自らの力で立たんとする状況、

 Ⅱ 原理的なものが自己の土台に立ちながらも、他の優秀な原理を借りてきて、再び立とうとする状

況,

Ⅲ 原理的なものが自己の土台から徹底的に変革されて, 他の原理の土台のもとに立てられる状況。

わたしたちがすでに考察したように, 原理的なるものとはロマニタス（ローマ文化）であり, 原理自体もしくは土台とは古典主義 Classicism であり, 他の原理とはキリスト教である。

このような方法にしたがってコックレンは彼の構想「再建・修築・新生」(Reconstruction, Renovation, Regeneration) を確定した。

コックレンの方法の特徴はこの原理的なものの捉え方にある。理性の営みは原理的なものを把握する認識能力である。ただ問題はそれが史学の方法に従っているか否かということである。史学では事態 (Sache) や経過 (Vorgang) が原理に先行しており, 価値判断が歴史的事実に先行した形而上学的原理からなされるとことはない。もし史学に原理を導入することが許されるならば, Sache が原理もしくは原理的なものを指示し, 発見させる以外にないであろう。コックレンは原理・原則 (principle) という言葉を実に多く用いるが, 原理から判断や解釈を行っているのでは決してない。しかし, 彼は単に Sache を Sache として相対的に, また相対的であるが事実であるかぎり客観的真理として記述しているのではない。そうではなく相対的歴史事象に即しながら原理的なるものを発見的に捉えようとする。彼の方法は, 歴史を歴史から理解するという相対化の操作を遂行しつつ, 歴史を動かし決定する動的原理を発見しようとして, 原理的なものから原理自体を, したがって原理にもとづく人間や国家の在り方から原理自体を（ロマニタス Romantas から古典主義 Classicism を）摘出し, さらに他の原理との対立・抗争・克服の出来事を指摘する。このように彼の方法は歴史事象の充実した研究成果にもとづ

いているといえよう。

あとがき

 本書はコックレンの『キリスト教と古典文化』(C. N. Cochrane, Christianity and Classical Culture, 1st ed, 1939) の全訳である。この著作は一時代前に出版されたが、何回も版を重ねて今日に至っている。しかも、その著作内容がきわめて優れた学術的研究の成果を提示しているのに、我が国ではこれまでほとんど知られることがなかった。わたしは今から56年前に大学院の博士過程を修了したころ、本書を読んでその卓越した内容に驚き、直ぐに詳しく学術誌に紹介したが、残念なことにあまり注目されなかったようである(「コックレンの歴史観」『キリスト教と文化』第1号 ICU, 1964 参照)。しかし欧米では、とりわけヨーロッパ思想史の研究では本書は必読の文献として推薦されることも多く、たとえば、仄聞したところでは、アメリカの有名な神学者ラインホルト・ニーバーも彼のもとで学んだ人たちに本書を熱心に推薦していたそうである。

 わたしはその後もヨーロッパ思想史を語るとき、本書の優れた研究内容をいつも紹介するように努めてきた。そこには次のような理由があった。それは本書がギボンの有名な『ローマ帝国衰亡史』に対する批判の書となっており、わたしも大学2年生のとき半年かけてギボンを、当時の柳田泉の訳ではまったく理解できなかったので、全7巻の大作を原文で読んだのであるが、ギボンの啓蒙主義的な偏見に疑問をもつようになっていたからである。とくにアウ

グスティヌスに対する評価に疑義を懐き，自分でも調べて
みたいとアウグスティヌスの22巻からなる大作『神の国』
を，邦訳が当時なかったので，英訳本で読み通し，その上
でさらにその研究を志すようになったのである。

わたしはその後さらにアウグスティヌスの『神の国』の
翻訳にも参加し，その研究をも続けてきたのであるが，同
時にコックレンの本書も翻訳したいと思うようになった。
それを10年前に始めたのであるが，退職後時間の余裕が
できたので，未完成のままに残された仕事に着手するよ
うになった。その当時は大学院の博士課程を修了し，研
究所に所属していた佐藤貴史君の協力を得て，まず「序
文」と「第1章」を完成させ，「聖学院大学総合研究所紀
要」に発表した（同紀要第37号，2006年）。次にはさらに
大学院生の深山祐君を加えて，「第2章」の前半を完成さ
せた（同紀要第38号，2007年）。その後，佐藤君が大学に
就職し，授業等で忙しくなったので，わたしはただ独りで
翻訳を続けていったが，老齢のためそれを継続することが
困難となった。そこで，再度，同君に援助を乞うて，「第
8章」と「第9章」の翻訳を助けていただいた。そのため
彼には多大な苦労をかけてしまったことを申し訳なく思っ
ている。その訳文にわたしは必要な修正を加えることで翻
訳を作成し，5年の歳月をかけてやっと900頁を超える完
訳にたどり着くことができた。さらに聖学院大学で教鞭を
執っている齊藤伸君には校正段階で閲読をお願いし，訳文
を検討してもらった。なお，フランス語の引用で一箇所だ
け分からないところがあったので，友人の久米あつみさん
に教えていただいた。こうして多くの方々の援助のもとに
本書が出版できるようになったことを感謝している。

実は本書の原文は真に難解であるばかりか，研究資料で
ある古典語の原典からの引用が本文と注の至るところで盛
り込まれており，それをすべて訳出するのは実に骨が折れ

あとがき

た。それでも，この労苦は，本書が良い読者をもつことによって，ここに展開する豊かな研究成果を味わっていただけることで，必ずや報われるものと確信している。

　出版に当たっては，いつものことながら，知泉書館のお世話になった。社長の小山光夫さんは，今回も，完成に至るように絶えず激励してくださったばかりか，ご多忙にもかかわらず，多大な時間を割いて献身的に援助してくださり，とくに校正では全文を厳しく点検してくださったことに対し深く感謝の意を表する次第である。

　2017 年 12 月 25 日

　　　　　　　　　　　　　　　　　金　子　晴　勇

ローマ帝政以前以後の略年表

I 帝政成立までの年表（紀元前）

前 753 年	伝説上のローマ建国の年
前 509 年	王が駆逐され，共和政が樹立された。
前 390 年	ガリア人がローマ市を劫掠した。
前 338 年	ローマはラテン人を破り，ラティウムの覇者となった。
前 327-290 年	ローマは中部イタリアの覇者となった。
前 323 年	アレクサンダー大王が死んだ。ヘレニズム時代の開始。
前 287 年	元老院の権力が高る。
前 275 年	ローマはイタリア半島の覇者となった。
前 264-41 年	第1次ポエニ戦争の勝利し，シチリア島を獲得。
前 218-02 年	第2次ポエニ戦争（ハンニバル戦争）。
前 197-68 年	ローマはマケドニア，シリアを征服。
前 146 年	アカイアが敗れ，コリントの破壊。カルタゴの滅亡。
前 133 年	ティベリウス＝グラックスの改革と殺害。
前 123 年	ガイウス＝グラックスの改革。翌年，その横死。
前 112-06 年	ユグルタ戦争。
前 107-100 年	マリウスによるローマ軍制の改革。
前 90-88 年	イタリア同盟都市とローマが戦った。
前 82 年	スラの独裁政治。
前 73-71 年	スパルタクス指揮下に奴隷が反乱する。
前 63 年	カティリーナが国家当局に対して陰謀を起こす。
前 59-50 年	カエサルのガリア支配。
前 49 年	ポンペイウスとカエサルとの衝突と内乱。
前 44 年	カエサルの暗殺。
前 31 年	アクティウムの海戦でオクタウィアヌスがアントニウスとクレオパトラを破り，ローマ世界の

前 27 年	支配者となった。 オクタウィアヌスにアウグストゥス(「尊厳者」)の称号の授与。彼は共和政を復興すると宣告したが,実際は元首政を採り,ここからローマの帝政が開始する。

Ⅱ　ローマ皇帝の略在位表

アウグストゥス	前 27 年 - 後 14 年	
ティベリウス	後 14-37 年	
ガーユス(共治者カリグラ)	37-41 年	
クラウディウス	41-54 年	
ネロ	54-68 年	自殺する。
ウェスパシアヌス	69-79 年	フラヴィウス朝時代(-96 年)
ネルウァ	96-98 年	「5 賢帝時代」(-180 年)
トラヤヌス	98-117 年	
ハドリアヌス	117-38 年	
アントニヌス=ピウス	138-61 年	
マルクス=アウレリウス	161-80 年	
ルキウス=ウエルス	161-69 年	
コンモドゥス	180-92 年	
ペルティナクス	193 年	
ディディウス=ユリアヌス	193 年	
セプチミウス=セウェルス	193-211 年	セウェルス朝時代(-235 年)
セウェールズ=アレクサンデル	222-35 年	殺害される。
マクシミヌス	235-38 年	「軍人皇帝時代」の開始。
クラウディウス 2 世	269-70 年	ゴート族に勝利。
アウレリアヌス	270-75 年	
ディオクレティアヌス	284-305 年	
マクシミアヌス	286-305 年	
コンスタンティウス 1 世	293-306 年	(大帝の父)ブリテンの支配回復。
ガレリウス	293-311 年	

マクセンティウス	306-12 年	
リキュウス	308-23 年	
コンスタンティヌス1世	306-37 年	ミラノの勅令（313年）ニカイア公会議(325 年）死後帝国は三子で分割される。
コンスタンティヌス2世	337-61 年	
コンスタンス	337-50 年	共同統治者
ユリアヌス	361-63 年	副帝から単独皇帝となる。
ヨウィアヌス	363-64 年	
ウアレンティニアヌス1世	364-75 年	
ウアレンス	364-78 年	共同統治者
グラティアヌス	367-83 年	共同統治者
ウァレンティニアヌス2世	375-92 年	
テオドシウス1世	379-95 年	
ホノリウス（西ローマ）	395-423 年	アラリック軍によるローマの攻略（410 年）

人名・地名索引

ア　行

アウグスティヌス　1, 66, 116, 119–20, 122, 166, 190, 252, 273, 276–78, 347, 360, 363, 366, 390, 397, 402, 405, 407, 416, 449, 483, 540, 563, 567–68, 570, 575, 597, 612, 619, 623–49, 651–59, 661–64, 666–69, 671, 675–77, 679, 681–91, 694–96, 702, 704–05, 707, 710, 713–14, 716–23, 725, 727–38, 740–47, 749–56, 785–89, 791, 793–805, 807–08, 813–15, 817, 819, 821–29, 833–38, 840–42, 844–45, 848–49, 861, 863, 875–78

アウグストゥス　1, 5–9, 21–2, 28–31, 34–35, 37–40, 42, 44–45, 47–50, 65, 97, 102–04, 119–20, 123, 152, 156–57, 159, 165, 171, 174, 181–85, 189–91, 194, 196–97, 199, 204–05, 207–08, 212–14, 216–17, 221–22, 227, 234–36, 238, 240–43, 260, 268, 274, 290, 292, 304–05, 309, 312, 336, 338–39, 345, 353, 379, 383, 438, 470, 493, 516, 523–24, 530, 532, 540, 546, 561, 595, 772, 859–61, 863–66, 868–69, 879, 884

アウソニウス　523

アウレリウス　42, 229, 231–33, 235–36, 240–41, 272, 277–90, 303, 334, 442, 467, 478, 517, 641–42, 884

アタナシオス　317, 320–21, 352–53, 402, 418, 432–36, 453–55, 470, 476, 598–618, 623, 656, 658–59, 661, 666, 682, 688, 743, 756, 872, 876, 878

アテネ　96, 129–30, 137–38, 141–43, 145, 154, 186, 254, 358, 374, 411, 439, 464, 487, 517, 698–99, 767, 780, 782–85, 801, 817, 871

アポロン　111, 115, 117, 141, 270, 460, 632, 662

アリストテレス　20, 53–54, 77, 83, 124, 126–27, 129–31, 134–41, 143–44, 145–46, 162–64, 173, 176, 187, 206, 223, 237, 241, 323, 325, 330, 375, 381, 391, 394–95, 408, 611, 625, 645, 657, 664, 699, 714, 737, 744, 750, 758, 777, 779, 782, 792, 827, 830, 832, 867

アルノビウス　322

アレイオス　316, 352–53, 367, 391–95, 418–19, 431–33, 454, 457–58, 476, 492–93, 539, 552–53, 555, 557, 559, 565, 575, 580, 599, 602–04, 608–09, 622, 661, 871–72

アレクサンドロス大王　16, 19, 143, 146, 282, 309, 364

人名・地名索引

アントニウス　6, 22–23, 25–28, 42, 50, 120, 233, 290, 334–35, 443, 517, 561, 584

アントニオス　562–66, 598

アンブロシウス　66, 317, 320, 339, 451, 521, 542, 551, 570, 574–80, 618–33, 632–33, 656, 661, 787, 802, 875

アンミアヌス　66, 319, 365, 454–56, 469, 471, 476, 479, 483, 484–85, 486–88, 491, 493, 496, 498, 500, 502, 519, 521, 522, 524–29, 531

エウセビオス，カエサリアの　308–16, 322, 332, 345, 347–54, 362, 367, 390–91, 478, 572, 604, 869–71

エウトロピウス　308, 485, 538

エピクロス　54, 60–64, 68–70, 105, 169, 274, 276, 323, 374, 401, 612, 737, 828, 869

オリゲネス　381, 388, 394, 411–12, 417, 871

カ　行

ガイウス　100, 168, 196, 218–19, 239, 251, 883

カエサル　5, 10–26, 39, 41, 45, 47–48, 50, 73, 83, 89–90, 92, 99–100, 102, 120, 154, 158, 171, 183, 190–91, 193, 196, 271, 304, 439, 442, 467, 540, 561, 571, 578, 772, 793, 839, 845, 849, 864–65, 868–79, 883

カトー　15, 20, 23–24, 33–34, 43, 50, 52, 53–59, 63, 71, 84, 101, 103, 157–58, 204, 208, 225, 231, 243, 486, 489, 516, 563, 638, 864, 865

カトー，ウティケンシス　15, 20, 23–24, 33–34, 43, 50, 52–59, 63, 71, 84, 101, 103, 157–58, 204, 208, 225, 231, 243, 486, 489, 516, 563, 638, 864–65

ガリア　12–14, 20, 22, 39, 122, 172, 230, 238, 243, 253, 257, 345, 420, 438, 439–40, 485, 517, 523, 531, 572, 581, 632, 661, 883

ガリエヌス　290–91, 506

カルタゴ　9, 15, 23, 58, 112, 116, 120, 151, 159, 168, 174, 270, 388, 629, 632–33, 646, 648, 883

ガレン　737, 777, 779

キケロ　67–94, 98–103, 109, 167, 171–72, 187, 189, 244, 249–50, 824

キプリアヌス　258–60, 388, 869

クラウディウス　39, 43, 168, 172, 204, 212–14, 218–19, 223, 225, 234, 238, 272, 304–05, 366, 371, 442, 572, 884

グラックス　14, 30, 32, 58, 73–74, 155, 201, 351, 883

クラッスス　12, 83

グラティアヌス　319–20, 500, 523–24, 531–32, 537, 539–40, 578, 580, 622, 632, 885

クレメンス　380–81, 871

ケルソス　389, 447, 872

コンスタンティウス二世　316, 420, 426–27, 429–31, 438, 467–68, 480, 505, 543,

547, 632
コンスタンティウス・クロルス　304, 307, 440, 442, 469
コンスタンティヌス　6, 8, 192, 253-54, 294, 299, 300-01, 303-58, 332-41, 360-66, 390, 394, 418-20, 426-27, 432, 435-40, 442-43, 453-54, 456-58, 467, 470-71, 474, 477-79, 484, 490, 492-94, 496, 500, 503, 512, 515, 525, 530, 539-40, 542, 544-46, 549, 556, 558, 566, 570-72, 584, 588, 595, 602, 620, 836, 840, 869-71, 872-74, 885
コンスタンティヌス二世　438

サ〜ナ 行

サベリウス　392
サポール王　256, 354, 420

ダイモン　284, 286-87, 690, 710, 829, 847, 851
ディオクレティアヌス　6, 8, 238-39, 253, 255, 257, 290, 292, 294, 300, 303-07, 318, 321, 336, 340, 346, 355, 389, 471, 491, 869, 884
テオドシウス　302, 317, 319-20, 322, 334-36, 337-39, 341-46, 350, 362, 420-21, 451, 471, 473, 475, 477, 480, 490, 494-95, 499-500, 502-03, 505, 510, 513-17, 519-21, 529-33, 535-47, 549-52, 554-62, 570-74, 578-85, 588, 596, 619, 632-34, 869, 874-75, 885

テルトニアヌス　190, 219, 259, 271, 299, 328, 358, 373, 375, 383-88, 411-16
ドナティスト　346-47, 352
ドミティアヌス　204, 209, 212, 218, 223-24, 232, 371

ネルウァ　28, 45, 119, 230, 232, 234-35, 519, 884

ハ 行

バシレイオス　566-67, 661, 876
ハドリアヌス　154, 192, 219, 231-34, 236, 269, 290, 516, 884
ヒエロニュムス　66, 367, 478, 495, 570, 581-82
ヒポクラテス　462, 703, 737, 777, 779
ピンダロス　129, 284, 618, 698, 714, 785, 836
フィルミクス・マテルヌス　427
プラトン　24, 54, 65, 80, 102, 116, 118, 128, 130-36, 138-41, 145, 165, 169, 186-87, 205, 237, 245, 266, 280-81, 285-89, 308, 321, 324, 327, 373-74, 381, 386, 389, 392-95, 399-412, 414, 433, 440, 457, 459, 462, 465, 467-69, 471, 473-74, 478-79, 486, 488, 502, 517, 563, 597, 609, 612, 623-25, 627-28, 633-34, 636, 643, 665, 685, 687, 693, 696, 701, 703-15, 717, 722, 724-25, 734-35, 743, 747, 758, 798, 801, 826, 831-32, 834, 853, 865, 867,

871-72, 876-77
フラミニウス　168
プリニウス　19, 210, 220, 236, 240, 242, 248, 252, 264, 371, 523, 793
プルタルコス　11, 18-19, 44, 52, 57, 65, 128-29, 145, 147, 186, 195, 204, 270, 280-87, 309, 364, 657, 793, 869
プロティノス　163, 288-89, 623-24, 643, 661, 683, 708, 710-12, 715, 717, 722, 725, 832, 834
ヘシオドス　127, 227, 460, 481, 698
ペラギウス　751-52, 754, 833
ヘラクレス　9, 118, 146, 188-89, 236, 294, 309, 466, 506, 641, 696, 758, 837, 853, 864
ヘリオス　441, 446, 460-61, 466, 488, 872
ヘレニズム　26-27, 44, 52-54, 63, 103, 112, 120, 124, 126, 128, 142-44, 149-51, 154, 166, 185, 205, 267, 274, 313, 356, 364, 369, 457, 479, 496, 624, 757, 865, 867, 883
ヘロドトス　27, 145, 481, 757-60, 762-76, 783, 816, 821-22, 876-77
ホメロス　127, 148, 286, 481, 696-99, 709, 761, 764
ホラティウス　156, 160, 178, 270
ポリス　42, 78, 124, 128-29, 133, 136-37, 140, 143-44, 149-50, 155, 164, 176, 206, 210, 242, 289, 303, 325, 329, 336, 350-51, 389, 418, 428, 436-37, 440, 451, 458, 466, 509, 531, 558, 567, 581, 686, 783, 816, 824, 827, 846
ポリビウス　147, 150-52, 155, 219, 867
ポルフェリオス　286, 389, 661, 707, 710, 712-13, 715, 725, 800

　　　マ〜ラ　行

マグネティウス　420, 438, 485, 632
マリウス　10, 14, 44, 73, 75, 196, 883
マルキオン　374, 382, 446, 786
マルクス・アウレリウス　42, 229, 231-32, 235-36, 240, 272, 277-79, 334, 517, 641

ユノ　45, 110, 114, 116-17, 519
ユピテル　8, 27, 45, 110, 117-18, 233, 270, 294, 327, 383, 519, 682
ユリアヌス　152, 154, 161, 290, 302, 365-66, 370, 389-90, 420, 427, 436, 437-50, 452-80, 483-93, 495, 497, 502-04, 509, 517, 520, 523, 525, 547, 551, 562, 564, 572, 589, 624, 632, 637, 641-42, 707, 829, 836, 840, 872-73, 884-85
ユリウス・カエサル　10, 16, 45, 154, 158, 171, 196, 561, 571, 839, 864, 879

ラクタンティウス　　66, 167,
　　293-94, 300-02, 306-07,
　　314-15, 322-30, 332, 366-
　　68, 427, 478, 620, 870-71
リヴィウス　　75, 161, 867
リキニウス　　301, 304-05,
　　310, 321, 333, 348, 354,
　　362, 494, 545
ルクレティウス　　60-65,
　　67-68, 72, 104-06, 169,
　　248, 323, 401, 828, 865

事項索引

ア 行

愛　45, 54, 65, 81, 84-86, 88, 107-08, 119, 144, 147, 149, 154, 160, 187, 189-90, 222-23, 270, 272, 277, 312, 319, 324-27, 329-30, 339, 341, 349, 350, 354, 363, 365, 370, 372, 395, 409, 427, 437, 441-44, 447, 460, 466, 476, 484, 563, 568-69, 571-72, 587, 605, 627, 638, 646-47, 649, 654-55, 659, 669-70, 674-75, 683, 694, 715, 738, 739-40, 744, 749, 751-54, 761, 778-79, 786, 804-05, 807, 809-10, 813, 815, 822-23, 828, 830-32, 836, 838-42, 844-45, 847-48, 852, 854-55, 878-79
　――の力　878
　――の秩序　830-31, 878
　――の法則　840-42
　力に対する――　85, 830
アウグストゥスの平和　5, 7, 29, 31, 38, 42, 48, 184, 190, 194, 207, 212, 864-65, 868
悪徳　52, 58-59, 74, 85, 118-19, 161, 168, 188, 209-10, 212-13, 222, 229, 262, 273, 284, 290, 324, 329, 330, 350, 403-04, 438, 453-54, 468, 528, 652, 745, 750, 768, 792, 796, 807-08, 819, 822, 826
悪霊　226, 363, 450, 660, 847

アレイオス主義　316, 352, 393-94, 418-19, 433, 457, 557, 603, 661, 871
異教思想　50, 791
異教主義　61, 189, 300, 361, 365, 368-69, 394, 427, 428-29, 432, 457-58, 468, 478, 480, 484-85, 492, 529, 547-48, 551-52, 557, 579, 597, 614, 627, 753, 794, 835, 838, 854, 873, 875
異国趣味　571-73
異端　266, 269-70, 274-75, 299, 342, 360, 374-75, 381, 387, 389-93, 399-400, 433, 447, 452, 457, 545, 552-56, 558, 565, 575, 579, 598, 607, 621-22, 634, 667, 702, 713, 786, 808, 816, 818, 840, 845-46, 853-54, 872
　――狩り　554
　――思想　399, 447, 872
意志の自由　740
一神教　308, 362, 457, 479, 872
イデア論　703
イデオロギー　147, 187, 208, 217, 227-28, 279-81, 523, 528, 612, 635, 639, 662, 682, 693-94, 699, 748, 754, 774, 781, 795, 823, 825, 827-28, 843, 861-62, 865-66, 869, 876, 880
宇宙論　118, 130-32, 136, 266, 274, 276, 401, 614, 682, 697, 705, 710, 743,

事項索引

759, 762-63
占い　68, 77, 159, 169, 170, 225, 348, 362, 429, 455, 478, 487, 496, 526, 547, 824
運命　6, 8, 10, 17-18, 21, 23, 51, 58, 61-62, 67, 71, 74, 89, 105, 108, 110, 114-18, 121-22, 140, 147, 151-53, 156-57, 159, 169, 180, 191, 197, 203, 207, 212, 227, 242, 254, 259, 262-64, 268, 276, 281, 299, 309, 311, 329, 332, 341, 351, 365, 374, 401, 403, 416, 427, 447, 457, 472, 479, 485-86, 487, 498, 522, 524, 528, 559-61, 574, 582, 595, 611, 617-18, 634, 636, 659, 687, 696, 699, 715, 723, 736, 747, 751, 754, 755, 761, 762, 766-67, 770-71, 774-76, 785, 791, 793, 814, 821-22, 845, 848, 860, 863-65, 867, 870
永遠のローマ　115, 122-23, 252, 272, 595, 843, 867, 879
王法　36
公の義務　89-90
恩恵の教義　628, 749, 753

カ　行

海運業　507-08, 873
回心　345, 372-73, 429, 624, 633-35, 707, 789, 831-32, 851, 877
寡頭政治　13, 97, 137
神
　——の国　117, 166, 252, 273, 277, 287, 331, 337, 363, 397, 449, 483, 540, 568, 579, 590, 596, 624-25, 631, 633, 639-40, 643, 654, 658-59, 669-70, 672, 675, 677, 680, 682, 686-87, 689, 692-93, 695-96, 702, 704, 710, 713, 716, 723, 726-27, 731, 734, 736, 738-40, 742-43, 745-46, 749, 755-56, 789-91, 793, 797-98, 800, 803-05, 808-10, 812, 817, 819, 823, 825, 827, 829-30, 834, 838, 841-42, 844, 847-48, 851, 854, 877-78
　——の活動、働き　281, 310, 368, 400, 402, 411, 606, 609, 639, 659, 660, 723, 734, 754, 794, 829,
　——の経綸　610, 613
　——の主権　609, 733-34
　——の摂理　184, 230, 260, 280, 282, 314, 323, 331, 445, 657, 660, 765, 793-94, 797, 814, 822
　——の像　342, 384, 403, 753, 807, 847
　——の統治　585, 595-96, 875
観念論　130, 134, 137-40, 163-64, 168-73, 178, 205-06, 210, 241, 243, 247, 264, 266, 275-76, 323, 327, 364, 368, 380, 386-87, 401, 410, 461-62, 488, 647, 658, 703, 706-07, 709, 724-25, 733, 751, 755, 785, 801, 813, 842-44, 867-69
寛容　9, 220, 294, 302, 316, 427-28, 455, 470, 475-77, 494, 578, 873
貴族社会　59
貴族政治　212, 224, 226, 596
宮廷　7, 184, 192, 215, 216,

221, 301, 318–19, 332, 347–48, 390, 421–22, 433, 435, 438, 523, 598, 602
共和国　10–11, 16–17, 20, 23, 25–26, 28–32, 34–36, 38–44, 47–48, 50, 53–54, 56, 58, 64, 73, 77, 79, 87, 91–92, 95–98, 100–01, 112, 125, 128, 151, 178, 201–02, 211–12, 214–15, 218, 220, 224, 230, 241–42, 244, 289, 291, 295, 299, 303, 312, 315–16, 323, 326, 328–29, 333, 336, 340, 359, 361, 418, 420, 426, 430, 443, 450, 469, 472, 484–86, 490, 494, 497, 545, 561, 570, 583, 595–96, 624, 631, 793, 816–17, 820, 864, 865, 869, 873
共和主義　16, 21, 24, 33, 35–37, 49, 56, 58, 96–97, 100, 224–25, 231–32, 307, 318, 419, 471, 538, 580, 818
共和政体　96, 99, 199, 200–01, 225, 240, 243
キリスト教
　──社会　849
　──的知恵　838, 840, 878
　──哲学　389–90, 578
キリスト教会　300, 320, 362, 483, 491, 873
キリストのロゴス　713, 786, 795, 797–98, 807–08, 861, 863, 875, 877–78
義認　754, 831
教育制度　517, 519
教会　189–90, 254, 294, 299–301, 303, 307–10, 315–17, 320, 329, 333–34, 340–41, 345–53, 356, 358, 360, 362, 368–70, 372, 374, 377–78, 380, 384–86, 388–90, 394–95, 405, 416, 419, 430–32, 434–36, 453–54, 456–58, 470, 474, 478, 482–83, 488, 490–92, 494–95, 497, 502–03, 507, 525, 529, 539–41, 545–46, 552–54, 557–58, 564, 567–68, 570, 572, 574–78, 580–81, 590, 595–96, 618–19, 621–23, 625–27, 630, 658–59, 666, 690, 725, 736, 748, 837, 854, 870, 873, 875
　──法廷　430, 495
教養世界　115
禁欲主義　267, 417, 465, 563, 569, 754, 838
グノーシス主義　266–67, 374, 380, 612, 871, 872
敬虔　70, 93, 117, 138, 169, 311, 326, 349, 353, 435, 452, 454, 465, 482, 523, 540, 620, 628, 767, 785, 798, 800, 834, 851
契約　57, 83, 109, 159, 233, 293, 325, 343, 364, 425, 513, 573, 836, 849
原罪　190, 330, 405, 612, 626, 640, 654, 659, 708, 745, 749, 808
犬儒派　845
元首政　5–9, 36–42, 48–50, 64, 102, 181, 197, 201–05, 207, 216, 219, 223, 225, 306, 336, 528, 864, 884
元首政治　102, 181, 197, 201–05, 207, 216, 219, 223, 225, 306, 336
元老院　11, 13, 22–24, 29–31, 33–37, 39, 41, 45, 49, 76–77, 88, 182, 196, 199–200, 203, 208, 210–11, 215,

事 項 索 引　　　　　　899

217, 221, 232, 234, 237, 253, 293, 342, 359, 369, 422, 424, 425, 504-07, 513, 515, 519-20, 534, 538, 551, 572, 578, 583-84, 883

幻想との密通　　693-64

権力　6, 7, 9-10, 12, 15, 19-20, 25-26, 29, 32, 34-38, 40, 42-43, 49-50, 53, 57, 60, 68, 74-75, 81, 84-85, 89-90, 95, 100, 102, 121, 123, 125, 129-30, 143, 150, 173, 182-83, 186, 188-89, 193, 200-01, 207, 209, 214-15, 217, 220, 225, 229, 234-35, 255, 261, 263, 268, 292, 294, 302, 304-06, 313, 316, 318, 321, 327, 334, 337, 343, 345, 352, 355, 358, 384, 456, 494, 502-03, 514, 516, 518, 524, 535, 539-43, 545-46, 559-60, 564, 573, 575-77, 579, 584, 586, 602, 611, 734, 781, 795, 810, 825, 864, 867, 873, 878, 883

幸運　17, 29, 66, 89, 105, 116, 118, 129, 161, 165-67, 186, 190, 206, 223, 226, 228, 236, 250, 263-65, 268-69, 282-83, 292, 355-56, 379, 390, 414, 440, 468, 484, 486, 522, 528, 549, 611, 635, 697, 755, 768, 770-71, 784-85, 791-94, 821, 848, 868, 872

公会議　310, 320, 352-53, 377, 388, 394, 397, 405, 418, 432, 434, 456, 546, 590, 599, 608, 870-71, 875, 885

　ニカイア——　　310, 377, 394, 405, 418, 456, 590, 599, 871, 875, 885

皇帝-教皇制　　316

高慢　18, 114, 116, 205, 324, 338, 382, 652, 656, 689, 744-47, 755

拷問　202, 306, 384, 429, 471, 508, 520

五賢帝　230, 234, 236, 859, 869

個人主義　128, 327

国家宗教　478-79, 530, 542, 874

国家論　23-24, 98-99, 139, 813

国境地帯　8, 149, 230-31, 233, 262, 365, 485, 571, 632, 772

古典

　——主義　9, 154, 162, 165, 167, 173, 185, 187, 189, 245, 251, 263, 267-68, 287, 307, 324-27, 330, 360, 367, 386, 399, 401, 403, 408, 409-10, 414, 441, 448-49, 474, 552, 563, 568, 588-89, 611, 617-18, 635-37, 642, 662-63, 667, 681, 686, 695-96, 700, 714-16, 717, 721, 723-24, 735, 743, 749, 754, 757, 786, 794-96, 798, 821-22, 830, 833, 838-39, 840, 850, 863-64, 867, 870-71, 873-74, 876-77, 878, 881

　——古代　8, 17, 31, 48, 70-72, 84, 519, 521, 582, 864

　——的遺産　　8, 560

　——的観念論　　243, 868-69

粉屋　495, 500, 506, 508-09,

873

サ 行

祭儀　44-45, 55, 110, 150, 160, 166, 170, 177, 182, 185, 235, 276, 303, 333, 350, 352, 369-71, 378-79, 479, 484, 496-97, 541, 547, 549, 554, 579, 601, 703, 793, 824

最高諮問機関　170, 300-01, 305-06, 318, 345

最高善　136, 363, 418, 464, 568, 722, 755, 830

最高法務官　11

三頭政治　12, 22-23, 25, 33, 219

三位一体　44, 353, 378, 385, 392, 397-99, 403, 410, 433-34, 524, 545, 558-603, 609, 618, 622, 637, 647, 654, 657-58, 661, 664, 668-69, 671, 673, 678-79, 681, 683-87, 693-5, 702, 716, 718-21, 724, 729, 737-38, 744-45, 748, 754-56, 790, 795, 798, 803, 847, 852, 876-78

——の痕跡　668

自己認識　17, 452-53, 730

自然科学　62-63, 249, 274, 787

自然主義　54, 266, 288, 627, 743, 745, 861, 863

自治都市　12, 14, 230, 242, 246, 271, 369, 472, 505, 510, 582

執政官　10-11, 13, 16, 22, 25, 73, 95, 196, 198-200, 232, 327, 365, 369, 469, 515, 523, 574, 824

支配欲　20, 90, 745, 772, 814-15, 828

至福　106, 190, 194, 286, 319, 329, 347, 363, 388, 418, 464, 568, 676, 704, 722, 739, 745, 748, 755, 791, 806, 837, 852-53, 872

司法制度　199, 308, 342, 370

市民共同体　242, 368

市民権　6, 10, 39, 234, 237, 552

市民団体　241-42

社会変革　339

自由学芸　215, 252, 479-80, 650-51, 656, 788, 816

修築　859, 862, 869, 874, 879, 881

修道院　450, 451-53, 456, 562-67, 570-01

——生活　562-67, 570-71

十字架　191, 299, 304, 306, 309, 312, 342, 449-50, 829, 869, 870

十二表法　159, 171, 178, 224, 339, 826

受肉　376, 380, 610-13, 615-16, 658-59, 693, 756, 853, 877

循環的時間　800

殉教者　96, 209, 371, 373, 387-88, 416, 449, 486, 542, 565, 581, 653, 838, 871

所有権　10, 29, 77-78, 83, 95, 178, 204, 337-38, 512, 700, 814

所有欲　119, 339, 814, 818-19, 820

史料編纂　165, 180, 757, 776, 785, 791, 795

人格　78, 102, 121, 202, 228, 253, 270, 277, 280, 284,

307, 337, 356, 396, 405, 409, 455, 522, 524, 531, 574, 577-78, 617, 637, 661, 663-65, 673, 681, 697, 706, 717, 719, 748, 752, 754-55, 756, 761, 769, 796, 843, 845, 847-48, 870, 876-77
――化　280, 284, 522, 769
――社会　847
――性　78, 121, 307, 405, 577, 637, 661, 663-64, 681, 706, 717, 719, 752, 756, 796, 848, 870, 876-77
――の完成　754
信仰の規則　375, 378, 415, 545
信条　89, 107, 310, 316, 353, 362, 367, 378-79, 389, 402, 417-18, 434, 458, 552, 595-96, 599, 622
新生　67, 406, 596, 643, 831, 834, 844, 859, 862, 875, 877-79, 881
親切心　210, 212
神格化　21, 44, 45, 123, 182, 184, 188-91, 211, 217, 227, 379, 383, 409, 442, 466, 538, 676, 733, 793, 867, 869
神権政治　6, 120, 864
神性　44, 117, 156, 184-85, 187-88, 218, 227, 265, 268, 308, 332, 343, 356, 364, 367, 379, 392-93, 395, 397-98, 400, 442, 444-47, 449, 523, 552-53, 608, 642, 674, 676, 693, 708, 718, 761, 795, 823, 849, 870
神聖化　44-45, 268, 336, 357, 539, 828
神殿　7, 38, 114, 188, 233, 350-51, 362, 383, 428, 470, 475, 479, 488, 519, 547, 549, 616, 767
神秘主義　35, 62, 356, 625, 639, 761
神霊　135, 186-87
神話　15, 28, 110, 118, 127, 145, 152, 176-77, 188, 226, 267, 277, 283, 285, 349, 378, 447, 460, 522, 524, 665, 698, 708-10, 714-16, 731, 776-77, 798, 821, 826, 830, 832-33, 842, 853, 878
進歩　11, 71, 115, 125, 150, 210, 226, 235, 279, 328, 382, 407-08, 411-15, 522, 579, 659, 774-75, 799
枢要徳　81, 85-86, 183, 568
ストア派　84, 169, 232, 244, 274-81, 288, 323, 368, 457, 619, 807, 869
西欧精神　109, 110
正義　9, 18, 25, 42, 67, 69, 72, 81-84, 87-88, 90, 96, 101-02, 118, 127, 139-41, 164, 173, 183, 197-98, 200, 202, 235, 251, 253, 259, 306, 314-15, 324, 326-27, 370, 409, 421-23, 447, 453, 465, 471, 473-74, 476, 503, 527-28, 538, 560, 568, 577, 641, 659, 749, 760, 762, 778, 786, 813, 817, 825, 836, 841, 845, 866
　政治的――　197, 577
正統信仰　432-33, 493, 618
聖徒の交わり　847-48
聖職者　140, 338, 340, 345, 350, 356, 369, 386, 425, 429-31, 455-56, 473, 494, 534, 537, 541, 549, 553, 575-76, 585, 589, 597, 623, 875
聖霊　372, 385, 392, 398,

事項索引

世界観　115, 283, 417, 766, 866
世俗化　383
世俗主義　379, 382, 524, 528–29, 540, 559, 620, 655–56, 658, 811, 814, 816, 821, 823, 842–43, 846, 849
占星術　7, 8, 171, 222, 265, 429, 496, 791
千年王国　42, 149, 226, 259, 331, 355, 407, 416, 493, 789
想像世界　101
創造的原理　718, 735, 798
全体主義　133, 303, 484, 848

タ　行

第一原理の根本的改訂　638, 861
ダイモン　284, 286–87, 690, 710, 829, 847, 851
太陽唯一神　465–66
団体　170, 241–42, 301, 328, 341, 345, 352, 369–70, 409, 421, 450, 466, 471, 474–76, 495, 506–07, 509, 513, 549, 824, 873
知恵　30, 55, 70, 81–82, 88, 145, 164, 167, 176, 184, 186, 190, 225, 265, 277, 282, 320, 325, 373–75, 393, 444, 446, 448, 452, 458, 481–82, 568, 614, 620, 653–54, 675, 679, 687–90, 713, 717, 722, 724–25, 749, 760–61, 779, 781, 791, 798, 828, 834, 838–40, 878
知識　70–71, 81, 106, 108, 164, 170, 248, 251, 267, 274, 276, 279, 288, 376, 381, 386, 392, 399, 409, 445–46, 448, 453, 458–59, 462, 465, 481, 487–88, 525, 563, 587, 596, 600–02, 605, 633, 636–37, 639, 651, 653, 665–66, 669–72, 674, 676, 678, 681, 683, 686–87, 689, 693, 695–96, 712, 716–18, 721–22, 724, 730, 739, 750–51, 755, 760–61, 787–88, 800, 804, 806, 834, 840, 852, 863
知性　121, 130–32, 145, 186–87, 188, 248, 279, 282, 325, 396, 400, 462, 468, 487, 628–29, 663, 666, 669, 673, 677, 680, 683, 695, 701, 704, 707–08, 712–13, 720, 760, 780, 806, 832, 836, 840, 853, 863
超人　53, 75, 128, 189, 364, 617, 685, 696, 828, 837, 848, 853, 867
勅令（ミラノの）　294, 300–02, 333, 345, 348, 361, 545, 870, 885
仲保者　691, 853
地の国　809, 810, 814–15, 878
地の平和　559, 811
地方自治体　238, 242, 369, 424–25, 475
罪　13, 25, 32, 36, 57, 74, 82, 90, 118, 164, 175, 180, 189–90, 199–202, 213, 221, 234, 246, 258, 306, 315, 323, 330, 336–37, 341–43, 351, 356, 370, 381, 384–85, 396, 403–06, 416–17, 424, 426, 428, 430, 442, 446–47, 449, 454, 471,

事項索引

481–82, 486, 495–96, 500, 503–06, 509, 520, 527, 534, 536, 538, 539, 543, 548, 552, 554–57, 562, 576–78, 586, 598, 612–13, 616, 626, 628, 640, 648, 652, 654–55, 659, 674–75, 692, 708, 744–47, 749, 751, 767, 770, 801–02, 807–08, 822, 826, 829, 836–37, 844–45, 848, 851–53
帝国主義　32, 52, 83, 85, 112, 143, 146, 207, 262, 317, 327, 354, 514, 772–73
テオドシウス法典　339, 350, 362, 420–21, 451, 471, 473, 475, 480, 494–95, 499–500, 502–03, 514, 517, 521, 533, 536, 539, 541, 545, 547, 550, 552, 582–83, 585, 869
天罰　7, 19, 60, 217, 253, 299, 336, 366, 428, 586, 746, 763, 769, 770–71, 774, 822
統治権　35–37, 41, 45, 95, 221, 253, 532, 535–37, 546, 573–74, 576–77, 587, 734, 772, 865
道徳性　64, 336, 620, 840
徳行　151, 269, 350, 540
徳と運　217, 863, 867
東方的専制　7
都市参事会員　423, 425, 499, 507, 583, 632
奴隷制度　140, 262, 514

ナ〜ハ　行

二元論　266, 324, 397, 399, 539, 567, 612, 628, 743, 752, 846

認識論　716–17
ヌース　131, 135, 702, 711, 722, 737

賠償　84, 199, 345, 768
迫害　294, 300–01, 308, 311, 315, 345–46, 354, 360, 364, 368, 370, 388–89, 418, 427, 432–33, 457, 478, 492, 521, 565, 579–80, 789, 869–70
パン屋　500, 506–08
悲劇作家　405
ヒストリア　757, 758
不完全性　401–02, 446, 606, 673, 676
福音　54, 60, 72, 106, 184, 262, 286, 288, 326, 330–31, 344, 354, 360–61, 372–74, 378, 386, 395–97, 411, 414, 433, 443, 445, 482, 484, 502, 545, 559, 564, 577, 614, 637, 662–63, 767, 775, 790, 801, 807, 849, 852, 871
復興　5, 8, 25–26, 29, 42, 67, 213, 222, 291, 361, 390, 479, 492, 530, 532, 551, 560, 572, 859, 860, 862, 864–65, 874, 877, 879, 881, 884
プシュケー（魂）　135, 187, 692, 737
物質主義　60
プラトン主義　116, 165, 169, 266, 280, 288, 373, 389, 392–95, 399, 459, 462, 469, 471, 474, 478, 597, 609, 612, 623–25, 628, 633–34, 685, 693, 704–05, 707–11, 713, 717, 725, 735, 743, 831, 834, 871–72, 876
文学　65, 106–09, 124–25, 150, 156, 208, 218, 227,

240, 243–48, 250, 258, 271, 274, 291, 315, 323, 371, 382, 407, 441, 448, 519, 610, 633, 640, 758, 786–88, 866
法令　　177–78, 201–03, 242, 257, 259, 337–38, 345, 348, 353, 422, 425–26, 428–30, 434, 483, 533, 869
保守主義　　13, 174, 184, 210, 237, 388, 525
ポリス　　42, 78, 124, 128–29, 133, 136–37, 140, 143–44, 149–50, 155, 164, 176, 206, 210, 242, 289, 303, 325, 329, 336, 350–51, 389, 418, 428, 436–37, 440, 451, 458, 466, 509, 531, 558, 567, 581, 686, 783, 816, 824, 827, 846

マ・ヤ 行

マニ教　　132, 324, 397, 496, 552–54, 557, 567–68, 628–29, 633–34, 647, 653, 666, 683, 743, 745, 786, 797, 817, 847
御霊（みたま）　　385, 393, 405, 407, 415, 618, 659, 680–81, 690–91, 693, 710, 753, 756, 788–89
民会　　41, 200, 865
民主制　　75
物の本質　　60, 63, 65, 867

野蛮人　　140, 149, 154, 182
ユダヤ人　　20, 149, 171, 191, 233, 270, 342, 350, 371–72, 382, 394, 420, 428, 444, 449, 451, 550, 555–56, 558, 613, 789, 807
ユピテル　　8, 27, 45, 110, 117–18, 233, 270, 294, 327, 383, 519, 682

ラ 行

理性と信仰　　664
霊的人間　　689, 878
連帯責任　　846–47
ロゴス　　121, 193, 263, 277, 280, 380–81, 387, 392–93, 395–96, 667, 680, 692, 699–700, 710, 713–15, 724, 748, 756, 758, 760–61, 763, 765, 768, 770, 772–73, 777, 786, 795–98, 802, 807–08, 861, 863, 876–78, 877–78
ローマ社会　　9, 59, 176, 238, 517, 560
ローマ帝国軍旗　　304, 354, 362, 477
ロマニタス　　47, 66, 103–04, 120–22, 165–66, 184, 191, 193, 202, 248, 253–54, 260, 264, 270–71, 299, 303, 320, 329, 354, 359–61, 369, 383, 390, 412, 441, 444, 459, 472, 477, 479, 485, 490, 493, 498, 511, 514, 516, 520, 527–30, 533, 560, 569, 571, 573–74, 580, 582, 586, 589, 595, 619, 623, 631, 638, 651, 658, 666, 862, 865, 866–68, 871, 874, 875–76, 878–79, 881

歴史書索引
(主要なギリシア・ローマ史)

アンミアヌス『三一巻史』 287, 319, 365, 439, 441, 455–56, 469, 471, 476, 479, 484–86, 488, 491, 493, 496, 498, 500, 502, 521, 525–26, 528, 531

アンミアヌス『アルキアを弁護して』 66

ウェレイウス『ローマ史』 30

エウトロピウス『ローマ史略』 485

エウセビオス『教会史』 300–01, 347

エウセビオス『コンスタンティウスの生涯』 308, 311–16, 332, 348, 350, 354

ギボン『ローマ帝国衰亡史』 9, 192, 241, 309, 317, 330, 486, 516, 562, 582, 585, 590, 626–27, 661 857, 859, 868,

サルスティウス『カティリナ戦記』 10–12, 15, 24, 31–36, 60, 121, 166, 175, 177, 839

サルスティウス『カエサルの書簡』(偽書) 18, 158, 166

スエトニウス『ロー皇帝伝』 5, 10–12, 16, 19, 223, 371

タキトゥス『年代記』 36, 38–39, 43, 49, 183, 195, 197–98, 201, 204, 207, 209, 212, 215, 217, 219–22, 224–29, 252, 371

タキトゥス『歴史』 37

ツキディデス『戦史』 138, 141–14, 164, 186, 777, 781

ディオ・カッシウス『ローマ史』 7, 45

ヘロドトス『歴史』 145, 757–59, 763–64, 776, 779–85

ポリュビオス『ローマ史』 97, 150–51, 785

モムゼン『ローマ史』 14, 17

リウィウス『歴史』 52, 55, 159–62, 168–69, 175, 177–78, 181

金子 晴勇（かねこ・はるお）

昭和7年静岡県に生まれる。昭和37年京都大学大学院文学研究科博士課程修了。聖学院大学総合研究所名誉教授，岡山大学名誉教授，文学博士（京都大学）

〔著訳書〕『愛の思想史』『ヨーロッパの人間像』『人間学講義』『ヨーロッパ人間学の歴史』『現代ヨーロッパの人間学』『エラスムスの人間学』『アウグスティヌスの知恵』『アウグスティヌスとその時代』『アウグスティヌスの恩恵論』ルター『生と死の講話』『ルターの知的遺産』『知恵の探究とは何か』『エラスムス「格言選集」』（以上，知泉書館），『ルターの人間学』『アウグスティヌスの人間学』『マックス・シェーラーの人間学』『近代自由思想の源流』『ルターとドイツ神秘主義』『倫理学講義』『人間学―歴史と射程』（編著）（以上，創文社），『宗教改革の精神』（講談社学術文庫），『近代人の宿命とキリスト教』（聖学院大学出版会），『キリスト教霊性思想史』，アウグスティヌス『ペラギウス派駁論集Ⅰ－Ⅳ』『ドナティスト駁論集』『キリスト教神秘主義著作集2 ベルナール』（以上，教文館）ほか

〔キリスト教と古典文化〕　ISBN978-4-86285-268-7

2018年2月15日　第1刷印刷
2018年2月20日　第1刷発行

訳者　金子晴勇
発行者　小山光夫
製版　ジャット

発行所　〒113-0033 東京都文京区本郷1-13-2
電話03(3814)6161 振替00120-6-117170
http://www.chisen.co.jp
株式会社 知泉書館

Printed in Japan

印刷・製本／藤原印刷

「知泉学術叢書」刊行開始！

研究基盤として役立つ、一次文献と基本的な二次文献の翻訳シリーズ
判型はコンパクトな新書判、製本は丈夫で長持ちする上製です

C.N. コックレン／金子晴勇訳
キリスト教と古典文化　　926p/7200円
アウグストゥスからアウグスティヌスに至る思想と活動の研究

【以下、続刊】

W. イェーガー／曽田長人訳
パイデイア（上）　ギリシアにおける人間形成

G. パラマス／大森正樹訳
東方教会の精髄 人間の神化論攷
聖なるヘシュカストたちのための弁護

J.-P. トレル／保井亮人訳
聖トマス・アクィナス　人と作品

アウグスティヌスの知恵　（ラテン語原文・解説付）
金子晴勇著　　　　　　　　　　　四六/164p/2200円
アウグスティヌスとその時代
金子晴勇著　　　　　　　　　　　菊/302p/4200円
アウグスティヌスの恩恵論
金子晴勇著　　　　　　　　　　　菊/354p/5600円
アウグスティヌス『告白録』講義
加藤信朗著　　　　　　　　　　　四六/394p/3800円
アウグスティヌスと古代教養の終焉
H. I. マルー／岩村清太訳　　　　A5/800p/9500円

（価格は税別）